PATTLOCH

Michael Kogon

Lieber Vati! Wie ist das Wetter bei Dir?

Erinnerungen an meinen Vater
Eugen Kogon

Briefe aus dem KZ Buchenwald

PATTLOCH

Besuchen Sie uns im Internet:
www.pattloch.de

FSC
www.fsc.org
MIX
Papier aus verantwortungsvollen Quellen
FSC® C083411

Umschlaggestaltung: ZERO Werbeagentur, München
Umschlagabbildungen: FinePic®, München
Bildnachweis: Alle Abbildungen im Bildteil privat, außer Seite 10: Sammlung Gedenkstätte Buchenwald
Satz: Adobe InDesign im Verlag
Druck und Bindung: CPI books GmbH, Leck
ISBN 978-3-629-13054-9

2 4 5 3 1

Inhalt

3.
Fern von Mutter und Vater

4.
Vater im KZ

5.
Die »Judenfrage« der Nazis

Für Matthias, Beate, Manuela,
Anna, Jonas, Ethan und Max

Vorwort

»Lieber Vati. Wie ist denn das Wetter bei Dir? Ich glaube Du wirst es nicht wissen, weil zu Dir keine Sonne und kein Regen kommt!«, schrieb mein Bruder Alexius am 3. März 1939 an unseren Vater ins Gefängnis. Der saß in Gestapohaft, mein Bruder und ich saßen in einem Kloster fest. Eine zerrissene Familie. Was war geschehen?

Am 12. März 1938 hatte der deutsche Reichskanzler und »Führer« Adolf Hitler den Anschluss Österreichs an das Deutsche Reich erzwungen. An jenem Tag wurde mein Vater, nach misslungener Flucht aus Wien, verhaftet. Er hatte sich in Österreich an Aktionen gegen Hitler beteiligt. Sieben Jahre lang hielt ihn die gefürchtete deutsche »Geheime Staatspolizei« in Gefängnissen und in einem Konzentrationslager gefangen. Mein Bruder und ich wurden für drei Jahre in einem bayrischen Kloster untergebracht. Meine Mutter schlug sich in Wien mit meiner kleinen Schwester durch. Ab September 1941 verfolgten die Nazis die Juden mit aller Härte. Das traf auch meinen Vater; seine Mutter war Jüdin. 1944 geriet Wien in den Einzugsbereich der alliierten Bomber. Das ganze Jahr 1944 hindurch musste ich als »Flakhelfer« solche Flugzeuge abschießen helfen. Im April 1945 brachte die Besetzung Wiens durch sowjetische Truppen neue Ängste und Entbehrungen. Im selben Monat erreichten amerikanische Truppen das KZ Buchenwald; mein Vater war nach siebenjähriger Gefangenschaft frei. Hitler beging Selbstmord. Deutschland kapitulierte. Die Herrschaft der Nazis war zu Ende. Ab August 1945 war unsere Familie wieder beisammen. Doch was war aus ihr geworden? Und wie hatten wir die schwere Zeit überstanden?

Die siebenjährige Gefangenschaft meines Vaters zerfällt in zwei Phasen: dreieinhalb Jahre Inhaftierung in Wien und die insgesamt ebenso lange KZ-Gefangenschaft. Als Gefangener der Gestapo in Wien schwankte mein Vater zwischen immer neuer Hoffnung auf Freilassung und immer neuer Enttäuschung. Die durch Willkür bewirkte Ungewissheit war die schlimmste seelische Folter, die er erlitt. Im KZ hingegen konnte er nicht mehr enttäuscht werden. Dass die Gestapo ihn nicht mehr freilassen würde, war ihm zur Gewissheit geworden. Doch je mehr sich das Kriegsglück von Deutschland abwendete, desto mehr konnte er hoffen, von alliierten Truppen befreit zu werden. Dies war eine zwar nicht unmittelbare, dafür aber auch nicht mehr trügerische Hoffnung.

Über seine Zeit im KZ hat mein Vater später öfter berichtet. Von diesen Berichten habe ich die aufschlussreichsten in dieses Buch aufgenommen. Anders verhält es sich mit den dreieinhalb Jahren, die mein Vater im Gefängnis verbrachte. Sie wurden bisher nur spärlich dokumentiert. Diese Lücke wird in dem vorliegenden Buch mit zahlreichen Originaldokumenten geschlossen.

Meine Eltern hatten zwei Möglichkeiten, während der Gefangenschaft meines Vaters miteinander in Verbindung zu bleiben. Die eine Möglichkeit waren »normale« Postbriefe und Postkarten. Textumfang und Schreibzeiten waren beschränkt, der Inhalt wurde zensiert. Dies ließ keine vertraulichen Mitteilungen zu. Mein Vater bediente sich mehrerer Methoden, um diese Beschränkung zu umgehen. Eine Methode war eine Wasserschrift. Wenn man das Papier anfeuchtete und gegen das Licht hielt, wurde die Schrift lesbar. Eine zweite Methode war, den Text zu verschlüsseln – am einfachsten durch die Verwendung von Decknamen.

Meine Mutter ihrerseits versuchte, die Zensur als Gelegenheit zu nutzen, um Hafterleichterungen zu erreichen. Manche ihrer Briefe und Karten wirken mehr an den Zensor als an meinen Vater gerichtet. Sie betonte die schlimmen Verhältnisse, in denen die Familie zu leben gezwungen war, und die Ungerechtigkeit der langen Gefangenschaft ihres Mannes. Nur war der Zensor die falsche Adresse. Er hatte »Vorschriftswidriges« und »Gefährdendes« durch Schwärzung unlesbar zu machen. Hingegen war es nicht seine Aufgabe, Klagen und Beschwerden an die Gestapo-Referenten weiterzugeben, damit sie endlich ein Einsehen hätten.

Die zweite Möglichkeit schriftlicher Verständigung zwischen meinen Eltern waren versteckte Mitteilungen (Kassiber). Sie setzen entweder einen persönlichen Kontakt oder den Austausch von Gegenständen (Wäsche, Toilettenartikel, Nahrungsmittel, Zeitschriften, Bücher) voraus, in denen sie versteckt werden können. Meine Eltern konnten Kassiber nur austauschen, wenn mein Vater in einem Wiener Gefängnis war. Dann durfte meine Mutter ihm einmal in der Woche saubere und geflickte Wäsche bringen, während umgekehrt er ihr seine defekte und schmutzige Wäsche herausgeben ließ. Aus dem KZ Buchenwald war ein offizieller Austausch von Gegenständen nicht möglich. Zwar konnte mein Vater Päckchen und Pakete empfangen, doch wäre es zu riskant gewesen, darin persönliche Nachrichten zu verstecken.

Der Austausch von Kassibern – in beide Richtungen – gewährleistete, so mühselig er war, einen vertraulichen Kontakt. Auf diese Weise konnte mein Vater sich einen kleinen kontrollfreien Bereich von Liebe, Austausch, Verständnis und Aufrichtigkeit mit einem Rest von Selbstbestimmung bewahren. Im Gefängnis hatte er mehrere Methoden gelernt, um Kassiber anzufertigen und versteckt auf den Weg zu bringen. Als die Kontrollen noch nicht so penibel waren, legte er sehr dünne Papierservietten zwischen Wäsche- und Kleidungsstücke. Später ritzte er Nachrichten in Packpapier ein. Wenn meine Mutter das Papier im richtigen Abstand über eine Flamme hielt, verkohlte die Schrift und wurde sichtbar.

Meine Mutter musste aber sehr sorgfältig vorgehen, damit nicht das Papier in Flammen aufging. Mit zunehmender Erfahrung kritzelte mein Vater seine Botschaften auf schmale Stoffstreifen. Die nähte er in den Saum von Wäschestücken ein. Dasselbe tat meine Mutter.

Meine Mutter hob alle schriftlichen Mitteilungen meines Vaters auf, auch die Kassiber. Das war riskant. Sie musste jederzeit mit einer Durchsuchung rechnen, hatte aber in dem einen Raum, in dem sie mit uns drei Kindern lebte, kaum Verstecke. Doch sie hatte Glück. Die Kassiber überstanden Krieg und Nazizeit unentdeckt als Knäuel gräulicher Stoffstreifen mit verblasster Schrift. Die Kassiber meiner Mutter konnte mein Vater in seiner Zelle nicht aufbewahren. Sie sind verlorengegangen. Ebenso ist keiner der Briefe erhalten geblieben, die er im KZ erhielt. Er seinerseits konnte meiner Mutter unmittelbar vor seiner ersten Verschickung ins KZ alle Briefe und Postkarten übergeben lassen, die ihn bis dahin in seinem Wiener Gefängnis erreicht hatten. So sind sie erhalten geblieben.

Nach dem Tod meiner Eltern sortierte ich ab 1989 aus dem schriftlichen Nachlass meines Vaters alle von mir aufgefundenen Briefe, Postkarten und versteckten Mitteilungen der Jahre 1938–1945 aus. Aus dem vorhandenen Quellenmaterial konnte ich jedoch lediglich eine knappe Auswahl berücksichtigen. Dies hat folgende Gründe. 1. Ein Teil der versteckten Mitteilungen meiner Eltern in das oder aus dem Gefängnis konnte noch nicht lesbar gemacht werden. 2. Aus den erhalten gebliebenen Briefen und Postkarten sowie aus den bisher lesbar gemachten versteckten Mitteilungen habe ich alle Textstellen gestrichen, a) in denen auf Ereignisse und Personen Bezug genommen wird, die nicht mehr erklärt werden können oder die für dieses Buch uninteressant sind, b) deren Veröffentlichung Persönlichkeitsrechte verletzen würde. 3. Zusätzliche Kürzungen musste ich vornehmen, um den Rahmen des Buches nicht zu sprengen. Alle Auslassungen sind mit drei Punkten kenntlich gemacht. Alle in diesem Buch abgedruckten Briefe, Postkarten und versteckten Mitteilungen sind Erstveröffentlichungen. Die ursprüngliche Schreibweise wurde weitgehend beibehalten. Meine Eltern und meinen Bruder hätte ich gerne um ihre Einwilligung zur Veröffentlichung ihrer Briefe gebeten. Doch sie leben nicht mehr. Alle ihre Äußerungen sind achtenswert und ein authentisches Stück Zeitgeschichte. So fühle ich mich ermächtigt, anzunehmen, dass sie nichts gegen die Veröffentlichung einzuwenden gehabt hätten. Ich bin mir bewusst, dass ich, ohne etwas beschönigen zu wollen, als Sohn und Bruder der guten Erinnerung an diese drei mir nahestehenden Menschen verpflichtet bin.

Die Idee zu diesem Buch hatte mein Sohn Matthias. Ursprünglich wollte ich nur den Briefwechsel publizieren, den mein Bruder und ich in den knapp drei Jahren unseres bayrischen Kloster-Exils mit unserer in Wien verbliebenen Mutter geführt hatten. Der Verlag meinte, wenn schon, dann sollten es der gesamte Briefwechsel der auseinandergerissenen Familie und ihre Erinnerungen aus allen sieben Jahren der Inhaftierung meines Vaters sein. Das Material war vorhanden, wenngleich an mehreren, nicht immer leicht zugänglichen Orten. Ich brauchte es »bloß« zusammenzutragen, zu sichten, zu ordnen, zu kürzen und erforderlichenfalls zu erklären, zu kommentieren und die Lücken durch eigene Texte zu füllen. Es war nicht immer leicht, alle Einzelteile zu einem konsistenten Bild zusammenzufügen. Meine Frau brachte mit großem Engagement ihren Realitätssinn, ihre Sachkenntnis und ihr Sprachgefühl ein. Von meinen beiden in der Nähe wohnenden Kindern Matthias und Beate erhielt ich wertvolle Anregungen. Meine in San Francisco wohnende Tochter Manuela ließ es sich trotz der großen Entfernung nicht nehmen, das Projekt mit wichtigen Hinweisen aus ihrer Berufs- und

Erfahrungswelt mitzugestalten. Dipl.-Ing. Gerhard Raganitsch, Dr. Agnes Missong-Wild und Botschafter a.D. Dr. Alfred Missong junior ließen mich bereitwillig an ihren Erinnerungen teilhaben. Elisabeth Battke überließ mir die »Skizzen von Dr. Kogon« auf S. 136. Das Bonner *Archiv der Sozialen Demokratie* der *Friedrich-Ebert-Stiftung* öffnete mir bereitwillig seine Bestände. Ihnen allen danke ich herzlich.

Zeittafel zu Eugen Kogon

2. Februar 1903: Eugen Kogon wird in München geboren. Mutter Jüdin aus Nikolajew in der Ukraine, Vater unbekannt. Bis zum elften Lebensjahr Pflegekind in einer Münchner Familie.

1914–1918: Internatsschüler in zwei Klöstern.

Ab 1923: Studium der Nationalökonomie und der Soziologie in München, Florenz und Wien. Wohnsitznahme und freiberufliche Tätigkeit in Wien.

1927 Promotion. Eheschließung mit der Münchner Jugendfreundin Margarethe Lang. Eintritt in die Redaktion der Wiener katholisch-konservativen Wochenschrift *Schönere Zukunft.*

Oktober 1932–12. Januar 1934: Geschäftsführer und Mitgesellschafter der *Neuen Zeitung.*

23. Februar–12. April 1934: Chefredakteur des *Österreichischen Beobachters.*

Juni 1934: endgültiger Abschied von der Illusion, der Nationalsozialismus könne »verchristlicht« werden. Von da an Beteiligung an Aktionen gegen den Nationalsozialismus.

Ab 1935 Vermögensverwalter des Prinzen Coburg.

11. März 1938: beim »Anschluss« Österreichs an das Deutsche Reich misslungene Flucht und Verhaftung.

Mai 1938: erstes Verhör. Schwanken zwischen Hoffnung und Enttäuschung.

September 1939: Verschickung in das KZ Weimar-Buchenwald. Arbeit im mörderischen »Schachtkommando«, dann durch Bestechung in einer wettergeschützten »Feldschmiede«.

Januar 1940: Rücktransport in ein Wiener Gefängnis zwecks Einvernahme als Zeuge.

Juni 1941: wieder nach Buchenwald, Arbeit in der Häftlingsschneiderei.

Februar 1942: ein zweites Mal zu Zeugenaussagen in ein Wiener Gefängnis.

August 1942: definitiv nach Buchenwald. Arbeit wieder in der Häftlingsschneiderei.

Frühjahr 1943: Gestapo-Befehl zur Überstellung nach Auschwitz zwecks Vergasung. Dramatische provisorische Rettung durch Stellenantritt als Schreiber bei einem gefürchteten SS-Lagerarzt.

Februar 1944: nochmalige Nachfrage der Gestapo Wien: »... Volljude ... warum noch immer nicht überstellt?«

März 1944: Registrierung als »Volljude«. Definitive Rettung durch den SS-Arzt. Deal: Wenn der SS-Arzt Kogon und andere Gefangene schützt, wird Kogon dies nach der deutschen Kriegsniederlage wahrheitsgemäß bezeugen.

Oktober 1944: mit Deckung durch den SS-Arzt Rettung des französischen Widerstandskämpfers Stéphane Hessel.

April 1945: Amerikanische Truppen befreien das KZ Buchenwald.

1946: Erscheinen von Kogons Buch *Der SS-Staat – Das System der deutschen Konzentrationslager* und Gründung der Zeitschrift für Kultur und Politik *Frankfurter Hefte.* Von da an wurde Kogon zu einer bekannten Orientierungsfigur der moralischen und geistigen Erneuerung Deutschlands.

1.
Flucht und Verhaftung

März 1938: Der »Anschluss« Österreichs und die Flucht meines Vaters

11. März 1938, Freitag. Ein »ekelhaft kalter Tag«, erinnerte sich meine Mutter später. Mein Bruder und ich drückten Radieschensamen in die Erde der beiden Beete, die unsere Eltern uns zwischen dem Nussbaum und den Weichselbäumen zugeteilt hatten, als Aufgabe ebenso wie zum Vergnügen. Im Krottenbachtal brannten bereits die Straßenlaternen. In Sievering drüben verloren sich die Weinberge in der Dämmerung. In der Baumschule nebenan arbeitete niemand mehr. Die Kälte trieb uns ins Haus zurück. Hungrig stürmten wir die paar Stufen zur Glasveranda hinauf. Unsere Mutter hatte uns nicht gerufen. Der Tisch war nicht gedeckt, die Küche verwaist. Die Eltern drängten sich im Wohnzimmer vor dem Radio. Schließlich bat eine sehr ernste Stimme Gott, er möge Österreich schützen. Mein Vater zündete sich eine Zigarette an. Meine Mutter rannte in die Diele, schob die Portiere zur Seite und eilte die geschwungene Treppe hoch. »Promotionsurkunde im Schreibtisch rechts!«, rief mein Vater ihr nach. Nach einer Weile kam sie mit einem Koffer herunter. Das Telefon läutete, schrill. Mein Vater dämpfte seine Stimme, obwohl außer uns niemand da war, der hätte mithören können. Meine Mutter kramte im geöffneten Koffer. Es tat ihr sichtlich wohl, sich abzulenken. Einen zweiten Telefonanruf beendete mein Vater rasch. Aufgeregt redete er auf meine Mutter ein, als könne nur noch Reden helfen, und doch half gerade Reden nichts mehr. Mein Bruder und ich suchten in der Küche nach Essbarem. Die Sekretärin meines Vaters – für ihn Fräulein Schultz, für uns Tante Sophie – kam, auch sie

beunruhigt, aus dem Arbeitszimmer herunter, auf dem Arm meine dreieinhalbjährige Schwester Cornelia, das Mauserl.

Bald erfuhr ich, was es mit jenem Satz im Radio auf sich gehabt hatte, in dem Gott von einem offenbar wichtigen Mann um den Schutz Österreichs gebeten worden war. Der Mann war der österreichische Bundeskanzler Kurt Schuschnigg gewesen. Mit jenem Satz hatte er seine Abdankung verkündet. Die hatte Adolf Hitler von ihm gefordert. Er sollte seinen Sessel für einen nationalsozialistischen Bundeskanzler räumen. Der sollte dann für den auch formell korrekten Anschluss Österreichs an das Deutsche Reich sorgen. Schuschnigg hatte in seiner Abdankungsrede außerdem das österreichische Bundesheer angewiesen, bei einem Einmarsch deutscher Truppen sich ohne Gegenwehr zurückzuziehen. Das kleine Land lag ungeschützt vor dem aufgerissenen Maul des »großen Bruders«.

Kurz nach seiner Abdankung wurde Schuschnigg in seiner Wiener Dienstwohnung im Schloss Belvedere unter Hausarrest gestellt. Dann überstellte ihn die deutsche Gestapo als ihren Gefangenen in ihr gefürchtetes Wiener Hauptquartier im beschlagnahmten Hotel Metropol am Morzinplatz. Von dort verschickte sie ihn, wie später auch meinen Vater, in ein KZ. »Seines« hieß Dachau, dasjenige meines Vaters Buchenwald. Ein schöner Name für einen so schlimmen Ort. Das noch schlimmere KZ Auschwitz trug den Zusatznamen Birkenau. Dort wuchs keine Birke und schimmerte auch keine Au neben den offenen Gräben, in denen die frisch vergasten Menschen in unerträglichem Gestank verbrannten. In der geographischen Mitte des KZ Buchenwald stand immerhin eine »Goethe-Eiche«. Die SS hatte sie bei der Rodung pietätvoll – oder zynisch – stehen lassen.

Die Nacht jenes 11. März senkte sich schwer auf unser Land. Mein Vater schleppte den Koffer zu seinem dunkelblauen Hudson Terraplan. Abhauen, das passte nicht zu ihm.

Wir standen winkend am Straßenrand: meine Mutter, mein Bruder, Tante Sophie mit dem Mauserl auf dem Arm und unsere junge fröhliche Haushaltshilfe Olga. Ebenso wie Tante Sophie wohnte Olga mit uns im Haus. Noch nie hatte unser Vater sich von unserer Mutter verabschiedet, ohne ihr mitzuteilen, was er vorhatte und wann er zurückkommen würde. Das war diesmal zwangsläufig unterblieben, außer dass er ihr etwas Tröstendes zugerufen haben mochte: Wird schon werden, mach dir keine Sorgen, bin bald wieder da, – wahrscheinlich eher: Ich hole euch bald nach. Tröstungen ohne Substanz, nur dazu gedacht, die Angst zu verscheuchen. Doch die Angst kroch in uns hoch, nachdem das Auto in der Dunkelheit verschwunden war.

Es sollte ein Abschied für längere Zeit werden, genauer gesagt: für sieben Jahre. So gesehen, hätte er feierlicher sein müssen. Der beträchtlichen Dauer stand eine sehr kurze Wegstrecke der Abwesenheit gegenüber. Nach 46 Kilometern wurde mein Vater verhaftet und nach Wien zurückspediert. Danach hatte er noch anderthalb Jahre Gestapo-Gefangenschaft zu erdulden, bis er zum ersten Mal in das KZ auf dem Ettersberg oberhalb der Goethe-Stadt Weimar verbracht wurde.

An unserem Abschied hatten auch unsere beiden Möpse Moritz und Nanette durch Dabeistehen teilgenommen. Moritz und Nanette waren Zuschauer von Natur aus. Wien und seine phlegmatischen Hunde: Ist es denkbar, dass der Charakter einer Menschenbevölkerung sich auf den Charakter der von ihr gehaltenen Hunde überträgt? Jedenfalls sorgten die beiden Möpse in unserer Familie für das Beruhigungsprogramm. Je lebhafter es zuging, desto behäbiger benahmen sie sich. Als mein Bruder und ich wenig später abgeholt wurden, um in ein bayrisches Kloster verfrachtet zu werden, sahen die beiden Möpse ebenfalls bloß zu. Bald darauf wurden auch sie abgeholt.

Moritz und Nanette waren eine Leihgabe von Onkel Jussy. Hauptmann Julius Glaser war Direktor im Wiener Bank- und Kommissionsgeschäft Hübner & Cie. Mein Vater war in jenem Bankhaus nur Prokurist, dies aber im Auftrag eines Prinzen – als Treuhänder für einen Teil von dessen Familienvermögen. Einmal war der Prinz bei uns zu Gast. Er war nicht jung, und auch Locken hatte er keine und auch keine Prinzessin an seiner Seite. Sollten die Gebrüder Grimm mich hereingelegt haben? Wenigstens einen prinzlichen Namen trug er. Der war so lang, dass ich ihn mir nicht merken konnte. Bei uns zu Hause hieß er einfach »der Prinz« oder, wenn respektvollerer Abstand gefordert war, »Prinz Coburg«.

Von 1927 bis 1933 war mein Vater Redakteur, später stellvertretender Chefredakteur der konservativ-katholischen Zeitschrift *Schönere Zukunft* gewesen. 1935 war er, nach einem Intermezzo bei zwei Wiener Zeitungen, in die Dienste ebenjenes Prinzen getreten. Das ideelle Bindeglied zwischen den beiden Männern war der »christliche Ständestaat«, eine unter österreichischen Katholiken weitverbreitete Idee. Mein Vater hatte sie sich im Rahmen seiner Klostererziehung angeeignet. Gemäß dieser Idee sollten die Klassengegensätze in Wirtschaft und Gesellschaft durch eine quasidemokratische berufsständische Ordnung (Nazi-Beispiel: »Nährstand, Lehrstand, Wehrstand«) überwunden und die parlamentarische Demokratie angesichts ihrer als desaströs empfundenen Funktionsunfähigkeit in vielen europäischen Ländern durch eine autokratische Staatsordnung ersetzt werden. Die europäischen Diktatoren oder Halbdiktatoren der zwanziger und dreißiger Jahre – Mussolini in Italien, Franco in Spanien, Salazar in Portugal, Horthy in Ungarn, Dollfuß und Schuschnigg in Österreich, Hitler in Deutschland – legten alle ein Lippenbekenntnis zur demokratischen Ordnung innerhalb der Stände ab, hatten aber in Wahrheit vor allem den anderen Teil der Idee im Sinne: eine nicht demokratisch legitimierte

Regierung. Mein Vater versprach sich Ende der zwanziger und Anfang der dreißiger Jahre viel vor allem von Mussolini, dem »Duce« und Ministerpräsidenten des Königreichs Italien, und noch die Machtergreifung Hitlers im Januar 1933 kommentierte er mit der Hoffnung, der Nationalsozialismus werde ein Bollwerk gegen den Bolschewismus sein und sich »verchristlichen« lassen.

Von seiner anfänglichen Affinität zu Teilen des politischen Systems Hitlers distanzierte sich mein Vater schon 1934. (Jahre nach dem Ende des Krieges, 1961, verarbeitete er seine Erfahrungen mit Diktatoren in dem Film *Die Diktatoren.* In ihm versuchte er verständlich zu machen, warum in den dreißiger Jahren so viele Menschen, auch er, auf jene Machttypen hereingefallen waren. Vermutlich war dieser erste Ausflug meines Vaters in die Welt der Filmproduktion nicht sehr gelungen. Immerhin legte er aber den Grund zu seiner anschließenden Erfolgskarriere als Moderator politischer Magazine – zuletzt von *Panorama* – im jungen deutschen Fernsehen.) So entschloss sich mein Vater zur »... Mitarbeit an dem, was man die Verhinderung der nationalsozialistischen Machtergreifung in österreichischen Presseorganen nennen könnte ... Da fand ein Jahr lang, von 1933 auf 1934, ein erbitterter Untergrundkampf statt, in dem ich mit Rafael Spann, einem Sohn Othmar Spanns, und zwei anderen einiges gegen die Nationalsozialisten organisierte.«[1]

Othmar Spann, seit 1919 ordentlicher Professor für Nationalökonomie und Gesellschaftslehre an der Universität Wien, war der Begründer der Gesellschaftslehre des »Universalismus« und ein wichtiger Vertreter der Ständestaatsidee. Mein Vater promovierte bei ihm 1927 zum Thema *Faschismus und Korporativstaat.* »Der Grundgedanke des Universalismus von Spann ist der uralte aristotelische Satz, wonach ›das Ganze vor dem Teil‹ ist ... Dieser Grundsatz ... vom Organismus und seinen Teilganzen führt einerseits zu der Erkenntnis, daß im staatlichen Leben Autorität und Bindung (nicht Knebelung) höher stehen als die Freiheit, die ja in der Anarchie, d. h. der Autoritäts- und Bindungslosigkeit, nicht ihren Höhepunkt erreicht, wie es bei umgekehrter Rangstellung der Fall sein müßte, sondern zerfällt, weil nur Bindung Freiheit überhaupt ermöglicht; andererseits zu den ›Baugesetzen des sozialen Lebens‹, deren eines besagt, daß organisches, fruchtbares Staatsleben nur über kleine Kulturgemeinschaften (Familie, Stand) möglich ist (Stufenbau des sozialen Körpers), ein anderes aber, daß demokratische Abstimmung und politische Autonomie nur unter relativ Gleichen, also im Stand, denkbar sind.«[2] Nach anfänglichen ideologischen und organisatorischen Querverbindungen zwischen dem Spannschen Universalismus und dem Nationalsozialismus entwickelten sich die beiden Richtungen bis 1938 weit auseinander. Nach dem »Anschluss« Österreichs wurde Spann verhaftet, in das Konzentrationslager Dachau eingeliefert und schwer misshandelt.

Mein Vater hatte nach seinem Ausscheiden aus der Redaktion der *Schöneren Zukunft* die Leitung der von den christlichen Gewerkschaften Österreichs getragenen *Neuen Zeitung* übernommen. Sie erschien von Januar 1933 bis Januar 1934. Im Herbst 1933 geriet sie in finanzielle Schwierigkeiten. Mein Vater hatte bereits eine Finanzhilfe von rund 150 000 Schilling organisiert. Weitere 15 000 Schilling steuerte ein Nationalsozialist namens Zogelmann bei. Damit sicherte er sich eine Option auf den Erwerb der Zeitung. Mit seiner Finanzhilfe erreichte er, dass österreichische Nazis den Vertrieb der *Neuen Zeitung* übernehmen konnten und dass er selbst in die Finanzverwaltung der Zeitung aufgenommen wurde. Aus Angst vor Verhaftung nach einer anonymen Anzeige angeblich meines Vaters floh er Anfang Dezember nach Hitler-Deutschland. Dort gab er bei der Gestapo zu Protokoll, er habe der *Neuen Zeitung* 60 000 (statt 15 000) Schilling zur

Verfügung gestellt, und demgemäß gehöre die Zeitung seither ihm beziehungsweise einer von ihm zu benennenden Gruppe. Entsprechende Belege seien aber aus seiner Schublade entwendet worden, wiederum vermutlich von meinem Vater. Die Anzeige Zogelmanns war einer der Gründe, warum die Gestapo meinen Vater nicht wieder freiließ.

Beim »Röhm-Putsch« vom 30. Juni 1934 verlor mein Vater den letzten Rest seiner Hitler-Illusionen. »Ich bin der Meinung, daß das Ereignis des 30. Juni jedem, wo immer er stand, klarmachen mußte, daß es sich in der Tat um ein Unrechtsregime äußersten Ausmaßes handelte ... Der 30. Juni ist für mich also wirklich der entscheidende Einschnitt, von dem an es für mich sozusagen keinen ›Pardon‹ mehr gab.«[3] Sein politisches Engagement in den anschließenden vier Jahren bis 1938 schilderte mein Vater später so: »Auch ich half, um zuerst das Einfache, aber menschlich Wichtige zu nennen, systematisch deutschen Emigranten in Österreich. Zweitens finanzierte ich ... antinationalsozialistische Bestrebungen in Deutschland selbst. Drittens versuchte ich mitzuhelfen, international alle Richtungen, die gegen den Nationalsozialismus arbeiteten, in einen Informationszusammenhang zu bringen.«[4]

Die Finanzierung »antinationalsozialistischer Bestrebungen in Deutschland« erklärte mein Vater später so: »Als Vermögensverwalter des Prinzen kam ich geschäftlich öfters nach Deutschland, wo wir große Sperrmarkbeträge hatten.«[5] ... »Wir hatten damals dem Matthias-Grünewald-Verlag ... für Teile seiner Tätigkeit – besonders die religiösen, kirchlichen, zum Beispiel die berühmte Riessler Bibel – 30 000 Sperrmark aus unseren Vermögensbeständen vermittelt.«[6] ... »Ich wurde in Deutschland zweimal von der Gestapo verhaftet. Die erste Inhaftierung 1936 dauerte nur einen Tag. Das zweite Mal verhaftete mich die Gestapo im März 1937. Beide Male warf man mir Zuwiderhandlungen gegen die deutschen Devisengesetze und, im Gesamtzusammenhang meiner Arbeit für antifaschistische Kräfte außerhalb des Reichsgebiets, die Unterstützung deutscher Emigranten in Österreich, der Tschechoslowakei und der Schweiz vor. Bei der zweiten Verhaftung wurde ich nach vierzehn Tagen bedingt auf freien Fuß gesetzt, aber ich durfte Deutschland nicht verlassen. Nach viereinhalb Monaten wurde mir in Wiesbaden der Prozeß gemacht, und ich wurde als Vertreter des Prinzen Coburg wegen wiederholten Verstoßes gegen die deutschen Devisengesetze im Zusammenhang mit der finanziellen Unterstützung eines großen katholischen Verlagshauses in Deutschland vom Ausland her zu einer Geldstrafe von 10000 Reichsmark verurteilt, die der Prinz bezahlte.«[7]

Ein Tätigkeitsbild, das dem meines Vaters ähnelt, zeichnet Rudolf Ebneth in seinem Buch *Die österreichische Wochenschrift »Der Christliche Ständestaat«*[8] von Klaus Dohrn. Diese Zeitschrift, deren Chefredakteur Dohrn damals war, erschien von 1933 bis 1938. Sie bildete einen ideellen Gegenpol zur *Schöneren Zukunft.* Weltanschauliche Konflikte zwischen den beiden Zeitschriften waren vorprogrammiert. Das schloss freundschaftliche Beziehungen zwischen meinem Vater und Klaus Dohrn nicht aus, zumal mein Vater schon vor dieser Freundschaft aus der Redaktion der *Schöneren Zukunft* ausgeschieden war. Dem *Christlichen Ständestaat* fehlte es oft an Geld. Anfang 1937 hatte Caspar Graf Preysing, ein Angestellter des Privatbankhauses Hübner & Cie, Klaus Dohrn darauf aufmerksam gemacht, dass mein Vater bereit sei, dem *Christlichen Ständestaat* auszuhelfen. »Kogon half tatsächlich mit verschiedenen Zuwendungen, unter anderem durch die Bezahlung von Druckrechnungen. Mitte 1937 stand sogar der Kauf der Zeitschrift durch Kogon zur Debatte.«[9]

Klaus Dohrn und mein Vater agierten gegen Hitler in vergleichbarer Weise. Die Gestapo schätzte sie jedoch unterschiedlich ein. Dohrn war aus Deutschland geflohen, weil er um sein Leben fürchtete. Mein Vater floh, weil er um seine

Freiheit fürchtete. Was Dohrn in Deutschland gegen die Nazis unternommen hatte, mochte nach Nazi-Recht strafbar gewesen sein. Für das, was mein Vater in Österreich unternommen hatte, galt Nazi-Recht nicht. Für die Gestapo war dies allerdings nur ein formeller Unterschied. Dennoch scheint sie Dohrn als »Staatsfeind«, meinen Vater hingegen »nur« als Regimegegner angesehen zu haben.

1937 leistete sich mein Vater den nächsten Affront. »Im Spätherbst 1937 hatte ich in Frankfurt am Main Gelegenheit, mich mehrere Nachmittage lang mit einem SS-Führer der Burg Vogelsang eingehend zu unterhalten.«[10] In der NS-Ordensburg Vogelsang in der Eifel schulte die NSDAP 1936–39 ihren Kadernachwuchs. Diese Burg war in Deutschland nach den Parteitagsbauten in Nürnberg das größte Bauwerk der Nazis. »Es war eine ganz offene Aussprache. Ich glaube aber nicht, daß er mich nachher ans Messer geliefert, das heißt veranlaßt hat, daß die erste Verhaftungsliste, die die Gestapo am 12. März 1938 beim Einmarsch der deutschen Truppen in Österreich von Berlin nach Wien mitbrachte, meinen Namen enthielt. Ich vermute, daß meine Verhaftung auf ganz andere Tätigkeiten zurückging ... Die Gestapo wußte, daß ich Klaus Dohrn und eine ganze Reihe anderer Persönlichkeiten sehr unterstützt hatte.«[11]

Um das Maß voll zu machen: »Im Frühjahr 1938, vor dem deutschen Einmarsch in Österreich und meiner Verhaftung gleich am ersten Tag, arbeitete ich an einem Buch *Gespräche mit Deutschen.* Es sollte die Erfahrungen zusammenfassen, die ich bei zwei Reisen durch Deutschland gemacht hatte ... Ich erinnere mich, meinen Gesamteindruck wie folgt angedeutet zu haben: Damals, Jahre nach 1933, gab es nur wenige Deutsche, die nicht in irgendeinem Punkt mit dem Nationalsozialismus übereinstimmten und irgend etwas an seiner Praxis begrüßenswert, zumindest anerkennenswert fanden. Ebenso wenig Deutsche, außerhalb der Partei, gab es, die an dieser Praxis nicht noch mehr auszusetzen hatten. So gut wie niemanden aber gab es, wiederum außerhalb der NSDAP und ihrer direkten Anhängerschaft, der gewagt hätte, mit Sicherheit zu sagen, daß dies der richtige politische Weg der Deutschen in die Zukunft sei. Die erklärten Gegner sahen den Krieg voraus. Sonst fast jedermann verschloß die Augen davor, hoffte auf ein Arrangement in der Außenpolitik, bei dem ›Großdeutschland‹ mit respektiertem Ansehen in der Welt erhalten blieb, sowie auf ›Normalisierung‹ im Innern, das heißt Abschluß der revolutionären Veränderungen und ›vernünftige Kompromisse‹, in denen man das bereits Verfügte einschließlich massiver Unrechtsmaßnahmen hinzunehmen bereit war, wenn sie sich nicht fortsetzten.«[12]

Meine Mutter vernichtete das Buchmanuskript *Gespräche mit Deutschen* nach der Verhaftung meines Vaters. Ich kann mir vorstellen, wie einem Schriftsteller zumute ist, der sein Werk vernichten lassen muss. Vermutlich glaubte mein Vater, es später neu schreiben zu können. Um dafür einen Anhaltspunkt zu haben, schickte er meiner Mutter im Juni 1940 aus dem Gefängnis einen Kassiber mit dem Inhaltsverzeichnis.

Als i-Tüpfelchen seiner »regimefeindlichen Gesinnung« hatte mein Vater in einer Veröffentlichung Hitler-Deutschland »das Land der Kasernen und der Gefängnisse« genannt.

All dies zusammengenommen reichte aus, um ihn nach der Abdankung Schuschniggs zur Flucht zu bewegen. Groteskerweise erbrachte die Flucht einen neuen Straftatbestand. Einer der beiden Männer, mit denen mein Vater nach Schuschniggs Rede telefoniert hatte, war ebenjener Klaus Dohrn gewesen. Er hatte meinen Vater gebeten, ihn mitzunehmen. Ihm gelang als Einzigem die Flucht. Damit konnten die Nazis meinen Vater wegen Fluchterleichterung bzw. Fluchthilfe belangen. Ein Gestapo-Referent hielt meinem Vater bald darauf vor, allein dies reiche aus, ihn zwei Jahre in Haft zu behalten.

Die Flucht misslingt

Der Wagen meines Vaters war in der Dunkelheit verschwunden. Wir gingen mit dem Gefühl in das Haus zurück, auch wir müssten es bald verlassen. Aus einem Fenster des Nebenhauses lugte ein Hakenkreuz-Fähnchen. Die erste Ratte hatte sich aus dem Versteck gewagt, im aufsteigenden Schiff.

Mein Vater fuhr als Erstes zu Alfred Missong. Der wohnte mit seiner Familie nicht weit weg von uns in der Hartäckerstraße. Er war ein früherer Kollege aus der Zeit der gemeinsamen Redaktionsarbeit in der *Schöneren Zukunft.* Unsere Familien waren befreundet. Die Kogons hatten die Missongs oft am Sonntagnachmittag besucht und Kuchen und Marzipanfiguren von der Konditorei Aida oder vom k. u. k. Hofzuckerbäcker Demel mitgebracht. Lia, die attraktive Frau Alfred Missongs, war meinem Vater sehr zugetan, und auch er mochte sie gut leiden. Beiderseits bestand Einvernehmen, dass ich als ältestes Kogon-Kind einmal die älteste Missong-Tochter Agnes heiraten würde. Agnes und ich verbannten diese elterliche Vision nicht ganz aus unserem Bewusstsein, aber sie beschäftigte uns auch nicht sehr. Wir waren Kinder.

Als Nächstes holten mein Vater und Alfred Missong Klaus Dohrn ab. Die drei Freunde fuhren die 46 Kilometer zu dem der Familie Kohary gehörenden Schloss Ebenthal bei Dürnkrut – auch »Schloss Coburg« genannt. Anders als gehofft war die tschechoslowakische Grenze geschlossen. Klaus Dohrn schwamm durch den Grenzfluss March und rettete sich. Mein Vater und Alfred Missong wurden verhaftet.

Nach seiner Einlieferung in ein Wiener Gefängnis verfasste mein Vater bis zum 26. August 1938 einen Kriminalroman, *Zelle 26,* von dem nur ein Fragment erhalten ist. Mehrere Indizien sprechen dafür, dass seine darin enthaltene Schilderung der Flucht und des Gefängnislebens autobiographisch ist. 26 war tatsächlich die Nummer seiner Zelle. Der Monat stimmt: März. Der Gefangene ist, wie er, Intellektueller, trägt eine Brille. Die Diele seines Hauses ist identisch mit der Diele des von uns bewohnten Hauses an der Glanzinggasse 7. Auch der Bericht über den Fluchtversuch ist weitgehend authentisch. Die Reaktion der Gestapo, diesen Roman als Unrechtsakt zu bewerten, spricht dafür, dass auch sie ihn für authentisch hielt.

Andererseits fehlen Passagen, die meinen Vater als Flüchtling oder Fluchthelfer hätten belasten können. Für den Fall, dass die Gestapo das Manuskript entdecken würde (dies war tatsächlich der Fall), hoffte er vielleicht, die Lektüre würde belegen, dass er weder hatte fliehen noch Klaus Dohrn zur Flucht verhelfen wollen. Für den Fall der Nichtentdeckung hoffte er andererseits, nach seiner Freilassung mit dem Manuskript Geld zu verdienen. Er füllte seine Romanhandlung mit prallem Leben, und das einzige pralle Leben, von dem er jetzt noch eine Erfahrung hatte, war das eines Gefangenen der Gestapo. Über die Erfahrungen von Gestapo-Gefangenen im Wien des Frühjahrs 1938 war ja noch nicht viel an die Öffentlichkeit gedrungen. Nach seiner erhofften Freilassung und Auswanderung nach Südamerika würde das die Leser interessieren.

Die Voraussetzungen scheinen günstig gewesen zu sein, um im Gefängnis einen solchen autobiographischen – nach der einen Seite entlastenden, nach der anderen Seite erfolgversprechenden – Roman zu verfassen: reichlich Zeit bis zum ersten Verhör, in jener Phase des gerade erst sich etablierenden Terrorregimes verhältnismäßig lasche Haftbedingungen mit der Möglichkeit, zumindest über Papier und Bleistift zu verfügen, und eine gewisse Aussicht, nicht erwischt zu werden. Diese Aussicht erfüllte sich freilich nicht. Das Manuskript wurde entdeckt, und die Gestapo konstruierte aus dem

Inhalt einen weiteren Vorwand, um meinen Vater auf unbestimmte Zeit in Haft zu behalten.

Mein Vater sah Klaus Dohrn erst nach dem Krieg wieder. Der eine kam aus der Gestapo-Gefangenschaft, der andere aus der Emigration: zwei typische Schicksale deutscher Hitler-Gegner. Viele Deutsche brauchten etliche Zeit, bis sie diese beiden Kategorien, ähnlich wie die Kriegsdienstverweigerer und die politischen Deserteure, in das Positivbild des »guten Deutschen« integrierten.

Zwei Leben

Die Lebenskurven meines Vaters und Adolf Hitlers sind in auffälliger Weise gegenläufig. Der als Österreicher geborene Adolf Hitler war schon vor 1933 deutscher Staatsbürger geworden; derweil wurde der in Deutschland geborene Eugen Kogon 1927 Österreicher. Auf dem Wiener Heldenplatz feierte Hitler im März 1938 einen seiner größten politischen Triumphe; mein Vater wanderte ins Gefängnis. Als Hitlers Erfolge in »seinem« Krieg schwanden, stieg mein Vater im KZ zu einem wichtigen Vertreter des lagerinternen Widerstands auf. Im April 1945 konnte Hitler seinen Berliner Bunker nicht mehr verlassen; mein inhaftierter Vater stand vor seiner Befreiung. Am 30. April 1945 beendete Hitler sein Leben; mein Vater hatte ein zweites Leben von 42 Jahren vor sich. Als Hitler vor der Weltöffentlichkeit seinen Nimbus verloren hatte, gelangte mein Vater mit seinem Buch *Der SS-Staat* zu Ruhm und Ehre. Als Hitler in der Geschichtsschreibung auf den Platz eines Kriegsverbrechers abrutschte, wurde mein Vater zu einer Orientierungsfigur der Nachkriegszeit und zu einem der bekanntesten Publizisten Deutschlands.

1987 war der Name Hitlers nur noch ein Kürzel für »Massenmörder«; mein Vater wurde in Nachrufen »ein mutiger Kämpfer für eine bessere Republik« und das »Gewissen der Nation« genannt. Zwei Leben, zwei Kurven. Nach dem Tod meines Vaters vertauschten sich allerdings auf gewisse Weise »oben« und »unten«. Wer Adolf Hitler war, weiß noch jeder. Eugen Kogon kennt fast niemand mehr.

Der 12. März 1938 war ein Samstag. Wir hatten schulfrei. Aber wir konnten uns nicht darüber freuen. Nicht einmal meine Mutter wusste, was mit ihrem Mann und seinen zwei Freunden geschehen war. Mein Bruder und ich versuchten, brav zu sein. Die Meldungen im Radio überstürzten sich. Nach der Abdankung Schuschniggs fungierte als neuer österreichischer Bundeskanzler Arthur Seyß-Inquart, ein langjähriger österreichischer Nationalsozialist. Er war auf Druck Hitlers bereits seit einigen Wochen österreichischer Innen- und Sicherheitsminister gewesen. Ohne sein Wissen setzte in seinem Namen der ranghöchste deutsche Offizier, Hermann Göring, ein Telegramm an Hitler mit der Bitte um Entsendung deutscher Truppen nach Österreich auf. Hitler gab dem angeblichen Wunsch Seyß-Inquarts bereitwillig statt. 65 000 deutsche Soldaten und Polizisten marschierten in Österreich ein. Am Nachmittag überschritt Hitler bei seiner Heimatstadt Braunau die Grenze auf dem Weg nach seinem geliebten Linz. Etwa gleichzeitig landete der deutsche Reichsführer-SS Heinrich Himmler auf einem Flugplatz bei Wien. Noch am selben Tag diktierte Hitler Seyß-Inquart das »Gesetz über die Wiedervereinigung Österreichs mit dem Deutschen Reich«. Es wurde sogleich vom österreichischen Marionetten-Kabinett durchgewinkt und von Seyß-Inquart beurkundet, der zu diesem Zweck für einige Minuten als österreichischer Bundespräsident amtierte. Damit war Österreich formell Teil des Deutschen Reiches geworden. Seyß-Inquart wurde von Hitler mit dem Titel »Reichsstatthalter« zum Leiter der nunmehrigen Landesregierung der »Ostmark« bestellt. Zu seinem Auftrag gehörte auch die Beschlagnahme jüdischen Eigentums. Was er dabei im Einzelnen zu verantworten hatte, genügte 1946 dem Internationalen Militärgerichtshof in Nürnberg, um ihn als Kriegsverbrecher zum Tod zu verurteilen.

Währenddessen waren mein Vater und Alfred Missong in der Bezirkshauptmannschaft Gänserndorf provisorisch verhört worden. Am darauffolgenden Sonntag, dem 13. März, wurden sie in das Wiener Polizeigefangenenhaus an der Rossauer Lände eingeliefert. In ganz Österreich wurden in jenen Tagen 72 000 Personen verhaftet – mehrheitlich Juden. Alle Gefängnisse waren überfüllt.

Von den Umwälzungen jener Tage bekamen wir drei Kinder vor allem das Geschrei aus dem Radio mit. Am lautesten war am 15. März das Jubelgebrüll mehrerer hunderttausend Österreicher zu Hitlers Füßen auf dem Heldenplatz am Rande der Inneren Stadt. Diesen Platz hatte sich Hitler wegen seiner für Massenaufmärsche besonders geeigneten Größe ausgesucht, um »als Führer und Reichskanzler der deutschen Nation und des Reiches ... vor der Geschichte nunmehr den Eintritt meiner Heimat in das Deutsche Reich« zu melden. Vom imperialen Balkon blickte er auf die jubelnden Massen herab, darunter auf viele Belegschaftsmitglieder, die ungefragt, zum Teil von weither, hertransportiert worden waren. Nicht im Radio gemeldet wurden der Jammer und die Todesangst der sogleich schlimmer Verfolgung ausgesetzten Wiener Juden.

Dass Österreich seine Selbständigkeit verloren hatte, beschäftigte meine Mutter nicht sehr. Als gebürtige Münchnerin war sie, wie mein Vater, in Deutschland aufgewachsen und erst 1927 nach Wien gekommen und Österreicherin geworden. Mein Vater war ebenfalls bis 1933 der Meinung gewesen, das Deutsche Reich müsse groß und stark sein, um seiner »gewaltigen« Mission »in der Mitte des Abendlandes« gerecht werden zu können. »Die fernweilenden Katholiken im Reich aber grüßen wir in herzlicher Verbundenheit, gewiss eines kommenden Tages, der uns wieder vereint sehen wird auf dem Weg in ein neugeordnetes Abendland christlich-nationaler Volksgemeinschaften.«[13] So aber, wie nun Hitler sie vollzog, hatte er sich die »Neuordnung des Abendlandes« nicht vorgestellt.

Demgegenüber war Alfred Missong ein leidenschaftlicher österreichischer Patriot. Nach dem Krieg setzten sich die beiden gegensätzlichen Ausrichtungen fort. Missong strebte in Wien eine politische Karriere an, um auf eine eigenständige, außenpolitisch neutrale »österreichische Nation« in klarer Abgrenzung zu Deutschland hinzuwirken. Demgegenüber ließ mein Vater Österreich hinter sich, um in Deutschland als Publizist Einfluss auf die Neugestaltung des geistigen und politischen Lebens zu nehmen – weit über Deutschland hinaus. In der Weltpolitik zeichnete sich ja bald schon der Beginn des Ost-West-Konflikts ab.

Mein Vater im Gefängnis

Es gibt keine unmittelbaren Zeugnisse, was mein Vater in den ersten Wochen seiner Haft erlebte. Ein indirektes Zeugnis sind mehrere Stellen in seinem Roman *Zelle 26*. Mangels anderer Quellen scheint es mir vertretbar zu sein, aus diesem Roman meines Vaters jene Stellen wiederzugeben, in denen er das Leben in einem Wiener Gefängnis nach dem »Anschluss« schildert:

»Er trug sein Schicksal relativ heiter, wenn er auch dann und wann von Depressionen heimgesucht wurde. Allzu ungewohnt war ja alles, besonders für einen Menschen der gehobenen Gesellschaftsschichten, der gewohnt war, bestimmte Ansprüche an das Leben zu stellen und sie ohne viele Umstände erfüllt zu sehen. Bei der Einlieferung in das Gefängnis nackt ausgezogen zu werden, Krawatte, Kragen, Manschettenknöpfe, ja sogar die Schuhbänder abliefern zu müssen, ohne Augengläser zu bleiben, trotz starker Kurzsichtigkeit, vor mehreren Mitmenschen in enger Zelle seine Notdurft verrichten zu sollen, drei Stück trockenes Brot, einen Blechnapf wässerigen schwarzen Zichorienkaffees ohne Zucker, zwei Blechschalen voll Dünnsuppe und eine Schale Bohnen oder Linsen oder Grieskoch als gesamte tägliche Nahrung – 7 Uhr früh, 11 Uhr vormittags und 5 Uhr nachmittags – zu erhalten, um ½ 8 Uhr abends auf meist nur drei Strohsäcken zu viert und fünft schlafen, morgens fünf Uhr bereits aufstehen und sich in einem langgestreckten Blechbehälter mit 4 Wasserhähnen binnen dreier Minuten unter anfeuernden Zurufen eines oder mehrerer Wachleute waschen zu müssen, insbesondere aber mit Kriminellen leichter und allerschwerster Sorte ... auf ein- und dieselbe Stufe gestellt zu werden – das alles konnte an sich einem ... Herrn von Ansehen ... nicht gerade übermässig leichtfallen. – Fahl tastete sich das Licht des regnerischen Märzmorgens durch die Fenster des Polizeigefangenenhauses in Wien. Am ›Lauf‹ herrschte noch Ruhe. Betongang über Betongang nur der Schritt der wachhabenden Posten, gleichmässig-gleichgültig, von Zelle zu Zelle. Zuweilen bleibt einer stehen, um durch die geöffneten Gucklöcher einen Blick auf die Gefangenen zu werfen, die zu viert und fünft auf 16 Quadratmetern liegen. Politische Zeiten, die schaffen Überbelag ... Es wird Zeit zum Wecken. Jeder ›Lauf‹ hat neunzehn Zellen. Aufstehen, Waschen, Zellenlüften, Strohsäcke heraus, Brotausgabe – das alles bei 80–100 Mann in einer Stunde: sie machen sich gern schon einige Minuten vor 5 Uhr an die Arbeit, um zur Tagwache um 6 Uhr bestimmt fertig zu sein, die Wachleute. Der im ersten Stock fängt an. Der Schlüssel rasselt ins Schloss der Zelle 21, Tür auf, schwere Luft dringt heraus, das Klosett befindet sich in dem kleinen Raum, fünf Mann liegen drinnen, aller Berufe und Schichten und Altersklassen, das hochgelegene gerippte Milchglas-Klappfenster geschlossen, denn der März ist noch kalt. ›Tagwache!‹ Die Häftlinge, ein Teil längst geweckt durch eine wahre Armee frühmorgendlich geschwätziger Spatzen, die auf den drei Bäumen dieses Teilgefängnishofes ihr gesichertes Nachtquartier haben und schon beim ersten Schwinden der Nacht multisono Reveille pfeifen, erheben sich von den vier aneinander gepressten Strohsäcken: wieder ein Tag in diesen trostlosen Mauern. 21, 22, 23, 24, 25 – Zelle sechsundzwanzig. Auf der schwarzen Tafel an der Aussenwand der Tür stehen mit Kreide vier Zahlen verzeichnet: vier Gefangene verschiedener Kategorien – zwei Politische, ein Sicherheitspolizeilicher, ein Wirtschaftspolizeilicher. ›Auf!‹ Die Tür fällt nach dem Kommando wieder ins Schloss. Der erste in der Zelle, der links an der Wand unter dem aufgeklappten Holztischchen liegt, erhebt sich gähnend. Die Decke wird abgestreift, er dehnt die Arme und springt auf. Einer der andern blinzelt verschlafen. Der erste benutzt das Klosett. Er lässt den Deckel herunterfallen, dass es klatscht. – Es gab immer Mittel und Wege der Nachrichtenweitergabe in dem riesigen Gebäude. Da waren die auf ›Schub‹ befindlichen Häftlinge, welche die Hausarbeiten verrichteten und so täglich mehrmals, zur Brotausgabe, zur Zellenreinigung, zur Menage-Verteilung, zum Strohsack-Ab- und Zutransport, mit den übrigen Gefangenen in Berührung kamen. Ferner der Friseur mit seinen Gehilfen, der wöchentlich an zwei Tagen zum Rasieren und Haarschneiden kam. Dann wurde der eine oder andere Häftling in die Hauptkanzlei gerufen, um Schriftstücke zu fertigen oder Gegenstände, die irrtümlich in falsche Aufbewahrungskästchen gekommen waren, zu agnoszieren. Ausführungen zu Verhören, zu Gerichten, zu anderen Ämtern fanden statt. Zum Waschen traf man sich auf einige Sekunden im Waschraum oder im Vorübergehen, die genügten, um eine Mitteilung in Umlauf zu setzen. Schliesslich wurde beim wöchentlichen Brausen in den Kellerräumen, wo sich zuweilen sogar ›Bewohner‹ verschiedener ›Läufe‹ trafen, und vor allem beim Spaziergang, der zu dreissig und vierzig an allen halbwegs schönen Tagen absolviert wurde, untereinander gesprochen – Hauptthema neue Einlieferungen, Abgänge in die Gefängnisse der sehr beliebten ordentlichen Gerichtsbarkeit, Transferierungen in Notarreste oder Lager, Verhöre, seltene Freilassungen, Amnestiehoffnungen, Einzelfälle, Tagesdinge. – Der Gefängnisarzt war allen Häftlingen verhasst. ›Nicht so schlimm – hab' ich auch gehabt!‹ war eine seiner beliebtesten Antworten, wenn über welches Leiden immer geklagt wurde. Beschwerden gegen ihn wagte in diesen revolutionären Tagen, da die Gestapo ihre ersten Schrecken verbreitete, niemand vorzubringen.«

Eugen Kogon später: »Nach meiner Verhaftung wurde mir zunächst einmal fast 60 Tage überhaupt kein Grund genannt. Ich war wie die meisten anderen Gefangenen in einer kleinen Zelle eingesperrt, zuerst mit vielen, später allein.«[14]

Eine ganze Woche lang blieben meine Mutter und wir drei Kinder ohne Nachricht. Wir wussten nicht, ob dem Mann unserer Mutter, unserem Vater, die Flucht gelungen, ob er »auf der Flucht erschossen« oder im Grenzfluss March ertrunken oder verhaftet worden war oder sich irgendwo versteckt hielt. Diese Ungewissheit war schwer zu ertragen. Manchmal hoffte ich, er werde gleich wieder vor unserer Haustür erscheinen in seinem Terraplan und hupen, hallo, da bin ich, weiß nicht, wo bleiben, also da bin ich wieder, mal abwarten, vielleicht wird alles gar nicht so schlimm. Und er würde mit uns ins rote Zimmer gehen, sich eine Zigarette anzünden und uns erst mal eine Geschichte vorlesen.

Nach einer Woche erhielten wir Gewissheit – durch eine Postkarte. Aus der Tschechoslowakei? Nein. Es war eine Postkarte der nunmehr Deutschen Reichspost, normal adressiert an Frau »Dr. Margarethe Kogon, Glanzinggasse 7, Wien 18«, als ob es eine Ansichtskarte aus den Ferien gewesen wäre. Aber die Postkarte trug den Absender »Dr. Eugen Kogon, Elisabeth-Promenade, Polizei-Gefangenhaus, Zelle 26, Wien IX.« Mit einer Briefmarke noch der Österreichischen Post, 12 Groschen.

»Montag, 21. III. 38, 11 h vorm. Liebste Rita: – Lass mit den Kindern den Kopf nicht sinken! Wir werden schon durchkommen. Hoffentlich bin ich bald wieder bei Euch. Dies ist meine erste Karte an Euch. Am 12. III. abends bin ich von Ebenthal-Gänserndorf mit Dr. M[issong] eingeliefert worden. Die Koffer sind hier im Haus. Man bekommt aber nichts. Die Brille geht mir sehr ab. Wäschepakete werden an uns weitergegeben. Bitte, Mumm, schick' mir 3 Taschentücher, 2 Paar gewöhnliche Socken, Zahnbürste, Seife u. Handtuch, sowie Kamm, sonst nichts. Kopf hoch, Mumm, Kopf hoch! Viele Grüße an die Kinder, an [die Sekretärin] Frl. Schulz, an [die Hausangestellte] Olga. Was macht Direktor [der Bank Hübner] Glaser? Kann die Bank [Hübner] weiter? Grüße auch an ihn … Herzlichst und innigst stets Dein Eugen. Kann ich mich Sr. Hoheit [Prinz Coburg] empfehlen lassen? Und [dem technischen Gutachter der Bank Hübner] General Pummerer!«

Seltsamerweise bedrückte mich diese Nachricht nicht. Wenigstens wussten wir Bescheid. Und ich konnte mir nicht im Geringsten die Konsequenzen dieser Verhaftung für uns alle vorstellen.

Mein Vater war viel weg gewesen. Aber …

»Der April brachte Tauwetter. Von allen Bäumen des Döblinger Cottage-Viertels troff es. Föhn fegte durch die Strassen und Gassen und schmolz im Handumdrehen den letzten Schnee von den verwinkelten Ecken der Altvillen und den Flachdächern der Modernbauten weg.«[15] Meine Mutter stand in der lauen Frühlingsnacht mit Olga an der Gartentür und sinnierte zu den Sternen hinauf, wie lange »es« wohl noch dauern werde. Wir waren an lange Abwesenheiten unseres Vaters gewöhnt gewesen. Doch nun wurde es zu viel. Wir erinnerten uns an schöne Stunden mit ihm, trotz seiner – schon damals! – chronischen Überbeschäftigung.

Ja, unser Vater war viel weg gewesen. Wenn er aber da war: sein Melonenzauber! Er legte eine Melone auf den Tisch und prophezeite meinem Bruder und mir, der Melonengeist werde sie wegzaubern, sobald die Sonne im Fenster einen bestimmten Punkt erreicht habe – wir sollten nur genau hinschauen. Und in der Tat: Kaum hatte ich, nachdem ich mit größter Aufmerksamkeit längere Zeit auf das Fenster gestarrt hatte, festgestellt, dass die Sonne genau am bezeichneten Punkt stand, und hatte den Blick wieder zum Tisch gewandt, hatte der Melonengeist die Melone weggeschafft. Unfassbar!

Ja, unser Vater war viel weg gewesen. Wenn er aber da war: sein unumstößlicher Beweis, jeder Mensch habe elf Finger! Er streckte mir seine gespreizten Hände entgegen, zählte die Finger der einen Hand rückwärts von 10 bis 6, dann die Finger der anderen Hand vorwärts bis 5, addierte zu diesen fünf die sechs der anderen Hand, und siehe: Es waren elf! Sieben Jahre später wollte ich mit meinem Vater über ähnliche Späßchen der altgriechischen Sophisten diskutieren: Warum der schnelle Achilles die Schildkröte nicht einholen konnte, warum der fliegende Pfeil sein Ziel nie erreicht und warum alle Kreter die Wahrheit sagen, wenn sie lügen. Sosehr er sieben Jahre vorher seinen Spaß daran gehabt hatte, mich von den elf Fingern jedes Menschen zu überzeugen, so sehr war es ihm nun zuwider, die Trickserеien der Sophisten zu zerpflücken. Als Nächstes würden dann wohl die Wunder und die Geheimnisse seines katholischen Glaubens an die Reihe kommen.

Ja, mein Vater war viel weg gewesen. Wenn er aber da war: Wie aufrecht er – fast schon: – thronte zwischen meinem Bruder und mir auf dem Sofa im roten Zimmer, mit dem Buch in der Hand! Piranhas nagten in zwei Minuten ein lebendiges Pampa-Pferd ab! Wenn ich mir das vorstellte: Wie das Knochengerüst des Pampa-Pferdes, das Wasser sich abschüttelnd, das steile Ufer hochkletterte und in die ebenfalls wie abgenagt wirkende Landschaft davonstiebte, während die satten Piranhas ihr Mittagsschläfchen im Algenwald hielten! Nie würde ich im Amazonas baden! Obwohl es mich gelüstet hätte, die Gesichter meiner Lieben zu sehen, hätte ich als Knochengerüst mit ihnen am Tisch die kalte Suppe gelöffelt, die meine Mutter so vorzüglich zubereitete. Obwohl, wiederum andererseits, ich dann nicht gewusst hätte, wohin mit der kalten Suppe, weil ohne Bauch. Obwohl, nochmals andererseits, dann vielleicht, da wir alles – und somit auch das Bad im Amazonas – gemeinsam unternahmen, auch meine Mutter ein Gerippe gewesen wäre, und wie hätte sie dann eine kalte Suppe zubereiten können? Ach, dann hätten wir eben statt der kalten Suppe eine große Portion Piranhas verspeist, mit viel saftigem Fisch an den Gräten.

Im Bewusstsein der Brüchigkeit der politischen Situation in Österreich hatte mein Vater unsere Auswanderung nach Südamerika betrieben. Diese Idee verfolgte er im Gefängnis weiter. Auf 53 Oktavseiten verfasste er den *Plan einer Ansiedlung in Übersee:* einer Genossenschaftssiedlung im Urwald, mit Vorgaben und Berechnungen zur Organisation, Finanzierung und Durchführung mit Baumaterialien, Höfen, Ställen und Konstruktionsprinzipien – so detailliert, dass auch ein Nichtfachmann in der Lage gewesen wäre, die Leitung eines solchen Projekts zu übernehmen. Woher hatte er alle diese Informationen? Wer sollte dieses Projekt in Angriff nehmen: Nichtfachleute – Emigranten aus Österreich, Intellektuelle, Geistliche, Juden, Leute, die, wie er, nach der eventuellen Freilassung nur noch außerhalb von Hitlers Herrschaftsbereich eine Chance hätten? Er beendete jenes Manuskript mit einem Anhang über Bienenzucht und mit dem Fazit: »Die Durchführung eines solchen Siedlungsplanes hängt von drei Voraussetzungen gleichermaßen ab: erstens von der Tüchtigkeit, dem unbedingten Zusammenhalt und der Treue der Stammsiedler, zweitens von der Aufbringung des Kapitals, drittens vom Segen Gottes, den andere ›Glück‹ nennen.«

Ja, mein Vater war viel weg gewesen. Wenn er aber da war: Gerne saßen wir an Abenden im Mai mit ihm und unserer Mutter auf unserem gegen Einblick zugewachsenen Sitzplatz im Garten, süffelten selbstgebrautes Süß-Alkoholisches und wärmten uns die Hände am Holzkohlenfeuer, mit dem meine Eltern die Gelsen (Stechmücken) fernzuhalten versuchten. Ich spürte: Wir gehören zusammen.

Mein Vater war auch mal da gewesen, in jener schönen Zeit vor seiner Verhaftung. In der Abenddämmerung stellte er die Laterna magica auf, knipste sie an und kramte geheimnisvoll nach einem Satz Laternbilder. Ich kannte sie alle, hatte die licht-bunten Darstellungen auch ohne die Camera von beiden Seiten betrachtet und mich gewundert, dass der kleine Muck den Schatz mal links, mal rechts im Garten des Sultans entdeckte, je nachdem, von welcher Seite ich auf die Scheibe sah. Welcher Verlass war auf eine Geschichte, in der Schätze ihren Platz wechselten? Unser Vater würde uns diesmal tatsächlich wieder das Märchen vom kleinen Muck vorlesen. Er hatte vermutlich gemerkt, dass mich Geschichten von kleinen Jungen faszinierten, die heimatlos und benachteiligt und dennoch kleine große Helden waren. Was mein Vater damals nicht wissen konnte – ich natürlich ebenso wenig –, war, dass auch der Verfasser jener Geschichte, Wilhelm Hauff, Jahre später in noch anderer Weise meine Aufmerksamkeit auf sich ziehen würde. Einige Jungen in unserer Klasse hatten sich für Mädchen zu interessieren begonnen. Zu ihnen gehörte, als einer der Ältesten in der Klasse, auch ich. Allerdings verbarg ich mein Interesse unter einer dicken Schicht Schüchternheit. Einer der Kameraden gab sich besonders erfahren: Hauff biete »übrigens« unerhörte Genüsse ... Jedermann wusste, was er meinte. Doch niemand fragte nach den Fundstellen. So wanderte ich die paar Kilometer zur Leihbibliothek in der Tuchlaube in der Inneren Stadt und lieh mir nacheinander alle Novellen, Erzählungen und Romane Hauffs aus. Von seinen Märchen und Sagen hingegen vermutete ich, sie enthielten nichts Anzügliches. Nacht für Nacht vertiefte ich mich in die Lektüre, sobald meine Mutter, mein Bruder und meine Schwester eingeschlafen waren. Durch viele Nächte musste ich mich hindurchlesen, bis ich endlich auf reichen Lohn stieß. Was tänzelte mir da entgegen, zart und hold: ein Mädchen! »Sie lüftete ... das leichte Überröckchen; eine himmlische Aussicht öffnete sich; der weiße Alabasterbusen schwamm auf und nieder ...« Unter einem Busen konnte ich mir etwas vorstellen, unter Alabaster nicht. Doch im gegebenen Zusammenhang musste es etwas sein, das aus einem gewöhnlichen Busen einen Gegenstand unerhörter Begierde machte. Wie lange hatte ich nach dieser Stelle suchen müssen! Heute bietet sie Google nach wenigen Klicks.

Wenn mein Vater nicht verreist war, hatte er es sich zum Grundsatz gemacht, zum Mittagessen nach Hause zu kommen. Die Mahlzeiten sollte die Familie gemeinsam einnehmen, so gehörte es sich. Bevor er aus dem Büro wegfuhr, rief er zu Hause an, und dann durften mein Bruder und ich, wenn unsere Schulpflichten es zuließen, die Glanzinggasse hinunterlaufen zur Ecke Ludwiggasse und dort warten, bis sein Auto um die Ecke kam. Die Wartezeit vertrieben wir uns mit dem Verzehr je einer damals noch exotischen Banane, die wir am Kiosk kaufen durften. Das gemeinsame Mittagsmahl der Familie, von der Hausfrau zubereitet, während der Hausherr seine Erwerbspflichten erfüllte, gehörte für meinen Vater zur Grundordnung der Welt. Im Alter von 28 Jahren hatte er unter seinem Pseudonym Peter Gundwin ein Buch *Philosophie der Arbeit* rezensiert, in dem der Verfasser, kein Geringerer als der amerikanische Autobauer und Erfinder des Fließbandes, Henry Ford, unter zahlreichen Thesen die folgende vertrat: »Es mag etwas utopistisch klingen, aber ich bin überzeugt, daß wir bald Mittel und Wege finden werden, die Hauptmahlzeiten außer Hause zu bereiten und sie warm und appetitlich zugerichtet auf den Tisch zu bringen, ohne daß es mehr kosten wird als das Essen, das heute im Heim des Arbeiters gekocht wird.«[16] Das hatte Henry Ford bereits 1930 prophezeit. Wie sehr hatte sich mein Vater über diesen baldigen Anbruch »des paradiesischen Zeitalters des herdlosen Heims« mokiert!

Der Höhepunkt unserer Freuden mit den Eltern waren unsere Reisen gewesen. Mit dem Auto über unendlich viele (präzise: 36) Haarnadelkurven in die schwindelnde Höhe von zweieinhalbtausend Metern, der Duft von Latschen und Lärchen im Hochgebirgs-August, und als der Kühler dampfte, Rast in einer Berghütte, in der es nur noch ein Stück Apfelkuchen, dafür aber reichlich Kaffee gab mit einem Duft, wie ich ihn erst fünf Jahrzehnte später in der Souterrain-Lounge der Zürcher Oper wieder einatmete – später Anlass zur Erinnerung an jene Fahrt auf der neueröffneten Großglockner-Hochalpenstraße.

Am Jahreswechsel danach, 1935/36, die Silvesterfeier in Mönichkirchen, immerhin auch fast tausend Meter hoch. Es lag viel Schnee, doch der heutige Skirummel blieb ihm erspart. Dort trank ich mir meinen ersten Silvesterschwips an, mit sieben Jahren.

Der Geschmack von Walderdbeeren, die es heutzutage kaum noch zu pflücken gibt. Ich verschlang sie in solcher Menge, dass ich hohes Fieber bekam. Mein Vater ruderte noch in der Nacht über den See, um aus der Nachtdienst-Apotheke drüben ein Medikament für mich zu holen. Tagsüber dann, kaum hatte ich mich erholt, der Geruch von sonnenheißem Bootslack – damals waren alle Ruderboote aus Holz – und von brackigem Wasser, dazu wedelnder Tang in trüb-grünem Wellengeplätscher.

Ein Jahr später in Bruck an der Mur, in der Steiermark. Mein Vater lag im Liegestuhl neben dem Bauernhaus und las. Ich kratzte von der Hauswand Kalk und kostete ihn. Er schmeckte nicht gut und nicht schlecht, er schmeckte neu. Aus den Augenwinkeln beobachtete ich meinen Vater, nach der Art von Hunden. Eine Bremse (Stechfliege) nahm Kurs auf seine nackte Schulter. Ich nichts wie ran, leise und schnell wie Winnetou. Und schon klatschte meine Hand hernieder. Dass ich nicht nur die Bremse, sondern auch die Schulter meines Vaters getroffen hatte, merkte ich an der Reaktion eines ebenso erschrockenen wie verärgerten Mannes, der zugleich wusste, dass er sich beherrschen musste, weil sein Sohn es gut gemeint hatte.

Der Duft des Kaffees, des Bootslacks, der Geschmack der Walderdbeeren, des Kalks, das Geplätscher der Wellen, der wedelnde Tang – es waren schöne Augenblicke gewesen mit meinem Vater. Ab 1936 konnten meine Eltern sich Sommerferien und Winterausflüge leisten – innerhalb Österreichs. Jetzt war das vorbei. Meine Mutter warf es meinem Vater nach dem Krieg vor: Hättest du dich damals nicht politisch so engagiert, wäre uns das alles erspart geblieben. Doch er hatte es für seine Pflicht gehalten als Mensch, Staatsbürger, Christ und vermutlich auch für seine Familie. Und hatte er nicht vorsorglich die Auswanderung nach Südamerika in die Wege geleitet?

Erste Gefängniskorrespondenz

Der 20. April 1938 war jetzt ein offizieller Feiertag: der »Führergeburtstag«. Der angeordneten Beflaggung folgten in der Glanzinggasse, soweit wir die gewundene Straße übersehen konnten, nur die Bewohner eines einzigen Hauses. Meine Mutter hängte keine Hakenkreuzfahne über das Balkongeländer vor dem nun leeren Arbeitszimmer im ersten Stock. Sie besaß keine. Die Häkchenkreuzchenfähnchen, die ich in den Tagen davor in der Volksschule, von der Lehrerin fürsorglich angeleitet, gebastelt hatte, waren zu klein, um aus dem Fenster gehängt zu werden. Das Radio schaltete meine Mutter an jenem Tag nicht ein. Gebrüll, Lobhudeleien, Treueschwüre und Propagandasprüche – das war für sie Tamtam und Tschindarabumbum. Aber schulfrei hatten wir an jenem Freitag nicht. Das wäre uns dann doch recht gewesen. Auch arbeitsfrei war nicht dekretiert. 49 Jahre alt war Hitler an jenem Tag geworden. Wie hätte er sich gefühlt, hätte er gewusst, dass er nur noch sieben solche Tage mit seinem Volk in seinem Reich zu feiern haben würde?

Damit hatte freilich auch ich nach jenem »Feiertag« noch sieben ähnliche vor mir. So schlimm es für Hitler gewesen wäre, hätte er damals gewusst, dass danach Schluss sein würde mit ihm und seinem Reich und seinem Leben und seiner vermeintlichen Größe, so schlimm empfand ich es später, dass mit diesem Datum, nach seiner noch siebenmal wiederholten propagandistischen Einhämmerung in mein Hirn, in demselben nie mehr Schluss mit diesem Datum sein würde bis zum heutigen Tag. 20. April, 20. April, 20. April. Ausgerechnet dieses Datum wurde 1989 der Todestag meiner Mutter. Meinem Vater war für seinen Tod zwei Jahre vorher ein würdigerer Tag beschieden gewesen: der Tag vor der jährlichen Erinnerung an die Geburt Christi, der 24. Dezember 1987.

Das Einkommen meiner Mutter schrumpfte dramatisch. Sie erhielt etwas Geld von ihrem Vater aus München. Sie verpfändete ihren Schmuck im Wiener Versteigerungshaus Dorotheum. Sie machte Schulden. Belastungen anderer Art kamen hinzu. Der Hausangestellten Olga war zu kündigen, die beiden Möpse waren unterzubringen. Der Auszug aus dem Haus war vorzubereiten, der umfangreiche Hausrat einzulagern, eine neue Bleibe zu finden – dies alles zudem nun ohne Hilfe. Vor allem sollte dem Ehemann die Haft erleichtert werden, wirksam, doch fast ohne Geld. Dazu die Kassiber! Es war eine Aufgabe ohne Ende, sie zu schreiben und in einen Saum einzunähen und die erhaltenen ausfindig zu machen, herauszutrennen und irgendwo aufzubewahren in der Hoffnung, sie würden bei einer Hausdurchsuchung unentdeckt bleiben.

Von den offiziellen Postkarten, die mein Vater meiner Mutter aus dem Gefängnis schreiben durfte, trägt die zehnte, vom 10. Mai, bereits die offizielle Briefmarke des Deutschen Reichs, 5 Rpf., mit dem Kopf des früheren Reichspräsidenten Hindenburg, der am 30. Januar 1933 Adolf Hitler zum Reichskanzler ernannt hatte.

»Absender: Dr. Eugen Kogon, Hermanngasse 38, Wien VII. – 10. V. 38, 5 h. 10. Karte. – Liebste Mumm: – Heute war ein großer Tag für mich: Überstellung hierher u. gleich anschliessend erstes Verhör bei der Gestapo am Rennweg! Endlich,

endlich kommt die Sache in Fluss, nach 60 Tagen Haft, Gottseidank! Unsere Zukunft scheint mir zwar trüb zu sein, wirtschaftlich gesprochen, aber es wird schon werden, wenn wir wieder einmal beisammen sind, gelt. Hoffentlich sind die Kinder schon gesund; ich lasse sie herzlichst grüßen u. küssen. Hier ist manches besser als auf der Elisabethpromenade – aber mach' Dich ruhig noch auf längere Zeit gefasst. Die Radiesl im Garten werden wir nicht mehr geniessen, gib sie ruhig her! – ... Seine Hoheit [Prinz Coburg] lasse ich herzlichst grüßen; ich sinke und falle mit ihm ... – Liebste, liebste Mumm: ich liebe Dich! – Kopf hoch u. wenn die Welt voll Teufel wär' – wir müssen durchhalten, unsertwegen u. um der Kinder willen. Schreib mir recht oft. – In herzlichster Liebe: Dein Eugen.«

Spätere Erinnerung meines Vaters an den Tag seiner ersten Vernehmung: »Das erste Verhör bei der Gestapo am Morzinplatz in Wien war, wenn ich mich recht erinnere, am 59. oder 60. Tag meiner Haft. Da ging es um drei elementare Vorwürfe. Der eine war die internationale Koordinierung von Informationen: Mit wem haben Sie zu tun gehabt, wann, wieso, was, woher stammten die Informationen? Der zweite war die Beschuldigung, zahlreiche wichtige Emigranten unterstützt zu haben, zum Beispiel Mitglieder des Mönchen-Gladbacher Volksvereins, einen Generalleutnant, einen Geistlichen, mit dem ich sehr eng zusammengearbeitet hatte. Der dritte war die Mitarbeit an dem, was man die Verhinderung der nationalsozialistischen Machtergreifung in österreichischen Presseorganen nennen könnte ...«[17] ... »Mit dem Gesicht zur Wand, die Hände hinter dem Kopf verschränkt, das Verhör erwartend, ging mir mehr als Politik durch den Sinn.«[18]

Mein Vater in der Gewalt der Gestapo

Im März 1938 war die Schlag-Kraft der sich neu etablierenden Wiener Gestapo sicherlich gleich von Anfang an über alle Zweifel erhaben. Es war gewiss nicht so, dass ein paar Wiener Schlawiner, die keine Ahnung von zünftigem Foltern hatten, in ihren beschlagnahmten Büros herumgesessen und sich überlegt hätten, welche Phantasieberichte sie an ihre Oberen in Berlin schicken sollten, weil sie nicht imstande gewesen wären, aus ihren Opfern Wesentliches herauszupressen. Höchstens mochte es sein, dass die Referenten mit der Bearbeitung der 72000 Fälle nicht gleich nachkamen, dass ein Sachbearbeiter einen ihn schwierig dünkenden Fall liegen ließ oder an einen Kollegen weiterreichte, der ihn ebenfalls liegen ließ, vielleicht mit der Ausrede, er habe in Berlin nachgefragt und müsse erst die Reaktion von dort abwarten, die aber nie kam, oder dass es Kompetenzstreitigkeiten oder Missverständnisse mit »Berlin« gab, dass die Kommunikation zwischen den Gestapostellen von Berlin, Wien und Wiesbaden noch nicht so toll funktionierte, damals, ohne E-Mail und Internet. Doch von Anfang an wendeten Gestapo-Beamte in Wien Gewalt an, um Geständnisse, Zusagen, Unterschriften zu erpressen. Für ihre Gewaltakte brauchten sie keine mit allen Raffinessen einer perversen Fantasie ausgestatteten Folterkeller. Schon mit Fäusten und Stöcken war viel zu erreichen, und auch die technische Alltagszivilisation bot wirksame Geräte. Die Herren von der Gestapo brauchten bloß die Gebrauchsanweisungen zu lesen: Achtung, Verletzungsgefahr! Aus verhafteten oder auch nur vorgeladenen Juden pressten sie mit Leichtigkeit jede gewünschte Unterschrift oder Auskunft »zwischen Tür und Angel« heraus: »Finger an den Rahmen!« – auf der Seite der Angel. Dann schlugen sie die Tür zu. Die Schmerzensschreie waren weithin zu hören, und auch dies war erwünscht.

Die Kassiber meines Vaters enthalten keinen Hinweis auf körperliche Misshandlung. Es ist freilich nicht auszuschließen, dass er in Kassibern, die nicht erhalten geblieben oder noch nicht lesbar gemacht worden sind, von solchen Misshandlungen berichtet hat. Oder dass er meiner Mutter solche Berichte ersparen wollte. Oder aber, dann doch: Dass die Gestapo keinen speziellen Grund sah, ihn zu misshandeln.

Viele Gefangene der Gestapo täuschten in der Hoffnung, ihre Lage zu verbessern, Kooperationsbereitschaft vor. »Das war für mich eine schwierige Zeit, weil ich viel reden mußte, um möglichst viel zu verhüllen. Denn natürlich war ich eisern entschlossen, ihnen so wenig wie möglich zu sagen.«[19] In gleicher Weise lügnerisch redebeflissen verhielt sich Stéphane Hessel, jener französische Widerstandskämpfer und spätere »Botschafter Frankreichs«, der noch 2010 mit seiner Streitschrift *Empört Euch!* die Weltöffentlichkeit aufrüttelte. Er überstand die Folterverhöre in Paris, weil auch er Geheimnisse verriet, die keine waren. Dennoch war er im Herbst 1944 in das KZ Buchenwald verbracht worden, um hingerichtet zu werden. Als er es erfuhr, organisierte mein Vater seine Rettung. Er übertrug mit Hilfe von Kameraden in einer komplizierten, gewagten Aktion Hessels Identität auf einen soeben verstorbenen Häftling. Damit war er für die KZ-Bürokratie tot. Gleichzeitig erhielt er die nun freie Identität des Toten. Mit der lebte er noch 67 geschenkte Jahre. Mein Vater und Stéphane Hessel haben beide später ausführlich über diese Rettung berichtet.[20]

Manches von dem, was mein Vater gegen die Nazis unternommen hatte, war der Gestapo bekannt, sie brauchte es nicht aus ihm zu pressen: 1933 der Kampf um die Kontrolle der *Neuen Zeitung* mit der verleumderischen Anzeige des Nazi Zogelmann, ab 1934 die finanzielle Unterstützung deutscher Emigranten und ihre Zusammenführung in einem Informationsring (was aber nach österreichischem und vermutlich auch nach deutschem Recht nicht strafbar war), 1936 die finanzielle Unterstützung der österreichischen Zeitschrift *Der Christliche Ständestaat* (ebenfalls nicht strafbar), 1937 die finanzielle Unterstützung des Wiesbadener *Matthias Grünewald-Verlages* mit Sperrmark (dafür war mein Vater bereits rechtskräftig verurteilt worden), im Herbst 1937 die öffentliche Äußerung, Deutschland sei »das Land der Kasernen und der Gefängnisse« und schließlich am 11. März 1938 sein Fluchtversuch und seine Fluchthilfe für Klaus Dohrn. Dass seine Mutter aus dem ukrainischen Nikolajew stammte und jüdischen Glaubens gewesen war und dass nichts über seinen Vater bekannt war – mit der möglichen Vermutung, auch er sei Jude gewesen: Auch das fand die Gestapo bald heraus.

Hätte mein Vater, wie Stéphane Hessel, einem Netz bewaffneter Widerstandskämpfer angehört und wichtige geheime Namen und Adressen gewusst, wäre er sicher entsprechend »behandelt« worden. So aber landete er vermutlich in der Sparte der »Regimegegner«, und der Gestapo ging es vielleicht eher darum, herauszufinden, ob er in »Schutzhaft« verbleiben sollte oder ob Straftatbestände es erlaubten, ihn der ordentlichen Gerichtsbarkeit zu überstellen. Solche Tatbestände wurden offenbar als nicht ausreichend erachtet. Also blieb er in Gestapo-Haft. Auf der Basis einer solchen Einschätzung hielt auch mein Vater es immer wieder für möglich, bald freigelassen zu werden. Er hoffte, betete, wartete, achtete auf kleinste Indizien, wurde immer wieder enttäuscht. Ständig schwankte er zwischen Bangen und Hoffen. Er überstand alle Verhöre heil. Aber er wurde nicht freigelassen – sieben lange Jahre nicht mehr, und hätte Hitler den Krieg gewonnen, hätte er dies vielleicht nicht lange überlebt.

Einmal winkten wir zusammen mit unserer Mutter vor dem Gefängnis in der Hermanngasse 38 zu einem der vergitterten Fenster hinauf – dahinter sei unser Vater. Ich konnte ihn dort im dritten Stock nicht erkennen. Wenn die Nazis in diesem Stil weiter verhafteten, würden sie die Gefängnisse aufstocken müssen. Mir wurde klar, was es heißt, »hinter Gittern« zu sein.

Mai – Juli 1938

Die 12. Karte meines Vaters, vom 14. Mai 1938, war von der Verwaltung des Gefängnisses in der Hermanngasse 38 zusätzlich gestempelt: »Antwort nur mit Postkarte.«

»Liebste Mumm: – Das Wäschepaket, das Du mir am Mittwoch mitgebracht hast, war sehr schön, vielen Dank! Und wie schön war erst Deine Begleitung und unser Abschied! Die gebrauchte Wäsche gebe ich, wie auf der Elisabeth-Promenade, am Mittwoch ab. – Deine Karten vom 7. u. 10. V., die Karte Mausis u. die Photos der Kinder bekam ich vorgestern. Ich war gerührt u. begeistert. Viele Küsse Michael, Alexius u. Kornelia! – Eben, abends 5 h, kam auch Deine Karte vom 13. V. Ja, es ist hier besser, besonders die Verpflegung ... Sprecherlaubnis hast Du anscheinend noch nicht. [Gestapo-] Kommissar Dr. Arens ... sagte Deinet- u. der Kinder wegen, die Untersuchung werde Ende dieser kommenden Woche (gegen den 20. V.) abgeschlossen sein. Was dann sein wird, weiss ich nicht ... – In treuester Liebe Dein Eugen. – Vielen Dank für alles, auch das Laufen!«

Auf die Karte meines Vaters antwortete meine Mutter mit einer Postkarte vom 20. Mai 1938. Auf der Rückseite ist ein durch Wasserschaden weitgehend zerstörtes Foto aufgeklebt. Vermutlich zeigte es meine Schwester Cornelia. »Herrn Dr. Eugen Kogon, Prokurist, Wien VII, Hermanng. 38. Lieber,

lieber Vat, gerade komme ich zum Mittagessen heim, ½ 3 h. Bimba [hier vermutlich: Mutter Missong] hatte angerufen. Sie braucht keine Sprecherlaubnis mehr, er [der ebenfalls verhaftete Alfred Missong] kommt bald heim. Nun kannst Du Dir vorstellen, was ich für Hoffnungen daran knüpfe! ... Solltest Du frei werden, telefoniere bitte so lange, bis wir Dich hören. Ich vermute, dass es in der Nacht ist und wir schlafen ... Vorsichtshalber ... [mehrere von der Zensur unkenntlich gemachte Zeilen] ... Auf ein baldiges Wiedersehen freuen wir uns Alle. Olga wird Dich abtasten, ob es auch wahr ist. Herzlichst Rita.«

Aus einer Postkarte meiner Mutter vom 30. Mai 1938: »Mein allerliebster Vat, wie ich heute heim kam, war die Nanette [der eine der beiden Möpse] schon weg. Mausi sagt, ›mein Vati kommt, kaufen wir uns einen neuen Moritz [der andere der beiden Möpse]‹. Inzwischen macht sie sich einen aus Papier (man muss es aber wissen, sonst würde man es nie für einen Hund halten.) ... Heute gebe ich Geld für Dich ab, wieviel angenommen wird, weiß ich nicht. Vielen Dank für Deine Karte, die heute kam. Sie sah aus, als ob das Mauserl darüber gekommen wäre. Aber das Ahnungsvermögen einer liebenden Frau kann man halt doch nicht durchstreichen ...«

»Als ob Mauserl darüber gekommen wäre«: Offenbar waren Teile der Karte meines Vaters vom Zensor – ungenügend – geschwärzt worden.

Postkarte meines Vaters vom 16. Juli 1938: »Liebste Mumm: – Die Ferienreise der Missongs [in Wahrheit: ihre Ausreise in die Schweiz], wie Du sie mir geschildert hast, kommt mir, je mehr ich darüber nachdenke, höchst vernünftig vor. Bitte, tu' alles, was möglich ist, dass unsere Kinder auf diese Alm mitkommen. (Beide, Michael u. Alex, haben mich etwas ängstlich gefragt, ob sie zu fremden Leuten müßten. Bei einem Gutshof, den [Abt] Thomas benennen würde, wäre das der Fall, während sie bei Missongs mit den ihnen so vertrauten 3 Spielkameraden [den drei Missong-Kindern], zu Sechsen, beisammen wären!) Die Lösung wäre ideal, auch in Hinsicht auf Dich, Liebste! Ich habe Missongs geschrieben. – Widme Dich jetzt, bitte, weniger mir als dem Umzug, gelt! Es ist wichtig, daß alles klappt … Die Kinder sind goldig! In innigster Liebe immer Dein [kyrillisch:] Ewgenij.«

Mein Vater verwendete für die Anrede, seinen Namen und seine Liebeserklärungen oft kyrillische Buchstaben und manchmal auch die russische Sprache. Auf diese Weise erinnerte er an seine russische – nach seinem Verständnis somit auch nichtjüdische – Herkunft. Er hatte schon in jungen Jahren – auf der Suche nach der verlorenen Heimat? – Russisch gelernt, hatte die große klassische russische Literatur im Original gelesen und beherrschte auch die gesprochene russische Sprache verhältnismäßig gut. Dies kam ihm in den sechziger Jahren zustatten. Als Präsidiumsmitglied der *Gesellschaft zur Förderung der Beziehungen zwischen der Bundesrepublik und der Sowjetunion* besuchte er mehrmals die Sowjetunion bis nach Sibirien.

»19. Juli 1938, 2 h mittags. Liebe Rita: – Ich bekam soeben Deine beiden Karten vom 18. Juli mit der Anfrage, was zur Ermöglichung des Not- und Ferienaufenthalts der Kinder in der Schweiz doch noch getan werden könne. Es handelt sich also um die persönliche Erklärung meinerseits als Vater, dass ich mit der Ausreise der Kinder einverstanden bin. Bitte, gehe gleich zu Herrn Dr. Kolb von der Gestapo und lege mit diesem meinem Schreiben folgendes vor: 1. Die Kinder sind 9 ¾, 8 ½ und 3 ½ Jahre alt und höchst erholungsbedürftig. Die Möglichkeit, sie bei einer freundlichen Schweizer Familie auf einer Alm unterzubringen, ist gegeben. 2. Infolge totalen, durch meine Haft verschuldeten Geldmangels kannst Du den Unterhalt selbst nicht mehr bestreiten. 3. Ende Juli muss die Wohnung geräumt werden. Du weißt nicht, wohin mit den

Kindern. 4. Herr Dr. Kolb möge die große Freundlichkeit haben, hier in der Hermanngasse zu veranlassen, dass ich zur Pass-Stelle ausgeführt werde, um dort meine Zustimmung zu geben. 5. Du selbst komm' dann mit den Kindern samt erforderlichen Unterlagen (wahrscheinlich Taufschein und Photo) ins Pass-Amt, und zwar zu der Stunde, die Du mit dem diensthabenden Revierinspektor hier im Hause vereinbarst. Es wird bestimmt ermöglicht werden, dass wir aus dieser schwierigen Lage befreit und die Kinder in die Lage gebracht werden, diese seltene Gelegenheit eines Ferien- und Erholungsaufenthaltes auf einer schweizerischen Alm zu benützen. Lass', bitte, nichts unversucht! Herzlichsten Gruß: Eugen. ... Schreibe der Expeditionsfirma umgehend! Ich bin der Meinung, dass es das Allerwichtigste ist, nach Abreise der Kinder (wohin immer) sofort zu Missongs zu ziehen und die Möbel einzustellen. Nicht warten! Wir müssen den Kopf frei bekommen! ... Viele Grüße an Lia [Missong] und Sophie! Dass Fred [Missong] gut [in der Schweiz] angekommen ist, freut mich herzlich ... Immer Dein Eugen.«

Mit der Ausreise Alfred Missongs in die Schweiz begann für die Familie Missong ein Flucht- und Leidensweg, der nach drei Jahren zum Ausgangspunkt zurückführte. Alfred Missong war ein aufrechter Mann mit einer festen Überzeugung, die aber in der damaligen unruhigen Zeit nie dorthin passte, wo er sich gerade aufhielt. So geriet er in eine Tragödie von altgriechischem Zuschnitt, in der das Schicksal ihm eine Nebenrolle als Fliege im Spinnennetz zugedacht hatte. Er war ein leidenschaftlicher österreichischer Patriot. In der *Schöneren Zukunft* hatte er ihm fremde Positionen vertreten müssen, die er, um sich nicht zu diskreditieren, unter Pseudonym publizierte. Seine wirkliche Überzeugung legte er in anderen Zeitschriften dar, doch auch hier unter Pseudonym, um seinen Posten in der *Schöneren Zukunft* nicht zu verlieren. »So war Missong in die Rolle eines Zerrissenen gedrängt:

gegen die eigenen Aufsätze, die er für die *Schönere Zukunft* verfasste, polemisierte er im *Christlichen Ständestaat!*«, sagte sein Sohn über ihn.[21] In seiner Kampfschrift *Der Nazi-Spiegel* hatte er bereits 1932 den verbrecherischen Charakter des Nationalsozialismus bloßgelegt, wiederum unter Pseudonym. Auf seiner misslungenen Flucht in die Tschechoslowakei hatte er unter der Bodenmatte im Auto meines Vaters sein Manuskript *Die soziale Monarchie* (nach einer anderen Quelle: *Die Vereinigten Staaten von Großösterreich*) versteckt. Das Auto meines Vaters wurde beschlagnahmt, das Manuskript ging verloren. Nach seiner Verhaftung blieb Missong mehrere Wochen im Gewahrsam der Gestapo. Nun kam ihm zustatten, dass er unter Pseudonym publiziert hatte. Die Gestapo konnte ihm nichts nachweisen und ließ ihn frei. Bangen an der Schweizer Grenze: Als Pseudonym für einige Artikel gegen Hitler hatte Missong seine Wohnadresse *Hartäcker* gewählt. In diesem einen Fall hatte er Glück: Den deutschen Grenzern fiel der Zusammenhang nicht auf. Bald reiste ihm seine Familie nach. Dass die deutschen Behörden die Ausreise zuließen, hing vielleicht mit der knappen Befristung der Schweizer Aufenthaltsbewilligung zusammen. Die Familie betrieb ihre Auswanderung nach England oder in die USA – vergeblich. Die Schweizer Behörden verlängerten die Aufenthaltsgenehmigung nicht. Die Familie zog weiter nach Futog in Jugoslawien. Angst sogar noch auf der Fahrt durch das mit Deutschland verbündete Italien. Viele der »Donauschwaben« in Futog sympathisierten mit den Nationalsozialisten. Im Frühjahr 1941 fiel die deutsche Wehrmacht in Jugoslawien ein. Futog wurde von Truppen des mit Deutschland verbündeten Ungarn besetzt. Die Flucht der Missongs auf einem Pferdegespann in Richtung Rumänien/Bulgarien endete im Feuerhagel deutscher Sturzkampfbomber. Nur knapp entging Vater Missong der Ermordung durch triumphierende Donauschwaben. Im September 1941 wurden die

Eltern in Budapest verhaftet, als sie auf der deutschen Gesandtschaft ihre Pässe verlängern lassen wollten. Ende September Abschiebung der Familie nach Wien. Frau und Kinder durften nach Hause. Vater Missong kam nach 6 Wochen frei. Anstellung in einer Anwaltskanzlei. Pflicht zu regelmäßiger Meldung bei der Gestapo. Dreimal im Jahr Vorladungen zur Wehrmacht. »Wehruntauglich«: noch mal Glück im Unglück gehabt.

»20. Juli 38. Liebste Rita: – Dein Brief vom 19. Juli ist recht traurig. Ich möchte Dir in Sachen Berlin nicht wehgetan haben. Vielleicht hast Du in allem recht, gelt. Ich wollte Dich nur von weiteren derartigen Aktionen abhalten. Tu' gar nichts mehr – es ist das Beste! Sicherlich kann man sich auch auf Gefühle nicht mehr verlassen. Es wird erst wieder recht werden, wenn wir wieder beisammen sind. Dann wollen wir allerdings nicht mehr über vergangene Richtigkeiten oder Unrichtigkeiten verschiedener Meinung sein, sondern eines Herzens und Sinnes und voll Mut uns dem stillen Aufbau des neuen Lebens zuwenden. Pessimismus oder Optimismus – wir haben ja beide gelernt, gelt, und so wird schon das Richtige herauskommen. ›Überdauern‹ – das ist jetzt das allein Richtige ...«

Aus dem Plan meiner Eltern, ihren drei Kindern einen »Not- und Ferienaufenthalt in der Schweiz« zu ermöglichen, wurde nichts. In ihrer Zwangslage musste meine Mutter es als Erleichterung empfunden haben, dass sich wenigstens für ihre beiden Söhne eine andere, vielleicht ebenfalls nur als vorübergehend empfundene Gelegenheit im fernen Bayern auftat. Vielleicht dachten meine Eltern auch: Da mein Vater eine jüdische Mutter hatte und die Gestapo dies früher oder später herausfinden würde, sei es besser, wenigstens wir seien weit weg »vom Schuss«.

2.
Ab ins Kloster

Mein Bruder und ich müssen nach Bayern

Der Ort, den meine Eltern im Auge hatten, lag bei Vilshofen an der Donau. Es war die Benediktiner-Abtei Schweiklberg. Sie war 1904 zur Ausbildung von Missionaren gegründet worden. Der Abt, Thomas Graf, hatte sich, obwohl das Klosterinternat schon geschlossen war, bereit erklärt, meinen Bruder Alex und mich aufzunehmen. Er war mit meinem Vater befreundet.

Thomas Graf und mein Vater hatten einen Teil ihrer Jugendzeit ebenfalls in jenem Kloster verbracht. Thomas Graf war der Sohn eines Lehrers aus dem nahen Holzkirchen. Mein Vater war schon im Sommer 1914, mit elfeinhalb Jahren, in das Schweiklberger Internat eingetreten. Unehelich geboren, hatte er sein erstes Lebensjahrzehnt als Pflegekind in München verbracht. Sein Vater war nie in Erscheinung getreten. Seine Mutter hatte ihn kurz nach seiner Geburt weggegeben und sich dann aus seinem Leben entfernt. Bald nach seinem elften Geburtstag brachten ihn seine Pflegeeltern in der Abtei Schweiklberg unter. 1918, mit fünfzehn Jahren, wechselte er in das Dominikanerkloster Vechta in Norddeutschland. Sein Mitschüler und bester Freund Thomas Graf blieb in Schweiklberg. Er ließ sich zum Priester weihen und wurde 1935 zum Abt gewählt.

Mitte Juli 1938, gegen sieben Uhr morgens, an einem Sonntag. Meine kleine Schwester begann in ihrem Gitterbettchen im Elternschlafzimmer zu plappern und zu singen. Das war für meinen Bruder und mich das Zeichen, aus unserem Zimmer hinüberzuschleichen und das Mauserl aus dem Bettchen zu heben: Mutti sollte noch ein wenig schlafen dürfen. »Nicht streiten!« Gegen ihre Gewohnheit war Mutti bereits wach. Sie schüttelte ihr Kissen zurecht und richtete sich auf. Das verhieß die Ankündigung von etwas Ernstem. Ich steckte meinen Kopf unter das Kissen meines Vaters. In diesem Augenblick war ich froh, dass er nicht da war. Aus seinem Munde wäre die Ankündigung noch ernster gewesen. »Könnt ihr euch vorstellen …«, hub meine Mutter an. Ich murmelte unter meinem Kissen ein unhörbares Nein. »Es wäre ja nur für einige Zeit.« – »Du willst uns wegschicken!«, sagte mein Bruder. »Es ist ja nur, weil …«, stammelte meine Mutter. Das Mauserl fing zu weinen an. Meine Mutter nahm sie an sich und streichelte sie. »Es ist ja noch nicht gleich«, fügte sie hinzu. »Wolf und sieben Geistlein!«, bettelte das Mauserl. Unsere Mutter griff nach dem Märchenbuch. »Sie will uns ablenken«, murmelte Alex. Dann zog er mir das Kissen weg, und wir begannen unsere allsonntägliche Kissenschlacht. Unsere Mutter ließ uns, im Gegensatz zu anderen Sonntagen, gewähren. Sie war froh, dass die Sache so glimpflich ablief. Wie kindlich ihre beiden Söhne noch waren. Sie ließen sich ablenken.

Den Ernst der Lage begriff ich erst, als unsere Mutter unsere Köfferchen packte. Mein Koffer war etwas größer als der von Alex. Als er voll war, steckte ich noch meine Mikadostäbchen und meinen Kompass hinein. Ich wollte zu jeder Zeit wissen, in welcher Richtung unser Zuhause lag. Der Name der Abtei Schweiklberg war mir nicht fremd. Wir waren schon einmal mit unseren Eltern dort gewesen, ohne Ahnung, was es für einen Unterschied macht, ob man einen Ort als flüchtiger Besuch oder als eine Art Bettelstudent erlebt. So verband ich zunächst mit dem Namen Schweiklberg noch nicht meine spätere Erfahrung von Heimatlosigkeit. Doch der Gedanke wegzumüssen, war mir schlimm genug. Geholt werden – auf einmal begriff ich, was meinem Vater angetan worden war.

An einem Nachmittag stand vor unserem Haus ein weinroter DKW Front. Er erschien mir so klein, dass ich meinte, er würde in den Kofferraum unseres Terraplan passen. Ein Auto zu klein für eine fünfköpfige Familie. Ein Auto geschaffen für Familienzertrennung. Ihm entstiegen zwei schwarzgekleidete Gestalten.

»Thomas, schön, Sie zu sehen.« – »Wie geht es Eugen?« Anstelle einer Antwort zerdrückte meine Mutter ein paar Tränen. Pater Cyprian stellte sich selbst vor. Meine Mutter bat die beiden Herren ins Haus, sie waren sicher hungrig nach der langen Fahrt, Olga hatte einen Imbiss vorbereitet. Nein, nicht nötig, sie hatten schon beim Prinzen gespeist. Aber bitte ... In dem allgemeinen Durcheinander vergaß meine Mutter, meinen Bruder und mich anzuhalten, den beiden Herren die Hand hinzustrecken. Während die Erwachsenen in der Glasveranda am Tisch saßen – selbstverständlich durfte sich Olga dazusetzen –, schlich ich zum Auto. Am Reserverad auf dem kleinen schrägen Kofferraumdeckel war das Ventil mit einer schwarzen Kappe verschlossen. Sie ließ sich nicht drehen. »Na???!!!« Ich zuckte zusammen. »Was ist denn da so interessant?!« – »Die Reifen«, stammelte ich, »ich meine, ob sie richtig aufgepumpt sind.« – »Das lass nur meine Sorge sein. Übrigens, ich bin der Pater Cyprian.« Er streckte mir die Hand hin. Ich verschränkte meine Arme hinter dem Rücken. Er zog mir mit einem Ruck meinen rechten Arm hinter dem Rücken hervor, ergriff meine Hand und schüttelte sie kräftig. Dazu lachte er wie ein Junge, dem ein Streich gelungen ist. »Und jetzt rein mit dir.«

Aus mein Traum. Ich hatte mir vorgenommen, die Luft aus einem Reifen zu lassen. In jedem Auto wurde eine Luftpumpe mitgeführt. Pater Cyprian hätte den Reifen sofort wieder aufpumpen können. Mein Plan war komplizierter gewesen. Ich hatte gehofft, Pater Cyprian würde den Reifen zu stark aufpumpen. Dann hätte er den anderen drei Reifen ebenfalls noch Luft dazupumpen müssen. Und wieder hätte einer zu viel Luft abbekommen. Der gute Pater Cyprian hätte weiter und weiter gepumpt, und schließlich wäre einer der Reifen geplatzt. Und dann hätten die beiden Herren im Bubenzimmer schlafen dürfen, und ich wäre noch einmal in das Bett meiner Eltern geschlüpft. So hatte ich es mir ausgedacht. Nun war nicht der Reifen geplatzt, sondern mein Traum.

Die beiden Herren öffneten die rechte Tür ihres Autos und kippten den Vordersitz nach vorn. Wir krochen auf die Hintersitze. Letzter Blick auf die Gartenmauer mit den Kletterlöchern, auf die Föhre vor dem Haus, auf das verlotterte Baugrundstück gegenüber, auf dem wir manchmal gespielt hatten, heimlich, weil unsere Mutter uns den Umgang mit den »schlecht erzogenen« Kindern der Nachbarn verboten hatte, die uns damals ihrerseits als »reiche Juden« eingestuft hatten und die jetzt triumphierten. Ich hätte gerne das kleine Tretauto aus dem letzten Weihnachts-Spielzeug-Katalog des Kaufhauses Gerngroß in der Mariahilfer Straße, das mir vom Christkind aus einem vermutlich pädagogischen Grund verweigert worden war, in den Kofferraum gepackt, um es in Schweiklberg herauszuholen und mit ihm zurückzustrampeln, diese läppischen dreihundert Kilometer. Aber ich besaß so ein Tretauto eben nicht.

Alle Mütter winken, wenn ihre Kinder wegfahren. Durch das kleine Rückfenster konnte ich nicht viel erkennen. War in diesem Auto überhaupt das Sichumdrehen erlaubt? Die Autotür schlug. Mehrere Stunden lang raste nun die Vorderwelt mit Lichtgeschwindigkeit auf uns zu. Auto fahren: Mein Vater hätte das sicher auch gerne getan. Aber sein Auto war beschlagnahmt worden und auf Nimmerwiedersehen verschwunden. Der »Grüne Heinrich« (so werden in Österreich die Polizeiautos zum Gefangenentransport genannt) war ja wohl auch nicht gerade der Ersatz, den er sich für seinen Terraplan vorgestellt hatte. Hätte ich einen Magierstab gehabt, ich hätte ihm zumindest ein Wohnwagengefängnis gezaubert, eine Zelle auf Rädern. Mein Vater würde sie selbst steuern und fahren, wohin er wollte. Der einzige Unterschied wäre, dass er nicht herausdürfte. Aber so etwas gab es in der Welt von Hitlers Geheimer Staatspolizei nicht. Das gibt es ja nicht einmal heute.

»21.7.38 Liebe Mutti. Uns ist auf der Fahrt viel begegnet. Als wir schon ziemlich weit weg waren, sahen wir einen Zusammenstoß, ein Auto mit einem Radfahrer. Letzterer wurde ohnmächtig wegtransportiert. Wir sahen uns auch in St. Pölten eine Kirche an. Auch eine Panne hatten wir. Wir mußten im Auto bleiben. Aber das dachte sich nur der Abt Tomas und der Pater Züprian. Wir gingen beide aufs Klosett, und konnten daher gut alles ansehen ...«

Die Überquerung dessen, was bis zum 13. März die österreichisch-deutsche Staatsgrenze gewesen war, bemerkte ich nicht. Es war ja auch keine Staatsgrenze mehr. 1937 hatte unsere Mutter meinen Bruder und mich nach Wiesbaden mitgenommen. Dort wartete unser Vater auf seinen Prozess wegen Devisenvergehens. Die Gestapo hatte ihm den Pass abgenommen. Er konnte erst nach vier Monaten wieder nach Wien zurück, nachdem Prinz Coburg seine Geldstrafe bezahlt hatte. Sosehr die Fahrt im Schlafwagen mich beeindruckt hatte, so sehr hatte mich der Grenzübertritt enttäuscht. Ich hatte gemeint, in Deutschland seien die Wiesen und die Bäume blau, die Häuser rot und der Himmel grün, lauter knallige, glänzende Farben wie in meinem Malbuch. Nur die Farbe der Wolken hatte ich mir einigermaßen realistisch als rosa vorgestellt. Dann musste ich erleben, dass es in Deutschland nicht viel anders aussah als in Österreich.

Vielleicht war meine Fantasie nicht kräftig genug gewesen. Ich hatte mir bloß eine Verfärbung vorgestellt. Hätte ich erwartet, in Deutschland stolzierten statt Menschen Goldfasane umher und alle hätten einen steif hochgereckten rechten

Arm und die Polizisten seien geheim, wäre es vielleicht so gewesen.

Meine Enttäuschung über die Gleichartigkeit der beiden Länder münzte ich rasch in einen überzeugenden Grund um, warum der Herr Hitler sich unser Land geschnappt hatte. Er hatte es sich geschnappt, weil es aussah wie seines. Der Herr Hitler respektierte Grenzen zu Ländern, die aussahen wie das seine, grundsätzlich nicht. Wozu *zwei* Länder, wenn sie aussahen wie eines? Hätte unser letzter österreichischer Bundeskanzler Kurt Schuschnigg unser schönes österreichisches Vaterland rot-weiß-rot angemalt, der Herr Hitler hätte es in Ruhe gelassen.

Wir wurden an einer Tür abgesetzt, hinter der zwei Kirchtürme aufragten. Die Tür war nicht sehr groß. Doch mir erschien sie so groß, dass ich das Kloster drum herum nicht sah – als stünde die Tür im leeren Raum. Ich konnte aber nicht rechts oder links an ihr vorbei. Ich musste durch. Sie öffnete sich wie von allein. Ich wusste, dass ich, war ich erst durch, nicht mehr zurückkonnte. Der Ausgang des Klosters war anderswo. Niemand würde ihn mir zeigen. Hinter dieser Tür lag eine labyrinthische Welt. Einmal hindurch, würde nichts mehr sein wie zuvor. Mein Köfferchen wurde mir schwer. Es sträubte sich, mir zu folgen. Na komm schon, hier macht man keine Geschichten! Wir gelangten in einen mittelgroßen Raum, blieben allein. Alex! Mein Bruder! Ein Kruzifix an der Wand, einige Pulte. Es mochte früher ein Klassenzimmer gewesen sein. An der Wand hing die Hausordnung. Das Glas spiegelte. Die Wörter verschwammen mir. Die Aussagen gerieten mir durcheinander. Wenn ich versuche, meine Lektüre vor diesem spiegelnden Glas zu rekonstruieren, scheint mir, ich hätte Folgendes gelesen haben können:

»Alle Räume des Klosters sind der Vervollkommnung gewidmet. Dies ist der Raum des vollkommenen Alleingelassenwerdens. Es wird davon abgeraten, sich unter einem Pult zu verkriechen. Die Pulte sind explosiv. Auch von Hungergefühlen wird abgeraten. In extremen Notfällen wird an der Pforte, die jedoch undurchschreitbar ist, den Ausgesetzten Brot gereicht. Auch von anderen Gefühlen wird abgeraten. Sobald sich die vollkommene Gefühllosigkeit eingestellt hat, sollen nacheinander die Gelübde der Liebe, der Nächstenliebe, der Einfühlsamkeit, der Rücksichtnahme, des Respekts vor dem Schwächeren, der Hilfsbereitschaft, des Verständnisses, der Nachgiebigkeit, der Großzügigkeit, der Kompromissbereitschaft, der Toleranz und des Füreinandereinstehens abgelegt werden. So verlangt es die Regel des Benedikt. Notfalls genügen auch die Gelübde des Gehorsams, der Armut und der Keuschheit. Es ist erlaubt, den Raum zu verlassen. Doch möge bedacht werden, dass der Korridor in rechten Winkeln zum Ausgangspunkt zurückführt. Da der Raum nicht abgesperrt ist, soll er nicht als Zelle 26 betrachtet werden. Die Benützung der Toilette ist erlaubt. Jedoch ist es untersagt, sie zu suchen. Wer dennoch ein Bedürfnis verspürt, soll sich auf das Fensterbrett knien, das Fenster öffnen und schwindelfrei sein. Der ehrenwerte Gast wird daran erinnert, dass er sich in der dritten Dimension des Oberstübchenbetens befindet. Unter dem Fenster ist kein Gemüsebeet und auch kein Ribiselstrauch. Der Raum des vollkommenen Alleingelassenseins dient auch als Raum des vollkommenen Wartens. Es wird daran erinnert, dass Samuel Beckett sein Theaterstück erst in 16 Jahren veröffentlichen wird. Wer das Reglement nicht ganz verstanden hat, möge die Lektüre wiederholen, bis vielleicht doch jemand erscheint.«

Nach drei viertel oder drei vollen Stunden »erschienen« zwei neue Gestalten in ebenfalls schwarzen Gewändern. Sie waren unterschiedlich groß. Ich musste zu ihnen aufsehen, jedoch mit gesenktem Blick. Das musste ich erst mal üben. Bei einem späteren Besuch, als ich zu meiner vollen Größe herangewachsen war, merkte ich, dass die beiden klein waren.

Da sprach dann *ich* zu ihnen von oben herab, mit endlich passend gesenktem Blick.

»Ihr seid das also«, sagte der Größere. Er nannte seinen Namen nicht. Er gab dem Kleineren einen Wink. Der reichte den Wink an uns weiter und setzte sich in Bewegung. Wir hatten zu folgen. Von da an geschah alles automatisch. Der liebe Gott hatte das Kloster vor langer Zeit aufgezogen, und nun funktionierte es immer gleich. Jeder Eintretende wurde Teil des Programms. Konnte das Programm mir gefährlich werden? Wenn ich bei Mutter und Vater mit fremden Leuten zu tun bekommen hatte, war ich lediglich darauf bedacht gewesen, ob ich ein Geschenk zu erwarten hatte und ob ich mich so benahm, dass niemand Anlass hatte, mich zu tadeln. Ich hatte nicht darauf geachtet, ob ich angelächelt wurde oder nicht. Die beiden schwarzen Herren, jetzt, lächelten mich nicht an. Auf einmal hatte das eine Bedeutung. Die Bedeutung war, dass jetzt andere Menschen als Vater und Mutter Macht über mich hatten. Wie sollte ich merken, ob sie mir gut oder übel gesinnt waren und was sie mit mir vorhatten? Später erfuhr ich: Pater Elmar als Theologe sollte für unser Schul- und Seelenheil zuständig sein. Mein Seelenheil: Das war jetzt etwas anderes als das Heil meiner Seele. Um dieses zweitgenannte kümmerte er sich nicht. Bruder Jonas, der Untergeordnete, war der Präfekt der Bruderzöglinge. Ihm wurden wir zugeteilt. Er hatte diese Zöglinge zurechtzuziehen, und das war immer noch besser, als sie zurechtzustutzen. Später zitierte mir mein Vater Friedrich Wilhelm Weber: »Wie man eine Rebe bindet, daß sie, statt im Staub zu kriechen, froh sich in die Lüfte windet!« Das tat Bruder Jonas jetzt auch mit meinem Bruder und mir. Er hatte uns nicht ins Kloster aufgenommen, er war nicht unser Gastgeber, er übte nicht christliche Gastfreundschaft. Das hatte Abt Thomas getan. Bruder Jonas nahm uns lediglich mit dem von ihm gelobten Gehorsam in seine Obhut. Er hatte einen Haufen

Bauernburschen zu bändigen, er hatte dafür seine Praktiken und Methoden, und die galten jetzt auch für uns.

Wir wurden in einen großen Raum mit einer Kanzel in der Mitte geführt. An den zwei Längswänden stand je ein langer Tisch. Stuhl reihte sich an Stuhl. Die Stühle bereiteten mich auf meine Einreihung vor. An der vorderen Schmalwand hing ein Holzkreuz mit einem daran genagelten Menschen. Ein Podest trug einen kleineren Tisch mit zwei breiteren und höheren Stühlen. Zwei Sorten von Stühlen in ein und demselben Raum. Wo war, für mich, der kleinste Stuhl? Bruder Jonas winkte mich zu dem Stuhl am Ende des Tisches. Hierarchie der Stühle. Ich setzte mich. Mein Bruder setzte sich neben mich. Zum ersten Mal empfand ich seine Anwesenheit als tröstlich. Vor mir stand eine Schüssel, aus der es dampfte. Bruder Jonas schöpfte jedem von uns den Teller voll. Was auf den Tisch kommt, muss gegessen werden. Ich löffelte, schluckte, löffelte, schluckte. Ich wusste nicht, ob die Suppe einen Geschmack hatte. Ich wusste nicht, wann ich satt war. Bruder Jonas schob jedem von uns einen Kanten Brot hin, füllte mein Glas mit Wasser aus einem Krug. Er stand neben uns, die Hände vor dem Bauch gefaltet, und beobachtete uns. Als wir aufgegessen und ausgetrunken hatten, stand er auf, strich sich den schwarzen Rock glatt und setzte sich in Bewegung. Kaum hatten wir den Raum verlassen, drang aus ihm gedämpfter Lärm männlicher Stimmen uns nach. Das Kloster beherbergte damals noch über 150 Mönche. 1940 waren von ihnen bereits fünfzig zum Heeresdienst eingezogen.

Schlafsaal. Endlich ein Klo, nach dem ich nicht suchen, nicht fragen muste. Inhalt des Köfferchens in den Spind. Kleider auf den Stuhl. »Was ist euer Nachtgebet?« Ach du lieber Gott. Es war das falsche. Morgen würden wir das automatische lernen. Es war nicht von Bedeutung, in welches Bett ich kroch. Es war ein automatisches Bett, für automatischen Schlaf. Ich wachte nicht ein einziges Mal auf. Ich träumte auch nichts. Wegen des Morgengebets brauchte ich mir keine Sorgen zu machen. Das beteten wir bereits in Gemeinschaft. Nach wenigen Tagen konnte ich es auswendig.

Bemsi – dies war mein Spitzname in der Familie – erlebte seine Landung auf Stella Schweiklberg etwa so: »Raumschiff DKW dockt an rechteckigem Planeten OSB an / In Labyrinth schwarze kniende Aliens mit geschorenen Köpfen in gebeugter Haltung aufgespürt / Machen Singsang vor Superman J / Leben jeder in eigener Höhle / Sprechen Lingua Latina / Sperren Eindringlinge weg / Klos und Kinder verboten / Kapitän Bemsi.«

Nichts dergleichen stand freilich in der Fortsetzung meines ersten Briefes nach Wien: »… In Schweikelberg war nichts besonderes, nur daß wir zum Abendessen so viel bekamen, wie bei Dir zum Mittagessen und zum Frühstück ein so großes Haferl Kaffee wie es bei Dir gar nicht gibt, daß wir um 9 h noch einmal trinken sollten. Grüße von Michael. Das nächste Mal schreibe ich an alle. Grüße an Olga, Mausi, Vati und Frl. Schulz.«

Dieses Weltgesetz hatte bekanntlich Bert Brecht notiert: »Erst kommt das Fressen, dann kommt die Fantasie.« Dem Mauserl legte ich einen Extra-Brief bei: »Liebes Mausi. Du wirst sicher recht enttäuscht gewesen sein, als Du hörtest, daß Du zu Hause bleiben mußt. Dennoch hat es seinen Vorteil, denn hier darf man keine Geschichten mit dem Essen machen. Es ist ein Keller hinter dem Zimmer, wo der Krampus sich meistens aufhält. Kommt ein Vogerl geflogen, setzt sich nieder auf mein Fuss, hat ein Brieflein im Schnabel, von dem Bemsi einen Gruss.«

Nach wenigen Tagen kannte ich mich schon recht gut aus. Ich merkte, dass im Kloster vieles zweigeteilt war. Es gab die Patres und die Fratres. Es gab einen Gebets- und einen Arbeitsbereich. Es gab die Obergeschosse und das Erdgeschoss. Es gab Ordensleute, die wandelten, und andere, die stapften.

Und es gab einen Leitspruch, der sich aus »Ora« und »Labora« zusammensetzte. Es war mir ein Leichtes, diese Spaltprodukte auch ohne Lateinkenntnisse einander zuzuordnen. Patres, Beten, Obergeschoss, Wandeln und Ora gehörten zusammen, andererseits Fratres, arbeiten, Erdgeschoss, Stapfen und »Labora«. Bald konnte ich an Haltung und Gang erkennen, ob da ein Pater wandelte oder ein Frater stapfte. Ich weiß nicht, ob ich zu jener Zeit schon die *Zeitmaschine* von H. G. Wells gelesen hatte, einen der ersten großen Science-Fiction-Romane: Bis zum Jahr 802701 hat die Evolution die Menschheit gespalten. Die dem Müßiggang frönenden oberirdischen Eloi werden von den unterirdisch schuftenden Morlocks versorgt und ernährt – aber auch gefressen. Es war Bruder Jonas, der (sicherlich nach damaligem Usus) seine Erziehungsgewalt auch handgreiflich ausübte. Heute stelle ich mir vor, dass seine Nachfahren, hätte er welche haben dürfen, in acht Jahrhunderttausenden die hypothetischen Nachfahren von Pater Elmar fressen würden. Zu dieser evolutionären Sichtweise passte, dass auch die Fratres eine Entwicklungsvorstufe hatten: die »Bruderzöglinge«. So hießen die jungen Männer, die im Kloster, gleichsam verpuppt, in der Landwirtschaft und in den Werkstätten tätig waren und erst in einem späteren Stadium zu Arbeitsmönchen schlüpften.

Die Mönchsgelübde der Armut, der Keuschheit und des Gehorsams galten auch für uns. Mit der Armut hatten wir kein Problem. Wir kamen arm im Kloster an und blieben es. Kinder, auch aus wohlhabenden Familien, besaßen damals viel weniger Dinge als Kinder heute. Als wir ins Kloster verfrachtet wurden, mussten wir das meiste, was uns gehörte, zurücklassen. Es wurde in einem Speditionshaus eingelagert und verbrannte später bei einem Bombenangriff. Was wir zusätzlich zu den Gegenständen des täglichen Bedarfs ins Kloster mitnehmen durften, konnten wir fast an den Fingern unserer zwei Hände abzählen. Nach der Zählweise meines

Vaters wären es maximal elf gewesen. Die Ordensleute hatten sich in ihrem Gelübde zu noch weniger verpflichtet. Die wertvollsten Dinge, die ich besaß, waren ein Füllfederhalter, ein Kompass und eine Mundharmonika. Später kamen eine Uhr, eine Taschenlampe, eine Okarina und eine Brille hinzu.

Mit dem Gehorsam war es schon schwieriger. Unsere Eltern hatten uns nach damaligem Standard »frei« erzogen. Auch wenn das sehr viel weniger war als das, was Kinder heute dürfen, waren wir doch an deutlich mehr Freiheiten gewöhnt, als uns im Kloster zugestanden wurden. Diese Diskrepanz führte zu Konflikten, in denen wir regelmäßig unterlagen. Da niemand gerne ständig verliert, lernten wir bald, uns an das Gelübde des klösterlichen Gehorsams zu halten.

Das Gelübde der Keuschheit war ein Fall für sich. Bereits der Katechismus hatte mich belehrt, dass ich »keusch« zu sein hatte. Unkeusche Handlungen oder Gedanken musste ich beichten. Ich weiß nicht mehr, was ich mir damals unter »unkeusch« vorstellte. Vielleicht einen hochgerutschten Rock. Ich versuchte vergeblich, nachzuvollziehen, warum Eva und Adam bestimmte Früchte verboten gewesen waren.

»Mutti, ich möchte heim!«

Im Gegensatz zu Alex bekam ich die »nackte Erziehungsgewalt« von Bruder Jonas nie zu spüren. Erschien ich ihm als ohnehin stets willfährig? Nachdem ich mich einmal bei ihm über Alex beschwert hatte, gab er dem eine Ohrfeige. An Ohrfeigen als Erziehungsmittel war auch Alex nicht gewöhnt. Zum ersten Mal sah ich ihn weinen. So froh ich war, in Bruder Jonas einen Beschützer wenigstens in dieser einen Sache gefunden zu haben, bedauerte ich nun doch meine Petzerei, und ich litt den Schmerz und die Verlassenheit von Bruder Alexius mit.

Ein frühes Schweiklberger Foto zeigt uns beide nebeneinander in lockerer Haltung, mit noch ungestutztem, ungescheiteltem Haar, ohne Brille, und vor allem: Wir halten einander an den Schultern umarmt. So war es am Anfang unseres Klosterexils. Als wir uns eingelebt hatten und nicht mehr ganz so sehr aufeinander angewiesen waren, verhielten wir uns wie siamesische Zwillinge, die versuchen, einander die zusammengewachsenen Köpfe einzuschlagen. Wir hatten niemanden, der uns geholfen hätte, unsere aus Wien mitgebrachten Reaktionsweisen der Konkurrenz und der Eifersucht gegen adäquateres Verhalten einzutauschen. Mein Vater hatte im Gefängnis ein Kinderbuch *Der Spatzenbaum* zu schreiben begonnen. Spatzi war der Spitzname meines Bruders. Ich war Bemsi, »der Dichter«. Der Spatzi war ein kleiner großer Lausbub mit einem großen weichen Herzen. Irgendwo über mir schwebte die gereimte Idee unseres Zusammenhaltens. Ich hätte nur nach ihr zu greifen brauchen, um sie herunterzuholen und zu Papier zu bringen, und sie wäre wahr geworden. Dann hätte ich gewusst, wie allein und traurig mein kleiner Bruder war, und wir hätten besser zusammengehalten.

Spatzi und Bemsi im Kloster

Der Bemsi und der Spatzi, beide, / hockten zu ihrem großen Leide / mit einem Korbe auf dem Bauch / unter dem Ribiselstrauch. / Sie sollten sich dort fleißig bücken / und alle Beer'n vom Strauche pflücken. / Der Bruder Jonas gab gut Acht, / dass sie den Korb recht voll gemacht. / Da dies an seinen Kräften zehrte, / er stets den Korb aufs Neue leerte, / bis er, von Magenüberfüllung krank, / zum Schlafe in das Grase sank. / Da zwitscherte der Spatzi mit dem Schnabel: / »Die Gelegenheit ist formidabel!« / Und flatterte zum Kirchturm hoch /

Und rief: »He Bemsi, komm du ooch!« / Der Bemsi aber hatte keine / Flügel, dafür jedoch vier Beine / nach der Art der Krabbeltiere, / die ha'm ja alle ihrer Viere. / So blieb er traurig auf dem Bauch / unter dem Ribiselstrauch / und lugt' voll Sehnsucht in die Höhe, / dass er den Spatz zumindest sehe. / Er sah es wohl mit großen Sorgen: / Sein Bruder war nicht gut geborgen. / Er rief: »He, Spatzi, hör, mein Guter! / Komm zurück zu deinem Bruder!« / Der Spatzi aber wollte nicht, / von wegen seiner guten Sicht. / Der Bemsi warnte: »Pass nur auf, / ein Falk' hemmt deines Lebens Lauf!« / »Haha!« so lachte Spatzi nur, / »von Falken seh ich keine Spur!« / Doch schon am Himmel über'm Spatzi / stand ein Falk' und machte schmatzi. / Gleich würde er hernieder stürzen / und sein Mahl mit Spatzi würzen. / Doch der Spatzi blinde war / vor dieser tödlichen Gefahr. / Da hatt' der Bemsi den Gedanken: / Ich geb' dem Jonas meine Pranken! / Der Jonas sich voll Schreck erhob, / so schnell er konnt' von dannen stob, / den Feind, den plötzlichen, verfluchte / und im Kirchturm Zuflucht suchte. / Er zog am Glockenseile, das da war, / zu warnen vor der Feindgefahr. / Da blieb der Spatzi nicht mehr hocken, / so sehr war er vom Lärm erschrocken. / Er rutschte unaufhaltsam ab, / Als ginge es direkt ins Grab. / Der Falke aber flog davon / Und dachte: »Wart', ich krieg dich schon!« / Der Spatzi landete auf seinem Bauch / Unter dem Ribiselstrauch. / Er sagt dem Bemsi dankeschön / und freut sich über's Wiedersehn.

Als wir in das Kloster aufgenommen wurden, war das Knabeninternat aufgehoben und der Schulbetrieb eingestellt. Doch sicherlich gab es unter den Patres noch ehemalige Lehrer. Ich habe versäumt, mich zu erkundigen, ob Pater Elmar ein ausgewiesener Erzieher war.

»Liebe Mutti, wir haben leider im Koffer Vatis Anzug statt den Badehosen gefunden. Grüße von Michael.« Und unmittelbar danach: »Liebe Mutti, bitte schicke uns möglichst schnell unsere Badehosen. Alexius. Viele Grüße an Mausi und Olga / und wenn möglich einen Bleistiftspitzer. Wir haben beide im Brief das falsche Datum geschrieben. Es gehöhrt 22. nicht 21. Michael«

An schönen Spätnachmittagen wurden die Bruderzöglinge durch den steilen Klosterpark hinunter zur Vils geführt. Dort erlaubte in einem Seitenarm an einem kleinen Wehr das für das klostereigene Wasserkraftwerk gestaute Wasser eine gewisse Badetätigkeit – unter strenger Aufsicht. Davon schickte ich eine Zeichnung nach Hause.

Am 24. Juli schrieb meine Mutter meinem Vater ins Gefängnis in der Hermanngasse einen Brief mit eingeklebtem Foto von ihr selbst: »Mein lieber Vat, … tranken wir das letzte Tröpferl Grandmarnier auf Dich und einen dalmatinischen Sliwowitz auf die Zukunft. Könnt ich Dir doch auch so einige Stamperl zukommen lassen. Wie wärs, wenn man der gesamten Hermanngasse so ein Fass spendieren könnte, Bewachenden und Bewachten … Da würde ich mich trotz Aufsicht trauen, hinaufzuäugen. Aber so etwas gibt's halt leider nur im Märchen. Das Mauserl schläft gerade, Olga [der Hausangestellten] habe ich freigegeben, obwohl es sie nicht trifft. Aber sie nimmt soviel Rücksicht auf mich. Vormittags habe ich gekruschtet, es gibt am Boden soviel auszumisten. Und mit Deinen Sachen ist es so schwer. Ich glaub, ich pack alles in Riesen-Leihkisten und Du siehst selbst durch, was Du brauchen kannst. Ich werde schon ganz nervös, seit ich daran denke, wie wenig Zeit noch ist … Von den ›Blüdern‹ hab ich noch keine Nachricht, ich hoffe, dass sie gut angekommen sind und dass sie sich wohl fühlen. Bemsi hat am 29. Geburtstag. Vielleicht schickst Du seine Gratulationskarte 2 Tage vorher an mich ab, ich stecke sie in ein Kuvert und gebe sie weiter. Damit die Kinder in dem kleinen Nest keine Unannehmlichkeiten haben. Hab ich Dir schon geschrieben, was Fred [Missong bei der Ausreise in die Schweiz] erlebt hatte? Unterwegs stieg ausgerechnet sein [Gestapo-]Referent in sein Abteil. Sie hätten sich aber sehr gut unterhalten ... Leider habe ich vergessen, Dir Geld zu schicken, ich bin ganz desparat darüber. Ich ging gestern zum Westbahnhof, um es telegrafisch aufzugeben, es nützte aber nichts, da am Sonntag überhaupt nichts ausbezahlt wird. Nun gebe ich es morgen express auf, hoffentlich hast Du noch soviel, dass Du Dir Milch und Semmeln und Butter kaufen konntest ... Fred wurde von der Schriftstellerkammer oder wie das heisst, abgelehnt, was soll der Arme jetzt machen? Vielleicht findet er im Urlaub irgendeine Beschäftigung. Jede Schriftstellerei von seiner Seite wird bestraft. Dabei war seine Frau noch am Tag vorher am Sippenforschungsamt wegen des kleinen Ariernachweises. Nun war diese ganze Rennerei umsonst. Übrigens brauchen Parteigenossen dort scheinbar keine Dokumente, bei ihnen genügt schon der Eid, dass sie Arier sind. Es gibt soviel Neues, man wird schon ganz wirr im Kopf, wenn man überlegt, was man alles nachweisen muss und an wieviele Stellen man gehen muss. – Heute herrscht eine wohltuende Ruhe im Haus. Kein Fliegergebrumm, kein Kindergeschrei. Herrlich! Nun werde ich wieder auf den Speicher [Dachboden] steigen und weiterwurschteln, bis das Mausi wach wird. Neulich war es mit mir recht unzufrieden. Das aufgeklebte Bild wollte sie haben und nachdem ich nein gesagt hatte, meinte sie: ›Die Mutti da drauf ist aber viel lieber als Du.‹ ... In der Nacht, wenn ich heimkomme, sagt sie immer: ›Mutscherl, bist Du da‹, morgens kommt aber das Gegenstück dazu: ›Mach das Gitter auf‹, in einem Kommandoton eines Feldwebels. Worauf die Mutter schlaftrunken bettelt. ›Komm Mausi, wir schlafen noch ein bisserl, es ist noch so früh.‹ Es nützt aber nichts, ich muss doch aufstehen und das Gitter aufmachen. Dann rutscht sie zu mir ins Bett, aber an Ruhe ist nicht mehr zu denken. Ja, ja, Deine holde süsse Tochter! ...

Leb wohl, lieber Vat, sei herzlichst gegrüsst und geküsst von Deiner Mumm.«

Am 26. Juli 1938 klagte ich meiner Mutter mein Leid. »Liebe Mutsch. Ich finde jetzt schon, daß es ziemlich fad ist, weil es keine kalte Suppe gibt, kein Obst, und weil wir so viel zu essen kriegen. Außerdem wundert es uns daß Du keine Antwort schreibst und uns die Badehosen nicht schickst. Hast Du den Brief nicht bekommen oder weißt Du die Adresse nicht? …«

Es fehlte uns an nichts – nur an vielem. Am Schluss meines Briefes noch eine Neuigkeit: »… Ich habe heute ein Mikadostäbchen in den Mund genommen, habe mich aufs Bett geworfen, und es blieb in der Zunge stecken. Es grüßt Dich herzlich Dein Michael.«

Ich hatte das Mikadostäbchen schnell herausgezogen. Da hatte die Zunge erst recht geblutet und geschmerzt. In einem Korridor des Klosters hing ein Foto von einer afrikanischen Frau mit gedehntem Hals, tellerartig geweiteter Unterlippe und einem Ring durch die Nase. Da hätte mein Mikadostäbchen doch besser hingepasst als ausgerechnet in meine Zunge.

Für die junge fröhliche Olga, die gerade dabei war, ihre Stelle als unsere Haushalthilfe aufgeben zu müssen, legte ich einen eigenen Bericht bei. »Liebe Olga. Uns geht es hier sehr gut, außer, daß wir immer streiten. Ich darf die Sache nicht schreiben, weil der Alexius mich sonst boxt oder sonst etwas. Mir geht die kalte Suppe und andere Sachen sehr ab, deswegen haben wir uns entschlossen, selber eine zu machen. Sie besteht aus: Wasser, Riebieseln, die wir uns heimlich pflücken, und aus Zucker, den wir uns in der Früh oder bei der Jause ausbetteln, indem wir sagen: Es ist zu wenig Zucker im Kaffee, und wenn wir ihn haben, so stecken wir ihn in ein Ohr. Michael.« Ein Schweiklberger Rezept: Schlitzohren mit Zuckerfüllung.

Für meine Mutter legte ich einen Zettel bei: »Mutti, ich möchte heim! Ich halte es hier nicht mehr aus! Der Bruder Jonas verbatzt mir hier alles. Er hat bis jetzt immer nur geschimpft und getadelt. Geht es wirklich nicht, dass wir heimkönnen? Dein Michael.«

Meine Heimat war dort, wo meine Mutter war. Ich rechnete aus, dass es noch 152 Tage bis zu den Weihnachtsferien waren – da durften wir wahrscheinlich heim. Der »Schweiklberg« bietet eine prächtige Aussicht ins Donautal. Ich blickte in Richtung Wien. Da es keine Schlangenlinien-, sondern nur Geradeausblicke gibt, lege ich die Luftlinien-Entfernung zugrunde: von Vilshofen nach Wien 240 Kilometer. Eigentlich nicht so schlimm. Ich brauchte nur 240 Gänseblümchen zu pflücken, und schon wäre ich gedanklich in Wien angekommen. Es war mir fast, als sähe ich die Dächer der Heimatstadt gülden blinken. Andererseits hatte mir ja die lange Hinfahrt im Auto – heute 303 km auf der Autobahn in drei Stunden, damals auf Landstraßen im Schnauferl sicher die doppelte Zeit – klargemacht, wie weit weg wir jetzt waren, und ich hatte wohl auch gespürt, dass diese Entfernung, wenn sie schon von Erwachsenen in einem Auto nur mit Aufwand zu durchmessen war, für einen Buben in einem Tretauto noch viel unüberbrückbarer war.

Erst als Erwachsener merkte ich, dass ich von Schweiklberg in die falsche Richtung geblickt hatte: statt nach Wien donauaufwärts nach Ulm. Ich hatte versäumt, meinen Kompass zu Rate zu ziehen. Nicht auszudenken, was geschehen wäre, hätte eine gütige, aber nicht sehr wissende Fee meine fehlgeleitete Sehnsucht gutgläubig umgesetzt und mich flugs nach Ulm spediert! Vielleicht war mir nur deswegen Ulm mit seiner Nachkriegswiederaufbauschnörkellosigkeit nicht wirklich sympathisch, als ich zum ersten Mal dort durchfuhr auf dem Weg nach Legoland, diesem im Vergleich zu Ulm echten Paradies, wenn auch nur für Enkelkinder.

Vater, Mutter, Kinder richten sich in ihrem neuen Leben ein

Nachricht meines Vaters aus dem Gefängnis: »30. Juli 38. Liebste Rita: – … Schade, dass wir uns beide so gar nichts Erfreuliches mehr mitzuteilen haben – nur noch Niederdrückendes. Leb' herzlichst wohl! … Soeben verfügt: Post nur alle 14 Tage, erstmals 5. 8. – Brief mit 4 Seiten via [Gestapo-] Referent! Auch die Angehörigen dürfen nur mehr alle 14 Tage schreiben!!«

Nach der Abreise der Missongs im August 1938 zog meine Mutter aus dem Glanzinggassenhaus aus. Die Eigentümer verkauften es, die Käufer zogen selbst ein. Bei einem meiner ersten Nachkriegsbesuche in Wien sprach ich mit den Bewohnern. Sie erzählten mir, in dem Haus hätten bis März 1938 reiche Juden gewohnt. Die seien dann bald weg gewesen. Meine Mutter und meine Schwester zogen in die Missongsche Wohnung in der Hartäckerstraße. Dort waren bloß Oma Missong und die Haushaltshilfe Kathi zurückgeblieben.

Der nächste Brief meiner Mutter erreichte mich rechtzeitig zu meinem Geburtstag am 29. Juli. »Mein lieber Michael, zu Deinem Geburtstag wünschen wir Drei Dir alles Gute. Hast Du das süsse Packerl schon bekommen? Ich hoffe, dass es Euch gut schmeckt (Alexius wird ja sicherlich mit Dir geteilt haben, wie Du es mit ihm tun wirst. Denn ganz genau kann ich so ein Packerl nicht machen, damit sich keiner benachteiligt fühlt). Vati ist leider immer noch nicht da … Wie verbringt Ihr die Ferien? Ach, wenn ich Euch nur zu mir holen könnte! … Liebe, liebe Buben, habt noch Geduld, vielleicht bringt der August eine Entscheidung. In vielerlei Hinsicht. Grüsse mir alle schön, mein lieber Michael und sei Du es auch von Deiner Mutti und Mauserl. Was macht Alex' Zunge, ich kam noch nicht zum Schreiben.«

Mutti hatte meine Zunge mit der meines Bruders verwechselt. Unerträglich die Vorstellung, dass sich in meinem Mund die Zunge meines Bruders befände. Davon abgesehen stellte ich mir aber nicht ungern vor, das Mikadostäbchen hätte in der Zunge meines Bruders statt in der meinen gesteckt.

Am 1. August 1938 nahm sich unsere Münchner Oma – die Schwarzmeer-Oma hatte sich schon im Jahre 1903 spurlos davongemacht – das Leben. Depression? Krankheit? Inhaftierung des Schwiegersohns? Sie soll gesagt haben: »Sie werden uns noch alle holen!« Sie war 1927 keineswegs damit einverstanden gewesen, dass ihre Tochter, eine diplomierte Klavierpädagogin, einen unehelich geborenen, freiberuflich tätigen Intellektuellen russisch-jüdischer Herkunft geheiratet hatte. Mich berührte der Tod meiner Großmutter nicht. Ich hatte sie kaum gekannt.

An einem unserer ersten Schweiklberger Tage wurden wir zum »hochwürdigen Vater Abt« in die Klausur geführt, jenen Bereich, der den Mönchen vorbehalten ist. Die vielen Zellen beidseits des Korridors verdeutlichten mir, in welcher Art von Raum sich mein Vater befand. Was geschah, wenn ein Mönch seine Zelle unerlaubterweise verließ? Wurde er entlassen? Erwartete ihn dann das Schicksal, das mein Vater ersehnte? Das Herz schlug mir bis zum Halse. Abt Thomas war der erste Mensch in meinem Leben, vor dem, in der Aura des Klosters, mir wirklich bange war – mehr noch als früher vor dem Krampus. Der Zweck jener Audienz war vermutlich, dass der hochwürdige Vater sich Klarheit verschaffen wollte, wie es uns ging – nicht viel anders, als sich auch heute viele Eltern für ihre Kinder interessieren: Schule, Noten, Aufgaben, Freunde, Videos, Gesundheit, Sport, Musikunterricht. Wie es in unserem Inneren aussah? Das wussten wir ja selbst nicht. Aber wir spürten es.

Zeugnisse prallen Lebens in der klösterlichen Kargheit: regelmäßiger Kaffeegenuss; der Geruch des auf den riesigen

Dachböden aufgeschütteten Strohs; nach Fett duftende »Küchel«; der Gestank verbrannter Hufe in der Schmiede, wo die Klosterpferde neue Eisen erhielten; der säuerliche Futtergeruch aus den Silos. Alles neu, nicht von vornherein unangenehm. Jeder neue Gestank muss erlernt werden.

(Undatiert:) »Liebe Mutti, wir waren früher meistens in der Küche, wo uns das Äpfelputzen schon zuwieder wurde. Darum halten wir uns jetzt mehr in der Schmiede auf, wo ich schon ein Metermaß, 2 Sägen, und eine Anzahl Hufnägel erbeutet habe. (aus dem alten Eisen, das nicht gebraucht wird) Uns geht es sehr gut. Am Feld helfen wir nicht mit, dafür in der Küche. Viele Grüße an Vati, Mausi, und Dich Dein Michael.«

Der Abort, den wir reinigen mussten, befand sich irgendwo in den Kellern. Labyrinthe lassen keine präzisen Ortsangaben zu. Hier war im Großformat die Stätte der Notdurft, die ich nach meiner Ankunft so vermisst hatte. Die Notdurft wurde hier von den Männern verrichtet, die in den Werkstätten, Gärten und Feldern arbeiteten. Wie es die hochwürdigen Herren oben hielten, wusste ich nicht. Die Rinne war lang, der eingetrocknete Urin hartnäckig. Monotone Arbeit regt zum Nachdenken an. Hierarchie der Gerüche – vom Weihrauch abwärts.

»1.8.38 Liebe Mutti, Wir pflückten am 30. mit 2 anderen Buben so viele Riebiesel, daß jeder vom Koch 1e ganze Flasche Kracherl, eine Semmel und ein Stück Torte bekam. Außerdem gab ein Bursche von 15 Jahren namens Einfeltig dem Alexius ohne jedem Grund eine Ohrfeige, von der ihre Schwestern (weißt Du was ich meine?) folgten. Kriegen wir bald die Hosen. Herzlichst grüßt Dich Dein Michael.«

»5.8.38 Liebes Frl. Sch[ulz = Tante Sophie]. Mir gefällt es hier sehr gut. Meistens lese ich (Wenn ich Zeit habe) doch wir müssen jeden Vor- u. Nachmittag Johannisbeeren brocken. Doch 2mal ließen wir es bleiben, indem wir fortwährend am

Feld hinter einer Maschine die das Getreide mäht und bindet herliefen. (Manchmal durften wir mitfahren.) Heimweh habe ich gar keines ... Es heißt nicht ›Bitte übermittle Hochwürden Herrn Abt und P. Cyprian meine ergebensten Empfehlungen‹, sondern: Vü Griaß on dn Vota Abt und on dn P. Zitterhahn. Viele Grüße Dein Michael.«

Unser Vater hatte uns schon in Wien regelmäßig zur Sonntagsmesse in der Michaeler Kirche in der Inneren Stadt mitgenommen. Auf der Hinfahrt hatte er uns abwechselnd die Einzelteile der heiligen Messe – Introitus, Gloria, Credo, Sanctus, Opferung, Wandlung, Benedictus – und des Automobils lernen lassen, und so war es nicht ausgeblieben, dass ich mir manchmal gewünscht hatte, für die Bestandteile der heiligen Messe möge es Ersatzteile geben, die mich mehr interessierten. Dass meine Mutter bei diesen Fahrten fehlte, war mir schon bald zur Selbstverständlichkeit geworden.

In der Apsis der Michaeler Kirche in Wien hängt kein Gekreuzigter. Christus thront, als könne er jederzeit herabsteigen. In der im Jugendstil ausgemalten Apsis der Klosterkirche von Schweiklberg verhält es sich ähnlich. Dort segnete mich ein überlebensgroßer Fresko-Jesus gütig mit seiner rechten Hand. Auf deren Innenseite war die schwere Handverletzung unübersehbar. Sie bereitete mich auf die vielen Folterszenen vor, die als Skulpturen an den Klosterwänden hingen. Ich konnte mich drehen und wenden, sie hingen überall. Da wurde mir bewusst, was es für einen (noch) lebenden Menschen bedeutet, angenagelt zu sein. Ich lernte, dass nicht nur Jesus heilig war, sondern auch das Holz, an das er genagelt gewesen war. So heilig, dass es eine zusätzliche Sünde gewesen wäre, sich einen anderen Menschen als ihn daran vorzustellen. Heute denke ich, dass das moralische Verbot, sich den Herrn Hitler am Kreuze vorzustellen, mir diese Vorstellung geradezu hätte herbeizwingen können. Dabei hätte es einen naheliegenden Ausweg gegeben: Hitler an seinem eigenen Kreuz – dem mit den Haken. Das hätte sich doch hinbiegen lassen sollen.

Zwei Heiligenbildchen schickte ich nach Wien: »Hebe mir bitte die Bilder auf. Ich bekam das eine von einem Bruderzögling zum Geburtst. (Hl. Paul.) Beim andern kannst dus lesen. S. Antonius de Padua.« Ja, noch war ich gläubig und fromm. Ich glaubte noch fest, dass ich auf Erden war, um den Willen Gottes zu tun und dadurch in den Himmel zu kommen. Gott wollte von mir, dass ich seine Lehre glaubte, seine Gebote hielt und seine Gnadenmittel gebrauchte. Unsere Religionslehre war das Wichtigste, was wir lernen konnten und wissen mussten. So stand es auf Seite 1 des katholischen Katechismus.

So fest mein Glaube noch war und so schnell ich im Kloster meine Unsicherheit darüber, welches Knie als erstes gebeugt werden muss, durch häufige Praxis hatte überwinden können: Im Kloster galten wir als sehr unfertige Katholiken. Heute werden Kinder in die Gestaltung des katholischen Gottesdienstes einbezogen, nicht nur als Mess-»Diener«. Sie tragen die Fürbitten vor und beten am Altar Hand in Hand mit dem Priester im Halbkreis laut das Vaterunser. Es hätte den zu Missionaren ausgebildeten Ordensleuten in Schweiklberg doch eigentlich möglich sein können, mich zu einem lebenslang glaubenstreuen Katholiken zu machen. Doch sie waren auf anderes fixiert. Im Gegensatz zu meinem religiösen Entwicklungsweg erhielt sich mein Vater seinen katholischen Glauben bis fast an sein Lebensende, trotz negativer Klostererfahrung und vielen »Prüfungen«, die Gott ihm auferlegte.

In den langen Korridoren des früheren Internatsbereichs stand ich staunend vor erdgeschichtlichen Schautafeln und Vitrinen. Dinosaurier, Schachtelhalmbäume vor Millionen von Jahren! Ich versuchte, diese riesigen Zeiträume in Beziehung zur möglichen Dauer meines Exils zu setzen. Fazit: Was sind schon ein paar Jahre Klosterexil gegen die unendliche Vergangenheit eines Pliozäns! Tröstlich war das trotzdem nicht. Erst später wurde mir bewusst, dass diese nach damaligem Verständnis wissenschaftlich-realistische Darstellung der Erdgeschichte – in einem Kloster! – sich nicht mit den sieben Tagen der Schöpfungsgeschichte in Einklang bringen ließ. Ich stand oft vor diesen Vitrinen. Hockte da nicht unter dem Glas ein leibhaftiger Lemuroglotz im Schatten eines Schachtelhalms vor einem Vitrinchen, in dem in einem Bauklötzchenklösterchen zwei holzgeschnitzte Menschenbüblein schmachteten? Und der Lemuroglotz dachte: Arme Teufel, diese zwei, was für ein Glück, dass ich mir dieses Unglück von außen betrachten kann.

Wir hielten uns lieber in den Werkstätten und landwirtschaftlichen Betrieben auf als in der Kirche und in den Räumlichkeiten, die den Patres vorbehalten waren. Greifbar erfuhren wir, dass Bedarfsgüter, ehe sie in den Verkauf gelangen, hergestellt werden – auch wenn unsere Anschauungsobjekte bloß Deichseln, Wagenräder, Werkzeuge, Hufeisen und Viehfutter waren. Dazu die Geräte, um alle diese Dinge überhaupt herzustellen: Hammer, Amboss, Esse, Pflug, Ochsengeschirr. Besonders beeindruckte mich der Mähdrescher, nach damaligem Begriff ultramodern, nach heutigem Standard ein Urvieh aus dem Pliozän, wie selbst gebastelt, mit Schweißnähten, Nieten und Schrauben, öl- und dreckverschmiert, klappernd, ratternd, quietschend, stöhnend, von dem vorstellbar war, dass es seine Ernährung demnächst von vertrocknetem Mammutgras auf frisches Menschenfleisch in schwarzer Verpackung umstellen würde.

Meine innere Distanz zum Kloster beruhte sicher auf Gegenseitigkeit. Mein Bruder und ich passten nicht in dieses geregelte Ordensleben. Zwei lebhafte Jungen, die mal hier, mal dort auftauchten und wieder verschwanden. »Was stellen die jetzt wieder an!?!« Beim Wiederlesen meines vorstehenden Berichts über meine Exilexistenz im Kloster fiel mir auf, dass er nicht so objektiv ist wie von einem lebenserfahrenen, verständigen, psychologisch geschulten Autor zu erwarten. Natürlich weiß ich heute, dass die Ordensleute es nicht leicht mit uns hatten. Zehnjährige Buben kommen in einem Kloster normalerweise nicht vor. Der Abt hatte uns aufgenommen, weil er seinem Freund, meinem Vater, in seiner überaus schwierig gewordenen Lage Unterstützung gewähren wollte. Das Knabeninternat war geschlossen, die studierten Pädagogen waren anderen Aufgaben zugeteilt worden. So wurden wir bei den Bruderzöglingen untergebracht. Deren Präfekt, Bruder Jonas, war kein ausgewiesener Pädagoge. Erfahrung im Umgang mit zwei »frei« erzogenen Kindern hatte er sicherlich nicht. Er ordnete uns in seine wilde Schar ein. Selbst an strikten Gehorsam gebunden, unterwarf er uns seiner Zucht und Ordnung. Mein Großvater sandte von Zeit zu Zeit Geld; ob es immer ganz reichte, um unser bescheidenes Leben zu finanzieren, ist mir nicht bekannt. So blieb es nicht aus, dass ich mich in Schweiklberg sehr unglücklich fühlte. Dieses Unglücklichsein eines weitgehend schutzlos gewordenen Kindes scheint in meinem Bericht durch. Das schließt nicht aus, dass alle Menschen, die sich im Kloster mit uns befassten, es gut mit uns meinten.

Was mein Vater im Gefängnis lernen muss

Brief meines Vaters vom 6. August 1938. »Geliebte Rita: – Ich habe diese vergangenen schweren Tage im Geist ganz bei Dir verbracht: zweimal bin ich nachts, während Du im Zug nach München und wieder zurück saßest, aufgewacht; besonders aber waren meine Gedanken und Gebete bei Dir, als Du Freitag-Mittag die Mutter zu Grab begleitet hast. Es waren gewiß für Dich und Vater schwere Stunden, in denen ich Dir so gar nicht beistehen konnte! Möge die Mutter nun, da sie alle Sorgen und Aufregungen der letzten Jahre, ja man muß schon sagen: Jahrzehnte, hinter sich hat, in Frieden ruhen. – Gleich nachdem am Freitag in München die Beerdigung vorüber gewesen sein muß, war hier Hegemann! Und damit Elend, Verfolgung und Not kein Ende nehmen, teile ich Dir gleich mit, daß es ihm gelungen ist, uns nun auch noch die letzte geldliche Rettungsmöglichkeit: den Effektenverkaufserlös Dresden abzujagen ... Nun gibt es nur noch eine einzige, allerletzte Möglichkeit, den völligen Untergang aufzuhalten: meine rasche Freilassung nach nunmehr in dieser Woche 5monatiger unbegreiflicher Haft! ...«

In der ersten Augusthälfte hatte mein Vater zum ersten Mal Gelegenheit, meiner Mutter einen sehr langen Kassiber zukommen zu lassen. »Liebste Rita! ... Eines freut mich ja: daß ich jetzt endlich zu einer politischen Gruppe gehöre (II. P – wie Du sagst: Presse) und nicht mehr so ein verlorener Einzelgänger bin, um den man sich nicht kümmert. Jetzt glaube ich auch, daß ich im Lauf der nächsten 14 Tage frei sein werde (2. Augusthälfte!). Denn es scheint sich zu bewahrheiten, dass der Schutzhaft-Bestand abgebaut wird. Vor dem Parteitag: 5. September, soll alles erledigt sein, damit verkündet werden kann, der Nationalsozialismus sei nicht so wie die Systemregierung der Ostmark, die Tausende eingesperrt gehalten habe: die Gefängnisse seien leer, usw ... Was die Zukunft anlangt, so erscheint sie mir – von Hoffnungen und dergleichen abgesehen – ganz undurchdringlich. Ich bin entschlossen, ohne große Pläne, schlicht und einfach, mit Dir zusammen den Kampf mit den Sorgen des Tages, die Dich jetzt allein so sehr drücken, aufzunehmen ... Man muß ganz einfach seine Lebensrolle spielen. Momentan ist sie schwer, sehr schwer – vielleicht wird's wieder anders; wir hoffen es, wissen es aber nicht. Mag jeder Tag seine eigene Plage haben, irgendwohin führt die Straße schon – überlassen wir's dem Himmel. Die Lebensstrecke wird ja nur zu unserer Läuterung durchlaufen. In schlechten wie in guten Tagen wollen wir gleicherweise ruhigen Gewissens den Kopf hochhalten. Ich habe nur mehr einen Wunsch: baldigst frei zu werden, um Dir die schreckliche Last des Tageskampfes abnehmen zu können. Die Geldnot muß fürchterlich sein, da Du mir sonst für die zwei Kameraden (von denen einer ein Arbeiter ist, der mir buchstäblich von seinen einzigen 20 Mark spontan die Hälfte gegeben hat – und ich hab's gern genommen, weil es gern und von Herzen gegeben wurde! Ich bin auch nicht gemahnt worden) die 25 Mark sicher schon geschickt hättest ... Mein eigenes Tagesbudget wird Dich vielleicht interessieren: 2x wöchentlich rasieren = 60 Pf, 3½x Milch und Butter = 1.43 Mark, 2x je 5 Zigaretten = 34 Pf, 1x Zeitungsbeitrag = 15 Pf, 1x Tomaten = 20 Pf, Porto und Briefpapier = 12 Pf. Zusammen wöchentlich RM 2.84 oder täglich 41 Pf. Wenn Du also wöchentlich nur 3 Mark erübrigen kannst, genügt es vollkommen, gelt ... Deine Mitteilungen über Mutters Tod haben mich lange sehr beschäftigt. Und ich gedenke täglich der Verstorbenen, die jetzt wahrscheinlich zum Lichte weiterwandert. Ich will ihr helfen, wie ich nur kann. – Unlängst war der Polizeimajor von der Rossauerlände hier. Ich bat ihn um meine Bibel, so hab ich sie wiedererhalten. Sie ist mir ein großer Trost. Alles, was wir zu erdulden haben, ist letztlich zu unserem Besten ... So büße ich halt jetzt, nicht im Sinne der Gestapo, beileibe nicht, aber im christlichen Sinne, und ich bin zuversichtlich überzeugt, daß auch unser Weg, mit zunehmender Läuterung, die ja auch Er verfügt, des Herren Sorge sein wird. Schwer ist es halt, schwer ... Mauserl ist nett, aber die alte Krähstimme hat sie! Immer ein bisserl heiser. (Gut, daß sie mich nicht sieht ...) Von den Buben hast Du wohl keine Nachricht? Hoffentlich habe ich jetzt nichts Wichtiges vergessen. Ja: falls ich frei käme, kann ich ein Taxi nehmen – wegen der vielen Sachen – oder können wir's nicht bezahlen? Ich werde alles in der Wachstube einstellen, wenn man mich läßt. Hast Du Telephon? Steht die Nummer im Telephonbuch? – Vielleicht ist's diese Woche so weit! Ich umarme Dich innigst. Dein [kyrillisch:] Ewgenij.«

Aus einem undatierten Kassiber – vermutlich von Mitte August 1938: »Das Mausi gestern hat mich nicht mehr erkannt!! Auf meine Frage, ob sie mich kenne, sagte sie, im Winkel sitzend und mir ein Bonbon reichend: ›Nein.‹ ›Wo ist denn Vati?‹ ›Im Krankenhaus!‹ ›Und die Brüder?‹ ›In Schweiklberg. Die kommen nie mehr! Vielleicht morgen.‹ Rührend und traurig zugleich. Aber es wird jetzt wirklich verhältnismäßig bald werden. Ich rechne mit Mitte nächster Woche, wenn ich nicht mein notorisches besonderes Pech habe und der letzte bin ...«

Mitte August befand sich mein Vater im Gefängnis an der Hermanngasse. Dort taten sich unerwartet neue Möglichkeiten der Kontaktnahme zwischen den Gefangenen und ihren Angehörigen auf. An der Rückseite des Gefängnisses lag der Gefängnishof, der mit einer hohen Mauer gesichert war. Die andere Seite der Mauer säumte ein baumbestandener Innenhof-Garten, der zu einem Café gehörte und durch dieses oder von der Straße aus betreten werden konnte. Die Gefangenen, deren Zellen an der Gefängnisrückseite lagen, konnten Teile des Gartens einsehen. Umgekehrt konnten die Angehörigen von dort aus die Gefangenen sehen, wenn sie sich an den Zellenfenstern zeigten. Das bot Gelegenheit zum Austausch von Nachrichten durch Kopfbewegungen oder Handzeichen. Ferner konnten die Gefangenen von ihren Zellen aus Zettel über die Gefängnismauer in den Garten werfen. Umgekehrt konnten Angehörige Zettel zur Nachtzeit vom Garten über die Mauer in den Gefängnishof werfen. Dort wurden sie am nächsten Morgen von einem freundlichen Helfer aufgehoben und »zugestellt«. Diese Möglichkeiten sprachen sich rasch herum. Der Garten bevölkerte sich immer mehr. Der Gefängnisverwaltung blieb das nicht verborgen. Mehrmals fand ein Spitzel Gelegenheit, Kontaktnahmen festzustellen und zu melden.

Kassiber vom 22. August 1938: »Montag. Allerliebste Rita: – Die Affäre vom Mittwoch hat sich, von hier aus gesehen, folgendermaßen zugetragen: Die Frau des im 1. Stock bei uns befindlichen Sohnes des Generalmajors Wuczkowski kam jeden Tag ins Haus oder in den Garten nebenan. Ein N.S.-Kolporteur, der Mann mit dem Schillerkragen, kannte sie. Er ging ihr nach und am Mittwoch wartete er, ab ½4 h nachmittags, im Gasthaus. Wir hatten ihn alle bemerkt und misstrauten ihm. Zuerst kam Frau Wuczkowski, dann kamst Du. Wuczkowski war so unklug, trotzdem einen Zettel hinunter zu werfen, der dem Spitzel gerade vor die Füße fiel, wo ihn Frau Wuczkowski aufhob. Zehn Minuten später ging der Mann und zeigte es an. Ein Posten ging im Hof die Fenster entlang, um zu sehen, wer hinunterschaute. Wir sahen es, und ich versuchte Dich zu warnen und zum Gehen aufzufordern. Da kam der Kumpan (oder sein Helfershelfer) bereits mit dem Wachmann an. Sie gingen zu Frau Wuczkowski und Ihr beide wurdet aufgefordert, heraufzukommen. Dienst hatte Revier-Inspektor Pallan, der an sich sehr nett ist; aber alle haben voreinander Angst (der scharfe Revier-Inspektor Aue z. B. ist vor 14 Tagen vom Dienst suspendiert worden – auf eine Anzeige hin; nun hat ihm sein ganzes Scharfmachen nichts geholfen!). Du wurdest angeblich etwa 20 Minuten im Vorzimmer festgehalten, Frau Wuczkowski bis ½10 h abends. Auf ihre Angabe hin soll herausgekommen sein, dass ein Wachmann – ein gemütlicher, alter, allerdings oft versoffener Bursche – für Wuczkowsi zweimal wöchentlich Briefe expedierte. Er wurde hierauf am Donnerstag des Dienstes enthoben und verhaftet; er soll in der Rossauerlände sitzen. Darob riesiger Schrecken bei allen Wachleuten … Am Freitag machte Pallan mir gegenüber eine leichte Anspielung, worauf ich erwiderte, dass ich mich durch nichts, aber auch gar nichts abhalten ließe, meine Frau so oft wie nur immer möglich und auf jede erreichbare Weise zu sehen oder zu sprechen! ›Lassen wir's!‹ meinte er, ›ich verstehe ja, aber wir können nicht unsere Existenz riskieren.‹ … Vorgestern erhielt ich Deinen Brief vom 17. August, dem Tag, an dem Du bei [Generalstaatsanwalt] Welsch warst. Dessen Rolle ist nun, nach der heutigen Veröffentlichung des Wiener Staatsgerichtshof-Gesetzes, vollkommen klar. Er hat die Funktion, … sämtliche Schutzhaft-Akten auf die Möglichkeit einer Anklage-Erhebung hin zu überprüfen. Daher musste die Gestapo alle Akten bis 18. August abschließen und ins Parlament liefern. Wir schätzen, dass es aus Wien derzeit noch etwa 1000 sind. Ein Teil der Leute wird von Welsch ins Landesgericht in ordentliche Untersuchungshaft geschickt, was bei uns in den letzten Tagen auf 8 Mann zutraf. Ein anderer Teil der Akten, d.h. alle, die für den Staatsgerichtshof in Betracht kommen, bleibt bei ihm – der ganze Rest geht an die Gestapo zurück, die nach wie vor zuständig bleibt! … Praktisch bedeutet Welsch eine Beschleunigung insofern, als die Gestapo die Akten, soweit eben möglich, abschließen musste, und eine Verzögerung insofern, als wieder eine überprüfende Instanz, wenn diesmal auch gottlob eine juristische, also prompter arbeitende – dazwischen ist … Ich habe in der Haft begreiflicherweise viel nachdenken gelernt. So viel habe ich im Leben falsch gemacht, so viel Unrecht getan! Besser, man büßt jetzt als im Jenseits … Jetzt, wo wir zwei wieder arm geworden sind an äußeren Gütern, aber reicher werden an inneren Gaben, wollen wir in Gottesnamen ein neues Leben beginnen und den Vater im Himmel bitten, dass er die zweite Hälfte besser gelingen lasse als die erste! Fangen wir wieder an, liebste Rita, – wie einst: 1920 bis 23! Mit festem Glauben, Du an mich, ich an Dich, und voll wirklicher Liebe – und ich mit mehr

Geduld! Ja? Wer weiß, ob nicht alles – am Ende – gut war?! Bis Freitag also! – Nun, soll ich – wie einst? Erinnerst Du Dich der Liebesbriefe aus Florenz? Der engen Schuhe? Des Blütenstraußes im April in München? Der Herbstzeitlosen auf den Wiesen am Rande Stuttgarts? Es wird schon wieder werden! Der Sonnentage am Kirchlein in St. Georgen? Des Gewitterspaziergangs im Wald bei Mauer, im ersten Jahr unserer Ehe? Es wird schon wieder kommen! [kyrillisch:] Ja ljublju tebja [= Ich liebe Dich]! Ich liebe dich herzinniglich. Die Not soll uns, trotz allem, nicht niederdrücken. Sie ist eine Prüfung für uns zur Läuterung. Wir wollen uns durch all das Schwarze, Finstere, Gemeine, ja Niederträchtige unser Gemüt nicht verdüstern lassen, sondern auf das Licht der Liebe schauen, das wir füreinander im Herzen tragen – das wird uns aufrichten, dass wir voll Mut und, trotz allem, voll Freude aneinander festhalten und uns auf den Weg der Zukunft machen! … Vorgestern vor einem Jahr (am 20.8.) bin ich von Buchs (2 ½ Tage!) über Luzern nach Zürich gefahren und heute vor einem Jahr mit Flugzeug nach Wien zurückgekommen! … Viele innige Küsse und eine in der erneuerten Liebe verdreifachte Umarmung! Immer Dein [kyrillisch:] Ewgenij …«

Freund oder Feind: Wo stehe ich?

Mein Vater hörte nicht auf, zu hoffen, bald freigelassen zu werden. Zugleich verunsicherte ihn, dass dies nicht geschah. Immer wieder wurden »politische« Mitgefangene aus der Haft entlassen – er nicht. Der Analytiker litt unter der undurchschaubaren Willkür der Gestapo. Unterschwellig beunruhigte ihn sicher auch, dass er nicht wusste, wann die

Gestapo herausfinden würde, dass seine Mutter Jüdin war. Er war gewohnt, Verantwortung zu übernehmen. Nun konnte er nichts mehr für seine Familie tun. Die Erziehung seiner Söhne entglitt ihm. Würde seine Frau alle Belastungen aushalten und durchhalten können? Was hatte Gott mit ihm vor? Wollte er ihn prüfen, läutern, strafen? Mein Vater war sich bewusst, dass er überbeschäftigt und deswegen oft ungeduldig gewesen war und dass seine Frau sich ihre Ehe anders vorgestellt hatte. Wie gerne hätte er das nun gutgemacht! Doch die Belastung seiner Frau war nun noch viel größer. Konkret setzte er alle Hoffnungen auf den Oberstaatsanwalt Welsch. Der war beauftragt, der Gestapo alle Gefangenen abzunehmen, die vielleicht vor ein ordentliches Gericht gehörten. Mein Vater hoffte, dies würde auf ihn zutreffen. Die Anzeige Zogelmanns war strafrechtlich zu beurteilen. Ein ordentliches Gericht, dessen war mein Vater sicher, würde ihn in dieser Sache freisprechen. Und wenn er nicht vor ein ordentliches Gericht kam? Nun, zumindest musste ein Gestapo-Referent sich seinen Akt vornehmen. Allein das empfand er schon als Gewinn. Denn er befürchtete, die Gestapo werde seinen Akt wegen Unerheblichkeit oder Kompliziertheit oder wegen ungeklärter Rassenzugehörigkeit »verschlampen«.

Ich brauchte lange, um voll zu ermessen, was meinem Vater angetan wurde. Ich hatte seine Verhaftung nicht miterlebt. Mir war nun zwar bewusst, dass es Menschen gab, die Macht über ihn hatten und die ihm nicht gutgesinnt waren. Doch diese Menschen waren weit weg, also nicht böse zu *mir.* Ich konnte mir unter einem Gestapo-Referenten nichts vorstellen. Die Klosterbrüder und die Bruderzöglinge erlebte ich hingegen konkret und oft als unangenehm. Mit anderen Worten: Ich hatte noch keinen klaren politischen Begriff von Hitlers und seiner Gefolgsleute Bösesein. Immerhin setzte ich aber natürlich unhinterfragt voraus, dass das Gute auf der

Seite meines Vaters war. Irgendetwas kratzte in meiner Seele, wie eine beginnende Erkältung im Hals.

Ich empfand die Inhaftierung meines Vaters anfangs nicht als Schande. Fast alle Menschen, die ich kannte und die mir etwas bedeuteten, standen auf unserer Seite. Die anderen, die Feinde, die Bösen, blieben für mich abstrakt und unsichtbar. Erst in meiner Schweiklberger Zeit merkte ich, dass es auch in meiner wahrnehmbaren Umgebung Menschen gab, die nicht auf unserer Seite standen.

1936 hatte in Spanien mit einem Putsch unter General Franco gegen die linke Regierung der Bürgerkrieg begonnen. Er endete 1939, dank Hitlers militärischer Unterstützung, mit dem Sieg Francos. Im Juli 1936 stellte sich mitten in dem von den linken Republikanern gehaltenen Teil Spaniens der Militärkommandeur von Toledo auf die Seite Francos und verschanzte sich mit einigen Truppen auf der Festung Alcazar. Die republikanischen Milizen belagerten die Festung – vergeblich. Am 26. September 1936 wurde sie von Franco-Truppen entsetzt. Franco und natürlich auch die deutschen Nationalsozialisten glorifizierten die Verteidigung und Befreiung des Alcazar. Schon 1937 erschienen in Nazi-Deutschland darüber mehrere Bücher. Eines davon war Rudolf Timmermanns *Helden des Alcazar.*

Im Klosterrefektorium stand eine Kanzel. Dort las ein Tischleser zu den Mahlzeiten vor, die wir schweigend einzunehmen hatten. Die Lektüre handelte von der Verteidigung des Alcazar. Der Autor musste mit Franco sympathisiert haben. Andernfalls wäre sein Buch in Deutschland verboten gewesen. Mich interessierte vor allem der als heldenhaft geschilderte Kampf: die Geschichte eines Eingeschlossenseins und des – gelungenen – Versuchs der Befreiung. Vermutlich war dieses Buch ausgewählt worden, weil die Regierung, gegen die Franco putschte, eine Linksregierung war. Der Pater, der das Buch zur Refektoriums-Lektüre bestimmt hatte, mochte zwar mit Franco sympathisiert haben – aber deshalb noch nicht zwingend mit Hitler. Ich interessierte mich für derlei Fragen nicht. Heute hingegen frage ich mich, ob es im Kloster Nazis gab, ob die politische Gesinnung im Kloster während der Hitlerzeit freigestellt war, ob sich unter den Ordensleuten aktive Widerständler befanden, ob später Kriegsbegeisterung erlaubt, selbstverständlich, erwünscht, geboten war.

Meine Mutter ermahnte meinen Vater, er möge uns nicht direkt aus dem Gefängnis schreiben, es könne uns schaden. Ein Bruder erzählte einem meiner Klassenkameraden, dass mein Vater eingesperrt sei. Ein anderer Bruderzögling machte uns klar, in Deutschland werde niemand ohne Grund eingesperrt. Wie recht er in seinem Unrecht hatte! Ich lernte, dass es opportun war, die Gefängnishaft meines Vaters zu verschweigen. Ich saß mit meinem Vater im selben Boot. Die Welt war nun zweigeteilt – nicht nur in Heimat und Kloster, sondern auch in Freund und Feind.

Nach den Sommerferien wurden mein Bruder und ich im nahen Vilshofen eingeschult. Vorne am Pult stand der Klassenlehrer: gedrungen, breites Gesicht, Stirnglatze, dunkle kurze Haare, Brille. Begrüßung ohne Hitlergruß. Disziplin, Stundenplan, Lernmaterial. Ein Neuer in der Klasse: Kogon. Der Klassenlehrer sah mich schweigend an, nicht unfreundlich, lange, als sei ihm »so einer« noch nie vor die Augen gekommen oder als brauche er lange, um sich seine geplante Ankündigung abzuquälen. Dann brachte er diesen besonderen Satz hervor: »Der Kogon« habe natürlich die gleichen Rechte wie alle andern. Ich verstand zunächst nicht, was er meinte. Dann verstand ich, dass ich auch in diesem Fall offenbar »anders« war. Dieser Lehrer ging davon aus, dass mich jemand nach der herrschenden Staatsräson für minderberechtigt halten könnte, weil mein Vater »eingesperrt« war. Und gegen diese mögliche Minderberechtigung nahm er mich in Schutz. Er nahm mich in Schutz gegen die herrschende Staatsräson. Er wusste, dass mein Vater eingesperrt war, konnte nicht ausschließen, dass auch meine neuen Kameraden es wussten, und wagte dennoch diesen Satz in einer Zeit, in der er ihn seine Stelle oder gar seine Freiheit kosten konnte, wenn er als Denunziation weitergegeben wurde. Zum ersten Mal in der Hitler-Zeit empfand ich dumpf, dass mir Solidarität zuteilgeworden war – mutige Solidarität.

Dies waren meine ersten Erkenntnisschritte auf einem langen Weg an die Pforte des politischen Widerstands. Weiter als bis knapp hinter die Pforte bin ich nie gelangt. Ich befand mich in einem Intensivtraining der Anpassung. Der Alltag dominierte. 1 Prozent Dagegenhalten, 99 Prozent Aushalten. Ich würde nie Widerstand mit der Waffe leisten. Später sollte sich freilich Gelegenheit ergeben, ein wenig Widerstand mit einer Kanone zu leisten.

Gerne setzte ich mich in einer freien Vormittagsstunde auf eine Stufe der Vorleserkanzel mit einem Buch aus der Vilshofener Pfarrhausbibliothek in der Hand. Mein Geist verschlang den Inhalt des Buches, mein Mund das frische Brot, das auf den langen Tischen als einziges Nahrungsmittel frei zur Verfügung stand. Jeden Krümel, den ich verlor, musste ich in der Ewigkeit suchen – so war ich schon im Kindergarten gewarnt worden. Ich verlor keinen Krümel von diesem Brot; es schmeckte so gut. Die Gefangenen der Gestapo kneteten aus dem Brot, das ihnen zugesteckt wurde, Schachfigürchen. Es war für sie eine Frage des geistigen Überlebens. Doch die Warnung galt sicherlich auch für sie. Auf den Watteflauschwolken vor Petri Tor würden diese Figürchen kullern, und die Gefangenen würden sie, auf ihren Knien rutschend, einfangen müssen. Solche Visionen hielten mich davon ab, aus dem Brot, das ich übrig gelassen hatte, kleine Kühe als Ersatz für jene holzgeschnitzten zu kneten, die ich in Wien hatte zurücklassen müssen. Ich aß alles auf. »Vater mein, gib mir auch morgen dieses tägliche Brot. Und gib es auch meinem Vater.«

Hector Malot hatte seinen Roman *Heimatlos* (im französischen Original *Sans famille*) 1878 veröffentlicht. Für heimliche Lektüre eigneten sich im Kloster neben dem Refektorium am besten die Orte, wo die hohen Herren nicht so leicht hinkamen. Unter einem Ribiselstrauch fühlte sich der kleine Bemsi nicht nur phonetisch dem kleinen Remi ganz nahe. Ich wäre gerne bei Mutter Barberin gesessen. Doch ach! Kaum zehn Jahre alt, wurde ich an einen Fremden vermietet und musste fast drei Jahre lang mit Affen und Hunden umherziehen, bis ich auf vielen Umwegen zu meiner Mutter fand, während mein Vater im Schuldturm schmachtete.

»Liebe Mutti. Ich danke Dir herzlichst für die süßen Sachen, die Du uns geschickt hast. Ich wundere mich sehr, daß man in Vilshofen in der Schule und außerdem im 5. Kurs so wenig lernt. Wenn ich wieder einmal in Wien in die Schule gehe, habe ich das Dividieren und andere Sachen schon lange verlernt. Aber wenn wir Heimatkunde haben und ich nichts weis, sage ich ›daß haben wir in Wien nicht gelernt‹. Warscheinlich wirst Du auch gerne wissen, warum wir so lange nicht geschrieben haben. Wir waren zu faul. Da uns Vater Abt verboten hat, in die Küche zu gehen und der Präfekt Br. Johnas nicht erlaubt, daß wir im Speisesaal den Tischdienern zuschauen, begnügte ich mich mit lesen, wärend Alexius genug mit den Aufgaben seines gestrengen Lehrers Kasparbauer zu tun hat. Wenn er fertig ist, spielen wir, aber nicht lange; denn wenn wir Schafkopf spielen (was wir immer am Anfang tun) kommt es immer zu einem Streit. Der Alexius sagt die Regeln gehn so und ich sage sie gehn so. In den letzten Tagen landen auf der Rennbahn in Vilshofen sehr viele Flieger. Bitte gieb, wenn es möglich ist, die Briefe an den Vati die dabei sind, an ihn ab. Viele herzliche Grüße an Dich und Mausi von Deinem Michael.«

»5. September 38. Meine geliebte Rita: – ... Ich glaube aber, daß ich spätestens am nächsten Montag bei Dir sein werde! Diesmal wird meine Bitte erfüllt. Ich habe vor 3 Tagen eine Novene begonnen, die am Samstag zu Ende sein wird. Eine neue Zusicherung las ich vorgestern in der Hl. Schrift, die ich Dir abschreiben möchte: Im 18. Kapitel des Evangelisten Lukas wird geschildert, wie der Heiland seine Jünger belehrte, und da heißt es: ›Er zeigte ihnen dann an einem Gleichnis, daß man anhaltend beten müsse ...‹«

Anschließender undatierter Brief: »... Für Freitag-Abend hatte ich, wie Du weißt, wirklich sehr um meine Freilassung gebetet. Aber anscheinend war mein armseliger Glaube noch zu schwach. Es reichte nur zur Herbeiführung der endlichen Einvernahme. Um ½6 holte man mich auf den Morzinplatz ...«

»Wien, 8. September 38. Liebste Rita: – Um diese Zeit – oder etwas später? – saßen wir vor 12 Jahren in St. Georgen bei Bozen. Es war ein herrlicher Herbst, voll Wärme und Farbenpracht, erinnerst Du Dich? Von den weinbestandenen Hängen sah das Auge das Tal von Trient hinab, mit den Steinplatten vor uns, wenn wir unterhalb der Kapelle saßen, spielten die Eidechsen, an der Mauer des Kirchleins knieten die Gottesanbeter, grün-golden in der Sonne; die Trauben kugelten prall aus dem mählich sich verfärbenden Laub. Und ich? Ich erklärte Dir die Wirren des chinesischen Kriegsschauplatzes! Und Du? Du fuhrst mir mit den Fingern durch das Haar! ... Zwölf Jahre. Jahre der Entschlusskraft, des Mutes, unablässiger, nie aufhörender Arbeit, Jahre der Hoffnungen und mancher Erfolge, Jahre mühseligen, hart erkämpften Aufstiegs, Jahre der Sorgen schliesslich, der Missverständnisse, der Müdigkeit. – Vorbei. – Und jetzt? Welch ein Meer von

Zukunft liegt wieder vor uns! Es schaut nicht vertrauenerweckend aus – das Wetter der Welt. Aber wir gehen wieder ins Boot – hinaus, mit unseren Kindern jetzt, anders geworden, gefestigt, geläutert, erfahrener – doch immer noch unerschrocken. Und voll Gottvertrauen will ich das Schifflein lenken! Es wird schon in einen Hafen gelangen, wo wir an Land gehen und unser Haus mit Garten und Drum und Dran bauen können, wo immer es sein mag. – Herbst 1926 – Herbst 1938 – Herbst 1950! Glaubst Du, mich kann ein lächerliches Jahr ungerechter Haft zerdrücken? ... Die schöne Herbstsonne heute, am Festtag Mariä Geburt, welche die Hauswand gegenüber der Zelle bestrahlt, hat mich zu diesen – und ähnlichen, weiteren! – Betrachtungen veranlaßt. – Ich grüße Dich, Liebste, von Herzen, immer Dein Eugen.«

Der Kampf ums finanzielle Überleben

Aus den mir verfügbaren Unterlagen konnte ich die finanzielle Situation meines Vaters unmittelbar vor und nach seiner Verhaftung einigermaßen rekonstruieren. Prinz Coburg verwaltete einen Teil des Vermögens seiner Familie. 1935 beauftragte er meinen Vater, es mit gutem Ertrag anzulegen, auch mit entsprechendem Risiko. Alle Geschäfte wurden über die Hausbank des Prinzen abgewickelt. Deren Inhaber, Oberst a.D. Ing. Friedrich Hübner, durfte sich aber nicht einmischen. Als hochriskante Anlage erwies sich die Finanzierung einer chemisch-technischen Erfindung zur Gewinnung von Trinitrotoluol aus Nitrobenzol. Mehrere Experten – darunter ein Ing. Generalmajor Leo Pummerer – hatten das Verfahren zunächst positiv, dann aber immer skeptischer begutachtet. Das Bankhaus Hübner musste seinen anfänglichen

Kredit von 10 000 Schilling mehrmals aufstocken in der Hoffnung, die Erfindung lasse sich doch noch kaufmännisch verwerten. Auch ein anderer Erfinder, der Wiener Ingenieur Ignaz Zeissl, erhielt einen hohen Kredit. Manchmal stellte der Prinz Geld nur in Partien zur Verfügung. Dann musste mein Vater teure Zwischenfinanzierung auftreiben. Eine der Kreditgeberinnen war die mit der Familie Kogon befreundete Dr. Johanna Wüllenweber aus Saarbrücken. (Sie wurde am 6. Mai 1941 vom 2. Senat des Deutschen Volksgerichtshofs zu einer langjährigen Zuchthausstrafe verurteilt, von der sie fast vier Jahre verbüßte.)

Mit dem »Anschluss« Österreichs im März 1938 fiel dieses Konstrukt in sich zusammen. Der Prinz verlor die Kontrolle über das Vermögen seiner Familie und auch über das Bankhaus Hübner. Oberst Hübner geriet in finanzielle Schwierigkeiten. Er behielt aber Fräulein Schultz, unsere »Tante Sophie«, als Sekretärin. Dadurch blieb mein Vater auch im Gefängnis über Hübners Geschäfte informiert. Die Gläubiger forderten ihre Kredite zurück, die Schuldner bestritten ihre Verpflichtungen. Der Sekretär des Prinzen, ein gewisser Schneider, der meinen Vater und Alfred Missong schon in der Nacht vom 11. auf den 12. März 1938 in Schloss Ebenthal an die Nazis verraten hatte, verband sich mit anderen Akteuren dieses verworrenen Spiels zu allerlei Intrigen. Mein Vater stand im Kreuzfeuer dieser widerstreitenden Interessen. Von seinem Anwalt Dr. Erwin Lowatschek fühlte er sich nur unzureichend vertreten. Aus seinen vorläufig noch weiterlaufenden Gehaltsansprüchen wollte er seine Familie finanziell absichern. Doch als Gefangener konnte er das nicht mehr erzwingen. Die Auseinandersetzung wurde schließlich gütlich beigelegt. Im Mai 1940 war die Liquidation aller Geschäfte und Gesellschaften, soweit sie deutschem Recht unterlagen, abgeschlossen. Aus dem Gesamt-Liquidationserlös von rund 150 000 RM sollte mein Vater 20 000–25 000 RM erhalten. Gleichzeitig musste er aber eine Schuld von RM 100 000 gegenüber dem Prinzen begleichen. Der Prinz wollte immerhin, dass meinem Vater aus der Endabrechnung wenigstens 10 000 RM verblieben. Von diesem Betrag erhielt meine Mutter einen kläglichen »Vorschuss« von 1000 RM.

Einen gewissen Schutz erhielt mein Vater ausgerechnet von der Gestapo. Deren Referenten verfolgten das Intrigenspiel zunehmend erstaunt. Sie ließen die Meute, die sich über meinen Vater hermachte, nicht in allen Punkten gewähren. Ein weiterer, längerfristiger Vorteil war, dass mein Vater, verglichen mit dem Schicksal von vielen Mitgefangenen, mit erheblicher Verspätung in das KZ Buchenwald verbracht und von dort noch zweimal nach Wien zurückgeholt wurde, weil ein Gericht ihn als Prozessbeteiligten oder Zeugen angefordert hatte.

Kassiber: »Montag, 1 h mittags (am »Jahrestag« des 6. Monats!) 12.9.38 Liebste Rita: – Mein neuntägiges Gebet bis Samstag, das ich manchmal, und wirklich gläubigen Herzens, auch in den Nächten fortgesetzt habe, wurde nicht erhört. Offenbar habe ich noch nicht genug gebüßt: der Triumph der Gemeinheit wird weiter zugelassen. Und ich dachte doch, der Herrgott würde um Deinetwillen und wegen der Kinder Nachsicht haben. Aber wir sind noch nicht genug geläutert, zu viele, allzu viele Schlacken scheinen noch an uns zu sein. Es bleibt halt dabei: ›Wen der Herr liebt, den züchtigt er.‹ Schwer zu begreifen, manchmal, aber es ist so. – Ich rechne nun nicht mehr mit meiner Freiheit. Im Gegenteil: vielleicht werde ich noch viele, viele Monate in Haft bleiben, sei es bei der Gestapo, sei es in Untersuchungsgefängnissen. Um mich tut es mir ja nicht leid, wegen vergangener oder künftiger Dinge werde ich es schon verdient haben. Aber wirklich schmerzvoll ist mir um's Herz, wenn ich an Dich und die Kinder denke. Es scheint mir entsetzlich, dass so wenig Aussicht mehr besteht. Was wird mit Euch geschehen? Ich kann

Euch nur der ja doch irgendwie vorhandenen Gnade des Himmels überantworten. Es kann ja nicht sein, dass Ihr einfach ganz verlassen bleibt. So viel Schuld – im christlichen Sinn – habe ich hoffentlich nicht auf mich geladen. Es ist schrecklich; ich sehe keinerlei Aussichten mehr. Natürlich ist das auch ein Rückschlag auf meine so bitter enttäuschte gläubige Hoffnung dieser letzten neun Tage. Aber auch verstandesmäßig betrachtet sieht's, so scheint mir, nicht besser aus. Ich will freilich nicht mit dem Himmel rechten und es Dir nicht noch schwerer machen, sondern Dich nur vorbereiten und Dir jedenfalls sagen, dass ich alles schon aushalten werde, was immer kommen mag. So entsetzlich schwer es mir augenblicklich fällt: ich werde es schon durchstehen – alles. Leider, Rita, ich rechne jetzt mit sehr lange, sehr lange … – Der Brief der Buben ist nett. Man spürt aber, dass sie Sehnsucht haben. Schreiben sie darüber nichts, um mich zu schonen? Sind sie schon so überlegend? Oder hat man es ihnen gesagt? Eine Zeichnung liegt bei, auf der sie beide erwartungsvoll vor dem Tor der Hermanngasse 38 stehen! – Die armen Buben! Ich fürchte, sie werden entsetzlich warten müssen. – Die Nachrichten auf dem Postabschnitt waren mir beide Male … sehr wertvoll. So geht also der Coburg-Wirbel von vorne an! Na, sie werden schließlich schon irgendwas zusammendrehen, um einen Sündenbock zu haben und mich – als bisher halbwegs peinliches Haftproblem – zum ›richtigen‹ Häftling zu machen (wobei die bisher 6 Monate Schutzhaft überhaupt nichts zählen, stell' Dir vor!). Nicht, als ob ich das Geringste zu fürchten hätte. Aber bei dieser Rechtlosigkeit, gegen die sich kein Mensch antraut! – … Ich stehe jetzt auf dem Standpunkt: Verteidigung bis aufs letzte, sozusagen mit dem blanken Messer, aber innerlich bin ich ohne jede Hoffnung. Gott scheint mir in dieser Sache – irgendwie natürlich zu unserem Segen, was wir halt, armselig wie wir sind, noch nicht sehen – nicht zu helfen (ach, hülfe

Er, ich weiß nicht, wie ich ihm danken würde! Und Du sicherlich getreu mit mir!); so bleibt mir nichts als eine verzweifelte, verbissene Abwehr gegen diese ganzen Teufeleien – allein, mit niemandem als Hilfe außer Dir, Liebste! Nun, einmal werden wir schon siegen ... – Dein Besuch, Liebste, war für mich recht schwer. 3 Wächter und ein Gestapo-Mann – ein bisschen viel. Man konnte ja kaum ein richtiges Wort sprechen. Aber vielleicht geht's ein andermal besser, gelt ... So wollen wir also wieder Abschied nehmen, Rita! Es ist traurig. Und schrecklich aussichtslos. Leb' wohl; wir wollen immer zusammenhalten. Dein [kyrillisch:] Ewgenij ...«

Brief meiner Mutter an meinen Vater vom 14. September 1938. »Dr. Eugen Kogon, VII, Hermanng. 38/3, Ref. Morzinpl. II P, 326/20. Mein lieber Vat, gestern bekam ich Deinen Brief vom 8. 9. Ja, ich denke auch viel zurück an all die schönen Stunden, die wir zusammen verlebt haben ... Ich bin voller Hoffnung, dass eines Tages alles wieder gut werden wird, wenn es auch manchmal recht trüb aussieht. Aber wir haben trotz allem gute Freunde: vorgestern bekam ich vom Ausland Nachricht, dass man Deinetwegen von dort aus an Hitler herantreten will, um diese Eiterblase an allergemeinsten Intrigen einmal aufzustechen. In den nächsten Tagen, wenn ich noch einiges ›eruiert‹ habe, werde ich meine Zusage zu diesem Schritt geben. Ich habe immer noch sehr viele Laufereien, um immer, wenn auch etwas spät, orientiert zu sein ... Vom Zahnarzt kam eine Rechnung auf 120.- und Möbeltransportgeschichte mit Einlagerung macht auch 360 M. Entsetzlich, gelt. Morgen kommt [die frühere Hausangestellte] Olga hierher, ich bin neugierig was sie Neues weiss. Sie will sich noch einige Sachen abholen, die mit eingelagert sind. Ach, und schuldig bin ich ihr auch noch. [Rechtsanwalt] Lowatschek muss mir eben entsprechend geben. Jedenfalls sollst Du Dir keine Sorgen um uns machen, irgendwie werde ich schon alles in Ordnung bringen. – Das Mauserl ›träumt‹ jede

Nacht, dass der Vati und die Blüder bei uns waren. Ein zu schöner Traum! Aber verliere den Mut nicht. Wir tun es auch nicht. Das Wichtigste ist, dass Du Dich nicht unterkriegen lässt. Und kauf Dir drinnen doch alles, dass Du bei Kräften bleibst, ich werde Dir möglichst oft schicken, wenn ich es auch nur kleinweise zusammenbringe. Macht aber nix. Ein Geistlicher, den ich erst kennen lernte, gibt mir auch öfter Geld. Man lernt jetzt zusammenhalten, allen Intrigen und Gemeinheiten zum Trotz. Mit vielen herzlichen Grüssen und Küssen Deine Mumm. Habe Manzoni ›Die Verlobten‹ gelesen. Heute wie früher und früher wie heute!«

Dieser Brief meiner Mutter kreuzte sich mit einem Kassiber meines Vaters vom selben Tag. »Mittwoch, 14. September 38. Geliebtestes Ritale: ... Ich war also am [Wiener Gestapo-Hauptquartier] Morzinplatz und will Dir alles ausführlich erzählen: Um 515 wurde ich geholt (Grüner Heinrich). Ich hoffte schon, Dich unten zu sehen! Drüben kam ich sofort zu [den beiden Gestapo-Referenten] Dr. Blaschko und Dr. Enderl (320 und 326) ... In diesem Augenblick wurden Dr. Lowatschek, Zeissl und Notar Hausa gemeldet! ... Die Herren wurden hereingelassen, wir begrüßten uns. Wünsche? 1) Meine Unterschrift unter einen Zusatzvertrag, 2) meine Unterschrift unter einen Vertrag mit der Creditanstalt, 3) meine Unterschrift unter eine Gerichtseingabe, 4) eine Vollmacht von mir zu meiner Vertretung bei notwendigen Vertragsabänderungen ... Dr. Blaschko forderte alle auf, nachdem er Zeissl gleich zu Anfang hinausgewiesen hatte, einen Moment zu warten. Er besprach mit mir die Sache, ich erklärte ihm die Richtigkeit und Unbedenklichkeit der Dokumente mit Ausnahme von 4) (fällt mir gar nicht ein, mich diesen Kumpanen durch eine Vollmacht ans Messer zu liefern!), und las alles durch. Dabei musste ich sehen, dass der Herzog sein in meinem Vertrag mit 100000.- MK. festgesetztes Darlehen inzwischen auf 120000 und jetzt 150000 MK erhöht hatte! Die

Burschen haben also wieder Geld erhalten, ohne Dir auch nur einen Pfennig zu bezahlen! Als ich das sah, sagte ich Dr. Blaschko, dass ich jetzt, momentan, gar nichts unterzeichnen möchte. Da sie ohnehin wiederkommen müssten, wie sie sagten, so könne ja alles zusammen erledigt werden. Er rief sie herein und teilte ihnen ohne Bezug auf mich das mit. Sie waren recht bedeppert. Ich erhöhte diese Stimmung noch, indem ich, während sie hinausgingen, sagte: ›Und vielleicht können sich die Herren auch einmal meiner Frau und meiner Kinder erinnern, ehe sie verhungern!‹ Betretenes Schweigen. Dann sagte Lowatschek noch, unter der Tür: ›Ich habe leider keinen Auszahlungsbefehl.‹ (Der Lügenbeutel, nachdem er mir selbst … im Mai, als er Unterschriften brauchte, versichert hatte, die Herren des Herzogs seien damit einverstanden, Dir – ohne Wissen Zeissls – den Lebensunterhalt zu zahlen – wohlgemerkt: von meinem Geld!) – Als sie weg waren, meinte Dr. Blaschko, er verstehe nicht, dass da niemand helfe. Du und die Kinder sollten doch nicht unter den Maßnahmen gegen mich leiden. Ich machte ihm klar, dass da nur meine Freilassung Abhilfe schaffen könne. Er rief nun Dr. Enderl, der inzwischen weggegangen war, und beide äußerten, dass sie alles täten, was sie könnten. Sie wollten nicht, dass mir Unrecht geschehe, aber sie müssten sich auch den Rücken decken … Sie verstünden nicht, warum man ihnen den ganzen Akt gegeben habe, sie interessierten sich nur für die N. Z.*[Neue Zeitung]*-Sache, das andere gehe sie nichts an, usw. ›Ja, warum lassen Sie mich nicht frei, meine Herren, jetzt – im 7. Monat meiner Haft?‹ Dr. Blaschko (wörtlich) lächelnd: ›Sie sind zu intelligent!‹ Ich: ›Auch ein Haftgrund! Da müssten Sie mich ja lebenslänglich eingesperrt halten!‹ ›Na, das nicht. Aber Ihre antinationalsozialistische Gesinnung ist ganz klar. Ihre Aufzeichnungen aus Wiesbaden – das ist ja fast Greuelpropaganda: Deutschland sei das Land der Kasernen und der Gefängnisse! Und jetzt in der Haft haben

Sie wieder einen Roman begonnen, der bezeichnend ist!‹ Ich: ›Was, diesen harmlosen Kriminalroman (den mir Rev. Insp. Aue (!) weggenommen und zum Morzinplatz geschickt hat!) nennen Sie gefährlich? Das können Sie doch nicht im Ernst behaupten.‹ Es entspann sich etwa 10 Minuten lang eine gute, mit viel Lachen geführte politische Unterhaltung, wobei ich klarzumachen versuchte, dass man von mir nicht Begeisterung, wohl aber staatsbürgerliche Loyalität erwarten könne. ›Nun bin ich doch schon 6 Monate für nichts und wieder nichts gesessen!‹ ›Was, für nichts und wieder nichts? Dass Sie dem Dohrn zur Flucht verholfen haben, dafür allein hätten Sie 2 Jahre verdient.‹ ›So? Erstens ist er selber geflüchtet. Zweitens war Sekretär Schneider dabei, der doch frei ist, drittens ist doch auch Dr. Missong freigelassen worden.‹ ›Na, ich habe ihn ja nicht ausgelassen.‹ All das wurde nicht so ganz ernst gesprochen, mehr unterhaltungsweise. Protokolliert wurde gar nichts. – Ich ging dann mit Dr. Enderl, der wirklich verständig ist, auf den Gang und sprach mit ihm noch etwa 10 Minuten. Er versicherte mir, dass er bestimmt alles tue, um die Sache seinerseits zu beenden, aber er und Dr. Blaschko hätten nicht zu entscheiden, das geschehe ›von oben‹. ›Wer weiß, wo der Akt noch überall hingehen wird. Das kann gut und kann schlecht ausgehen. Wir können darüber nichts sagen, weil wir es nicht wissen.‹ ›So übergeben Sie mich doch der ordentlichen Gerichtsbarkeit, dem Landesgericht; der Fall Zogelmann ist doch eine klare Betrugsbeschuldigung!‹ ›Ja, das werden wir ja vielleicht tun …‹ Wir verabschiedeten uns mit Händedruck! – Also, was ist jetzt eigentlich los? Sie wissen es selbst nicht. Ich werde hin- und hergeschoben … Das Beste schiene mir zu sein, wenn [Generalstaatsanwalt] Dr. Welsch die Sache an sich zöge. Es war mir recht tröstlich, dass Du überzeugt bist, er werde meine Sache nicht mehr aus dem Auge verlieren … Praktisch kann ich nichts machen als weitersitzen. Es nimmt kein Ende. Dabei gehen die ›systemgrößten Persönlichkeiten‹ frei ... Nach reiflicher Beratung ... mit einigen Juristen hier bin ich nun entschlossen, folgendermaßen vorzugehen: die Zeissl-Abmachungen erhalten meine Unterschrift unter einer Bedingung: Es sind, beginnend sofort, sonst jeweils am 1. jedes Monats, von Seiten der Sachwalter des Herzogs à conto meine Gehaltsforderung von über 20 000 MK. ... zu Deinen Händen monatlich 500 MK. zu bezahlen, äußerstens bis drei Monate nach meiner Freilassung, dazu sofort bis zu 2000 MK. zur Auslösung aller im Dorotheum befindlichen Gegenstände (einschließlich Kollier) ... Ausserdem hat die Kanzlei Dr. Eberl-Lowatschek zu erklären, dass sie auf diese Zahlungen keinesfalls greift. Gegen diese Dokumente bin ich bereit, ... meine Unterschrift zu leisten. Sonst nicht. Ich bin entschlossen, in nichts, aber schon gar nichts nachzugeben, sondern mich notfalls wie ein italienischer Maulesel zu verhalten. Bei uns kann es nicht mehr schlechter werden, es bleibt höchstens gleich schlecht; die andern aber brauchen mich unbedingt. Ohne meine Unterschrift kommen sie nicht weiter. Ich kann warten, nachdem ich ohnehin eingesperrt bin und von diesen Schuften nicht einen Pfennig bekomme. Mit nichts werden sie mich diesmal von meiner Bedingung abbringen können, nachdem ich ihre ganze Verlogenheit und ihren schamlosen Egoismus kennen gelernt habe. Ich kämpfe überdies nicht für mich, sondern für Dich und die Kinder ... Am Montag, liebes Murxl, schreibe ich Dir dann, wie die Sache ausgegangen ist. Wenn wir das Geld bekommen, dann kommst Du ja mit den 3 Kindern wieder durch, gelt. 500 MK. monatlich genügen hoffentlich. (Ich schwanke nämlich noch, ob ich nicht mehr verlangen soll ... Aber ich will die Gestapo nicht umstimmen, deren Beamte sicherlich in so einem Fall mit den eigenen Gehältern zu vergleichen geneigt sind! Ich werde mal sehen; wahrscheinlich fange ich mit 650 MK. an.) ... – Deine lieben Grüße an Bumperl habe ich erhalten und prompt weiter geleitet. Er hat sie zitternd entgegengenommen; er hat Stillhalte-Befehl, der arme Kerl! Er küsst Dich aber zurück, liebstes Ritale! – Wie werden wir doch einmal auf diese Zeit zurückblicken, Du und ich! Darüber habe ich Dir in meinem letzten Donnerstag-Brief geschrieben. Jetzt heißt es halt unter allen Umständen aus- und durchhalten. Bist Du mit meinen Liebes-Neuaufbau-Plänen einverstanden? Wollen wir, auf höherer Ebene, wieder von vorne anfangen – mit allen Hoffnungen, allem Glauben, aller Kraft der ersten Zeit …? Sag': Ja! Ich sage: Ja, ja, ja! Ich liebe Dich, Murxl, Ritale, Liebling! Gott mit Dir – mein Herzenskind und zweites Ich, Du! Viele Küsse Deinem ganzen lieben Leib! Von Deinem [kyrillisch:] Ewgenij …«

Das Gefängnis als Freiraum von Dichterseelen

Der Kriminalroman *Zelle 26* ist nur eine von mehreren Schriften, die mein Vater mehr oder weniger heimlich während seiner Wiener Haftzeit verfasste. Hinzu kam ein Schauspiel *Worte* über die Unauflöslichkeit der Ehe: Eine kluge, sympathische Frau verlässt ihren egozentrischen Mann, findet das Glück beim Geliebten und kehrt doch schicksalsergeben zu ihrer Familie zurück. Es folgte ein weiterer – fertiggestellter – Kriminalroman *Das Geheimnis des synthetischen Diamanten* sowie der Anfang eines Kinderbuches *Der Spatzenbaum.* Die Titel der beiden Kriminalromane finden sich in einer am 23. März 1938, also kurz nach seiner Verhaftung abgeschlossenen Übersicht über seine schriftstellerischen Pläne: I. *Roman eines Aufstiegs,* II. *Die Schlacht in Polen, Das Traum-Erbe, Petrus der Zweite,* III. *Zwei Gespräche, Die*

Wiedergeburt des Abendlandes, Weltgeschichte – meinen Enkelkindern erzählt, Die Krise des Katholizismus in der Politik, IV. *Gebete der Hl. Schrift (Glaube und Gottesvertrauen nach der Hl. Schrift), Heilige Vorbilder, Abenteuerliche Heilige, Perlen der Hl. Schrift – für meine Kinder,* V. *Das Spatzenbuch, Lustige Autogeschichten, Pioniere der Luft, Pioniere der Wissenschaft, Tragödien europäischer Fürstenhäuser, Gespenstergeschichten (aus aller Welt), Abschied von Wien, Anekdotenbuch, Vier suchen eine neue Heimat, Zauberreich der Natur, Abenteuer des Ancien Régime, Finanz-Abenteurer (aller Zeiten),* VI. *Detektiv-Romane: Das Geheimnis des synthetischen Diamanten, Zelle 26, Der Katalysator X, Michael, Alexius und Kornelia (meine Kinder als Detektive), Netz gegen Netz: Drei erwachsene Männer.*

Außerdem verfasste mein Vater acht Kurzgeschichten *(Anita und der Mann mit den sechs Buchstaben, Die Stadt seiner Träume, Zwei Freunde und eine Jazz-Trompete, Ein neues Unternehmen, Die Locke, Kiki und Koko, Der Überfall auf Jungfer Berta, Der Philosoph an der Bar)* und notierte die Titel zu zwei weiteren, zu deren Niederschrift es nicht mehr kam *(Der geblümte Wasserkrug* und *Ja, so ein Schi-Dolmetsch).* Das ganz knapp gefasste Konzept für zwei weitere Kurzgeschichten *(Die verschwundenen Zehn-Dollar-Scheine, Der Kontakt mit dem Publikum)* schrieb mein Vater in seiner Gabelsberger Stenogrammschrift auf Postkarten, die er am 16. April und 6. Mai 1940 von meinem Bruder und mir erhalten hatte.

Zusätzlich zu diesen – geplanten, angefangenen oder ausgeführten – literarischen Arbeiten verfasste mein Vater auch Sachtexte. Der erste war der bereits erwähnte *Plan einer Ansiedlung in Übersee* als Versuch, die korporative Idee in dem Modell einer landwirtschaftlichen Genossenschaft zu konkretisieren. Mein Vater dachte offenbar daran, diesen Plan für den Fall seiner Freilassung weiterzuverfolgen.

In der zweiten Hälfte 1940 entstand der letzte Essay der Wiener Haftzeit, ebenfalls ein Fragment: *Arbeit und Eigentum in der Planwirtschaft.* Mein Vater wollte die von allen europäischen Diktatoren missbrauchte korporative Idee in die Epoche der Planwirtschaft hinüberretten. Er hatte das Manuskript in Langschrift abgefasst und wusste daher, dass Zensoren und Gestapo-Beamte es lesen konnten. Es mag sein, dass er damit nicht nur rechnete, sondern es sogar wollte. In diesem Fall bestünde keine Gewähr, dass dieses Manuskript in allen Teilen seine Meinung widerspiegelt. Seine Grundaussage ist dennoch authentisch – und überraschend: Eine berufsständisch geordnete Gesellschaft bleibt unabhängig davon, ob sie politisch diskreditiert wurde oder nicht, ein geeignetes Mittel, um gesellschaftliche Gegensätze zu überwinden und damit die drei auch heute noch in der katholischen Kirche vielfach postulierten Ziele »Frieden, Gerechtigkeit, Liebe« zu erreichen. (Bemerkenswerterweise fehlen sowohl in der katholischen Kirche wie auch bei meinem Vater die Ziele »Freiheit und Gleichheit«.) Mit der politischen Diskreditierung geriet allerdings auch die *Bezeichnung* »Ständestaat« in Verruf. Nach seiner Befreiung 1945 benannte mein Vater die »Stände« daher in »Sozialgemeinschaften« um.

Wollte mein Vater Kritik am Nazi-System üben, musste er sie verschlüsseln. Das tat er in seiner im Gefängnis vollständig ausgeführten Komödie *PG Pospischil.* Im April 1939 schickte meine Mutter meinem Vater das *Statistische Jahrbuch für das Deutsche Reich 1938* ins Gefängnis: ein für Wachleute und Zensoren unbedenkliches Werk. In die 895 verwirrend unübersichtlichen Seiten dieses Buches chiffrierte mein Vater den Text, indem er jeden Buchstaben, den er benötigte, mit einem winzigen Punkt markierte.

Die Komödie spielt in Wien unmittelbar nach dem Anschluss Österreichs an Hitler-Deutschland im März 1938. Ein unbedarfter Wiener Hausbesorger, vor dem Anschluss illegaler Parteigenosse (PG), möchte nun endlich die Früchte seiner Parteimitgliedschaft einheimsen und vom neuen System profitieren, indem er sich ein arisiertes Antiquitätengeschäft unter den Nagel reißt. Aber seine Absicht, auf diese Weise leicht zu Geld und Ansehen zu kommen, misslingt gründlich. Er ist für die neue Aufgabe nicht qualifiziert und kommt außerdem anderen, mächtigeren Nutznießern in die Quere. Die ruinieren seine Familie und setzen ihm so zu, dass er im Gefängnis landet. Dort kommt er zur Einsicht.

Die Chiffrierung spielte sich folgendermaßen ab. An der Zellentür hielt ein Mithäftling Wache, um Alarm zu geben, sobald draußen im Gang ein Gefängniswärter sich dem Guckloch näherte. Währenddessen konzipierte mein Vater seinen Text mit einem Bleistiftstummel auf die Randstreifen des *Völkischen Beobachters,* der einzigen in der Zelle zugelassenen Zeitung. Wenn ein Streifen voll war, übertrug er den Text in das *Statistische Jahrbuch.* Danach spülte er die beschriebenen Zeitungsstreifen ins Klo. Nach Abschluss der Arbeit ließ mein Vater das auf diese Weise »angereicherte« Buch meiner Mutter übergeben. Glücklicherweise weckte es keinen Verdacht.

Insgesamt erlebte mein Vater in der ersten Zeit seiner Haft, in der die Bedingungen noch nicht ganz unerträglich waren und in der ihm, nachdem er seine finanziellen Verhältnisse so gut wie möglich geregelt hatte, bis zum ersten Verhör, und danach zwischen den Verhören, reichlich Zeit verblieb, einen beeindruckenden Ausbruch von Kreativität. Er wollte seinen Verstand, seine Vorstellungskraft und sein Gedächtnis schulen, auch sich die Zeit vertreiben. Vor allem aber wollte er mit solchen literarischen Schriften und Plänen nach seiner erhofften Freilassung Kontakte zu Verlagen herstellen.

Mein Vater führte also in der Anfangszeit seiner Gefangenschaft fort, was er schon vorher betrieben hatte und nach

1945 mit noch größerem Eifer betrieb: die Schriftstellerei. Während seiner Inhaftierung überwogen allerdings im Gegensatz zu vorher und nachher die literarischen Texte. Einen Vorläufer hatte er bereits 1924 – in Paul Kellers Zeitschrift *Bergstadt* – veröffentlicht: seine Novelle *Ostern.* Wäre er nicht gleich nach dem Krieg für die restlichen 42 Jahre seines Lebens so überbeschäftigt als Publizist, Europa-Protagonist, Hochschullehrer und Fernsehmoderator gewesen und wäre er nicht so sehr von dem Willen getrieben gewesen, die Welt unmittelbar zu verbessern: er hätte ebenso ein bedeutender literarischer Autor werden können. Vielleicht wäre die Welt dadurch ebenfalls besser geworden. Das Bedürfnis zu schreiben – nicht weniger als sein Bedürfnis, die Welt heil zu machen – durchzieht sein ganzes Leben. In Abwandlung eines Titels von Jorge Semprun hätte er von sich sagen können: »Schreiben *und* leben«.

Soll ich so weit gehen zu vermuten, Haft könne unter bestimmten Voraussetzungen Kreativität freisetzen? Vermutlich »bietet« die Haft manchem Gefangenen ein größeres Quantum des sonst oft knappen Gutes Zeit. Zugleich mobilisiert ständige Gefährdung defensive, reflektive, aber auch kreative Kräfte. Ein Teil davon wird gebraucht, um mit Angst und materieller Entbehrung fertigzuwerden und das Überleben zu organisieren. Ein eventueller Rest stünde zumindest theoretisch für kreative Leistungen zur Verfügung. Viele Autoren verschaffen oder erzwingen sich nach intensivem Erleben eine Zeit der Stille, um das Erlebte literarisch zu verarbeiten. Thomas Mann verbat sich jedwede Störung am Vormittag. Robert Jungk zog sich in ein Hotel oder in ein Kloster zurück, um ein Buch zu schreiben. Die Kinder von Alfred Andersch durften während der vormittäglichen Arbeit des Vaters nicht die Klingel an der Haustür betätigen. Nur wer selbst schreibt, weiß, dass selbst eine kleine Störung den Fluss der Kreativität austrocknen kann. Die Familienangehörigen, die oft nichts weiter tun, als in Erfüllung zahlreicher zusätzlicher Pflichten dem Familienoberhaupt das Schreiben überhaupt erst zu ermöglichen, haben für derlei Eskapaden nicht immer Verständnis. In solcher Zwickmühle suchen Autoren den Ausweg manchmal in einer Art innerer Emigration. Die »Geistesabwesenheit« von Professoren ist die Anwesenheit ihres Geistes anderswo. Sie sind hoch konzentriert, nicht zerstreut. Nach dem österreichischen Kinderarzt Hans Asperger ist »ein Schuss Autismus« eine unerlässliche Voraussetzung für künstlerische oder wissenschaftliche Leistungen. Ein derart selbstgeschaffener Kreativraum unterscheidet sich nicht grundsätzlich von einem auferlegten. Der Apostel Paulus schrieb bewegende Briefe aus dem Gefängnis. Der Marquis de Sade wurde während seiner langjährigen Haft in der Bastille zum Autor. Maxim Gorki verfasste sein Drama *Kinder der Sonne* 1905 während seiner Inhaftierung in der Moskauer Peter-und-Pauls-Festung. Der Theologe Dietrich Bonhoeffer schrieb in der Gestapo-Gefangenschaft von April 1943 bis zu seiner Hinrichtung zwei Jahre später sein bekanntestes Buch, *Widerstand und Ergebung.* Die heute in vielen westlichen Ländern herrschenden Haftbedingungen bieten noch wesentlich mehr Gelegenheiten in dieser Richtung. Das letzte mir bekannte Beispiel ist die Autobiographie des Kunstfälschers Wolfgang Beltracchi. Am Ende dieser Gedankenkette steht als Groteske die freiwillige Schutzhaft für Dichter. Sogar Manager und Politiker wissen, um endlich zur Ruhe zu kommen, oft keinen Ausweg als den Burn-out. Ob Dichterklause, Autismus, Burn-out oder Gefängnis: Nicht nur Dichter, aber auch sie brauchen von Zeit zu Zeit das Freisein von Aufgaben anderer Art. Mein Vater wusste die Ungunst der Stunde zu nutzen. Vielleicht war seine Schriftstellerei im Gefängnis jedoch nur ein Notbehelf. Was hätte er unternommen, wäre er in Freiheit gewesen und hätte dennoch Zeit gehabt? In seinem späteren Leben kam er nie mehr zur Ruhe. Der Weg zum literarischen Autor war ihm damit versperrt. Er wurde Publizist, Aktivist, Professor, Moderator. War dies jedoch seine erste Wahl? Sie war ja nur eine von mehreren ihm möglichen.

September 1938: Mein Vater wird von der Verschickung in ein KZ zurückgestellt

Kassiber vom 15. September 1938: »Donnerstag, 15.9 … erklärte ich [Rechtsanwalt] Lowatschek …, dass ich nichts mehr besäße als meine Unterschrift – für alle so wertvoll, diese Unterschrift! –, dass ich die aber nur hergäbe, wenn ich dafür für Dich und die Kinder genügend Geld bekäme. Mit einer Freilassung meinerseits sei offenbar auf lange hinaus noch nicht zu rechnen. Daher müsse bezahlt werden! … Die Disposition über das Geld hast ganz Du. Ich empfehle Dir, vom ersten Drittel alles bis auf das Kollier beim [Pfand- und Versteigerungshaus] Dorotheum auszulösen, kleinere Schulden zu bezahlen und alles andere zur Hälfte daheim zu behalten, zur Hälfte auf ein Sparkassenkonto zu legen. Vom 2. Drittel dann das Kollier auszulösen (wegen der enormen Zinsen!) und den gesamten Rest auf mehrere Sparkassenbücher zu verteilen … So hoffe ich Dich denn, wenn am Samstag das Geld wirklich kommt, mit Gottes Hilfe auf längere Zeit gesichert zu haben, dass Du mit den Kindern leben und Ihr Euch für den Winter warm kleiden könnt. Dann ›sitze‹ ich schon wieder beruhigter. – Liebes Murxl: Dieses Geld ist auf lange Zeit unser einziges Kapital! – Das Mauserl war goldig. Diese kräftig geschleuderte Kusshand! Alles war begeistert. Und dann unser kurzes Zusammensein! Das war halt gleich anders als letzthin offiziell, gelt! Die zwei Küsse haben mir geradezu Appetit gemacht ... Bezüglich der Buben, glaube ich, brauchen wir uns nicht mehr allzu große Sorgen zu machen, wenn jetzt Geld kommt. Ich werde sie zuhause unterrichten, und dann kommen wir schon eines Tages ins Ausland ... Ach, Murxl! Ich liebe Dich ja so! Sei mir innigst gegrüßt und geküsst, lange, lange, immer Dein [kyrillisch:] Ewgenij.«

Kassiber vom 19. September 1938: »Montag, 19. September, Mittags. Allerliebstes Murxl: – Seit Freitag-Mittag sind wir wieder auf Zelle 20, Burggasse! ... Ich bin Stubenkommandant ... – Bezüglich der Verwendung des Geldes möchte ich meine Ratschläge vom letzten Mittwoch etwas verbessern: die Entwertungsgefahr wird von Tag zu Tag größer; es wäre daher vielleicht gut, auch das Kollier so bald wie nur immer möglich auszulösen. Notfalls können wir die 123 Brillanten dann herausbrechen und sie samt dem Platin einzeln verkaufen, wenn das Geld nicht mehr gilt! Auch an eine Teilanlage in guten Anzugsstoffen habe ich schon gedacht – denn die bringt man wohl immer leicht bei Großverdienern an! Überleg' es Dir! ... Aus dem Ausland, wie Du in Deinem Brief vom 14. 9. schreibst, den ich gestern erhielt, lass' bitte nichts unternehmen. Man würde das nur als freche Einmischung bezeichnen, womöglich alles neuerlich aufrollen (zur Rechtfertigung des [Gestapo-]Referenten!) und mich weiter sitzen lassen. Bitte, mach' da ja nichts! Auch haben die Briefe der Kanzlei Hitlers keinerlei praktisch-positiven Wert. – Dienstag, 8 h früh ... Meine große Sorge ist jetzt, dass ich so lange in Haft bleibe, bis doch noch ein Krieg ausbricht (an den ich momentan immer noch nicht glaube): dann ziehen sie mich sofort zu einer 3monatigen Ausbildung ein und ich habe nicht einen einzigen Tag, um Euch wiederzusehen – nach so vielen Monaten! Es wäre schon ein Riesenmalheur. Fast täglich finden Musterungen und Einberufungen von Schutzhäftlingen statt, allerdings niemand aus den Jahresklassen

1902, 1903, 1904. Vorläufig. Ich selbst muss, nach Auskünften von Militärs hier, wie gesagt mit einer 3monatigen Ausbildungszeit im Kriegsfall und dann mit Dienstleistung in den Nachrichten-, Verrechnungs- oder Zensurabteilungen (Sprachen!) rechnen. Alfred wird wohl jeden Tag dem Herrgott danken, dass er in der Schweiz ist. – … dann freue ich mich auf folgendes: Wie wäre es, wenn wir, da wir doch wieder von vorne beginnen, noch einmal heiraten würden? Ist das nicht ein lustiger Gedanke? Wir fahren nach Schweiklberg (um unsere ›in die Ehe einzubringenden Kinder‹ abzuholen), erneuern dort bei Abt Thomas unser Trauungsgelübde und machen dann entweder über München oder später im Ausland unsere erste und einzige Hochzeitsreise! Tust Du mit? … Immer Dein [kyrillisch:] Ewgenij. – Dienstag, 2 h. Vorhin, liebste Rita, kam deine 2 RM-Sendung, für die ich Dir herzlich danke, mit den neuesten Nachrichten. Ich bin im höchsten Grad darüber erbittert, dass Du das Geld noch immer nicht hast … – Donnerstag-Mittag. Liebe Mumm: Gestern sah ich Dich nach 8 Tagen zum ersten Mal wieder, nachdem ich schon hatte befürchten müssen, es werde überhaupt nicht mehr sein, da am Vormittag Decken und Strohsäcke eingesammelt worden waren. Es geschah dies aber, wie sich dann herausstellte, zur Auswahl der besten Stücke für die sudetendeutschen Flüchtlinge, während wir Staatsfeinde den Rest behalten durften. Nun, wir sind schon froh, dass wir wenigstens nicht weggekommen sind … Herzlichst: Dein [kyrillisch:] Ewgenij.«

Die »sudetendeutschen Flüchtlinge« gehörten zu der dreieinhalb Millionen Menschen umfassenden deutschen Minderheit in der Tschechoslowakei. Dieser Staat, der 1918 nach der Zerschlagung der Habsburger Vielvölkermonarchie gegründet worden war, hatte manche Rechte seiner deutschen, ungarischen und polnischen Minderheiten missachtet. Hitler machte sich das zunutze, um die Angliederung des Sudetenlandes an das Deutsche Reich zu fordern. Am 30. September 1938 stimmten die Regierungschefs von Großbritannien, Frankreich und Italien im sogenannten »Münchner Abkommen« dem Anschluss des Sudetenlandes an das Deutsche Reich zu. Am 1. Oktober wurde es von deutschen Truppen besetzt. Kurz danach besetzten polnische Truppen das Olsagebiet, und Ungarn wurden Teile der südlichen Slowakei und der Karpatho-Ukraine zugesprochen. Der Rest der Slowakei und der Karpatho-Ukraine wurde autonom. Die Slowakei erklärte sich am 14. März 1939 für unbhängig und stellte sich unter deutschen Schutz. Das verbliebene Böhmen und Mähren wurde als »Protektorat« dem Deutschen Reich angegliedert. Damit hatte die Tschechoslowakei aufgehört, zu bestehen.

»Freitag, 23. September. Liebe Rita: – Hyross war heute wieder bei uns hier. Wir haben ihn kurz gesehen und gesprochen. Er war 4 Wochen in Dachau. [Generalstaatsanwalt] Welsch hat ihn freibekommen. Er war heute bei ihm, mit seiner Frau, und hat sich bedankt. Er, der sonst so Lustige und Lebhafte, ist jetzt still und recht verschüchtert. Er hat uns die rechte und die linke Hand gegeben: die eine ist ganz aufgerissen und verschwielt, die andere eiterig. Man hat sie kahlgeschoren – im Münchner Polizeigefängnis, wo sie 2 Tage waren. Er sagt, in seiner Abteilung sind noch etwa 200 von unseren Bekannten, außerdem enorm viele Juden, vor allem bei Steinbrucharbeiten … Durch die vielen, vielen Einzelschicksale, die wir in der Haft seit März erleben, haben wir ein gutes Bild vom Ganzen erhalten, sowohl von draußen als auch vom inneren Getriebe. Ein zwar zugespitztes, vielleicht verschärftes Bild, aber ein umfassenderes und in manchem besseres, als man es draußen normalerweise bekommen kann. Was die Methode der Gestapo anlangt, die vielen mit Recht so rätselhaft erscheint, so habe ich folgenden Eindruck: Für die Vergangenheit wird diffamiert, für die Zukunft Schrecken verbreitet. Letzteres erfolgt durch ein undurchsichtiges Dezimierungssystem, das wie dilettantische Willkür aussieht: harmlose Leute, auch Unschuldige, werden mit schwersten Sanktionsmaßnahmen belegt (monatelange, verhörlose Haft, Verschickung [in ein KZ] etc.), andere, im Sinne des Nationalsozialismus Schuldige relativ bald freigelassen, und wieder umgekehrt. Es scheint manchmal rein nach der Reihenfolge der Aktennummern entschieden zu werden, manchmal nach ganz persönlichen Ansichten der sogenannten Referenten. Was mich anlangt, so bin ich überzeugt, dass ich höchstwahrscheinlich noch sehr lange in Haft bleiben werde. Ich rechne, bis Ende des Jahres, wenn nicht sogar bis März 1939 … – Ich bitte Dich nun um Eines: Stelle von jetzt an jede Art von Interventionsversuchen ein! Sie sind vollkommen zwecklos, vielleicht schaden sie nur. Es ist mir gelungen, Dich für einige Zeit mit genügend Geld zu versorgen – nun bin ich soweit ›zufrieden‹. Bleib' zuhaus, lies Bücher, erhole Dich, soviel und so gut es möglich ist, von den Strapazen der vergangenen Monate – für die Zukunft! Das ist jetzt mein einziger Wunsch. Er erspart uns Mühen, Sorgen, Demütigungen, falsche Hoffnungen, Aufregungen und gibt uns Ruhe und Sicherheit für das Kommende. Ich bin glücklich, wenn Du mich, solange ich hier bin, täglich besuchst, indem Du Deinen Jausenkaffee visàvis trinkst, und lass' alles übrige! Wenn darüber einige Zeit vergangen sein wird, wirst Du meiner Ansicht recht geben … Desgleichen ist jede Auslandsintervention falsch. Man betrachtet sie als lästige oder unverschämte Einmischung und lässt dies den Gefangenen büßen. Nein, Schluss jetzt mit allem – wir wollen das Ende ganz einfach in Ruhe und Geduld abwarten … Und immer noch, wenn mir auch meine Gebete nicht sichtbar und in der gewünschten Form erfüllt worden sind, vertraue ich tausendmal lieber auf Gott als auf alle Menschen. Eines Tages wird meine und Deine Bußzeit schon vorüber sein … Nun noch zur Geldfrage! Wenn Du alles schon erhalten haben solltest, dann löse unbedingt alles im Dorotheum aus. Das tu' auch sonst, soweit nur immer möglich, weil die Zinsen schauerlich hoch sind und besonders die Wertgegenstände besser sind als liegendes Geld. Vater einen Teil zur Aufbewahrung zu geben, ist zwar keinerlei Schutz gegen Inflation, aber sicher zum Schutz gegen die lieben Mitmenschen vernünftig. Du kannst dann notfalls beeiden, dass es Darlehensrückzahlungen sind, und Vater kann es uns später wieder schenken ... Ich schreibe jetzt an einem kleinen Buch für die Kinder: ›Der Spatzenbaum‹. Es scheint ganz nett zu werden und ist uns vielleicht im Ausland zum Start – als Verleger-Vorschuss – nützlich ... – Leb' für heute wohl, liebe Rita (ich bin seit einigen Tagen etwas deprimiert). Herzlichst bin ich immer Dein E...«

»Samstag, 24. IX. 38. Liebste Rita: – ... Soeben müssen wir hier alle einen halben Laib und eine Wurst kaufen! Das ist Alarm! Wir werden wahrscheinlich alle wegkommen. Es heißt: nach Dachau! Es kann aber auch ein anderes Lager sein. (Spatzi habe ich heute noch geschrieben!) Hoffentlich kommst Du noch vor ½5 und hoffentlich sind wir noch da. Dann versuche ich, Dir diesen Zettel ... hinunter zu werfen. Hoffentlich sehen wir uns einmal wieder im Leben! Kannst Du nicht nach Schweiklberg ziehen? Es ist zu gefährlich hier! Liebste: leb wohl!! Gott mit Dir und den Kindern!! Viele Küsse! Auf Wiedersehen! Dein Eugen ... Angeblich, so heißt es eben, ist schon um 4 h Abtransport: nach ›Mohringen‹ bei Hannover. Ob's so heißt? – 3 h. Liebe Mumm: Also: es ist so weit! Ab ½5 h Abtransport in ein Lager! Angeblich ins Hannoveranische! Ich schreibe, sobald ich kann! Zieh' Du nach München ... Warte jetzt unten am Ausgang ..., bis wir kommen, damit wir noch Abschied nehmen und uns noch einmal – wer weiß: wie lange nicht mehr! – sehen. Ich empfehle Dich und die Kinder Gott und unserem Schutzpatron St. Joseph! In innigster Liebe immer Dein [kyrillisch:] Ewgenij.

Auf Wiedersehen! Auf Wiedersehen! Es soll nach ›Mohringen‹ bei Hannover gehen. Schicke mir gleich Geld, sobald Du Adresse hast! ... Kannst Du mir unten noch Geld geben? Ich hab' nur 4 RM! ... Kriegsgefahr! – ½4 h: Es geht angeblich nach Westen zur ›Organisation Todt‹: Festungs- und Straßenbauten! Der Ort des Lagers soll ›Möries‹ heißen. Jetzt sind wir also Staatssklaven – weit gebracht! Aber: Kopf hoch!«

In letzter Minute erfuhr mein Vater, dass er als einer von ganz wenigen nicht zum Abtransport bestimmt war. Er kam wieder in das »Elisabethpromenade« oder kurz »Liesl« genannte Gefängnis an der Rossauerlände.

Brief meines Vaters vom 27. September 1938: »Liebe Rita: – Morgen sind es 200 Tage, daß ich in Haft bin! Von allen meinen engeren Kameraden der Hermanngasse bin allein ich nach 6 ½ Monaten, davon 60 Tage Einzelzelle Elisabethpromenade, wieder hierher versetzt worden! Wenn ich wüßte, daß man vorhat, mich hier weitere Wochen und Monate zu vergessen, dann zöge ich es vor, mit jenen Kameraden in ein Lager gekommen zu sein. Denn nichts geht mir so sehr ab wie frische Luft und Arbeit ... Sei so lieb und versorge mich hier, so weit es geht, mit einigen notwendigen Dingen: viel Taschentücher wegen meines konstanten Schnupfens (Betonboden!), warmen Unterhosen, einer Zahnpasta, Toilettenpapier ... Die Versetzung hierher bedeutet eine ganz erhebliche Verschärfung der Lage. Von allen Sprach-Büchern habe ich jetzt natürlich nur halb so viel, weil es keine Hefte gibt und man keinen Bleistift behalten darf! – Grüße unsere drei Kinder. Ich habe die Hoffnung aufgegeben, sie so bald wiederzusehen ... Wunderlich, daß der Herrgott all dieses Geschling von Schicksalen sieht und bereit sein soll, einmal wieder einzugreifen. Ich verlange mir nicht, daß seine Mühlen rasch oder überhaupt mahlen; ich wünschte nur, daß sie aufhörten, mich zu zermahlen! ... Das merkwürdige Theaterstück, das sich Menschenleben nennt, hat eine harte Rolle für mich und viele. Wird sie einmal anders werden? …«

Am 28. September 1938 schickte mein Vater meiner Mutter den folgenden Kassiber aus dem Polizeigefängnis an der Rossauerlände: »Liebste Rita: – Es ist wieder ärger als schwerer Kerker hier! Bin in Gemeinschaftszelle 44a, mit 20 zusammen. Fast alle kriminell oder letztes Proletariat. Gerettet habe ich nur meine Bibel, die Bücher, ein einziges Heft und diesen kleinen Bleistiftstummel. Ich sehe ganz düster in die Zukunft: man kann mich hier den ganzen Herbst und Winter über festhalten! … Die Absonderung am Samstag, die im allerletzten Moment erfolgte, hat meines Erachtens den Grund, dass man mich dauernd für Unterschriften, Auskünfte und dergleichen mehr braucht. Eine Vergünstigung oder ein Zeichen von baldiger, bezw. früherer Freilassung kann ich darin nicht erblicken. Von 128 wurden 9 freigelassen, 110 nach Norddeutschland verschickt und 9, darunter ich, aber keiner unserer Bekannten, hierher versetzt. (Ich hatte gehofft: Landesgericht.) … Hier ist es entsetzlich. Eine neue schwere Buße für mich. Wie wird es nur werden, wenn das Wetter umschlägt? – Geld habe ich noch immer keines bekommen (Mittwoch-Früh). Ich habe nichts mehr. Wenn Du es in die Hermanngasse geschickt hast, wird es von dort an Dich zurückgegangen sein. Bitte, falls noch nicht auf meine Karte von gestern oder von selbst abgeschickt, dann sende einige Mark express. Die Kost ist unter aller Kritik … So brauche ich dringend den ½ Liter Milch, das Stück Butter und die 2 Semmeln, die es jeden zweiten Tag gibt, sowie etwas Speck und Schokolade, die man von den Hausarbeitern um teure Preise gelegentlich kaufen kann. – … Ob ich immer Nachricht geben kann, weiß ich nicht. Wenn ich Nadel und Faden bekommen könnte, würde ich es einnähen! Innigst und immer Dein [kyrillisch:] Ewgenij.«

Brief meiner Mutter vom 29. September 1938: »Mein liebster Vat, [Abt] Thomas kam am Dienstag hierher ... Thomas muss leider wegen der politischen Lage am Freitag wieder zu Hause sein, er rechnet mit Einquartierung. Den Kindern ginge es gut, erzählte er, Alexius muss fest lernen, er hat einen strengen Lehrer, Michael hat aber nichts zu tun, da man ihn mehr als ein Ferienkind nimmt, das nur auf unbestimmte Zeit dort ist ...«

Noch immer keine Haftentlassung – warum?

»1. X. Liebste Rita: – ... Ich wollte gestern gerade meinen Bericht an Dich beenden, als ich gerufen wurde und mit 14 anderen in die Hahngasse versetzt wurde. Tatsächlich ist es hier etwas besser. Es gibt vor allem Tag- und Nachträume getrennt. Der Tagraum wird nicht abgesperrt, die Waschgelegenheit und die Toilette sind außerhalb und sauberer. Man schläft militärähnlich zu 40 in Schlafsäcken auf Pritschen. Die Kost ist leider aus der gleichen Küche, also schlecht; aber man kann etwas mehr kaufen als im Polizeigefangenenhaus [an der Rossauerlände], nur ist es noch teuerer. – ... Wie Du siehst, ist meine Voraussage bezüglich der Friedenserhaltung eingetroffen [Abtretung des Sudetenlandes an Deutschland gemäß »Münchner Abkommen«]. Ich bin darüber sehr froh. Man wird mich zwar deshalb keinen Tag früher aus der Haft entlassen, aber später wohl leichter auswandern lassen ... Ich muss Dir sagen, dass es schon Stunden gibt, in denen ich die Haft, die schwerer ist als schwerer Kerker, kaum mehr ertragen zu können glaube. Besonders, weil die Dauer so völlig ungewiss ist. Kein Ende ist abzusehen. Hat man mich 7 Monate ohne Grund und Recht eingesperrt, so kann man es auch noch weitere 7 Monate. Es ist eine unvorstellbare Geduldprobe. In einem Lager kann man wenigstens arbeiten. Aber hier ... Küsse auch das Mauserl von mir. Herzlichst: Dein E.«

»3. X. Liebste Rita: – Ich bin jetzt immer recht von Depressionen heimgesucht. Leider. Die Haft wird schwerer und schwerer. Manchmal kann ich sie nur mehr unter Aufbietung aller religiösen Kraft ertragen. Auch befindet sich unter den Häftlingen nicht mehr ein einziger, mit dem man sich verständigen könnte. Alles ist überfüllt, aber letzte Sorte. Ich bin buchstäblich der vergessene Rest. – ... [Abt] Thomas könnte mich durch sein Gebet befreien, er ist ein heiligmäßiger Mann. Er könnte es bestimmt. Möchtest Du ihm mitteilen, dass ich dieser festen Überzeugung bin? Ich lasse ihn an den Februar 1938 erinnern, wo er uns ebenfalls geholfen hat! Bitte, tu' es! Du brauchst ihm nur wörtlich meine Zeilen hier mitzuteilen. – Dich selbst, Liebste, grüße ich innigst und voll Liebe. Ich umarme Dich! Ach, in mir möchte so gerne die Hoffnung aufkeimen, dass es nun endlich einmal ein Ende haben wird mit dieser Demütigung und diesem unwürdigen Zustand. Aber leider ... Herzlichst: Dein [kyrillisch] Ewgenij.«

Meine Mutter am 4. Oktober 1938: »... Die Buben gehen beide in die Volksschule. Bemsi konnte ich nicht ins Gymnasium schicken, da im Altreich das Schuljahr im Frühjahr beginnt. Der Unterschied im Lernen ist auf verschiedene Lehrkräfte zurückzuführen. Alexius hat einen sehr strengen Lehrer, während Michaels Lehrer der Ansicht ist, dass er nicht immer dort zur Schule geht und deshalb die ganze Angelegenheit nicht ernstnimmt. Da aber scheinbar niemand so recht Zeit für die Beiden hat, muss ich die Lernerei halt so laufen lassen, wie sie gerade läuft ...«

Kassiber meines Vaters: »5. X. Liebste: – Ich ... bin sehr glücklich, Dich gesehen zu haben. Recht schmal bist Du nur geworden! Schone Dich, gelt! Was die Wahrsagerin anlangt, so bin ich gegen sie. Mehr als Gott kann sie nicht, sondern entschieden weniger. Also brauche ich sie nicht. Es wird genau so kommen, wie es uns bestimmt ist. Und das ist gut so! Ich werde es, so schwer es sein mag, hinzunehmen wissen. Im Voraus brauche ich es nicht zu kennen, was uns bevorsteht ... In Zukunft widme ich mich meiner Schriftstellerei im Ausland, sobald ich nur kann, eventuell im Rahmen einer entsprechenden Stellung, die sich bei Film, Radio, Presse oder in Genf auch für mich finden wird, wickle die restlichen Finanzsachen noch ab und kümmere mich nicht mehr um die Millionen anderer Leute. Ich hoffe, es wird uns so in der zweiten Hälfte unseres Lebens besser gehen. ... Stimmungsmäßig geht es jetzt manchmal recht bergab mit mir. Es dauert zu lange (obwohl ja andere Menschen zu allen Zeiten der Weltgeschichte unvergleichlich mehr ausgehalten haben; aber schließlich: ich kann doch nicht immer zum Schlechten hin vergleichen? Man möchte so gern wieder einmal ein bisschen, bisschen Glück sehen!). Nun, es ist schon ein Vorteil, dass ich bisher wenigstens gesund geblieben bin. (Auch da wird es zusehends schlechter, seit etwa 14 Tagen habe ich öfters doppelseitige Nierenschmerzen. Die Kost ist zu schlecht, einfach elend ... Manchmal fühle ich mich schon gottjämmerlich verlassen. Aber wir werden das Gute an all dem später erkennen – Du und ich, gelt! In herzlich-inniger Liebe Dein [kyrillisch:] Ewgenij.«

Kassiber: »10. X. 38. Liebe Rita: – ... Morgen bin ich 214 Tage oder 7 Monate in Haft. Ich kann mir ehrlich nicht mehr vorstellen, dass ich je freigehen werde. Die Haft ist, irdisch betrachtet, ganz sinnlos: sie ist nicht politisch; wirtschaftlich ist sie unmöglich, weil ich längst ins Landesgericht gekommen wäre, wenn sie irgendeine sogenannte Schuld gefunden hätten ... Und irgendeine mysteriöse, übergeordnete Größe hier oder gar in Berlin, die natürlich (!) keine Zeit hat vor lauter Arbeitsüberlastung und da ein Unschuldiger mit Familie mehr oder weniger gänzlich gleichgültig ist, hat nun die salomonische Entscheidung zu treffen: freilassen, Landesgericht oder weitere Schutzhaft! Vorerst entscheidet er natürlich einmal gar nichts, weil der Akt zu dick ist, weil … weil … kurzum: ›Wir sind auch gesessen!‹ Unter diesem Generalmotto bleibt alles, was einmal liegt, liegen. Nur die Neuen, die Frischverhafteten, kommen und gehen … Möglich ist alles, wahrscheinlich nichts, und sicher allein, dass sie mich sitzen lassen. Ich habe nicht mehr die geringste Hoffnung. Wo es kein Recht gibt, ist alles ein Würfelspiel. Beim Spiel aber hab' ich noch immer per Saldo verloren. Ich kann nur beten, Gott möge diese Bußzeit abkürzen. Er tut es aber offensichtlich nicht. Warum – wer könnte das sagen? Es ist alles unerforschlich. Eine harte Probe. (Aber vielleicht immer noch leichter als schwere Krankheit, schmerzhafte Leiden, Siechtum, Entzweiung und dergleichen.) So warte ich eben. Und warte …«

Kurz darauf ein offizieller Brief meines Vaters: »Dr. Eugen Kogon, St. G. III, 123, Referat: Morzinpl. II E, 471. Wien, 11. Okt. 38. Liebste Rita: – Nach den letzten Einvernahmen rechne ich nun damit, daß wir uns in einigen Wochen wiedersehen werden! Ich bin recht froh darüber. Es erfolgt noch eine Aktenverschickung nach Wiesbaden, nach Eintreffen der Antwort von dort werde ich wohl freigehen. Ich werde nur mehr als Zeuge festgehalten (und wurde als solcher sogar vereidigt). Das Herbstwetter ist prachtvoll. Ich begrüße es, weil dadurch der Aufenthalt hier doch etwas erleichtert wird, obwohl einem die warme Oktobersonne auch das Herz schwer macht, wenn man an die Wälder und Fluren denkt, die ich in ihrem Herbstfarbenkleid ja besonders liebe. Heute sind es 7 Monate, daß ich in Haft bin! Genug, nicht wahr? Die Buben schreiben mir gar nicht mehr. Haben sie so viel zu lernen? Michael hat es doch angeblich etwas leichter … Unser Töchterchen spricht also noch immer vom Vati? In 5 Wochen wird sie schon 4 Jahre alt! … Und, wie gesagt, vielleicht erinnern sich auch die Buben einmal wieder ihres Vaters durch ein Lebenszeichen. Liebste, leb' wohl, ich grüße und umarme Dich innig: immer Dein Eugen.«

Kassiber: »12. X. frühmorgens. Liebste Rita: – Es lichtet sich! Seit Montag-Mittag werde ich ununterbrochen einvernommen. Jetzt schon zehn Stunden. Heute Mittag dürfte Schluss sein. Kaum hatte ich geschrieben, Gott kürze die Zeit der Prüfung und Buße nicht ab – da war es schon so weit. Er ist es, der die Herzen und Hirne bewegt oder in Verhärtung belässt. Ich bin überzeugt, dass [Generalstaatsanwalt] Welsch ... nicht nur reizend zu Dir war, sondern auch am Freitag oder Samstag bei der Gestapo wieder angerufen hat, so dass sie sich am Montag an den Akt machten. – Die Sache ist nun eindeutig so: Mein persönlicher Akt ist ... vollständig abgeschlossen und erledigt. Ich könnte längst frei sein. Aber im Juni (!) ... sagte [Gestapo-Referent] Kolb, er hätte mich ohnehin noch in ›einer Sache Knöbber‹ zu vernehmen; es seien Anfragen aus Wiesbaden hier. Diesen Akt hat der freundliche Mann, obgleich er ihn wahrscheinlich schon seit April oder Mai hat, glatt liegen gelassen und ihn jetzt einem Unterbeamten namens Weinbub auf Zimmer 471 der gleichen Wirtschaftsabteilung II E, die Kolb untersteht, zur Erledigung gegeben!! Es handelt sich, sage und schreibe, um eine Zeugenaussage! ... Der Akt umfasst 3 dicke Bände, über die sich natürlich nur ungern hier jemand hergemacht hat. Der gute Kriminalbeamte Weinbub tut sein Bestes, ist aber der Sache nur mühselig gewachsen. Wieso bin ich nun als Zeuge in Haft? Wohlgemerkt: ich bin nicht Beschuldigter oder verdächtigt, bin nicht in Untersuchungshaft. Ich werde heute sogar über meine Zeugenaussage vereidigt! Ja, die Staatsanwaltschaft Wiesbaden ... hat die Gestapo ersucht, mich wegen Fluchtgefahr oder Ausreisegefahr (!) in Haft zu behalten! Ich bin einer der Kronzeugen und der Prozess gegen Knöbber bedarf meiner Aussage. Herrlich, was? Man lässt Zeugen, um sich ihrer zu vergewissern, da man durch die ordentlichen Gerichte und Behörden nichts machen kann, ganz einfach in Haft setzen, bezw. in Haft behalten! Das ist der Gipfel. Weinbub sagte mir ausdrücklich, der Akt gehe noch in dieser Woche nach Wiesbaden; sobald von dort Antwort da sein werde, ob man mich noch brauche oder nicht, würde ich auf freien Fuß gesetzt oder weiter behalten. Antwortet Wiesbaden innerhalb einiger Wochen (!) nicht, so werde nachgefragt. Da könnte ich noch lange warten! – Es ist jetzt meines Erachtens folgendes zu unternehmen: ... Bitte Welsch, er möge der Staatsanwaltschaft Wiesbaden einige Zeilen schreiben, dass auf dieser höchst merkwürdigen und ganz und gar ungesetzlichen Haft nicht länger beharrt wird, sondern dass man, aus den bekannten Gründen – Du, Kinder, Notlage, 7 Monate – sofort an die hiesige Gestapo schreibt, womöglich telegraphiert, dass an einer weiteren Haft kein Interesse besteht. Ich werde dann sofort auf freien Fuß gesetzt. Es liegt nichts anderes mehr vor, in keiner Abteilung ... Die Groteskheit ist allerdings enorm. Aus der Tatsache der Vereidigung ist vielleicht zu entnehmen, dass man in Wiesbaden ohnehin vorhat, mich sofort freizugeben: der Zweck, die Zeugenaussage, ist ja erfüllt ... – Viele Küsse und Umarmungen! Viel Glück jetzt! Dein [kyrillisch:] Ewg.«

»Mittwoch, 1 h mittags. Eben zurück von Morzinplatz. Noch immer nicht fertig. Erst abends. Akt tatsächlich seit Frühjahr hier. Wiesbaden bereits 3x reklamiert ... Bezeichnung des Aktes: Konkurs Grünewald-Verlags-GesmbH. – Paul Knöbber. – ... Haftantrag Wiesbaden an Gestapo Wien hatte vielleicht im April Sinn, kurz nach dem Umbruch. Heute ist er total sinnlos (abgesehen vom Ungesetzlichen!). Man muss auch verhüten, dass die in Wiesbaden jetzt denken, wenn man sich in Wien so lange Zeit gelassen hat, eile es jetzt dort auch nicht! Daran bin ja ich nicht schuld. Alles darf denn doch nicht auf meinem Buckel ausgetragen werden. Ich bin jetzt voll Hoffnung, dass es … gelingen wird, alles rasch zu beenden. Es ist ja eine sonnenklare Ungerechtigkeit … Herzlichst und innigst: Dein [kyrillisch:] Ewgenij. Akt geht diese Woche nach Wiesbaden weg.«

Aus einem Brief meiner Mutter vom 17. Oktober 1938: »… Am Samstag war ich bei [Rechtsanwalt] Dr. Lowatschek. Er erklärte, es sei noch nicht ersichtlich, ob überhaupt ein Überschuss bleibe, ob er das Auslangen finde, mit einem Teil der Gläubiger werde immer noch verhandelt u. s. w. Ich bekam nun diese provisorische Summe, die für den Notfall vorgesehen war, obwohl ich erklärte, dass ich damit gerade die Teppiche und meinen Wintermantel vom Dorotheum holen kann. Ich bin voller Misstrauen gegen ihn … Ich bin überzeugt, dass da etwas nicht sauber ist …«

Offizieller Brief meines Vaters vom 18. Oktober. »Liebe Rita: – Michael hat mir eine Karte geschrieben. Er schreibt schon recht gut. Es kommt wohl vom vielen Lesen. Wie freue ich mich darauf, ihm, Äl [Alex] und Cornel [Cornelia] wieder erzählen und vorlesen zu können! Wo wird das wohl sein? Hier nicht, glaube ich. Denn wie sollte ich, nach so vielen Monaten Haft, deren Grundlosigkeit mir kein Mensch glauben wird, je in Deutschland eine qualifizierte Stellung erhalten können? Aber ich denke, da jetzt [nach der Hitler beschwichtigenden Abtretung des Sudetenlandes an Deutschland] Frieden ist, wird man uns auswandern lassen. In der Welt ist noch viel Platz für einen Mann wie mich – der Sprachen kann und zu organisieren versteht (und noch einiges andere) … Wohin? Wer könnte das hier und heute sagen? Jedenfalls wohl zuerst zu Fred und Lia [Missong in der Schweiz]; von da werden wir dann weitersehen …«

Im Vergleich zu dieser Dramatik von Schuld und Nichtschuld, Wissen und Ignoranz, Verzweiflung und Hoffnung, österreichischer Schlamperei und deutscher Gründlichkeit nahmen sich meine Nachrichten aus Schweiklberg nach Umfang und Inhalt bescheiden aus.

»14. 10. 38 Liebe Fr. Schulz. Ich glaube, dass Dir der vorige Brief zu kurz gewesen ist. Du hast mich nur nicht beleidigen wollen, darum hast Du es nicht geschrieben. Ich muß mich sehr zusammennehmen daß ich einen so langen Brief überhaupt schreiben kann, wie ich ihn jetzt schreibe. Etwas habe ich überhaupt zum Schreiben vergessen, darum will ich es jetzt schreiben: Du nennst das Mauserl oft Dein Herzerl. Dann müsste es so ausschauen: [Zeichnung eines Herzens mit Kopf, Händchen und Beinen.]

Hoffentlich ist das keine zu große Beleidigung für Dich. Aber wahr ist es doch. Hier ist es gerade noch zum aushalten. Es ist schon lange ein großer Kampf zwischen uns und ein pahr Bruderzöglingen entbrannt. Einmal wollte ein Bruderzögling den Alexius hauen. Der aber wich schnell auf die Seite und die Faust landete auf den Tisch. Vor 2 Tagen fuhren wir mit dem Tracktor eine ¼ Stunde auf ein Kartoffelfeld, holten Kartoffeln ab und fuhren in einer ½ Stunde wieder zurück. Das war 1 Fahrt 1. Klasse. Und die gestohlenen Weintrauben schmecken viel besser als die anderen. Jetzt aber lass mich ein bißchen nachdenken damit mir noch etwas einfällt. [Zwei leer gelassene Zeilen.] Und [eine leer gelassene Zeile] mir fällt nichts mehr ein. Viele Grüße dein Michael.«

Diesem Brief legte ich eine Zeichnung bei: Tante Sophie schildert mir am Telefon die Vorzüge ihres geliebten Mauserls mit so viel Temperament, dass sie diesem, das ihr zu Füßen sitzt, mit einer allzu heftigen Fußbewegung die Nase bricht.

Dazu mein Kommentar: »Die Tante Sophie ist gesundet, / doch ist sie ziemlich abgerundet. / Sie spricht ins Telephon, so wunderschön, / wie wir auf diesem Bilde sehn / zum Michael, von ihrem Mausi lieb, / das nur noch kurz auf seinem alten Platze blieb, / denn Tante Sophie streckt die Arme samt den Füßen / und spricht von ihrer Süssen, / sie trifft mit ihrem rechten Fuße / das Mausi auf den Nasenzipfel / der gebogen ist, wie ein Zuckerkipfel. / Es hält sich schnell am Fuss der Tante Sophie an, / damit es nicht hinunterpurzeln kann.«

Ich brauchte nur Bleistift, Papier und Buntstifte, dann schlug meine Fantasie Purzelbäume. Die Wunderwelten, in die ich geriet, waren voller Abenteuer und dennoch ungefährlich. Nur in ihnen war ich wirklich in Sicherheit. Ich schwebte gerne über den Dingen – sagen wir: drei bis vier Meter darüber. Solches Schweben träumte ich auch in der Nacht.

Aus einem Kassiber meines Vaters vom 26. Oktober an meine Mutter: »Von Alexius bekam ich gestern ein nettes Brieferl. Ein Pater schrieb unten hin, Alex fühle sich dort wie zu Hause, während Michael ›öfter von zu Hause träumt‹. Denke Dir: sie stehen auch schon um 5 h auf – wie der Vater!«

Ich aus Schweiklberg: »2.11.38 Liebe Mutti, Ich danke dier für die Kleider und anderen Sachen. Ich muß sagen, daß ich eher schwitze als friere. Mir sind zwar alle beide Paar Schuhe kaput gegangen, aber Schuster sind auch in Schweiklberg. Wenn auch die Halbschuhe unbrauchbar geworden sind, bleiben immer noch die Stiefel übrig. Wir waren auch schon sehr oft im Teater. Das letzte war vorgestern. Es war sehr schön. Eben kommt der Präfeckt [Bruder Jonas] und liest das ganze durch. Da ist es selbstverständlich, daß ich mich unter meinem Pult verkrieche. Wir haben leider schon alle 4 Mark von Frau Dr. Missong verbraucht weil wir so viel für die Schule hergeben mußten. Du darfst aber nicht glauben, daß wir uns Zucker oder sonst etwas Süßes darum gekauft haben. Nur einmal, da bekam ich vom Lehrer 5 Rpf., darum warfen wir sie in einen Automat, wo eine silberne Kugel herauskam. Wir bekamen 37 Zuckerln dafür. Viele Grüße an Dich und Mauserl von Deinem Michael.«

Meine Stiefel mussten für Freizeit, Schule und Sport herhalten. Auch für den Wettlauf auf der Aschenbahn. Startposition. Warum starrte der Turnlehrer auf meine Füße? Die waren doch in Ordnung! Ich war aufgeregt. Ich wollte der Erste sein. Ich konnte nicht werfen, nicht gut schwimmen, nicht Fußball spielen. Aber rennen würde ich können. Rennen brauchte man nicht zu lernen, nicht zu üben. Das brauchte man bloß zu tun. Ich würde es »denen« schon zeigen – dass ich wenigstens beim Rennen gut war. So hockte ich am Start, das rechte Knie am Boden, das linke angewinkelt, beide Hände vorn abgestützt. Meine Fingerspitzen fühlten die Aschenkörner. »Achtung!« – »Fertig!« Alarmbefehl an alle meine Kräfte. Blitzstart bedeutet Anfangsvorteil. Ich war im Reagieren schneller als meine Kameraden. »Los!« Ich schnellte vor. Steckte meine ganze Kraft in die Beine. Pumpte meine Lunge voll und leer, voll und leer. Locker in den Hüften. Ich fühlte keine Anstrengung. Vor mir bloß eine Runde, gar nicht so lang. Vor mir: niemand! Neben mir: niemand!! Ich war ganz vorn! Es kam mir vor, ich würde fliegen, drei bis vier Meter über dem Boden, so leicht, so leicht. Wie war es leicht, der Beste zu sein! Wenn man ganz vorne ist, ist alles ganz leicht. Bis mein Atem schwerer und schneller wurde. Macht nichts, ich bin vorn. Ich begann zu keuchen. Atemnot. Schwere Beine. Seitenstechen. Weiter. Nicht beachten. Dann das Knirschen von Schritten hinter mir. Ich renne, keuche, stolpere, schleppe mich weiter. Mobilisierung der letzten Kraft. Die Strecke vor mir: auf einmal so lang, das Ziel so weit. Das Knirschen jetzt neben mir. Ich schiele nach rechts. Die Spitzen von Schuhen – Turnschuhen. Vorgestoßene

Hände. Neben mir ein Atmen: nicht schwer, eher intensiv, trainiert, systematisch. Ein, aus, ein, aus. Wie eine Maschine. Dann die ganze Gestalt neben mir. Sie macht längere Schritte als ich, holt weiter aus. Gleichmäßige Intensität. Eine Maschine. Ihr Energietank gut gefüllt. Kein Nachlassen. Da hat mich die Gestalt schon überholt. Dann der Nächste an mir vorbei, links. Und dann einer nach dem anderen. Ich bin ausgepumpt. Nicht einmal fürs Gehen reicht noch mein Atem. Am Schluss überholt mich sogar noch unsere »Flasche«; so wurde der Junge genannt, der im Turnen noch schlechter war als ich.

Als ich am Ziel eintrudelte, saßen dort die Kameraden im Gras, schnabulierten ihre Brote und tranken Zitronenlimonade. Unser Turnlehrer legte den Arm um meine Schultern: Ob ich denn keine Turnschuhe hätte? Nein, hatte ich nicht. Aber ich hatte es nicht für wichtig gehalten. Hatte nicht gewusst, dass das beim Wettlauf einen so großen Unterschied macht. Oh, doch, macht es. Und ob ich nicht zugehört hätte, als er uns ermahnt hatte, Kraft für den Endspurt aufzusparen? Nein, hatte ich nicht. Aber ich würde es mir merken.

Die länger werdenden Schatten des KZ Buchenwald

Mein Vater in einem Brief vom 1. November 1938: »Allerheiligen 1938. Liebste Rita: – Die Nachricht, dass nach nunmehr fast 8 Monaten Schutzhaft wieder keine Aussicht besteht, in absehbarer Zeit freizukommen, hat mich schwer erschüttert … Die Kinder tun mir aufrichtig leid. Es ist traurig, dass es auch für sie kein Erbarmen gibt. Am 15. November hat das Mauserl seinen 4. Geburtstag. Bitte, kaufe ihr einen kleinen verzuckerten Kuchen, stecke ihr vier Geburtstagskerzen hinein und sag' ihr, das sei vom Vati. Sie möge mich nicht vergessen! ... Ich hätte, wenn Ihr nicht wäret, manches Mal das aufrichtige Verlangen, von diesem irdischen Leben befreit und von der Bühne dieses schauerlichen Spieles abberufen zu werden. Ich ginge lieber ›auf die grosse Wanderschaft zum Licht‹. Es ist so dunkel, ja finster und schmutzig da herunten, in den Hirnen, Herzen und überall. Ein trauriger Allerheiligen-Brief. Leb' wohl, herzlichst immer Dein Eugen.«

In einem weiteren Brief vom 8. November 1938: »... Ich habe im Brief vom 25. X. Herrn [Rechtsanwalt] Dr. Lowatschek eindringlichst gebeten – als Anwalt, als Mann und als Christ –, dass er den unwürdigen Zustand der Nichteinhaltung der so feierlich gemachten Zusagen von Mitte September, welche doch, wie jeder der beteiligten Herren gut weiß, die unerlässliche Voraussetzung meiner gegebenen Unterschrift waren, umgehend beende. Es ist nicht wahr, dass noch mit ›Gläubigern‹ verhandelt werden musste, um die Zahlung an Dich zu leisten. Die Abrechnung ist, soweit sie die beiden in Frage stehenden Drittel anlangt, längst fertig, wenn es nicht an gutem Willen fehlt. Es gibt keine Ausrede dafür, dass man kaltblütigst Dich und die Kinder weiter in Schwierigkeiten lässt, nachdem ich mein einziges Aktivum: die Unterschrift, hergegeben habe. Es treibt mir die Schamröte ins Gesicht, wenn ich denke, dass Dr. Lowatschek derartiges tut oder zulässt. Zudem er mein eigener Anwalt ist! Ich habe ihm in jenem Brief dargetan, was es heisst, Gefangenen, Witwen und Waisen gegenüber, als welche wir derzeit leider anzusehen sind, Verpflichtungen nicht einzuhalten: möge es ihm und seiner Familie im Leben einmal nicht gleich oder ähnlich ergehen! Ich habe dem Vertrauen Ausdruck gegeben, daß er als Ehrenmann sofort alles tun werde, um das Versäumte nachzuholen ... Nun kommt bald Weihnachten. Gebe Gott, dass die beiden beteiligten Herren jenes Mindestmass an Einsicht und Gewissen aufbringen, um den unwürdigen Zustand des berechtigten (leider berechtigt gewordenen!) Verdachtes zu beseitigen, sie wollten sich mit 1200 Mk. (2000 Mk. allein Verpfändungen im [Pfand- und Versteigerungshaus] Dorotheum – 10 Monate Lebensunterhalt für Dich u. die 3 Kinder nicht gerechnet!!) aus einer Verpflichtung von 6666 Mk. Versorgungsgeldern loskaufen! ...«

Meine Mutter: »Dr. Eugen Kogon, Städtisches Gefangenhaus, IX, Hahngasse 10, Referat: Morzinplatz, Z. 325, II P. 8. 11. 38 Mein lieber Vat, ... Oma [Missong] kaufte neulich für mein Patenkind ein Strampelhöschen. Beim ersten Waschen wurde es nochmal so groß. Nun hat Mausi es als Nachtkleid bekommen. Fabelhaft, nicht wahr: man kauft für ein Einjähriges, wäscht es und ein Vierjähriges kann es anziehen. Das nennt man Sparsamkeit! Aber Schluss mit all dem Haushaltskram. – Darfst Du lesen, ich meine, ausser Zeitungen? Irgend etwas Wissenschaftliches? ... Lieber Vat, warten wir halt wieder weiter, gelt. Sei herzlich geküsst und gegrüsst von Deiner Mumm.«

»Wien, 13. 11. 38 Dr. Eugen Kogon, Städt. Gefangenhaus, IX, Hahngasse 10/III. Stock Z. 123, Referat: Morzinplatz II P, Z. 325. Mein lieber Vat, ... Gestern wurde ich angerufen, Du seiest nicht mehr in der Hahngasse. Natürlich ging ich gleich nachfragen, da es ja für die [Auswechslung der] Wäsche wichtig war. Übrigens scheint das Chrysanthemenpulver besser gegen die Flöhe zu wirken als der Tabak. Diesmal hatte ich das Vergnügen nur mit Dreien von dieser Gattung. Aber die Wäsche sieht furchtbar aus. Du Armer! Was macht Dein Halsweh? Hoffentlich bekommst Du wenigstens etwas zum Gurgeln ... Für übermorgen, ihren [= Mauserls] 4. Geburtstag, werde ich ihr einen kleinen Kuchen backen und Kerzlein drauf stellen, so wie Du schriebst. ›Vom Vati‹, sie wird sich riesig freuen, besonders über die Kerzlein. Von Aigners [der Familie des Bürovorstehers in der Redaktion der Zeitschrift

Schönere Zukunft] hat sie neulich sich eine grosse ausgebettelt, die muss ich ihr abends immer anzünden, wenn sie ihr Abendgebetlein aufsagt. Ganz begeistert schaut sie hernach immer in die Flamme. Aber sonst ist sie ein energisches kleines Fräulein. Unterwegs, besonders in der Straßenbahn, hört die Fragerei nicht mehr auf. Ich nehme sie öfters mit, da sie sonst zu wenig an die Luft kommt. Sie ist oft recht blass ... In Liebe immer Deine Mumm.«

Auszüge aus einem Kassiber meines Vaters von Allerseelen 1938 (erste Hälfte November): »Mittwoch, Allerseelen. Liebste Rita: – ... Buchenwald ist nach Schilderung aller einfach grauenhaft. Keine ›Greuelerzählung‹ kann das übertreffen. Tiefste Niedergeschlagenheit hat dort alle erfasst ... 11000 Mann und kein Arzt! Todesquote im Winter: 10–15 Mann täglich!! Alle haben geschrieben, man hat aber offenbar sämtliche Briefe einfach weggeworfen ... – Du kannst Dir denken, wie das alles auf mich gewirkt hat. Ich befürchte nun, dass man mich doch noch in ein K.Z. schicken wird, um sozusagen meine 8monatige Haft zu ›rechtfertigen‹. Nach der Entkräftung dieser 2/3 Jahre könnte das buchstäblich den Tod bedeuten. Sich von den grauenhaften Martern in Buchenwald einen Begriff ohne Schilderung zu machen, ist unmöglich. Ich bin deshalb so skeptisch, weil mich im Leben, wenn es etwas Schlechteres gibt, bestimmt das Schlechtere trifft. Ich kann mir kaum vorstellen, dass mir dieses Schicksal erspart bleiben sollte. Wenn ich daher in nächster Zeit aus Berlin den ›roten Bogen‹ (Konzentrationslager-Befehl) erhalte und ihn Dir am Fenster zeige, dann bring' mir, bitte, sofort meine festen Bergschuhe (die entsprechenden Wollsocken habe ich hier) und die warmen Hemden, falls ich sie nicht dabei haben sollte. Beim Abtransport lasse ich auf jeden Fall eine Schachtel mit Büchern, Heften etc. (die dort verbrannt werden) zurück. Frage sofort dann nach, damit Du die Sachen bekommst. Die 106 MK., die ich von der Steuer inzwischen bekommen habe, möchte ich gern, wenn Du sie nicht unbedingt brauchst, als Reserve für diesen traurigen Fall behalten und in den Anzug einnähen. Ich hoffe ja doch, dass es nicht notwendig werden wird; aber wir müssen darauf gefasst sein … Recht vielen Dank für das neue Hemd, das Du mir gekauft hast. Es ist sehr gut. Nur die grässlichen Flöhe findet man auf schwarz-grünem Grund nicht; übrigens ist die Plage jetzt nicht mehr ganz so groß. Statt 20–30 in einer Nacht sind es nur mehr 2–4 … Ich habe alle Zuversicht gründlichst verloren; es gibt, im äußeren Geschehen, nur eine eiserne, unabänderliche, von uns in keiner Weise wirklich beeinflussbare Notwendigkeit. Man verlernt in solchen Monaten den Optimismus, den man an sich braucht, um den Kopf hochzuhalten, und muss als Christ lernen, nur mehr geduldig – und schließlich einmal fröhlich-heiter-gelassen – sein Kreuz zu tragen bis zum bitteren Ende, wenn es einem bestimmt ist. Es gibt keine Auflehnung dagegen und keine ›Rettung‹ davor … Übrigens K. Z.: Dachau soll absolut erträglich sein gegen Buchenwald. An der Donau wurde jetzt in einer Steinbruch-Gegend bei Matthausen ein neues Lager eröffnet. Weiß Gott, wo ich noch hingelangen mag. Ich sehe ganz düster in die nächste Zukunft … – Leb' nun wohl, liebste Rita! Vielleicht werden wir uns doch einmal wieder umarmen. Ich wage nicht mehr, auf irgend etwas zu hoffen, sondern bin des Allerschlimmsten gewärtig. Ich will versuchen, es tragen zu können. Versuch' auch Du es! Wenn Du wüsstest, was ich von dort droben weiß – es ist wahrhaft entsetzlich. Wir wollen nicht dran denken, sondern blind, geistig und im Herzen aneinandergeklammert, diesen vorbestimmten Weg weiter gehen … In alter, inniger Liebe Dein [kyrillisch:] Ewgenij …«

Nach dem Ende des Krieges berichtete mein Vater in der Familie seines Freundes Walter Dirks über sein Erleben im KZ Buchenwald. Clara Dirks, eine Schwester von Walter

Dirks, fertigte von diesem Bericht ein Gedächtnisprotokoll, *Skizzen von Dr. Kogon*, an. Diese Skizzen zeigen bedrückend anschaulich, was KZ-Haft bedeutete. Ich stelle mir vor, dass mein Vater im November 1938 ähnliche Berichte von zurückgekehrten Buchenwald-Häftlingen erhalten hatte.

»Sieben Jahre Haft, die letzten Jahre in dem berüchtigten Lager Buchenwald. Vorher von Gefängnis zu Gefängnis geschleppt. Von Weimar bis Wien in 21 Tagen in 14 Gefängnissen. Eine Nacht mit 40 Mann in einem Zimmer, stehend, sehr eng, rasiert mit einer stumpfen Rasierklinge, Spucke und Kriegsseife. – Jeden Tag Appell, immer je 500 Mann in einem großen Viereck. Platz voll Geröll und Steine. Alles mußte antreten, auch Kranke und Sterbende. Einmal neben Dr. K. auf einer Bahre ein Sterbender. Der SS-Mann trat vor die Bahre, schrie den Sterbenden an: Du Schwein, du Verbrecher, du willst wohl verrecken! Dabei trat er mit dem Fuß minutenlang an die Bahre, so daß der Kopf des Sterbenden immerfort hinten auf einen Stein schlug. Nach wenigen Minuten war der Mann tot. – Ein Jude war bei sehr kaltem Wetter draußen entsetzlich geprügelt worden, lag nachts draußen auf der Erde, nah an ihrer Hütte, wollte hinein – streckte seine Hand aus nach der Tür, um in die Hütte zu kriechen. Doch man stieß ihm die Tür vor der Nase zu, weil sonst alle in der Hütte ebenso verprügelt worden wären. – Hungerstrafen: ?? das Lager 72 Stunden lang gar nichts zu essen. Verhungerungslager zwischen Bremen und Hannover. Ganze Familien dorthin verbannt, gar nichts zu essen. Freibankfleisch. Kommandant, 400 Enten eingekocht, 200 Gläser aufgegangen, an die Häftlinge für 2 M verkauft. SS viel Fett, Fleisch. – Latrinen 2 lange Stangen; Wachthabenden haben oft die Sitzenden in die tiefe Grube gestoßen. Dr. Kogon sah selbst einmal 10 Leichen darin. – Seine Errettung in einer großen Kiste, angeblich voll Impfstoff.«

Eine zweite Besorgnis drängte sich in den Vordergrund.

Mein Vater wurde am 3. Februar 1903 in München unehelich geboren. Seine Mutter gab ihn in Pflege und verabschiedete sich am 17. April aus seinem kleinen Leben nach Genf. Am 1. Mai 1903 wurde er in der Münchner katholischen Stadtpfarrgemeinde St. Ursula getauft. In dem für ihn ausgestellten Taufschein bleibt sein Vater unerwähnt. Von seiner Mutter Sophie Kogon wurde vermerkt, sie sei »Privatierstochter« (= aus wohlhabendem Hause) und »mosaischer Religion«. Diese Angaben wurden in München von der Stelle, die dem heutigen Einwohnermeldeamt entsprach, sowohl bestätigt wie auch ergänzt: »Sophie Kogon, stud. phil., mos., geb. am 3./16. Dezember 1878 zu Nikolajeff, Heimatgemeinde Nikolajeff Gouv. Cherson, Rußland, seit 22. Juli in München, angemel. 24. Juli 1902, Vater Gregor Kogon, soll vor 20 Jahren verstorben sein, Mutter: Fanny Epstein, Kaufmannsfrau, verwitw. gewes. Kogon, geb. Lisonsky, soll in Nikolajeff in Rußland leben … abgem. 17. IV. 03 nach Genf/Schweiz.« Mein Vater musste diese offiziellen Unterlagen kennen und wissen, dass sie von jedermann eingesehen werden konnten. Und sein Vater? Die unehelichen Kinder von Müttern, die einer jüdischen Gemeinde angehörten, wurden normalerweise in der Familie aufgezogen. Dies war nur dann nicht der Fall, wenn der uneheliche Vater kein Jude war. Da Sophie Kogon ihren unehelichen Sohn Eugen nicht in ihrer Familie in Nikolajew, sondern weit weg in München zur Welt brachte (bringen musste?), war mein Vater zu der Annahme berechtigt, dass sein Vater Nichtjude war, vermutlich Ukrainer oder Russe. Er war überzeugt, sein Vater sei ein gewisser Alexander Michael Ssemjonoff, Gesandtschaftsrat an der damaligen Kaiserlich-Russischen Gesandtschaft in München gewesen. Dies hätten ihm sowohl seine Pflegeeltern wie auch seine »Erzieher und Förderer« gesagt. Da Alexander Michael Ssemjonoff diese offizielle Anstellung in einer Zeit innegehabt habe, in der russische Behörden Juden schikanierten, könne er nicht Jude gewesen sein. Ein Slawe war für die NS-Rassenwahnsinnigen zwar »minderwertiger« als ein Germane, aber »höherwertiger« als ein Jude. Demnach hätten die Nazis meinen Vater als »Halbjuden« einstufen müssen. Nur: Dass sein Vater kein Jude gewesen war, konnte er nicht beweisen. Deshalb musste er befürchten, bei der Einlieferung in ein KZ als Jude geführt zu werden. Das war praktisch gleichbedeutend mit einem Todesurteil.

Eine andere Erklärung, warum Sophie Kogon ihr Kind weit weg von Nikolajew in München zur Welt brachte, könnten die sogenannten Pogrome von Kischinew gewesen sein. Kischinew ist nicht weit von Nikolajew entfernt. Diese Pogrome brachen zwar erst am 6. April 1903, also kurz nach der Geburt meines Vaters, aus, doch lag ihnen sicherlich eine schon vorher spürbare antisemitische Stimmung zugrunde. Wäre Sophie Kogon vor dieser unheilschwangeren Stimmung geflohen, um ihren Sohn in einer sicheren Umgebung zur Welt zu bringen, so erklärt das aber nicht, warum sie ihn in Pflege gab und nach Genf verzog. Immerhin bleibt denkbar, dass sie die Rückkehr nach Nikolajew vorgehabt, davon aber Abstand genommen hatte, als sie, noch in München, zwei Monate nach ihrer Niederkunft, von den Pogromen in Kischinew erfuhr, und deshalb nach Genf weiterreiste – in der Tat nur elf Tage nach jenen Pogromen. In Genf blieb Sophie Kogon zwei Jahre. Ein Besuch bei ihrem kleinen Sohn im nicht sehr weit entfernten München ist nicht dokumentiert.

Die »Reichspogromnacht«, beobachtet in einem Wiener Gefängnis

In der »Reichspogromnacht« vom 9. November 1938, die euphemistisch auch »Reichskristallnacht« genannt wird, waren im gesamten Gebiet des Deutschen Reiches Synagogen in Brand gesetzt und zahlreiche Juden verhaftet und zum Teil grausam misshandelt worden, um ihre Auswanderung zu erpressen. In der »Ostmark« wurden 9845 Juden verhaftet. Vorgeschobener Anlass war, dass ein junger polnischer Jude, Herschel Grynspan, in Paris den deutschen Legationssekretär Ernst vom Rath erschossen hatte – wie er sagte: aus Rache für das Leiden seiner Eltern bei ihrer gewaltsamen Abschiebung aus Deutschland nach Polen. Mit den Pogromen vom November 1938 begann die systematische Ausraubung, Vertreibung oder Vernichtung der im Gebiet des Deutschen Reiches lebenden Juden.

Am 9. November verfolgte mein Vater vom Fenster seiner Zelle aus, wie eingelieferte Wiener Juden im Hof des Gefängnisses misshandelt wurden. Auszüge aus einem Kassiber vom 16. November 1938: »Mittwoch. Mittags. Liebste Rita: – Wir haben schwere Tage hinter uns … Zum erstenmal soll heute keine SS mehr im Hause sein, so dass ich hoffe, dass die Wäsche unten wieder funktioniert. Bis gestern wurde niemand zugelassen – begreiflich angesichts dessen, was sich hier abgespielt hat! Tausende von Juden sind seit Donnerstag vergangener Woche hier durchgegangen – in einer Weise, die ich so einfach nicht schildern kann. Göbbels hat gesagt, den Juden persönlich sei kein Haar gekrümmt worden; man hat sie immer nur, ehe sie alle in die K.Z. abgingen, nach Nächten der Marterung in unseren Kellern beim Scheren büschelweise ausgerissen, so dass unsere Hausarbeiter die Blutlachen wegfegen mussten. Es war ein Stück Buchenwalde hier, in dieser

Woche, und ich werde es nicht vergessen! Auch von uns sind einige geschlagen worden, die zufällig hinunterkamen, weil sie in die Kanzlei gerufen wurden. Am Schluss gingen jedesmal unsere Traktaufseher mit – zum Schutz! ... Das Ganze ist unvorstellbar grauenhaft. Aber trotzdem bin ich froh, Zeuge gewesen zu sein ... – Gestern war der 15. November und Mauserls Geburtstag. Hat sie sich über Deine Geschenke gefreut? ... In unserem Zimmer ist es momentan erträglicher, weil die gesamte Intelligenz des Traktes bei mir versammelt ist: Dr. Porrek (Generaldirektor der Tabakregie), Rittmeister Baron Colard, mit dem ich mich gut verstehe, und ›Papa Hedwicek‹, der seinerzeitige martialisch große Diener des Bundeskanzlers Dollfuss ... Könntest Du versuchen, mir in einem Strumpf einmal etwas geriebenen Bohnenkaffee hereinzubringen? Wir wollen versuchen, ob wir uns was ›Echtes‹ brauen können! Sie suchen meistens nicht sehr genau. Baron Colard bekommt jede Woche ›Seife‹ aus Marzipan, die seine Schwester macht. Herrlich wären einige Rasierklingen in ein Seifenstück hineingeschoben und verwischt. Vielleicht gelingt's Dir. Die Bananen bekam ich, nach einigem Hin und Her, wohlbehalten. Sie schmeckten vorzüglich. Trotz allem wird man schwächer, da herinnen: die mittägliche Zigarre wird mir zu stark, Darmkatarrh ist häufig (das Adsorgan habe ich schon ganz verbraucht), die Zähne haben alle Plomben verloren und sind voll Löcher. Na ja ... Leb herzlichst wohl und sei lang, lang umarmt – wie heute Nacht! – immer, immer von Deinem [kyrillisch:] Ewgenij ...«

Vorweihnachtszeit 1938

Brief meiner Mutter an meinen Vater. »Wien, 21.11.38 Dr. Eugen Kogon, Städt. Gefangenhaus, Hahngasse 10/III/123, Referat: Morzinpl. IIP/325. Mein allerliebster Vat, ... Irma [die beste Freundin meiner Mutter aus Münchner Jugendtagen] lässt Dich herzlich grüssen. Ihre Freundin Schlingele (erinnerst Du Dich?) war mit ihrem Mann hier und wir hielten einen ausführlichen Plausch. Sie hat mir viele interessante Dinge erzählt, von Telefonaten im halben Reich herum um 2 Autoersatzreifen aus [dem Ersatzstoff] Buna. Auch die seien kaum zu haben. Dann von Anzügen, bei denen 3 Wochen nach Kauf das Knie durch war, von Herrenunterwäsche, die beim Waschen so einging, das ein 14jähriger sie nicht mehr tragen kann. Das Alles bestimmte mich, von Wüllenweber die Kleider der Buben anzunehmen ... Überhaupt lerne ich immer mehr Leute kennen und ich staune, wieviel aufrechte Menschen es früher gegeben hat. Einfachheit und Humor sind dort zu Hause und es tut einem direkt wohl, von diesem ganzen Tschindarabumbum nichts zu sehen und zu hören ... Verlier den Mut nicht, eines Tages ist Deine unschuldige Haft unsere Zukunft. In Sehnsucht immer Deine Mumm.«

Mein Vater Ende November 1938 an meine Mutter: »Die Buben holen wir zu Weihnachten nach Wien, gelt. Wenn ich noch nicht frei sein sollte, dann fahre gegen den 20. Dezember nach Schweiklberg und bringe sie hierher. Meinst Du nicht auch? – Und jetzt an Nikolaus schicke ihnen, bitte, ein Packerl, auch von mir etwas, damit sie sich freuen. Wenn Du es am 2. Dezember aufgibst, kommt es sicher gerade recht ... – Meine Tageseinteilung ist jetzt: 5 h Aufstehen, Waschen, Meditieren (soweit das bei 17–25 Mann im Zimmer geht), 7 h Frühstück, dann: Sprachen und Schreiben (Kurzgeschichten), 12 h Mittagessen, 1 h Zeitunglesen, 3 h Spielen, 5 h

Abendessen, 6 h Bettgehen, ½7 h Schlafen! Dazwischen ununterbrochen allerhand Besorgungen als Zimmerkommandant, und täglich ½ Stunde ›Spaziergang‹ im Hof. Am Donnerstag Zimmerausschrubben, am Freitag Baden …«

»Wien, 28.11.38 Dr. Eugen Kogon, Städt. Gefangenhaus, Hahng. 10/III, Referat: Morzinpl. Z. 402 u. 325. Mein lieber Vat, nun bin ich bald allein hier. Oma [Missong] fährt in den nächsten Tagen zu [ihrer Berliner Tochter] Marianne, sie will ein Vierteljahr bei ihr bleiben. Es wird recht still werden, denn wir haben uns gut verstanden … Den Buben schicke ich zum Nikolo ein süsses Packerl von Dir. Sie werden sich sehr darüber freuen, so wie sich das Mauserl an ihrem Geburtstag gefreut hat. Ich hab ihr noch ein kleines Katzerl dazu gekauft, dem ich ein Mützerl und ein Schlafkleidchen nähen musste. Die Buben hole ich natürlich zu Weihnachten, vielleicht mache ich Vater den Vorschlag, er solle auch hierher kommen …«

»Wien, 5.12.38 Dr. Eugen Kogon, Städt. Gefangenhaus, Hahng. 10, Referat Morzinpl. II e u. P., Z. 402 u. 325. Mein lieber Vat, heute ist Nikolo und ich kann Dir nicht einmal ein kleines Packerl mit Esswaren schicken, da gar nichts angenommen wird. Früher durften die Angehörigen den Schutzhäftlingen jede Woche so ein Packerl bringen und Du bist nun ¾ Jahre in Schutzhaft und konntest nicht eines erhalten. Ja, so ändern sich die Zeiten, aber nie zum Bessern. Voriges Jahr hast Du den Kindern den Nikolo gemacht und das kleine Mauserl hat als Tapferste von Allen ihr französisches Verslein ohne Stocken und Fehler aufgesagt: ›Saint Nicolas …‹ – Oma [Missong] fährt erst am Mittwoch zu ihrer Tochter Marianne – wenn nichts dazwischen kommt. Jeden Anlass benützt sie dazu, die Abreise zu verschieben. Aber diesmal hat sie schon die Karten. Marianne hat gestern abends 11 h noch angerufen. Neben ihr ist eine Wohnung frei geworden, sie möchte nun gerne, dass Oma ihre Wohnung hier aufgibt und zu ihr zieht. Sie würde dann ein Zimmer dazu nehmen. Das Ganze kostet aber 100 M und hier bezahlt sie nur 44 M. Dazu kommt, dass ihre Pension seit dem Umsturz durch die Umrechnung um 130 M weniger geworden ist und das Leben ja enorm teuer geworden ist. Ferner ist Oma zuckerkrank und darf Vieles nicht essen, aber was sie essen darf, bekommt sie in Berlin entweder gar nicht oder in geringen Mengen. Eier gibt es keine, Butter ist sehr sparsam zugeteilt. Aber das Alles ist uns ja nichts Neues, das haben wir voriges Jahr ja im ganzen Reich erlebt ... Wenn Oma weg ist, werde ich Heizschwierigkeiten haben. Der Speisezimmer-Ofen ist kaputt, Oma ließ ihn nicht richten. Wir leben im Vorzimmer heraussen, die Türen in Omas Zimmer und ins Badezimmer und dadurch ins Schlafzimmer stehen offen. Nun will mir Hanna einen Petroleumofen leihen, den kann ich in das Schlafzimmer stellen. Die Ofenheizung käme in der Woche auf 10 M und in meinem Zimmer ist es dann doch um 16° warm. Dabei ist es draussen noch verhältnismässig warm. Wie wird das erst bei einer richtigen Winterkälte werden? – Leb wohl, mein lieber lieber Vat. Das Mauserl betet jeden Abend für Dich und wenn wir in die Kirche gehen (sie geht sehr gerne), betet sie immer noch eigens für Dich. Vielleicht lassen sich verhärtete Herzen doch einmal erweichen und geben Dich frei, umso mehr als sie nun ja ihr Scherfchen (und kein kleines) in Sicherheit gebracht haben. Mit vielen innigen Küssen Deine Mumm.«

Offensichtlich hoffte meine Mutter, in ihren Briefen durch Unterstreichungen die Aufmerksamkeit des Zensors auf die unwürdigen Zustände zu lenken. Das war natürlich illusorisch. Der Zensor hatte andere Aufgaben, als zur Verbesserung der Existenzbedingungen von Gestapo-Gefangenen beizutragen.

Ich aus Schweiklberg: »6. XII. 38. Lieber Vati. Die Mutti schickte uns gestern eine Photographie, weil ein Bruder eine wollte. Doch wie die Bruderzöglinge sie sahen, begann eine wilde Bettelei und endlich liefen sie hinter dem Alexius her, bis er stolperte. Dabei wurde die Photographie arg zerknüttelt. Jetzt schenkte er sie dem Bruderzögling ›Leitl‹. Ein Bruder sagte schon vor langem einem Schulkind von meiner Klasse, daß Du in Schutzhaft bist. Es hat aber niemandem etwas davon gesagt. Hier ist der Nikolaus nicht gekommen. Ich glaube aber, daß er heute kommt. Kecks haben wir natürlich schon bekommen und eine Semmel, die wir sonst nur an Sonn- und Feiertagen kriegen, auch. Gestern Abend, als wir zum Abendgebet in die Kapelle gingen und die Bruderzöglinge noch nicht bestimmt wußten ob der Nikolaus kommt, kam ein Bruder um eine Ecke. Der Bruderzögling ›Iberl‹ schaute nicht lang um, wer es war, sondern raste so schnell wie möglich davon. Viele herzliche Grüße von Deinem Michael.«

Die Photographie, die unsere Mutter uns geschickt hatte, zeigte einen Wasserspeier am Wiener Stephansdom: einen furchterregenden Teufel über einer kleinen, pummeligen Heiligengestalt. Bruder Jordan hatte uns gebeten, uns eine Photographie dieser Art für seine Sammlung solcher Figuren an christlichen Sakralbauten aus der Zeit der Gotik zu besorgen, als sie noch bösartig und furchterregend waren. Wir hatten die Sammlung schon einmal bestaunen dürfen, und der Anblick hatte uns Schauder über den Rücken gejagt. Da gab es menschliche Fratzen vielerlei Art, wilde und exotische Tiere, Drachen, Teufel, Neidköpfe, Ziegenböcke und allerlei Mischwesen an Kirchen in Innsbruck, Trier, Notre-Dame, Brescia und Tramin in Südtirol. Ein etwas seltsames, aber wiederum auch verständliches Sammlervergnügen in einem christlichen Kloster. Kein Wunder, dass sich auch die Bruderzöglinge für solche Bilder mindestens ebenso interessierten wie für die Heiligenbildchen, mit denen sie sonst versorgt wurden.

Auszug aus einem Kassiber meines Vaters vom 7. Dezember: »Dass ich nicht nach Buchenwald kam, ist ein großes Glück … In diesem Sinn sind Gebete halt doch nicht wertlos; sie werden nur meistens anders erfüllt, als man es möchte. Schließlich wissen wir ja auch noch nicht, wozu es gut war, dass ich noch in Haft war und bin, als die Buchenwalder zurückzukehren anfingen! Am Samstag ist wieder eine Partie gekommen, von denen einige auf unseren Trakt gelegt wurden. Sie hatten Schreckliches zu erzählen. (Zum Beispiel: 8900 Juden wurden am 12. November dort eingeliefert und gepeitscht. 24 Tote und 180 Irrsinnige gleich in der ersten Nacht!) Bei Verlassen des Lagers waren 20600 Mann dort!! In Baracken für 450 Mann 2000!! Die Verhältnisse sind entsetzlich. Ich kann Dir natürlich nahezu nichts schreiben.«

Weihnachten 1938 zu Hause

Aus einem Kassiber meines Vaters vom 14. Dezember: »… Den Buben sag', dass ich ihnen persönlich leider nichts schenken kann, dass ich es aber nachholen werde, sobald ich frei sein werde. Dem Mauserl schenke halt irgendetwas, das durch meine Bitte vom Christkind kommt. – Gespannt bin ich auf die Lösung der Schulfrage der Buben. Sollen sie wieder nach Vilshofen zurück? Wenn ich Anfang Jänner freikomme, bin ich überzeugt, dass wir Ende Jänner nicht mehr hier sein werden! Nach allem, was ich nun insgesamt erfahren habe, ist ein sofortiger, direkter Auswanderungsantrag gefährlich. Ich muss das Visum für einmalige Ausreise (Geschäfte) anfordern, Familienpass ausstellen lassen, wegfahren, Euch mitnehmen und dann, von dort aus, via Konsulat, Umsiedlungsantrag stellen. Vermutlich werden wir aber vorerst die Buben doch noch einmal zurückschicken müssen, weil wir eben nicht wissen, wie lange es bei mir noch dauern wird. Leider. – Achte, bitte, darauf, dass die Buben die täglichen Gebetsgewohnheiten, die sie jetzt in Schweiklberg angenommen haben werden, auch während der Ferien einhalten … Ich freue mich schon, wenn Du von Schweiklberg wieder zurück bist! …«

Gebetsgewohnheiten im Sinne tibetanischer Gebetsmühlen hatte ich in Schweiklberg in der Tat angenommen. Sie hatten nichts mit Glaubensgewissheit zu tun. Mein einziges Gebet aus Überzeugung lautete: »Lieber Gott, mach, dass ich bald für immer nach Hause darf.« Und wenn ich das drei Jahre täglich dreimal gebetet hätte, wäre es immer noch keine Gewohnheit gewesen, sondern eine stets neue, dringende Herzensangelegenheit. Dagegen hatten die meisten der Gebete, von denen im Kloster versucht wurde, sie mir zur Gewohnheit zu machen, wenig bis nichts mit meinen Hoffnungen und Ängsten zu tun. Ich empfand sie als Rituale, die, statt mir Nähe zu Gott zu geben, bloß das Gefühl meines Alleinseins verstärkten. Und diese Rituale sollte ich nun auch noch daheim einhalten! Warum bat mein Vater, wenn schon, meine Mutter nicht, sie möge sich am Abend vor dem Einschlafen an mein Bett setzen und mit mir zusammen Gott um das bitten, was ich am meisten ersehnte? »Lieber Gott, mach, dass ich zu Hause bleiben darf!« Meine Mutter befolgte das Ansinnen meines Vaters nicht. Sie hatte einen ausgeprägten Mutterinstinkt. Gebetsgewohnheiten nutzen nichts, wenn der Glaube fehlt.

Auszug aus einem Kassiber meines Vaters: »19.12.38 Alle meine guten Wünsche haben Dich bei Deiner Fahrt am Samstag begleitet. Ich nehme an, dass Du, wegen des Zusammentreffens mit Großvater, am Morgen gefahren bist. Mit Schrecken las ich, dass der Passauer Abend-Schnellzug bei Penzing entgleiste, wobei 5 Waggons aus den Schienen geworfen wurden. Tote gab es angeblich nicht, aber viele Verletzte. Nach vierstündiger Verspätung fuhr ein Ersatzzug weiter. – Wann wirst Du wohl zurückkommen? Konnten die Buben leicht weg? Michaels Brief vom 6. XII. (als er Dein Nikolaus-Paket also noch nicht hatte!), den Du mir am 12. XII. geschickt hast, vermittelte einen recht armseligen Eindruck. Diese Geschichten von den ›Bruder-Zöglingen‹ – ein mitleiderregendes Niveau. Gebe Gott, dass ich die Buben bald wegholen kann, um ihnen wenigstens in geistiger Hinsicht wieder das zu geben, was sie gehabt haben …«

Ich wollte bei der Mutter sein. Ich wollte Zeit haben, träumen, zeichnen, schreiben, spielen. Ich wollte mich geborgen fühlen, angenommen, wertvoll, wichtig, beachtet. Das gab mir meine Mutter mehr, als mein Vater es getan hätte. Und da war noch etwas, das Wichtigste. Ich konnte es noch nicht benennen, dieses überaus starke Gefühl. Ich bekam es allein von meiner Mutter. Das merkte ich erst jetzt in der Abwesenheit meines Vaters. Es hing mit Freisein zusammen.

Weihnachtsvorfreude plus Daseinsfreude daheim: Doppelglück mit wechselseitiger Verstärkung. Tage leer an Ereignissen, reich an Zufriedenheit. Sobald ich von Schweiklberg weg war, existierte jener Ort für mich so wenig, dass ich nicht mehr daran dachte, nochmals hin zu müssen. Es stand in meinem Belieben, Schweiklberg zum Verschwinden zu bringen, nur leider nicht in der Realität. Ich merkte, dass ich die letzten viereinhalb Monate hauptsächlich damit verbracht hatte, auf diese Vorweihnachtstage zu warten.

Eine Erfahrung, die ich schon fast vergessen hatte: eine kleine Schwester zu haben. Ihre vertrauensvolle Anhänglichkeit. Für unser bayrisches Schafkopf-Kartenspiel zeigte sie kein Interesse. Ich aber eigentlich auch nicht mehr. Ich brauchte einige Zeit, bis ich ihr Eckerl-Spiel verstand. Anfangs gewann immer sie. Dann musste ich lernen, nicht der Bessere zu sein. »Der Größere gibt nach« – wie oft hatte ich das zu hören bekommen. In Schweiklberg war ich der Zweitkleinste. Hier war ich der Zweitgrößte. Und doch war es nicht mehr wie früher. Bevor wir nach Schweiklberg geschickt worden waren, war meine kleine Schwester für mich ungefähr so wichtig und so präsent gewesen wie die beiden Möpse Moritz und Nanette. Jetzt war sie eine kleine Persönlichkeit. Mutter und Tochter bildeten eine verschworene Gemeinschaft. Mein Bruder und ich waren die neuen Dritten und Vierten. Meine kleine Schwester verteidigte ihre besondere Mutterbeziehung. Sie musste sich erst wieder daran gewöhnen, dass ihre Mutter *drei* Kinder hatte. »Du hast mir gar nix zu sagen!« – an diesen Ton musste nun ich meinerseits mich gewöhnen. Wenn ich mit meiner Mutter sprach, sang sie dazwischen. Nur wenn ich las oder zeichnete, war auch sie still. Sie war auf ihre beiden »Blüder« ebenso stolz wie eifersüchtig, nicht anders, als ich eifersüchtig auf sie gewesen war, nachdem ich gemerkt hatte, dass Tante Sophie sie mir vorzog. Wenn ich mir keinen Rat mehr wusste, drohte ich ihr mit dem Krampus.

Aus einem Kassiber meines Vaters: »21.12.38 Jetzt, wo die Buben bei Dir sind, wirst Du viel Arbeit haben. Sie sollen Dir beim Christbaum helfen, gelt, während das Mauserl bei der Kathi bleibt. Lasst Euch nur am Hl. Abend nicht unterkriegen! Ich werde, wie gewöhnlich, um 6 h ins Bett gehen und, nach einigem Gedenken an Dich und Euch, das Ganze verschlafen. Man muss trachten, sich an solchen Tagen gegen Glockenklang, Stimmung und dergleichen zu betäuben; ich hab's an Ostern und Pfingsten erlebt! Ob ich wohl Ostern und Pfingsten 39 auch noch hier sein werde?! Möglich ist bei diesen niederträchtigen Feiglingen, die nur auf Wehrlose losdreschen und nur lügen, verleumden und hetzen können (außer heucheln noch), alles.«

Die Missongsche Wohnung, die uns nun zur Verfügung stand, bot weniger Raum als das Haus an der Glanzinggasse.

Aber da wir sie – noch – fast ganz zu unserer Verfügung hatten, erschien sie mir geräumig genug. Ich vermisste das Haus an der Glanzinggasse nicht mehr. Mein Zuhause war jetzt hier. Nicht einmal Kärglichkeit hätte meinem Glücksgefühl, zu Hause zu sein, Abbruch getan. Doch dieses erste Weihnachtsfest seit der Verhaftung meines Vaters war noch nicht kärglich. Reichlich Geschenke. Dazu drei Christbäume. Der eine war der Baum, den meine Mutter gekauft hatte und den wir Kinder mit Ringelgirlanden und Katzenstiegen aus Glanzpapier schmückten. Den zweiten, mit Lametta behängt und mit rosa Kerzen bestückt, hatte ein unbekannter Spender für Mauserl abliefern lassen. Der dritte stammte von mir – auf Papier.

Ein Weihnachtsfest ohne Vater und ohne viel religiösen Bezug. Der Geruch von Tanne, Wachs und abgebrannten Wunderkerzen, der Widerschein von Kerzenlicht auf Lametta: Konventionen, wunderschön.

Am 29. Dezember schickten Alex und ich unserem Vater einen ausführlichen Bericht – noch aus Wien. Ich: »29. XII. 38. Lieber Vati! Ich will heut bis nach Schweiklberg zurückgehen, und von dort alles bis jetzt beschreiben. Wir freuten uns schon sehr, und konnten es kaum abwarten bis die Mutti kam. Da Vater Abt uns berichtete, daß die Mutti am 20. Dezember kommt, hatten wir eine Riesenfreude, daß die Mutti uns schon am 17. überraschte. Die Nachricht kam erst im letzten Augenblick. Am 19. fuhren wir nach Wien zurück. Da bis zu Weihnachten nichts Schreibenswertes geschehen war, will ich bei den Festtagen wieder anfangen. Nachmittags durften wir den Christbaum schmücken. Als wir gegen Abend warten mußten, weil das Christkind die Geschenke brachte, stimmten wir das Lied ›Stille Nacht, heilige Nacht …‹ an, welches in einem elenden Gekreisch endete. Bücher: Auf guter Fahrt, Unter den Rothäuten Kanadas, Rübezahl und Nonni. Außerdem: 1 Taschenlampe, 1 Zeichenblock mit Bleistift, 5 Hemden 2 Paar Strümpfe, 1 Paar Schuhe und 1 Paar Handschuhe. Viele herzliche Grüße und tausend Bussi sendet Dir Dein Michael.«

Alex erhielt die Bücher *Sonnentage* von Jon Svensson, *Jollbars – die Geschichte eines Tigers, seiner Freunde und Feinde* von Hugo Kocher, *Gullivers Reisen* von Jonathan Swift und *Heinrich von Eichenfels* von Christoph von Schmid. Von letzterem geht in unserer Familie die Legende, er sei ein Vorfahr unserer Mutter gewesen. Darauf war ich mächtig stolz. Ich sah darin die Vermutung von Tante Sophie bestätigt, in mir stecke ein Dichter.

Während der Feiertage mangelte es mir nicht an Beschäftigung. In erster Linie war ich glücklich. In zweiter Linie las ich die Bücher, die ich geschenkt erhalten hatte, und schnupperte auch in manchem Werk aus Dr. Missongs Bücherschrank. In dritter Linie prügelte ich mich mit meinem Bruder. Ich übte mich in gezieltem Zuschlagen. Kein Präfekt Jonas fuhr dazwischen. In der nach diesen drei Hauptbeschäftigungen verbleibenden Zeit versuchte ich mich als Karikaturist.

Kassiber meines Vaters. »10.1.39 … Deine Mittwoch-Nachrichten waren wie ein Strahl aus lichten Höhen! … Ich habe Dir am Samstag (Schreibtag) offiziell über die Wohnung geschrieben: unbedingt halten, bis ich komme! Ein möbliertes Zimmer kostet auch 30 Mk., dazu der Umzug! Und bis Du ein geeignetes findest! Die Sorge mit Mauserls Eigenheiten! Die Hausscherereien, die neue Umgebung, die Spitzeleien, die Meldung bei der Partei, die Verfügungsrechte über alle freien Wohnungen hat …, in einem Gemeindebau, dazu die Blockwart-Kontrolle, etc. Tu' es nicht! … Versuche es, die Wohnung, die eine seltene Gelegenheit ist, unter allen Umständen zu halten. Vielleicht ist Dir sogar Oma [Missong] in zwei Monaten dankbar dafür; wer weiß, ob sie im März noch in Berlin bleiben will! Was die Möbel anlangt, so gehört ja der größte Teil Alfred und Lia [Missong], die sicher auch froh sind, wenn eine gute Obhut bleibt ... Am Samstag fährst Du also mit den Buben nach Schweiklberg. Gute Fahrt, Liebste. Alle meine Wünsche begleiten Dich und die Kinder. – Da fällt mir etwas ein: Könntest Du nicht Abt Thomas um eine Empfehlung für die Buben an ein schweizerisches Klostergymnasium bitten? Dr. Max aus Basel würde ab Ostern bestimmt das Studiengeld bezahlen, bis wir kommen – er hat es ja seinerzeit so liebenswürdig angeboten. Die Buben bekämen dann mit Dir im März einen Pass (samt Cornelia), und mir, sowie natürlich Dir würde das die Ausreise wohl wesentlich erleichtern. Was meinst Du zu dem Einfall? Man muss ihn halt noch durchdenken. Auf die Aufnahmsprüfung ins Gymnasium in der Schweiz könnten die Buben ja vorbereitet werden. Ich glaube, das Schuljahr fängt dort im Herbst an. Später würde ich ihre Bildung schon wieder vereinheitlichen. Vielleicht ist der Gedanke irgendwie verwertbar. – Grüße die Kinder herzlich. Den Brief der Buben bekam ich. Michael schreibt schon ganz erwachsen. Viele und schöne Bücher haben sie von Dir bekommen. Schade, dass Cornelia so eigensinnig ist, und dass ich Dir bei der Erziehung jetzt nicht helfen kann. Ich bitte täglich auch ihren Schutzengel, er möge Einfluss auf sie nehmen, dass es besser wird. Bestimmt wirst Du ihr sagen, wie sehr ich mich kränke, wenn sie so unartig ist.«

Kurz bevor mein Bruder und ich nach Schweiklberg hätten zurück müssen, erwischte uns die Grippe, eine unter diesen Umständen recht angenehme Erkrankung (weniger für unsere Mutter). Bettdecke bis ans Kinn. Die aus dem geöffneten Fenster hereinströmende Winterluft duftete nach Baldwiedergesundsein, aber zu Hause. Mein Bruder und ich waren so geschwächt, dass wir nicht einmal mehr raufen konnten. Das muss für meine Mutter wiederum eine Erleichterung gewesen sein.

Brief meiner Mutter: »15. 1. 39 Dr. Eugen Kogon, Wien IX,

Rossauerlände 9/10a, Ref.: Morzinpl. II E 402 II P 325. Mein lieber, lieber Vat, solange kam ich nun nicht mehr zum Schreiben. Michael stand gestern, Cornelia heute zum ersten Mal wieder auf. Alexius hat noch erhöhte Temperatur. Leider hat es mich auch auf kurze Zeit gepackt gehabt, aber mit viel Kirschwasser habe ich das Fieber wieder vertrieben. Dafür bekam ich einen Schnapskater. Heute geht es mir schon wieder gut. Wenn das nur auch bei Dir der Fall wäre! Dein Dauerdurchfall macht mir grosse Sorgen. Bekommst Du denn gar nichts dagegen? Das ist ja schauderhaft. Alfred [Missong] konnte sich im Landesgericht wenigstens die Zähne reparieren lassen. Nun fürchte ich, dass Du noch Skorbut bekommst. Ach, Du Armer, wie geht man mit Dir um! – Die Weihnachtsbücher der Kinder waren nicht alle von mir. Ich schrieb Dir schon von Cornelias eigenem Christbaum, der von unbekannter Seite kam. Dazu ein Karton mit Bäckerei, ein Korb mit Zucker, Schokolade, Kondensmilch, Kakao, ein Riesenstriezl und Früchtebrot. Ein wunderbar warmes Kleid, dunkelblau mit grauen Punkten, einen Wurstel, eine Puppe mit verschiedenen Kleidern. Leider hat sie an Puppen gar keine Freude. Von Gottliebs Eltern [Familie Aigner] kam auch eine, ein grosser Ball, für alle Drei je ein Buch und für mich ein Kuvert und Nüsse … Von Frl. [unleserlicher Name] kam auch ein Riesenpaket mit Äpfeln, Orangen, Mandarinen, Bananen, Datteln, Bäckerei und wieder je ein Buch. Die Kinder haben sich über alles sehr gefreut. – Interessant ist, wie Michael sich entwickelt. Es treibt ihn einfach zu Studien. Eines seiner Bücher handelte von Island. Aus Alfreds Bücherkasten nahm ich nun einen älteren Atlas und nun zeichnet Michael die verschiedenen Länder Europas, die Erdteile, sucht sich aus allen die höchsten Berge zusammen, studiert Süd- u. Nordpol. Sogar die Sternkarte hat sein Interesse gefunden. Gestern fing er ein Buch über Südamerika an. … Ach, ich habe so grosse Briefschulden. Erst heute kam ich dazu, die Entschuldigung für die Kinder zu schreiben. Hoffentlich gibt es deswegen keine Unannehmlichkeiten …«

Aus einem Kassiber meines Vaters vom 16. Januar 1939: »Fred und Lia [Missong] frage im nächsten Brief indirekt, ob sie verrückt geworden sind, dass sie ihre Rückkehr [nach Wien] auch nur entfernt in Erwägung ziehen! Mir scheint, es ist immer noch leichter, dort auszuharren als hier im Gefängnis! … Hoffentlich ist die Reise nach Schweiklberg gut abgelaufen. Ich habe sehr an Dich gedacht, ohne dass ich wusste, wann Du gefahren bist. Bemsis Studieninteresse, von dem Du mir im Brief schriebst, ist rührend! Es freut mich herzlich, ebenso die – vorläufig sicherlich relative – Besserung bei Cornelia. Ist [Oma Missongs Haushalthilfe] Kathi schon wieder bei Dir? Ich nehme an, ja, da Du sonst nicht hättest fahren können.«

Rückkehr nach Schweiklberg, in Begleitung unserer Mutter. Mit jeder Stunde Entfernung spürte ich, wie auch mein Vater mir wieder entrückte. In Wien war er mir viel näher gewesen, obwohl ich ihn nicht gesehen hatte. In Wien hatten wir das Wetter und manchmal sogar das Bimmeln und Quietschen der Straßenbahn geteilt. Ich hatte mir ein Bild von der Adresse machen können, an die unsere Briefe gerichtet waren. Ich verstand nun besser, dass Vater, Mutter und Töchterchen mehr gemeinsam hatten als Vater und Söhne. Alle Personen und Orte, die meine Mutter in ihren Briefen an meinen Vater erwähnte, waren ihm vertraut: die Straßennamen, die Nummern der Straßenbahn, die Ausflugsziele im Wienerwald. Wir hingegen: Unser »Teich der Frösche« war ihm unbekannt, er konnte sich nicht das Wehr vorstellen, an dem wir noch im Herbst gebadet hatten, er kannte nicht Pater Elmar und Bruder Jonas. Selbst »Vater Abt« war für ihn eine andere Person als für uns. Wir hatten vor dem Abt gewaltigen Respekt, akzeptierten ihn aber nicht als »Vater«. Meine Eltern hingegen nannten ihn »Thomas«.

Auszug aus einem Kassiber meines Vaters vom 7. Februar: »Dass Du diesmal in Schweiklberg so gut aufgenommen wurdest, freut mich wirklich sehr. Ist das Messerklingerhaus das am Berghang nach Vilshofen zu liegende ›Häusel‹ oder drüben der Gutshof? Ich glaube mich zu erinnern: das erstere. – Die Karten der Buben und Deine waren sehr lieb. Und die Krapfen mit Kokosplätzerln haben geschmeckt?«

Aus einem Kassiber meines Vaters vom 14. Februar: »Im Haus gib, bitte, auf den N.S. Vertrauensmann acht; jedes Haus hat einen; die Partei führt über jeden Mieter eine Kartothek, in der seine Gesinnung etc. (Flaggen, Schmücken, Äußerungen) vermerkt werden; maßgebend sind dabei die Angaben des Blockwarts. Wir haben jemanden vom Mieterbund hier, der es sicher weiß.«

Meine Mutter schrieb meinem Vater am selben Tag: »Wien, 14. 2. 39 Dr. Eugen Kogon, Rossauerlände 9/10a, Referat: Morzinplatz, II P, Dr. Blaschko. Mein lieber Vat, ... Die Buben hatten mich so in Anspruch genommen, dass ich nie vor 1 h ins Bett kam. Jetzt, wo ich mit dem Mauserl ganz allein bin, habe ich die Tageseinteilung etwas geändert. Nach dem Essen lege ich sie nicht mehr schlafen. Vormittags und nachm. machen wir oft Besuche, kommen dann gegen 6 h heim, essen schnell und dann muss die Tochter ins Bett. Dadurch schläft sie schnell ein, wogegen sie früher oft bis ½ 10 h wach lag, natürlich auch durch die Unruhe im Zimmer verursacht, da sich wegen der Heizung alles in 1 Raum abspielte. Von nun an habe ich den ganzen Abend vor mir, um Post zu erledigen, was untertags absolut unmöglich ist. Mauserls Mundwerk geht in einem fort, so dass ich sie neulich den ›Warum-Zipfel‹ getauft habe. Seit die Brüder fort sind, ist sie wieder lieb und nett und hat manche ihrer Unarten wieder gelassen. Also Du wirst Dich nicht gleich ärgern müssen, wenn Du endlich einmal heimkommst. – Das Schuljahr der Buben geht März-April zu Ende, etwas Genaueres konnte man mir noch nicht sagen. Nun ist natürlich die Frage der Weiterbildung dringend zu besprechen – schriftlich ist das schwer zu machen, ich verstehe nicht, warum ich keine Sprecherlaubnis bekomme – andere bekommen sie ja auch. Meine letzte war im Oktober, jetzt also 4 Monate. Andere bekommen sie alle paar Wochen und haben keine Kinder. Michael hat nun schon 1 Jahr verloren, soll er noch ein weiteres verlieren? Dabei schreibt man in den Zeitungen in grossen Tönen von Heranbildung der Jugend etc. An uns sehe ich das gerade Gegenteil – es wird mir als Mutter unmöglich gemacht, die dringenden Fragen mit Dir zu besprechen. Aber lassen wir es, die Kinder und ich werden diese Zeit nie vergessen. Wahrscheinlich wird sich mein Vater erst aufhängen müssen, dass ich Sprecherlaubnis bekomme, die erste bekam ich ja auch erst, als die Mutter den Gasschlauch in den Mund genommen hatte und tot war. – Alfred [Missong] hat Stifters Werke im Kasten. Da ich nichts kannte, habe ich mich darüber gemacht. Wie wohl tut es einem, aus dieser grausigen Zeit in eine romantischere zu flüchten, all das Tamtam hinter sich zu lassen und wirkliches Leben zu erleben, da man uns unseres nicht leben lässt. Und Du Armer hast nicht einmal Bücher, um Dich über alle Ungerechtigkeiten leichter hinwegbringen zu können. – … Leb wohl, Liebster, sei tausendmal gegrüsst von Deiner Mumm.«

Wieder der offensichtliche, vergebliche Versuch meiner Mutter, etwas bei der Gestapo zu erreichen, indem sie für die Augen des Zensors schrieb.

3.
Fern von Mutter und Vater

Mein Bruder und ich in der Obhut der pensionierten Pfarrersköchin

Postkarte meines Bruders aus Schweiklberg. »16. II. 39. Lieber Vati. Es gefällt mir hir gut. Wir wohnen jetzt im Messerklingerhaus. Es geht uns hier gut. Das Essen ist besser als im Kloster … Viele herzliche Grüße Dein Alexius. [Zusatz:] Grüße von Michael.«

Das »Messerklingerhaus« war ein frei stehendes Häuschen außerhalb des Klosters. Es wurde von der pensionierten Pfarrersköchin Viktoria Kirchmaier bewohnt (allseits »Fräulein Viktor« genannt). Wusste man im Kloster nicht mehr, wie man mit uns umgehen sollte? Wollten Abt Thomas, Pater Elmar oder Bruder Jonas uns mütterliche Wärme zukommen lassen? Hatte das ältere Fräulein ihre Liebe für zwei Buben entdeckt, die wie sie »alleinstehend« waren? Wie immer fügten wir uns in das, was über uns bestimmt wurde. In diesem Fall: das Exil aus dem Exil. Ich hatte zunächst nichts dagegen. In einem Häuschen zu wohnen, umsorgt zu werden, wenn auch von einer mir noch nicht bekannten Frau, ein Bett in einer Schlafstube zu haben, auch wenn sie im Winter eiskalt war, sei, so dachte ich anfänglich, dem Kloster vorzuziehen. Wenn Frl. Viktoria an wärmeren Tagen vor dem Häuschen die Wäsche auf die zwei Leinen hängte, halfen wir ihr. Nach dem Helfen versteckte ich mich gern zwischen den langen weißen Unterhosen und den Leintüchern. Ich liebte den Geruch frischer Bettwäsche. Wenn sich ein Leintuch um mich schlang, war es fast wie eine Liebkosung.

Doch bald verhedderten wir uns in beiderseitiger Enttäuschung. Vielleicht erlebte Frl. Kirchmaier uns nicht als so gefügig, wie sie es sich vorgestellt haben mochte. Vielleicht hatte sie nicht viel Erfahrung im Umgang mit Kindern. Vielleicht hatte sie erwartet, kleine Buben seien immer folgsam, sagten nie böse Worte. Ich meinerseits litt unter dem, was ich als Kontrolle, Regulierung und Unsauberkeit empfand. Ihr oft langes Schweigen fasste ich als Ausdruck von Beleidigtsein auf. Aus ihren Betten konnten die blechernen Wärmeflaschen die Winterkälte nur ungenügend vertreiben. Später, im beginnenden Frühjahr, ekelte mir vor dem gelben Fliegenfänger mit den schwarzen zappelnden Opferchen. Obwohl Angeklebtsein vermutlich erträglicher war als Angenageltsein.

Jesus hatte zwei Schächer zur Seite gehabt. Unter einem Schächer stellte ich mir einen Schachspieler vor, der ans Kreuz genagelt wird, weil er mogelt. Eine harte Strafe. Ich hatte bereits verinnerlicht, dass es viele Anlässe fürs Bestraftwerden gab. Doch die Fliegen hatten nichts Böses getan. Ihr Todesurteil wurde damit begründet, dass sie überallhin Eierchen legten und einem übers Gesicht krabbelten. Was täten die Fliegen mit uns, wären sie zehnmal so groß wie wir? Würden sie uns dann auch für unappetitliche Wesen halten, die ihnen das Ankleben an einem Menschenfänger noch dadurch erschwerten, dass sie nicht einmal Flügel hatten? Vermutlich wäre es für sie einfacher, uns an Mikado-Stäben aufzuspießen. Mir wäre es lieber gewesen, die Fliegelchen hätten Flügelchen von Engelchen gehabt, Federgebilde. Dann wäre der Fliegenfänger am Ende weiß gefiedert gewesen.

Ein weiterer Nachteil unserer neuen Adresse war unser nun längerer Weg zur Klosterkirche. An bitterkalten Winterabenden ging ich zum Messerklingerhaus zurück, ohne die Hände in die Tasche zu stecken. Ich dachte, mit kalten Händen könne ich meine Sünden abbüßen. Ich hatte zwar keine Ahnung, welche Sünden ich begangen haben mochte, aber sicher war sicher. Eine kleine *via dolorosa* für mich persönlich. Kälteweg statt Kreuzweg. Wenigstens führte er leicht bergab. An solchen Abenden dachte ich darüber nach, ob ich nicht zu viel büßte. Mein Katechismus verweigerte mir die Auskunft, wie viele Frierefinger ein unkeuscher Gedanke erforderte und ob Mitleid mit Fliegen ein Strafmilderungsgrund war.

In unseren Briefen nach Wien schlug sich meine Enttäuschung über Frl. Kirchmaier zunächst noch nicht nieder, denn sie las alle unsere Post. Unsere Briefe unterlagen genauso der Zensur wie die meines Vaters.

»16. 2. 39 Liebe Mutti, uns gefällt es hier sehr gut, jedenfalls mir. Mehr als einmal hatten wir schon ein Olympiaboxen gehabt, da mußte jedesmal der Schiedsrichter (Frl. Viktoria) dreinfahren ... Wir haben uns kleine Eisstöcke gemacht. Alexius und ich. Auf dem Tisch spielen wir damit. Das erste und bis jetzt das letzte Spiel endete 2 zu 2. Das Eis am Weiher trägt noch. Wir haben schon einen ganzen Speisezettel geschrieben, wo folgende Mehlspeisen obenstehen: 11. Februar – 15 Pf. V. D. A. und Lehrmittelbeitr. 13. Februar – 10 Pf. Heft u. s. w. Ein schlechter Konditor muß sie aber doch gemacht haben, denn sie waren gar nicht gut. Bitte schicke uns die von uns verschwitzte Adresse Vatis, damit wir ihm direckt schreiben können. Mein Gedächtnis ist noch nicht so weit vorgeschritten, daß mir noch etwas einfiele. Darum will ich Schluß machen. Viele herzliche Grüße an Dich, Mausi, Freulein Schulz und Vati, von Deinem Michael. Wann kommt das Paket? Bitte auch Adresse von Großvati. [Zusatz:] Mit herzlichem Gruß Vikt. Kirchmaier.«

»18. 2. 39 Lieber Vati uns geht es hier sehr gut. Natürlich, ohne Streit ist es noch nicht gegangen. Ich zog besonders immer das Boxen vor. Auch machten wir uns aus Spulen kleine Eisstöcke ... Wir fanden gestern fünf Schnecken, die im Durchmesser vielleicht zwei Zentimeter gehabt haben mochten. Oft klaubten wir auch Stanniol. Das war für ein paar Tage für uns ein schöner Zeitvertreib. Die letzten Tage begnügten wir uns mit lesen. Bald werden wir, glaube ich wieder mit Klauben anfangen. Vor langer langer Zeit fuhren wir einmal Schlitten. Das Erste Mal blieben wir jede Minute stecken. Aber dann ging es schon in Saus und Braus. Zum Schluß kam es zu einer Rauferei mit einem Mitschüler der auch rodelte. Der Streit endete 0–0 für den Herrn Niemand. Nun bringt mich mein schwaches zum Schluß. Herzliche Grüße und viel tausend Bussi von Deinem Michael.«[22]

Aus einem Kassiber meines Vaters vom 22. Februar 1939: »Allerliebste Rita: – Voriges Jahr um diese Zeit, da gingen wir auf Lacroma spazieren, da fuhren wir mit dem alten Bootsmann auf dem Meer, mit dem Motorbootmann und seinem Sohn nach Epidaurum, wo uns der alte Professor seine Schätzc zeigte, (Auf einem römischen Stein stand: Parvum habeo, parvo contentus sum, parvum mihi satis = Wenig besitze ich, mit Wenigem bin ich zufrieden, Wenig genügt mir!), da standen wir auf der Spitze des Mausoleums-Hügels, fuhren nach Cétrinja, nach Trébinja (hast Du meinen dort gekauften Zigarettenspitz noch? Und die Mokkamaschine aus Konstantinopel, 200 Dinar?), die Fahrt über den Lovcen, die Bucht von Cattaro, unser Wandertag in den Karst, zum Festum hinauf, Landwein, Käs, Schinken vor dem kleinen Steinhaus, die Besuche im kleinen Café mit dem guten Türkischen, und wieder Lacroma, und der Garten der Pension Viktoria, und das Romanlesen im Zimmer, dann die Dampferfahrt, der Diokletianpalast in Spoleto, das Essen in dem kleinen Restaurant, von dem aus wir beinahe den Zug versäumt hätten, der Blick vom Jüdischen Friedhof hinunter auf die Stadt und hinaus aufs blaue Meer, der Bora in Susak, als ich zur verbotenen Mittagszeit zum Raseur ging, der Altösterreich lobte – und viel, viel anderes noch: erinnerst Du Dich, Liebling?! … Gestern bekam ich die von Dir expedierte Karte des Alexius, vorgestern Deinen Brief mit Bemsis Glückszeichnung und heute einen Separatbrief der beiden Buben … Es scheint ihnen wirklich ganz gut im Messerklingerschmidthaus zu gehen. Am 19. II. war der Straubinger Direktor mit ihnen auf Ruine Hilgartlosburg. Sie durften mit der Fähre über die Donau fahren. Und ein gutes Paket haben sie von der lieben Mutti bekommen! Und raufen tun sie halt, die Lauser.«[23]

Der »Straubinger Direktor« war ein ein schnauz- und kinnbärtiger Untermieter von Frl. Kirchmaier: der pensionierte Herr Christl, ein typischer Altbayer, allseits »Herr Direktor« genannt. Möglicherweise hatte er eine Bankfiliale in Straubing geleitet. Er erinnerte mich an meinen Großvater, der sich aus einfachsten Anfängen zum Prokuristen der Bayrischen Vereinsbank in München hochgearbeitet hatte. Dieser »Herr Direktor« war für uns in der Tat wie ein gütiger Großvater. Während mein echter Großvater sich um die finanzielle Seite unseres Aufenthalts kümmerte, war der Herr Direktor sehr in unserem Alltag präsent. Wo immer ein gütiger Großvater gebraucht wurde, sprang er ein. Er war neben Tante Sophie die zweite wichtige Bezugsperson meiner jungen Jahre.

»3.3.39 Liebe Mutti … Wir wissen auch nicht, was Du mit den Butterkarten meinst. Du wirst wahrscheinlich meinen, wir müssen die Butter im Kloster kaufen, weil Du geschrieben hast, ob wir die unsrigen noch brauchen. Wenn Du damit meinst, wir sollen Dir Butterkarten schicken, können wir das nicht da es hier keine giebt. Letzte Woche waren wir in Mattenham. Es ist ein armseliges Örtchen. Nicht einmal ein Wirtshaus sahen wir. Beim Heimweg kehrten wir in einer Mühle samt Gasthaus ein. Nachher, als wir zur Schweiklbergermühle kamen, schauten wir diese an. Den Herrn Direcktor interessierte alles sehr. Der Herr Dierektor kaufte uns einmal auch schon vier Malbücher … Viele herzliche Grüße … von Deinem Michael.«

»3.3.39 Lieber Vati Dein Brief hat uns sehr gefreut. Wir sind schon ganze Heilige geworden. Du darfst nicht glauben, daß die Frl. Viktoria beim Kirchengehen sagt: ›Na ja meine Herzbüable, heute is Wetter zkalt, bleibts heut zhaus.‹ Das Morgen- und Abendgebet müssen wir knieend verrichten … Am 1.3. teilte der Herr Lehrer Bilder aus. Es sind Sammelbilder ›Deutsches Handwerk‹, jeder bekam um 16 herum. Beim Alexius kam der Herr Lehrer mit einer kleinen Schachtel, gefüllt mit Bildern. Er erlaubte den Schülern so viel zu nehmen wie sie wollten. Darauf ging er hinaus. Jedes Kind nahm sich ein pahr Bilder, auch Alexius. Die Schüler steckten sie ein und rasten aus dem Schulzimmer da der Schultag aus war. Alexius aber ging noch an seinen Platz und steckte sie in die Schultasche. Währenddem kam der Herr Lehrer mit einer noch viel größeren Schachtel daher. Da niemand mehr in der Klasse war als Alexius, konnte dieser die ganze Schachtel auslehren. Er brachte etwa 500 Bilder mit. Viele herzliche Grüße und tausend Bussi von Deinem Michael. [Zusatz:] Grüße sendet Viktoria Kirchmaier.«

Mein Bruder: »Schweiklberg, am 3. März 1939. Lieber Vatie … Wie ist denn das Wetter bei Dir? Ich glaube Du wirst es nicht wissen, weil zu Dir keine Sonne und kein Regen kommt! … Wir gehen zweimal in der Woche in die Kirche und am Sonntag gehen wir ins Amt und in die Veschper. Wir beichten jeden Herzjesusfreitag kommizieren tuen wir auch jeden Herzjesufreitag. Nur manchmal müssen wir nach Vilshofen hinunter gehen, weil da manchmal die Schülerkommunion ausgeteilt wird. Natürlich müssen wir forher beichten, das ist klar. Lustig sind wir auch. Streiten tun wir auch manchmahl … Von Montag bis Dienstag war Verdunklung, aber es hat nicht viel genützt weil der Mond so hell geleuchtet. Heute fahren den ganzen lieben langen Tag Flieger. Wir haben uns schon allerlei Spiele gemacht, Himmel und Hölle, ein Geldtascherl, einen Flieger, und einen Dampfer. Wir haben schon viel von Fräulein Viktoria bekommen ich geb ihr Zuckerln und sie gibt uns Äpfel dafür. Jetzt hat sie auch gerade einen gegeben obwohl die Zuck. aus sind … Ich schreibe Dir bald wieder.«

Ein Brief von mir: »3.3.39 Lieber Großvati. Uns geht es hier sehr gut. Den ganzen Nachmittag haben wir Zeit zum Spielen, lesen u.s.w. Schulaufgaben gibt es nicht, da die Kinder am Montag und Freitag Appel haben, und ein Lehrer wie der unsrige giebt dann halt an anderen Tagen auch keine. Ganz am Anfang wie wir gekommen sind, haben wir einen schönen Zeitvertreib im Schnee gefunden. Da konnten wir Schlittenfahren und Schneemauern bauen. Angefangen hatten wir schon, kleine Schneehäuser zu bauen, um uns dann mit Schneebällen gegenseitig zu bombardieren. Doch ehe jeder mit seiner Vordermauer fertig war, wurde es sehr kalt, so daß die halbe Schneedecke ganz fest wurde. Nun mußten wir warten bis es wärmer würde, um den Bau fertigzustellen. Lange mußten wir nicht warten bis die Sonne kam und – in zwei Tagen war der ganze Schnee weg … Nachdem wir Baumeister waren, aber keinen Baustoff mehr fanden, wurden wir für ein pahr Tage Staniolklauber. Es werden nähmlich von überall Staniol mit anderen Kramurksel ins Kloster geschickt die sortiert werden müssen um verkauft werden zu können und das Geld in die Mission geschickt werden kann. Diese Arbeit krigt Frl. Viktoria. Ein pahr Tage waren wir, wie schon gesagt ihre Helfer. Einmal fanden wir in einer Schachtel auch Christbaumschmuck. Wir haben uns sehr darüber gefreut, da wir ihn gut zum spielen verwenden können … Frl. Viktoria ist Luftschutzwartstellvertreter und da ihre Taschenlampe kaputt ist, mußten wir ihr eine kaufen. Wir durften uns auch jeder für seine Taschenlampe eine Batterie kaufen …«

Brief meiner Mutter an meinen Vater, ebenfalls vom 3. März. »Dr. Eugen Kogon, Wien IX, Rossauerlände 9/10a, Ref. Morzinplatz IIP, 320. Mein lieber Vat, herzlichen Dank für Deinen letzten Brief … Ich habe so gar keine Sehnsucht nach Tratschereien, lieber würde ich zu Hause sitzen und lesen. Damit wäre aber wieder meine holde Tochter nicht einverstanden. Neulich sagte Anneliese vor ihr: ›Ach, wenn sie nur schon da wären‹ und seitdem sagt sie an allen Orten, in der Strassenbahn etc. ›Wenn er nur schon da wäre, unser lieber Vati‹ und verdreht die Äugerl. ›Lieb werden wir ihn haben, dass er nicht mehr krank wird, sonst muss er wieder ins Krankenhaus.‹ Ich muss sie jetzt immer mit zur [Auswechslung der] Wäsche nehmen, weil ich niemanden für sie habe … Die Buben haben mir auch geschrieben, besonders originell aber Michael … Auf meine Frage, ob sie wegen der langen Ferien Unannehmlichkeiten gehabt hätten: ›Die Unannehmlichkeiten sind uns noch nicht zu Leibe gerückt. Wir tauschten den Pflug mit dem Schwert, wie die Kimbern, Teutonen und Ambronen (nur umgekehrt) und wehrten uns tapfer. Schon 3mal hatten wir sie geschlagen u. in die Flucht gejagt.‹ Wahrscheinlich haben sie wieder gerauft. Wie sie es können, haben sie ja hier gezeigt. Fürchterlich ist es manchmal zugegangen …«

»Wien, 9.3.39 Dr. Eugen Kogon, Wien IX, Rossauerlände 9/10a, Ref.: Morzinplatz, II P, 320. Mein lieber Vat, … Weisst Du, was ich mit Cornelia noch machen muss? ›Eckerl-spielen.‹ … Erinnerst Du Dich noch an unsere Kinderzeit, als wir es leidenschaftlich spielten? Sie, die Tochter, passt sehr auf und wenn es mir einmal gelingt, ein Quadrat vorzubereiten und sie es später findet, ist sie sehr stolz und schreibt mit viel Energie ihre Eins hinein … Michael scheint einen ekelhaften Lehrer zu haben, er macht sich aber scheinbar und Gott sei Dank nichts daraus. ›Wann die Schule aus ist, kann ich Dir jetzt noch nicht schreiben, da, als ein Schüler für mich hinausging und den Lehrer fragte, dieser zur Antwort gab: ›In jeder Zeitung steht's drin.‹ Nun fehlt uns aber die Zeitung und damit die Nachricht, wann die Schule aus ist. Zwar kauft der Herr Direktor eine, aber die, die die Zeitung drucken, lassen sich's nicht pressieren mit dem, was der Herr Lehrer sagt.‹ So Dein Sohn Michael. Früher habe ich mir wegen seiner Scheu oft Sorgen gemacht (und er ist es heute noch, da er einen anderen fragen lässt). Aber seine Veranlagung, alles zu durchschauen und im Denken sich nicht drausbringen zu lassen, wird ihn diese mit der Zeit überwinden lassen. – Das Mauserl schläft und ich sitze am Petroleumofen, da mich trotz Wärme friert wie eh und je. Aber so hab ich es im Rücken schön warm. Viele herzliche Grüsse und Küsse Deine Rita.«

»Wien, 28.3.39 Dr. Eugen Kogon, Wien IX, Rossauerlände 9/10a, Referat: Morzinpl. II P/320. Mein lieber Vat, heute bekam ich von Vater einen Brief, dass er an Ostern wahrscheinlich zu seiner Stiefschwester nach [seinem Geburtsort] Zusmarshausen fährt. Sie hat sich ihm angeboten, ihm die Wirtschaft zu führen und er will es bei dieser Gelegenheit mit ihr besprechen. Ich wäre froh, wenn es etwas daraus würde, damit er wenigstens wieder versorgt wäre. Er schrieb nun schon wieder, wenn er nur auch sterben könnte. Besonders wehmütig hat ihn sein 40jähriges Dienstjubiläum gestimmt, das er nun ohne Mutter begehen musste. Und ich muss gestehen, dass ich nicht im geringsten an diesen Tag gedacht habe. Von Berlin schrieb er, dass [seine Schwiegertochter] Maria vor ihrer Entbindung stünde. Ach, in diesen trübseligen Zeiten noch ein Kind, wo man eh nichts zu essen hat! ... Ich hatte nicht eingeheizt, weil es kein Weichholz zum Anfeuern gab und Koks sonst nicht anbrennt. Ich habe mir nun einen heissen Tee gemacht, um mich wieder in bissel aufzuwärmen. Nur gut, dass das Frühjahr vor der Tür steht! – Wenn das so weitergeht, werde ich noch Haushälterin. Dann sind wenigstens die Brotsorgen weg. Ich glaube, ich habe Dir schon geschrieben, dass ich von einem Bekannten wöchentlich 10 M bekomme. Die Mutter seines Mitarbeiters hat ihnen bis jetzt den Haushalt geführt. Die muss jetzt aber zu ihrer eigenen

Mutter, da der Vater gestorben ist. So im Scherz meinte ich, ›na, dann komme ich halt zu Ihnen, bis mein Mann heimkommt. Aufräumen kann ich ja auch und flicken und kochen.‹ ›O, das wäre sehr schön, wenn Sie kämen.‹ Ich hatte den Eindruck, als ob es Ernst gewesen wäre. Und stell Dir vor, ich habe richtig einen Tag herumgemurkst, was ich tun soll ...«

»28.3.39 Liebe Mutti ... Ganz heroben bei der alten Straße (Wo sich der Vati vervahren hatte, als wir vor ein paar Jahren auf 2 Tage nach Schweiklberg fuhren, und als wir nach Weihnachten wieder her fuhren und die Fräulein uns Koffertragen halfen) muß man schon aufpassen, daß man die Schneckenhäuser nicht zertritt ... Am 27.3. hatten wir in der 2. Stunde in der Schule Naturkunde. Der Herr Lehrer schickte 2 Buben mit einem Korb in seinen Garten und sprach zu ihnen. ›Unter dem Kastanienbaum liegen so kleine, braune, aufgesprungene Dinger, marsch.‹ Die Zwei kamen mit den ›kleinen, braunen, aufgesprungenen Dingern‹ im Korb zurück. Dann ging der Herr Lehrer in den Reihen herum und jedes Kind durfte sich eine, schon keimende Kastanie aus dem Korb heraussuchen. Bei mir ging er vorbei. Ich holte mir aber von der Straße nach Schulschluß zwei und pflanzte sie, wie jedes Kind vom Lehrer aus tun sollte, ein. Ich hoffe, wenn Du uns wieder abholst, zwei junge Kastanientriebe mitnehmen zu können. Vor ein paar Tagen, ich weiß nicht mehr wann flog der Alexius ins Weiherwasser, als er ausprobieren wollte ob das Eis noch trägt. Vom Bauch bis an die Füße triefend kam er vor die Tür ... Viele herzliche Grüße ... von Deinem Michael.«

»Bei mir ging er vorbei.« Ich konnte nur noch das nackte Faktum mitteilen. Meine Seele hatte ihr Gedächtnis und ihre Sprache verloren. Ich war dabei, zu lernen, alles wegzustecken und für mich selbst zu sorgen.

Aus einem Kassiber meines Vaters vom 28. März: »Für das

Osterpackerl der Buben fiel mir etwas ein: Michael etwa die Parzifal-Sage und Alexius eine Sammlung guter Heiligen-Legenden … Recht schwierig stelle ich mir die Pass- und Ausreisevisumsbeschaffung vor, vor allem wegen des Taufscheins [mit der Angabe der »mosaischen« Religion der Mutter]. Denke Dir nur, was es für Schwierigkeiten machen wird, halbwegs befriedigend meinen Vater-›Nachweis‹ zu erbringen! Andernfalls komme ich in die kritischste Situation! …«

Bei uns in Vilshofen ging der 5. Jahrgang der Volksschule zu Ende. »1.4.39 Liebe Mutti. Bitte schreibe uns, ob wir nach den Osterferien, die 2 Wochen dauern, in die Vilshofener Realschule oder in Passau in die Schule gehen sollen … Michael.«

Meine Mutter an meinen Vater: »Wien, 2.4.39 Dr. Eugen Kogon, Wien IX, Rossauerlände 9/10a, Referat: Morzinplatz, II P, 320. Mein lieber, lieber Vat, nun steht Ostern vor der Tür, es sind die zweiten, die Du unschuldig in Haft bist. Nicht einmal ›frohe Ostern‹ kann ich Dir wünschen, in dieser Situation! Mein einziger Trost ist, dass wir wenigstens in derselben Stadt zusammen sind. – Das Mauserl spricht immer und immer wieder von seinem ›lieben Vati‹. Und jetzt kommt er bald, sagt sie, er hat es mir gesagt. Wahrscheinlich hat sie von Dir geträumt, wie sie oft behauptet (und wie schön, wenn es wirklich wahr wäre) und verwechselt nun Traum und Wirklichkeit … Nachmittags waren wir noch im Türkenschanzpark, Sand spielen. So vergehen die Tage, einer nach dem anderen, viel zu schnell. Für Dich leider im selben Mass zu langsam. In den Zwischenzeiten und abends kommen dann erst die Hausarbeiten dran: Geschirr waschen, eventuell vorkochen, waschen, bügeln, flicken, aufräumen und dann noch, wenn ich noch kann, Briefe. Heute nun will ich noch an Lia [Missong] schreiben, es kam ein Brief von ihr … Lieber Vat, überstehe die Feiertage möglichst gut, in Gedanken bin ich immer bei Dir. Wir grüssen und küssen Dich in grosser Sehnsucht. Deine Rita mit dem Mauserl.«

Vom 7. bis zum 12. April 1939 besetzte Italien Albanien, das sowieso schon unter italienischem Einfluss stand. Nachdem Deutschland sein Gebiet durch die Annexion Österreichs und des Sudetenlandes erweitert hatte, wollte Mussolini ebenfalls etwas vorweisen können.

Ich an meinen Vater: »7. 4. 39 Lieber Vati … Vor drei Tagen tauchten die ersten Frösche aus dem Weiher auf. Wir fanden auch weit weg vom Wasser viele Frösche. Die trugen wir, dass heißt die ersten zwei Tage der Alexius, alle wieder zu den andern. Vor zwei Tagen verbrannten die Frl. Viktoria und der Herr Direktor einen ganzen Haufen Reisig. Ganz in der Nähe fanden wir einen Frosch. Der Herr Direktor gab uns seinen Hut den er aufhatte, und der Alexius trug ihn, nachdem er ihn hineingetan hatte, in den Weiher. Sehr lustig ist es, wenn zwei Frösche raufen, oder einer versucht, ein Junges von dem Rücken einer alten Kröte herunter zu reißen …«

Ich hatte keine Ahnung von der Paarung von Fröschen und Kröten. Im Herder-Konversationslexikon des Klosters hätte ich nachlesen können: »Das meist kleinere Männchen klammert sich während der Paarung unter den Achseln des Weibchens. Dieses trägt das Männchen bis zu mehreren Tagen auf dem Rücken … Quaken bedeutet aber nicht immer, um die Gunst eines Weibchens zu werben. Manchmal dient es dazu, das eigene Territorium gegen Rivalen zu verteidigen. Dieses kann zu ausgiebigen Ringkämpfen führen, die bis mehrere Minuten dauern.«

Alex saß am Weiher und flocht aus kleinen Weidenruten ein längliches Gitter. Er sah mich auffordernd an: »Du auch. Wer gewinnt, befiehlt.« Ich willigte ein, ohne zu wissen, was er vorhatte: »Aber nur für einen Tag.« Nun flocht auch ich ein Gitter. »Das ist keine Leiter!«, tadelte mich Alex. Ach so. Ich bog mein Geflecht zu einem leiterähnlichen Gegenstand. Alex steckte seine Leiter in den Uferschlamm, ich die meine neben die seine. »So verlierst du«, grinste er. Ich zog meine

Leiter aus dem Schlamm und steckte sie weiter hinten ins Gras. Alex grinste noch mehr. Worauf wollte er hinaus? Eine fette Kröte, mit einem zarten Männchen auf dem Rücken, arbeitete sich aus dem Wasser ans Ufer. Sie blickte sich um, fast wie ein Mensch. Alex gab ihr einen Schubs. Da hopste sie zu seiner Leiter und umklammerte sie. »Gewonnen!«, triumphierte Alex. Wieso? »Die Wette war, auf welche Leiter sie klettert.« – »Und warum ist sie auf deine?« – »Weil meine näher am Wasser war. Und jetzt hol mir ein Zuckerl.« Ich hatte verloren. Ich musste Alex einen ganzen Tag lang gehorchen. Ich ging ins Haus und brachte ihm zwei seiner Zuckerl. Er lutschte genüsslich. Ich wartete, ob er mir eines abgeben würde. Er tat es. »Wieso kraxelt sie auf die Leiter?«, wollte ich wissen. »Weil die Sonne scheint. Das hat dein Laubfrosch ja auch so gemacht.« Mein Laubfrosch! Den hatte ich ganz vergessen! Bei der Abfahrt von der Glanzinggasse hatte ich nicht an meinen Laubfrosch gedacht. Was war aus ihm geworden? Als ich ihn das letzte Mal mit einer selbstgefangenen Fliege gefüttert hatte, war er im Sonnenschein ganz oben auf seinem Leiterchen gesessen. Er war ein braver Laubfrosch gewesen, hatte mir getreulich das Wetter angezeigt. »Hat er nicht«, belehrte mich Alex, als habe er meine Gedanken erraten. »Er ist rauf, *weil* die Sonne geschienen hat. Es war ein Schwindel, genau wie Vatis Zaubermelone.« Er zeigte auf die Kröte. »Die kraxelt ja auch nur rauf wegen der Sonne. Die zeigt auch nix an.« Während ich mich entfernte, um meinem Bruder ein zweites Zuckerl zu holen, rief er mir nach: »Mein Frosch ist größer!« Ja, so war er, mein kleiner Bruder. Ich war, als der Ältere, größer gewachsen als er. Aber gewachsen war ich ihm nicht.

Fortsetzung meines Briefes: »… Wir haben hier das schönste Wetter. Heute Nacht plagte mich eine Mücke. Doch ich habe mich als tapferer Soldat bewiesen, indem ich sie abwehrte … Wir sahen auch schon eine Hasenjagt, die ein Hund führte (jedoch ohne Erlaubnis der Menschen) … Viele herzliche Ostergrüße Dein Michael.«

Mein Bruder: »7.4.39 Lieber Vati … Das Zeugnis gefällt mir garnicht. Mein Herr Lehrer mag mich nicht, dadurch hatt er mir schlechte Noten gegeben … Unten am Zeugnis steht Bemerkung, da hat er hingeschrieben: Körp. Allgemeinzustand gut, mittelmäßige geistige Veranlagung, Aufmerksamkeit nicht immer gleichmäßig konzentriert, wenig flinke Arbeitsweise. Ordentlich und höflich-willig, ein guter Kamerad. Kasperbauer … Am 3. April um 5 Uhr ist Militär durch Straubing gefahren … Viele herzliche Grüße von Deinem Alexius.«

Meine Mutter: »Wien, 10.4.39 Dr. Eugen Kogon, Wien IX, Rossauerlände 9/10a, Referat: Morzinplatz II P/320 … Am Samstag, als Mauserl und ich das Osterpackerl für Dich abgegeben hatten, sind wir noch einige Zeit in Deiner Nähe gewesen. Wir gingen zum Donaukanal hinunter und setzten uns auf eine Bank, vielmehr die Tochter ist sehr vergnügt herumgesprungen und ich habe wehmütig an Dich gedacht. So nah waren wir Dir und doch so fern. Am Heimweg gingen wir noch in die Weinhauserkirche, wo wir gerade noch zum Auferstehungsschluss kamen. Mauserl geht gerne in die Kirche und betet sehr lieb, immer auch für ihren Vati: ›Lieber Himmelvater, schicke mir meinen Vati bald.‹ Nach dem Abendessen kam der Osterhase. Er hat so viel gebracht, dass ich einiges verschwinden lasse und den Buben mit den Sommermänteln schicke. Aber im Bett tat unsere holde Tochter noch einen sehr schönen Spruch. Mausi: ›Der Osterhase war aber lieb, weil er mir so viel gebracht hat und ich war heute gar nicht brav. Soviel Freude hat er mir gemacht.‹ Ich: ›Dafür wirst Du von nun an mir viel Freude machen und schön folgen.‹ Mausi: ›Das kann ich Dir jetzt noch nicht sagen, ich muss erst hören, was Du von mir verlangst.‹ … Haben Dir die Buben geschrieben? Auch Zeugnisabschriften? Alexius hat eine Bemerkung, die mich zweifeln lässt, ob das humanistische Gymnasium für ihn das Richtige ist. Vielleicht hilft aber einer der Patres ein bisserl nach, bis die Kinder wieder bei uns sein können … Lieber Vat, wie geht es mit Deinem Durchfall? Stell Dir vor, in der letzten Wäsche war eine Wanze. Also auch auf der Lisl [dem Polizeigefangenenhaus an der Rossauerlände] Ungeziefer? Schrecklich! Dabei war ich so froh, dass die Flohplage der Hahngasse zu Ende war. Ich werde von nun an die Wäsche natürlich ganz genau untersuchen. Sei mit vielen Küssen herzlich gegrüsst von Deiner Rita und Mauserl.«

Mein Vater am 18. April: »… Die Bemerkung des Klassenlehrers von Alexius halte ich für eine gehässige Frechheit, um ihm den Übertritt in eine höhere Schulart zu erschweren. Woher nimmt denn so ein Volksschul-Idiot das Recht, nach so kurzer Zeit und unter so außergewöhnlichen Umständen der Buben derartige Allgemein-Urteile zu fällen! Die Gehässigkeit ergibt sich schon aus dem Ausdruck ›mittelmäßig‹ statt, wie es richtig und anständig wäre ›mittel‹! Aber macht nichts, wir werden auch dieses Problem mit Gottes Hilfe lösen können, sobald ich einmal frei bin … Bezüglich der Volkszählung gib, bitte, an: Abstammung – Eltern verschollen, Dokumente nicht vorhanden. Mutter: Sofie Kogon, Vater: Alexander Michael Ssemjonoff. Volkszugehörigkeit: slawisch (eventuell russisch).«[24]

Mein Vater nahm meinen Bruder gegen die Beurteilung des Klassenlehrers auf eine für ihn typische Weise in Schutz: Er korrigierte die angeblich ›mittelmäßige‹ Begabung in eine ›mittlere‹. Aus dem Kontext wird ersichtlich, dass mein Vater aber auch eine ›mittlere‹ geistige Begabung meines Bruders für ein ungerechtfertigtes Allgemeinurteil hielt. In der Tat war mein Bruder – er starb im Jahr 2007 – weit überdurchschnittlich intelligent. Ihm widerfuhr in der Volksschule das Schicksal, für dumm gehalten zu werden, weil er, da gelangweilt, nicht genügend mitmachte oder wegen »komplizierter« Denk- und Ausdrucksweise unverstanden blieb. Er studierte später Physik bei dem Radiologen und Biophysiker Friedrich Dessauer am Physikalischen Institut der Universität Fribourg und machte die Erwachsenenbildung zu seinem Beruf.

Am 20. April 1939, einem Samstag, wurde der »Führer« 50 Jahre alt. Für seine KZ ordnete er eine »Gnadenaktion« an. Etliche Häftlinge wurden entlassen. Ich kann mir vorstellen, dass die Entlassenen unter solchen Umständen für seine Geburt dankbar waren, auch wenn sie ihn hassten. Diesen runden Geburtstag feierten die Nazis als staatlich verordneten Feiertag. Reden, Parolen, Schwüre, Deutschlandlied, Horst-Wessel-Lied. Wir hatten schulfrei. Über dem Kloster wehte keine Hakenkreuzfahne.

Meine Mutter: »Wien, 22.4.39 Dr. Eugen Kogon, Wien IX, Rossauerlände 9/10a, Referat: Morzinplatz II P/320. Mein lieber, lieber Vat … Neulich fuhr ich mit Mauserl im Autobus nach Salmannsdorf. Wir gingen dann zu der Strasse, auf der wir von unseren Fahrten immer heimkehrten und von dort auf den Hügel in den Wald. Mauserl hat es sich schon so lange und so sehnlichst gewünscht. Es war so warm, trotz einiger Regenspritzer und begeistert pflückte Dein Töchterlein Leberblümchen und wilde Veilchen. Dann kamen wir auch zum Hexenturm wo wir uns ins Gras legten. Lange Zeit waren wir allein. Mauserl sprang herum; es ist eine Freude, zu sehen, wie intensiv das Kind lebt und erlebt. Erst spät kehrten wir über die Glanzinggasse heim. Mauserl war sehr, sehr müde. Inzwischen waren einige recht kühle Tage, am Donnerstag hatte ich sogar geheizt. Nun hoffe ich, dass es aber das letzte Mal war. Heute geht ein Wind, der sich so anhört, wie in der Camargue. Überhaupt überfallen mich oft die Stimmungen von unseren verschiedenen Reisen. Auch Wiesbaden fehlt nicht und die Schorfheide. Wahrscheinlich werden sie durch das für einen April ungemein schöne Wetter ausgelöst. Es wächst alles rapid, man kann es fast sehen. Der Flieder wird bald blühen, die Kastanienkerzen stehen schon recht kräftig, Erdbeeren blühen ebenfalls. Du kannst Dir denken, mit welcher Ungeduld ich das alles beobachte. Leider passt die politische Lage gar nicht zum Frühling. Neulich soll jemand wegen der Gasmasken hier gewesen sein, ich war nicht zu Hause. Habt Ihr welche? Ich werde mir keine anschaffen, denn womit soll ich sie bezahlen, da ich nicht einmal für meine Kinder zu essen habe und sie fortgeben muss. Und wozu brauche ich einen Sonderschutz, wenn Du ihn nicht hast? – Noch einen Ausspruch Deiner Tochter muss ich Dir mitteilen. Neulich sagte ich zu ihr, warum sie immer so schlimm sei und mich ärgere: ›Kannst Du denn nicht wieder lieb und brav sein?‹ Daraufhin lehnt sie sich an mich und sagt: ›Einmal wird's schon wieder werden.‹ … Lieber, lieber Vat, leb wohl. Einmal wird wohl für uns auch die Zeit der Erlösung kommen, gelt! Viele herzliche Grüsse und Küsse Deine Rita.«

Meine Bestrafung

Mitte April 1939 trat ich in die weiterführende Vilshofener Realschule über. Der erste Unterrichtstag: neue Kameraden, neue Lehrer, der typische Geruch von Papier, Leder, Bleistiften. Meine Kurzsichtigkeit brachte mir einen Platz am vordersten Pult ein. Umso besser: So konnte ich mich während des Unterrichts aus den Papierkügelchenschlachten, Zettelheimlichkeiten, Pöbeleien, Flüsterwitzen und Abschreibversuchen heraushalten. Ich war entschlossen, es den Lehrern recht zu machen.

Der Klassenlehrer instruierte uns, welche Schulbücher wir beizubringen hätten. Ich gab die Weisung an Pater Elmar weiter. Er entgegnete: »Dafür ist kein Geld da.« Ich war bestürzt. Ich musste doch ausführen, was der Herr Lehrer mir aufgetragen hatte! »Ich muss diese Bücher haben!« Vielleicht sagte ich es zu fordernd. Jedenfalls war es der Ausbruch einer zweiten Französischen Revolution. Dieser Rotzlöffel, der hier das Gnadenbrot frisst, kommt auch noch frech!

Wäre ich erwachsener und besonnener gewesen, hätte ich mich präziser ausdrücken können: »Ich danke Ihnen für alles Gute, das wir von Ihnen erhalten. Sie sind sehr gütig. Am besten schreibe ich gleich meinem Großvater, ob er Ihnen die dreißig Mark schicken kann. Ich bin sicher, es ist ihm wichtig, dass ich die Realschule besuchen kann.« Oder Pater Elmar, wäre er ein wenig besonnenener, pädagogisch geschulter und christlicher gewesen, hätte mir gesagt: »Mein lieber Bub, Du weißt, wir haben das Gelübde der Armut abgelegt. Ich habe die dreißig Mark leider nicht. Aber natürlich sollst Du bei Deiner Begabung die Realschule besuchen. Ich werde Vater Abt bitten, ob er von irgendwoher einen Kredit besorgen kann, bis dein Großvater das nächste Kostgeld schickt. Und übrigens: Es würde dir in deinem Leben förderlich sein, wenn du deine Bitten etwas gemäßigter vortragen würdest.«

Aber nichts dergleichen geschah. So saß ich am nächsten Tag wieder in der Volksschule, nun in der 6. Klasse. Ich war schrecklich beschämt. Meine bisherigen und nunmehr neuen Kameraden, die sich nicht für die Realschule hatten qualifizieren können, grinsten. Mitleid und Schadenfreude zu gleichen Teilen. In dieser vertrauten Runde fühlte ich mich so fremd wie noch nie. Selbst als ich ins Kloster eingeliefert worden war, hatte ich mich nicht so allein gefühlt.

Niemand stand mir zur Seite. Ich war vollkommen verlassen. Hätte es mir geholfen, wenn ich gewusst hätte, dass auch mein Vater sich gottjämmerlich verlassen fühlte von Gott und der Welt – nein, nicht von Gott, bloß von der Welt? Ich würde nie mehr in meinem Leben etwas fordern, was ich brauchte, und nie mehr jemandem etwas anvertrauen, was mir wichtig war. Warum aber erweckte ich in meinen nächsten Briefen an meine Eltern den Eindruck, als sei nichts geschehen?

Meine Mutter: »Wien, 1. Mai 39. Dr. Eugen Kogon, Wien IX, Rossauerlände 9/10a, Referat: Morzinplatz II P/320. Mein lieber, allerliebster Vat! … Heute bekomme ich noch Besuch. Die Maifeiern, so wie wir sie in Wiesbaden erlebt haben, scheinen nicht so zahlreich zu sein. Von Staats- und Privatangestellten grösserer Betriebe weiss ich, dass keine Massenabfütterungen veranstaltet werden, dass der Chef nicht neben dem Hausknecht sitzen muss, und sich beide langweilen. Das Mauserl ist gerade im Garten und unterhält drunten die verschiedensten Leute mit ihren originellen Aussprüchen. Mit dem Besuch gehen wir dann zu anderen Bekannten, wo sie ein nettes Sandeckerl hat. Neulich hat sie eine Menge Blumen dort abgerupft, zu meinem Entsetzen. Gerne lasse ich das Kind ja nicht in den Garten, damit es nicht einmal Dummheiten macht. Aber immer kann ich auch nicht mit ihm fortgehen, schliesslich muss der Haushalt auch erledigt werden. – Mein lieber Vat, tragen wir weiter unser trauriges Schicksal, einmal kommt ja wohl die Befreiung, gelt. Mit tausend herzl. Grüssen und Küssen bin ich immer Deine Rita.«

Die Söhne des Gestapo-Häftlings in der Hitlerjugend

Ich an meinen Vater am 4. Mai: »Lieber Vati … Morgen, den 5.5.39, werden wir in die H.J. aufgenommen. Deinen Brief haben wir erhalten … Am Dienstag, den 9.5.39 ist in Vilshofen Firmung. Wir müssen dem Firmunterricht, der jetzt noch dauert, beiwohnen. Der Stadtpfarrer hat gesagt, daß wir heuer gefirmt werden sollen. Wir haben die Mutti gefragt, ob das in Wien oder in Vilshofen geschehen soll. Da sie aber nicht antwortete, wurde in Schweiklberg ausgemacht, daß wir hir gefirmt werden sollen. Der Herr Direktor ist der Firmpate, er hatte uns dunkle Anzüge, jedem 2 Paar Strümpfe und 1 Mütze gekauft. Dem Alexius neue Schuhe. Außerdem noch jedem einen Rosenkranz … heute kam Alexius erst um ½2 nach Hause. Er musste Zeichen [vermutlich Abzeichen einer NS-Organisation] verkaufen. Er konnte alle zwanzig Stück anbringen, 4 Mark brachte er zusammen … Zum Schluß danken wir Dir noch für die Bücher und Pakete recht herzlich. Viele Grüße von Deinem Michael. Auch von Alexius und Viktoria.«

Im März 1939 war im Deutschen Reich die »Jugenddienstpflicht« eingeführt worden. Wenn Hitler dauerhaft an der Macht bleiben wollte, musste er die Jugend gewinnen. »Gewinnen« hieß erfassen und indoktrinieren. Diesem Zweck diente die HJ, die Jugend- und Nachwuchsorganisation der NSDAP. Der Anspruch der HJ war klar definiert: »Die HJ will sowohl die Gesamtheit der Jugend wie auch den gesamten Lebensbereich des jungen Deutschen erfassen.« Alex und ich *mussten* beitreten. Doch wir *wollten* es auch. Wir wollten zu den 98 Prozent Hitler-Jugendlichen gehören, obwohl wir zu den 2 Prozent Anderswie-Jugendlichen gehörten. Wir hatten keine Ahnung, dass wir ausersehen waren, Befehl und

Gehorsam, Kameradschaft, Disziplin und Selbstaufopferung für die »Volksgemeinschaft« einzuüben, um gefolgstreue Soldaten zu werden. Ich wollte dieselbe Uniform haben wie meine Kameraden. Und was hätte ich dagegen haben sollen, spannende Filme anzuschauen, deren ideologischen Hintergrund ich nicht erfasste, gemeinsam Lieder zu singen, deren wahre Aussage ich nicht verstand, boxen zu lernen, Wanderungen zu unternehmen und in einer Burgruine Kampfspiele zu bestehen? Die Nazis waren klug genug, ihre Indoktrinierung in Spaß und Spannung zu verpacken. Ich sah keine Verbindung zwischen dem Mann, nach dem die Hitlerjugend benannt war, und dem Mann, dessen Schergen meinen Vater gefangen hielten. Ich war naiv genug, meine Mitgliedschaft in der neuen Treuegemeinschaft unserem gefangenen Vater mitzuteilen – nicht anders, als ich ihm mitteilte, dass im Kloster ohne sein Einverständnis unsere Firmung beschlossen worden war. Aufnahme in die Gemeinschaft der Gläubigen und in die Gemeinschaft Hitlers fast gleichzeitig! Das passte in die Zeit.

Meine Mutter: »Wien, 8.5.39 Dr. Eugen Kogon, Wien IX, Rossauerlände 9/10a, Referat: Morzinplatz II P/320. Mein lieber Vat! Neulich abends kam überraschend Oma [Missong] mit [ihrer Haushalthilfe] Kathi aus Berlin zurück. Kathis Mutter, die jahrelang krank war, ist gestorben. Das war der äussere Anlass. Oma will nun mit Lias Pflegeeltern diese besuchen, wahrscheinlich Anfang Juni. Sie bleibt dann solange, als das Geld reicht. Anschliessend daran fährt sie wieder nach Berlin zurück ... Lieber Vat, es ist schon sehr spät. Schlaf gut, das ist wohl noch das einzige, das Dir geblieben ist. Mit vielen herzlichen Grüssen und Küssen Deine Rita.«

Aus einem Kassiber meines Vaters vom 9. Mai: »Kühl bis ans Herz hinan schreibt der Bub!« Damit meinte er mich. Na ja. Wird er halt einen Grund gehabt haben, der Bub.

»12.5.39 Lieber Vati. Mutti schrieb, daß Du über uns traurig bist, weil wir Dir nicht schreiben. Wir haben Dir doch schon seit Deinem letzten Brief vom Weißen Sonntag zweimal geschrieben. Wir haben Dir in diesen Briefen auch gedankt. Wenn sie Dich nicht erreicht haben, wissen wir nicht, wohin sie gekommen sind. Da der Brief von der Mutti, der die Antwort auf die Firmungsfrage von uns mit sich bringen sollte, erst nach der hl. Firmung ankam, entschied der Vater Abt, daß wir hier gefirmt werden sollen. Mutti meinte, daß man die Firmung heuer bleiben lassen soll und auf später verschieben. Natürlich kann man da nichts mehr ändern da wir schon gefirmt sind. Der Herr Direktor war der Firmpate … Mittags und abends gab es Bratwürstchen, in der Früh' und am Abend gab es Torten. Es schmeckte alles recht gut. Es grüßt Dich herzlich Dein [Zusatz: Alexius] u. Michael. Grüße von Herrn Direktor und Frl. Viktoria.«

Als mein Vater im Gefängnis endlich von meiner Rückversetzung in die Volksschule und von der eigenmächtigen Firmung erfuhr, reagierte er in einem Brief an meine Mutter vom 14. Mai entsetzt und empört.

»Pauls Brief über die Buben ist tatsächlich ›alter Geist‹. Eine Unvernunft und Erbarmungslosigkeit spricht daraus, die es einem kalt über den Rücken laufen lässt. So haben es die Buben also im Essen manchmal noch schlechter als ich … Das Hungerloch, von dem ich anlässlich des Ausfluges nach Ruine Hilgartsberg schrieb, ist Wirklichkeit!! Und ich, der Vater, bin zum Wauwau geworden, mit dem als dem Allerschrecklichsten gedroht wird! Wie sollen sie da je Vertrauen zu mir haben? Das Ganze ist greulich. Ich will schweigen von der Wegnahme der Buben aus der Schule, von der offenbar ohne Dein Wissen angeordneten Firmung. Weg! Weg! – Ich empfehle Dir nun: Schreibe sofort an [Dr.] Max [in Basel], wann Du ihn umgehend sprechen kannst; wenn es ginge, in München, sonst bei ihm. Fahre dann zu ihm, solange Oma [Missong] noch da ist, und besprich mit ihm alles. Er und andere helfen gewiss bei der Unterbringung in einem Privatinstitut, dort [in der Schweiz]. Oma kann dann Alfred [Missong] informieren, der vielleicht ab Herbst an seinem damaligen Wohnort [in der Schweiz] behilflich sein kann. Nimm die Buben ab Juli für kurze Zeit, soweit es halt geht, auf Besuch zu Dir und schicke sie dann weg. Möge Gott sie behüten! Ich halte diese Lösung für die beste. Beiliegend ein Brief an Abt Thomas; vielleicht spürt er an manchen Stellen die Ironie heraus. Ich kann nicht glauben, dass er so unvernünftig ist. Paul hat ›das‹ von den Buben nicht erwartet! Der Gärtner, der sich empört, dass die Bäumchen wilde Triebe haben! Idiotisch. Ja, hungern lassen – statt ihnen entsprechende Ziele zu stecken, auf die sich die stürmischen Kräfte richten könnten! Welch ein Armutszeugnis, das sich die Herren da ausstellen – wie einst, wie damals! Nun verstehe ich die seltenen und ›kalten‹ Briefe Michaels. Ein Wunder, dass sie noch so sind! …«

Nichts von dem, was mein Vater sich überlegt hatte, geschah. Ich meinerseits berichtete nach dem Motto »Im Westen nichts Neues«. Ich fand keinen Ausdruck mehr für meine tiefsten Gefühle. Was ich ersehnte oder fürchtete, zählte nicht mehr. Ich hatte die Machtlosigkeit meiner Eltern – und meiner selbst – verinnerlicht. Die Erziehungsgewalt war auf andere übergegangen, die sie nach *ihren* Regeln ausübten. Sie hatten mir mehr die Gewalt als die Erziehung zu spüren gegeben. Ich konzentrierte mich noch mehr auf die Welt der Frösche und Bienen.

Für mich hatte auch der Frühling etwas Gewaltiges, fast Gewaltsames. Die ungeheure Kraft der Sonne. Ein einziger Tag ohne Wolken genügte ihr, weltweit Billionen von Gänseblümchen an ihr Licht zu spedieren. Auch die Bäume folgten dem unerbittlichen Befehl, sie schlugen aus (typisch) – längst vor dem Mai. In Demokratien wie Diktaturen, in Schweiklberg wie in Wien, auf Almwiesen, Fußballplätzen, Klostergärten und Blumenkästen fing es zu blühen an – nur auf den Gefängnishöfen nicht.

Meine Mutter auf der Rückseite eines Postabschnitts vom 15. Mai 1939, mit dem sie meinem Vater 10 RM überwies: »Viele herzliche Grüsse vom Mauserl und mir. Bin am selben Abend heimgekommen. Immer Deine Rita.«

Heimgekommen woher? Aus dem Gefängnis. Die Gestapo hatte auch meine Mutter verhaftet, jedoch anscheinend nur für eine Nacht. Ich kenne den Grund nicht. Vielleicht hatte sie versucht, meinem Vater etwas Verbotenes in die Zelle zu schmuggeln. Erst anderthalb Jahre später, am 5. November 1940, lud die Gestapo sie noch einmal vor, um ihr endlich ihren Pass auszuhändigen.

Meine Mutter: »Wien, 16. 5. 39 Dr. Eugen Kogon, Wien IX, Rossauerlände 9/20a, Referat: Morzinplatz II P/320. Beiliegend 2 Hitlerjugend Formulare. Mein lieber Vat, gerade bekam ich Deinen Sonntagsbrief. Leider lag der Teil für Thomas nicht bei. Ich bin sehr froh darüber, dass Du die Kinderangelegenheit genau so nimmst wie ich. Nun kam gestern von Alexius ein Brief an mich, der wieder beunruhigender klingt: ›Aus Deinem letzten Brief ersehen wir, dass Du Dich unsertwegen sorgst. Wir haben aber doch schon lange zu fasten aufgehört. Auch wegen der Firmung brauchst Du Dir keine Sorge mehr machen. Wir sind nämlich schon gefirmt ... Wir hatten wirklich einen Festtag. Es gab mittags und abends Bratwürstchen und Torten. Nachmittags waren wir bei Vater Abt. Er sagte, dass wir nach den grossen Ferien wieder in die Realschule gehen können. Bis dahin sollen wir alles, was wir hiezu benötigen, beibringen. Die HJ Bogen brauchen wir auch in der Volksschule. Wir hätten sie heute schon benötigt, schicke sie uns, bitte, so bald als möglich.‹ Nun lege ich heute für beide die Bogen bei, vielleicht kannst Du sie aussertourlich zurückschicken. Aber im übrigen habe ich den Eindruck, dass Alexius der Brief diktiert wurde. In den grossen Ferien lasse ich dann die Buben kommen, wir müssen halt schauen, wie wir bei den hohen Preisen durchkommen. Soll ich nun doch die Angelegenheit mit [Dr.] Max [in Basel] machen oder noch zuwarten? Ich finde auch haarsträubend, die Buben wieder aus der Schule zu nehmen. Und wegen der Firmung hat wohl Alexius angefragt, aber zu spät, da ich erst Deine Ansicht haben wollte und ihm deshalb nicht antwortete. Schliesslich ist das ein einmaliger Festtag und man hätte wohl noch ein Jahr zuwarten können. Ich habe den Eindruck, wenn sie dort wieder Geld bekommen, sind die Buben auf einmal wieder ordentlich. An Weihnachten hatte Vaters Geld auch allseits eine phantastische Wirkung. Wenn Du nun Thomas nochmals schreiben wolltest? ... Gestern war ich so froh, Dich für einen kurzen Augenblick zu sehen! Aber nachher kamen mir die Tränen. Wenn Du wüsstest, wie mir das Ganze leid tut! Am Freitagabend hörte ich Deine Stimme, Du riefst jemandem ›Auf Wiedersehen‹ zu. Und dann hatte ich grosse Sorge, die Angelegenheit könnte für Dich bittere Folgen gehabt haben, als ich Dich nicht mehr hörte. Heute kommt mir alles wie ein Wunder vor, hoffentlich gibt es für Dich auch bald eines. Mit tausend Küssen bin ich immer Deine Mumm.«

»... hörte ich Deine Stimme« – »die Angelegenheit« – »wie ein Wunder« – »hoffentlich gibt es für Dich auch bald eines«: Weitere Indizien, dass die Gestapo meine Mutter kurzzeitig in Haft genommen hatte.

Ich: »18.5.39 Liebe Mutti. Ich wünsche Dir zum Namens- und Muttertag alles nur erdenklich Gute. Herr Direktor fand gestern Maiglöckchen. Wenn Du bei uns wärest, hätte ich Dir auch ein paar gepflückt und geschenkt. Geht es Dir jetzt besser, oder ist es noch genau so schlimm wie früher? Hast Du keine Zeit, die H.J. Bogen auszufüllen, oder was ist es sonst? Der Stammführer frägt nach ihnen! Vorgestern machten wir einen Blumenwettkampf. Jeder pflückte von jeder Blumensorte, die er fand eine Blume. Wer mehr zusammenbrachte, hatte es gewonnen. Zu meiner Betrübnis lautete der Endsieg 3:2 für Alexius. Weißt Du wie es Vati geht? ... Recht herzlich grüßt Dich Dein Michael.«

Meine Mutter: »Wien, 24.5.39 Mein lieber, allerliebster Vat, leider quält mich seit Freitag eine furchtbare Beinhautentzündung, sodass ich nicht die Kraft zum Schreiben aufbrachte. Ich habe nun so viele Tabletten zur Schmerzstillung geschluckt, dass ich Schwindelanfälle bekam; nun hoffe ich, dass der Höhepunkt bald überschritten ist ... Und hoffentlich hat meine ›Affäre‹ für Dich keine Unannehmlichkeiten. Sei tausendmal innig geküsst v. D. Rita.«

Ich saß mit dem Herrn Direktor auf einer Bank. »Siehst du den Vogel dort auf dem Baum?« Ich sah keinen Vogel auf jenem Baum. Es war auch keiner dort. Hatte der Herr Direktor sich einen Spaß erlaubt? Das war nicht seine Art. Vermutlich hatte er gemerkt, dass ich nicht mehr scharf in die Ferne sah, und wollte meine Sehfähigkeit testen. Jedenfalls stellte kurze Zeit danach ein Optiker meine Kurzsichtigkeit fest. Mein Vater war ebenfalls kurzsichtig. Normalerweise bricht die genetische Kurzsichtigkeit beim Beginn der Pubertät aus, und die mochte in meinem Fall eingesetzt haben. Andererseits spielt oft auch Stress eine Rolle, in unserem Fall der Stress des Weggeschicktwordenseins. Mein Bruder war ja ebenfalls bereits kurzsichtig geworden, auch er erst in Schweiklberg. Das letzte Foto aus Wien zeigt ihn noch ohne Brille. Ich war auf meine neue Brille stolz. Ich hatte schon von Leuten gehört, die trotz Scharfsichtigkeit eine Brille – mit Fensterglas – tragen, um gescheit auszusehen.

»Lieber Großvati. Es tut uns sehr leid, daß Du uns zu Pfingsten nicht besuchen kannst. Ich danke Dir für alles, was Viktoria in Vilshofen uns heute gekauft hat. Die Donau bekommt jetzt sehr viel Hochwasser. Gestern stieg sie stündlich 2 cm, heute 1 cm ... Ich wünsche Dir recht frohe Pfingsten und grüßt Dich herzlich Dein Michael und Herr Direktor.«

»30. 5. 39 Lieber Vati ... Am 27. durften wir mit dem Herrn Direktor nach Straubing fahren ... Nachdem wir in Straubing bei der Schwester vom Herrn Direktor den Koffer abgelegt hatten, ging es sofort zum Optiker. Der Herr Direktor kaufte mir nähmlich Brillen, weil ich auch schon schlecht sehe. Zwar ist meine Brille noch über ein Grad schwächer, als die von Alexius, aber trotzdem meinte der Herr Direktor, daß eine Brille für mich notwendig sei. Sie kam auf 12 Mark. Alexius bekam ein neues Futteral, natürlich auch ich! Am Abend um 6 Uhr kam das Gestell mit den eingesetzten Gläsern. Auf meine Brille bin ich recht stolz. Auch die Straubinger Karmeliter Kirche ist sehr schön. Am Hauptaltar brennen im Ganzen schon 39 Lichter. Auf jeder Seite des Tabernakels brennen 11 und dann ist auf der obersten Spitze des Altares eine rote Scheibe, wo in der Mitte der heilige Geist als silberne Taube abgebildet ist. Da herum brennen auch 17 rote Lichter. Die Kirche soll jetzt ausgebessert werden. Sie ist an der Decke schadhaft, die nur aus einem hölzernen Gerüst, welches mit Kalk oder was es sonst war, beschmiert ist, besteht. Die Donau hatte am 28. in Straubing sehr hohes Hochwasser. Das Wasser überschwemmte die neben der Donau laufenden Straße und kam bis an die ersten Häuser heran. Als wir am nächsten Tag wieder hinunter schauten, war die Straße schon wieder gangbar. – Das Essen in Straubing war auch sehr gut. Mein Appetitt verschlang an einem Morgen 6 Rohrnudeln ... Wie Du aus dem Brief von Alexius siehst, fuhren wir nach Bogen. Dort waren alle Wiesen ringsherum überschwemmt. Das Andere hat mir alles Alexius weggeschnappt ... Es grüßt Dich recht herzlich Dein Michael. Grüße von Herrn Direktor und Frl. Viktoria.«

Alexius: »Schweiklberg, den 30. IV. [gemeint: V.] 39. Lieber Vati ... Am Sonntag fuhren wir mit Herrn Direktor nach Bogen. Dort wird nähmlich jedes Jahr eine Wachskerze hinaufgetragen. Sie war 16 Meter lang unten im Durchmesser

20 Zentimeter und oben 10 Zentimeter. Sie wurde auf den steilen Berg hinaufgetragen. Dort ist eine Kirche oben, das Wachs der Kerze reicht 1 ganzes Jahr für die Kirche. Fräulein Viktoria sagt, dass das Kreuz von Holzkirchen von der Heimat des h. Thomas Graf kähme. Es waren 15 Männer die die Kerze hinaufgetragen haben, immer abwechselnt ... Diese Wahlfahrt ist ein Gelöbnis dieser Gemeinde Holzkirchen u. besteht schon seit 250 Jahren. Herr Direktor nahm uns auch ins Volksbad mit. Es kostete für jeden 50 Pfennig, man durfte ungefähr eine halbe Stunde darinnen bleiben. Jetzt mache ich langsam Schluß. Denn wir müßen schon bald in die Maiandacht gehen. Viele Grüße von Herrn Direktor und Frl. Viktoria und Dein Alexius ...«

Meine Mutter: »Wien, 30. 5. 39 Dr. Eugen Kogon, IX, Rossauerlände 9/81, Referat: Morzinplatz II P/320. Mein lieber, armer Vat, herzlichen Dank für Deinen Brief vom 24. Ich bin sehr traurig darüber, dass man nicht Wort gehalten hat und Du allein bist. Dabei war man so freundlich zu mir, so dass ich diesetwegen unbesorgt war. – ... Grossvater hat mir geschrieben. Es falle ihm auf, warum ihm die Buben so oft schreiben. Ob etwas nicht in Ordnung sei. Ich werde ihm reinen Wein einschenken. Ursprünglich wollte ich ihm den Schrecken ersparen, aber nun nützt ein Schweigen doch nichts mehr. Auch hat er an Thomas 350 M geschickt. Sollte darauf die Wendung zurückzuführen sein? Das wäre wohl traurig ... – Bei der Volkszählung habe ich Dich nicht angeführt, da ich vermutete, dass Du Dich selbst eintragen konntest. Die HJ-Bogen habe ich so, wie Du schriebst, weitergeschickt.«

Jeden Abend im Mai wurde in der Abteikirche Schweiklberg eine Andacht zu Ehren von Maria gehalten. Litaneien bedeuteten für mich kerzenfeierliche, frühlingsabendkühle Langeweile. Geradezu kuschelig waren die Maiandachten hingegen, wenn es draußen regnete. Regen bedeutet, dass

Gott gerade eine Litanei für arme Sünder beten lässt. Und wenn er sich um besonders viele arme Sünder kümmern muss, wird ein Schweiklberger Schnürlregen daraus. Da konnte ich sehen, wie viele Sünder es in der Welt gibt – arme wie reiche. Auch als Internatsschüler im norddeutschen Dominikanerkloster Vechta hatte mein Vater 1921 die andachtsfördernde Seite von Rieselregen erlebt: »Schon zu Beginn war das Wetter mehr wie zweifelhaft gewesen; unterwegs fing es denn auch wirklich zu regnen an. Erst leise, dann immer stärker. Ziemlich naß kamen wir um viertel nach neun Uhr nach Bethen, von wo uns Aloys von Hammel mit dem Wagen abholen sollte. Weil er noch nicht da war, gingen wir in das nahe Wallfahrtskapellchen und beteten unseren Rosenkranz. Draußen rieselte der Regen, langsam, schwer, unaufhörlich. Still saßen wir in den Bänken des Kirchleins unserer Lieben Frau. Ave um Ave betete P. Rektor uns vor. Leise klirrten die Rosenkranzperlen.«[25]

Maiandachten und Maikäfer haben natürlich nichts gemeinsam – außer den Wortanfang und die Jahreszeit. Maikäfer, die sich in eine Maiandacht verirren, müssen sich vorher in Marienkäfer verwandeln. Diese Lösung ist vor allem für Maikäfer interessant, die eine Plage veranstaltet haben und deshalb in Gefahr sind, von Schulbuben aus den Bäumen geschüttelt zu werden. So geschehen in Vilshofen im April 1939.

Die Mutter Gottes war mir schon recht. Lieber war mir Mutter Natur. Am liebsten war mir meine leibliche Mutter. Doch die war weit weg. Schade, dass ich zu der Mutter Gottes keine Beziehung entwickeln konnte.

Irgendwoher hatten wir uns Zündplättchen-Pistolen beschafft. Mit denen spielten wir »Räuber und Gendarm« mit Jungen aus Vilshofen. Aus Holzresten bauten wir eine Hütte. Unser Anführer wies mich an, die als Sitzbänke vorgesehenen Bretter aufzunageln, während er draußen die Kampfhandlungen leitete. Wie immer tat ich, was mir aufgetragen war. Nur hatte unser Anführer versäumt, mich zu instruieren, dass die Bänke an den Wänden entlang laufen sollten. Während draußen die Schüsse knallten, nagelte ich alle Bretter zu einer großen Fläche über der Hälfte des Bodens zusammen. Durch diese eigenwillige innenarchitektonische Leistung erhielten unsere Generalstabssitzungen einen neuen Charakter. Unser Anführer hatte nun keinen herausragenden Sitzplatz mehr. Er hockte bloß noch inmitten seiner verknäuelten Getreuen. Von da an folgten wir ihm nur, wenn er die beste Idee hatte. Daran kann man erkennen, wie sehr das gesellschaftliche Leben von Architekten beeinflusst werden kann.

»2.6.1939 Lieber Großvati ... Wir haben schönes Wetter. Nun können wir auch viel im Freien sein. Gelegenheit zum Spiel bieten die aufgerichteten Heuschober nahe unserem Hause. Diese bauen wir uns zu Hütten aus und setzen uns hinein. Am Sonntag dürfen wir im Kloster oben Lose kaufen, wo ein Glückshafen ist. Ich bin neugierig, ob wir etwas gewinnen. Es grüßt Dich herzlich dein Michael.«

Meine Mutter: »Wien, 7.6.39 Dr. Eugen Kogon, Rossauerlände 9/81, Referat: Morzinpl. II P/320. Mein lieber, allerliebster Vat ... Das Mauserl ist zur Zeit ein lieber Kerle. Heute darf es nach langer Zeit mit zur [Auswechslung der] Wäsche kommen, weil ich niemanden für es habe. Es freut sich schon so auf das Stadtbahnfahren. Neulich waren wir bei Gottliebs Eltern [der Familie Aigner]. Es hat Ping-Pong gespielt und Ball und abgefallene Zwetschgen und Marillen und Nüsse gesammelt. Als abends [die Aigner-Tochter] Mimi kam, haben sich beide sehr gut unterhalten. Die ganze Familie lässt Dich herzlich grüssen ... Und nun zum Schluss noch einen Satz, den Frl. Viktoria an Grossvater schrieb: ›Man hat viel Freude mit ihnen (den Buben), wenn man sich auch manchmal ärgern muss.‹ Kennst Du Dich nun aus? ... – Leb wohl, mein lieber, armer Vat. Draussen wäre es so schön, aber was soll mir Freude machen, wenn Du es nicht mit mir geniessen kannst. Halten wir weiter durch, gelt. Sehnlichst küsst Dich Deine Rita.«

»13.6.1939 Liebster Vat, … Oma [Missong] fährt morgen abends weg, Kathi in Urlaub, also bin ich wieder allein. Gott sei Dank. Mauserl hat am Sonntag mit [unserer früheren Hausangestellten] Olga und [ihrem Verlobten] Hermann einen Ausflug gemacht. ›Wir sind mit der Strassenbahn in den Wald gefahren, aber es waren wenig Bäume da.‹ … Die Arme! Beim [Schweiklberger Herrn] Direktor hab ich mich wegen Firmpatenschaft bedankt. Viele, viele herzl. Grüsse u. tausend Küsse immer Deine Rita.«

Ich aus Schweiklberg: »18.6.39 Liebe Mutti … Du hast uns immer gefragt, wie es in der H.J. gehe. Wir haben fast garnicht antreten müssen, ich bin überhaupt nicht angetreten. Denn einmal lag Alexius eine Woche im Bett und da ich der einzige Neuling in der Sechsten Klasse bin, habe ich garnichts erfahren. Das andere Mal war Untersuchung. Der 5. Kurs, in dem der Alexius ist, war schon untersucht und so hat mich die ganze sechste Klasse heimgeschickt … Wir waren am Dienstag, den 13.6. im Zirkus … Es wurden noch viele lustige Stücke vorgeführt. Auch geturnt wurde, Zauberstücke wurden vorgeführt, und Tiere zeigten ihre Kunst. Bist Du und Mausi schon wieder gesund? Die Nachricht, daß Vati bald frei wird, hat uns sehr erfreut. Hoffentlich wird es ernst! Es grüßt Dich herzlich Dein Michael. Grüße von Frl. Viktoria.«

»Wien, 23. Juni 39. Mein lieber, lieber Vat, ich fürchte, Dir fehlt etwas und Du sagst mir nichts davon. In der Wäsche finde ich jedesmal ein Taschentuch zusammengelegt, als ob Du Dir damit eine Binde machen wolltest. Hängt das mit den Augen zusammen oder hast Du so starke Kopfschmerzen? Bekommst Du denn gar nichts vom Arzt? Das ist ja furchtbar. Neulich ist wieder jemand ins Inquisitenspital [Gefängniskrankenhaus] gekommen. Ich bin wirklich in grosser

Sorge um Dich … Ich selbst bringe jetzt alles in Ordnung, es gibt furchtbar viel zu nähen, da vieles zu weit geworden ist. Lieber Pessimist, wann wirst Du wieder das Gegenteil? Tausend Küsse D. Rita.«

»Wien, 25.6.39 Mein lieber, lieber Vat, heute morgen war ich mit Mauserl im Türkenschanzpark. Er ersetzt einem die ganze Sehnsucht nach Wiesen und Wald. Stellenweise hat man die Vorstellung, sich auf sanften Bergmulden zu befinden. Und immer denke ich an Dich, dass Du das alles nicht haben kannst und kann mich drum auch nicht recht daran freuen. Das Mauserl springt fest herum und turnt zwischen den Bänken. Immer wieder kommt ihre Sehnsucht nach Spielgefährten zum Durchbruch und tut sich wegen ihrer grossen Selbständigkeit und Eigenwilligkeit doch wiederum schwer … Herzl. Grüsse u. Küsse immer D. Rita …«

»30.6.39 Mein lieber Vat, … Mauserl und ich waren heute im Michaelerwald beim Hexenturm. Jetzt sind wir auf der Heimfahrt, wir haben noch nicht zu Mittag gegessen. Etwas Mundvorrat nahmen wir mit, leider reichte er nicht, die frische Luft macht doch Hunger. Du Ärmster musst bei diesem herrlichen Wetter in so einem schrecklichen Loch hausen, bei dieser Hitze … Liebster, es wird doch noch alles gut, verliere die Hoffnung nicht. Es küsst Dich herzlich D. Rita.«

Ich an meine Mutter: »Schweiklberg, den 4. Juli 1939. Liebe Mutti … Wir schicken Dir die Taufscheine und den Trauungsschein wieder zurück. Vor ein paar Tagen bekamen wir eine neue Uniform für die Hitlerjugend. Jetzt treten wir schon immer an, wenn man kommen soll, weil wir ja die Zeit wissen.«

Ich war recht stolz auf meine neue Uniform: schwarze kurze Cordhose, breiter schwarzer Gürtel mit metallenem Koppelschloss, braunes langärmeliges Hemd mit Hakenkreuzbinde, hellbrauner Lederknoten für das schwarze Halstuch, schwarze Lederkoppel links vom Gürtel schräg zur rechten Schulterklappe.

Fortsetzung meines Briefes: »... Alexius hatte Fieber, weil, wie der Arzt gesagt hat, er eine Lungenschrumpfung hat. Du darfst aber nicht glauben, daß er mit blassem Gesicht im Bette liegt und kein Glied mehr rühren kann. Daß Du erschrocken bist, weil ich eine Brille trage, ist mir unbegreiflich; im Gegenteil, ich bin sehr stolz darauf! Hoffentlich ist es jetzt kein bloßer Traum mehr, daß Vati frei wird und sein Namenstagsfest am 13. werden wir auch nicht vergessen. Es grüßt Dich herzlich Dein Michael. Auch Herr Direktor und Frl. Viktoria senden Grüße an Dich.«

Meine Mutter: »Wien, 7.7.39 Liebster Vat, heute war ich mit Mauserl an der Donau ... Mauserl war sehr begeistert. Wir setzten uns an die Uferböschung. Über die Dampfer staunte sie sehr, besonders als ein grösserer seinen Kamin umlegte und einen Schleppkahn donauaufwärts zog. Wie gern würde sie eine Dampferfahrt machen. Hernach gingen wir noch über die Brigittenauer Brücke zum anderen Ufer und hatten einen herrlichen Blick auf Klosterneuburg. Ich hatte direkt die Vorstellung der Sommerfrische: die Hügel vor einem, der Geruch des Wassers, sein Rauschen und dazu noch der Zuggeruch. Am Heimweg gingen wir das Ufer entlang, zwischen den Bahngeleisen und fuhren mit dem 31er über die Augartenbrücke in Deine Nähe heim ... Von Lia [Missong] bekam ich einen Brief, die Wohnung wird nicht aufgelöst, so lange wir sie brauchen ... Die Kinder warten sehnsüchtig auf Dich, wäre es nur schon so weit und ich sehne mich sehr, sehr nach Dir. Innige Umarmungen Deine Rita.«

Brief meines Vaters vom 9. Juli 1939. »Dr. Eugen Kogon, Wien IX., Rossauerl. 7–9/Ba, Referat: II P 320, Morzinplatz. Meine geliebte Rita: – Da es so gar keinen Sinn hat, an die Zukunft zu denken (ich meine unsere persönliche), so durcheile ich in den trägfließenden Stunden die Vergangenheit – unsere Vergangenheit: die große Wanderung in Pfronten, das

Erlebnis auf der Burg, den Blütenspaziergang am 30. April 1922, die Tage in Stuttgart, die Mittagsruhe am Kirchlein inmitten der Weinberge von St. Georgen bei Bozen, unsere erste Wiener Wanderung nach Klosterneuburg, der Gang durch den regennassen Wald nach dem Gewitter in Lainz, die Fahrt nach Ebenthal im April 1934 (welch arbeitsüberreiche, freudenarme Jahre zwischen 27 und 34! nur die Sonnentage in Kuchl und Ossiach mit ihren Waldwanderungen – über den Lueg-Pass! – leuchten hervor – und Egg am Faakersee); dann die große, herrliche, so erlebnissatte 4000 km-Fahrt Innsbruck – Arlberg – Vaduz – Zürich – Luzern – Gersau – Interlaken – Aareschlucht – Sitten – Montreux – Lausanne (Wirbel am Markt!) – Genf – erstes Nachtquartier in Frankreich – das alte Familienhotel Abbaye Soundso – Grenoble – Grande Chartreuse – Aix-les-Bains – Tarascon – Avignon – Petrarcas Laura-Liebesidyll (mit Butter-Kartoffeln, die der Kellner nicht kannte, und Château-neuf-du Pape!) – Nîmes – das Mittagessen in der Vieux Moulin!! (Die Katze mit den Fischen!) am Pont du Gare – Aix-en-Provence (erinnerst Du Dich an das unmögliche weiße Trinkwasser und den Wiener Motorradfahrer?!) – Montpellier – Marseille – Toulon – Saintes Maries de la Mer in der Camargue – St. Maxime an der Riviera – Nizza – Montecarlo – die italienische Riviera – Genua – Mailand (das Mittagessen kurz vorher, um 3 Uhr nachmittags!) – Chiasso – Comersee – San Bernardino – Veltlin! – Bozen (drei Tage! St. Georgen. Die Biwakfeuer!) – Dolomiten – Cortina – Kärnten, ach, unser geliebtes Österreich! – Lienz – Villach – Wien. Und 1936 die Osterfahrt nach Florenz; 1935 vorher nach Venedig (mit Guras und Tepsers, ohje!); und Salzkammergut mit den Eltern; dann 1937 Deutschland – England: die Fahrt mit dem ›Rheingold‹, Hook van Holland, London; Köln, Mosel, Düsseldorf, Berlin, Leipzig, Dresden, Taunus, Frankfurt, Wiesbaden, Worms, Pfalz, Heilbronn, Ulm, München. – Im Sommer St. Gilgen. Und schließlich

Ragusa! Lokeum! Alles, alles ... Schluß! Ich bin froh, mit Dir so viele schöne Erinnerungen zu haben ... In aller Liebe immer Dein Eugen.«

Meine Mutter: »Wien, 13.7. Mein lieber, lieber Vat, ... Schön sind all die Erinnerungen an gemeinsame Fahrten und Erlebnisse. Sehr schön sogar und eines Tages wird es auch wieder so werden. Und vor einiger Zeit wollte ich Dir auch von Vaucluse schreiben ... Es tauchte die hohe Wand mit dem stillen Wasser im Gedächtnis auf. Dann die schwarz bemoosten Felsen mit den grellweissen Kalkflecken und im Gegensatz dazu das herrlich klare Wasser mit den verschiedensten Grün, wo wir unser Hochzeits-Gedenkmahl verzehrten. Ja, wir haben viel Schönes erlebt und gesehen und auch verdient, es zu sehen, denn es gibt wenige, die so gearbeitet haben wie wir und so viele grosse Sorgen hatten. Den Erfolg unserer Arbeit hat man uns zwar genommen, aber die Erinnerung kann man uns nicht nehmen, man müsste uns denn durch Injektionen geistig verblöden lassen. Manchmal wünsche ich mir ein kleines Auto statt unserem schönen grossen (den ein PG. schon zuschanden gefahren haben soll) mit einem Wohnanhänger, damit wir die ganze Kinderschar durch die Welt kutschieren könnten. Die Welt ist gross und schön und nirgends mussten wir soviel Ungerechtigkeiten ertragen als im Deutschen Reich ...«

Am 16. Juli schrieb unser Vater aus dem Wiener Gefängnis direkt an uns. »Meine lieben Buben! Ich danke Euch herzlich für Eure Glückwünsche zu meinem Namenstag. Es freut mich, dass Ihr bei den Exerzitien meiner (und hoffentlich ebenso Muttis, die am 3. Juli Geburtstag hatte und am 20. Juli Namenstag feiert) gedacht habt. Alexius wünsche ich zum morgigen Namenstag, Michael zum Geburtstag am 29. Juli alles Gute, besonders ein recht baldiges Wiedersehen mit uns! Ihr schreibt mit Recht, dass es nun wahrlich bald genug meiner Haft sei. Sie wird mit jedem Tag, den sie länger dauert, um keinen Deut gerechter; vom ersten Tag an war sie ungerecht und bleibt es. Aber ich trage diese Fügung des Himmels als Mann und Vater für unser aller Zukunft. Möge Gott die Zeit der Prüfung, in der sich unser Charakter bilden und bewähren muss, damit Fehler verschwinden und Tugenden aufblühen, die wir in den Fährnissen des späteren Lebens brauchen werden, abkürzen! Ich höre mit Freude, dass Euch unsere geliebte, so fürsorgliche Mutti ein Süßigkeiten-Packerl geschickt hat. Laßt es Euch gut schmecken! In herzlicher Liebe Euer Vater. Ergebensten Dank und Grüße an H. Direktor und Frl. Viktoria.«

Kein Wort zu unserer neuen Mitgliedschaft in der HJ. Welche Gefühle mochte sie bei ihm ausgelöst haben?

Juli – August 1939

Postkarte meiner Mutter an meinen Vater vom 18. Juli 1939. »Mein lieber Vat, ... Du Armer wirst auch wieder krank gewesen sein, ich merkte es an der Menge Taschentücher. Dass man Euch so gar keine ärztliche Hilfe zukommen lässt, ist haarsträubend und menschenunwürdig ... Hoffentlich ist Dein furchtbarer Schnupfen wieder etwas besser, Liebster. Mit herzlichen Grüssen u. vielen Küssen Deine Rita.«

Mitteilung meiner Mutter an meinen Vater auf der Rückseite eines Postabschnitts vom 22. Juli, mit dem sie ihm 10 RM überwies. »Liebster Vat, heute schicke ich an Michael ein Süsspackerl. Mauserl hat heute eine schöne Blume bekommen und gerade sagt es: ›Das wär was, wenn der Vati die Blume sehen könnte. Gleich tät ich's ihm schenken‹ und neulich ›Du, der Kaffee hat Sommersprosserl‹ (Fettaugen auf der Milch) ... Herzl. Gruss auf hoffentl. bald D. Rita.«

Postkarte meiner Mutter an meinen Vater vom 24. Juli 1939. »… An die Buben sende ich Dein Brieflein weiter. Sie haben auch rechte Sehnsucht nach uns, ich merke es oft aus den überwachten Briefen heraus. Aber ob sie mehr als sie müssen gelernt haben, bezweifle ich sehr. Wer kümmert sich von den Patres um sie. Und der H. Direktor ist untertags auch oben, so dass er abends erst die Aufgaben nachgesehen hat. Michael hat aber nicht 2 Jahre verloren, er ist erst im 2. Im Gegenteil, draussen geht das Schuljahr im Frühjahr an, sodass sie damals nachzuholen hatten. Aber gerade in letzter Zeit denke ich oft an Deinen Plan, die Kinder privat unterrichten zu lassen. Einmal werden wir schon in der Lage sein, das finanziell leisten zu können … Viele innige Küsse immer Deine Rita.«

Postkarte meiner Mutter an meinen Vater vom 26. Juli 1939. »Mein lieber Vat, Du regst in Deinem letzten Brief Olga als Wohnungsnachfolgerin an. Das wird nicht gehen, denn es sind schon so viele hier vorgemerkt, die in der Genossenschaft eine kleinere Wohnung haben. Olga teilt die ihre mit einem Pg. Hier würde es ihr sicher auch zu entlegen sein, sie hat jetzt eine Stelle im 2. Bezirk … Gesund bin ich wieder, das Ganze war ja nun eine Geschichte, an der ganz Wien leidet, der eine früher, der andere später. Die Nazi-Ärzte nennen es ›Ernährungskrise‹ und schieben es auf die Butter … Gestern wollte ich gerne eine Basler, bekam sie nicht. Man müsse erst vorausbezahlen (im Abonnement) u. dann sei es aber auch nicht sicher, ob man sie bekomme. Diese Zeit!! Tausend Sehnsuchtsküsse D. Rita.«

Postkarte meiner Mutter an meinen Vater vom 28. Juli 1939. »Mein lieber Vat, gerade kamen von den Buben Briefe mit einer Menge vierblättrigem Klee. Kommt nun das grosse Glück oder glaubst Du noch immer nicht daran? Einer hat sogar 5 Blätter. Michael schreibt: ›Du hast uns auch geschrieben, dass Vati höchstwahrscheinlich bald frei wird. Zur

Bestätigung schicken wir Dir ein paar vierblättrige Klee. Leider reichen sie nicht ganz (er hat sie nämlich symmetrisch angeordnet), aber ich glaube, 5blättrige bringen auch ein wenig Glück! Hoffentlich verlassen uns nicht sämtliche Kleeblätter zusammen! Das ist auch schon manchmal vorgekommen!‹ Ist die Anspielung auf all unser Unglück nicht gut für einen 11jährigen Buben ... Viele herzl. Küsse u. Grüsse D. Rita.«

Kassiber meines Vaters: »30. Juli 1939. Geliebte Rita: – Am Freitag dieser kommenden Woche jährt sich zum 12. Mal unser Hochzeitstag. Und zum 2. Mal werde ich gezwungen, ihn als politischer Gefangener im Kerker zuzubringen. Da ich, in weiter Sicht, nicht wissen kann, wie oft sich diese schreiende Ungerechtigkeit noch wiederholen wird, und in naher Sicht, was uns der Monat August bringen wird, so benütze ich in trauriger Lage den freudigen Anlass, um Dir, für den Fall, dass wir uns in diesem Leben nicht mehr sehen sollten, einiges zur Zukunft der Kinder ans Herz zu geben. Setze, bitte, alles daran, dass die beiden Buben in meinem Sinn, das heißt zur Wahrheit, Freiheit und Mannestreue erzogen werden. Sie sollen den ererbten Glauben bewahren und niemals, unter keinen Umständen, die Fahne sinken lassen – für welches Ideal sie auch kämpfen mögen! Die Frauen sollen sie ehren und das Geld verachten. Sie sollen in allen Lebenslagen zusammenhalten und ihrer Schwester zur Seite stehen: sie sollen ihre Ehre darein setzen, dass jedes die andern von Not fernhält und aus Schwierigkeiten befreit. – Lass' sie, wenn Du kannst, humanistisch studieren: man wird, nach diesen revolutionären Zeiten, Männer von gediegenem Wissen brauchen, die klar denken, eine Lage überblicken und Verworrenes ordnen können. Wenn einer Priester werden will, so fördere ihn; keiner wirklichen Berufung soll man widerstehen – Gott ordnet das verschlungene Geschehen der Welt weit besser zum vorbestimmten Ziele hin, als wir es ahnen können. Und dieses Leben ist so kurz, im Gegensatz zum jenseitigen. Unsere geliebte kleine Kornelia sähe ich gerne als Gärtnerin, als Botanikerin, als Kennerin der Heilpflanzen. Deine eigene Liebe zu diesem Wunderreich würde ihr sicherlich Hilfe und Förderung bedeuten. Mag sie dann heiraten oder selbständig bleiben – ihr Leben wird erfüllt sein von den Möglichkeiten all der geheimnisvollen Schönheit der Schöpfung, umhüllt von Träumen und Staunen und beglückenden Erkenntnissen – unser ›Wunschkind‹! Es kann nicht schlecht werden, solange es Blumen liebt – wie Du – wie Du, Geliebte! Mögen Dir die Kinder bis ans Ende Freude bereiten! Und möge es uns, trotz allem, vergönnt sein, dass wir diese Gedanken, Pläne und Wünsche zur Zukunft der Kinder gemeinsam, Du und ich zusammen, in kommenden Jahren unserer Ehe, verwirklichen können! In treuester Liebe, Rita, Dein Eugen.«

Postkarte meiner Mutter vom 31. Juli 1939. »Mein lieber Vat … Morgen ist es ein Jahr her, dass Mutter aus Gram über das Dir und uns angetane Unrecht den Gasschlauch in den Mund nahm. Von Vater erhielt ich gerade einen Brief, er schreibt, er wäre auch lieber tot als in so einer Zeit zu leben. Er hat sich nun an die Berliner Stelle gewendet und bittet um Auskunft. Ach, die alten Leute glauben immer noch, es müsste nach Recht gehen und fassen den heutigen Zustand nicht. Natürlich wird er keine Antwort oder eine nichtssagende bekommen. Nächsten Sonntag beginnt er seinen Urlaub, eventuell macht er eine Donaufahrt nach hier, zusammen mit der Tochter seiner Stiefschwester, die ihm im Herbst den Haushalt führen soll. Soll ich Oma [Missong] fragen, ob beide bei mir schlafen können? In Krumbach war er wegen Rheuma. So eine Kur könnte ich auch brauchen, ich leide auch sehr darunter. Von Lia [Missong] kam die Nachricht, dass für die Buben für den Sommer Freiplätze beschafft seien, ich solle mir den Kopf zerbrechen, wie ich die Angelegenheit zustande bringe … Nun gehe ich zu der betreffenden Stelle, schweren Herzens, weil ich wirklich in grosser Sorge bin … Herzl. Grüsse Dir, mein Lieber, Armer, immer, immer Deine Rita.«

Postkarte vom 2. August 1939. »Mein lieber Vat, … übermorgen ist unser Hochzeitstag, der zweite, den Du im Gefängnis, dazu unschuldig, verbringen musst. Hoffentlich dauert es nun nicht mehr zu lange, bis Du Deine Freiheit erlangst. Und hoffentlich ist bis dahin nicht schon Krieg. Im Ministerium wird schon fast Tag u. Nacht gearbeitet und Lazarette werden gerichtet. Ja, es sieht bös aus. Und wofür das Ganze? Für das Volk sicher nicht, denn das ist doch der einzige Leidtragende. Grauslich ist alles. – Von [der Buchhandlung] Artibus kam ein Schreiben, dass nach dem Gesetz der 25 % Nachlass, der damals, als wir noch unser schönes Österreich waren, gewährt wurde, nicht mehr gewährt werden darf, wenn bis 1. September nicht alles bezahlt ist. Nun habe ich noch 130 M für [die Möbeleinlagerungs-Firma] Schenker separat gehabt, die nehme ich und bitte Vater um das Übrige. Es würden sonst noch ca. 80 M auf die Restsumme draufgeschlagen werden … Deine holde Tochter ist jetzt gerade mit einem Riesenhasen im Garten. Süss ist sie – und ein flinkes Mundwerk hat sie auch. Tausend Küsse D. Rita.«

Postkarte vom 4. August 1939: »Mein liebster Vat, also heute ist unser zweiter so trauriger Hochzeitstag. Und gestern bekam ich Deinen Brief vom 30.7. mit Deinem Vermächtnis. Wie muss es Dir zumute sein und wie gehen, dass Du an so Schreckliches denkst. Aber ich bin überzeugt, dass wir Beide die Kinder erziehen werden und bald wieder bei uns haben … – Die Kinder lassen herzlich grüssen, sie sehen gut aus. Der [Schweiklberger] H. Direktor bringt ihnen gerade das Schwimmen bei, Michael kann es schon, er ist sehr stolz darauf … Immer Deine Rita.«

Postkarte meiner Mutter vom 6. August 1939. »Mein lieber Vat, heute bekam ich für die beiden Buben die offizielle Einladung nach Sentastadt [eine Stadt in Serbien] … An [Abt] Thomas schreibe ich wegen des Reichsjugendamtes. Es fällt mir zur Zeit alles so schwer … Am liebsten würde ich daheim sitzen und nähen und flicken. Den Akten-Durcheinander habe bis auf einen nicht mehr sehr grossen Rest geordnet. Dabei fiel mir ein, dass ich neulich 200.- Dorotheum [ein Wiener Versteigerungs- und Pfandleihhaus] vergessen habe und die Badener Gebietskrankenkasse … Mauserl will Dir unbedingt noch etwas zeichnen, ich habe es ihr schon zu lange versprochen. Sei mir herzlich gegrüsst, Du Lieber, immer denkt an Dich Deine Rita.«

Postkarte meiner Mutter vom 8. August 1939. »Mein lieber Vat, ich mache mir schon Vorwürfe, dass ich die letzte Karte an Dich abgehen liess. Ich bin manchmal halt ein bisserl nervös und die Reise der Buben macht mir halt in jeder Beziehung Sorge … Heute war ich mit Mauserl Verschiedenes besorgen. *Unter anderem bat mich Robert, ich möchte ihm Bitterschokolade besorgen. [Du hattest mich gebeten, Dir Bitterschokolade zu besorgen.]* Stell Dir vor, beim [Feinkostgeschäft] Meinl gibt es keine mehr. ›Es wird keine mehr erzeugt, nur Milchschokolade, damit jeder Volksgenosse eine bekommt.‹ Also so weit sind wir schon! Aber Vorrat haben wir auf 7 Jahre, wie Göring sagt. Fleisch bekam ich letzten Samstag auch keines mehr, das heisst nur Rindfleisch. Die Fleischhauer bekamen nur die Hälfte zugewiesen. Einmal fehlt es an Eiern, dann gibt's keine Kartoffel, sogar von einer Stockung in der Mehllieferung hat mir neulich ein Krämer erzählt … Alles Gute, komm bald, Lieber, immer D. Rita.«

Postkarte meiner Mutter vom 12. August 1939. »Mein lieber Vat, welche Kräfte entwickelst Du, dass Du Deine Gedanken auf mich übertragen kannst? Deinen lb. Brief hast Du am Sonntag geschrieben und am selben Sonntag schrieb ich an Senta, ganz in Deinem Sinn. Ich bekam bereits Antwort von ihr [Lia Missong], die Buben seien jederzeit willkommen, ich solle sie nur dann benachrichtigen, wann sie zu erwarten sind … Gestern war ich am Sippenamt, wegen meines Ariernachweises. Jetzt braucht man wieder sämtliche Trauscheine, obwohl aus den Geburtszeugnissen der jeweiligen Kinder alles zu ersehen ist. Man muss schon lachen, wie umständlich und übertrieben alles ist. Schliesslich hat mein Vater und Bruder das alles nicht gebraucht, sind in Stellungen und haben schon 6 Jahre Nationalsozialismus. Wir erst ein Jahr. Es ist schon interessant, zwischen hier und dem Altreich zu vergleichen … Tausend innige Küsse in Treue und Liebe D. Rita.«

»Schweiklberg, den 18.8.39 Liebe Mutti. Am Samstag Nachmittag fuhren wir mit dem Herrn Direktor nach Straubing. Während wir uns dort das Volksfest anschauten, fuhr Frl. Viktoria am Montag nach Passau, weil die Herren in Vilshofen alle in Ferien sind. Doch traf sie auch in Passau niemanden an, da auch diese verreist waren. So fuhren wir alle drei zusammen am Mittwoch hinunter, da verlangt wurde, daß wir zwei mitkommen. Die Erlaubnisscheine brauchen wir, wie Dir Frl. Viktoria berichtet, nicht. Wenn Du mitfährst, brauchen wir garnichts und Frl. Viktoria meint, das währe das Beste. Bitte schreibe, was Viktoria alles zusammenrichten muß, und komme, wenn Du kannst, bald nach. Es grüßt Dich herzlich Dein Michael …«

In diesem Brief ging es offenbar um die Organisation unserer Reise nach Wien für den Rest der Sommerferien. Bereits mehr als vier Wochen dieser Ferien waren vergangen. Offenbar hatte unsere Mutter uns bis dahin nicht kommen lassen, weil geplant war, dass wir nach Jugoslawien zu den Missongs reisen sollten.

Postkarte meiner Mutter vom 21. August 1939. »Mein lieber Vat, … Gestern waren wir also den ganzen Tag bei Gottlieb [der Familie Aigner], es war sehr nett dort. Sie haben immer viel Besuch, da die Verwandtschaft ja riesig ist. Wir haben Ping-Pong gespielt und Kegel. Hansl [der jüngere Aigner-Sohn] hat einen riesigen Tisch gezimmert. Mauserl fühlte sich sehr wohl, spielte mit 2 Kindern vom Haus und mit dem Wolfshund, dem sie immer einen Tennisball zuwarf. Dann kam eine Freundin Mimis [der Aigner-Tochter] mit einer Ziehharmonika, es wurde viel gesungen. Das Haus ist ja uralt, aus dem 18. Jahrhundert, es war, wie man es sich von früher vorstellte. Auf den Strassen war Riesenbetrieb, aber im Garten hörte man nichts davon. Wir kamen erst um 10 h heim. Alle lassen Dich herzlich grüssen ... Wenn ich die Fahrt mit den Buben machen sollte, könnte es sein, dass ich die Wäsche einmal am Donnerstag bringe. Ich rechne mit 4–5 Tagen ...«

Postkarte meiner Mutter vom 27. August 1939. »Mein lieber Vat, heute war ich mit dem Mauserl in der Kaasgrabenkirche. Es ist aber ein rechter Zappelphilipp und so mussten wir bald wieder gehen ... Um ¾ 9 gingen wir weg, dass wir noch rechtzeitig eine Zeitung bekamen, und um ½ 12 kamen wir wieder heim. Unterwegs fanden wir ein paar Brombeeren, Mauserl war begeistert. Mir tat die würzige und frische Luft wohl, die der leichte Wind vom Westen brachte, so wie in der Glanzinggasse. Am Heimweg roch es in den Weinbergen nach Zwetschgen und Pfirsichen. Und dann kam wieder herrlicher Heuduft – wie habe ich an Dich gedacht, der Du das alles seit 1 ½ Jahren schon nicht mehr kennst. Still ist es bei uns heroben, keine Flieger sausen mehr, und auch sonst ist aussergewöhnliche Ruhe. Alles ist so bedrückt. Viele sind in der Nacht von Freitag zum Samstag zum Militär geholt worden, Geschäftsleute mussten ihre Lastwagen mitbringen und für Privatautos gibt es kein Benzin mehr. Von den Lebensmittelkarten hast Du ja gelesen, ich habe sie aber noch nicht bekommen ... Immer in treuer Liebe D. Rita.«

Postkarte meiner Mutter vom 29. August 1939. »Mein lieber Vat, heute ... gingen wir noch weiter hinaus, da mir die

Buben einmal, als sie hier noch in die Schule gingen, von einem Schulausflug erzählten, dass es dort so schön sei. Das ist es auch. Wir sahen ein Reh, das, gar nicht scheu, bis zur Strasse kam. Dann gingen wir auf eine Lagerwiese, wir waren ganz allein. Mauserl pflückte Beeren, das tut sie nämlich mit Leidenschaft. Und da sie Durst bekam, gingen wir in ein Wirtshaus gleich bei der Wiese, tranken ein Himbeerwasser, das aus Sirup ist (Mauserl hat jedesmal einen ganz gefärbten Mund), assen jedes eine Semmel und zusammen eine Knackwurst. Plötzlich ging das Radio an: Don-Kosaken. Mir kamen fast die Tränen. Erinnerst Du Dich an das Residenztheater? Alles zog vor mir vorüber. Wie einfach war doch damals alles, trotzdem es uns und vor allem Dir doch gar nicht gut ging. Werden wir so in absehbarer Zeit wieder etwas ruhiger leben können. Man kann es sich gar nicht mehr vorstellen. – Jetzt kaufen wir also auf Karten ein. Für mich ist es eine schwere Belastung. Bis jetzt kaufte ich immer nur das Allernotwendigste ein, nun muss ich aber meine Anteile ausnützen, ob ich es gerade brauche oder nicht, da man ja nicht weiss, ob man morgen noch etwas bekommt. Jeder Tag bringt doch Überraschungen. Seife und Waschmittel sind entsetzlich klein bemessen, Tee ist auch nicht genügend. Mauserl muss nun auch mit dem Zucker sparen, ich habe mir das Süsse längst abgewöhnt. Wegen der Milch habe ich auch Rennereien, niemand weiss, wo man die Bestätigung für Milch bekommt. Liebster, ich grüsse Dich in Liebe D. Rita.«

Endlich durften mein Bruder und ich nach Hause. Wir konnten unseren Vater kurz sehen und hören und einige Worte mit ihm sprechen. Er war zu einer Verhandlung vor dem Oberlandesgericht in den Justizpalast hinter dem Burgring »ausgeführt« worden. Wir fuhren mit der Straßenbahn hin. Und dann sahen wir ihn. Ich hatte Mühe, mir zu vergegenwärtigen, dass dies der Mann war, den ich vor mehr als einem Jahr das letzte Mal gesehen hatte. Er sprach mit unserer Mutter. Wir hörten zu, wie so oft in viel späteren Jahren. Wir saßen auf einer Bank aufgereiht wie die Hühner. Es ist schwierig, miteinander zu sprechen, wenn man einander so viel zu sagen hat und die Zeit dafür nicht reicht und alles im Beisein eines Wachmanns gesagt werden muss. »Wenn sie mich dort hinschicken, das würde ich nicht überleben.« Ich hatte diesen Satz noch lange im Ohr. Die Welt sah genau so aus wie vorher und war doch anders geworden. »Das überlebe ich nicht«, sagt sich leicht in Zeiten des Friedens, des Rechtsstaates und der Demokratie. Für einen Gefangenen der Nazis hatte dieser Satz eine andere Bedeutung. Ich sollte bald erfahren, worauf der Satz sich bezog: auf die drohende Verschickung meines Vaters in ein KZ. Viele seiner Mitgefangenen waren bereits in das KZ Dachau verbracht worden. Einige waren aus irgendeinem Grund von dort zurückgebracht worden. Sie wirkten eingeschüchtert, verstört, lachten nicht mehr, hatten vereiterte Hände. Von ihnen hatte mein Vater erfahren, was es bedeutete, in ein Nazi-KZ verschickt zu werden. Noch hoffte er, dieses Schicksal würde ihm erspart bleiben.

September 1939: Deutscher Überfall auf Polen. Beginn des Zweiten Weltkrieges

Nur wenige Wochen waren von den großen Ferien noch übrig. Jeder Tag trug als Überschrift den Satz meines Vaters: »Wenn sie mich dort hinschicken, das würde ich nicht überleben.«

Postkarte meiner Mutter vom 1. September 1939. »Mein lieber, guter Vat, nun ist es also doch wahr, was die Frauen neulich bei der Wäsche sagten, Ihr dürftet nur noch 1mal im

Monat schreiben. Ich habe nämlich nichts bekommen. Am [Gestapo-Hauptquartier] Morzinplatz ist kein Parteienverkehr mehr … Was ich nun tun soll, weiss ich noch nicht. Etwas Geld habe ich noch und die Lebensmittel auf diese Woche Karten … Von den Buben habe ich lange keine Post mehr, d. h. ich bekomme zur Zeit von nirgends eine. Ich glaube fast, das hängt mit den schlechten Zugverbindungen zusammen. – In den Häusern hier werden die Luftschutzkeller intakt gesetzt. Mauserl schaufelt fest Sand. Und jede Nacht muss man nun die Badewanne voll Wasser haben. Ich bin in grosser Sorge um Dich. Nebenan ist die Kaserne. Und wegen der Ernährung. Du bist ja sowieso schon unterernährt durch die 1 ½ Jahre Haft … Liebster, ich weiss, dass Du die Hoffnung nicht verlierst und bin froh darüber. Leb wohl, Geliebter, immer Deine Rita.«

An jenem 1. September entzündete Hitler mit dem Überfall auf Polen den Zweiten Weltkrieg. Wir nahmen es kaum zur Kenntnis. Wir hatten keine Vorstellung, welche Katastrophe ihren Anfang genommen hatte. Polen war weit weg. Und wir waren daran gewöhnt, dass Hitler keine Mühe hatte, sich wieder einmal ein Land zu schnappen – nach Österreich, dem Sudetenland und der Tschechei. Doch schon wenig später gab es keinen Ort mehr im Reich, an dem man den Krieg hätte vergessen können.

Postkarte meiner Mutter an meinen Vater vom 4. September 1939. »… Für Mauserl war es dann sehr interessant, im Dunkeln heimzufahren. Es war schöner Sternenhimmel und der Mond blutrot. Und eigenartig war es, die Berge unbeleuchtet zu sehen, den Kahlenberg und den Leopoldsberg vor allem … Liebster, tausend Küsse in Liebe u. Treue D. Rita.«

Meiner Mutter waren die Silhouetten des Kahlenbergs und des Leopoldsbergs vertraut. Aus dem nach Nordwesten gerichteten Fenster in der Diele des Hauses an der Glanzinggasse hatte sie diese Silhouetten gesehen, während sie darauf gewartet hatte, dass draußen das vertraute Brummen des Terraplans meinen Vater ankündigte.

Postkarte meiner Mutter vom 6. September 1939. »Mein liebster Vat, Du hast eine unglaubliche Tochter. Neulich fing sie beim Mittagessen an, mir vorzurechnen: 2 + 3, 5 + 2 etc ... Nun ist sie 4 ¾, eine ganz erstaunliche Leistung. – Gestern nachmittag bin ich fest treppauf und ab gesprungen, Boden räumen. Bei uns hieß es zwar nicht, dass etwas entfernt werden muss – wie es ja überall anders ist und heute wieder anders als morgen – aber für den Fall, dass ... Nun sind noch schwere Kisten oben, die lasse ich vorerst. Lias Onkel kam nämlich und da er Asthma hat (trotzdem ist er Luftschutzwart), half ich ihm fest ... Hier bekommt man gar keine Toilettenseife, und da ich kein einziges Stück Reserve habe, weiss ich nicht, wie ich Dir für diesen Monat zwei Stück schicken soll, Du hast ja auch einen Anspruch darauf, so wie jeder Mensch. – Es ist schon recht herbstlich, morgens ziemlich kühl. Wie wird das diesen Winter werden, da ich keinen Ofen habe und bestimmt kein Petroleum zu haben ist ... Die Buben sind sich nun sicher selbst überlassen, da es dort doch sicher noch viele Lazarettvorbereitungen gibt. Sie sind halt Kinder, gelt, das wollen wir nicht vergessen. Tausend innige Küsse und Grüsse Deine Rita.«

Postkarte meiner Mutter vom 8. September 1939. »Mein lieber Vat, ... ich trinke nun jeden Mittag Magermilch, um Mauserl ihren ½ l zu sparen. Ich bekam ihn ohne Meldezettel. Bekommst Du denn nicht auch Magermilch, sie wäre doch besser als keine ... Olga lässt Dich herzlich grüssen. Sie ist recht schmal geworden. Ihr Chef ist beim Militär und so hat sie viel zu tun ... Ab heute brennt wieder die Strassenbeleuchtung. Ich bin froh darüber. Ist es doch ein Zeichen, dass hier wenig Gefahr ist. Ich dachte an unsere [am Nordbahnhof eingelagerten] Möbel ... Lieber Vat, viele herzliche Grüsse, in treuer Liebe immer Deine Rita.«

Die Aufhebung meiner Bestrafung

Zurück in Schweiklberg, führte mein Schulweg mich noch immer in das Volksschulgebäude. Ich hätte einfach einen anderen Weg einschlagen können – zur Realschule. Was wäre geschehen, hätte ich mich dort auf den Platz gesetzt, auf dem ich schon einmal gesessen hatte, für einen Vormittag? Vielleicht hätte mich der Lehrer freundlich willkommen geheißen. Er hätte mir noch mal die erforderlichen Lehrmittel genannt, ich wäre noch mal zu Pater Elmar gegangen – »Tut mir leid wegen Behelligung, werde Großvater um Geld bitten und Entschuldigung wegen vielleicht falschem Ton« –, und Pater Elmar hätte was von »Begabung und werden das Geld schon beschaffen« gemurmelt, und alles wäre in Odnung gewesen. Warum war mir – und ihm – eine so einfache Lösung nicht eingefallen?

Postkarte meiner Mutter an meinen Vater vom 11. September 1939. »Mein liebster Vat, ... Gestern waren Mauserl und ich bei Gottlieb [der Familie Aigner]. Alle lassen Dich herzlich grüssen. Der Vater hat vom Kyffhäuserbund[26] eine Art Stellungsbefehl bekommen, nun sind alle ganz desperat, wovon die Frau leben soll, da die Buben wieder weiterstudieren müssen, einer eventuell einrücken. Und die Wirtschaft kann auf die Dauer doch nicht die Gehälter weiterbezahlen, überall ist Absatzstockung durch das Markensystem ... Von den Buben bekam ich eine Karte, ob sie in die Realschule dürfen. Alexius soll noch dieses Jahr in die Volksschule gehen, da er nicht mehr mitkäme. Der Unterricht sei schon zu weit fortgeschritten. Das hat [Abt] Thomas ordentlich verpatzt. Ich hoffe in dieser Beziehung wirklich auf später, dass man mit Hilfe eines Privatlehrers Versäumtes nachholen kann ...«

Postkarte meiner Mutter vom 13. September 1939. »Mein lieber Vat, ich sitze gerade im Türkenschanzpark. Wir waren beim Fleischhauer, er bekommt aber erst in 1 Stunde Fleisch. Bis wir nun unseren Berg wieder hinaufkraxeln, vergeht mit Mauserl ¼ Stunde, herunter brauchen wir dasselbe. Also faulenzen wir hier, d. h. ich werde Zeitung lesen, Mauserl spielt Sand. Aus einem Zeitungsblatt macht es sich nun einen Ball, erfinderisch ist sie ja sehr. Mir tut nur die Zeit leid, die ich zu Hause versäume ... Die Buben haben Tante Sofie geschrieben, Michael hat ein Gedicht mit Zeichnung verfertigt, er ist also immer noch der alte. Ob sie dort schon ein Lazarett haben, weiss ich nicht. Gestern schrieb ich auf eine Annonce im Tagblatt, fürchte aber, dass es nichts wird. Scheinbar war gedacht, dass man zum Diktat (Stenogramm) hinkommt und zu Hause ausarbeitet. Allen Bekannten teile ich es nun mit, vielleicht findet sich auch unter der Hand Arbeit ... Viele herzliche Grüsse von uns Beiden D. Rita.«

Abt Thomas hatte beschlossen: Ich durfte in die Realschule zurück. War Geld von meinem Großvater eingetroffen? War meine Strafe befristet gewesen, und ich hatte sie abgesessen? Warum die Sinnesänderung? Wieder hätte ich an meinen Vater denken können, der unter einer anderen Art von Willkür litt und ihr nicht entrinnen konnte. Demgegenüber fand die Willkür, der ich ausgesetzt gewesen war, nun wenigstens ihr Ende. Ich war erleichtert, aber nicht dankbar. Von da an war der Abt für mich nicht mehr der »Vater«. Er war der irdische Stellvertreter des »höchsten Richters«.

»Liebe Mutti. Ich schreibe Dir heute nur das Allernotwendigste, was Du uns zur Schule schicken musst: 1. den Geburtsschein. 2. den Taufschein und 3. eine Bestätigung, das Du arischer Abstammung bist. Der Direktor von der Oberschule hat aber extra gesagt. ›Nicht, daß ihr mit einem so langen Ahnenzettel daherkommt!‹ Natürlich gilt das auch für Alexius. Das Andere sind lauter Sachen, die das Kloster besorgen kann. Am Montag ist für uns Zwei allein die Aufnahmeprüfung. Ich glaube, wir werden sie gut überstehen.

Viele herzliche Grüße von Deinem Michael. Auch v. Al. u. V. Kann uns der Großvati neue Sonntagsanzüge kaufen, wir wissen nicht, wo wir die Hosen hernehmen sollen. Bitte schicke Sommermäntel, Lederhosen und Halbschuhe.«

Ich hatte offenbar keine Ahnung, welche Ängste das Wort »Ariernachweis« bei meinen Eltern auslösen musste. Auch war ich sicher falsch informiert, wenn ich meinte, es gehe um die arische Abstammung bloß meiner Mutter. Und erst recht verkannte ich die vermutlich tapfere Widerstandstat des Realschuldirektors. Wusste oder zumindest ahnte er, dass unser Vater nicht rein »arischer« Abstammung war, und wollte er uns zwei Buben Schwierigkeiten ersparen? Seine als Schludrigkeit daherkommende Großzügigkeit ist möglicherweise wiederum ein Beispiel dafür, in wie vielen kleinen Situationen des Alltags Widerstand gegen das Regime möglich war und geleistet wurde.

»20. 9. 39 Liebe Mutti Heute bin ich schon den ersten Tag in der Realschule gewesen. Geld brauchst Du keines schicken da von Großvati noch genug vorhanden ist. Die Schulmittel sind bis auf ein paar Hefte und einem Buch alle schon besorgt. Gestern war ich den ganzen Tag in der Stadt, kaufte die Schulmittel, mußte zu meinem Lehrer gehen um ein Übertrittszeugnis zu bekommen u. s. w. Den Geburtsschein und die Impfscheine schicke bitte sofort an mich, es muß ja kein Brief dabei sein. Es grüßt Dich herzlich, auch Fln. Viktoria und Herr Direktor, Dein Michael.«

4.
Vater im KZ

Erste Verschickung meines Vaters in das KZ Buchenwald

Am 22. September wurde mein Vater überraschend in das KZ Buchenwald verbracht. Sicher fürchtete meine Mutter um sein Leben. Andererseits brachte sein Weggang zunächst, ganz an der Oberfläche des Alltags, Erleichterung. So war es bereits gewesen, als unsere Mutter Alex und mich nach Schweiklberg »gegeben« hatte. Eine solche Verquickung von Sorge und Erleichterung hat nichts mit Mangel an Liebe zu tun. Es ist nur so, dass am Ende einer übergroßen Belastung oft die Erleichterung kurze Zeit über den Schmerz oder die Angst dominiert.

Buchenwald war eines der größten KZ auf deutschem Boden. Es war im Juli 1937 auf dem Ettersberg oberhalb der Goethe-Stadt Weimar errichtet worden. Insgesamt waren in ihm in der Zeit seines Bestehens eine Viertelmillion Menschen inhaftiert. 56 000 starben, darunter 11 000 Juden. Als mein Vater eingeliefert wurde, waren im Lager vorwiegend politische Gegner des Nazi-Regimes, vorbestrafte Kriminelle, sogenannte Asoziale, Juden, Zeugen Jehovas und Homosexuelle aus Deutschland und seit März 1938 auch aus Österreich untergebracht. Ab 1940 kamen zunehmend Menschen aus anderen Ländern hinzu. Seit 1943 leisteten die Gefangenen in 136 Außenlagern und -kommandos Sklavenarbeit in Rüstungsbetrieben. Im April 1945 wurde das Lager von US-Truppen befreit. Nach deren Abzug benutzte die neue sowjetische Besatzungsmacht einen Teil des Lagers bis 1950 weiter.

Mein Vater in einem Kassiber kurz vor seinem Abtransport: »½3 h. Es werden schon Vorbereitungen zum Abmarsch getroffen. Ich schreibe, sobald ich kann. Bitte, zieh' sofort (sobald wie nur möglich) zu Vater nach München! Es ist hier höchste Kriegs- und Luftgefahr! … Gott befohlen, liebes Murxl! Wir kommen schon wieder zusammen!«

Buchenwald ist von Wien lediglich 476 Kilometer entfernt. Für damals könnte ich ebenso gut schreiben: 476 Lichtjahre. Heute legt ein Auto diese Strecke in sechseinhalb Stunden zurück. Der einfachste Weg führt über Passau, ganz nahe an Schweiklberg vorbei. Doch mein Vater wurde über Prag transportiert.[27] Dieser Weg ersparte den Reichsdeutschen den Anblick von Häftlingen in Ketten und war umgekehrt dazu angetan, den Tschechen vorzudemonstrieren, was sie zu erwarten hatten, wenn sie nicht parierten.

Mein Vater im Rückblick: »Als ich von Wien auf Transport ging, von der Rossauerlände ins Konzentrationslager, sind wir durch die Tschechoslowakei transportiert worden, und in Prag, wo wir längeren Aufenthalt hatten, sind wir von der Bevölkerung sozusagen versorgt worden. Die haben uns Zigaretten zugesteckt und Brot usw., und die Wachleute aus Wien – das war nicht SS oder SA – haben das geduldet. Als der gleiche Transport – wir waren zu sechzig und aneinandergekettet – in Leipzig umgeladen und über den Bahnhof geführt wurde, haben sich alle scheu abgewandt. Kein Deutscher wollte mit diesen Verbrechern etwas zu tun haben. Weil wir in der Hand der Obrigkeit und mit Stahlketten aneinandergefesselt waren, waren wir offensichtlich schuldig. Sie haben sich abgewandt. Wir konnten nicht mit Hilfe rechnen.«[28]

Dazu eine spätere Hintergrunderklärung meines Vaters: »Dass ich … erst ein Jahr später nach Buchenwald kam, ist phantastisch. Denn inzwischen hatte ich über Leute, die aus den Lagern als Zeugen zu Prozessen in die Gefängnisse zurückkamen, alles über die Verhältnisse dort erfahren. So konnte man sich nach der Einlieferung an die Regeln halten, die erfahrene Kameraden einem sagten – zum Beispiel: Du darfst unter keinen Umständen auffallen; deine Nummer, die du bekommst, darf nur zweimal genannt werden: einmal, wenn du sie erhältst, und das zweitemal, wenn du aufgerufen wirst, um entlassen zu werden ... Als ich ein Jahr später, am 22. September 1939, nach Buchenwald kam, wußte ich von den Verhältnissen dort schon so viel, daß ich mich adaptieren konnte.«[29]

»Wir, die wir in die Konzentrationslager eingeliefert wurden, nachdem wir, oft in monatelangem Verhörverfahren, durch die Hände der Gestapo gegangen waren, kannten sehr wohl, selbstverständlich, die Furcht, aber uns lähmte nicht Angst, der Schrecken war nicht mehr anonym, wir wußten, was einem konkret bevorstehen konnte. Es ist leichter, sich einem Schrecken gegenüber zu behaupten, den man erkannt hat, als einer anonymen terroristischen Bedrohung gegenüber.« [30]

Vom Bahnhof Weimar wurde mein Vater auf einem schmalen Waldweg auf den Ettersberg geführt. Die berüchtigte acht Meter breite betonierte »Blutstraße« wurde erst im November 1939 fertiggestellt. »Jedem das Seine« stand auf dem Lagertor, durch das er gejagt wurde. Hätte es ihn getröstet, wenn er damals gewusst hätte, dass es der Bauhaus-Architekt Franz Ehrlich, selbst Häftling in Buchenwald bis 1943, gewesen war, der diese Inschrift auf Befehl der Lagerleitung entworfen hatte? Er hatte dafür eine von den Nazis als »entartet« eingestufte Schrift des Bauhauses verwendet. Das war der Lagerleitung nicht aufgefallen.

»Der Ankunft folgte die Empfangszeremonie: Ein Rudel herumlungernder Scharführer stürzte sich lüstern auf die neue Beute. Es regnete Schläge und Fußtritte, die ›Neuen‹ wurden mit Steinen beworfen und mit kaltem Wasser begossen; wer lange Haare oder einen Bart hatte, wurde daran zu Boden gerissen; Krawattenträger hatten ebenfalls nichts zu lachen, wenn sie gewürgt wurden. Dann hieß es stundenlang mit dem ›Sachsengruß‹: die Arme hinter dem Kopf verschränkt, häufig auch noch in Kniebeuge, vor der Politischen Abteilung ausharren – in Kälte, Regen oder Sonnenglut, ohne essen, ohne trinken, ohne austreten zu dürfen. Dabei konnte jeder SS-Mann mit den Erschöpften treiben, was ihm beliebte.«[31]

»Nachdem ich am 22. September 1939 mit einigen hundert anderen Gefangenen aus Wien nach Buchenwald eingeliefert worden war, kam ich in das Schachtkommando I, eines der bösesten Kommandos nach dem Steinbruch. Wir mußten draußen bei den Kasernen die Gräben für die [SS-Kasernen-] Bauten ausheben, bei jeder Witterung, mit einem Stück Brot am Tag. Alle meine Finger waren vereitert. Es war schrecklich. Dort ging man zugrunde. Im Lauf der Zeit, als ich schon meinte, die Sache nicht mehr durchzustehen, gelang es mir mit Hilfe einiger Kameraden, den Kapo des Kommandos, der die Aufsicht führte, an sich einen wilden Schläger und sehr gefürchteten Häftling, zu bestechen. Wir durften von Zeit zu Zeit – formal regelmäßig – dreißig Mark im Monat von zu Hause erhalten und konnten dieses Geld damals noch in der Kantine für Zigaretten oder den sogenannten Wikingersalat verwenden, irgendein merkwürdiges gefärbtes Kartoffelzeug, aber wenn man Hunger hat … Ich gab dem Kapo zunächst die Hälfte meines Geldes und dann mehr; das taten manche, die durch andere eine Beziehung zu ihm gewannen. Er nahm mich aus dem Schachtkommando, ich möchte einmal sagen: aus der direkten Frontlinie des Schachtens, wo ich als Intellektueller ja wirklich nicht lang bestehen konnte, heraus in eine sogenannte Feldschmiede. Ich war dann längere Zeit in einer Hütte im Wald Feldschmied, aber das will ich jetzt nicht schildern; was ich dort war, hatte mit Feldschmied wenig zu tun. Ich war also gerettet. Auf eine abenteuerliche Weise war ich fast den ganzen Winter über in diesem merkwürdigen Wald kilometerweit außerhalb des Lagers, während der Arbeitszeit, bis wir abends immer, jeder mit einem Fünfkilostein, ins Lager einrückten, Lieder wie das Buchenwaldlied singend, die Toten mit uns tragend oder schleifend.«[32]

Das Buchenwaldlied hatten im Auftrag des Lagerführers Arthur Rödl zwei bekannte Buchenwald-Häftlinge getextet bzw. komponiert: Fritz Löhner-Breda und Hermann Leopoldi:

»Wenn der Tag erwacht, eh' die Sonne lacht,
die Kolonnen zieh'n zu des Tages Müh'n
hinein in den grauenden Morgen.
Und der Wald ist schwarz und der Himmel rot,
und wir tragen im Brotsack ein Stückchen Brot
und im Herzen, im Herzen die Sorgen.

O Buchenwald, ich kann dich nicht vergessen,
weil du mein Schicksal bist.
Wer dich verließ, der kann es erst ermessen,
wie wundervoll die Freiheit ist!
O Buchenwald, wir jammern nicht und klagen,
und was auch unser Schicksal sei,
wir wollen trotzdem ja zum Leben sagen,
denn einmal kommt der Tag: Dann sind wir frei!

Und das Blut ist heiß und das Mädel fern,
und der Wind singt leis', und ich hab' sie so gern,
wenn treu sie, ja, treu sie nur bliebe!
Und die Steine sind hart, aber fest unser Tritt,
und wir tragen die Picken und Spaten mit
und im Herzen die Liebe, die Liebe.

O Buchenwald, ...

Und die Nacht ist kurz, und der Tag ist so lang,
doch ein Lied erklingt, das die Heimat sang:
wir lassen den Mut uns nicht rauben!
Halte Schritt, Kamerad, und verlier nicht den Mut,
denn wir tragen den Willen zum Leben im Blut
und im Herzen, im Herzen den Glauben.

O Buchenwald, ...«

Das sang nun dieser sensible Intellektuelle, wenn er am frühen Morgen im Marschschritt das Lager verließ und am späten Abend zurückkehrte: »... im Herzen die Liebe, die Liebe ...« So primitiv das Lied war: Ich denke, mein Vater hatte dabei seine Frau und seine Kinder im Sinn und sang es gerne, obwohl er zartere Liebesbriefe aus dem Gefängnis geschmuggelt hatte.

Bald nach seiner Einlieferung musste mein Vater zur Kenntnis nehmen, dass der Wiener Gestapo die Religionszugehörigkeit seiner Mutter bekannt war. Sie war ja in seinem Taufschein vermerkt. Bereits im Oktober ordnete die Vertretung der Gestapo im Lager – die »Politische Abteilung« – für ihn eine »rassenbiologische« Untersuchung an. Die nahm der damalige Standortarzt der Waffen-SS Weimar im Beisein von zwei weiteren SS-Ärzten vor. Sie kamen zu dem Ergebnis, mein Vater weise zwar »ostische«, aber keine jüdischen Rassemerkmale auf. Das muss für ihn eine große Erleichterung gewesen sein. Er war aus der Schusslinie – fürs Erste.

Aus dem Lageralltag: »Nun sollten wir also wieder einmal Geld empfangen dürfen und standen in zwei komplexen Reihen vor der Auszahlstelle, ich in der vordersten Reihe. Da rannte einer der bösesten SS-Schläger, ein sehr gefürchteter Mann, der einen kleinen vor ihm flüchtenden Juden jagte, ausgerechnet zwischen uns hinein und stand plötzlich mit seinem Knüppel vor mir. Ich mit Brille, ein Intellektueller, also ohnehin schon verdächtig – das ist gar kein Ausdruck, ein Hassobjekt, und ich hatte keine Zeit zu überlegen. Ich sah den nur an. Was soll ich sagen? Der ließ den Knüppel sinken! Und dann machte ich einen Fehler. ›Hau ab!‹, schrie er, und das war ja schon positiv. Da meinte ich, ein bisschen Würde bewahren zu müssen, statt sofort wegzulaufen. Ich drehte mich nur langsam um. Da zog er mir mit dem Knüppel noch fürchterlich eines über den Rücken. Das hätte ich vermeiden können, das war meine Schuld. Das ist ein ganz falscher Heroismus, ein ganz falsches Selbstbewusstsein. Es hat keinen Sinn, einem solchen Menschen gegenüber besondere Würde zu zeigen. Die Würde bestand in dem Blick, und siehe da, der Mensch in ihm hat einen Moment lang funktioniert.«[33]

Diktatur: Fitnesszentrum für die Bestie im Menschen.

»22.10.39 Liebe Mutti … In der Schule komme ich gut mit, nur im Englischen, das wir als Fremdsprache lernen, bekomme ich noch Privatunterricht. Aber auch das wird bald aufhören. Morgen muß ich das zweite Mal das Schulgeld mitbringen, das pro Monat 20 Mark beträgt. Frl. Viktoria nimmt es von dem Geld, das Großvati geschickt hat und das im Kloster liegt. Seit kurzem ist in der Hitlerjugend bei den Neulingen, bei denen auch wir sind, das Boxen eingeführt worden. Mit den weichen Boxhandschuhen tut es gar nicht weh. Am Sonntag vor acht Tagen machten wir mit Frl. Viktoria einen kleinen Nachmittagsausflug nach Hilgartsberg, einer Ruine, von der wir Dir schon geschrieben haben. Heute wurden in Schweiklberg 12 Subdiakone zu Diakonen geweiht. Der Bischof von Passau war da. Das Amt dauerte 2 ½ Stunden. Es war sehr schön. Die Zeichnung von Mauserl ist wunderschön …«

Am 19. November 1939 durfte mein Vater meiner Mutter einen »offiziellen«, also durch die Zensur gehenden Brief aus dem KZ Buchenwald schreiben. Zunächst ein langer Vordruck, in Rot:

»Konzentrationslager Weimar-Buchenwald. Der Tag der Entlassung kann jetzt noch nicht angegeben werden. Besuche im Lager sind verboten. Anfragen sind zwecklos. Auszug aus der Lagerordnung: Jeder Häftling darf im Monat 2 Briefe oder 2 Postkarten empfangen und auch absenden. Die Briefzeilen müssen übersichtlich und gut lesbar sein. Postsendungen, die diesen Anforderungen nicht entsprechen, werden nicht zugestellt bezw. befördert. Pakete jeglichen Inhalts dürfen nicht empfangen werden. Geldsendungen sind zulässig, sie müssen aber durch Postanweisung erfolgen; Geldeinlagen im Brief sind verboten. Mitteilungen auf den Postanweisungsabschnitten sind verboten; Annahme wird sonst verweigert. Es kann im Lager alles gekauft werden. Nationalsozialistische Zeitungen sind zugelassen, müssen aber von dem Häftling selbst über die Poststelle des Konzentrationslagers bestellt werden. Unübersichtliche und schlecht lesbare Briefe können nicht zensiert werden und werden vernichtet. Die Zusendung von Bildern und Fotos ist verboten. Der Lagerkommandant.«

Dann der Wortlaut des Briefes, zurechtgestutzt und -gebogen für die Zensur. Ich setze die verschlüsselten Textstellen kursiv und füge, ebenfalls kursiv, in eckigen Klammern meine Entschlüsselung an. »Meine genaue Anschrift: Schutzhäftling Kogon Eugen Nr. 6384 Block 42. Meine innigstgeliebte Rita! Die helle Zuversicht, die aus Deinem am 30.10. abgestempelten Briefe strahlt, teile ich mit Dir. Es strömt offenbar jeder Teil sie auf den anderen über! Natürlich habe ich auch die Methode gemerkt, mit der Du Geld für mich sparst. Du lieber Schlingel! Aber schicke besser *Robert [mir]* gelegentlich, ganz wie Du kannst und willst, 15 RM. Und *mir [dazu]* wie ursprünglich! Recht vielen Dank! *Robert [Mir]* kannst Du auch einmal extra schreiben ... *Er ist [Ich bin]* nicht zu *Walthers Kompagnie [den Juden]* gekommen, die *schwere Kämpfe zu bestehen hatte [Unmenschliches auszuhalten haben]* ... Ich selbst denke am meisten an Dich, die Kinder, die Zukunft … sowie an Vergangenes – manche herrlichen Sonntage zum Beispiel. Wie schön hast Du sie mir oft gestaltet! Und wenn ich mit den Buben aus der Stadt heimkam! … – Ich küsse Dich (und das Mauserl), Liebste, Dein Eugen.«

Meinem Vater stand für all das Wichtige, das er mitzuteilen hatte, nur ein knappes Format zur Verfügung, und auch dies lediglich zweimal im Monat. Hinzu kam, dass er alle delikaten Mitteilungen verschlüsseln musste, um sie ungeschwärzt durch die Zensur zu bringen. Der Austausch von Kassibern war ja nicht mehr möglich. Die Verschlüsselung bestand darin, dass er für alle Personen, einschließlich seiner selbst, Decknamen verwendete. Meine Mutter brauchte also in seinen Briefen bloß auf die Namen zu achten, die in ihrem Leben nicht vorkamen. Den Code für die Entschlüsselung dieser Namen kannte sie. Die Verschlüsselung machte die Briefe für den Zensor ziemlich konfus. Aber deshalb musste er nicht unbedingt misstrauisch werden. Vermutlich wirkten alle Briefe auf ihn konfus. Sie bestanden ja alle aus Zusammenhängen, die er nicht verstand. Aus ihnen sollte er die vermeintlich regimeschädlichen und -gefährdenden Aussagen herausfiltern. Der Beruf des Zensors ist einer der erbärmlichsten. Nicht nur, dass er dauernd in Privatangelegenheiten schnüffeln muss. Er lebt auch dauernd in Sorge, etwas für sein Regime Relevantes übersehen zu haben. Es ist ein Widerspruch in sich, dass die Nazis für diese Tätigkeit besonders intelligente und gebildete Menschen aussuchten. Mein Vater befürchtete ja ebenfalls, nach seiner Entlassung in eine Zensurabteilung verpflichtet zu werden.

Am 30. November 1939 erklärte die Sowjetunion Finnland den Krieg. Eine neue Front war entstanden. An der Front zu Frankreich, das gemeinsam mit England am 3. September sofort nach dem deutschen Überfall auf Polen Deutschland den Krieg erklärt hatte, herrschte – noch – unheimliche Ruhe.

Am 3. Dezember 1939 schrieb ich meiner Mutter einen Brief, aus dem hervorgeht, dass ich immer noch nichts von der Verschickung meines Vaters ins KZ wusste. »Liebe Mutti … Es tut uns sehr leid, daß Vati krank ist. Hoffentlich sehen wir ihn auf Weihnachten wieder. Nun ist er schon so lange von uns getrennt. Weihnachtswünsche haben wir keine. Doch sollte es Dir möglich sein, für jeden ein Paar feste Übersocken für den Werktag zu beschaffen, so wären wir Dir sehr dankbar. Es hat nämlich jeder von uns Zweien nur ein Paar. Und die Sonntagsübersocken, die uns Fräulein Viktoria gekauft hat, wollen wir doch auch nicht auf den Schulweg oder sonst anziehen. Wenn Du sie nicht bekommen kannst, dann kauft sie halt Frl. Viktoria. In der Schule komme ich gut mit. Frl. Viktoria sprach vor einigen Tagen mit einem meiner Lehrer. Dieser sagte, er sei mit mir zufrieden. Auch im Englischen bin ich schon nachgekommen. Krank sind wir nicht. Uns geht es gut. Auch im Kloster steht alles wohl. Doch sind schon mehr als dreißig Klosterbrüder und Frater eingerückt … Herr Direktor kaufte uns feste Winterjoppen und Hosen. Er will haben, daß die Sachen die uns zu klein geworden sind, von Frl. Viktoria verschenkt werden sollen. Bist Du einverstanden? Bitte gib uns Antwort, was sie tun soll, besonders wegen den blauen Pullovern, die uns viel zu klein sind. Viele herzliche Grüße von Deinem Michael und Fräulein Viktoria an Dich und Mauserl. Wenn Vati frei wird schicke gleich ein Telegr., dann kommen wir. Andernfalls fahren wir mit Frl. Viktoria nach München zum Großvati, wenn es Dir recht ist. Viktoria sorgt schon für Essen. Sie geht zu ihren Verwandten. Bitte schreibe uns, wie es Vati geht.«

Diesem Brief legte ich eine Nachricht an meinen Vater bei. »3. 12. 39 Lieber Vati. Wie geht es Dir? Durch Mutti erfuhren wir, dass Du krank bist. Es tut mir sehr leid. Hoffentlich können wir Dich auf Weihnachten wieder gesund daheim sehen. Wir sind schon so lange voneinander, und haben uns über ein

Jahr nicht mehr gesehen. Deine Lage geht uns sehr zu Herzen. Doch der lb. Gott wird es schon recht machen. Wir beten für Dich. In der Schule komme ich gut mit. Es ist viel schöner in der Realschule als in der Volksschule, auch die Aufgaben sind nicht schwerer, obwohl sie schon von größerer Anzahl sind … Noch länger ist es her, als wir nach Passau fuhren. In der Früh' kamen wir an. Wir gingen zuerst in den Dom, hierauf nach Mariahilf. Sodann gingen wir in der Innstadt in eine Wirtschaft und nahmen unser Mittagsmahl ein. Wir sahen auch zwei Militärzüge. Wir besuchten auch noch die Ilzstadt und das Oberhaus, von welchem wir das Museum anschauten. Über Bergfried[34] gingen wir zum Bahnhof. Gerade erreichten wir noch den 7 Uhr Zug, der uns wieder nach Vilshofen brachte. Viele herzliche Grüße von Deinem Michael und Frl. Viktoria.«

Vor Weihnachten schrieb uns unsere Mutter. »… Wie es Vati geht, weiß ich leider gar nicht, es sind Verschärfungen, ich bekam nur eine kurze Karte. Wann beginnen Eure Ferien? Ihr habt mir gar nicht geschrieben, wann Ihr kommt. Wenn Grossvati noch kein Geld geschickt hat für die Reise, dann schreibt mir, wieviel Ihr braucht, soviel ich weiß, gibt es Ferienkarten. Kommt gleich bei Ferienbeginn hierher. Wenn Ihr Grossvati besuchen wollt, müsst Ihr erst bei ihm anfragen, ob es ihm recht ist. Er hat seine Stiefschwester bei sich, die aber, wie sich jetzt herausgestellt hat, Nazi ist und aus diesem Grund fürchte ich, dass er eher erschrecken wird, wenn Ihr kommt, da er die Ausfragereien wegen uns fürchtet. Auch ist er immer leidend … Wollt Ihr denn nicht zu mir kommen? Vati wäre es gar nicht recht, wenn wir an Weihnachten nicht zusammen wären, auch erfahre ich sein Hiersein erst, wenn er wirklich hier ist. Also kommt, Grossvati weiss mit Euch an Weihnachten gar nichts anzufangen. Frl. Viktoria soll natürlich die Kleidungsstücke … verschenken … Wenn man die Wolle von den blauen Pullovern noch brauchen kann, bringt sie mir, ich würde sie für mich verwenden. Übersocken kann ich ohne Kleiderkarte hier nicht bekommen. Habt Ihr keine? Bringt auch Eure Lebensmittelkarten mit oder tauscht sie in Reisekarten um. Weisse Schale schicke ich nicht, da Ihr ja bald kommt. In Eile grüsst Euch herzlich Eure Mutti. Ich freue mich schon! Grüsst Frl. Viktoria und H. Direktor.«

Weihnachten. Wir in Wien. Vater im KZ. Unvorstellbar weit weg. Wie mochte er den Weihnachtsabend verbracht haben? Gab es eine Art Feier? War der Tag arbeitsfrei? Es war nicht unüblich, dass an Weihnachten, wie auch an »Führers Geburtstag«, einige Gefangene aus den KZ entlassen wurden. Machte mein Vater sich Hoffnungen? Blasse Gedanken in eine weite Ferne.

Am Weihnachtstag besuchten wir die Familie Aigner im Stadtteil Nussdorf. Ein Foto (Bildteil Seite 9) zeigt uns, als wären wir *eine* Familie. Im Vordergrund wir drei Kinder, dahinter meine Mutter und Frau Aigner, im Hintergrund Herr Aigner und sein Sohn Gottfried. Alex und ich noch ein wenig klostersteif. Auf allen Gesichtern ein weihnachtsverklärtes Nicht-Foto-Lächeln – besonders auf den Gesichtern von meiner Mutter und auch von Alex, als habe er es noch nicht ganz geschafft, die Rolle des kleinen Klosterheiligen abzulegen. Der hellgraue Persianer meiner Mutter, erst vor kurzem aus dem Pfandhaus ausgelöst, passt nicht mehr auf ihren hager gewordenen Körper. Den hochgewachsenen, schlanken, gutaussehenden Herrn Aigner, treuer Freund der Familie Kogon, könnte ein nicht informierter Betrachter für ihren Ehemann halten.

Viel zu schnell gingen diese paar Tage vorüber. Die Rückkehr nach Schweiklberg fiel mir nicht mehr so schwer. Ich wusste jetzt, dass der Verbannung irgendwann wieder ein, wenn auch nur kurzes, Zuhausesein folgen würde.

Januar 1940: Mein Vater zurück nach Wien, mein Bruder und ich zurück zur Pfarrersköchin, von dort zurück ins Kloster

»5.1.40 Liebe Mutti. Wir sind gut angekommen. Der Schnellzug von Wien nach Passau hatte so viel Verspätung, daß wir gerade noch den Personenzug nach Vilshofen erreichten. Am Bahnhof in Vilshofen holte uns Frl. Viktoria mit einem Schlitten ab. Es machte uns nicht viel Mühe, die Koffer nach Schweiklberg zu befördern. Dein Michael, Alexius Grüße v. Frl. Viktoria u. Herrn Direktor.«

»6.1.40 Liebe Mutti uns geht es hier gut. Wir haben uns schon ziemlich hier eingelebt. Schon am nächsten Tage mußte ich einen Teil meines Schulweges auf dem Eise der Vils zurücklegen. Sie war sehr stark gestiegen, hatte die Straße überschwemmt und fror dann zu. Auch die ansteigenden Wege, die von der Fischerzeile (so heißt die Straße an der Vils) wegführen, sind von hohem Eis bedeckt. Wenn ich von der Schule heimkomme, sehe ich immer viele Buben Schlittschuhlaufen und Eisstock schießen. Auf meinem jetzigen, neuen Schulweg auf dem Eise herrscht immer reges Treiben. Es hat aber auch viel Mühe gekostet, den Schnee bis zum glatten Eise wegzuschaufeln. Überhaupt in Vilshofen liegt viel mehr Schnee als in Wien. Auch ist es viel kälter. Bis ich in die Schule komme, friert mich immer schon fürchterlich in den Zehen. Dann bin ich immer froh, wenn ich im warmen Schulzimmer bin. Auf der Fahrt von Wien nach Vilshofen ging es uns gut. Du hast uns so viel zum Essen mitgegeben, daß wir noch den größten Teil im Messerklingerhaus aufbewahren mußten. Wir spielten mit der Frl. Viktoria auch schon ›Rinn ins Eck‹. Herr Direktor kaufte neue Schuhe, während wir bei Dir waren. Sie sind sehr schön. Gestern Abend probierte ich sie. Sie passen mir gut und sind nicht zu klein. In der Schule fragten mich alle Kinder wegen meiner zweitägigen Abwesenheit. Ich gab ihnen zur Antwort, daß mir von der Schule aus erlaubt worden war auszubleiben. Doch leider nahm ich schon am nächsten Tage mein ausgeschriebenes Rechenheft in die Schule und ließ das richtige daheim. Der Rechenlehrer schimpfte mich dann: ›Weißt was? Einsperren tu ich dich! Zuerst privatisiert er zwei Tage und dann vergißt er noch sein Rechenheft! Einsperren tu ich dich!‹ Mir machte das aber nichts, weil die ganze Klasse weiß, daß der Rechenlehrer in solchen Reden nie Wort hält. Auch ein anderer Lehrer fragte mich, ob ich bei Dir gewesen bin und ob ich mich erholt habe und ob mein Bruder Alexius auch mitfuhr. Mir war nicht recht wohl zu Mute, denn er konnte mich ebenso fürchterlich zusammenschimpfen und mir einen dreiseitigen Aufsatz geben, weil ich nicht in die Turnstunde ging. (Ich tat es nur, weil die ganze Klasse Eisstöcke und Schlittschuhe mitbringen sollte, da sie in der Turnstunde auf das Eis gingen und ich nichts hatte und daher auch nichts mitnehmen konnte. Auch kann ich weder Schlittschuh laufen noch Eisstock schießen. Ein anderer machte es auch so wie ich, ein Dritter wollte nicht und der Vierte wurde vor ein paar Monaten wegen Krankheit vom Turnen ausgeschieden). Gestern fuhren wir zum ersten Mal hier nach Weihnachten Schlitten. Alexius erwischte den besseren Schlitten, so erreichte er (er half noch mit einer Stange nach) immer ein höheres Tempo als ich. Ich mußte ihm immer ausweichen, da wir nur eine schmale Rodelbahn hatten und ich immer voranfuhr ... Der Füllfederhalter, den Du uns zu Weihnachten schenktest, leistet hier gute Dienste, wie Du an dem langen Briefe siehst. Doch er macht auch noch Batzen wie früher, und zwar ganz gewaltige. Du sagtest einmal da sei ich daran schuld, was sich aber als falsch herausstellte, da Frl. Viktoria heute einen wunderbaren Klecks machte. Seine Schweinerei habe ich ihm erst jetzt, da ich an Dich schreibe abgewöhnt. Jetzt gibt er sich aber große Mühe, daß Du nicht hundert Batzen in Deinem Brief siehst. Mein Kompaß ist auf der Fahrt auch ein bischen frech geworden. Wenn ich ihn auf still einstelle und ihn in die Tasche stecke und ihn nach fünf Minuten wieder herausziehe, wackelt er immer so fürchterlich. Ich weiß nicht, lacht er über meine Dummheit, oder was es sonst ist? Jedenfalls, daß der Kompaß, der in Wien doch immer so brav war, jetzt so unfolgsam ist, bleibt mir unerklärlich. Nun geht mein Schreibstoff langsam zu Ende. Auch mein Füllfederhalter wird schon müde werden. Wie geht es Mauserl?? Gelt, sie ist noch immer sehr böse auf uns, oder? Sage ihr bitte, daß wir ihr einen Friedensvertrag bieten ... Es grüßt Dich und auch das Mauserl herzlich Dein Michael. Viele herzliche Grüße von Frl. Viktoria und Herrn Direktor. Noch viele herzliche Grüße an Vati.«

»Schweiklberg, 19.1.40 Liebe Mutti ... Wir spielen oft auf dem Eise. Einmal sahen wir einen Hasen laufen. Wir verfolgten seine Spur und kannten uns schließlich vor lauter Spuren gar nicht mehr aus. Auch machen wir uns fleißig über die Weihnachtsbücher her. Doch manchmal wird es uns sehr fad und oft wäre ich bei Dir viel lieber als hier. Bis Ostern können wir es kaum noch erwarten. Dort dürfen wir doch heim! Es grüßt Dich und Mauserl herzlich Dein Michael.«

Am 24. Januar 1940 wurde mein Vater aus dem KZ zu Zeugenaussagen in ein Wiener Gefängnis zurückgebracht. Dort verblieb er anderthalb Jahre. Er kam erst im Juni 1941 wieder nach Buchenwald. Bis zu diesem Datum hatten deutsche Truppen – nach Polen – Dänemark, Norwegen, die Niederlande, Belgien, Luxemburg, Teile von Frankreich, Libyen, Jugoslawien und Griechenland besetzt. Im *Völkischen Beobachter* – der einzigen Zeitung, die ihm zugänglich war – las mein Vater die »Siegesmeldungen« von den verschiedenen Fronten. In den Kassiber-Analysen, mit denen er meine Mutter moralisch aufrichten wollte, zog er – damals verständlicherweise ein Meister der *wishful analysis* – regelmäßig das Fazit, Hitler werde den Krieg nicht mehr lange durchstehen.

Ich aus Schweiklberg: »8.2.40 Liebe Mutti … Wir haben seit Samstag, den 3., wegen Kohlenmangel zwei Wochen keine Schule mehr, dafür haben wir nur ein paar Tage Osterferien. Wir wären gerne heimgefahren zu Dir und hatten schon einen Brief an Dich geschrieben, ob wir zu Dir kommen dürfen, als Frl. Viktoria kam und sagte, daß Vater Abt es nicht erlaubt habe, daß wir heimfahren. Jetzt können wir bis zu den großen Ferien nicht mehr zu Dir. Kannst Du uns bitte neue Schuhbänder schicken? … Wir haben jetzt Tauwetter. Der Schnee ist schon viel weniger und das Eis ist ganz weich. Wir haben mit Herrn Direktor auch zwei große Schneeballschlachten gemacht. Wie geht es Vati? Dürfen wir ihm schreiben? Viele herzliche Grüße an Vati, Dich und Mauserl von Deinem Michael.«

»Schweiklberg, 13.2.40 Liebe Mutti. Heute schreiben wir Dir zum 2. Mal, ohne daß Frl. Viktoria etwas weiß. Uns gefällt es hier nicht mehr gut. Ich erzähle Dir einige Dinge: 1. Bei Frl. Viktoria geht es fürchterlich dreckig zu. In den Gabeln und an den Messern hängt der Schmutz manchmal so dick daran, daß es jedem auch wenn er es nicht weiß auffallen muß. Neulich bekamen wir Kartoffeln. Sie gab jedem einen Teller. Ein Teller kam ihr aber doch zu schmutzig vor und da wir gerade lasen, wischte sie ihn schnell an ihrem Kleide ab. Es gingen aber nur die allergrößten Kartoffel- und Salzrestchen herab. Einmal hatten wir zu Mittag Fleisch. In meinem Stück war ein großer Knorpel. Ich sagte es Frl. Viktoria. Sie sagte: ›Bist du ein heikler Tropf!‹ Darauf nahm sie mir meine Gabel aus der Hand, spießte den Knorpel auf und steckte ihn in ihren Mund. Die Gabel kam wieder in meinen Teller und ich mußte weiteressen. So könnte ich noch vieles aufzählen, aber ich würde nicht fertig. 2. Sie ist manchmal sehr grob zu uns. Einmal mußten wir auf dem Schlitten Wäsche ins Kloster bringen. Sie ging mit. Ich mußte einen Schlitten ziehen. Ich wartete vor der Türe. Frl. Viktoria kam und sagte ich solle weiter vor fahren. Ich tat es. Es war ihr aber nicht genug. Ich mußte immer weiter fahren, da kam sie auf mich zu und schlug mich um den Kopf. Gerade an eine Stelle, wo ich mich vorher stark angehaut hatte. Einige Tage nachher haute sie mich so oft und stark an den Kopf daß ich am folgenden Abend nicht auf der Seite im Bett liegen konnte, auf der ich mich angeschlagen hatte. Ich könnte noch so vieles schreiben … Wie geht es Vati? Hoffentlich doch gut! Viele herzliche Grüße an ihn, Dich und Mauserl Dein Michael.«

Eines meiner Gedichte, in denen ich mein Aufbegehren gegen Frl. Kirchmaier ausdrückte, begann so: »Frl. Viktor hat in der Decke ein Loch. / Durch dieses Loch sieht sie doch …« Soweit meine konkrete Erinnerung. Die Fortsetzung diktierte mir der Dichter Bemsi in späteren Jahren: »… mit der Brille auf der Nas / »Ja was ist denn das? Ja was ist denn das?«, / wie zwei sogenannte böse Buben / Unfug tun in ihrer Stuben, / wie sie kratzen immer schneller / etwas weg von ihrem Teller / mit dem Messer hin und her, / als ob darauf ein Schmutz noch wär, / bohr'n die Gabel in den Braten, / als ob ein Knorpel reingeraten. / »Euch werd ich's zeigen!« brüllt sie runter. / Das Loch wird dadurch groß und runder. / In ihrem Schreck die beiden Buben / werfen die Knorpel durch die Stuben. / Man muß es gar nicht mehr erwähnen: / Sie landen zwischen Viktors Zähnen.«

Am 12. März kapitulierte Finnland gegenüber der Sowjetunion. Es musste die Karelische Landenge und Teile von Ostkarelien abtreten. Mich berührte mehr, wie lange wir den Konflikt mit Frl. Kirchmaier durchhalten würden. Irgendwann würden auch wir kapitulieren.

»17.3.40 Liebe Mutti … Wir freuen uns so sehr, daß Vati heimkommt. Hoffentlich ist es diesmal wahr! Unsere ganze

Hoffnung, daß wir zu Ostern heimdürfen, war schon weg, da die Schule statt am 1. April schon am 27. März anfängt ... Seit Weihnachten haben wir schon drei Filme gehabt. 2 von der H.J. aus und einen von der Schule aus. Sie hießen. ›Der zerbrochene Krug‹, ›Alarm in Peking‹ und ›Der Feldzug in Polen‹. Der erste war ein lustiger Film, der zweite handelte von einem Aufstand der Chinesen in Peking gegen die Weißen und der dritte zeigte Bilder aus dem Kampfe in Polen. Es sendet Dir, Vati und Mauserl viele herzliche Grüße Dein Michael.«

Der zerbrochene Krug war eine 1937 gedrehte Verfilmung des gleichnamigen Bühnenstücks von Heinrich von Kleist. Es war also keineswegs ein »lustiger Film«. Seine Aussage kann als regimekritisch verstanden werden: Durch die Entlarvung eines korrupten Richters gewinnt das einfache Volk eine Ahnung von künftiger Gerechtigkeit im Staate. Hitlers Reichspropagandaminister Joseph Goebbels hielt nichts von dem Film, vielleicht aus ebendiesem Grund, vielleicht aber auch bloß, weil die Hauptfigur, der korrupte Dorfrichter Adam, wie er selbst einen Klumpfuß hatte. Hitler hingegen schätzte den Film. Vielleicht witterte er eine Parallele: Das nach seiner Einschätzung korrupte Gerichtswesen der Weimarer Republik, also aus der Zeit vor seiner Machtergreifung, könne unter seiner Herrschaft endlich in den Dienst des »gesunden Volksempfindens« gestellt werden. Jedenfalls veranlasste er, dass der Film, der beim Publikum wenig Anklang fand, oft gezeigt wurde – nicht nur in Kinos, sondern offenbar eben auch in NS-Organisationen wie der HJ.

»Schweiklberg, 26.3.40 Liebe Mutti. Wir wurden von Frl. Viktoria gezwungen, Dir das Paket zu schicken. Seitdem habe ich einen fürchterlichen Haß auf sie. Wir währen zu Pater Elmar gegangen, aber sie ließ uns nicht aus den Augen. Sie redet von Dir immer nur mit ›die‹. Zum Beispiel: ›Die hat viel mehr Zeit als ich.‹ Frl. Viktoria hatte mich schon vor ein paar

Wochen ins Kloster getan. Auch Alexius ist jetzt heroben. Es geht uns gar nichts ab. Zu Ostern war es sehr schön heroben. Jeder bekam 7 Ostereier, einen ungefähr 5 cm dicken Striezel und ein liegendes, vielleicht 8–10 cm bis zum Rücken hohes Lamm. Am 28. geht die Schule an. Hoffentlich ist Vati frei geworden. Es sind schon seit einigen Wochen immer gefangene Polen da, die es auch auf eines meiner Wurstbröter von Ostern abgesehen hatten. Es kommt auch oft vor, daß einem Bruderzögling eine Tasse, ein Messer und Löffel o. eine Gabel mit Serviette fehlt. Wir wußten auch einige polnische Wörter, aber jetzt weiß ich nur noch ›Hosete‹ und ›Woscho en dschendobere‹ (man spricht es so aus) oder so ähnlich. Das erste heißt Vorsicht, das zweite aber ist irgend ein Schimpfsatz, wo Ochse vorkommt. Wenn wir im Bett liegen und es kommen Polen herein, so rufen wir immer ›Hosite‹ (wie es auch heißen mag) worauf sie meistens schleunigst verschwinden. Es grüßt Vati, Dich und Mauserl herzlich Dein [Alexius und] Michael. Von Frl. Viktoria extra keine Grüße, weil wir in dem Zettel im Paket welche schreiben mußten. Diktire die Briefe jetzt bitte immer an das Kloster.«

Die »gefangenen Polen« waren entweder ehemalige polnische Kriegsgefangene, die gegen die Verpflichtung, in Deutschland zu arbeiten, aus der Gefangenschaft entlassen worden waren, oder unmittelbar zur Zwangsarbeit verpflichtete Polen – insgesamt fast drei Millionen. Von dem Hunger, den sie litten, hatte ich keine Ahnung. Sie waren in Schweiklberg die ersten handfesten Zeichen des Krieges, doch wir bemerkten sie nicht. Wie oft ist mir in jenen Jahren mein Vater als Gefangener und Verfolgter begegnet, und ich erkannte ihn nicht.

Das Paket, das wir unserer Mutter schicken mussten, enthielt offenbar schmutzige oder defekte Wäsche und Kleidung. Frl. Kirchmaier weigerte sich, weiterhin für uns zu waschen und zu stopfen. Sie hatte viel Arbeit für das Kloster und musste zudem das Messerklinger-Haus für Übernachtungsgäste zur Verfügung halten.

Unsere Mutter antwortete am 14. April: »Meine lieben Buben! Für Euren Brief danke ich Euch herzlich. Dem Pullover muss ich die Ärmel anstricken, d. h. einen habe ich schon fertig und hoffe, in dieser Woche den zweiten machen zu können. Schickt es mir ruhig, wenn Ihr etwas zu richten habt, wenn es Frl. Viktoria nicht gerne tut. Nur dauert es bei mir immer etwas lang, weil ich ja sehr viel zu tun habe. Aber es macht ja nichts, wenn Frl. Viktoria das nicht versteht, ärgert Euch nicht darüber. Schliesslich hat sie viel Mühe mit Euch gehabt und sobald wir Geld haben, wird sie eines bekommen und alles wird gut sein. Warum seid Ihr denn ins Kloster hinauf gekommen? Und warum nicht beide zu gleicher Zeit? Und was ist mit den Zeugnissen? … Wir müssen halt noch durchhalten. Seid darum noch tapfere Buben. Natürlich telegrafiere ich Euch sofort, wenn Vati da ist und Ihr dürft dann kommen oder wir kommen zu Euch, gelt. Man kann ja so schwer etwas Bestimmtes in dieser unruhigen Zeit sagen. Nun diese Kriegsausdehnung im Norden. [Deutsche Truppen waren am 9. April in Dänemark und Norwegen eingefallen.] Aber lange dauert es ja nicht mehr, darum Kopf hoch! Gerade fällt mir noch ein, im Paket war nur ein Strumpf. Wenn ich alles zurückschicke, lege ich Euch etwas von Großvati zum naschen bei. Hier heißt es, dass wir im Mai schon keine Kartoffel mehr bekommen. Und sonst gibt es auch nichts mehr, nur etwas Sauerkraut und ein paar Dotschen [= die in Wien sehr beliebten böhmischen Tatschkerln (Taschen), die mit Pflaumenmus (»Powidl«) gefüllt werden]. Habe ich Euch schon geschrieben, dass ich Vati Brot bringen muss, weil er fast keines bekommt? Ich muss das aber von unseren Brotmarken machen. Trotzdem bin ich froh, dass ich etwas für ihn tun kann. Wenn die Polen so gerne stehlen, dann seid nur vorsichtig und lasst nichts herum liegen. Sperrt

Eure Sachen nur in Euren Kasten. Aber sonst seid nicht bös zu ihnen, es sind ja arme Menschen, denen man Furchtbares angetan hat. Und dann bedenkt, wenn einmal eine andere Zeit kommt! Wie geht es Alexius in der Schule? Schreibt mir doch darüber, gelt. Ach, wie gerne würde ich Euch zu mir holen, liebe Kinder. Ich hoffe aber doch, dass nun bald die Zeit kommt. Braucht Ihr Briefmarken? Oder sonst etwas? Schreibt es mir ruhig, wenn ich es besorgen kann, tu ich es, gelt. Liebe Kinder, lebt wohl, hoffentlich sehen wir uns bald wieder. Seid schön brav und rauft möglichst wenig. Mauserl schickt Euch auch viele Grüsse, so wie Eure Mutti ...«

»Und dann bedenkt, wenn einmal eine andere Zeit kommt«: ein gefährlicher Satz in jenen »noch nicht anderen« Zeiten. In falschen Händen hätte er ausgereicht, auch meine Mutter ins KZ zu bringen. Dieser Satz drückt die ganze Hoffnung aus, von der meine Mutter und mein Vater in jenen Jahren zehrten: »Einmal kommt der Tag der Gerechtigkeit.«

Nun sollte auch Alex in die Realschule übertreten. Nachdem wir die erforderlichen Papiere aus Wien erbeten hatten, schrieb uns unsere Mutter: »Meine lieben Kinder, gerade kam Alexius' Brieflein. Taufschein lege ich bei, Impfzeugnisse sind alle bei [dem Speditionshaus] Schenker, bei den Möbeln, wo ich nicht dazu kann. Wenn Du sie unbedingt brauchst, schreibe mir, dann werde ich schauen, ob ich Duplikate bekommen kann. Natürlich wird das schwierig sein, denn der Arzt, der Euch zum 1. Mal impfte, ist vor 2 Jahren gestorben ... Schickt mir, wenn möglich, Alexius' Taufschein wieder zurück, man vergisst in der heutigen Zeit alles zu schnell, wo man seine Siebensachen überall hat. Lebt wohl, vielleicht auf ein baldiges Wiedersehen. Eure Mutti mit Mausi.«

Postkarte aus Schweiklberg vom 16. April 1940: »Lieber Vati Du darfst nicht böse sein, weil wir Dir nicht schrieben. Aber wir glaubten es sei genug, wenn wir nur Grüße auf Muttis Brief schrieben. Deswegen aber haben wir Dich noch lange nicht vergessen. In der Schule gefällt es mir sehr gut. Englisch ist mein Lieblingsfach. Da habe ich immer einen Einser. Neulich war Jugendsekretär Volker in Schweiklberg, er sagte, daß er Dich gut kenne. Bei Frl. Viktoria habe ich immer Heimweh gehabt heroben aber nicht. Wir sind überhaupt einander nicht gut gesinnt. Viele herzliche Grüße von Deinem Michael.«[35]

Im Kloster hatten mein Bruder und ich kein eigenes Zimmer mehr, sondern nur jeder ein Bett im Schlafsaal der Bruderzöglinge. In mir festigte sich die Erfahrung, dass jedes Aufbegehren eine Ortsveränderung nach sich zog.

»Schweiklberg, 17.4.40 Liebe Mutti … Als ich ins Kloster herauf mußte ging es so zu: Es war an einem Sonntagmorgen. Ich mußte noch etwas holen. Ich sagte zu Frl. Viktoria: ›Jetzt bin ich schon so oft gegangen, Alexius soll auch einmal gehen.‹ Darauf wurde sie so zornig, daß ich am Nachmittag von ihr in das Kloster geschickt wurde. Alexius sollte nur vorläufig heroben bleiben, weil drunten auf ein paar Wochen Leute wohnten. Jetzt bleibt aber auch er heroben. Mein Zeugnis lautet: Biologie 1, Deutsch 2, Englisch 1, Erdkunde 3, Geschichte 1, Musik 5 (meine Entschuldigung von Weihnachten nicht vergessen!), Rechnen 2, Religion 1, Turnen 3. Bemerkung: Der körperlich gut entwickelte, begabte und kameradschaftliche Schüler zeigte guten Fleiss und tadelloses Betragen. Frl. Viktoria hat nur einen Strumpf geschickt, weil der andere nicht kaputt war. Wenn wir so Kleinigkeiten wie Briefmarken brauchen, mußt Du uns nichts schicken, weil wir es von den 4 Mark nehmen, die Du uns auf der Fahrt nach Vilshofen nach Weihnachten mitgegeben hast. Wir lesen nur noch Karl May die wir in der Pfarrbibliothek kostenlos haben können … Viele herzliche Grüße von Deinem Michael an Dich und Mauserl.«

Am 10. Mai 1940 fielen deutsche Truppen über Belgien und die Niederlande her – Ziel Frankreich. Am selben Tag schrieb uns unser Vater aus seinem Wiener Gefängnis. Sein konzentrierter Ernst erklärt sich vielleicht aus der neuen Kriegslage, vielleicht aber auch dadurch, dass er nur einmal im Monat eine Karte schreiben durfte und auf dieser dann alles Wesentliche unterbringen musste. »Meine lieben Buben! Grosse Realschüler vor dem Herrn! Ehrenwerte Söhne! Schon aus der gewaltigen Anrede, die ich Euch widme, müsst Ihr erkennen, dass mit den Jahren, die wir uns nun nicht gesehen haben, auch mein Respekt vor Euch gewachsen ist! Darüber hinaus, dass ich – trotz allem, was ich inzwischen als politischer Gefangener erlebt habe – Euer alter junger Vater geblieben bin. Denn mit dem Sinnspruch eines Rösselsprungs, den ich unlängst gelöst habe, sage ich mir (und Euch): ›O Mut, nur Mut in jeder Lage, Wo uns ein Dornenwald umstarrt! Die Morgenröte bess'rer Tage Glüht hinterm Berg der Gegenwart.‹ Lernt das gefälligst auswendig, rauft lustig weiter, seid tapfer, fleissig und fromm, parliert Euer frisch gelerntes Englisch, soviel Ihr könnt, damit Ihr vor mir bestehen könnt, denn ich kann es wirklich!, und lasst Euch in keiner Weise unterkriegen – so wie ich! Mit einem dreifachen Hoch und Hurrah! Auf Mutti und Mauserl Euer Vater. Grüsse und Empfehlungen nach allen Seiten, bes. dem H. H. Abt!«

Solche Diktion erreichte uns brave fromme Klosterbayerlein kaum mehr. Ich wollte, es wäre damals einiges davon in unsere klösterliche Frosch- und Blümchenwelt eingedrungen.

»Wien, 1.6.40 Meine lieben, lieben Kinder, für Eure Karten zu Pfingsten und Brieferl und Zeichnungen danke ich Euch recht sehr. Ich habe mich so gefreut, dass Ihr mir so liebe Bilder geschickt habt (zum Muttertag). Auch bin ich sehr froh darüber, dass Ihr es oben gut habt und Ihr gerne dort seid. Mauserl und mir geht es auch leidlich. Ihr könnt Euch vorstellen, dass ich mir viel Sorge um Vati mache und schon nicht mehr zu hoffen wage, dass er bald kommt. Wir wollen aber trotzdem tapfer durchhalten, wir alle zusammen. Gelt! Vati hat Euch geschrieben, ich lege Euch seine Karte bei. Er denkt mit Sehnsucht an Euch und ob Ihr ihn noch lieb habt. Ich habe ihm geschrieben, dass Ihr unsere lieben alten Buben seid und dass Ihr ihn genau so lieb habt wie in der Glanzinggasse. Wir haben doch glückliche Jahre dort gehabt, das dürfen wir nicht vergessen. Dass in der Schule alles in Ordnung ist, freut mich zu hören. Was habt Ihr denn in den Pfingstferien gemacht? Ach, ich wollte, ich könnte Euch schon zu mir holen. Mauserl hat sich sehr über Eure Karte gefreut und bittet Euch, ihm auch so ein schönes Bild zu zeichnen wie mir. Vielleicht eine Wiese mit Tulpen und Margariten und vielen Blumen, Vergissmeinnicht nicht zu vergessen! Vati hat sich auch über Eure Karten gefreut. Die Geldbeutel und Karten schicke ich am Montag weg, ich tu etwas Süsses dazu, eher hatte ich nichts … Viele, viele herzl. Grüsse sendet Euch Mauserl u. Eure Mutti. Und jedem einen Kuss …«

Für meine Mutter etwas zum Muttertag zu zeichnen befriedigte mich nicht, weil ich mich an die Konventionen halten musste: rotes Herz, blaue Vergissmeinnicht, kitschiger Vers. Und welche Symbole hätte ich meinem Vater zeichnen können? Er besaß Intelligenz, Mut, Beständigkeit – aber nicht immer. Manchmal war er nur noch verzweifelt und kleingläubig. Was er während seiner Gefangenschaft stets besaß, das waren Glaube, Überzeugung, Flöhe, Wanzen und Schnupfen. Schwer zu zeichnen. Ich hätte ihm ein gutes Schulzeugnis zeichnen können, als Versprechen. Das konnte ich ihm jedoch ebenso gut auch in natura schenken. Viele meiner Karikaturen zielten auf das Verhältnis von Tante Sophie zu meiner Schwester. In ihnen drückte ich meine Eifersucht aus. Mit Zeichnungen für meinen Vater hätte ich Sehnsucht ausdrücken können. Doch wie sehr und in welchen Abständen empfand ich die noch? Ich hatte meinen Vater lange nicht mehr gesehen. Kinder sind Realisten. Sie haben keine große Möglichkeit, ihre Wirklichkeit zu gestalten. Also passen sie sich ihr an, auch emotional. Was für Kinder zählt, ist die Gegenwart. Aus meiner Gegenwart war mein Vater herausgeholt worden. Es gab ihn eigentlich nur noch auf dem Papier – in unserer Korrespondenz.

An dem Tag, als Italien an der Seite Deutschlands in den Krieg gegen England und Frankreich eintrat, schrieb unsere Mutter: »Wien, 10.6.40 Meine lieben Buben, nun kommt das Packerl erst eine Woche später, weil ich die versprochenen Süssigkeiten nicht eher zusammenbekommen konnte. Lasst Euch alles recht gut schmecken und teilt alles zusammen. Von Vati habe ich leider keine guten Nachrichten, er muss wieder dorthin, wo er an Weihnachten war [= in das KZ Buchenwald]. Ihr könnt Euch denken, was ich mir deswegen für Sorgen mache! ... Wann beginnen Eure Ferien? Würdet Ihr gerne herkommen, wenn ich es finanziell machen kann, was ich heute noch nicht weiss? Würde es Euch nicht zu langweilig sein, denn Ausflüge machen könnte ich kaum mit Euch. Meine Schreibarbeiten nehmen zwar jetzt wegen Papiermangel ab, aber die Einkauferei etc. braucht dafür umso mehr Zeit. Müssen sich die Leute in Vilshofen auch anstellen? Und die Züge sind jetzt recht unzuverlässig. Könntet Ihr allein fahren? Überlegt es Euch, gelt. Ich würde Euch gerne hier haben, weiss aber wie gesagt, noch nicht, ob ich genügend Geld bis dahin habe. – Viele, viele herzl. Grüsse (auch vom Mauserl), Eure Mutti.«

Um Geld zu verdienen, hatte meine Mutter Tipparbeiten für ein Vertriebsbüro angenommen, das Zeitungen mit politisch unverfänglichen Feuilletons versorgte. Cornelia legte das Kohlepapier ein, ich tippte, wenn ich in Wien war, abwechselnd mit meiner Mutter – fünf Durchschläge, Zweifingersystem. Ich wurde ein versierter Zweifinger-Tipper und bin es geblieben. Ich fühlte mich den Autoren, deren Texte ich abtippte, nahe. Einen literarischen Text abzutippen stellt einen engeren Kontakt zu ihm her, als ihn einfach zu lesen. Man muss sich Wort für Wort erarbeiten, darf nichts überspringen. Auch der Autor erarbeitete sich damals seinen Text auf diese Weise: Er saß an der Maschine und tippte. Manchmal konnte ich kaum der Versuchung widerstehen, in den Text, den ich abtippte, etwas Eigenes einzuschmuggeln. So öde diese Tipparbeit war, schien sie mir doch der Anfang meiner Schriftstellerkarriere zu sein. Was für eine Chance! Ich brauchte nur den Text des Autors ganz durch meinen eigenen zu ersetzen, und schon würde ich gedruckt werden!

Am 15. Juni 1940 marschierte die Rote Armee in Litauen und zwei Tage später in Lettland und Estland ein. Hitler hatte diese völkerrechtswidrige Aggression geduldet – natürlich gegen Entgelt. Die Sowjets hatten ihm bei der Teilung Polens territoriale Zugeständnisse gemacht. Im Baltikum stimmten unter dem Druck der sowjetischen Besatzung neu »gewählte« Parlamente der auch formellen Eingliederung der drei Staaten in die Sowjetunion zu. Hitler und Stalin räumten systematisch ab. Sie machten sich nicht mehr die Mühe, für ihre Annexionen mehr als bloß lächerliche Vorwände zu basteln.

»Samstag, den 15.6.40 Liebe Mutti. Wir haben Deinen Brief und gerade vorher Dein Packerl erhalten und danken Dir herzlich dafür. Besondere Freude machte uns das Geld, mit dem Geldbeutel. Auf dem Stempel von Vatis letztem Brief stand, daß wir ihm nur alle vier Wochen schreiben dürfen. Ist das wahr? Und dürfen wir ihm jetzt noch schreiben? … Wir wissen noch nicht, wann unsere Ferien beginnen. Wahrscheinlich in einem Wenigen über einen Monat. Wir würden sehr gerne zu Dir kommen, wenn es Dir möglich ist. Wir hätten Dich immer gefragt, ob wir heimfahren dürfen. Die Zeit wird uns bestimmt nicht zu lang. Wir möchten auch so gern einmal allein fahren, aber ich glaube, daß man es uns nicht erlauben wird. Ich habe mir gestern beim Turnen den halben Zehennagel der linken großen Zehe weggerissen.

Auf Veranlassung des Turnlehrers mußte ich zum Arzt gehen. Es blutete am Anfang sehr stark und auch das Gefühl war und ist jetzt noch kein rosiges. Ich konnte heute nicht zur Schule gehen und muß den ganzen Tag im Bett bleiben ... Ich habe für Tante Sophie ein Gedicht gemacht. Es lautet:

Die Tante Sophie und das Mauserl / zum Baden gehen sie, / und das kleine Lauserl / ins Wasser fiel und schrie. / Es hat eine Perücke, / die löset sich vom Kopf, / Tante Sophie beugt sich über die Brücke / und glaubt, sie hat den Schopf. / Aber nein, sie ist im Irrtum, / denn plötzlich dreht sie sich herum, / an ihren Füßen ziehn ganz munter / zwei kleine Händchen sie herunter / von ihrem auserwählten Platz / in das dunkelgrüne Naß. / Sie schreit auf, was soll sie machen?! / Sie hört nur noch das Mauserl lachen, / das aus dem Wasser kommt, verschmiert, / und Tante Sophies Akten buchstabiert. / Bald kommt die Letztgenannte ans Tageslicht, / aber sie sieht ihren Liebling nicht. / Der hat sich aus dem Staub gemacht / und noch dazu sie ausgelacht. / Doch die Moral von der Geschicht: / man traue kleinen Kindern nicht. Nun habe ich keinen Platz mehr. Schade! Viele tausend Grüße von Deinem Michael.«

Am 22. Juni ergab sich Frankreich. Das britische Expeditionsheer hatte sich bei Dünkirchen unter erheblichen Verlusten gerade noch auf die Insel zurückretten können. Ein großer Teil Frankreichs blieb von deutschen Truppen besetzt, und nur für den unbesetzten Süden erlaubten die Deutschen die Bildung einer Regierung mit beschränkten Befugnissen. Ebenfalls im Juni annektierte die Sowjetunion Bessarabien und Teile der Bukowina von Rumänien. Die meisten Bessarabien-Deutschen wurden nach Deutschland umgesiedelt. Nachdem Hitler seinen Plan, nach der Niederwerfung Frankreichs in England zu landen, hatte aufgeben müssen, begann er die »Luftschlacht um England« mit der Bombardierung englischer Städte und Industriezentren. Dies war die erste

»Schlacht«, die er in seinem Krieg verlor: Immer öfter drehten die Engländer, von den USA über den Atlantik mit Hilfsgütern unterstützt, den Spieß um und bombardierten nun ihrerseits deutsche Städte. Hitler wollte den Nachschub aus den USA unterbinden und begann die »Schlacht im Atlantik«: Deutsche U-Boote sollten möglichst viele Geleitzug-Schiffe versenken. Als das neu entwickelte Radar die Briten in die Lage versetzte, die deutschen U-Boote zu orten, wurden die deutschen Verluste so hoch, dass die Aktion (am 24. Mai 1943) abgebrochen werden musste: eine weitere große deutsche Niederlage. Doch diese Niederlagen drangen nicht gleich in das allgemeine Bewusstsein der deutschen Bevölkerung ein. Noch längere Zeit glaubten die meisten Deutschen an die Unbesiegbarkeit ihrer Soldaten an »der Front«, die sich immer weiter ausdehnte und verästelte.

»Wien, 30.6.40 Meine lieben Kinder! ... Also es ist entschieden: Ihr dürft kommen. Mauserl und ich freuen uns schon sehr. Ihr auch? Vor einiger Zeit stand bei uns in der Zeitung, daß die Ferien im ganzen Reich am 6.7. beginnen. Fragt doch bei Euren Lehrern an mit der Begründung, daß Ihr es wegen der Fahrkarten wissen müßt. Und neulich stand ebenfalls in der Zeitung, daß man bei Benützung von Schnellzügen 5 Tage vorher schon eigene Bewilligungskarten oder wie das Zeugs hieß, lösen muß. Fragt auch an, ob Ihr Ferienkarten bekommt, die sind ja wesentlich billiger. Wenn man Euch dann bis Passau bringt, ist es mir sehr recht, von dort aus könnt Ihr ganz gut allein fahren, ich habe gar nichts dagegen. Nur die Sicherheit möchte ich haben, daß Ihr in den richtigen Zug kommt (in Passau) und womöglich ordentliche Plätze habt. Ihr werdet ja keine Dummheiten im Zug machen, gelt? Soll ich Fahrgeld schicken oder hat Vater Abt noch etwas von Großvater? Wenn nicht, gebt es mir rechtzeitig bekannt, daß Ihr es möglichst bald habt. Und schreibt mir genau, an welchem Tag Ihr kommt, damit ich Euch abholen kann. Und fahrt, wenn möglich, am Tag, gelt. Bringt Eure Rucksäcke mit und die Thermosflaschen. Vielleicht können wir einmal einen kleinen Ausflug machen, in den Wienerwald … Bringt auch die Seifenkarten mit und alle anderen Karten, gelt. Wir müssen halt fest Gemüse essen und irgendwie wird es schon gehen. Wenn ich Glück habe, trifft mich das Geflügel wieder wie an Weihnachten, ich würde mich sehr darüber freuen, Euretwegen. Wie geht es Michaels großer Zehe? Daß er nicht in die Schule konnte, wird ihm sicherlich nicht sehr leid getan haben. Oder? Kann er schon wieder ›hatschen‹? Jedenfalls bin ich schon darüber erschrocken und weh hat es sicher auch sehr getan. Michaels Gedicht hat uns allen sehr gefallen, besonders der Schluß mit der ›Moral von der Geschicht‹. Aber trotzdem freut sich Euer Schwesterl unbändig auf Euch. In der Früh ist ihr erstes Wort: Unser Vati und die Brüder kommen bald. Werdet Ihr viel raufen? Ich werde euch einspannen, Ihr müßt mir auch etwas helfen, wollt Ihr? … An Vati darf man eigentlich nur alle Monate eine Karte schreiben, aber wenn man jede Woche eine schreibt, geht sie auch durch die Zensur. Und wenn Ihr geschrieben habt, waren es sogar zwei in der Woche. Aber Vati kann uns nur einmal im Monat schreiben. Ich hoffe aber, ihn in nächster Zeit wiederzusehen, wenn er zu Gericht geführt wird wegen Zeugenaussagen. Wenn Ihr dann schon da seid, dürft Ihr mitgehen, gelt. Und sollte es schon vorbei sein, dann gehen wir alle zusammen auf die Gestapo und suchen um Sprecherlaubnis an. Ich bringe ihm jetzt jede Woche eine Menge zu essen hinein, es wird meistens alles angenommen. Liebe Kinder, ich freue mich schon sehr, daß ich Euch diesmal lange bei mir haben kann. Und wer weiß, was bis in den Herbst ist. Vielleicht könnt Ihr ganz bei mir bleiben. Ich wäre schon recht froh darüber. Erkundigt Euch über alles gut und gebt mir rechtzeitig Nachricht, ob Ihr Geld braucht und wann Ihr kommt. Wenn ich nicht vergesse, lege ich Euch noch ein paar Mark morgen ins Kuvert, damit Ihr Euch im Zug ein Kracherl kaufen könnt oder eine Wurstsemmmel, wenn Ihr unterwegs Hunger oder Durst haben solltet. Lebt wohl, liebe Buben, auf ein baldiges Wiedersehen freut sich das Mauserl und Eure Mutti. Fragt auch bei der Kartenstelle, ob es für Magermilch für Euch auch Reisekarten gibt. Sonst bekommt Ihr hier keine Magermilch.«

Und auf einem beigelegten Zettel: »Liebe Kinder, gerade erfahre ich, dass Vati am 20.7. ausgeführt wird. Natürlich gehen Mausi und ich hin, um ihn zu sehen. Schade, dass Ihr noch nicht hier seid. Gelt, das geht nicht, dass Ihr schon früher schulfrei bekommt, so dass Ihr am 19. abends hier sein könntet? Wenn es Euch nicht möglich ist, dann macht es nichts. Vati hätte sich nur sehr gefreut, wenn er Euch gesehen hätte, er hat grosse Sehnsucht nach Euch. Macht es nur, wie es gut geht. In Eile viele Busserl Eure Mutti.«

Am 10. Juli schrieb ich, noch aus Schweiklberg, an Tante Sophie. Meinem Brief legte ich ein Gedicht bei: »Sofie fährt nach Afrika / In das Ländchen Kanada. / Dieses gehört zu Germany / Ist jetzt belgische Kolonie. / Dort schüttelte sie die Kokosnüsse / In die Donau und in andere Flüsse / Und kaufte die Bananen / Von den Markomannen. / Letzte sind gebürtig in / Dem Fischerdorf Berlin. / Sie geht die Straßen von Algier / Auf und ab und kauft sich 'ne Maß Bier. / Das Bier kühlt, wenn es kalt ist, und tut gut, / In der Hitze aber erwärmt es das Blut. / Ja, ja, so schaut es aus in der Welt, / Wenn man nicht alles verkehrt erzählt.«

Mein letzter Brief aus Schweiklberg vor den Sommerferien, an meinem Geburtstag: »29.7.40 Liebe Mutti! Heute haben wir Deinen Brief erhalten. Wir danken Dir herzlich dafür. Du fragst uns, ob wir dem Bruder Jonas die Andenken nicht gegeben haben. Du hast sie uns für Bruder Jordan gekauft, nicht für Bruder Jonas. Bruder Jordan hat sich sehr über den Stephansdom und die Photographien gefreut ... Die

Maniküre gefällt uns sehr gut. Hoffentlich hat sie Dich nicht zu viel gekostet. Wir danken Dir herzlich für die vier Mark. 2.50 M haben die Sachen im Paket gekostet, da bleibt uns noch 1.50 M übrig. Ist das nicht zu viel? Wenn Du jetzt so wenig Geld hast, darfst Du ruhig unseres hernehmen, es sind immerhin ungefähr 15 M. Viele herzliche Grüße an Dich und Mauserl von Deinem Michael.«

Nach Wien fuhren wir diesmal mit der Wiener Donaudampfschifffahrtsgesellschaft. Die transportierte auch damals schon Träume – von Backhendln, Wachauer Wein, molligen Madeln, Freiheit aus der Gefangenschaft, langen Ferien, Kriegsende siegreich oder umgekehrt, Lotteriehauptgewinn, Ausschlafen, der schönste aber: heim nach Wien. Dem Ziel entgegenwarten. Das rhythmische Stampfen der Maschinen hatte nichts Militärisches, vermittelte brave, gehorsame Zielgerichtetheit, maschinelle Unterstützung der Fließrichtung Wien. Stift Melk und Stift Göttweig lockten mit gregorianischen Gesängen. Wir zogen in sicherer Entfernung vorbei. An wie viel Sehenswertem mag ich in meinem Leben interesselos vorbeigezogen sein?

Auf der Ritterburg Dürnstein war Prinz Löwenherz, auch er heimkehrend, gefangen gehalten worden, bis das Lösegeld eintraf. Wie viele Lösegeld hätte meine Mutter für meinen Vater anbieten müssen, um ihn freizubekommen? Die Nazis hätten meiner Mutter gesagt: Deinen Mann kriegst du nicht mal für eine Million. Doch jedes Ding hat seinen Preis. Die Nazis hätten nicht ihr immer wertloser werdendes Geld verlangt. Sie hätten die Denunzierung regimekritischer Freunde verlangt. Wäre meine Mutter darauf eingegangen, um ihren Mann wiederzuhaben?

Auf unserem Donaudampfschifffahrtsgesellschaftsdampfer war alles so wunderbar normal. Das Schiff würde nicht den Kurs wechseln, nicht umkehren, würde uns fahrplangetreu ans ersehnte Ziel bringen – langsam, aber zuverlässig.

Keine Ausweiskontrolle, Marschmusik, Deutsche Trarawochenschau, politische Durchsage, Propaganda. Nur das Wellengeplätscher an den Planken, das gleichmäßige Rattern der Schaufelräder, das brave Stampfen der Kolben, der graue Geist aus dem Schornstein – alles normal und doch besonders, kein Gedanke an Schiffbruch. Wasserstraße der begrenzten, langsamen, umso zuverlässigeren Freiheit. Bloß raufen durften wir nicht.

Wir spielten Schafkopf und tranken Himbeerlimonade. Wir trieben das beliebte Spiel, den Namen der Gesellschaft, der das Schiff gehörte, zum längsten Wort auszuweiten: Donaudampfschifffahrtsgesellschaftskapitänskajütentürschlüsselbund. Je länger die Fahrt dauerte, desto mehr Wortteile ließen wir am Ende des Ungetüms weg. Als bloß noch die Donau geblieben war, spielten wir das Spiel umgekehrt. Daheim – ah, Heim – Heim – im – Mhhh. Da waren wir fast schon in Wien. Ich freute mich auf die vor mir liegenden Tage und hatte zugleich Angst vor ihrem Ende.

Am Handelskai wurden wir begrüßt wie Weltreisende. Wir hatten in der Tat eine Unmenge erlebt: eine Unmenge Vorfreude.

Ich spürte, dass unser bayrisches Exil mit der Dauer der Gefangenschaft unseres Vaters zeitlich gekoppelt war. Oder im günstigeren Fall: Wer, wenn unsere Eltern es nicht mehr vermochten, würde uns aus dem Kloster erlösen? Der liebe Gott? Der Teufel? Ein Zufall? Mein Schutzengel? Old Shatterhand? Ein Befreiungskommando der Alliierten? Keiner von allen, stellte sich bald heraus. Ich wäre nie darauf gekommen, wer es schließlich war.

Unsere Mutter fährt mit dem D-Zug in die Höhle des Löwen

Unsere Wiener Sommerferien gestalteten sich dramatischer als erwartet. Unsere Mutter hatte geplant, nach Berlin zu fahren, um zu versuchen, im Zentrum der meinen Vater niederdrückenden Macht seine Freilassung zu erreichen. Sie führte ja seine Inhaftierung auf Irrtum, Infamie, Verleumdung und Intrige zurück und hoffte immer noch, diese »Eiterblase« anstechen zu können. Oft genug hatte sie es in ihren offiziellen Briefen ins Gefängnis versucht – meinend, ihr Zensor, zu dem sie im Laufe der Zeit eine Art persönliches Hoffnungsverhältnis entwickelte, werde ihre Empörung an die zuständigen Referenten der Gestapo weiterleiten. Das war natürlich nie geschehen. Nun wollte sie es direkt in Berlin versuchen. Sie hatte diese Aktion mit meinem Vater abgesprochen und sein Einverständnis erhalten. Doch er war nicht mehr so naiv gläubig wie sie. Sie erwartete, in Berlin wenigstens einige anständige Menschen anzutreffen, die das unserem Vater angetane Unrecht erkannten und mit unserer Not ein Einsehen hatten. Mein Vater hatte diesen Glauben verloren. Aber auch er hatte noch nicht ganz aufgehört, auf ein Einsehen wenn schon nicht der Menschen, so wenigstens Gottes zu vertrauen, der schließlich doch noch die Mächtigen zur Umkehr bewegen vermöchte – durch einen Akt, der nur den blinden Menschenwesen als Wunder erscheinen würde.

Aus einem Kassiber meines Vaters vom 30. Juli 1940: »Meine liebe Rita: Bevor ich gestern Deine Karte vom 26. Juli erhielt, war ich der Meinung, Du seiest schon in Berlin! ... Der Sinn Deiner Reise war, zu versuchen, ob Du als Frau irgendetwas beschleunigen oder erreichen könntest ... Das Wichtigste ist nur, dass Du nicht in den Vorzimmern hängen bleibst, sondern sowohl in der Kanzlei wie in der Gestapo (wenn Du dort überhaupt hingehen musst) gleich zum zuständigen Mann kommst … Fahre, bitte, falls es nicht überhaupt zu spät wird, nicht bei Nacht – wegen der Fliegerangriffe! … Fahre also über Tag, vielleicht an einem Samstag, dann kannst Du am Sonntag ausruhen, die Besuche bei [Bruder] Karl und Oma [Missong] machen, die telefonischen Erkundigungen einziehen und Montags alles erledigen, Dienstag oder Mittwoch untertags dann zurückfahren … Hoffentlich sind die Kinder irgendwo unterzubringen! Es macht mir viel Sorge, dass sie Dich so quälen … Die Anwesenheit der Kinder in Wien macht mir jetzt die Haft noch schwerer: ich möchte doch einmal wieder auf sie Einfluss nehmen können!«

Meine Mutter hatte ihre Berlin-Reise für Samstag, den 27. Juli, geplant, um ihre Behördengänge am darauf folgenden Montag erledigen zu können. Doch dann war die Ankunft ihrer beiden Söhne aus Schweiklberg dazwischengekommen. So musste sie die Reise verschieben. So sehr beanspruchten wir sie. Wild, wie wir waren, wäre es ihr vielleicht nicht ungelegen gekommen, hätte unser Vater auf uns so Einfluss nehmen können, wie er es sich vorstellte. Ich hingegen war auf solcherlei Einfluss nicht erpicht. Er dachte an Erziehung und Bildung, ich an Freiheit in Geborgenheit. Meine Mutter neigte zur Nachgiebigkeit. Ich hielt es für positive, mir persönlich geltende Toleranz. Erst später merkte ich, dass es auch erschöpfungsbedingte Gleichgültigkeit gewesen war. In den sieben Jahren der Gefangenschaft meines Vaters hatte sie immer nur gekämpft, war für uns da gewesen, hatte nie geklagt, war nie verzagt. Dafür reichte ihre Kraft auf die Dauer eigentlich nicht. So hatte sie ihren beiden Söhne manches durchgehen lassen, was mein Vater unterbunden hätte. Nach seiner Rückkehr aus der Gefangenschaft einige Jahre später war ihre Kraft endgültig erschöpft. Nun erwartete sie, dass alles umgekehrt wäre. Sie wechselte in diesem Spiel um

Verantwortung und Zuständigkeit einfach die Seiten. Mein Vater seinerseits verfolgte Ziele, ergriff Initiativen, intervenierte, führte die Zügel, leitete an, war Vorbild. Davon fühlte ich mich, als die Familie ab 1945 wieder zusammen war, überfordert, obwohl ich auch die positive Seite sah. So schlimm es klingen mag: Ich weiß nicht, ob diese armseligen Ferien in Wien so schön für mich gewesen wären, hätte mein Vater auf mich wieder Einfluss nehmen können.

Meine Mutter nahm sich etwas Zeit, ihre Reise vorzubereiten. Neben der üblichen Plackerei – Geld beschaffen, Fahrkarten kaufen, Unterkunft organisieren, Termine planen, Koffer packen – musste sie den wöchentlichen Wechsel der Wäsche ihres inhaftierten Mannes vorbereiten, uns genügend Geld, Lebensmittel und Ermahnungen hinterlassen und klären, ob die fünfeinhalbjährige Cornelia für mehrere Tage irgendwo unterkommen konnte, vorzugsweise bei Tante Sophie, die freilich berufstätig war. So vergingen zwei Wochen, bis meine Mutter sich schließlich am Sonntag, den 11. August, in den D-Zug nach Berlin setzen konnte.

Mein Vater in einem Kassiber: »Ich habe Dich mit meinen Gedanken, Wünschen und Gebeten getreulich begleitet. Am Sonntag fuhr ich mit Dir zum Ostbahnhof, dann um 11 Uhr weg über Lundenburg oder Gmünd hinauf durch Böhmen, Schlesien bis Berlin, wo Du wohl zwischen 9 und 10 Uhr abends angekommen bist. Ich ging mit Dir ins Excelsior oder zu [Bruder] Karl (ich weiß nicht, ob Du ihm vielleicht telegrafiert hast, wahrscheinlich nicht) … Vielleicht hatte Karl Theaterkarten und Du konntest Dich wenigstens abends vergnügen, um die Tagessorgen wegzubringen. Die Abwechslung der Fahrt und des Aufenthaltes dort hat Dich doch, trotz allen Scherereien, etwas aus dem hiesigen Alltagsgehetze herausgeführt. Hast Du während der Fahrt einen interessanten Detektivroman bekommen? Oder konntest Du Dich während der Fahrt nicht konzentrieren?«

Es störte Alex und mich nicht, das wir nun vier Tage auf uns gestellt waren. Wir waren ans Alleinsein gewöhnt und genossen das Mehr an Freiheit, auch wenn sie durch zusätzliche Pflichten eingeschränkt war. Am Montag, den 12. August, informierten wir unseren Vater. »Lieber Vati Heute schreiben wir allein Dir eine Karte, weil Mutti schon fortgefahren ist. Uns geht es hier sehr gut. Wir spielen meistens im Garten Versteckerl oder Domino. Viele herzliche Grüße von Mauserl und Deinem Mike.« Alexius: »Lieber Vati Wie Dir Michael geschrieben hat ist Mutti schon fortgefahren. Uns geht es hier ganz gut. Mauserl ist sehr lustig. Wir werden Dir am Donnerstag wahrscheinlich die Wäsche bringen. Viele herzl. Grüße von Deinem Alexius …«

Am Montagabend kam Tante Sophie und holte das Mauserl ab. Sie war offensichtlich glücklich, das Kind vier ganze Tage für sich zu haben. Das Mauserl hingegen, so spürte ich innerlich triumphierend, war hin- und hergerissen. Sicher freute es sich darauf, bei Tante Sophie als kleine Prinzessin verwöhnt zu werden. Andererseits wärc es gerne auch mit ihren beiden großen »Blüdern« herumgetollt, im Genuss von mehr Rücksichtnahme und Ritterlichkeit als sonst.

Offenbar hatte unsere Karte unseren Vater am Dienstag noch nicht erreicht. Denn an jenem Tag, den 13. August, schrieb er in einem in den Saum seiner Schmutzwäsche eingenähten Kassiber, den unsere Mutter bei ihrer Rückkehr vorfinden sollte: »Morgen [Mittwoch] wirst Du wohl aus Berlin noch nicht zurück sein; jemand anderer wird wahrscheinlich die Wäsche [am Donnerstag] bringen: Sofie oder gar Wastls. Jedenfalls begrüße ich Dich wieder herzlich in Wien! Hoffentlich war das Ganze nicht allzu anstrengend für Dich, besonders die Nervenanspannung durch Warten und immer kurz vor Deinen Vorsprachen in den Ämtern … Schön wäre es natürlich, wenn Du mit dem Erfolg der Reise zufrieden wärest … Nun, wir werden sehen, was Du aus Berlin bringst und was uns die Vorsehung in diesem Spätsommer noch an Überraschungen beschert. – Wird es möglich sein, den Buben Mäntel zu beschaffen? Lass' notfalls meinen alten Frühjahrsmantel wenigstens für einen umarbeiten! Und kaufe ihnen, wenn Du Geld bekommst, ehe sie wegfahren, die Uhren! Das Schulgeld in Schweiklberg müssen wir jetzt auch bezahlen! Von der Liebe der Buben zu mir halte ich wirklich nicht viel, wenn sie im Alter von 12 Jahren nicht einmal zu einer gelegentlichen Karte ausreicht. Ich habe in diesem Alter sogar Heubergers [den Pflegeeltern] regelmäßig geschrieben! Nein, nein: aus den Augen – aus dem Sinn! Ich war ihnen ja ein ganz netter und lustiger Vater (der ich ihnen bleiben will, wenn ich es erlebe!), aber nach ein bisschen Traurigsein wäre ich rasch so gut wie vergessen, wenn Du die Erinnerung nicht wach halten würdest. Na ja, vielleicht wird's später einmal besser, wenn ich sie mir zu erwachsenen Freunden machen kann …«

Dass unser Vater ausgerechnet an dem Tag, an dem unsere Postkarte an ihn unterwegs war – mit der Ankündigung, wir würden ihm drei Tage später seine frische Wäsche bringen –, sich darüber beschwerte, wir würden ihm nicht einmal eine Karte schreiben, war ein grotesker Zufall. Natürlich machte seine Seelennot die Vorwurfshaltung verständlich. Und dennoch …

Am Donnerstag holten Alex und ich hinter dem großen Regal die Einkaufstasche hervor, in der Mutti die frische Wäsche für unseren Vater verstaut hatte, setzten uns in die Straßenbahn und fuhren zur Rossauerlände. Den Weg kannten wir ja. Nun standen wir in der Schlange und waren sehr aufgeregt. Vor uns einige Frauen, alle mit einer großen Tasche, alle ungefähr im Alter unserer Mutter, alle mit verhärmtem Aussehen und ärmlich gekleidet, einige mit Kopftüchern. Hinter uns dasselbe. Einige der Frauen flüsterten miteinander. Es war offensichlich, dass sie einander kannten. Mir war bewusst, dass ich meinem Vater räumlich sehr nahe war und trotzdem sehr weit von ihm weg. Die Warteschlange hatte sich vor einer Art Schranke gebildet, hinter der ein Uniformierter streng, aber nicht unfreundlich seines Amtes waltete. »Nächste!« Die Frau vor uns hielt ihm ihre weit geöffnete Tasche hin. »Name!« Die Frau nannte einen Namen. Der Beamte fingerte in der Tasche herum, aber nicht gründlich, eher routiniert nebenher. Dann reichte er die Tasche nach hinten weiter, den Namen wiederholend. »Nächste!« Mein Herz klopfte. Ich stemmte Muttis Tasche hoch. War etwas in der Wäsche versteckt? Würde der Mann nur flüchtig kontrollieren, weil wir Kinder waren, oder eben deshalb besonders gründlich, weil er sich ausrechnete, dass unsere Mutter sich diesen besonderen Umstand zunutze gemacht haben konnte? »Name!« – »Prokurist Doktor Eugen Michael Kogon.« »Fa-mi-li-en-na-me!« – »Kogon.« Der Beamte griff sich die Tasche und reichte sie unkontrolliert nach hinten. Ich atmete auf und wandte mich schleunigst dem Ausgang zu. »Halt, Bürscherl!« Um Gottes willen! Was würde jetzt kommen? Langsam drehte ich mich zurück. Ich wagte nicht aufzublicken. Da sah ich schon in der Hand vor meiner Nase das in den *Völkischen Beobachter* eingewickelte Bündel: die Schmutzwäsche meines Vaters. Wortlos nahm ich es entgegen und machte mich endgültig davon. Ich hörte noch die Stimme des Mannes: »Nächste!« »Name!« »Nächste!« »Name!« Noch in der Straßenbahn hatte ich sie im Ohr. Ich umklammerte das Bündel Schmutzwäsche wie einen Schatz. »Idiot«, sagte mein Bruder. »Wer?« fragte ich. »Du«, sagte mein Bruder. »Warum?« fragte ich. »Du hast Angst gehabt«, sagte mein Bruder.

Kaum waren wir wieder in der Missongschen Wohnung, trafen dort fast zur gleichen Zeit Tante Sophie mit dem Mauserl und unsere Mutter ein. Mutti umarmte das Mauserl, noch bevor sie ihren Koffer abgestellt hatte. Dann kamen ihre beiden Söhne und schließlich Tante Sophie an die Reihe. Alles gut gegangen? Das Mauserl war ja soo lieb. Und wie war's in Berlin? Schulterzucken. Nachdem Tante Sophie sich verabschiedet hatte, wickelte Mutti die Schmutzwäsche aus, durchwühlte sie, zog ein Hemd heraus, tastete es ab, griff sich eine Schere und verschwand damit in der Toilette. Damals verstand ich nicht, was das bedeutete, doch ich hatte mich daran gewöhnt und kümmerte mich nicht darum.

Hauptsache, Mutti war zurück. Ihre Anwesenheit besagte mir, dass alles in Ordnung war. Dass Vati nicht freikam, besagte andererseits, dass nichts in Ordnung war. Was hatte Mutti für ihn in Berlin erreicht? Vermutlich nichts. Sie sprach mit uns nicht darüber. Auch gut. Hauptsache, sie war wieder da. Wir genossen weiterhin unsere Ferien.

Spätsommer, Herbst und Winter 1940

Am 27. August schrieb ich meinem Vater: »Herrn Dr. Eugen Kogon, Wien IX, Rossauerlände 7–9/73a. Lieber Vati, am Samstag gingen wir zu Gottlieb, Hans und Mimi [den drei erwachsenen Kindern der Familie Aigner]. Alexius fuhr mit der Bahn nach Deutsch-Wagram und ich kam zu Rad mit Hansl und seinem Vater am Samstag in der Früh nach. Am Abend fuhren wir wieder zurück, natürlich mit dem Rad. In Deutsch-Wagram lernten wir noch Manches, was zum Radelfahren gehört. Uns gefiel es sehr gut. Es grüßt Dich herzlich Dein Michael.« Dazu Alex: »Lieber Vati, In Deutsch-Wagram wir fuhren den ganzen Tag mit dem Rad. Am Montag war ich im Kino es hieß ›Schabernack‹ war sehr lustig und schön. Viele herzl. Grüße von Deinem Alexius.«

Die Fahrräder hatte die Familie Aigner für uns geliehen. Wir hatten vor dem Ausflug schon in Wien mit Gottlieb das

Radfahren gelernt und geübt. Sich leichthin fortbewegen aus eigener Kraft, schnell sein, nicht mehr zu den Allerärmsten gehören, den Fahrtwind spüren wie früher im Auto, die Richtung bestimmen – neue Erfahrungen, wunderschön.

Am 2. September hatte meine Mutter meinem Vater eine wichtige Mitteilung zu übermitteln: »Mein geliebter Vat, Dein Sohn hat vor einiger Zeit wieder ein Gedicht verbrochen. Tante Sophie ist ja ein dankbares Opfer. Es lautet [folgt das Gedicht, das ich am 10. Juli an Tante Sophie geschickt hatte] ... Mit den Kindern geh ich heute auf den Prater. Namenstage haben wir noch immer nicht gefeiert, da es uns ohne Dich keine Freude macht. Die Kinder lassen Dich herzl. grüssen, ich küsse Dich. D. Rita. Mauserl-Lauserl sendet Dir Extra-Bussi u. Grüsse.«

In meinem Gedicht spürte mein Vater vielleicht die Begabung, die er in meinen braven Berichten über Wetter, Blumen, Fliegen und Frösche vermisst haben mochte. Er fertigte sogar eine Abschrift an – mit einigen stilistischen Verbesserungen. Später war er als Herausgeber der *Frankfurter Hefte* gefürchtet, weil er jeden zur Veröffentlichung eingereichten Beitrag gründlich überarbeitete (»einrichtete«).

Manchen Sonntagnachmittag und -abend verbrachten wir beim Ehepaar Wastl, obwohl die Gestapo meiner Mutter diesen Kontakt verboten hatte. Die Wastls bewohnten in einer Seitengasse der Hohen Warte, in der Perntergasse 5, ein verwinkeltes kleines Haus in einem verwunschenen Garten. Mein Vater und Schuldirektor Wastl hatten einander im KZ kennengelernt. Wastl war verhaftet worden, weil er einen entflohenen Gefangenen bei sich versteckt hatte. Der hatte sich, weil er sich langweilte, auf dem nahen Sportplatz ein Fußballspiel angesehen und war entdeckt worden. Wastl kam in das KZ Buchenwald, in dem sich auch schon mein Vater befand. Als mein Vater Ende Januar 1940 wieder nach Wien zurückgebracht wurde, war Wastl im KZ gerade »Kommando-Schreiber« geworden (»was nicht übel ist«, – so mein Vater in einem Kassiber vom 5. März 1940). Am 16. Juli 1940 fragte mein Vater in einem Kassiber: »Ob Wastl schon daheim ist? Ich gönne es ihm.«

Nach Wastls Freilassung entwickelte sich trotz Verbot eine Freundschaft zwischen unseren beiden Familien. Herr Wastl sprach nie über seine Zeit im KZ. Das war ihm ja ebenfalls verboten. Es entsprach auch nicht seinem Wesen, von unguten Erlebnissen zu berichten. Frau Wastl verwöhnte uns mit Kartoffelknödeln, Preisel- und Blaubeerkompott. Zum Nachtisch gab es Kuchen oder Striezel. Deswegen nannten wir sie »Kuchenstriezeltante«. Ein anderer Deckname war »Gutsbesitzers«. Die systematische Benutzung dieser Decknamen bewahrte uns vor der Gefahr, unbedacht eine verbotene Beziehung zu verraten.

Meine Mutter spielte am Klavier vom Blatt, angefeuert vom Herrn Direktor Wastl: »Aber mit etwas mehr Temperament, wenn ich bitten darf, meine Gnädigste.« Das Temperament war meiner Mutter bereits abhandengekommen. Nach dem Klavierspiel setzte sie sich mit der Kuchenstriezeltante in die Sitznische zum Patiencen- und Kartenlegen. Den Karten wurde immer dieselbe Frage gestellt: Wann kommt Eugen frei? Die Karten sagten es oft, und sie irrten sich immer. Meine letzte Großtat in den Sommerferien war ein Bleistift-Porträt meiner Schwester Cornelia.

Zurück in Schweiklberg, schrieb ich meiner Mutter am 16. September: »Liebe Mutti! Wir sind gut hier angekommen. Nur war es kein Vergnügen, die Koffer bei strömendem Regen heraufzuschleppen. Als wir in Passau ausstiegen, trafen wir den Herrn, der in der Stadtbahn gegenüber von mir saß. Gestern abend war es noch sehr lustig hier. Heute am Nachmittag machten wir uns auf den Weg in die Stadt. Wir bekamen 3 Dosen Condenzmilch, ein Pfund Feigen, ein Kilo Birnen, und ein Pfund Äpfel. Jeder hat schon eine Feige und eine Birne gegessen. Wenn Du willst, können wir Dir noch weiter Condenzmilch schicken, Du mußt es nur schreiben, hier geht sie nicht auf Marken. Hoffentlich kannst Du die Feigen aufheben, da Vati sie nicht essen können wird. Die Birnen sind noch etwas sauer, Du mußt sie halt noch liegen lassen. Bitte schreibe uns ein bißchen öfter, Alexius hat furchtbar Heimweh (Ich nicht. Du darfst aber deswegen nicht glauben, daß ich nicht heimmöchte.) …«

»Schweiklberg, den 18.9.40 Liebe Mutti … Wir essen hier in der Frühe kein Frühstück und nachmittags keine Jause, weil der Kaffee so bitter ist. Wir werden uns jetzt ein Päckchen Süßwunder oder Sacharin kaufen. Es geht uns überhaupt vieles ab und wir wären viel lieber bei Dir. Schreibe uns recht bald. Viele, viele Grüße von Deinem Michael [und Alexius]. Schicke uns bitte auch die Gummi für die Strümpfe.«

Am 21. September 1940 schrieb ich an meinen Vater ins Gefängnis nach Wien: »Lieber Vati wir sind gut hier angekommen. Zum Schluss wurde uns die Reise zwar etwas fad, aber das ist jetzt schon wieder vorbei. Heute ist schon wieder der letzte Schultag, wir haben jetzt vierzehn Tage Kartoffelferien. In der Schule haben wir in der einen Woche, die wir zu spät gekommen sind, nicht viel versäumt. Es grüsst Dich herzlich Dein Sohn Michael.«

Kartoffelferien erhielten die Schulkinder, damit sie den Frauen bei der Kartoffelernte helfen konnten. Die Männer waren fast alle beim Militär. In unserer Klosterzeit wurde das Kartoffelkraut nach der Ernte verbrannt. Wir wärmten uns gerne an den Feuern. Es war bereits ziemlich kalt. Der beißende Geruch der dicken Rauchschwaden störte uns nicht, im Gegenteil. Die schwarz-gelb gestreiften Kartoffelkäferchen, die auf dem Kartoffelkraut, ihrem Hauptnahrungsmittel, den Feuertod starben, waren erst 1936 aus den USA eingeschleppt worden. Die Nazipropaganda behauptete, amerikanische Flugzeuge hätten die Käfer über Deutschland abgeworfen. Als sie sich massenhaft vermehrten, wurden Schulklassen aufgeboten, um sie einzusammeln. Der Kartoffelkäfer war nach dem Maikäfer die zweite Spezies, die in Deutschland systematisch mit dem Ziel der Ausrottung bekämpft wurde.

Für die Rasse-Nazis waren auch die Juden Ungeziefer: Insekten, Schaben, Flöhe, Wanzen, Milben, eben auch Kartoffelkäfer. Der Bemsi hatte, als er zwölf Jahre alt war, noch nicht gewusst, dass die nazistischen Exterminatoren die Juden als Ungeziefer ansahen und umbringen wollten, einschließlich seines eigenen Vaters. Was hätte er unternommen, hätte ihm ein Nazi die Identität von Kartoffelkäfern und Juden erklärt? Er wäre, so stelle ich mir vor, mit seinem Ribiselkorb auf den Kartoffelacker gegangen und hätte die kleinen Wesen eingesammelt und im Schlafsaal der Bruderzöglinge unter seinem Bett versteckt und mit Kartoffelkraut gefüttert.

Einer der abgeschliffensten Audrücke der deutschen Sprache ist »Seksmijonen« geworden. Hätte ich für jeden von Nazis vergasten, erschlagenen, dem Hungertod überlassenen, zu Tode gefolterten, mit tödlichen Keimen infizierten Menschen jüdischer Herkunft eine Eins getippt, ich hätte fünf Bücher wie das vorliegende benötigt, um in ihnen alle Einsen unterzubringen. Dazu die unsägliche Euphemisierung von »ermorden« durch »umkommen«. Da rutscht manchem – auch Gutwilligen – dann schon mal heraus: Dass sechs Millionen Juden umgekommen seien, sei natürlich schlimm gewesen.

Aus einem Kassiber meines Vaters vom 25. September 1940: »... Dass es Mauserl so gut gefällt in der Schule, freut mich. Ja, Alexius hat ein weiches Herz. Hoffentlich können wir seinem Heimweh bald für immer abhelfen, gelt. Dann brauchst auch Du nicht mehr Abschied zu nehmen, Liebste. Dass die Buben über all die Geschenke begeistert waren, davon bin ich überzeugt. Und erst die Manicuren! Jaja, die treue Mutti! ...«

»Schweiklberg, 28. 9. 40 Liebe Mutti. Gestern erhielten wir Dein Paket. Es hat uns sehr gefreut. Die Zuckerln waren besonders gut, weil sie vom Mauserl waren. Meine Uhr geht sehr gut. Ist unser Paket noch nicht angekommen. Ich glaube die Birnen und Äpfel werden schön datschig ankommen. Wir können Dir über 5 Stück Kondenzmilch schicken, wenn Du magst. Mein Wintermantel ist schon sehr kurz. Es tut mir direkt leid um ihn. Auch der Lodenmantel leistet uns gute Dienste. Ohne ihn hätte uns schon manchesmal gefroren ...«

»Schweiklberg, 5. 10. 40 Liebe Mutti. Wir haben heute endlich die Kleiderkarten bekommen und schicken sie Dir sofort. Vor ein paar Tagen kamen wieder zwei neue Buben an, die hier in Schweiklberg studieren werden. Mit denen spielen wir immer. Heute haben wir wieder schönes Wetter. Am Montag geht die Schule an. Vor ein paar Tagen ließ ich meinen Flieger fliegen. Er flog in ein Gebüsch. Hinter dem arbeitete ein Bruderzögling. Plötzlich, ohne daß wir ein Wort mit ihm geredet hätten, sagte er, wenn er den Flieger findet, verbrennt er ihn. Wir haben ihn stark im Verdacht, daß er den Flieger gefunden hat und nicht mehr hergibt ... Viele herzliche Grüße dein Micha.«

»Wien, 7. 10. 40 Meine lieben Kinder, es ist ½5 h früh, ich schreibe Euch im Bett, hoffentlich könnt Ihr mein Gekritzel lesen ... Habt Ihr Euch wieder eingewöhnt? Wenn ich Euch letztesmal geschrieben habe, Ihr sollt noch tapfer aushalten, so soll das nicht heissen, dass Ihr mir nicht schreiben dürft, wenn Euch Euer Herzerl drückt. Ich wollte Euch nur Mut machen, damit Ihr noch aushaltet ... Dass Ihr uns Euer Spargeld anbietet, ist sehr lieb. Ich danke Euch, gelt. Aber ich muss doch Grossvati darum bitten, denn auf die Dauer reicht es ja nicht. Es sind Koks und Kohlen zu bezahlen und ich habe gar nichts mehr. Wenn ich in die Stadt komme, schaue ich, ob ich für Bruder Jonas ein Geschenk finde. Ich habe beide verwechselt, Jordan und Jonas ist sehr ähnlich. Auch vergesse ich ja alles so leicht, wie Ihr wisst. Er wird sich zurückgesetzt fühlen, wenn er nichts bekommt, wo er sich doch soviel um Euch kümmert, gelt. Habt Ihr ihm mein Brieferl gegeben oder war es nicht mehr nötig? Mauserl hat sich über Alex' Brieferl sehr gefreut. Es lässt Euch auch herzlich grüssen. Es hat gerade so sehr im Schlaf gelacht ... Abends friere ich immer am meisten, gehe auch deswegen bald zu Bett, muss aber dafür früh aufstehen. Jetzt geht es gleich auf ½ 6 h, ich muss aus den Federn, obwohl ich noch an Grossvati schreiben wollte. Wie geht es in der Schule? Wurde etwas gesagt, dass Ihr eine Woche später kamt? Wenn Ihr Kohlenferien bekommt, dann schreibt es mir rechtzeitig, auch wie lange Ihr sie habt, vielleicht lässt es sich irgendwie machen, dass Ihr hierherkommt. Lebt wohl, meine lieben Kinder, seid vergnügt und fleissig. Ich umarme Euch beide. Mit einem herzlichen Kuss bin ich Eure Mutti.«

Im Winter konnten viele Kohlentransportzüge nicht fahren. Was an Kohle jeweils vor Ort vorhanden war, wurde bevorzugt an Krankenhäuser und Haushalte geliefert. Für mehr reichte es nicht immer. In Vorwegnahme solcher Verhältnisse wurde bereits im Oktober in vielen Städten geplant, im Winter die Schulen für einige Zeit zu schließen.

»14.10.40 Meine lieben Kinder, für Eure Brieflein danke ich Euch sehr. Die Kleiderkarten bekam ich auch und werde Euch Hemden kaufen, sobald ich von Grossvati Geld habe. Eures habe ich bereits verbraucht, Ihr bekommt es aber bestimmt zurück. Schicken braucht Ihr mir Euer Taschengeld nicht, gelt, es würde ja doch nicht reichen ... Mauserl hat ab heute für eine Woche Kartoffelferien. In der Klasse hat ein Kind, das einige Male bei Mauserl war, Scharlach bekommen. Hoffentlich ist Mausi nicht angesteckt worden. Das arme Hascherl hat nun schon seit 3 Wochen Schnupfen und kann ihn nicht losbekommen. Heute mache ich ein Gesuch um Sprecherlaubnis zu Vati ... Sehr viel Militär ist in Wien und im Marchfeld, wo Ihr Eure Radtouren hingemacht habt. Sie behaupten alle, es ginge gegen Jugoslawien ... Habt Ihr noch Heimweh? Vati kommt bestimmt bald, er glaubt es selbst auch. Lebt wohl, meine lieben Kinder, es küsst Euch von Herzen Eure Mutti. Viele Grüsse vom Mauserl.«

»Schweiklberg, 15.10.40 Liebe Mutti ... Meinen Flieger habe ich nicht mehr bekommen. Wir kauften ihn in der Mariahilferstraße ... Schön ist es in Schweiklberg nicht. Bruder Jonas schimpft uns im Tag in einemfort aus, und wenn wir einmal Radelfahren oder sonst was machen können, so ist er es sicher, der es uns verbatzt. Wenn er nicht wäre, hätte ich sicher nicht Heimweh. Wir dürfen jetzt erst um 10 h ins Bett gehen und müssen um 6 h oder um 7 h schon wieder aufstehen. Ich freue mich schon so, wenn Vati frei wird. Viele, viele Grüße von Deinem Michael.«

Am selben Tag schrieb ich an meinen Vater eine Postkarte, in der ich meine Kümmernisse wiederum nicht erwähnte. »An Herrn Dr. Eugen Kogon, Wien IX. Rossauerlände 7–9/73a. Lieber Vati! Wir haben hier jetzt ziemlich schönes Wetter. In der Schule geht es gut ... Jetzt sind in Schweiklberg 600 Deutsch-Bessarabier, mit denen wir immer Fußball spielen. Da ist es immer sehr lustig. Viele herzliche Grüße sendet Dir Dein Michael.«

Die Bessarabiendeutschen waren eine Volksgruppe, deren Vorfahren 1814 nach Bessarabien (heute teils Moldawien, teils Ukraine) ausgewandert waren. Am 28. Juni 1940 wurde das damals zu Rumänien gehörende Bessarabien überraschend von Truppen der Sowjetunion besetzt. Das Deutsche Reich duldete die Besetzung, verlangte aber von der Sowjetunion die Zustimmung zur Umsiedlung der 94 000 Deutschstämmigen. Fast alle entschieden sich für die Umsiedlung. Die meisten verließen Bessarabien im Oktober 1940 und gelangten auf Donauausflugsdampfern nach Deutschland. Sie wurden zunächst in 250 Lagern untergebracht, unter anderem auch in der Abtei Schweiklberg.

»Schweiklberg, 22.10.40 Liebe Mutti. Wir schicken Dir in diesem Paket die Lederhosen. Der Br. Jonas sagte uns, wenn wir die Schuhe vergessen zu putzen, dann müssen wir die Lederhosen anziehen. Ihm ist es ja egal, ob wir in der Frühe in eisiger Kälte noch einen stärkeren Schnupfen und Husten bekommen. Wir haben uns gestern einen Drachen gemacht. Wenn stärkerer Wind ginge, würde er sehr gut fliegen ... Bitte schreibe uns, wenn wir Kondenzmilch kaufen sollen und wieviel. Wir kaufen sie von unserem Taschengeld. Viele herzliche Grüße sendet Dir Dein Michael. Grüße an Mausi.«

Im ländlichen Bayern gab es noch mehr Lebensmittel und Gegenstände des täglichen Bedarfs zu kaufen als in Wien. Endlich konnten wir etwas für unsere Mutter tun. Wir gingen von Laden zu Laden und erstanden Kondensmilchdosen, so viele wir ausfindig machen konnten.

Am 28. Oktober 1940 fielen italienische Kampfverbände von Albanien aus in Griechenland ein. Italien brauchte einen Prestigesieg, nachdem es in seinem monatelangen Krieg in Afrika gegen England nach anfänglichen Erfolgen herbe Niederlagen hatte einstecken müssen. In unserem Alltagsleben hinterließen die Raufereien der Staatenlenker keine Spuren.

Ebenfalls am 28. Oktober 1940 schickte meine Mutter meinem Vater eine Postkarte. »Mein geliebter Vat, gestern waren Mauserl und ich beim ›Zahnarzt‹. Wer, denkst Du, dass es ist? Olgas Mann. Er hat gerade seine Dentistenprüfung hinter sich, und da er auch eingerückt ist, hat er nur am Sonntag Zeit ... Mauserl hat beim Bohren schön still gehalten, aber dann, als ihr mit Luft der Zahn getrocknet werden sollte, fing das Theater an. Sogar der Krampus musste kommen, die einzige Autorität, die sie zur Zeit anerkennt. Eine ganze Stunde hat es auf diese Weise gebraucht, einen Zahn zu plombieren … Draussen ist es kalt. Ich mache mir grosse Sorgen um Dich. Ist bei Dir geheizt? Es wäre schrecklich, wenn nicht. Und mit dem Pyjama hat es diesmal nicht geklappt, es ist mir furchtbar, dass Du nun keines hast. Ich hoffte, Sprecherlaubnis zu haben und es Dir noch bringen zu können. Blaschko sagte, das Gesuch sei noch nicht erledigt, ich bekomme aber sicher Sprecherlaubnis. Wegen des Göbbels-Besuch werden sie halt die Leute dafür gebraucht haben. Hoffentlich frierst Du nun nicht zu sehr … Viele herzliche Grüsse vom noch schlafenden Mauserl und von Deiner Rita.«

Postkarte meiner Mutter vom 5. November 1940: »Mein geliebter Vat! Mauserl hat mich soeben gebeten, Dich zu fragen: ›How do you do, my fathy‹ und ich durfte ja nicht father schreiben, denn Du bist ja der Vati und nicht der Vater … Leider war sie, als wir am Donnerstag bei Dir waren, durch das finstere Gesicht des Beamten erschreckt. Wir fuhren nachher noch gemeinsam mit der Stadtbahn, es kam zu einem Plausch, und nachdem er Mauserl zum Abschied die Hand gegeben hatte, war das Eis gebrochen. Heute war ich auch in der Gestapo, ich hatte eine Vorladung und wie ich vermutet hatte, bekam ich meine Sachen vom Mai 39 zurück. Sogar den alten Pass. – Jetzt gehen wir noch nach Gersthof hinunter, ab heute gibt es Kinokarten für Samstag für Kindermärchen. Mauserl freut sich schon so. Letzten Samstag war schon ausverkauft und so gingen wir auf den Rat des Besitzers am Sonntag. Es sollte etwas Lustiges sein. Leider war es das nicht, sondern die Schlacht bei Rossbach und Mauserl hat sich sehr gelangweilt … Anschliessend war ich bei [Rechtsanwalt] Lowatschek, der mich anrufen liess. Ich bekam Geld …«

Postkarte meines Vaters an meine Mutter vom 10. November 1940: »Dr. Eugen Kogon, Ref. Morzinplatz II P, Wien IX, Rossauerlände 7–9. Geliebte Rita: – Zum Geburtstag meiner holden Tochter darf ich als Vater, trotz allem, nicht fehlen. Möge nicht bloss am St. Leopoldstag viel Glück und aller

Segen auf ihr ruhen. Bitte, kaufe ihr ein Schmuckkästchen, ein Necessaire oder ein Sonntagskleidchen als von mir geschenkt – irgendetwas, was ihr Freude macht und nützlich ist, damit sie in dieser düsteren Zeit unserer gewaltsamen Trennung eine dauernde und sichtbare Erinnerung an ihren Vater hat! Ein Kuss ist gar zu flüchtig, besonders wenn er nur geistig überbracht werden kann … Recht viele Grüsse – bis zum 10. Dezember. Dein Eugen.«

Postkarte meiner Mutter an meinen Vater vom 11. November 1940: »Mein geliebter Eugen, gerade ruft mich der Gutsbesitzer [Familie Wastl] an, Karl [der in Berlin wohnende Bruder meiner Mutter] wolle seine drei Kinder in ein Heim tun … Schade, dass ich keine eigene Wohnung habe und die eigenen Kinder nicht bei mir haben kann, ich würde sie alle Drei zu mir nehmen. Zu Mauserl in die Klasse ist heute auch der zweite Berliner Bub gekommen. Riesenaufregung unter der Mädchenschar! Heute vormittag habe ich etwas Wäsche für die Buben gekauft und einen Hut abgeholt, den ich umfassionieren liess. Es war Michaels Kommunionhut. Gestern waren wie wieder beim ›Zahnarzt‹. Olga ist schon seit 2 Jahren verheiratet. Mauserl hat keinen einzigen Muckser gemacht …«

In der Nacht vom 7. auf den 8. Juni 1940 war Berlin erstmals von britischen Bombern angegriffen worden. In derselben Nacht warf ein französisches Flugzeug Bomben auf ein Berliner Industrieviertel ab. Am 25. August griff die Royal Air Force abermals Berlin an. Sie revanchierte sich, weil die deutsche Luftwaffe am Vortag erstmals London bombardiert hatte. Von da an kam Berlin nicht mehr zur Ruhe. Dies war der Grund, warum im November der Bruder und die Schwägerin meiner Mutter für ihre drei Kinder einen Heimplatz außerhalb Berlins suchten und warum die Klasse meiner Schwester nun schon zwei Berliner Buben aufgenommen hatte.

Postkarte meiner Mutter an meinen Vater vom 19. November 1940: »Mein geliebter Vat! An Mauserls Geburtstag kam Deine Monatskarte. Ich danke Dir herzlich dafür. Mauserl hat sich sehr über ihre Geschenke gefreut. Von Dir bekam sie einen blauen Pullover mit Mützerl ... Dann bekam sie von Dir noch ein zartes Blumenstöckerl. Fleissige Liesel heisst es in unserer Heimat, mit dem lateinischen Namen aber Begonie. Von mir kam ein Flanellpyjama und ein Kuchen mit 7 Kerzerln dazu. Gestern kam von Sofie ein Packerl an, das von der Krugerstrasse bis zu uns 4 Tage gebraucht hat. Mauserl lässt Dir sehr danken, es denkt oft an den lieben Vati. Dabei fällt es mir immer um den Hals ...«

Postkarte meiner Mutter an meinen Vater vom 25. November 1940. »Mein geliebter Vat! Ich glaube gar, Du bist in der selben Zelle, in der ich anno dazumal auch war. Im 3. Stock? Stimmt es? Ich hoffe nur, dass Du daraus ebenso schnell erlöst wirst, wie ich. – Mauserl hat an den Nikolo einen kleinen Brief diktiert: ›Bringe mir, wenn Du kannst, bitte ein Nikologesicht u. ein Krampusgesicht. Wir werden die Schuhe hinausstellen. Tu mir hinein, was Du kannst. Ich möchte sehr gern eine Rute. Bitte, tu mir in das Sackerl auch noch was hinein. Ich werde sehr brav sein. Auf Wiedersehen, Nikolo!‹ Auch dem Christkind haben wir geschrieben. Auch dort immer ›wenn Du kannst‹. Das Kind wird die Zeit Deiner Gefangenschaft zeitlebens nicht vergessen und diese Jahre als die schrecklichsten in Erinnerung haben. – Gerade habe ich den Buben für Weihnachten je einen Anzug gekauft. Und jedem ein Flanellhemd. Es ist entsetzlich, wieviel man rennen muss, um etwas zu bekommen. Überall gibt es nur Sommerhemden. Mauserl hat heute zum erstenmal Deinen Pullover an, es ist heute verhältnismässig kalt. Der Zipfel war sehr stolz und schaute dauernd in den Spiegel ...«

Auf einer beigelegten Karte ohne Datum schrieb uns unsere Mutter. »Meine geliebten Kinder! Gerade habe ich für jeden ein Flanellhemd bekommen. Es tut mir leid, dass Ihr so lange habt warten müssen. Überall gibt es nur Sommerhemden und nur mit kurzen Ärmeln. Ich schicke Euch auch ein Unterleiberl zum Wechseln mit, es darf aber nicht gekocht werden, da es Zellwolle ist. Etwas anderes bekam ich nicht. – Von Vati habe ich auch schlechte Nachrichten. Berlin hat ein Enthaftungsgesuch wieder einmal abgelehnt. Dazu ist Vati wieder in Einzelzelle. Hier im Stadion war eine Riesenrauferei gegen die Norddeutschen und seitdem sind im Gefangenenhaus grosse Verschärfungen. – Wie geht es Euch? Friert Ihr? Wann beginnen die Weihnachtsferien? Vielleicht könnt Ihr einige Tage früher frei bekommen. – In aller Eile herzlichste Grüsse von Eurer Mutti.«

Postkarte meiner Mutter an meinen Vater vom 2. Dezember 1940. »Mein geliebter Vat! So schlecht hast Du neulich ausgesehen, geht es Dir schon etwas besser? Gestern war 1. Adventsonntag, für Mauserl kaufte ich ein kleines Kranzerl und wir zündeten im wehmütigen Gedenken an Dich das erste Kerzerl an. Am Donnerstag kommt St. Nikolaus. Wir sind bei Gutsbesitzers und so muss ich zum erstenmal in meinem Leben den Nikolaus machen. Wenn Mauserl nämlich schlimm ist, kommt das ganze Jahr über der Krampus, der ist der einzige, vor dem sie wirklich Respekt hat. Ich brumme in meinen tiefsten Tönen und dann ruft sie immer: ›Geh fort, Krampus, ich will es nicht mehr tun‹ und flüchtet sich zu den Grossen. Als wir neulich von Dir gingen, fuhren wir auch gleich zu Gutsbesitzers. Wir waren auf eine ›Kartoffelsuppe‹ eingeladen ... Mauserl hat gerade an seinem Weihnachtskalender das 2. Türl aufgemacht (für jeden Tag bis Weihnachten eines), eine Eule schaut heraus. Von Mauserl viele Bussi und von mir tausend Küsse! Herzlich immer Deine Rita.«

»Wien, 2.12.40 Meine lieben Buben, leider geht das Packerl erst eine ganze Woche später ab. Habt Ihr Euch mit der

Wäsche helfen können? Die Hosen schicke ich Euch nicht mehr, da Ihr ja in spätestens drei Wochen hier seid. Nehmt dafür die HJ-Hosen diesmal gar nicht mit. Richtet Euch alle Eure Sachen gut zusammen, für den Fall, dass Vati an Weihnachten kommt und Ihr nicht mehr zurück müsst, damit alles leicht nachzuschicken ist. Von Vati soll ich Euch recht herzlich grüssen, wir sahen ihn am vergangenen Donnerstag im Justizpalast, dort, wo Ihr ihn damals in den grossen Ferien auch zum erstenmal gesehen habt. Er hatte eine Grippe und sah recht schlecht aus. Ausserdem durfte ich nicht mit ihm sprechen. Trotz allem hoffe ich, dass Vati diese Weihnachten kommt. Was habt Ihr denn für Weihnachtswünsche, Kinder? Lasst Euch die Bäckerei gut schmecken, leider habe ich nichts Besseres. Dafür machen wir an Weihnachten einen guten Kuchen, gelt. Viele Bussi und herzl. Grüsse sendet Euch Eure Mutti.«

Postkarte meiner Mutter an meinen Vater vom 9. Dezember 1940. »Mein geliebter Vat, am Samstag kamen zwei Riesenpakete von [Dr.] Max [aus Basel]. Ich freue mich schon, den Schwarzen mit Dir zu trinken. Allein schmeckt er nicht. Das Lustigste sind aber Wiener Würstchen, die in Dänemark hergestellt sind. Sie sind direkt international. – Mauserl war heute zum erstenmal wieder in der Schule. Aber trotzdem waren wir am Samstag in Dornröschen. Es war sehr schön; einer der wenigen Kinderfilme, die auch gut sind. Dafür aber auch eine Prise Tendenz. – Der Nikolo ist nun doch nicht bei Gutsbesitzers gekommen, weil Mauserl noch im Bett war … Ich hängte mir ein Leintuch um, setzte die Maske auf und sprach nur durch den Türspalt zum Kind hinein. Sie ist schon sehr couragiert. Als ich ins Nebenzimmer stampfte, rief sie zwar: Mutti, Mutti. Aber dann gab sie schon tapfer Antwort, genau wie damals vor Jahren, als sie als die Kleinste ihre französischen Verslein ohne Stocken hersagte. Jetzt sitzt sie neben mir und buchstabiert aus einer Schulzeitschrift. Das Lesen geht schon sehr schön, obwohl sie viele Buchstaben noch nicht gelernt hat. Sie fragt dann immer und auf einmal geht's halt doch ...«

»Schweiklberg, 11.12.40 Liebe Mutti ... Wahrscheinlich kommen wir nächste Woche am Samstag, also am 21. in der Frühe, da die Ferien voraussichtlich am 20. angehen. Daß wir früher Ferien bekommen, wird wohl schwer gehen, weil jetzt der Direktor Heilmeier Schulführer ist (der ist sehr streng) und sonst war es der Direktor Wild. Wir haben heuer zwei Weihnachtsspiele, eins macht die 1. Klasse, und eins unsere. Wir spielen Schneewittchen und ich muß den Prinzen machen. Wir haben schon ein paar mal geprobt ... Ich freue mich schon sehr auf Weihnachten. Viele herzlich Grüße sendet Dir Dein Michael.«

»Wien, 13.12.40 Meine lieben Kinder! Beiliegend ist ein [Haftentlassungs-]Gesuch für die Gestapo Berlin. Michael soll es auf den beiliegenden Bogen abschreiben, auch die Einteilung so ungefähr beachten und dieselbe Adresse auf das inliegende Kuvert schreiben. Unterschreiben müsst Ihr beide. Schickt es ›eingeschrieben‹ weg und hebt den Aufgabeschein gut auf. Vielleicht nützt es etwas. Fragt Vater Abt, ob es ihm unangenehm ist, wenn Ihr den Brief in Vilshofen aufgebt. Eventuell müsstet Ihr halt nach Passau fahren. Aber alles müsste möglichst bald geschehen, gelt. – Gerade habe ich Euer Brieflein erhalten, ich danke Euch dafür. Erkundigt Euch, ob anschliessend an die Weihnachtsferien Kohlenferien sind. Und nehmt diesmal keine Reisekarten mit, sondern nur eine allgemeine Abmeldung, dann bekomme ich Wiener Karten. Es ist das wegen Marmelade und Kunsthonig u.s.w. Auch wäre es mir lieber, wenn Ihr bei Tag fahren würdet, wegen eventueller Fliegerangriffe. Hier werden in allen Parks Luftschutzkeller gebaut und man weiss ja nicht, ob Wien nicht auch bald nahe am Kriegsschauplatz sein wird. Geht am 20. nachmittags kein Zug? Ich möchte nur nicht gerne, dass

Ihr um 2 h in der Nacht allein herumgondeln müsst. Für Vater Abt lege ich auch einen Brief bei. 1 M ist für Porto u. s. w. Ich freue mich schon so auf Euch ... Viele herzl. Grüsse und Küsse Eure Mutti.«

Postkarte meiner Mutter an meinen Vater vom 14. Dezember 1940. »Mein geliebter Vat ... Oma [Missong] ist mitgeteilt worden, wenn sie bis 1. 1. nicht zurückkommt, wird ihr zum 1. Feber die Wohnung gekündigt. Die Nachbarn haben mir geraten, sie solle sich amtsärztlich untersuchen lassen, da sie nicht reisefähig ist. Wenn es ernst wird, würde ich zu Gutsbesitzers gehen. Sie wollen sowieso einer Mieterin kündigen. Dort wäre Zimmer direkt in den Garten, Küche und Speise und Badebenützung. Bis jetzt wurden 30.- bezahlt, um das würden sie es mir auch geben ...«

Weihnachten in Wien. Ich war glücklich.

»Wien, 29. 12. 40 Lieber Vati! ... Zum Neuen Jahr wünsche ich Dir, daß Du bald wieder frei wirst. Zu Weihnachten war es sehr schön. Wir bekamen einen großen Matadorbaukasten und eine Art Lottospiel. Dann bekam jeder eine große zweiseitige Mundharmonika und neben einer Unterhose, einem Hemd, einem Pullover und einem Anzug noch einen Haufen Bücher. Dich haben wir aber auch nicht vergessen. Tausend Grüße schickt Dir Dein Michael.«

Postkarte vom 10. Januar 1941 aus Wien an unseren Vater: »Mein lieber Vat, gerade komme ich von der Kartenstelle aus Salmannsdorf, wo ich die Anweisung vom Hauptwirtschaftsamt in einen Bezugschein umsetzen musste. Sind das dauernd Rennereien. Für Mauserl gibt es nicht einmal Schneeschuhe. Jetzt muss ich noch in den Keller, Holz hacken. Morgen ist Dein Schreibtag, hoffentlich bekomme ich diesmal eine Karte. Dass ich an Weihnachten keine bekam, werde ich so nie und nimmermehr vergessen. Leb wohl, Liebster, immer in Treue und Liebe Deine Rita.

Lieber Vati … Heute Vormittag bekamen wir einen Bezugschein für einen Wintermantel. Weil die Kleiderkarte nicht mehr reichte. Viele herzliche Grüße von Deinem Alexius.

Lieber Vati. Ich will Dir jetzt einmal unsere Noten schreiben. [Liste mit den Noten für Alex und mich.] Alle zwei haben wir uns ein wenig gebessert. Ich hoffe, daß ich am Ende des Schuljahres ein noch besseres Zeugnis bekomme. Ich bin gerade ganz allein zuhause, weil Mutti und Alexius in die Stadt gefahren sind, um einen Wintermantel für Alexius zu kaufen. Viele herzliche Grüße von Deinem Michael.«

Unsere Rückfahrt nach Schweiklberg verzögerte sich, weil unsere Mutter krank wurde. Das tat mir für sie leid. Für mich aber freute es mich. Denn es verzögerte unsere Abreise.

Meine Mutter in einer Eingabe an die »Kanzlei des Führers« in Berlin im Januar 1941 (die Diktion meines Vaters ist unverkennbar; der Entwurf stammte also von ihm): »Betrifft Dr. Eugen Kogon geb. 2. 2. 03 in München, zuständig nach Wien, seit 12. III. 1938 in Schutzhaft der Geheimen Staatspolizei.

Nach einem Weihnachtsfest, dessen Elend für mich und meine drei Kinder kaum mehr übertroffen werden kann, den dritten Weihnachten, die wir ohne den Mann und Vater verleben mussten, wende ich mich verzweifelt an Sie um Hilfe. Meine Geldmittel reichen nicht aus, um nach Berlin zu fahren und Sie selbst anzuflehen: erkundigen Sie sich nach dem Schicksal meines Mannes und erwirken Sie doch, bitte, bei der Geheimen Staatspolizei seine Freilassung!

Ich weiss nicht, wer bei der Berliner Zentralstelle die verhängnisvolle irrtümliche Meinung hervorgerufen hat, von meinem Mann wäre Staatsfeindlichkeit zu erwarten. Seit 1933/34 hat er sich nachweislich überhaupt nicht mehr politisch betätigt. Eine Nachfrage bei den zuständigen Stellen in Wien wird dies sofort bestätigen; mühelos kann es von der Geheimen Staatspolizei Wien, die ja ihrerseits auch schon vor längerer Zeit die Freilassung beantragt hat, oder von der Wiener Gauleitung der NSDAP festgestellt werden. Sollte der Grund dieser entsetzlichen Inhafthaltung aber die Tatsache sein, dass mein Mann in der Umbruchnacht 1938 aus falscher Gutmütigkeit einem gewissen Klaus Dohrn die Flucht aus Österreich erleichtert hat, so habe ich der Geheimen Staatspolizei Berlin vor den Feiertagen die eidesstattliche Erklärung eines der Beteiligten eingereicht, aus der sich einwandfrei ergibt, dass mein Mann mit diesem Klaus Dohrn in keiner engeren Verbindung gestanden ist. Ich selbst weiss bestimmt, dass er von dem später bekannt gewordenen Umfang der politischen Aktivität des Betreffenden nichts gewusst hat, ja überhaupt erst 1937 durch einen gemeinsamen Bekannten mit ihm in Verbindung gekommen ist, und zwar zu dem Zweck, Presseangriffe, die Dohrn wiederholt gegen meinen Mann gerichtet hatte, abzustellen!

Fast drei Jahre büsst nun mein Mann, büssen wir alle in fürchterlichster Weise einen Fehler, der wirklich niemals den Schluss rechtfertigt, wir wollten uns heute und gerade jetzt, mitten in diesem grossen Kampf des Vaterlandes, nicht loyal verhalten. Mehr als das wollen wir: mein Mann sowohl wie ich wollen mitarbeiten: wollen, weg von Wien, einen Platz in der Landwirtschaft ausfüllen, die so dringend Kräfte braucht und die wir von Jugend auf kennen. Auch für meinen Mann kann ich das mit bestem Wissen und Gewissen versichern.

Sagen Sie, bitte, nicht, das Schicksal einer einzelnen deutschen Frau und Mutter zähle da nicht! Auch sind es fünf Schicksale, die in Ihrer Hand liegen, dazu das meines alten Vaters. Hinzu kommt, dass die Erkrankungen, die sich mein Mann in der langen Haft mit ihren harten Bedingungen zugezogen hat (schwerer chronischer Stirnhöhlenkatarrh, hartnäckige Entzündungen der Atmungsorgane, der Augen und der Ohren, oft furchtbare Zahnschmerzen infolge Ausfalls von 5 Plomben und Schadhaftwerdung eines halben Dutzend weiterer Zähne), allmählich einen Grad anzunehmen drohen, die langjährige arge Schwierigkeiten erwarten lässt, wenn nicht jetzt noch abgeholfen werden kann.

Ich flehe Sie inständigst an: lassen Sie dieses Gesuch einer fast schon Verzweifelten nicht unbeachtet, sondern tun Sie doch die wenigen notwendigen Schritte, um die verhängnisvolle Fehlmeinung aufzuklären, die bezüglich meines Mannes zu bestehen scheint! Bitte!

In Erwartung eines endlich, endlich günstigen Bescheides zeichne ich mit deutschem Gruss: Heil Hitler.«

Was für ein naiver, vergeblicher Versuch! Vermutlich kam nicht einmal eine Antwort.

»Schweiklberg, 13.1.41 Liebe Mutti. Wir sind gut hier angekommen. Alexius hat schon Zigaretten gekauft. Der Direktor Heilmeier von unserer Schule sagte mir, binnen acht Tagen müßten wir eine Bestätigung von Dir bringen, daß Du wirklich krank gewesen bist. Bitte schreibe eine. Bitte schreibe uns oft, wir freuen uns schon immer auf jeden Brief. In Wien wäre es halt viel schöner ... Viele herzliche Grüße an Dich u. Mauserl von Deinem Michael u. Alexius.«

»Schweiklberg, 17.1.41 Lieber Vati. Wir sind gut hier angekommen … Jetzt haben wir ein Radio bekommen. Es darf aber nur mittags und abends aufgedreht werden. Heuer dauert das Schuljahr bis zu den großen Ferien. Da werden wahrscheinlich die Osterferien länger. Kohlenferien kommen wahrscheinlich nicht. Viele herzliche Grüße sendet Dir Dein Michael.«

Postkarte meiner Mutter an meinen Vater vom 28. Januar 1941: »Mein lieber Vat, hoffentlich erreichen Dich unsere herzlichsten Geburtstagswünsche noch rechtzeitig und hoffentlich gehen sie diesmal in Erfüllung: dass Du endlich, nach bald 3 Jahren Schutzhaft, frei gehen wirst. Viel Sorge macht mir Dein Gesundheitszustand auch, nachdem Du auf 92 bist, also ein Stockwerk höher, und mit Deinem Stirnhöhlenkatarrh in noch kältere Regionen versetzt bist. Nimmt man darauf denn gar keine Rücksicht?! Mauserls Backe ist fast wieder gut, sie geht seit Samstag wieder in die Schule. Sehr fleissig ist sie im Lesen, so dass sie in Druckschrift bereits Grimm-Märchen lesen kann. Morgen bringe ich bei der Wäsche Schuhe, wenn sie wieder gestohlen werden sollten, teile ich es Dir mit, damit Du rechtzeitig reklamieren kannst. Ich erwarte die reparaturbedürftigen morgen in 8 Tagen zurück. Bekomme ich sie nicht, so reklamiere ich meinerseits, da ich dann an einen neuerlichen Diebstahl denken muss. … Viele, viele herzl. Grüsse D. Rita.«

»Schweiklberg, den 30. 1. 41 Liebe Mutti. Wir schicken Dir mit diesem Brief einige Brotmarken. Es sind im Ganzen 760 g. Warum schreibst Du uns denn nicht? Bitte schicke uns 1 Paar Strümpfe zum Wechseln, mein einziges Paar hat schon große Löcher. Mußt Du schon umziehen? Ist mein Füllhalter schon gerichtet? … Das Patiencelegen macht uns immer große Freude. Es vertreibt uns oft die Zeit. Einmal wäre es beinahe aufgegangen, nur die zwei letzten Karten, die ich in den Händen hielt, lagen verkehrt. Viele herzliche Grüße sendet Dir und Mauserl Dein Michael.«

»Wien, 5.2.41 Meine lieben Kinder! ... Ich lege Euch heute 6.- bei. Zieht das ab, was Ihr für mich ausgelegt habt, und schreibt mir, ob Ihr noch weiteres Geld braucht. Habt Ihr auch genügend Obst für Euch selbst? Neulich wollte ich Euch Orangen schicken, weil ich glaubte, Ihr bekommt keine. Schickt mir aber keine Brotmarken mehr, ich gebe sie Euch zurück und tut Ihr es auch. Es ist zu gefährlich, es könnte Euch und mich in Haft bringen. Ich bitte Euch, macht das nicht mehr. Ein ungewollt unvorsichtiges Wort kann schreckliches Unheil anrichten. Ich möchte nicht, dass wir dann alle sitzen, wenn Vati herauskommt. Soll ich Euch eine Büchse Erdbeermarmelade schicken? – Vati hat an Lichtmess Geburtstag gehabt, Ihr werdet wahrscheinlich nicht daran gedacht haben. Über Eure erste Karte, von der ich von ihm wusste – wir haben ihn wiedergesehen – hat er sich so gefreut, er sprach immer wieder davon. Auch dass Ihr ihm Zigaretten besorgt habt, freute ihn. Aber Sorge macht ihm Michaels Rechen- und Alexius' Englisch-Note. Dass das Schuljahr länger dauert, wusste ich von ihm. Vati meint nun, Ihr solltet Nachhilfe-Unterricht nehmen. Für Englisch hattet Ihr glaube ich jemand, aber wer kommt für Rechnen in Betracht? Schreibt mir bitte, an wen ich mich wenden soll oder ob vom Kloster jemand in Betracht kommt oder ob es das Kloster vermittelt. Es wäre schrecklich, wenn Alexius wegen Englisch ein Jahr repetieren müsste. – Von den Orangen mache ich Marmelade, mögt Ihr auch eine? Die Wäsche geht morgen ab, ich habe sie erst aus der Wäscherei bekommen. Lineal und Füllfeder lege ich bei. Wollt Ihr etwas von Euren Büchern? Den Sommermantel schicke ich nun nicht, ich bin damals sehr wegen Alexius' Wintermantel erschrocken. Aber nun scheint ja alles in Ordnung zu sein. Eure Stiefel werdet Ihr wahrscheinlich auch nicht brauchen, wenn Ihr an Ostern eventuell kommen könnt, braucht Ihr sie nicht wieder mitzuschleppen. Oder zieht Ihr sie am Sonntag in der Kirche an? –

Michael schreibt, hier wäre es schöner. Mein liebes Kind, das wäre es bestimmt nicht. Ich habe so aufregende Wochen wegen der Wohnung hinter mir, Mauserl und ich konnten uns nicht einmal mehr etwas Richtiges zu essen kochen. Bis Ende Februar kann ich nun noch dableiben und dann gehe ich halt in Gottes Namen zur Kuchen-Striezeltante. Vati hat man auch wieder Hoffnung gemacht, aber ich glaube an nichts mehr. Sehr viel Sorgen macht uns auch sein Gesundheitszustand. Es wurden ihm die Polypen heraus genommen, dann hat er Stirnhöhlenkatarrh und an beiden Ohren Abszesse. Er ist so arm dran, unser lieber, guter Vati. Wenn Ihr ihm wieder schreibt, seine Adresse ist jetzt: Wien IX, Rossauerlände 7–9/92. – Eine Entschuldigung an Heilmeier lege ich Euch noch bei, Ihr könnt sie lesen, klebt aber dann das Kuvert zu. Mauserl hat schon wieder eine neue Lehrerin, die sehr finster dreinschaut und sehr streng ist … Und im übrigen rechnen wir hier in Bälde mit Luftangriffen. Wien soll angeblich jetzt Gefahrenzone I sein. Vorerst seid Ihr bestimmt in Schweiklberg besser aufgehoben, auch wenn Ihr gern hier wäret. Soll ich Euch etwas zu essen schicken? Schreibt es mir, wenn ich kann, tu ich es gerne. Ist das noch die Wurst von mir, von der Alexius schreibt? Seid vorsichtig, dass sie nicht schlecht wird, es wäre schade drum. Und nicht, dass Ihr dann Wurstvergiftung bekommt … Es küsst Euch herzlich Eure Mutti. Vom Mauserl auch viele Grüsse.«

»8.2.41 Lieber Vati … Jetzt kochen bei uns nicht mehr Brüder sondern Schwestern. Das Essen ist nun viel besser. Ich glaube fast, daß die Schwestern sogar aus Österreich sind, weil das Essen genau wie in Wien ist … Viele herzliche Grüße sendet Dir Dein Michael.«

Dass Ordensschwestern im Kloster das Kochen übernommen hatten, hing vermutlich mit der Einberufung der Klosterköche zum Militärdienst zusammen.

Postkarte meiner Mutter an meinen Vater vom 12. Februar

1941. »Herrn Dr. Eugen Kogon, Wien IX, Rossauerlände 7–9/92. Mein geliebter Vat … Heute morgen habe ich Michaels ›Kogoner Tageszeitung‹ in der Hand gehabt. Ich will Dir ein paar ›Kostproben‹ geben (Titel, das andere wäre zu lang): Schwere Erkrankung unserer Mutter – Schulversäumnis von uns zwei Brüdern – Schwierigkeitshalber von der Schule daheimgeblieben – Willkommener Besuch – Willkommener Süsswarenzufluss – Die Antwort (ein Witz von Michael) – Stadtbesuch am Vormittag – Abgeschlagene Uhrverbesserung – Allein zu Hause etc. Stilistisch ist es sehr gut geschrieben, der Sohn gerät dem Vater nach … Tausend Sehnsuchtsküsse D. Rita m. Kind.«

Postkarte meiner Mutter an meinen Vater vom 25. Februar 1941. »Herrn Dr. Eugen Kogon, Wien IX, Rossauerlände 9/92. Mein geliebter Vat, heute ist Faschingsdienstag, Mauserl und ich wurden von Gutsbesitzers eingeladen. Ach, wie gerne wäre ich daheim, wenn Du da wärest. So bin ich eine unruhige Seele und bin immer auf Fahrt, weil ich die Unruhe in mir nicht mehr bändigen kann. Und dem Mauserl ist es zu langweilig mit mir allein. So fliehen wir beide vor uns selbst und hoffen bei jeder Heimkehr, ein Lebenszeichen von Dir zu finden. Wegen Mauserl musste ich nun die Dokumente bringen. Das Kind hat dann gehört, wie die Frau Lehrerin dem Oberlehrer gegenüber bezweifelte, dass Du in Schutzhaft bist. Das ist mir auch noch nicht passiert, dass man das nicht glauben will. Vor mir war eine Frau, deren Kind ›gottgläubig‹ ist und interessant ist, dass das Dokument dadurch nicht vollwertig ist, weil die Abstammung gar nicht daraus hervorgeht. Das Leben ist heute wirklich kompliziert. Nur die Vogerl haben keine solchen Sorgen und zwitschern schon nach Noten. Aber was ist die Sonne und alles ohne Dich! Bald werden es 3 Jahre! Schrecklich! Lass den Mut nicht sinken, ich helfe mir auch, wie ich kann. In alter Liebe u. Treue D. Rita.«

Aus einem Kassiber meines Vaters vom 5. März 1941: »Ich bin mir freilich bewusst, Liebste, dass mich draussen ein zweites, neues Kreuz erwartet, das es eben zu tragen gilt, das mir aber doch leichter zu sein scheint als das jetzige: Es ist die Dokumentensache! Einerseits die Diffamierung, die heutzutage mit der [jüdischen] Mutter unweigerlich verknüpft ist, dann aber auch die Gefahr, die darin besteht, dass ich keinerlei schriftlichen Nachweis und auch keine Zeugen mehr für meinen Vater habe … Ich habe jedoch früher schon und jetzt erst recht gelernt, unangenehme Tatsachen, die nicht aus der Welt zu schaffen sind, kaltblütig ins Auge zu fassen. Was Gott verfügt hat, dessen brauche ich mich nicht zu schämen, – von anderen Erwägungen, deren es eine grosse Reihe gibt, ganz zu schweigen. Für die Kinder können keine allzu grossen Schwierigkeiten sich ergeben. Jedenfalls werde ich alles tun, um sie zu schützen und vor jeder Unannehmlichkeit in dieser Beziehung zu bewahren. Ich persönlich fürchte auch dieses kalte Wasser nicht mehr, wenn es sein muss, dann eben hinein. Und wir zwei helfen einander schon! Wer weiss übrigens, wie alles gehen und wie lang sich die Dokumentenregelung, auch wenn ich frei sein werde, hinzieht! … 6.3. Gestern Abend war ich noch so deprimiert, dass ich bittere Tränen nicht zurückhalten konnte. Nie werde ich das traurige Bild vergessen, wie Du, das müde Mauserl an der Hand haltend, vis-à-vis am Kai stehst, Abschied winkend, auf Wanderschaft, während ich in das Haus der Hölle mit seinen Zellen und Gelassen zurückkehre … Dazu der nahende Frühling, der vierte …«

Aus einem Kassiber meines Vaters vom 12. März 1941: »Am liebsten möchte ich alles Hoffen ›auf nahe Sicht‹ über Bord werfen und mich in die Weite der Hoffnungslosigkeit hinausbegeben, annehmen, dass alles noch weitere zwei Jahre dauern werde, dass ich im Mai ins Lager [Buchenwald] zurückkomme und [dort] zu den Juden eingereiht werde,

Alexius (links) und Michael Kogon 1935

Großvater Lang mit den drei Kogon-Enkelkindern Cornelia (»Mauserl«), Michael und Alexius 1935

oben: Frl. Schultz (»Tante Sophie«), Cornelia, Frau Wüllenweber und die Möpse Moritz und Nanette In der Glanzinggasse, Wien 1937
unten: Tante Sophie, Cornelia, Alexius, Frau Wüllenweber und Michael 1937

Alexius, Vater, Mutter und Michael 1937

Alexius, Cornelia und Michael 1937

oben: Vilshofen; darüber die Abtei Schweiklberg,
freistehend darunter das Messerklingerhaus
unten: Die Schulfreunde Eugen Kogon und Thomas Graf
(seit 1935 Abt Thomas in der Abtei Schweiklberg)

Alexius und Michael im August 1938
nach der Ankunft in der Abtei Schweiklberg

Alexius und Michael am Tag der Firmung am 9. Mai 1939, mit den neuen Brillen

Endlich mal wieder zu Hause in Wien, Weihnachten 1939:
Gottlieb Aigner, Alexius, Mutter, Herr Aigner, Frau Aigner,
Cornelia und Michael

Dr. med. Erwin Ding-Schuler, SS-Sturmbannführer im KZ Buchenwald (Foto: Sammlung Gedenkstätte Buchenwald)

Vater als Arzt-Schreiber im KZ Buchenwald, 1943–44

oben: Freund Gerhard Raganitsch als Luftwaffenhelfer
mit seiner Mutter
rechte Seite oben: Michael, Alexius und Cornelia nach dem Krieg,
im Herbst 1945, in Oberursel bei Frankfurt
rechte Seite unten: Mutter, Cornelia und Vater in Oberursel,
Winter 1945

oben links: Akselrad (»Axel«) als alliierter Vernehmungsoffizier 1945
oben rechts: Vater mit seinem Schweiklberger Schulfreund
Dr. Walter-Maria Guggenheimer (»Guggs«) bei Frankfurt, 1946
unten: Michael 1947

Vater bei der Präsentation einer Ausgabe seines Buches »Der SS-Staat«

»Fernsehprofessor« Eugen Kogon als Moderator des TV-Politikmagazins »Panorama«, 1963

die sich wirklich und wahrhaftig in einem Inferno befinden ...«

Postkarte meiner Mutter an meinen Vater, ebenfalls vom 12. März 1941. »Herrn Dr. Eugen Kogon, Wien IX, Rossauerlände 9/92. Mein lieber Vat ... Ich bin nebenan im Postamt, Mauserl steht draussen und wartet auf Tante Sofie. Dass man so gar nichts mehr zum Essen bringen darf, ist schrecklich. Du hast neulich so schlecht ausgesehen. Ich hatte gehofft, Dir heute wenigstens etwas bringen zu können. 3 Jahre bist Du heute in Haft. Mauserl ist sehr lieb und macht Riesenfortschritte. Heute war Leseprüfung durch einen Lehrer der Bubenklasse und Mauserl war die Beste. Er fragte sie, ob sie übe, aus welchem Buch und wer ihr helfe. Der Zipfel erzählte, dass es die Brüder waren und dass es ein altes Buch ist. Morgen muss ich extra wieder herein, um die Wäsche zu holen. Kein Mensch gibt einem ordentlich Auskunft. Ich habe mich schrecklich aufgeregt ... Leider sind es diesmal nur wenige Äpfel gewesen, man bekommt nur Mist und den mag ich Dir wirklich nicht bringen. Hoffentlich schmecken die Orangen umso besser. Heute ist es ekelhaft kalt, so wie vor drei Jahren ... Viele viele herzl. Grüsse in Eile und Aufregung D. Rita.«

»14. 3. 41 Lieber Vati Neulich bekamen wir ein Packet von Wien. So wie der Bruder, der es uns gab, sahen wir nicht, daß die Adresse eine vollständig fremde sei. Wir öffneten es und fanden lauter gute Sachen wie Orangen, Zuckerln und Kecks. Erst zu spät bemerkten wir den Irrtum. Wir trugen es zu dem, dem es gehörte. ›Damit wir aber nicht zu stark enttäuscht seien‹, gab er uns ungefähr ein Viertel des ganzen Inhaltes ... Viele herzliche Grüße sendet Dir Dein Michael.«

Postkarte meiner Mutter an meinen Vater vom 20. März 1941. »Herrn Dr. Eugen Kogon, Wien IX, Rossauerlände 7–9/92. Mein geliebter Vat! Als wir neulich von Dir heimkamen, war ein Paket für uns angekommen. Orangen und

Äpfel waren drinnen. Und ein Kuvert mit 10 M. Aufgegeben von M. M. in der Würffelgasse. Ob die überhaupt existiert. Der Schrift nach ist es von Tante Sofie und Mauserl fabriziert gerade einen Brief an sie auf Briefpapier ebenfalls von ihr. Er lautet: ›Liebe Tante aus der Würffelgasse! Ich danke Dihr für die 10 Mark. Schicke mir bald wieder ein Geld den ich brauche es für den Dreiradler. Den wir möchten wen wir einen krigen schon fahren.‹ So weit ist sie bis jetzt. Ich sage ihr gar nichts dazu, da Tante Sofie sich schon lange ein unkorrigiertes Brieferl gewünscht hat. – Heute ist es wieder schön und Du wirst mit Wehmut aus Deiner Fensterlücke zum Stückchen Himmel gucken. Und ich? Ich wälze den Wunsch nach einem Frühjahrskostüm in mir herum, es druckt und druckt und dann kaufe ich es doch nicht. Warum? Weil ich auf Dich warte und Du mir dabei helfen musst. Ach, allein bringe ich halt nichts Fesches fertig. Also mache Dich reisefertig aus dem finsteren Kasten heraus, Sonne und Blattspitzerln und das Kostüm warten auf Dich. Am meisten ich mit vielen herzl. Küssen D. Rita.«

»Schweiklberg, den 23. 3. 41 Lieber Vati. Gestern ist überraschend Großvati in Schweiklberg angekommen. Er stand bei der Klausurtür und konnte nicht hinein. Da kam Alexius und machte ihm auf. Großvati hätte ihn bald nicht mehr erkannt. Heute ist er wieder fortgefahren. Er gab jedem fünf Mark und kaufte uns etwas Süßes … Es grüßt Dich herzlich Dein Michael.«

Aus einem Kassiber meines Vaters an meine Mutter vom 25. März: »… Bitte, teile mir nur noch mit, welche Erklärung Du für die Schule unterschreiben musstest: bezüglich Deiner, meiner oder Mauserls Herkunft?«

Postkarte meiner Mutter vom 27. März 1941. »Herrn Dr. Eugen Kogon, Wien IX, Rossauerlände 7–9/92. Mein geliebter Vat, … Mauserls Schule siedelt in die Scheibenbergschule um, da in ihre Militär kommt … Alle Mütter sind natürlich entsetzt, der Schulweg ist bedeutend weiter, auch für Mauserl. Ich persönlich fürchte die hygienischen Verhältnisse dort, ist es doch die zweitverseuchteste Schule von ganz Wien. Erinnerst Du Dich noch, wie die Buben jeden Augenblick Diphterie- und Scharlachferien hatten und Michael richtig beide Krankheiten bekam … Oma [Missong]s Möbel sind verkauft, das Zimmer leer, ich überlege, ob ich es nicht mit unseren Möbeln einrichten soll, den Sommer über wenigstens. Viele herzl. Grüsse u. Küsse D. Rita.«

»Schweiklberg, den 30.3.41 Liebe Mutti … Am 24. März ist Vater Abt gestorben. Am Freitag war die Beerdigung. Er starb um 18.10 in München … Es grüßt Dich herzlich Dein Michael.«

Postkarte meiner Mutter vom 2. April 1941. »Herrn Dr. Eugen Kogon, Wien IX, Rossauerlände 9/92. Mein geliebter Vat! … Abends um 9 h läutete es dann noch Sturm bei mir: erhöhte Luftschutzbereitschaft. Jeden Abend muss ein Kübel Wasser bereit stehen und mindestens 2 kg Sand in Sackerln. Da aber nirgends Sand zu kaufen ist, er ist für die Kriegswirtschaft gesperrt, sagte mir mein Luftschutzwart, dass ich ihn stehlen gehen müsse. Aber wo? – Für Karsamstag und Ostersonntag haben mich Gutsbesitzers eingeladen. Ich sollte auch gleich bei ihnen schlafen. Ich bin nicht recht begeistert davon. Vielleicht kommst Du oder die Buben plötzlich und Ihr könntet dann nicht herein. Ich hätte keine Ruhe dort. Vielleicht dass ich am Ostersonntag hingehe. Traurig ist es, dass Du vielleicht diese Ostern noch in dieser entsetzlichen Haft verbringen musst. Das wären die vierten. Schrecklich! Mauserl und ich senden Dir darum heute schon die herzlichsten Ostergrüsse, wir werden immer an Dich denken in der festen Hoffnung, dass diese Deine Leidenszeit bald ihr Ende finde. Mit vielen Küssen bin ich D. Rita.«

An jenem 2. April wusste meine Mutter noch nicht, dass der langjährige Freund meines Vaters, Abt Thomas, bereits am 24. März in München gestorben war, und dementsprechend war auch mein Vater nicht in Kenntnis gesetzt worden. Fast alle seine persönlichen Verbindungen zur Außenwelt liefen ja über meine Mutter. In einem Kassiber vom 3. April war er noch optimistisch: »Abt Thomas wird an dieser Krankheit nicht sterben, das spüre ich. Wir werden uns wiedersehen. Gut, dass Du für eine etwaige, sofortige Heimreise der Buben vorgesorgt hast. An Ostern kannst Du ja alles mit ihnen selbst noch besprechen. Ja, unser guter Michael ist still – ohne uns! Wie werden sie aufleben, wenn wir einmal alle fünf wieder vereint sein werden! ...«

Die Auflösung des Klosters – mein Bruder und ich wieder in Wien

Nach den Bessarabien-Deutschen wurden in der Abtei Schweiklberg Soldaten einquartiert. Sie hatten ihr Strohlager auf den weiten Dachböden. Alex und ich nahmen gerne ihre Bestellungen für eine Flasche Bier entgegen und besorgten sie ihnen. Manchmal wurden wir mit einem Fünfpfennigstück belohnt. Am 13. Januar 1941 hatte der NSDAP-Reichsleiter Martin Bormann in einem Geheimerlass die Requirierung von Einrichtungen katholischer Ordensgemeinschaften autorisiert. Mit der Einquartierung von Soldaten hatte diese Maßnahme die Abtei Schweiklberg erreicht.

Nach weitverbreitetem Glauben werden Wunder vom lieben Gott oder von seinen Heiligen bewirkt. Das Wunder, das uns geschah, vollbrachten die Nazis, und aus ihrer Sicht war es natürlich keines. Am 2. April hob die Gestapo das Kloster formell auf. Alle verbliebenen Patres mussten ihre Klosterheimat verlassen; sie fanden ein Obdach in Münsterschwarzach. Die Klosterbrüder mussten den Wirtschaftsbetrieb weiterführen. Die Räumlichkeiten wurden zunächst dem BDM für Schulungszwecke überlassen, dann als Mädcheninternat für Frontsoldatenfamilien sowie als Schule für rückwanderungswillige Südtiroler genutzt und schließlich dem Reichskommissariat für die Festigung deutschen Volkstums zur Verfügung gestellt.

Was Dutzende von Patres ihr Zuhause kostete, beglückte mich. Mein Bruder und ich wurden in den nächsten Zug nach Passau gesetzt, mit Anschluss nach Wien. Das war zweieinhalb Monate, bevor mein Vater – am 12. Juni – wieder in das KZ Buchenwald verbracht wurde. Ihm drohte die Ermordung, während wir von den Kollegen seiner potenziellen Mörder aus unserem Exil befreit wurden. Ich saß im Zug mit einem Gefühl der Erlösung. Das war mehr als das perspektivlose Glück eines zeitlich begrenzten Ferienaufenthalts. Ich hatte ja schon die Erfahrung gemacht, dass auf nichts im Leben Verlass ist. Nun lernte ich: Verlass ist nicht einmal auf das Unglück. Im Fenster zog das Land vorbei, Stunde um Stunde. Doch für den Glücklichen ist auch das Warten schön. Zugleich fragte ich mich, wie unsere Mutter es schaffen sollte, ihre beiden Söhne bei sich zu behalten, ohne viel Geld, Zeit, Kraft. Ich hatte auch ihre briefliche Nachricht in Erinnerung, dass sie Ende Februar die Wohnung der Familie Missong hätte verlassen müssen. Offenbar hatte es einen Aufschub gegeben. Doch für wie lange?

Belege, Indizien und Erinnerungen aus der Zeit nach meiner Heimkehr könnten den Eindruck vermitteln, mein neues Glück habe sich rasch zu Alltag verflacht. Ich empfand das nicht so. Es gibt auch ein alltägliches Glücklichsein. Das empfindet man umso mehr, wenn man vorher lange unglücklich gewesen war. In der Fünfzimmerwohnung der Missongs – sie kamen erst später nach Wien zurück – lebten wir vier zunächst recht geräumig. Die offizielle Mieterin der

Wohnung war Oma Missong. Sie hielt es immer noch für möglich, dass ihr Sohn mit seiner Familie aus der Schweiz beziehungsweise später aus Jugoslawien zurückkehren würde. Und so war es ja auch.

»4.4.41 Lieber Vati. Wir sind jetzt wieder in Wien bei der Mutti. Alexius und ich helfen ihr manchmal Maschinenschreiben. Hie und da diktiere ich ihr auch. Vor ein paar Tagen waren wir mit Tante Sophie in der Stadt. Sie kaufte Mauserl ein Triton [einen hölzernen Tretroller] und ein paar andere Kleinigkeiten und uns einen Segelflieger, der mit einem Propeller, der sich durch einen eingedrehten Gummi umdrehte, und einem Fahrgestell versehen war. Leider geht er nicht. Er steigt nämlich steil in die Luft, solange sich die Luftschraube dreht. Setzt diese dann aus, so fällt er herunter. Viele herzliche Grüße von Deinem Michael.«

Wie ein Geschwür breitete sich Hitlers Krieg über Europa aus. Wir meinten noch, er sei weit weg. Die Familie Missong hatte in Jugoslawien Zuflucht gefunden. Zwei Tage nach meinem Brief an meinen Vater griffen deutsche Truppen Jugoslawien und Griechenland an. Sie sollten den italienischen Verbänden beistehen, die in Griechenland nicht vorankamen. Auch nach Nordafrika entsandte Hitler zur Unterstützung der Italiener ein Expeditionskorps. Es erzielte anfänglich große Erfolge gegen die Engländer.

Kassiber meines Vaters vom 9. April: »Hoffen wir, dass Missongs nichts passiert, besonders auch ihm, sei es auf der einen, sei es auf der anderen Seite. Und möge inzwischen die Heimkehr unserer Buben nach 2½jähriger Abwesenheit ein gutes Fügungszeichen auch für mich sein, dass nun die Zeit unserer Trennung endlich zu Ende geht. Der Tod Thomas' hat mir freilich eine schmerzliche Lücke gerissen. Lass bitte eine heilige Messe ›für verstorbenen Benediktinerabt Thomas‹ lesen, und die Buben sollen ihr auch beiwohnen. Wie trostreich ist es für mich, dass Ihr jeden Sonntag in der Kirche für mich betet! … Nicht weniger als sechs Buchmanuskripte könnte ich nun schon, nach geringfügigen Schlussarbeiten bei einigen, in die Maschine übertragen, dazu die Kurzgeschichten … Wegen allfälliger Bombardements, die schon noch kommen werden, mach Dir absolut keine Sorge, Liebling: ich bin sicher in Gottes Hand. Luftschutzkeller gibt es für uns keinen. Wir bleiben in den Zellen. Dafür haben wir aber ein Glasdach über dem Kopf! Fein, nicht wahr? Da führt der Weg direkt in den Himmel, wenn's uns erwischt …«

Am 17. April – es war der Tag, an dem Jugoslawien kapitulierte; Griechenland folgte vier Tage darauf – schrieb ich unserem Vater eine Postkarte. »Lieber Vati. Gerade komme ich von der Küche. Ich habe sie zusammengewischt. Es war schon sehr viel Schmutz drinnen. Zu Ostern waren wir bei Gutsbesitzers. Es war sehr schön. Am Abend kam noch der Osterhase. Am Ostertag Nachmittag lud uns die Olga ein … Es war sehr lustig und schön. Gestern schickten wir ein Preisrätsel ein. Alle beide hoffen wir fest, dass wir etwas gewinnen. Wir werden jetzt öfters auf diese Weise unser Glück versuchen. Es grüßt Dich herzlich Dein Michael.« [Zusatz von meiner Mutter:] »Gerade kommen wir von Dir. So traurig warst Du. Lass den Mut nicht sinken, lieber Vat, es kommt bestimmt schneller die Freiheit als Du denkst … Herzl. Grüsse D. Rita.«

»Unser Glück« – diese beiden Wörter sprangen mir als erste ins Auge, als ich kürzlich meine damalige Karte vor mir liegen hatte. Ich dachte zunächst, »unser Glück« sei ein erwartetes Datum der Freilassung unseres Vaters gewesen. Doch es ging nur um das Glück, einen ausgeschriebenen Preis zu gewinnen. Heute kann ich kaum mehr verstehen, dass ich zu meinem Vater von »Glück« hatte sprechen können, ohne seine Heimkehr zu meinen.

Für ein lebendiges Huhn inmitten von fast zwei Millionen meist hungriger Stadtbewohner des Jahres 1941 gab es keinen besseren Platz als einen verwunschenen Garten. Einen solchen besaß das Ehepaar Wastl. In ihm spielten wir drei Kogon-Kinder gerne – am liebsten das, wofür er sich besonders eignete: Verstecken. Die Eignung des Gartens für dieses Spiel schätzte offenbar auch das Huhn, das die Wastls besaßen. Doch seine Sicherheit in Wastls Garten war relativ. Hatte es aus seinem Versteck vielleicht schon die beiden Buben erspäht, die im rustikalen Klosterleben ziemlich verroht waren und außerdem nicht über die Berufskenntnisse eines Metzgers verfügten? Diesen beiden bösen Buben war ein Mord an einem Huhn zuzutrauen. Da mussten nur noch die Wastls träumerisch gestehen, wie gerne sie wieder einmal Hühnchenfleisch verspeist hätten. »Verbotene Schwarzschlachtung!«, gackerte das Huhn aufgeregt. Doch auch das half ihm nicht. »Wäre ich größer als ihr, ich ließe euch selbstverständlich am Leben!«, gackerte es, schon heiser. Was mich irritierte, war, dass nicht nur das Huhn, als mein Bruder und ich es einfangen wollten, starke Gefühle hatte. Die Sache machte auch mir keinen Spaß. Aber ich wollte beweisen, dass ich in einem Bereich kompetent war, den die Erwachsenen aus Hemmung, Feigheit und Verantwortungsscheu uns überließen. Armes Huhn. Wir stellten uns recht ungelenk an.

Am 20. April 1941 feierten viele Leute im Deutschen Reich wieder den Führergeburtstag. Für mich war es der vierte. Jubel auf allen Kanälen, entsprechend den Siegen an allen Fronten. Erst ab 1943 wurden die Führergeburtstage kleinlauter.

Postkarte meiner Mutter an meinen Vater vom 27. April 1941. »Herrn Dr. Eugen Kogon, Wien IX, Rossauerlände 9/92. Mein lieber Vat! Wenn die Genossenschaft die Wohnung für Alfred [Missong] reservieren würde, würde [Alfreds Berliner Schwester] Marianne sie auch bezahlen. Nur wenn ich sie benütze, ist sie nicht dazu bereit. Nun überlege ich mir, ob ich mich nicht doch nach einer eigenen umsehen soll. Ich würde höchstens bis 60 M gehen. Nun ist die Frage: Stadt- oder Aussenbezirk. Judenwohnungen sind immer sehr billig, aber ich glaube nicht, dass für uns eine solche in Frage käme. Durch eine eigene Wohnung würden wir ein Teil Einstellung [im Speditionshaus Schenker] ersparen … Was meinst Du dazu? Eventuell würde ich deswegen um die nächste Sprecherlaubnis nachsuchen. – Mauserl macht Furore in der Schule. Neulich sprach mich ein Lehrer im Stiegenhaus an und sang ein Loblied auf sie. Sie sei so brav, ›die Brävste‹, lese so gut und deutlich und neulich habe sie in seiner Klasse ein Gedicht, das sie lernen mussten, so schnell und schön gekonnt (ihre Lehrerin war nämlich krank) … Im Zeugnis hatte sie zu Ostern auch nur ›1‹ und eine Lehrerin versicherte mir, dass das nicht nur ›1‹ sei. Von allen Kindern und mir viele herzl. Grüsse D. Rita.«

Frühling (na ja) in Wien

Für meine Anmeldung im Gymnasium an der Schopenhauerstraße musste meine Mutter einen Bogen mit vielen kniffligen Fragen ausfüllen. Die Diktatur duldete keine Erfassungslücken. Zunächst der jüdische Name Kogon, mit den bekannteren Varianten Cahen und Cohn: Priester im Tempel zu Jerusalem. Die wenigsten Antisemiten kannten solche semantischen Zusammenhänge. Und im Gewimmel des Vielvölker-Wien fiel ein Kogon sowieso nicht auf. In meiner Klasse waren die ungarischen Namen Molnar und Vajna und die slawischen Namen Mika, Prokopotz, Raganitsch, Rusicka, Soukal und Swoboda vertreten. Interessanterweise scheint es in Wien auch kein großes Bedürfnis gegeben zu haben, solche Namen einzudeutschen. Anders im »Altreich«.

In Görlitz hatte meine Frau eine Schulkameradin Putyka gehabt. Bald trug sie den gut deutschen Namen Pogner.

Die zweite Klippe war gefährlicher. Es wurde nach den Personalien, der Berufstätigkeit, dem Aufenthaltsort und der Rassezugehörigkeit des Vaters gefragt. Hätte meine Mutter eingetragen, dass mein Vater mindestens Halbjude und seit drei Jahren Schutzhäftling der Gestapo war, wäre ich bestenfalls als Lehrling in einem Wiener Rüstungsbetrieb gelandet. Die Erfassungs- und Durchleuchtungswut der Nazis war eine würdige Vorläuferin des Ausspähwahns heutiger Schnüffeldienste; zudem wurde sie nicht verheimlicht. In einem solchen Gefahrenfall reagierte meine Mutter mit dem Mut einer Löwin. Der Fragebogen musste ausgefüllt werden, lückenlos und wahrheitsgemäß. Jede Angabe war zu belegen. Mir, und vielleicht ebenso meinem gescheiten Vater, wäre kein Ausweg eingefallen. Doch die Löwin schrieb aus dem Bauch heraus, die Gestapo habe ihr verboten, Angaben über ihren Ehemann zu machen. Die GESTAPO! Inbegriff des absoluten Schreckens. Jeder, der das las, ließ augenblicklich die Finger von der Sache. War dieser ominöse Vater Kogon etwa ein Gestapo-Agent? Ich wurde anstandslos in das Schopenhauer-Gymnasium aufgenommen und dort bis zu meiner Einberufung als Luftwaffenhelfer fast drei Jahre lang ordentlich unterrichtet.

Wie lange mag meine Mutter vor diesen drohenden leeren Spalten gesessen haben, bevor ihr der rettende Einfall kam? Wie viele Nächte mochte sie über diesem Problem schlaflos verbracht haben? Wie viele Tage, Wochen, Monate mochte sie gebangt haben, ob alle diese undurchschaubaren Dienststellen der Diktatur ihr diese Flapsigkeit durchgehen lassen würden, und wenn nicht: mit welchen Konsequenzen? Oder dachte und bangte sie nicht und verließ sich ganz auf ihren Instinkt, weil Mütter wissen, dass sie ihrem Mutterinstinkt immer vertrauen dürfen?

Erleichtert wurde die Entscheidung der Schulbehörde möglicherweise durch zwei zusätzliche Umstände. Der erste war, dass in den meisten Familien der Ehemann und Vater ohnehin abwesend war – beim Militär oder sonst wo in kriegs- oder parteiwichtiger Funktion. Der zweite Umstand war, dass im Lehrkörper unseres Gymnasiums die überzeugten Nazis offenbar in der Minderheit waren. Bildung hat schon immer einen gewissen Schutz vor Borniertheit geboten. Andererseits fördern Charakterschwäche, Ängstlichkeit oder Karrierestreben die Versuchung, sich einem ungeliebten System anzudienen. Doch Mitläufer sind keine Scharfmacher. Sie laufen mit, nicht voraus. Sie exponieren sich nicht wegen einer etwas auffällig unverständlichen Angabe im Schulfragebogen. Von meinen Lehrern musste 1945 nach dem Einzug der Roten Armee meines Wissens keiner den Dienst aus politischen Gründen quittieren.

Nun war ich Gymnasiast in einer Diktatur, deren Schergen meinen Vater seit drei Jahren gefangen hielten. Ich fühlte mich nicht als Verräter an der Sache meines Vaters. Ich sah die Zusammenhänge nicht. Ich tat einfach, was mir quasi selbstverständlich war. Und ich kann nicht einmal sagen, dass ich es gerne tat. Ich erfüllte einfach meine Pflicht, so wie ich sie verstand.

Mein Schulweg führte an den Gartengittern der Vorstadtvillen vorbei zum weitläufigen Türkenschanzpark, durch ihn hindurch und wiederum an Gartengittern entlang hinunter nach Gersthof. An allen Gittern begrüßte mich der Flieder mit seinem Duft. Dem Wiener Flieder konnten Lebensmittelverknappung, Judenverfolgung, Propaganda, Feindbilder und Völkerhass nichts anhaben. Wiener Flieder riecht nach Verheißung, Flieder anderswo nach Belohnung. An einer Wiener Fliederdolde darf man bloß einmal riechen. Ihr Duft ist so zart, dass er nur für ein einziges Eingeatmetwerden reicht. Wenn man mehr Wiener Fliederduft einatmen will, muss man sich an mehrere Dolden heranmachen, wie eine Biene, und am besten wäre es, man würde dies, wie sie, im Fluge tun. Die Macht des Wiener Flieders endet erst an der Heurigengrenze in Grinzing, Sievering und Salmannsdorf. Dort beginnt das Land einer anderen Seligkeit.

In deutlichem Kontrast zu meinem Naturerlebnis aus dem Frühjahr 1941 stand ein späteres Frühjahrserlebnis, von dem mein Vater rückblickend aus seiner KZ-Zeit berichtete: »Zwischen den Zierpflanzen der Gärtnerei [im KZ Buchenwald] hat sich an den Gewächsstangen mancher Häftling aufgehängt. Ich sah einmal morgens, als ich vor dem Aufmarsch zum Appellplatz hinter meinem Wohnblock noch eine Minute gedankenversunken den Gärtnereizaun entlangging, einen Zigeuner zwischen den hohen Blumen hängen. Er hatte in der Nacht auf diese Weise Selbstmord verübt. Im Mundwinkel hing dem dunkelfahlen Mann aus dem fernen Herkunftslande ein erloschene Zigarette. So war er, inmitten herrlicher Blüten auf blut- und schweißgetränktem Boden, heimgekehrt.«[36]

Von der historischen Bedeutung des Türkenschanzparks erfuhr ich erst 2003, bei der Lektüre der Lebenserinnerungen von Joseph Rovan.[37] Rovan engagierte sich nach dem Krieg sehr für die deutsch-französische Verständigung und publizierte regelmäßig in den von meinem Vater mitherausgegebenen *Frankfurter Heften.* Er hatte von 1921 bis 1929 in Wien gelebt, mein Vater seit 1927. Der Zufall wollte es, dass sie beide im 18. Gemeindebezirk Währing gewohnt hatten, die Kogons oben in der Glanzinggasse, die Rovans unten in Weinhaus. Der Türkenschanzpark spielt in Rovans Erinnerungen ebenfalls eine bedeutende Rolle. Seine Mutter ging oft mit ihm dorthin, und er erklärt ausführlich seine Geschichte.[38] Möglicherweise sind Rovan und mein Vater in den Jahren 1927–1929 einander begegnet. Eigenartig, daß zwei Menschen, die gute Freunde wurden, dies, hätte der Zufall es gewollt, schon siebzehn Jahre vorher hätten werden können. Noch mal 59 Jahre später, als mein Vater schon lange tot war, wurde die Freundschaft dieser beiden Männer ein letztes Mal besiegelt. Joseph Rovan erhielt am 23. April 2004 den Eugen-Kogon-Preis der Stadt Königstein im Taunus. Kurz danach starb auch er.

Mein Glücksgefühl beim Einatmen von Wiener Fliederduft hielt ich damals für Frühlingsglück. Das war es aber nicht. Ich hatte schon vorher keine besondere Freude am Frühling empfunden. Hatte ich sie in Schweiklberg eingebüßt? Oder hatte sie sich dort gar nicht erst entwickeln können? Die Maiandachten waren mir nicht unsympathisch gewesen. *Maria zu lieben ist allzeit mein Sinn* hatte ich gerne gesungen, auch wenn ich Maria nicht kannte. Ich hatte den Kröten bei der Begattung zugesehen, ohne zu wissen, woran sie sich gerade erfreuten. Ich hatte den ersten Frühlingsfliegenflug meinem Vater ins Gefängnis gemeldet. Ich hatte Maikäfer eingesammelt. Was ich bei alledem empfunden hatte, verdiente die Bezeichnung Frühlingsfreude nicht. Flatternde blaue Bänder hätten ebenfalls nichts bewirkt. Ich hatte noch nie ein blaues Band durch die Lüfte flattern sehen. Ich hatte noch nicht einmal gewusst, dass es mehrere Lüfte gibt.

1946 erhielt ich als Oberschüler in Oberursel am Taunus von unserer Deutsch- und Klassenlehrerin Elisabeth Oster als Aufsatzthema das Mörike-Gedicht »Frühling lässt sein blaues Band / Wieder flattern durch die Lüfte. / Süße, wohlbekannte Düfte / Streifen ahnungsvoll das Land. / Veilchen träumen schon, / Wollen balde kommen. / Horch, von fern ein leiser Harfenton! / Frühling, ja du bist's! / Dich hab ich vernommen!« Dieser damals etwa zweihundert Jahre alte Überschwang war das genaue Gegenteil meiner Reduktion nach drei Jahren Kloster, sechs Jahren Krieg, sieben Jahren Okkupation, sieben Jahren Diktatur und sieben Jahren haftbedingter Abwesenheit meines Vaters. Ich kann nachvollziehen, dass Fräulein Oster damals Eduard Mörike für ein geeignetes Mittel hielt, die Gefühlswelt der ihr anvertrauten jungen Menschen von Krieg auf Frieden umzustellen. Aber jemanden wie mich ließ dieses Gedicht als Autisten zurück. Durch die Lüfte, deren Friedensmöblierung ich besingen sollte, waren vor kurzem noch Lightnings und Messerschmitts, Bomben und Geschosse gesaust. So schrieb ich in dem mir aufgetragenen Aufsatz nieder, was *meine* Gefühle waren. Ich stellte Mörike Erich Kästners irdischeres Frühlingsgedicht gegenüber, das die Verhältnisse unterhalb des blauen Bandes schildert: »Die Eier werden billiger / die Mädchen werden williger / es stinkt auf den Aborten / kurz, Frühling allerorten.« Ich sinnierte über den Frühling in einem KZ, in dem alle Bäume abgeholzt waren und in dessen Gärtnerei ein Zigeuner an einem Strick baumelte. Auch die tropfenden Nasen der Allergiker kamen zu ihrem Recht. Die Niederschrift brachte mir voll zum Bewusstsein, wie es um mich stand. Der Aufsatz zirkulierte in der ganzen Schule – sei es wegen seines Inhalts, sei es, weil ein Schüler ein Revolutiönchen gewagt hatte. Vielleicht – hoffentlich – dachte der eine oder andere: »So hätten wir auch gegen die Nazis aufbegehren sollen.« Anders Fräulein Oster. Sie warnte meine Eltern: »Mit Ihrem Jungen stimmt etwas nicht!« Wie recht sie hatte! Aber pädagogisches Entsetzen half auch nicht weiter. Ein bisschen Verständnis hätte mir vielleicht sogar zu einigen neuen, zarten Gefühlen der Freude am Frühling verholfen.

Dass mein Aufsatz das Nichtvorhandensein von Frühlingsfreude ausgedrückt hatte, merkte ich erst später. Ich könnte auch jetzt noch nicht schildern, welche Art von Aufsatz ich zustande gebracht hätte, wäre ich ein konventioneller Höriger der Frühlingsgefühlsdiktatur gewesen. In einem späteren Wonnemonat Mai wurde ich Zeuge, wie meinem Vater sein guter Freund Walter Maria Guggenheimer, mit dem er einige Jahre als Internatsschüler im Kloster Schweiklberg zugebracht hatte, konsterniert gestand, er habe keine Frühlingsgefühle mehr. Klick! »Guggs« war so alt wie mein Vater, und vermutlich hatte er als Ursache seiner Misere vor allem sein Alter in Verdacht gehabt. Bei mir, mit meinen vielleicht zwanzig vergeudeten »Lenzen«, konnte es kaum am vorgerückten Alter gelegen haben. Außerdem wusste ich damals noch nicht, dass Frühlingsgefühle etwas anderes sind als Gefühle der Freude am Frühling.

Von mir aus könnte der Wiener Flieder an Weihnachten blühen, unter einem grauschwarzen Dauerregenhimmel. In der seelischen und geistigen Einöde des Klosters hatte ich mir angewöhnt, in zwei Welten gleichzeitig zu leben: in der realen und in einer imaginären. Irgendwo muss der Mensch ja hin, wenn seine Realität gar zu eintönig und unangenehm wird. Welche Chance hatten die Mönche verstreichen lassen! Ich hätte das Kloster als Ort unerhörten seelischen, geistigen, auch künstlerischen Reichtums erleben können. In Wien dann, wo die Erleichterung, nicht mehr in der Klosteröde leben zu müssen, so groß war, dass ich sogar im materiellen Elend einer Restfamilie glücklich war, hätte ich meine beiden Welten eigentlich wieder vereinheitlichen können. Doch es gelang mir nicht mehr, und ich wollte es auch nicht. Bis zum heutigen Tag ist mir diese poetische Schizophrenie geblieben. Die ist immerhin weniger schlimm als die klinische. Der echt Schizophrene ersetzt die reale Wahrnehmung durch eine halluzinierte. Bei mir existiert beides nebeneinander. Ich bleibe am Boden, wenn ich abhebe.

Kassiber meines Vaters vom 23. April: »Welch ein beglückendes Gefühl erweckte in mir Deine Mitteilung, dass Ihr nicht bloss am Sonntag in die heilige Messe geht, sondern dass mein Mauserl auch immer ein kurzes Tischgebet verrichtet! Wäre es möglich, dass Ihr am Abend, bevor die Kinder schlafen gehen, gemeinsam ein Vaterunser und Avemaria für mich betet mit folgender Einleitung von Dir: ›Für unseren lieben Vater um Kraft, Gesundheit und glückliche Heimkehr zu uns!‹? Es wäre mir ein Trost sondergleichen. Ich selbst bin Euch Dutzende Male am Tag durch den Segenswunsch verbunden: ›Herr, segne meine liebe Frau und die Kinder!‹ Auch sonst bete ich viel für Euch – um Gesundheit, um das tägliche Brot, um die rechte Erziehung der Kinder … Sage den Buben, dass sie mich durch nichts mehr erfreuen können, als wenn sie regelmässig beten, in die Kirche gehen und möglichst viel lernen …«

Ich kann mich nicht erinnern, dass unsere Mutter jemals mit uns gebetet hätte. Trügt mich meine Erinnerung, oder flunkerte Mutti dem Vati etwas vor, damit auch er ein wenig glücklich sein konnte in einer ebenfalls imaginierten Welt? Soweit ich mich erinnere, stand meine Mutter kritisch zur etablierten katholischen Kirche. Schon vor der Verhaftung meines Vaters hatte sie uns kein einziges Mal zur Sonntagsmesse in die Michaeler Kirche begleitet – vielleicht aber nur, weil sie das Mittagessen zubereiten und auf meine kleine Schwester aufpassen musste. Hingegen erinnere ich mich, dass wir in jenem Frühjahr 1941 gelegentlich zusammen die Sonntagsmesse in der Weinhauser Pfarrkirche in der Gentzgasse absolvierten, einer nichtssagenden neugotischen Kirche. Ich hatte keine Vorstellung davon, warum meine Mutter dort mit uns zur Messe ging, und ich fragte auch nicht. Ich trottete einfach mit. Sie brauchte mich nicht an der Leine zu führen. Ich empfand völlige Gleichgültigkeit. Einfach absitzen – beziehungsweise abknien. Das war alles, was mir von meiner angedrillten Klosterfrömmigkeit geblieben war.

»Dienstag. 29. April 41. Meine innigstgeliebte, beste Rita! ›Wie Margret in Abwesenheit ihres Mannes ihre Kinder erzog‹, das wäre der neue Pestalozzi-Titel dieses Abschnittes unserer Familiengeschichte. Jede Einzelheit, die Du mir darüber schreibst, verfolge ich mit dem grössten Interesse. Ebenso gross ist mein Schmerz, nicht aktiv mithelfen zu können.

Ich kann nur täglich für Euch beten und gelegentlich halt eine kleine Anregung geben. Überlege Dir einmal, Liebste, meine grosse Ziel-Idee: Michael – Mediziner (Wissenschaft, Biologie interessiert ihn ja sehr) und Schriftsteller, Kornelia – Chemikerin und Botanikerin (Arznei und Heilpflanzen!), Alex – Kaufmann und Organisator! Gäbe das nicht die Möglichkeit einer schönen Lebenszusammenarbeit der drei Geschwister? Michaels Forschungsdrang entspricht wieder genau meiner Veranlagung im entsprechenden Alter; das habe ich alles in München auch gemacht! Ich empfehle unter anderem den gelegentlichen Besuch der Sonntag-Vormittagvorstellungen naturgeschichtlicher Kurzfilme im Naturhistorischen Museum, vielleicht in Wastls Begleitung. Alexs schwierigen Charakter packst Du sehr richtig an. Nur nicht locker lassen! Eiserne Zucht und Erziehung zur Konsequenz und Pflichterfüllung kann ihm das Lebensglück retten. Für Michael wäre es eine sehr gute Dauerübung und für uns alle ein wahrer Schatz, wenn er sich daranmachen würde, eine Familienchronik mit kurzen täglichen Eintragungen über Wichtiges und Unwichtiges, Ernstes und Lustiges zu beginnen. Alex könnte sie dann am nächsten Tag in die Maschine übertragen, damit wir ausser dem Original mehrere Exemplare bekämen ... Gut haben übrigens die Buben ausgesehen, dicker im Gesicht. Ja, das Mütterlein! Sind sie nicht von der veränderten Küche begeistert? ...«

Am 20. Mai begann mit einem Absprung deutscher Fallschirmjäger die Besetzung Kretas. Am 1. Juni war die ganze Insel in deutscher Hand. Wieder so ein typischer Fall: Nachdem die Deutschen, fast immer wie nebenher, Österreich, Tschechien, Polen, Dänemark, Norwegen, die Niederlande, Belgien, Luxemburg, Frankreich, Libyen, Jugoslawien und Griechenland besetzt hatten, kam nun eben Kreta an der Reihe. Es fiel uns schon gar nicht mehr auf. Wir hatten uns daran gewöhnt, dass Deutschland »sich nehmen konnte, was es wollte«, und dass keine Macht der Welt imstande zu sein schien, es aufzuhalten. Ich hatte den Eindruck, dass die deutschen Blitzkrieger sich gar nicht mehr anstrengen mussten, um wieder einmal ein Land zu besetzen. Was für eine Illusion, zu meinen, das werde ewig so weitergehen. Ist es denkbar, dass auch der »größte Feldherr aller Zeiten« dieser Illusion erlag? Größenwahn ist offenbar eine schleichende Geistesverformung aufgrund von zu lange anhaltenden Erfolgen, ähnlich wie Verrohung in Zeiten des Krieges.

Mein Vater zum zweiten Mal im KZ

Am 25. Mai erfuhr mein Vater, dass er wieder in ein KZ verschickt werden würde. »Sonntag vor Pfingsten, 25. Mai 1941, nachmittags. Abschiedsbrief. Meine liebe, innigstgeliebte, von ganzem Herzen und ewig mir verbundene Rita! Während ich dies schreibe, bist Du wahrscheinlich ... schon in Kenntnis von dem neuen schweren Schlag, der uns – ganz überraschend – getroffen hat. Nun heisst es also schmerzlichen Abschied voneinander nehmen. Ich zweifle sehr, ob man Dir eine Besprechung noch bewilligen wird. Mir ist unendlich schwer ums Herz. Denn der Zusammenbruch auch dieser Überzeugung, dass ich nicht mehr ins Lager komme, hat mir den Boden überhaupt jeder Zuversicht geraubt. Jedem Wogensturz trübster und bitterster Schreckbilder, die mir nun meine Phantasie ausmalt, bin ich fast wehrlos ausgesetzt. Kein Hoffnungsdamm schützt mich mehr. Ein wahrer Kreuzweg steht mir jetzt zu Pfingsten bevor: Hier die zermürbenden Tage des Wartens. Es kann schon diesen Donnerstag oder Freitag losgehen, es kann sich aber auch noch ein, zwei Wochen hinziehen, wie die Erfahrung nach Ausfüllung des Transportscheines zeigt. Dazu die Ungewissheit wohin … Dann der tagelange, durch so viele Gefängnisse führende Marterweg des Transportes im engen Zellenwagen, gefesselt! Die risikoreiche Einlieferung ins K.Z. Schliesslich die folgenschwere Frage, in welche grundsätzliche Abteilung ich komme und endlich in welches Arbeitskommando. Von da ab beginnt dann das harte, schmerzliche Einerlei der preussischen Sklaverei, von der wir nicht wissen, ob und wann sie zu Ende gehen wird. Trotzdem bitte ich Dich, meine liebste Rita, mit mir zusammen stark zu bleiben und bis zu der vielleicht doch einmal kommenden Erlösung auszuharren. Auf mich kannst Du Dich, so entsetzlich auch alles sein und was immer über mich kommen mag, bedingungslos verlassen: nie werde ich so verzweifeln, dass ich freiwillig auf die Heimkehr zu Dir und die Wiedervereinigung mit Deiner Liebe und der der Kinder verzichten würde. Ich bitte Gott den Herrn inständig, dass er wenigstens so viel Barmherzigkeit auch in diesem irdischen Jammertal bereits mit uns haben möge, dass er mich lebend und einigermassen noch gesund in nicht all zu ferner Zukunft zu Dir und zu Michael, Alexius und meiner lieben Cornelia zurückkehren lässt. Wenn er mich aber in seinem hl. und unerforschlichen Ratschluss, der unter allen Umständen der richtige und gute ist, zu sich nehmen sollte, so verzweifle trotzdem nicht, mein Lieb! Sorge nur dafür, dass wir uns sicher dann einmal auf ewig drüben wiedersehen und wiederhaben, Du, ich und unsere drei Kinder. Der Weg führt über den Glauben, die werktätige Liebe und die Kirche. Darüber und einiges anderes habe ich Dir noch ein paar Aufzeichnungen gemacht, die Du in einem Kuvert der Post in der braunen Schachtel findest. Der Gedanke, die blosse Möglichkeit, dass ich Euch hier auf Erden allein und verlassen sollte zurücklassen müssen, zerreisst mir fast das nun ohnehin schon so niedergeschlagene Herz. Aber trotz allem, trotz allem will ich nicht aufhören,

Gott, besonders auch durch seine Heiligen, unsere Fürsprecher, um das einzige, das rettende Wunder für uns zu bitten. Hört auch Ihr, bitte, nicht auf, im gleichen Sinn täglich für mich zu beten. – Wenn die Nazi den Krieg gewinnen, fürchte ich, dass sie mich auch nach Kriegsende entweder überhaupt nicht oder doch noch sehr lange nicht freilassen wollen. Versuche in diesem Fall alles, so rasch wie möglich eine Einreise-Erlaubnis irgendwohin zu erlangen (für uns Fünf): Durch Walter [Guggenheimer] nach Persien, durch [Dr.] Max [in Basel] und Deine Verwandten nach USA, durch die Kolonisten in Brasilien, denen ich geholfen habe, dorthin ... Wenn ich ein ›Permit‹ habe, lassen sie mich vielleicht auswandern. Auch kirchliche Kreise oder [der Schriftleiter der *Schöneren Zukunft*] Eberle können Dir allenfalls an die Hand gehen (mit Empfehlungen, Adressen usw.). Bei Gestapo und Kanzlei in Berlin wirst Du dann ohnehin nichts unversucht lassen. Verlieren sie aber den Krieg und überlebe ich die möglicherweise recht kritischen Zusammenbruchstage im Lager, dann werde ich mich auf dem schnellsten, unter den dann gegebenen Umständen möglichen Weg mit Dir in Verbindung setzen, notfalls komme ich zu Fuss ... Solltest Du am 4. August, unserem Hochzeitstag, also in 8–10 Wochen, noch keine Nachricht über meine Ankunft in einem Lager haben, dann wende Dich an [die beiden Gestapo-Referenten] Blaschko-Fleischhauer und lass ihnen keine Ruhe, bis sie Dir Aufklärung geben. Das Folgende nun merke Dir, bitte, gut: Eine Erwähnung Walters in meinen Briefen oder Karten, gleich, in welchem Zusammenhang, bedeutet, dass ich bei den Juden bin (mit den entsprechenden harten Konsequenzen) ... Als Decknamen für mich gelten Robert und Georg, gelt. Wuschilo natürlich. Erwähnung irgendwelcher Spezialtätigkeit oder eines Berufes bedeutet mein Arbeitskommando. Beispiel: Walter könnte Dir das steinige Feld hinterm Haus in Pötzleinsdorf doch ruhig überlassen, es ist nicht gar so schwer umzuarbeiten: bin bei den Juden, im Steinbruch (beides das Schlimmste), es geht mir aber noch ertragbar. Oder: Gib meinen blauen Anzug für die Buben zu Schneider Georg, er wird die Umarbeit gern und billig machen: bin in der Schneiderei, es geht mir gut. – Am Schluss von Briefen allenfalls leer gelassene Textzeilen (nicht Zensurstempelteil) schneide aus, tauche sie ins Wasser und halte sie ans Licht: In enorm wichtigen Fällen würde ich unentdeckbare Wasserschrift anwenden, sie hält 3 Monate, ich kann sie. Schreibe mir, bitte, regelmässig einseitig und viel (alles von Euch, von zu Haus, Schule, Leben der Kinder), wenn Du willst, mit Maschine (zweizeilig), das gibt mehr und geht manchmal leichter durch. Lass die Kinder immer ein paar eigenständige Sätze beifügen, auch Mauserl! (Ach es ist schrecklich ...) Geld nehme ich die 70 Mark Depot aufs Konto mit, 30.- habe ich für die Heimreise eingenäht, 15.- behalte ich bei mir ... Wenn es Dir gut ausgeht, bitte ich um 25 Mark alle 3 Monate separat (Zahnarzt etc.). Nach Dachau oder in ein sonstiges Lager 7,50 wöchentlich. – Wenn Du bis 5. November keine Anforderung zum Senden von Wintersachen hast oder eine solche für nur bestimmte Sachen, so schicke in jedem Fall ein Päckchen mit Schal, Handschuhen, den Sweater, den ich hier lasse, den beiden Paar Schisocken und den neuen Gummihandschuhen, die Du so lieb warst, der letzten Wäsche beizufügen. – Ebenfalls in einem Briefkuvert in der br. Schachtel findest Du das Marienmedaillon mit dem Faden, an dem ich es trug. Bitte trage es für mich! Unter den Zeitungen liegen allerlei Kurzgeschichten-Notizen (auch zwischen den Text eines Teils Deiner Karten habe ich sie geschrieben), den Detektivroman und ein Heft. Hebe mir die Sachen, bitte, auf, auch die Zeitungen, wenn es geht. In den Büchern ist nichts. Michael wird sich vielleicht über die Paustian-Hefte hermachen können. Die Zuckereierlein, die mir Mausi zu Ostern geschenkt hat, bewahre mir bitte ebenfalls auf! Ebenso Dein Weihnachts-Tannenzweiglein! Ursprünglich wollte ich Dir auch meine Ringe dalassen, damit sie mir nicht gestohlen werden: Aber das sieht gar so nach schon gestorben aus, und ich will ja unbedingt wieder kommen. Unbedingt! In dieser Hinsicht werde ich alles tun, was mir körperlich, geistig und seelisch möglich ist, also hoffentlich genug, gelt! ... Froh bin ich, dass es Sommer und nicht Winter ist! Wenigstens auf die relative Bewegungsfreiheit, sowie Licht und Luft freue ich mich. Und nun, mein Lieb, herzliebste Rita, bester Kamerad, innigst geliebte Mutter, küsse und umarme ich Dich von ganzem Herzen lang, lang – ich lasse Dich gar nicht mehr! Auf baldiges Wiedersehen! Gott schütze und segne uns! Umarmungen den Kindern! Immer, immer ganz und gar Dein [kyrillisch:] Ewgenij.«

Im vorstehenden Kassiber war »Walter« in Persien der schon erwähnte Dr. Walter Maria Guggenheimer, einer der Schweiklberger Schulfreunde meines Vaters. Als Jude verließ er Deutschland 1935. Bis 1941 arbeitete er im Iran als Angestellter der Maschinenfabrik Augsburg-Nürnberg (MAN); sein Vater war dort Direktor gewesen. Die MAN hatte in ihrem Außendienst eine ganze Reihe gefährdeter Deutscher untergebracht. Ab 1942 nahm Guggenheimer in der 1. Division von de Gaulles *Free French Forces* an Kämpfen im Vorderen Orient, in Nordafrika und in Italien teil. Nach Aufenthalten in Frankreich und England kehrte er 1945 nach Deutschland zurück. Er trat in die Redaktion der *Frankfurter Hefte* ein, übersetzte französische Literatur und war Kommentator des Bayerischen Rundfunks.

Am 12. Juni wurde mein Vater wieder in das KZ Buchenwald verbracht. »Wenn ich auf Transporten in einem Haufen von sechzig bis hundert Mann, alle verwahrlost, alle mit Stahlfesseln aneinandergekettet, durch die Straßen Deutschlands, über seine Plätze geführt, in Bahnhofshallen zu halbstundenlangem Warten aufgestellt wurde und die Bevölkerung uns Verbrecher teils verächtlich, teils voll Abscheu oder auch furchtsam betrachtete, dann erfaßte mich nicht etwa Scham, sondern ein unendlicher Stolz darauf, von diesem Regime geächtet, aus einer derartigen Volksgemeinschaft ausgeschlossen und von allen ›braven Staatsbürgern‹ verachtet zu werden. Wir gingen den Sibirienweg durch Deutschland – die Straße der Ehre inmitten der politischen, moralischen und menschlichen Schande. Wir hatten ihn nicht freiwillig gewählt (wer hätte das jemals getan?), aber wir machten aus der Not die Tugend, die ihr innewohnte. Die entehrende Absonderung verwandelte sich bei nicht Wenigen in das Wertgefühl der Exklusivität.«[39]

Die Gestapo fand sich natürlich nicht damit ab, dass die »Rassezugehörigkeit« meines Vaters ungeklärt war. Sie stöberte in seiner familiären Vergangenheit. Das war auf längere Sicht für meinen Vater von größerer Bedrohung als alles, was die Gestapo von seiner Tätigkeit vor dem »Anschluss« wusste. Im Taufregister der Münchner katholischen Stadtpfarrei St. Ursula ist für jedermann einsehbar vermerkt, dass die Mutter meines Vaters »mosaischer Religion« war. Sein Vater war nicht aktenkundig. Die Nazis mussten also notgedrungen zunächst davon ausgehen, dass mein Vater nach ihren Kriterien »Halbjude« war. Natürlich hätten sie aber lieber ihren Verdacht bestätigt gefunden, er sei »Volljude«. Ende 1941 oder Anfang 1942 erkundigte sich das Gauamt für Sippenforschung der NSDAP-Gauleitung Wien beim erzbischöflichen Ordinariat Münchens nach der »Rassenzugehörigkeit« meines Vaters. Am 19. Januar 1942 erhielt das Amt die Auskunft, mein Vater sei »Arier«. Das gewährte ihm einen gewissen Aufschub. Aber nicht lange.

»Mit Hilfe von politischen Freunden, über die Arbeitsstatistik, die ebenfalls von Häftlingen verwaltet wurde, kam ich dann mit einer Reihe von anderen, übrigens bekannten Politikern – vor allem österreichischen Politikern, Landeshauptleuten, Generalprokuratoren, Ministern, der Direktor des österreichischen Außenamtes war auch dabei – in ein anderes Kommando, nämlich in die Häftlingsschneiderei. Das Wesentliche war ja, ein Dach über den Kopf zu bekommen und warm zu haben. Der Kapo der Häftlingsschneiderei war auch ein Österreicher, Hans Rechberger, kein Kommunist. Bei mir befand sich ein satirischer Dichter – damals war er 56 Jahre alt, aber er lebt heute noch, im Erzgebirge in der DDR –: mein guter Freund Franz Hackel, und der spätere Stellvertretende Ministerpräsident von Hessen, Dr. Werner Hilpert. Wir drei waren zusammen in dieser Häftlingsschneiderei.«[40] »Und so saßen wir nun Tag für Tag zwölf Stunden lang beieinander, Reithosen trennend, Hemden flickend, die Wäsche von Zehntausenden im Osten getöteter Juden sortierend.«[41]

Jedes Loch in einem Kleidungsstück erinnerte meinen Vater daran, dass eine Kugel hindurchgegangen war und einen Menschen getötet hatte. Meinem Vater musste nun endgültig klargeworden sein, dass er nicht mehr auf Freilassung hoffen konnte, sondern nur noch auf Befreiung. Das setzte Deutschlands Niederlage voraus. Was aber, wenn Deutschland siegte? Sein Freund und Tisch-Kapo in der Häftlingsschneiderei Werner Hilpert meinte, die Buchenwald-Häftlinge würden früher oder später alle aus der Luft vergiftet oder vergast werden. Mein Vater zeigte ihm eine andere Perspektive: »Die Nazi, so wie wir sie kennen, werden untereinander nicht eins sein. Das ist eine Chance für uns, herauszukommen … Nach fünfzehn Jahren haben wir wahrscheinlich doch eine Chance, herauszukommen, wenn wir nicht aufgeben. Eine entsetzlich lange Frist, vielleicht; wenn sie siegen – ich glaube nicht, daß sie siegen werden, aber wenn sie siegen, werden sie uns im Bauch von KdF-Schiffen irgendwo nach Afrika bringen; dort haben wir eine neue Chance in den Urwäldern; die Tiere werden eher auf unserer Seite sein als die Nazi.«[42]

In dieser Perspektive einer fünfzehnjährigen Gefangenschaft kamen wir vier in Wien Zurückgebliebenen nicht mehr vor.

Am 22. Juni 1941 besiegelte Hitler den Untergang seines Reiches. Aber das wusste er noch nicht. An jenem Tag ließ er seine Soldaten, Panzer und Flugzeuge auf die Sowjetunion los. An der Seite der Deutschen kämpften – nicht alle freiwillig – ungarische, rumänische, finnische, italienische und auch slowakische Verbände; die Slowakei, ehemals Teil der Tschechoslowakei, war nach dem deutschen Einmarsch 1939 pro forma selbständig geworden. Sieg folgte auf Sieg. Die deutschen und die ihnen an die Seite gestellten Truppen drangen bis Leningrad und in den Kaukasus vor. Deutschland fiel in einen Siegestaumel. Wenige Monate später – im Dezember 1941 – kam die deutsche Offensive vor Moskau zum Stehen. Die Rote Armee ging zum Gegenangriff über. Bei mir schlug sich der deutsche Vormarsch in einem beträchtlichen Bedarf an Stecknadeln mit bunten Glasköpfen nieder. Mit ihnen markierte ich auf einer Europa-Karte die Bewegung der Fronten. Dass jeder deutsche Sieg eine Niederlage für unsere Familie war, kam mir nicht in den Sinn.

Bereits am 26. Juni 1941 durfte mein Vater meiner Mutter aus dem KZ Buchenwald einen offiziellen Brief schicken. Wie es ihm selbst im Lager erging, konnte er wegen der Zensur nicht offen schreiben. Er musste diese Angaben verschlüsseln. Meine Mutter war vorbereitet und hatte keine Mühe, solche Passagen zu erkennen und zu deuten. Ich habe sie in diesem Brief – und in allen folgenden – durch Kursivschrift gekennzeichnet. Meine Entschlüsselung folgt jeweils in eckigen Klammern.

»Schutzhäftling Kogon Eugen, Nr. 545, Block 42. Herzliebste Rita! Zu allererst die innigsten Grüsse aus ›Deutschlands grünem Herzen‹. Jeder Atemzug des herrlichen sommerlichen Landes soll Dir meine Liebe zutragen. Weisst Du, wie sehr ich Dich liebe?! Ich möchte Dir einen in die Zukunft grünenden Kranz der Erinnerung flechten – vom blühenden Schlehdorn in München über den Goldregen des Stuttgarter Stadtparkes, die sonneflimmernden Reben von St. Georgen über Bozen, die gewitterregennassen Waldfarne von Lainz, die Blumen und Gräser an der Salzach, die Pinien in der Provence, die Osterblüten von Florenz und Spezia, die Wurzelstöcke in den Wildalpen (weisst Du noch?) und die Schneerosen bei Türnitz bis zu unseren Glanzinger Edeltannen und heimeligen Nussbäumen. Ja und tausendmal ja: ich liebe Dich! Alle meine freien Gedanken gehören Dir und den Kindern. – Überarbeite Dich nicht, Liebste! *Robert soll Dir helfen, da es ihm jetzt ja durch Josefs gütige Vermittlung so viel besser geht und ihn seine Arbeit im Statistischen Amt sicher bei weitem nicht voll in Anspruch nimmt. [Mir geht es hier viel besser als befürchtet, und ich muss keine schwere Arbeit verrichten.] Vor Michailowsky nimm Dich in acht, gelt! [Von der Sowjetunion haben wir nichts Gutes zu erwarten.] Was den Vertrag mit Georg & Jäger betrifft, so leiste ruhig die alten Raten von früher. Herr Jäger kommt ja erst im Herbst von seiner vorübergehenden Dienstverpflichtung zurück und ist währenddessen sicher auch mit 10 Mk. monatlicher Abzahlung zufrieden. [Wenn Du mir weiter jeden Monat 10 RM schicken könntest, käme ich gut zurecht. Ich hoffe, im Herbst wieder nach Wien zurückzukommen.] … Wuschils Entwicklung brauchst Du nicht im Geringsten tragisch zu nehmen: der hat ein unwahrscheinliches Glück; ich fürchte viel eher, dass es ihm zu gut geht, jedenfalls im Vergleich zu seinem bisherigen Standard. Grüsse ihn herzlich! [Wegen mir mach Dir keine Sorgen. Ich hatte unwahrscheinliches Glück; mir geht es besser als in Wien.]* – Geliebteste Rita: ich schliesse mit innigen guten Wünschen zu Deinem Geburtstag, mit einem langen, langen Kuss für Dich und allem Lieben für die Kinder: Eugen.« Stempel des »Postprüfers 2« samt seinen Initialen.

»20. Juli 1941. Schutzhäftling Kogon Eugen Nr. 545 Block 42. Meine Rita! Wie ein Bild glücklichen künftigen Friedens schwebt mir aus Deinem Brief vom 8. Juli der Satz vor, dass Du Zeit und Ruhe hattest, an einem Sonntag zu lesen, während die Buben auf Wanderung waren und Mauserl schlief. Möchte es doch öfter für Dich so sein! Vielleicht kommst Du dazu, Dir auch den Roman ›Ilonka‹ vorzunehmen? – Hatte ich Michael und Alexius nicht etwas versprochen für den Fall, dass der eine in Rechnen, der andere in Englisch sich verbesserte? Nun, sie haben es, bescheiden vorläufig, fertiggebracht. Ich schrieb wohl von einer ›Illustrierten Geschichte Wiens‹ oder ähnlichem. Entscheide es nach Deinem Ermessen! Das Begabungsurteil über Alex, von dem Vilshofener Lehrer einmal festgelegt, scheint ziemlich schematisch übernommen zu werden. Na ja. Die Zeilen Kornelias haben mich tief gerührt. Ich liebe die Kinder, nach Dir, über alles. – Bist Du mit Geld noch genügend versorgt? Dass *sich Robert [ich mich]* momentan nicht um Dich bemühen kann, müssen wir hinnehmen; in absehbarer Zeit *wird er [werde ich]* dazu wohl wieder in der Lage sein, da *die Liquidation des gesamten Unternehmens [der Untergang des Hitler-Reiches]* doch rasch voranschreitet. *Michailowsky [Die Sowjetunion]* wird uns kaum mehr schaden können, während *Elisabeths und Margrets Anteile [die Kampfbeiträge der Westalliierten]* erhalten bleiben. Es freut mich, dass *erstere so fleissig zu Besuch kommt [Großbritannien im Luftkmpf so aktiv ist]* und ebenso unablässig wie energisch auf den *Abschluss [Sieg]* hindrängt, obgleich ich *ihre [Englands]* übervorsichtige Meinung, *die Abwicklung [das Kriegsende]* werde sich trotz allem unter Umständen noch längere Zeit hinziehen, nicht teile. Ich glaube, die Zusammenhänge des *Konzerns [Nazi-Systems]* doch gut zu kennen und im grossen Ganzen immer richtig beurteilt zu haben … Der Reihe nach küsse ich Euch innig, Dich oft und lang, Rita: – Eugen.« Initialen »Postprüfer 2«.

Im Vergleich zum bayerischen Kloster war mir das durch Diktatur und Krieg grau gewordene Wien ein Paradies. »Wien, du Stadt meiner Träume«, von Rudolf Sieczynski 1912 gedichtet und komponiert, drückte genau mein Gefühl aus. Eine der schlimmen Eigenschaften des Nationalsozialismus war seine Erfassungswut, sein Hang zum Totalen, dass er keine Freiräume ließ und seine Spuren überall setzte. Doch einzelne, wenn auch kleiner werdende Bereiche im härter werdenden Kriegsalltag blieben intakt. Zusätzlich zum Türkenschanzpark bot Wien mir in dieser Hinsicht den Prater, den Wienerwald und die Alte Donau. Hier konnte ich mich um 360° drehen, ohne ein einziges Symbol der NS-Diktatur in den Blick zu bekommen. Private Glücksinseln waren für mich die Kuchenstriezeltante und die Welt der Schlager – ebenso die Leihbibliothek und die Lichtspieltheater, doch dort traf ich auf Naziliteratur, die Deutsche Wochenschau und die Reichsparteitagsfilme.

Der Prater, ursprünglich ein Auwald, der dem kaiserlichen Hof als Jagdrevier diente, wurde 1766 für das gemeine Volk geöffnet. Bald ließen sich Wirte, Kaffeesieder und »Lebzelter« nieder. Daraus entwickelte sich ein Rummelplatz, der »Wurstlprater«. 1897 wurde das Riesenrad gebaut, das Wiener Äquivalent zum Eiffel-Turm. Zu meiner Zeit gab es dann auch schon eine Geisterbahn, die Grottenbahn, eine Berg-und-Tal-Bahn (eine Vorstufe der heutigen Achterbahn, mit weniger Nervenkitzel und mehr Romantik), Karussells, Schießbuden und Kasperletheater. Kein Vergleich zu den Sensationen von heute, und doch: wie aufregend! In den Sommerferien 1941 zeichnete ich nach einem der kostenbedingt seltenen Praterbesuche ein Kasperletheater, in dem das Stück *Der Kasperle mit dem Drachen* aufgeführt wurde.

In den Mußestunden der Sommerferien zeichnete und reimte ich gern. Von einer auf acht Teile angelegten Bildergeschichte stellte ich die ersten drei fertig, mit folgendem Text: »In Nachbars Garten, da steht prächtig / Ein wunderschöner Apfelbaum. / Zwei Jungen klettern höchst verdächtig / Über den hohen Lattenzaun. // Während die beiden Diebe kauen, / Denkt der Nachbar still und heiter: / Na, die werde ich verhauen, / Gut, dass sie haben meine Leiter! // Mit dem Stocke in der Hand / Schleicht er sich um's Haus herum, / Und an der Wohnung linker Kant' / Blickt er sich noch einmal um.«

Kürzlich saß ich vor diesen drei Bildern und Versen und überlegte, welchen weiteren Verlauf ich mir seinerzeit für diese Geschichte ausgedacht haben mochte. Zwei Buben, zwei Apfelbäume, eine Leiter, ein Nachbar: Mehrere Lösungen fielen mir ein. Alle waren banal. Ich traute meiner Fantasie zu, anspruchsvoller gewesen zu sein. Mir fiel auf, dass jeder der beiden Buben auf einem eigenen Baum hockte. Wie waren sie mit *einer* Leiter auf zwei Bäume gekommen? Sie hatten die Leiter zuerst an den einen Baum gelehnt, einer der beiden war hinaufgeklettert, dann hatte der andere die Leiter an den anderen Baum gelehnt und war dort hinaufgeklettert. Und wie weiter? Auf dem dritten Bild ist der Nachbar kurz davor, den einen der beiden, den mit dem Strubbelkopf, auf dem ersten Baum zu bemerken. Da fiel es mir wie Schuppen von den Augen, und ich erinnerte mich – nach 71 Jahren! Es war mir ein leichtes Vergnügen, die fünf fehlenden Vierzeiler zu rekonstruieren:

»Und sieht auf seinem ersten Baum / Den Strubbelkopf die Äpfel klau'n. / Schon eilt er hin an jenen Ort. / »Runter komm, und zwar sofort!« // Derweil der andre Bub verschmitzt / Vom zweiten Baum herunterflitzt, / Beim Zaune ein Versteck sich sucht / Und ›He, du Alter!‹ rüberflucht. // Der Nachbar denkt in seinem Wahn, / Dass dies vom Baume *oben* kam, / Und steigt, so schnell er es nur kann, / Die Leiter auf den Baum hinan. // Da springt der Bub aus dem Versteck, / zieht dem Mann die Leiter weg, / Stellt an den andern Baum sie schnell / Und meldet sich beim Freund zur Stell. // Die beiden schmausen nun in Ruh. / Der Nachbar sieht von Ferne zu. / Von seinem Baume hoch und leer / kann er nicht herunter mehr.« Die Spitzbuben waren natürlich mein Bruder und ich. Unser Streich war zwar nicht sehr nobel, aber gemeinsam ausgeheckt worden. Wir gehörten zusammen, trotz allem.

Die schöne »blaue« – in Wirklichkeit: schmutzig grüne – Donau fließt heute außerhalb der Stadt. Nur einer der früheren Donauarme windet sich als »Donaukanal« an der Inneren Stadt entlang. Ein anderer Arm wurde in den siebziger Jahren des vorletzten Jahrhunderts vom Strom abgetrennt und bildet heute die »Alte Donau«. Sie ermöglicht vielerlei Wassersport. Auch die heute unweit des Ufers emporragenden Bürotürme der UNO-City können ihrem Charme nicht viel anhaben. Die öffentlichen Verkehrsmittel führen den Besucher vom Zentrum bequem in dieses beliebte Naherholungsgebiet. Stellte unsere Mutter uns einen Nachmittag auf der Alten Donau in Aussicht, fieberten wir tagelang und hofften, es möge nicht regnen. Ich hielt bereits damals den Regen für das bessere Wetter und hätte selbstverständlich auch im Gewittersturm nicht auf das Vergnügen verzichtet, die Wellen in einem Schinakel (Ruderboot) zu durchpflügen. Wenn das Wetter im Sinne meiner Mutter »schön« genug war, packten wir die Badehosen ein und zuckelten, mehrmals umsteigend, mit der quietschenden Straßenbahn hinaus. Auf der Linie 38, mit der unsere Fahrt begann, hatten einige Wagen noch offene Plattformen. Da ließen wir uns den Fahrtwind um die Nase wehen. Von der Tramhaltestelle »Kaisermühlen« war es nicht mehr weit bis zur Bootsvermietung. Mein Bruder und ich stritten, wer an die zwei Ruder durfte. Lieber rudern als schwimmen. Direktor Wastl freilich fand, wir hätten in

Schweiklberg ja schwimmen gelernt und sprängen lieber aus eigenem Antrieb ins Wasser, als uns von einem reiferen Herrn hineinschubsen zu lassen. So viel freiwillige Überwindung hatte ich schon lange nicht mehr aufgebracht. Nachher fühlte ich mich als – triefender – Held.

Manchmal versprach meine Mutter uns einen Sonntagsausflug, und dann wurde nichts daraus, selbst bei geeignetem Wetter. »Sie hält nicht Wort!« Heute sehe ich das anders. Man kann sein »Wort« als Absicht oder als Verpflichtung geben. »Wir gehen am Sonntag in den Wiener Wald«, kann heißen: »Ich habe das gesagt, und so wird es sein.« Es kann aber auch heißen: »Mir ist jetzt gerade danach zumute, aber was am Sonntag sein wird, weiß ich nicht.« Jemandem, der grundsätzlich nur aktuelle Gefühlsmeldungen abgibt, wird man keinen Wortbruch unterstellen.

Wien und sein Wald sind ein Paar. Der Wald streckt sich nach den Häusern aus, die Stadt dehnt sich ihm entgegen. Die Buche, unter der wir das Gewitter abwarteten, ließ nur wenige Tropfen zu uns durch. Ich lehnte mich gegen den Stamm, fühlte die rauhe Rinde. Nein, der Baum sprach nicht zu mir. Nein, er streckte nicht seine Arme über mir aus. Aber ich wäre gerne in seiner rauschenden Krone zur schwarzen Wolke hinaufgeflogen.

Zwei Schulkameraden aus dem »Altreich« erhielten von mir Nachhilfeunterricht in Englisch. Das Honorar von 1 Reichsmark je Stunde reichte für den Eintritt in eine Filmvorführung am Nachmittag. Zu Fuß durchquerte ich die halbe Stadt. Mein Ziel: *Heißes Blut* mit Marika Rökk in der Hauptrolle. Die Nazis hatten nichts gegen Unterhaltungsfilmchen, die vom tristen Alltag ablenkten. Mein Alltag war trist genug. Nur zu gerne ließ ich mich ablenken – mehr noch: entführen. Jeder solche Film versetzte mich in eine Welt, die frei war von Bedrückung, Angst und Entbehrung. Schon auf dem Hinweg war ich mehr als zufrieden. Ich musste nichts tun, als Schritt vor Schritt zu setzen, um in eine unbeschwerte Welt zu gelangen, in der sogar noch das Leid seinen Charme hatte – als Liebeskummer. Dass mir zu solcher Auswegfülle in besonderer Weise die Rökk verhalf, hatte einen einfachen Grund: Sie war nicht nur hübsch, sondern konnte auch singen und tanzen. Das prädestinierte sie für Filme seichter Unterhaltung. Schon die Titel drückten diese Eigenschaft aus: *Leichte Kavallerie, Heißes Blut, Karussell, Und du mein Schatz fährst mit, Eine Nacht im Mai, Es war eine rauschende Ballnacht, Hab mich lieb, Die Frau meiner Träume.* Mehr wollte ich nicht, und sei es auch nur für zwei Stunden: In einer Nacht im Mai mit der Frau meiner Träume, meinem Schatz auf dem Beifahrersitz oder vor mir auf dem Sattel zur rauschenden Ballnacht zu galoppieren, um dort, mir ihr im Walzer mich drehend wie auf einem Karussell, ihr heißes Blut zu spüren und sie zu bitten: Hab mich lieb! Eine ähnliche Wirkung erzielten daneben nur »lustige« Filme mit Hans Moser und Theo Lingen und, was das weibliche Geschlecht betraf, gelegentlich Filme mit Anny Ondra oder Ilse Werner, die wenigstens pfeifen konnte. Margot Hielscher und Brigitty Horney waren, da sie weder tanzten noch sangen, noch pfiffen, vorwiegend in »ernsten« Filmen zu sehen, die eine geschichtliche Begebenheit oder ein Beziehungsproblem behandelten – total uninteressant. Noch weniger geeignet waren Tendenzfilme, die eine Nazibotschaft transportierten. Manchen Rökk-Film hätte ich nach der Nachmittagsvorstellung am liebsten ein zweites Mal gesehen, von Begierde zu Genuss taumelnd, um im Genuss nach der nächsten Begierde zu schmachten. Doch dafür reichte mein Geld nicht. Die Sammlung meiner Eintrittskarten bewies: Ich sah mehr Rökk-Filme, als der Adventskalender des Jahres 1942 Türchen hatte. Ein Adventskalender mit nichts als Rökk-Fensterln wäre mir schon recht gewesen. Dass die Rökk sich mit dem Nazi-Regime arrangiert haben musste, war mir nicht bewusst. Dass die letzten beiden Rökk-Filme, die ich sah, die ersten deutschen Farbfilme waren, berührte mich nicht. Marika Rökk war mir schwarz-weiß genauso lieb.

Vor dem Ausbruch meiner Rökksucht hatte ich das Äußere eines Menschen danach beurteilt, ob ich ihn mochte. »Schön ist alles, was man mit Liebe betrachtet.« Nun lernte ich: Schön sind Frauen, die so aussehen wie Marika Rökk. Das verwirrte mich. Denn auf den Straßen begegneten mir viele Mädchen, die ähnlich aussahen wie sie. Wieso liefen in Wien so viele Filmschauspielerinnen herum? Wieso standen so viele hinter den Theken, saßen an den Kassen, statt sich auf der Leinwand zu präsentieren?

Vor den vielen Filmschauspielerinnen auf den Straßen wollte ich mich nicht blamieren. Was braucht ein Mann, um bei einer Leinwandschönheit Eindruck zu machen? Meine Mutter war irgendwie an einen abgetragenen Herrenanzug gekommen. Sie hatte den Stoff aufgetrennt und einen Schneider ausfindig gemacht. Bald darauf flanierte ein steifer, eckiger Zweireiher mit spitzen Revers auf der Mariahilfer Straße an all diesen Filmschönheiten vorbei. Ich sah gut aus! Keine Spur von Krieg, kurzen HJ-Schnürlsamthosen, gefangenem Vater, Elendsbehausung. Die dunkelgrauen Wolken am Himmel waren geschmackvoll auf das hellere Grau meines Anzugs abgestimmt. Der Staub, den der Wind aufwirbelte, konnte meinem guten Stück nichts anhaben, das war ja ebenfalls grau. Und erst recht nicht diese paar Tropfen. Auch als das Getröpfel in einen Wolkenbruch ausartete, ging ich stolzgeschwellt weiter. Gleich würde ich der Filmschönheit an der nächsten Ecke den Atem rauben! Seltsamerweise kam keine mehr. Schande über diese verweichlichten Passanten, die sich unter Vordächern und in Eingängen drängten! Mein Anzug saugte den Regen auf, wurde schwerer, fing an, selbst zu tropfen. Das Wasser drang zu Schultern, Oberarmen, Rücken durch. Na und? Erst als der Regen aufhörte, ging ich nach Hause. Wohl merkte ich, dass ich nun schwerer zu tragen hatte. Ich zog das Triefe- und Tropfeding vor der Wohnungstür aus. Meine Mutter trocknete mich ab. Dann betrachtete sie das Bündel, das mein Anzug gewesen war, und legte den Kleiderbügel weg. Sie knautschte den Stoff zusammen und ließ ihn vor der Tür liegen. Aus der nassen Stoffleiche reckte sich ein Ärmel. He, mein Anzug! Ich hatte immer noch nichts kapiert. Ich verstand es erst, als der Anzug trocken war. Da half alles Strecken und Dehnen und Bügeln nichts. Seither gehe ich, wenn ich einen Anzug tragen muss, selbst bei strahlendem Sonnenschein nicht ohne Regenschirm aus.

Ich brauche keine Millionen, mir fehlt kein Pfennig zum Glück, ich brauche weiter nichts als nur Musik Musik Musik, für eine Nacht voller Seeeeligkeit, da geb ich alles hin, doch ich verschenk mein Härz nur dann, wenn ich in Stimmung bin, in Stimmung bin, in der Nacht ist der Mensch nicht gern allaine, allaine, allaine, denn die Liehiehiebe im hellen Mondenschainä, wenn Sie wissen, was ich mainä, ainerseits und aaandrerseits und außerdähm – das pfiff ich vor mich hin, stets dieses leicht rundliche, immer noch etwas kindliche, gerade durch seine ländliche Naivität reizvolle ungarische Mädel mit den etwas zu eng stehenden Augen und dem blonden Haar vor Augen, als wären wir ein Paar, die Marika und ich … da fühlte ich mich so gut, dass ich schon damals das Wort »cool« hätte erfinden können, da zuckte es mir in den Gliedern, da brach ich aus mir heraus, war ich für Augenblicke der Mensch, der ich hätte sein können.

Dagegen erinnere ich mich an eine Aufführung in der Volksoper nicht gern. Eine Mitbewohnerin unseres Hauses hatte mich gebeten, als Ersatzbegleiter ihrer Tochter einzuspringen. Ich war deutlich jünger als jenes Mädchen. Besonders qualvoll waren der Hin- und der Rückweg in der überfüllten Straßenbahn. Ich war, in der Halteschlinge hängend wie ein Todeskandidat, krampfhaft damit beschäftigt, einige hoffentlich passende Bruchstücke gequälter Konversation zusammenzukratzen. Mein Auditorium: eine Schar ebenfalls stehender, neugieriger Fahrgäste. Das ältliche Fräulein neben mir dachte: So jung, und schon so verdorben. Der beleibte Mittvierziger mit dem Gamsbarthut dachte: *Ich* an dem seiner Stell' … Der stramme Pg dachte: Fronterfahrung sollte der mal … Zwei Schlurfe, kaum älter als ich, grinsten. Die Dame im feschen Kostüm war die Einzige, die zu mir hin lächelte. Ihr Mann war an der Front. Sie hätte sogar mit diesem bebrillten Burschen und seinem Geblödel und seinem roten Gesicht vorliebgenommen. Nach dieser Peinlichkeit dauerte es fünf Jahrzehnte, bis ich anfing, mich für Opern zu begeistern.

In der Leihbibliothek an der Tuchlaube in der Inneren Stadt gab es für mich eine eigene, allerdings ziemlich fragmentierte Abteilung. Dort standen alle Bücher, die ich ausgeliehen und gelesen hatte. Wenn mich ein Buch in seinen Bann geschlagen hatte, betrachtete ich seinen Inhalt als mein geistiges Eigentum. Ich brachte das Buch zwar zurück, doch sein Inhalt blieb in meinem Kopf. In früheren Jahren war, nachdem ich mit verständigem Lesen begonnen hatte, eine meiner Sorgen gewesen, das Gelesene könne in meinem Kopf so viel Raum einnehmen, dass nicht mehr genug fürs Träumen bliebe. Mit zunehmender Lektüreerfahrung merkte ich, dass es sich umgekehrt verhielt: Durch die Lektüre kam meine Fantasie erst richtig in Gang. Nachdem ich Karl Mays *Winnetou* gelesen hatte, enttäuschte mich die Filmfassung. Ich erhielt einen Maßstab für die Kraft meiner Fantasie.

Trotz Bücherverbrennung, Reichsschrifttumskammer und Zensur bot mir die Leihbibliothek einen fast unerschöpflichen Reichtum an Werken, die mich in neue Welten führten oder aus denen ich zumindest lernen konnte. Jules Verne *(20000 Meilen unter dem Meer)*, Hans Dominik *(Atomge-*

wicht 500) und H. G. Wells *(Die Zeitmaschine)* erlaubten mir Blicke in eine Zukunft ungeahnter Möglichkeiten, auch wenn es manchmal die Zukunft einer Vergangenheit war. Henryk Sienkiewicz *(Quo Vadis)*, Felix Dahn *(Ein Kampf um Rom)*, Paul Keller *(Der Sohn der Hagar)* und Sir Walter Scott *(Ivanhoe)* zeigten mir das Glück und Leid von Menschen aus Zeiten, die ich für besonders erlebenswert hielt. Solche Zeiten waren für mich vor allem die ersten Jahrhunderte nach Christi Geburt. Es hing nicht damit zusammen, dass viele Menschen sich von Christi Geburt bessere Zeiten versprochen hatten. Es hing eher damit zusammen, dass es Zeiten weit weg von meiner Gegenwart waren und dass die Autoren sie mit harmonisch oder heldenhaft lebenden Helden bevölkerten.

Von einer der Hauptfiguren in *Ivanhoe,* Richard Löwenherz, hatte ich in der Schule gelernt, dass er in der Habsburg Dürnstein an der Donau gefangen gehalten worden war. An der Donau gefangen gehalten werden: Das hatte mir etwas zu sagen. Wenn ich mich von Sven Hedin durch die Wüste Gobi, von Jon Svensson in Nonnis äußerlich kalte, innerlich warme Pony-Welt, von Daniel Defoe auf die Insel des schiffbrüchigen Robinson Crusoe, von Mark Twain zu Tom Sawyer und Huckleberry Finn an den Mississippi entführen ließ, wenn ich in Alfred Missongs Weltatlas die Erden- und die Sternenwelt bereiste, war mir das ebenso eindrücklich wie heute ein 3-D-Science-Fiction-Film. Aber auch in heimischen Gefilden tummelte ich mich gern mit Emil und den Detektiven oder mit Pünktchen und Anton.

Von Karl May hatte ich die meisten Werke bereits in Schweiklberg gelesen. Nun stellte ich mir aus den Bänden, in denen Kara Ben Nemsi seine arabischen Abenteuer bestand, die vom Autor gebotenen angeblich arabischen Sprachbrocken zu einem kleinen Wörterbuch zusammen und bildete daraus neue Aussagen, die es Kara Ben Bemsi einmal ermöglichen sollten, auf fernen Reisen heldenhafte Abenteuer zu bestehen. Nach der Lektüre von Karl May und Mark Twain erträumte ich mir zwei Superfestungen, in denen ich unbesiegbar verteidigungsstark war. Die eine war ein mit schweren Kanonen bestücktes Vollpanzerkriegsschiff auf dem Mississippi, die andere ein durch ein undurchdringliches Stachelkakteenlabyrinth gesichertes Fort im Llano Estacado. In solcher Waffenstarre explodierte meine Verteidigungsfantasie. Das ganze Leben Verteidigung. Ich litt bis zum Herzklopfen mit Robinson Crusoe, als er im Sand, nur unzureichend durch einen Palisadenzaun geschützt, die Fußspuren eines Kannibalen entdeckte. Ich konnte nichts anderes als Verteidigung denken. Dass die beiden überlebten, weil sie sich miteinander arrangierten, überraschte mich. Ich versäumte es, Herrn Hitler auf diese Option hinzuweisen.

Mein Interesse für Grimmsche Märchen hielt lange an. Es war nicht nur ein Überbleibsel aus meiner frühen Kindheit. Mich faszinierte die Fantasie des einfachen Volkes, die, obwohl sie immer sehr nahe an der Wirklichkeit bleibt, dennoch grenzenlos ist – Grausamkeiten inbegriffen. Außerdem betrachtete ich gerne die Sgraffito-Illustrationen der Ausgabe. Eng verwandt mit den Grimmschen Märchen waren für mich Heiligenlegenden. Ich schmökerte in der Schilderung der Leiden der Großen der Kirchengeschichte. Natürlich beeindruckte mich, dass Menschen es geschafft hatten, für eine Sache bis zur letzten Konsequenz einzustehen – wie Christus. Doch was hätte *meine* »Sache« sein können? Mein Glaube war schon damals nicht stark genug. Ich hatte für ihn aber auch keinen Ersatz erhalten, keine Moral, keinen Anstand, nicht einmal Höflichkeitsriten und Tischsitten. Wir speisten nicht »bei Tisch«. Ich hatte nur gelernt, zu schweigen. Aber das passte ebenfalls. Wer schweigt, kann keine Sache vertreten.

Die Behauptung, die Fähigkeit, schreckliche Martern im Diesseits zu erdulden, bezeuge ein Übermaß von Gottesliebe oder garantiere große Freuden im Jenseits, überzeugte mich ebenfalls nicht. Ich wäre nicht imstande gewesen, dergleichen auszuhalten. In fast allen Kirchen und Klassenzimmern wurde demonstriert, was es heißt, an einem Stück Holz zu Tode gefoltert zu werden. Das war für mich nur scheußlich. Die Charakterisierung jener Leidensberichte als »Legenden« beruhigte mich: Vielleicht war es in Wirklichkeit nicht so schlimm gewesen! Ich war erleichtert bei der Vorstellung, dass solche Entsetzlichkeiten Vergangenheit waren. Ich war überzeugt, so etwas könne heute nicht mehr geschehen. Wie sehr ich mich irrte!

Ganz große Gefühle weckten in mir *Der kleine Lord* von Frances Hodgson Burnett und noch mehr eine Kinderbuchreihe, in der ein fiktiver Kasperle, ein liebenswerter, etwas komischer Zwergenmann mit Zipfelmütze, in die einigermaßen realistische Schilderung des Lebens an einem Duodezfürstenhof im Deutschland des achtzehnten Jahrhunderts geraten war, wo er einer allerliebsten holden Prinzessin diente. Ein solches fürstliches Kasperleleben hätte auch ich gern geführt. Ich galt ja als kasperlehaft verträumt, wirklichkeitsfremd, empfänglich für die grotesken Seiten des Lebens und ausgestattet mit einer unbändigen Sehnsucht dazuzugehören.

1922 vertonte Alexander von Zemlinsky eine Geschichte von Oscar Wilde in seiner Oper *Der Geburtstag der Infantin.* Jahrzehnte nach dem Krieg sah, hörte, erlebte ich diese Oper in Basel und war erschüttert vom Schicksal eines in der Wildnis aufgewachsenen Zwerges, der keine Ahnung von seinem Aussehen hat. Mit Purzelspäßchen bringt er am spanischen Hof die Infantin zum Lachen. Sie lässt ihn deshalb ein zweites Mal kommen. Er meint, sie habe das aus Liebe zu ihm getan, und entbrennt nun seinerseits in Liebe zu ihr. Bald darauf sieht er sich zum ersten Mal in einem Spiegel und erkennt, dass er nur verspottet worden war. Er stirbt an gebrochenem Herzen. Dazu die Infantin: »In Zukunft lasst die, die zu mir spielen kommen, keine Herzen haben.« Dieser Zwerg mit seinen Einbildungen, heißen Gefühlen und Enttäuschungen: Das war ich in jenen schwierigen Jahren.

Nach ausgiebiger Lektüre so vieler Bücher und eingedenk der Prophezeiung meiner lieben Tante Sophie wollte ich ein Gedichtemacher wie Erich Kästner oder ein Geschichtenerzähler wie Mark Twain werden. Ich kam nie über die erste Strophe und die erste Seite hinaus. Denn ich hatte nichts Authentisches mitzuteilen außer Angst und Eifersucht.

Dass Wien damals, trotz Krieg und Hitlers Aversionen gegen die Stadt, immer noch eine Stätte großer kultureller Vergangenheit und geschichtlicher Tradition war, beachtete ich nicht. Mein Vater wies mich in einem seiner Briefe aus dem KZ auf die Ausstellung *Wien – Kunst und Kultur* in der Neuen Hofburg und auf die Jubiläumsausstellung der Wiener Akademie am Karlsplatz hin, vermutlich nach der Lektüre eines Berichts im *Völkischen Beobachter* oder in einer anderen Nazi-Zeitung. Es interessierte mich nicht.

Im Gymnasium

Schulbeginn nach den Großen Ferien. Wie in Vilshofen war ich auch im Gymnasium in Wien ein Außenseiter. Ich hatte mich schon im Kloster darin geübt, in einer Gesellschaft mitzumachen, der ich mich nicht zugehörig fühlte. Innere Emigration war mir selbstverständlich geworden. An Versuchen wohlgemeinter Annäherung fehlte es nicht. Mein Banknachbar Gerhard Raganitsch war verträumt wie ich. Im Gegensatz zu mir liebte er schon damals »gute« Musik. So nahm er mich zu einer Aufführung in der Volksoper mit. Er wohnte mit seiner Mutter und seiner jüngeren Schwester Elfi ein paar Straßenecken hinter der Schule. Seinen Vater habe ich nie zu Gesicht bekommen; das war damals »normal«. Wir wurden Freunde.

Ein anderer Klassenkamerad lud mich zu sich nach Hause ein. Sein Familienname war Soukal. Seinen Vornamen kannte ich nicht. Unsere Lehrer redeten uns mit dem Familiennamen an, und nach diesem Vorbild taten wir das auch untereinander. Warum wurde ich eingeladen? Das fragte man sich in jenen Zeiten automatisch. Wollte seine Mutter zwischen ihm und mir, zwei Außenseitern, Freundschaft herstellen? Bezeugten ein Junge und seine Mutter einem Ausgegrenzten ihre Sympathie bis vielleicht zur Bereitschaft, im Notfall zu helfen? Ich war damals bereits so vorsichtig, dass ich gar nicht erst versuchte, zu erkunden, auf welcher Seite die Soukals standen. Was war mit Soukals Vater: Militär, Gefängnis, auswärtige Berufstätigkeit, Krankheit, Fremdbeziehung, Wegzug aus der gemeinsamen Wohnung? Ich fragte nicht. Das Leben vieler Menschen damals war von einem dicken Tabuschleier überzogen. Wir kommunizierten über das Wesentliche nach der Art der Tiere: instinktiv, nichtverbal. Die Wohnung der Soukals war ein kleines Idyll, vielleicht ein Schrebergartenhäuschen. Ich saß an einem gedeckten Tisch. Den kannte ich nur von der Kuchenstriezeltante. Kathreiners Malzkaffee und ein Stück selbstgebackener Kuchen mit einem Aufstrich aus Kunsthonig. Wir unterhielten uns über die Schule. Ich spürte, dass Soukals Mutter mich mochte. Das tat mir wohl. Ich wäre gerne wiedergekommen. Aber es blieb bei dieser einen Einladung. Hatte ich etwas falsch gemacht? Warteten die Soukals auf eine Gegeneinladung? Dieser Gedanke lag meiner Mutter fern. Sie hatte andere Sorgen. Ich wusste nicht einmal, dass es eine Konvention der Gegeneinladung gab.

Unsere Klassenlehrerin empfahl mich der Mutter zweier Buben. Sie waren aus dem Ruhrgebiet in das noch bombensichere Wien gezogen. Die beiden sollten Nachhilfeunterricht in Englisch erhalten. Das erfüllte mich mit Stolz. Ich konnte etwas, was meinen Kameraden versagt war. Zumindest in diesem einen Punkt war ich zu einem wertvollen Glied der Klassengemeinschaft geworden. Die Naziherrschaft komplizierte das Zusammenleben in unserer Klasse. Mit dreizehn, vierzehn Jahren übten manche meiner Kameraden sich bereits in den Initiationsriten junger Stiere. Durfte ich mich wehren? Wessen Vater war ein Bonze? Jedes Handeln konnte unvorhersehbare Konsequenzen haben.

Gert Penkener, einer der Kleineren in unserer Klasse, holte in der Pause einen Apfel aus seinem Ranzen, benagte ihn und warf den Butzen aus dem Fenster. Es fiel niemandem von uns auf. Wir packten unsere Bücher und Hefte ein. Es dauerte nicht lange, da wurde die Tür aufgerissen, und ein beleibter, dennoch strammer Offizier der deutschen Wehrmacht stand keuchend vor uns. Er war drei Stockwerke zu uns heraufgestiegen. »Wer war das?!«, schnaubte er, mit einem zerquetschtem Apfelbutzen in der erhobenen Hand. Niemand rührte sich, am allerwenigsten der Penkener. Die meisten wussten gar nicht, dass er der Übeltäter gewesen war. Wer es beobachtet hatte, schwieg. Einen Kameraden verpfiff man nicht. Der Offizier fixierte jeden Einzelnen von uns. Dann zeigte er auf den Othmar Vajna. »Vortreten!« Der Vajna trat vor und nahm Haltung an. Der Mann forschte weiter in unseren Gesichtern. Dann zeigte er auf den Walter Schwab. »Vortreten!« Der Schwab stellte sich neben den Vajna, so stramm, wie es ihm möglich war. Er war der Gescheiteste in der Klasse, und weil er so gescheit war und außerdem eine Brille trug, fiel ihm das Strammstehen schwer. Der Blick des Mannes schweifte weiter. Ich konnte mir nicht vorstellen, was der Mann mit seinen zwei »Auserwählten« vorhatte und wie viele noch dazukommen würden. Mir wurde immer mulmiger. Ich verstand aber, dass der Penkener sich jetzt nicht mehr melden konnte. Die Bilder eines Alptraums stiegen in mir hoch, der mich oft in der Nacht quälte. Ein Löwe zieht weit weg seine Runden, scheinbar auf ferne Beute aus. Doch ich weiß, dass er es auf mich abgesehen hat. Immer engere Kreise zieht er – um mich. Er tut, als habe er mich immer noch nicht bemerkt. Doch ich weiß, dass er mich gleich anfallen und zerfleischen wird. In diesem Traum nahm ich mir immer vor, nicht an den Löwen zu denken, dann würde er ebenfalls nicht an mich denken. Doch je mehr ich mich bemühte, desto mehr dachte ich bloß noch an ihn und zog ihn allein dadurch magisch an. Ich fürchtete mein Unglück herbei. Genauso jetzt. Der Mann würde es jetzt doch nicht ausgerechnet auf mich abgesehen haben! Es waren ja eine Menge andere da! Doch es geschah genau, wie ich es befürchtete. Der stechende Blick des Mannes blieb an mir hängen, präziser: blieb an meinem Gesicht hängen, noch präziser: blieb hängen an meinen Augen, oder mit dem Gipfel der Präzision formuliert: Blieb hängen knapp *vor* meinen Augen. Dann bohrte der Mann zusätzlich seinen Zeigefinger gegen mich: »Und duuuuh.«

Als zeigefingerdurchbohrte stramme Salzsäule wandelte ich neben meine zwei Leidensgenossen. Wir wussten, dass wir abgeführt werden würden, aber wohin und wozu? Uns war nur klar, dass an uns Unschuldigen ein Exempel statuiert werden sollte. Wir blickten einander an. Wir blickten einander in die Augen. Und dann taten wir dasselbe, was der Mann vorhin getan hatte. Wir stoppten unseren Blick kurz vor den Augen. Denn da war etwas vor unseren Augen, vor den Augen von uns allen dreien: eine Brille. Ich wagte einen Blick zu meinen verschonten Kameraden hinüber, und ich sah: Keiner trug eine Brille. Das hatte ich bisher noch gar nicht bemerkt. Wir drei waren die einzigen Brillenträger in der Klasse. Nur aus diesem Grund hatte der Mann uns ausgesucht. Dieser gesunde deutsche Volksgenosse vertrat das gesunde deutsche Volksempfinden, und das gesunde deutsche Volksempfinden hielt Brillenträger für minderwertig. Arisch möglicherweise ja, dennoch minderwertig – obwohl die Nazi-Rassetheoretiker diese Kombination nicht vorgesehen hatten.

Unserer durch eine Brille dokumentierten genetischen Minderwertigkeit eingedenk, folgten wir dem Mann auf die Straße. Dort zeigte er auf den Pflasterstein, wo er auf Penkeners Apfelbutzen fast ausgerutscht wäre, und gebot uns, die Stelle mit unseren Taschentüchern zu säubern. Dazu hielt er uns einen Vortrag über Zucht und Ordnung, Ordnung und Sauberkeit, Sauberkeit und Pflichtgefühl, Pflichtgefühl und Vaterlandsliebe, Vaterlandsliebe und Treue zum Führer, Treue zum Führer und überhaupt. Bei Beendigung seines Vortrags war der Pflasterstein unerhört sauber. Wir durften unsere schmutzigen Taschentücher einstecken, und der Mann kommandierte uns ins Klassenzimmer zurück. Mit einer gewissen, jedoch gut vor ihm verborgenen Befriedigung nahm ich zur Kenntnis, dass wir schneller hochkamen als er.

Zurück in der Klasse, kommandierte der Mann alle Schüler an ihre Plätze, auch uns drei. Keiner unserer Kameraden schien uns zu beachten. Der Mann stellte sich vor uns auf, brachte mühsam seinen Atem unter Kontrolle, riss den rechten Arm hoch und schnaubte »Heil Hitler!« … »Heil Hitler!« brüllten sechsundzwanzig gleichzeitig im gleichen Winkel wie in einem perfekten Ballett hochgerissene Arme. Der Mann ließ seinen Arm nicht mehr sinken. Meine Kameraden ebenfalls nicht. Wohl aber ich. Ich versetzte der militärischen Ballettformation eine Delle. Der Mann bemerkte meine staatsgefährdende Sabotage sofort. Er war so baff, dass er seinen Arm ebenfalls sinken ließ, als folge er meinem Beispiel. Er hatte seinen Arm aber nur sinken lassen, um seinen Finger wieder gegen mich bohren zu können. »Du!«, brüllte er. »Jawoll!«, brüllte ich. »Vortreten!« Ich trat vor. Er stellte mich neben sich. Ich war nicht viel kleiner als er. »Heil Hitler!«, brüllte er, ohne den Arm zu heben. »Heil Hitler!«, brüllte ich, ohne den Arm zu heben. Ich wusste nicht genau, was er von mir wollte. Da wurde dem Mann erst bewusst, dass sein rechter Arm nicht mehr nach oben gestreckt war. Er ließ ihn hochschnellen. Strammer Blick in die Runde: »Rührt euch!« Alle Arme sanken. Der Mann fixierte mich und brüllte: »Heil Hitler!« Ich bemerkte, dass es einen Unterschied macht, ob man in der Masse oder individuell angebrüllt wird. Ich riss meinen Arm wieder hoch. Da ließ der Blick des Mannes endlich von mir ab. Er setzte sich an den Tisch vor der Tafel, nahm seine Offiziersmütze ab und wischte sich mit seinem Taschentuch, dem blütenweißen, den Schweiß von der Stirn. Unter meinem erhobenen Arm, an meiner Achsel vorbei sah ich, wie sehr er schwitzte. Er blickte mich nicht mehr an. Vielmehr blickte er angestrengt an mir vorbei, wie der Löwe in meinem Traum. Der Arm tat mir weh. Langsam, langsam ließ ich ihn wieder sinken. Da schnellte der Blick des Mannes wieder auf mich. Mein Arm zuckte hoch. Und so hielt ich ihn hochgereckt, bis das Läuten auf dem Korridor das Pausenende anzeigte und mich erlöste. Als unser Herr Rossrucker, zuständig für Mathematik und Physik, das Klassenzimmer betrat, verließ der Offizier wort- und grußlos den Raum. Herr Rossrucker blickte fragend in die Klasse. Keiner der Schüler gab eine Erklärung. Dann blickte Herr Rossrucker auf mich und meinen noch immer hochgereckten rechten Arm. Mit einem »Ist gut, Kogon« erlöste er mich. Ich ging an meinen Platz. Kommentarloser Übergang zu Sinus und Cosinus. Doch in meinem Kopf rumorte ein unaufhörliches »Heil Hitler«.

Mein Vater hatte im November 1939, in der »Reichskristallnacht«, von seinem Gefängnisfenster aus die Misshandlung eingelieferter jüdischer Frauen, Männer und Kinder beobachtet. »Auf!« »Hinlegen!« »Auf!« »Hinlegen!« »Auf!« »Hinlegen!« – eine ganze lange Nacht lang. Dass diesen SS-Germanen damals bei ihren Orgien des Quälens und

Erniedrigens nichts anderes als solche Eintönigkeit eingefallen war! Sie hätten sich – und ihren Opfern – Abwechslung verschaffen können, indem sie ihnen beispielsweise befohlen hätten, einen Ringelreihen zu tanzen, die Hände flehend zu ihrem Gott zu erheben, hätten dem kleinsten und zartesten der Judenbengel befehlen können, das Lied vom Trejdel zu singen, hätten etwas von der reichen jüdischen Tradition und Kultur erfahren können – aber dazu reichten ihr Bildungsbedürfnis und ihre Fantasie und ihr Respekt nicht, ebenso wie die Fantasie jenes Offiziers der deutschen Wehrmacht nicht ausgereicht hätte, sich, statt mich die immer gleiche öde Armbewegung machen und den immer gleichen öden Kommandogruß brüllen zu lassen, an den Fingern meiner beiden Hände beweisen zu lassen, dass er elf Finger besaß. Diesen Nazigesellen fiel nichts Bildendes oder Unterhaltsames ein, sie waren stur auf Rasse und Mord und Knechtung und Sieg bedacht, und in dieser Beschränkung hielten sie sich auch noch für überlegen.

In der nächsten Pause ging ich auf den Penkener zu: »Warum hast du dich nicht gemeldet?« Der Penkener verschränkte die Arme: »Du hast ja gesehen, was das für einer war.« Das verstand ich. Ich hatte ja ebenfalls Angst gehabt. Aber: »Was der dann mit uns gemacht hat!« Der Penkener steckte die Hände in die Hosentaschen. »Hab ich ja nicht wissen können.« – »Und wenn Du's gewusst hättest?« Der Penkener nach einer Weile: »Was hätt'st *du* denn gemacht?« Ich dachte kurz nach. Dann musste ich eingestehen: »Ich hätt mich auch nicht gemeldet – denk ich.« –»Na also.« Oha! So einfach war die Geschichte doch wieder nicht. »Vielleicht hätt ich aber gedacht, das nächste Mal schmeiß ich nix runter.« Das leuchtete dem Penkener offenbar ein. Er nahm die rechte Hand aus der Hosentasche und streckte sie mir hin: »Also – eigentlich – also, es tut mir leid.« Ich nahm seine Hand in die meine: »In Ordnung. Ich hätt's wahrscheinlich auch nicht besser gemacht.«

Nach diesem Teilerfolg, den Penkener durch Verständnisbereitschaft zu einer Entschuldigung gebracht zu haben, beschloss ich erst recht, mir nicht mehr alles gefallen zu lassen. Die Gelegenheit dazu bot sich bald. Unsere Klassenlehrerin Dr. Edith Gmainwieser unterrichtete uns in Deutsch und Englisch. Über das Wochenende gab sie uns das damals beliebte Aufsatzthema: »Ein deutscher Soldat im Kampf für Führer, Volk und Vaterland«. Protest aus den hinteren Reihen, wo die Größeren saßen, die ohne Brille: Wochenende! Recht auf Erholung! Fräulein Gmainwieser beharrte. Nach der Stunde steckten die Rädelsführer die Köpfe zusammen und verkündeten: Am Montag geben alle ein leeres Blatt ab! Das war meine Gelegenheit: »Ich mache nicht mit.« Die Rädelsführer waren so baff, dass sie nicht gleich auf mich eindroschen. Vielleicht hielten sie es auch für möglich, dass mein Vater ein Parteibonze sei. Ich hatte lediglich einen kleineren Beschuss von hinten mit nassen Papierkügelchen zu erdulden. Jedenfalls war der Aufstand geplatzt. Vielleicht waren einige meiner Kameraden sogar heimlich auf meiner Seite. Sicher hätten auch sie den Aufsatz lieber nicht geschrieben. Doch sie wollten keinen Ärger. Alle lieferten ihren Aufsatz ab. Von da an wurde ich in Ruhe gelassen.

Um ganz ehrlich zu sein: Ich hatte ein zweites, stärkeres Motiv gehabt. Ich war in Fräulein Dr. Edith Gmainwieser ein wenig verliebt. Ich wollte ihr eine Unannehmlichkeit ersparen. Ich hoffte natürlich, sie würde meinen Einsatz bemerken. Sie war fesch und vergleichsweise jung. Dass sie eine Brille trug, war unsere einzige Gemeinsamkeit. Sie war die erste Frau, die ich als begehrenswert empfand. Aber ich begehrte sie nicht. Ich stellte mir nicht einmal vor, an ihrer Seite etwas zu erleben. Sie war für mich, vorn am Pult, wie die Marika Rökk: eine Bildanimation zum Anschauen. Das ist ja das Tolle an jungen Lehrerinnen: dass man sie eine Dreiviertelstunde lang anstarren kann, ohne etwas Unrechtes zu tun.

Ich muss freilich anmerken, dass ich keine Auswahl hatte. Edith Gmainwieser war die einzige Frau im Lehrkörper.

Mein Aufsatz kreiste um Beschwernisse eines Soldaten, der sich in einem Schützenloch vor dem nahen Feind nicht bewegen darf, obwohl es ihn schrecklich juckt. Dieses Thema – Mangel an Hygiene – war mir vertraut. So projizierte ich die Befindlichkeit meines Körpers auf des deutschen Volkes Heldenkampf. Ich erlebte später, dass der Krieg laut ist. Er rattert, rasselt, donnert, knallt und brüllt. Doch der Krieg in meinem Aufsatz war leise. Ich beschrieb ihn als Räuber-und-Gendarm-Spiel im Gebüsch der Hartäckerstraße. Fräulein Gmainwieser hob meinen Aufsatz dennoch lobend hervor: »Auch der Kogon hat übrigens …« War das ein Dank für den Heldenkampf eines tapferen Schülers gewesen? Nein. Sie wusste nichts davon. Ihr Lob war ehrlich.

Ebenfalls bei Fräulein Gmainwieser wählte ich als Thema für ein Referat Karl May. Ich wollte May vor der allgemeinen bürgerlichen Verachtung in Schutz nehmen. Ich war ja selbst, auf der passiven Seite, ein Fachmann für bürgerliche Verachtung. Ich wusste damals noch nicht, dass ich mich in der Gesellschaft eines prominenten May-Fans befand: Adolf Hitlers. In ihrem Buch *Hitlers Wien* zitiert Brigitte Hamann einen anonymen Bekannten Hitlers aus dem Jahr 1912: Hitler sei von der Person Mays fasziniert gewesen, »da er so einzigartig, wie es nur möglich ist, Länder und Leute aus den entlegensten Erdteilen wahrhaftig schildern konnte. Ihm gefiel auch, dass Mays Schriften dem Empfinden junger Leute so nahe waren.« Auf den Einwand, May habe die Schauplätze seiner Romane nie gesehen, habe Hitler geantwortet, »dass eben dies eher für Mays Genialität spreche, weil seine Schilderungen trotzdem naturgetreu sind und noch viel realistischer als die von allen anderen Forschern und Reisenden.« Identifizierte sich Hitler mit May, weil auch er nie aus Mitteleuropa herausgekommen war? Suchte er ein Vorbild dafür, dass man sich trotz Weltunerfahrenheit welterfahren geben konnte?

Ich hätte Fräulein Gmainwieser gerne eine Dahlie geschenkt, die schönste Blume des Herbstes, dem Flieder nahezu ebenbürtig, zwar ohne Duft, dafür prächtiger anzusehen. Dahlien kamen in Wien massenhaft nur an einem einzigen Ort vor: in der Gärtnerei »Dahlienbauer« an der Gersthofer Straße. Ich kam fast täglich dort vorbei. Die Dahlie war meine Lieblingsblume geworden, genauso, wie Fliederduft mein Lieblingsduft geworden war. Dass die Dahlien im Herbst blühen, machte sie mir besonders sympathisch. Die Gärtnerei zog sich am Hang bis zur Straße hinunter. Dahlien-Kaskaden! Ich brauchte nur ein einziges Mal die durch Nachhilfeunterricht verdiente Mark nicht in eine Vorstellung von *Heißes Blut*, sondern in den Kauf der schönsten Dahlie zu investieren, die es an der Gersthofer Straße zu kaufen gab. Es musste keine rote sein, nur eben die schönste. Ich würde sie mir einpacken lassen, in Zeitungspapier. So konnte ich sie leichter ins Klassenzimmer schmuggeln. Ich würde sie in meinen Schulranzen stecken und hoffen, sie würde es überleben. Ich würde vor der Englisch-Stunde als Erster das Klassenzimmer betreten und die Dahlie vorne aufs Pult legen. Nein, nicht *auf* das Pult, sondern in das Fach darunter, das nicht eingesehen werden konnte. Fräulein Gmainwieser würde das Zimmer betreten. »Guten Morgen! Setzen!« Sie würde ihre Tasche auf das Pult stellen und ihr Buch hervorkramen. Dann würde sie die Tasche in dem Fach ablegen wollen. »Nanu?« Sie würde das Papierbündel herausnehmen und meine Dahlie auswickeln. Sie würde sie in der Hand halten. Sie würde erröten. »Von wem ist das?« Nun würde ich es sein, der errötete. Meine Mitschüler würden einander ansehen, jeder jeden anderen. Auch mich. Sie würden bemerken, dass ich einen roten Kopf hatte. Immer mehr Blicke würden sich auf mich richten. Immer mehr meiner Mitschüler würden grinsen. Immer mehr würden kichern. Fräulein Gmainwieser würde den Blicken folgen. »Kogon?« Ich würde aufstehen. Sie würde meine Dahlie in die Hand nehmen und zu mir kommen. Sie würde mir die Dahlie in die Hand drücken. Und würde sagen: »Geh zum Klo, nimm das Glas dort, tu Wasser hinein und komm wieder.« Ich würde das alles tun. Ich würde ihr das Glas reichen. Sie würde die Dahlie hineinstecken, meine Dahlie, mit ihren Händen. Sie würde das Glas mit der Dahlie zu ihrem Pult tragen und es aufstellen. Alle würden es sehen. Und dann würde sie sagen: »Danke, Kogon. Heute nehmen wir das Gerundium dran.« Und sie würde mich die ganze Stunde hindurch nicht mehr ansehen. Ja, so würde es sein. Aber so war es nicht. Ich wagte es nicht. Fräulein Gmainwieser bekam keine Dahlie von mir.

Immer mehr Nazis, überall

Mein Vater im KZ, seine Familie in Wien: Das war jetzt Normalität. Brief meines Vaters aus dem KZ: »Schutzhäftling Kogon Eugen, Nr. 545, Block 42. 20. September 1941. Meine innigst und über alles geliebte Rita! ... ich denke, dass die Zeit des Schulbeginnes Dich arg in Anspruch genommen haben wird ... Ich hoffe nur, dass Du bei den Neueinschreibungen der Kinder nicht besondere Schwierigkeiten gehabt hast, die Dir Sorgen gemacht haben. Vaters an sich erfreulicher Besuch, der Dich sicher in mancher Hinsicht aufgemuntert haben wird – so weit das bei meiner tapferen Rita notwendig ist –, muss Dir doch zusätzliche Arbeit gebracht haben. Gebe Gott, dass Dir doch für den kommenden Winter das Dach über dem Kopf erhalten bleibt ... Meiner geliebten Kornelia, sowie den Buben innige Küsse, besonders Alex zum Geburtstag! – Am 4. und 19. 9. erhielt ich je 10 Mk. Beachte weiter, wie üblich, die Vorschrift ›Keine Mitteilungen auf Postanweisungsabschnitten‹ … Liebste, ich umarme und küsse Dich von ganzem Herzen und bleibe immer, immer: Dein Eugen.« Stempel »Postzensur Block 14«.

Der »Anschluss« Österreichs an das Deutsche Reich hatte das Erscheinungsbild meiner Heimatstadt nachhaltig verändert: Uniformen – manche gelbbraun – samt Stiefeln, Hakenkreuz-Fahnen und -Binden, Parteiabzeichen, »Feind hört mit«- und Kohlenklau-Plakate, die klimpernden Büchsen der NSV- und Winterhilfswerk-Sammler, das brüllende Pathos aus den Lautsprechern, Luftschutzbunker und Löschwasserbecken in den Parks. Die Leuchtreklamen über den Schaufenstern verschwanden. Über der Stadt der »Systemzeit«, so zerschlissen und zerstritten sie auch gewesen war – vielleicht gerade deshalb –, hatte ein Streifen von Hoffnung auf bessere Zeiten, vielleicht auch auf Rückkehr zu einer besseren, wenn nicht glänzenden Vergangenheit gelegen. Das war nun weg. Wien war die Stadt einer platten, aufdringlichen Gegenwart geworden, einer bloß behaupteten Erfüllung. Die in Stein geformte große Vergangenheit stand als unbrauchbare Kulisse herum.

Auch unser schönes, bequemes Wiener Idiom wurde mit neudeutschem Sprachgut der Nazi- und Kriegswelt vollgestopft: Altreich, Arbeitsmaid, Ariernachweis, Einsatzgruppen, Endsieg (hingegen striktest verboten: Endniederlage), Feindberührung, Frontbegradigung, Führer Volk und Vaterland, Gauleiter, gesundes Volksempfinden, Großdeutscher Rundfunk, Judensau, Judenstern, Knarre, Kriegerwitwe, Kriegswirtschaft, Luftschutzwart, Mischling, Ostmark, Partisanenkampf, Rassenschande, Reichsarbeitsdienst, reinrassisch, Sondermeldung, Sprecherlaubnis, Untermensch, Volksgemeinschaft, Volksgenosse, Volksschädling, Volkswohlfahrt, Wehrertüchtigung, Wehrkraftzersetzung, Wunderwaffe.

Das Regime bot ein kaleidoskopisches Bild. Da war, für Mieter unausweichlich, der »Blockwart« (offiziell »Blockleiter«). Er vertrat die NSDAP in einem Mietblock. Er warb für die Partei und ihre Organisationen, verteilte Schulungsmaterial, kassierte Beiträge, sammelte für das Winterhilfswerk und den Eintopfsonntag, denunzierte »Judenfreunde«, hielt die im Block wohnenden Juden unter strenger Kontrolle, gab Lebensmittelkarten aus, organisierte die Entrümpelung der Dachböden, setzte die Einhaltung der Verdunkelung durch, meldete regimekritische Äußerungen, achtete auf vorschriftsgemäße Beflaggung und nahm Denunziationen entgegen.

Da war die National-Sozialistische Deutsche Arbeiter-Partei (NSDAP). Andere politische Parteien waren nicht zugelassen. Am aufdringlichsten tat sich die Partei am »Führergeburtstag« und jeweils Anfang September hervor; da feierte sie auf dem Reichsparteitag in Nürnberg sich selbst sowie die Geschlossenheit der deutschen Volksgemeinschaft. Die Deutsche Wochenschau war dann voll von Filmberichten über diesen Anlass. Mehrmals musste ich, bevor ich mich meinem Entzücken über Marika Rökk hingeben konnte, Leni Riefenstahls Reichsparteitagsfilme *Sieg des Glaubens* und *Triumph des Willens* über mich ergehen lassen.

Ob einer Nazi war oder nicht, war in Wien leicht zu erkennen. Die »Hundertprozentigen«, und noch mehr die höheren Chargen, im Volksmund »Parteibonzen« oder wegen ihrer braunen Uniform »Goldfasane« genannt, schnaubten bei jeder Gelegenheit »Heil Hitler«, streckten den rechten Arm zum Hitlergruß, trumpften auf, drückten sich militärisch aus – ganz unwienerisch. Die Nichtnazis blieben in dieser Hinsicht unauffällig. Doch gerade das ließ sie in Zeiten der Diktatur nun ihrerseits auffällig werden.

Das Parteiabzeichen war eine eher kleine metallene Ansteckplakette mit einem Hakenkreuz in der Mitte und der Rundumschrift »NATIONAL-SOZIALISTISCHE D.A.P.«. Es wurde ursprünglich emailliert, später lackiert ausgeführt. Sein Marktwert beträgt heute, je nach Ausführung und Erhaltungszustand, etwa € 40. Am Ende der Hitler-Herrschaft hatte die NSDAP siebeneinhalb Millionen Mitglieder. Demnach hätten alle gegen Kriegsende getragenen Parteiabzeichen heute einen Marktwert von € 300 Millionen.

Das von der Bonner *Friedrich-Ebert-Stiftung* geführte *Archiv der sozialen Demokratie* verwahrt und betreut den schriftlichen Nachlass meines Vaters. In diesem Archiv suchte ich kürzlich nach Dokumenten. Dabei stieß ich auf einen etwas unförmigen Briefumschlag. Ich öffnete ihn und hielt – eigenartig anmutende Wiederbegegnung – zwei originale NSDAP-Abzeichen in der Hand. Auf einem beigelegten Zettel war in der Handschrift meiner Mutter vermerkt, sie habe die beiden Abzeichen beim Umgraben des Gartens hinter dem Häuschen gefunden. Dieses Häuschen steht in Oberursel. In ihm hatte während des Krieges eine Obernazi-Familie gewohnt. Nach dem Krieg hatte es eine amerikanische Besatzungsbehörde beschlagnahmt und der Familie Kogon zur vorübergehenden Nutzung überlassen. Wir hatten nach unserer überstürzten Abreise aus Wien noch keine definitive Bleibe gefunden.

Ich halte so ein Ding in der Hand und empfinde nichts, außer dass es klein, leicht, unbedeutend und somit als Symbol fast unbrauchbar ist. Ich kann mir kaum noch vorstellen, welches Unbehagen, welche Angst, welche Abwehr sein Anblick in jenen sieben Jahren hatte auslösen können – und auf der Seite der Träger natürlich umgekehrt Gefühle der Macht, der Sicherheit und der Zugehörigkeit. Wie viele dieser Abzeichen mögen am 8. Mai 1945 in deutscher Erde verscharrt worden sein? Die Hälfte? Sie hätten heute einen Marktwert von € 150 000 000.

Jedem Unbekannten blickten wir zuerst auf die linke obere Brusthälfte. Im Durchschnitt gab sich damals jeder zehnte

Deutsche mit einem solchen Abzeichen als Pg (Parteigenosse) zu erkennen. »Ein Pg!«, wurde damals in unseren Kreisen mit einem Unterton von Geringschätzung, Distanzierung und Vorsicht vermerkt. Doch ein Pg war nicht zwingend ein Nazi. Mancher war mehr oder minder unwillentlich hineingeraten oder aber beigetreten, weil er dem sozialen oder politischen Druck nicht gewachsen war, weil er seinen Arbeitsplatz nicht verlieren wollte oder weil er dachte, es könne ihm sonstwie nützlich sein.

Da war die HJ. Ich hatte ihr in Schweiklberg beitreten müssen und nichts dagegen gehabt. Sie bot uns willkommene Abwechslung zum eintönigen Klosterleben: eine »tolle« Uniform, Dazugehörigkeit, Filmvorführungen, Boxunterricht und Wanderungen mit Kampfspielen. Dass Hitler nichts anderes vorhatte, als uns zu guten Soldaten heranziehen zu lassen, war mir nicht klar. Später, in Wien, empfand ich die HJ-Kameradschaftsabende als lästige Pflicht. Ich entzog mich ihr, so gut ich konnte. Einmal holte unser Rottenführer mich persönlich zum wöchentlichen »Heimabend« ab. Da wurde meistens nichts anderes getan, als das Gemeinschaftsgefühl durch das Absingen militärischer und nationalsozialistischer Lieder zu stärken. Wir saßen im Halbkreis, und wenn wir uns anzuöden begannen, wurde der Allzeitnotbehelf aktiviert: »Ein Lied!« Es kamen nicht viele Lieder in Frage, und wir kannten sie alle bis zum Überdruss: *Die Fahne hoch, die Reihen fest geschlossen!*, *Unsere Fahne flattert uns voran*, *Es zittern die morschen Knochen*, *Deutschland erwache*, *Die Wacht am Rhein*, einige Soldatenlieder wie *Ich hatt' einen Kameraden* und Wanderlieder wie *Oh, du schöner Westerwald.* Bis zum heutigen Tag klingen mir beim Lesen dieser Titel die Melodien im Ohr, leider. Auch Kirchenlieder gehen mir oft tagelang nicht aus dem Kopf, doch die höre ich gerne. »Ein Lied!«, war die primäre Gemeinschaftserfahrung der Nazis. »Kogon, ein Lied!« Ich hob müde den Kopf: »Hänschen klein!« Alle lachten, nur der Rottenführer nicht. Ich muss wahnsinnig gewesen sein. Ich hätte damit unser ganzes zerbrechliches Familienleben zerstören können. Doch ich hatte Glück. Wir waren in Wien. Der Rottenführer war Wiener. Und er war nur ein Rottenführer. Im Militär wäre er mit seinem Rang Obergefreiter gewesen. Ich weiß nicht, ab welchem höheren Rang HJ-Führer fanatische Nazis waren. Mein Rottenführer ließ mich von da an in Ruhe.

Da waren die Reden der Bonzen. Das Pathos war ihr nationalsozialistischer Heiligenschein. Daran war ich bald gewöhnt. Es beeindruckte mich sogar. In seltenen Momenten von Selbstbewusstsein ahmte ich es nach, zur Bewunderung meiner Mutter. Freilich bewunderte sie nicht das Pathos an sich, sondern nur, dass ich fähig war, es nachzuahmen. Dass ich für mein Pathos keinerlei Inhalt zur Verfügung hatte, brachte sein Wesen ans Licht. Mein Generikum-Pathos war so überzeugend, dass auch leere Phrasen ihm nichts anhaben konnten. Dass ich auf so pathetische Weise nichts zu sagen hatte, steigerte noch die Bewunderung meiner Mutter. Ich beherrschte auch die Ausspracheregeln des Pathos: Vokale nach dem Vorbild der Hitler-Reden kurz, Konsonanten am Wortende aspiriert und verstärkt. »Unt wirrr« (dieses so ganz und gar unwienerisch rollende RRR!) »di Gemeinnnschaffft unnnsererrr grosssännn hissstorrischännn Natzionnn werrrdennn ni nachlassennn in unseremmm nationalennn Kampfff umm denn Sick derrr unnserrr seinnn wirt weilll errr unnnserrr seinnnn musss gegggännn dennn Feint innn derr Überrlegggenhaittt unnnserrrrerr norrrdischschsch gerrmannnischänn Rasssäh.« SICKHLL!! WRFFFNDRRR!!! KRCHZZZ KAZTTTT!!!

Da waren die Büchsenklimperer der Nationalsozialistischen Volkswohlfahrt (NSV). Die Advokaten, die meinen Vater nach seiner Verhaftung um sein Geld zu bringen versuchten, dachten sogar daran, meine Mutter und uns drei

Kinder in die Obhut der NSV zu geben, um meinen Vater ungehinderter ausplündern zu können. Die NSV-Sammler hatten es leicht. Sie mussten sich nur nähern, und automatisch taten sich alle Geldbörsen auf. Niemand wagte, sichtbar auszuweichen. Kein Vergleich mit den bemitleidenswerten Spendenbettlern von heute.

Da war der »Kohlenklau«. Er glotzte von vielen Plakaten: ein schwarzer Kohlendieb, ein Energieverschwender, ein »Volksschädling«. Da waren die Plakate: »Pst – Feind hört mit!« Auch an vielen Telefonkabinen wurde in großen Lettern gewarnt: »Vorsicht bei Gesprächen! Feind hört mit!« Vor meinem geistigen Auge stand eher die Warnung: »Vorsicht! NS hört mit!«

Da war das Militär. Uniformen beherrschten das Straßenbild. In der Reichskammerhierarchie bildete der Wehrstand die Spitze. Dass ein Offizier machen konnte, was er wollte, hatte ich im Gymnasium erlebt. Hätte Hitler den Krieg gewonnen: Jeder Zivilist hätte jeden vorbeikommenden Offizier militärisch grüßen und ihm auf dem Gehsteig ausweichen müssen.

Da war die SS. Die war so mächtig, dass sie es nicht nötig hatte, in unserem Alltag in Erscheinung zu treten. Die betrieb die KZ.

Da war die Polizei. Ich konnte ihre Gruppierungen – Ordnungspolizei, Kriminalpolizei, Geheime Staatspolizei (Gestapo) – nicht genau unterscheiden. Ich beobachtete Polizisten bei Ausweiskontrollen. Wenn ich einen Polizisten sah, egal von welcher Formation, wurde mir mulmig. Nur vor den Verkehrspolizisten auf den großen Kreuzungen hatte ich keine Angst. Sie wurden im Verlauf des Krieges ohnehin immer seltener. Gegen Ende des Krieges, als bereits der Geschützdonner zu vernehmen war, erlebte ich, dass auch ein Wiener Ordnungspolizist ein Mensch war, der seine Macht da enden ließ, wo seine Angst vor der »Zeit danach« begann.

Die Gestapo war in der Öffentlichkeit wenig präsent. Zu den berüchtigten Festnahmen erschien sie in der Regel beim Morgengrauen. Es war auch nicht so, dass ich meinte, jeder Mann im Trenchcoat und mit Schlapphut sei ein Gestapo-Agent. Dass die Gestapo eine Terrororganisation war, wurde mir erst später klar. Wir hatten uns bald an das Wort und auch an den Sachverhalt gewöhnt. Die Gestapo hielt meinen Vater gefangen. Ihre Referenten verhörten ihn. Bei ihnen musste meine Mutter um Sprecherlaubnis nachsuchen. Sie entschieden über Entlassungs- oder Besserstellungsgesuche. Sie bestraften. Sie handelten willkürlich aus Trägheit und Inkompetenz. Einmal steckte die Gestapo auch meine Mutter für eine Nacht in eine Zelle. Mehrmals wurde sie vorgeladen. Wir hatten regelmäßig mit der Gestapo zu tun und waren doch am Leben. Was die Gestapo-Referenten mit meinem Vater anstellten, war mir im Einzelnen nicht bekannt.

Da war die Propaganda. Hitler richtete für sie sogar ein Ministerium ein und stellte einen eloquenten Hassprediger an seine Spitze. Für die Nazis war Propaganda nichts Verwerfliches. Sie assoziierten sie nicht mit Verlogenheit. Ihnen galt Propaganda als probates Mittel, das deutsche Volk über die Ziele der »Bewegung« aufzuklären, es umzuerziehen, ihm die Augen zu öffnen (oder zu verschließen), es für die Ziele des Regimes zu mobilisieren, ihm den »richtigen Weg« zu weisen, seinen »Durchhaltewillen« zu stärken, seine Befürchtungen zu beschwichtigen, ihm seine Sorgen auszureden, Feindbilder zu schaffen, Opposition zu diskreditieren, Feinde zu entlarven und »feindliche Greuelmärchen« zu widerlegen. Im Rundfunk, in Filmen, Reden, Veranstaltungen wurden die Größe Deutschlands und die Lauterkeit und Unfehlbarkeit seiner Führung beschworen. Erst durch den ständigen Missbrauch erhielt der Begriff den Anstrich von Beschönigung und Einseitigkeit bis zu Verdrehung und Lüge. Der Vorgang als solcher ist auch unserer heutigen Sprache nicht fremd: Preiserhöhung = Preisanpassung; Spionage = Nachrichtendienst; Krieg = Verteidigung; Alters- und Pflegeheim = Seniorenzentrum (vom Staat:) Schulden machen (nur etwas weniger als vorher) = Sparen = Schulden abbauen.

Vor jedem Spielfilm mussten die Zuschauer einen meist propagandistischen Dokumentarfilm und die ebenfalls mit Propaganda überfrachtete *Deutsche Wochenschau* über sich ergehen lassen. Tendenzfilme behandelten Themen wie Partei, Gefolgschaft, Volksgemeinschaft, Blut und Boden, Tapferkeit und Durchhalten im Krieg sowie Bloßstellung von Juden oder Kommunisten und Briten. Tendenzfilme gab es übrigens auch in anderen Ländern – mit entgegengesetzter Aussage. Paradebeispiele der Hitlerzeit waren *Jud Süß* (1940) und der Durchhaltefilm *Kolberg* aus dem Jahr 1944, als die Niederlage Deutschlands absehbar war. In dem Film *Theresienstadt* versuchte das Regime, sich vor der westlichen Öffentlichkeit reinzuwaschen, indem es »dokumentierte«, wie gut es den deportierten Juden im Osten angeblich ging und dass sie »anständig« behandelt wurden. Alle diese Filme arbeiteten mit der Holzhammermethode. Der Zuschauer wurde nicht im Zweifel gelassen, wozu er überzeugt werden sollte. Die Methode der »geheimen Verführung« kam erst nach dem Krieg auf.

Unter den propagandistischen Spielfilmen sah ich *Kolberg:* In den napoleonischen Kriegen schüttelt die deutsche Bevölkerung in der zur Festung erklärten Stadt Kolberg in heldenhaftem Kampf die französischen Belagerer ab. Die Tendenz war mir klar. Anfang 1945 zweifelte niemand mehr daran, dass Hitlers Sache verloren war. Und dennoch, so der Film, gab es für Deutschlands »Heldenkampf« einen Schimmer von Hoffnung: die Spaltung des Gegners. Die Verteidiger Kolbergs hielten durch, bis die Generäle der französischen Belagerungstruppen sich entzweiten. Das war ein klarer Bezug zu der Erwartung deutscher Generäle, durch einen Separatfrieden mit den westlichen Alliierten wenigstens noch die Sowjetunion besiegen zu können. Diese Möglichkeit, nur in umgekehrter Richtung, flößte ja auch meinem Vater im KZ Hoffnung ein: »Die Nazi ... werden untereinander nicht eins sein. Das ist eine Chance für uns, herauszukommen.« Vgl. weiter oben S. 296.

Mit viel Raffinesse suggerierte die Nazi-Propaganda, Volk und Regime seien eins. Vor dem bösen Feind rette das deutsche Volk nur der gute, väterliche, treue Führer, heldenhaft unterstützt von seinen tapferen Soldaten. Natürlich war jedermann für das Vaterland. Wie sollte man gegen ein Regime sein, das dem Vaterland diente?

Der Großdeutsche Rundfunk berichtete, jeweils nach einem Fanfarensignal, in »Sondermeldungen« über die Siege »unserer« tapferen »Landser«. Es entwickelte sich eine eigene »Landser«-Literatur. Die Landser-Hefte waren billig und allgegenwärtig. Ihr Inhalt war leichtverdaulich und geradlinig, wie der gute deutsche Soldat zu sein hatte: kritiklos, politisch »auf Vordermann«, automatisch funktionierend, jedoch stets mit großer Tapferkeit im »Dienst an der Heimat«. Der deutsche Landser war der Batman von heute. Es gab in diesen Heften nichts zwischen den Zeilen zu lesen und auch keine Wahrheit, deren Bekanntwerden dem Regime nicht gepasst hätte, also keine judenmordenden Einsatzkommandos hinter den Fronten, keinen Partisanenkampf, keine KZ, keine Volksgerichtshöfe. Alle diese Heftchengeschichten heroisierten den Krieg und glorifizierten die »Tugenden des deutschen Soldaten«.[43] Auf der anderen Seite »der böse Feind«. An der »Heimatfront« hatte er mit Fledermausohren einen Lauschangriff auf das ganze deutsche Land inszeniert. An der Ostfront wütete unvorstellbar grausam »die rote Bestie«. Diese Propaganda wurde umso mehr geglaubt, je näher die Fronten an Deutschlands Grenzen rückten und je mehr Bomben auf zivile Ziele fielen. Auch in Wien verloren viele

Menschen durch Bomben ihre Wohnung oder gar ihr Leben. Da hatten auch Nazi-Gegner Mühe, den »Feind« als Vertreter einer guten Sache zu sehen. In solcher Not- und Zwangslage vertrauten viele der deutschen Führung als dem einzigen »Schutz vor dem Feind«.

Dennoch kam die Nazi-Propaganda in den Verruf, unglaubwürdig zu sein. Das Bedürfnis nach besserer Information, auch über die Kriegslage, wuchs. Diese Information erhielten Hitlers Untertanen vor allem vom »Feindsender« BBC-London. Er kündigte seine Sendungen mit dem Anfang von Beethovens 5. Sinfonie (der Schicksalssinfonie) an. Die BBC-Sendungen wurden von den Nazis mit dem Etikett »Greuelmeldungen« versehen. Sie zu hören war strengstens verboten. Auf jedem »Volksempfänger« klebte ein orangefarbener Zettel: »Denke daran! Das Abhören ausländischer Sender ist ein Verbrechen gegen die nationale Sicherheit unseres Volkes. Es wird auf Befehl des Führers mit schweren Zuchthausstrafen geahndet.« Dennoch setzten viele sich über dieses Verbot hinweg. Das Bedürfnis, die Wahrheit zu erfahren, war riesig und die Erkenntnis weitverbreitet, dass die Nazi-Propaganda es nicht befriedigte.

Meine Reaktion auf diese Gemengelage war: Vorsicht! Dazu ermahnte mich auch meine Mutter. Im Umgang mit Unbekannten sollte ich grundsätzlich schweigen – aber höflich.

Ich mit meiner Mutter an einer Haltestelle der Linie 42. Meine Mutter (ängstlich um sich blickend): »Steh nicht so schlaff.« Ich richte mich auf und reiße ironisch die Hacken zusammen. Ein älterer Pg neben mir: »Gut, mein Junge. So mag's der Führer.« Ich senke den Blick und schweige.

Pg: »Was treibt ihr denn so in der HJ?«

Meine Mutter: »Also, er …«

Pg: »Lassen Sie ihn doch erzählen. Er ist doch schon fast ein deutscher Mann.« Meine Mutter schweigt beschämt. Der Pg fixiert mich.

Ich: »Heil Hitler.«

Pg (mit zuckendem rechtem Arm): »Heilhitler, Heilhitler, mein Junge. Du wirst es weit bringen.«

Ich (mit meinem ganzen Mut): »Waren Sie auch in der HJ?«

Pg (überrascht): »Ja, natürlich. Beziehungsweise. Also, ich bin ja« (hüstelt) »älteres Semester. Wie ich zehn war, da hat's die HJ noch nicht gegeben. Die hat unser Führer erst im Jahre, also, später. Er hat uns gebraucht, jawoll. Da hat keiner nein gesagt. Das war, also, wenn's die damals, ich meine, wie ich jung war, wenn's die damals, also, wenn der Führer – das war ja vor dreiunddreißig, da hat er noch gekämpft für die Zukunft unserer Volksgemeinschaft, also, ich meine, das tut er natürlich auch heute, aber damals, vor dreiunddreißig, da war das anders, da – ich meine, da war ich noch nicht, aber der Führer, den habe ich schon damals –«

Die Straßenbahn quietscht heran. Der Pg, während er einsteigt: »– verehrt –«. Und weg ist er im Gedränge. Meine Mutter sieht mich kopfschüttelnd an und nickt. Das war die Art, wie ich das Dilemma löste: Ich *sagte* nichts – ich *fragte.* Und ich merkte: Nach der ersten Frage brauchte ich nichts mehr zu sagen. Schon die erste Frage löste einen Redeschwall aus. Eisernes Psychologiegesetz: »Fragen ist besser als sagen.«

Es wurde immer wichtiger, Freunde zu haben. Unsere echten Freunde aus der Vor-Anschluss-Zeit hielten treu zu uns: Tante Sophie, Olga mit ihrem Zahntechniker Hermann und die Familie Aigner. Zusätzlich hatte unser trauriges Schicksal uns als neue Freunde das Ehepaar Wastl (die Kuchenstriezeltante) zugespielt, dazu die beiden frommen, unverheirateten Schwestern Emmy und Betty Gehrig. Ich weiß heute noch nicht – oder nicht mehr –, in welcher Beziehung meine Mutter zu ihnen stand. Sie bewohnten in der Hockegasse ein eigenes Haus, und wir verbrachten mit ihnen manchen Sonntagnachmittag. Wenig später fühlte ich mich auch in der Schicksalsgemeinschaft als Luftwaffenhelfer mit meinen drei Kameraden Gerhard Raganitsch, Othmar Vajna und Kurt Peyfuß gut aufgehoben.

Der Wiener Volkscharakter war nicht sehr empfänglich für Nationalsozialistisches. Zwischen 1870 und 1910 hatte die Industrialisierung die Einwohnerzahl Wiens auf zwei Millionen verdoppelt. Aus allen Teilen der Vielvölkermonarchie waren Arbeiter zugezogen. Das Ergebnis war ein demographischer Schmelztiegel. Wenn Menschen so verschiedener Herkunft friedlich nebeneinander leben wollten, mussten sie lernen, einander zu dulden und Konflikte gewaltfrei zu lösen. »Gewaltfreiheit« wurde ein fester Bestandteil des Wiener Charakters. Viele Konflikte, vor allem nationale, schwelten aber weiter und traten als Raunzen, Schimpfen, Unverständnis, Vorurteil, Ressentiment, Passivität, Selbstmitleid, Schönfärberei und Schlechtmacherei dann doch an die Oberfläche. Das war die Mentalität des »Herrn Karl«. Der Wiener Volkscharakter war nicht so »nordisch«, wie es die Herren aus Berlin gerne gehabt hätten. Auch die alte Abneigung gegen die »Piefkes« (wie vor allem die Berliner in Wien genannt werden) bestand weiter.

Aus einem Wiener Feuilleton während der Nazizeit: Eine attraktive Wienerin ist mit ihrem Stöckelschuh in einer Tramschiene stecken geblieben. Mehrere Wiener Herren eilen herbei und bemühen sich galant und gemeinsam, den Schuh aus der Schiene zu ziehen – vergeblich. Da marschiert ein forscher Berliner herbei, bückt sich, packt den Schuh und zieht ihn hauruck aus der Schiene. Darauf unisono die Wiener Herren, achselzuckend: »Ja, mit G'woit!« (Ja, mit Gewalt!).

Hitlers Propagandaminister Joseph Goebbels sprach einmal von den »Wiener Schlawinern«: »Der Führer hat die Wiener schon richtig erkannt. Sie stellen ein widerwärtiges Pack dar, das aus einer Mischung zwischen Polen, Tschechen,

Juden und Deutschen besteht.«[44] Dem »Pack« war bewusst, dass tausendjährige Reiche manchmal eine kurze Lebensdauer haben und dass auf jede Zeit »eine Zeit danach« folgt. Und nicht zuletzt hatte die Hitler-Diktatur in Österreich fünf Jahre weniger Zeit als im »Altreich« gehabt, sich zu etablieren und auszutoben.

Ich brauchte lange, um die Gewaltenergie des Regimes zu ermessen. Ich erkannte nicht, dass letztlich ein einziger Mann für alles verantwortlich war, was mit unserer Familie geschah. Es blieb bei Einzelwahrnehmungen, die ich nicht in ein konsistentes Bild einordnen konnte. Ich hatte weder zu Hause noch im Kloster ethische Maßstäbe mitbekommen, um die Nazis verurteilen zu können. Ich wusste nicht einmal, warum mein Vater eingesperrt war. Ich fühlte lediglich dumpf, dass er etwas Bewundernswertes gemacht haben musste, wenn er von den Nazis dafür eingesperrt wurde, und dass die deshalb böse sein mussten. So bildete sich in mir das Gefühl aus, dass es zwei Seiten gab und dass ich »auf der anderen, der richtigen Seite« stand. Im Verlauf mehrerer Jahre wurde daraus eine Haltung fast schon des Widerstands.

Mein erster Schritt auf diesem Weg war, typisch, eine Fantasie. Ich hatte durch die Lektüre von *Paustians Lustiger Sprachzeitschrift* meine Englischkenntnisse erweitert. Ich wollte diesen Schatz nutzen. Die beginnenden Bombenangriffe legten es nahe, dass ich mir als authentischen Gesprächspartner einen abgeschossenen britischen Piloten herbeifantasierte. Aus einem Gebüsch ragte der Zipfel eines Fallschirms. »Come on«, krächzte ich leise, »I will help you.« Aus Brombeerranken wühlte sich ein zerkratztes, blutverschmiertes Gesicht. »Are you hurt?« Kopfschütteln. »Are you hungry?« Ende der Geschichte. Das ist das Schöne an der Fantasie: dass sie Schwierigkeiten ausblenden kann. Ich hätte dem Mann Nahrung und eine sichere Unterkunft in einer Großstadt beschaffen müssen, deren anderthalb Millionen Einwohner, selbst wenn sie kein Parteiabzeichen trugen, gegenüber einem abgeschossenen britischen Piloten nicht unbedingt freundlich eingestellt waren. Wo hätte ich ihn verstecken können? Eine unlösbare Aufgabe. Vielleicht malte ich sie mir deshalb nicht weiter aus. Trotzdem war ich zufrieden, dass wenigstens meine Fantasie mich bis an den Punkt gebracht hatte, wo ich diesem Mann mit meinem außerordentlichen Mut, meiner überragenden Intelligenz, meinem zarten Einfühlungsvermögen und meinen brillanten Englischkenntnissen fast das Leben gerettet hätte.

5.
Die »Judenfrage« der Nazis

Nach dem Untergang Hitlers sah das siegreiche Ausland, aber auch das erneuerte Deutschland in jenem Mann angesichts des Unheils, das er angerichtet hatte, verständlicherweise die Inkarnation des Bösen, einen Seelenkrüppel, Schwerstgestörten, Perversen. Mit einigem zeitlichen Abstand und dem Bedürfnis nach geschichtswissenschaftlicher Objektivität folgten Erklärungen, Hitler sei ein machtbesessener Abenteurer, ein demagogischer Rattenfänger oder eine von Großindustriellen manipulierte Schachfigur gewesen. Aus solchen Reaktionen und Erklärungen der ersten und zweiten Stunde folgte der Ruf einerseits nach Vergeltung, Rache und Bestrafung, andererseits nach einem »Nie wieder!«. Auch mein Vater lag nach seiner Befreiung auf dieser Linie. Natürlich hätte ein Mann wie Hitler bestraft gehört. Natürlich musste man alles tun, um die Wiederkehr seines ideologisch pervertierten Tatendrangs zu verhindern. Ich teilte diese Gefühle – jedoch mit einigem Unbehagen. Mich irritierte, dass das Böse so viel Aufmerksamkeit erhielt. Albert Schweitzer, Mahatma Gandhi und bald auch Mutter Teresa verblassten gegenüber den vor dem Nürnberger Tribunal versammelten Kriegsverbrechern. Vor lauter Konzentration auf die Gefährlichkeit des Bösen wurde seine Erbärmlichkeit übersehen.

Der Wiener Benediktinermönch David Steindl-Rast rückt in seiner Interpretation des Jüngsten Gerichts das Verhältnis von Gut und Böse zurecht: »Solche Gerechtigkeit ist nicht Rache. So richten heißt nicht strafen, es heißt den rechten Stand der Dinge wiederherstellen. Gerechtigkeit ist kein Aburteilen mehr, sondern verwandelt sich in eine Richtschnur. Es geht um die Aufrichtung einer Weltordnung nach dem Richtmaß von Weisheit und Barmherzigkeit.«[45] So »neutral« gesehen, tritt neben dem »Richtigen« die Armseligkeit des »Unrichtigen« in den Vordergrund.

Eine noch eindrücklichere Botschaft zum selben Thema vermittelte mir das Buch *Quatre petits bouts de pain* der ungarisch-französischen Auschwitz-Überlebenden Magda Hollander-Lafon. Die Verfasserin, so Schreckliches sie durchlitten hat, behandelt nicht die Themen »Schuld«, »Hass«, »Sühne«, »Vergebung« und »Strafe«. Sie tut genau das, was auch Steindl-Rasts Interpretation des Jüngsten Gerichts nahelegt: Sie nimmt das Böse zum Anlass, sich von ihm abzuwenden. Erst dadurch konnte sie ihren Blick für die schönen Seiten des Lebens in all ihrem Reichtum öffnen. Sie hatte gelernt, »mit dem Bösen (positiv) zu *leben*«. Und im selben Augen-Blick – Blick der Seelen-Augen – erkannte sie die Erbärmlichkeit des Bösen in seiner ganzen Dimension.[46]

Der letzte völkermordende Großbarbar der Neuzeit erscheint in solcher Sicht als einer der armseligsten, bemitleidenswertesten Menschen der Weltgeschichte. Das Lächeln eines einzigen Menschen in einem einzigen Augenblick ist bemerkenswerter als alle Regungen jenes Mannes. Es mag freilich sein, dass auch er gelegentlich gelächelt hat.

Den Theologen und Philosophen, die noch weiter gehen als Steindl-Rast und Hollander-Lafon, möchte ich in einem sehr spezifischen Sinn folgen. »Die große Mystikerin Juliana von Norwich (1342–1416) spricht sogar davon, dass Gott sich um Sünder mit doppelter Liebe kümmert, wie eine Mutter um ein Kind, das gefallen ist und sich verletzt hat.«[47] Hitler lieben? Das will ich in der Tat Gott überlassen.

Deutschland und die USA befanden sich zwar noch nicht gegeneinander im Krieg, jedoch bereits in offener Konfrontation. Am 4. September 1941 waren ein amerikanischer Zerstörer und ein deutsches U-Boot aneinandergeraten. Hitler meinte, nun nicht mehr darauf Rücksicht nehmen zu müssen, wie die amerikanische Öffentlichkeit auf die Verfolgung der Juden in Deutschland reagierte. Er hatte nichts mehr dagegen, dass sein mörderischer Antisemitismus auf die Bühne der Weltöffentlichkeit geriet.

Ab 1. September 1941 mussten, so hatte es Hitlers Reichsinnenminister Wilhelm Frick angeordnet, alle Juden im Deutschen Reich auf der linken Brustseite den »Judenstern« tragen: zwei handtellergroße, gelbe, schwarzgeränderte Dreiecke, die so gegeneinander verschoben waren, dass sie einen sechszackigen Stern bildeten, nach dem Muster des Davidsterns jüdischer Tradition. In der Mitte stand mit schwarzen, nach links geschwungenen Buchstaben, an die hebräische Schrift erinnernd: »Jude«. Damit knüpften die Nazis an eine christliche Tradition aus dem Mittelalter an. Auch damals waren Juden durch die Pflicht zum Tragen eines Sterns gekennzeichnet worden. Für gläubige Juden hatte der Davidstern eine positive Bedeutung. Doch in Hitlers Reich war für jedermann klar, dass der Stern Sichtbarmachung und soziale Ausgrenzung bedeutete. Er sollte es erleichtern, Juden für die beginnenden Deportationen in die Ghettos, KZ und schließlich in die Vernichtungslager aufzuspüren.

Den Stern mussten alle Juden ab dem 6. Lebensjahr sichtbar tragen. Wer dagegen verstieß, wurde bis zu 6 Wochen eingesperrt. »Deutschblütigen« Bürgern, die »in der Öffentlichkeit freundschaftliche Beziehungen zu Juden« erkennen ließen, wurden drei Monate Schutz- oder KZ-Haft angedroht.

Die Pflicht zum Tragen des Judensterns war nur ein – allerdings besonders sichtbarer – Schritt in der planmäßigen Verfolgung der Juden bis zu ihrer industriell betriebenen Ermordung. Ich möchte die immer grausigeren Stationen dieses Leidensweges am Beispiel des Schicksals einer fiktiven Person darlegen. Ich nenne sie Willy Schneider. Dieser Mann besaß ein Schreibwarengeschäft in einer deutschen Großstadt. Am 1. April 1933, wenige Monate nach Hitlers »Machtergreifung«, stellte sich ein SS-Mann mit einem großen Schild vor seinem Geschäft auf: »Deutsche! Wehrt Euch! Kauft nicht bei Juden!« Am 7. April 1933 wurde Willy Schneider offiziell als »Jude« registriert. Er hatte »Glück«, denn vorläufig konnte er sein Geschäft weiterbetreiben, während alle jüdischen Beamten zwangspensioniert wurden. Bald darauf ermöglichte der berüchtigte »Arierparagraph« den »legalen« Ausschluss von Juden aus anderen Berufsgruppen, aus den freien Berufen sowie aus Universitäten und Schulen. Als Willy Schneider am 10. Mai 1933 ausging, beobachtete er, wie »arische« Studenten auf dem Rathausplatz »undeutsches Schrifttum« verbrannten. Am 22. September1933 las er in der Zeitung, dass durch ein Gesetz zur »Reichskulturkammer« ab sofort alle Juden von der Tätigkeit an deutschen Kultureinrichtungen ausgeschlossen waren. Am 15. September 1935 wurde ihm durch die »Nürnberger Gesetze« das Stimmrecht aberkannt und bei Androhung einer hohen Strafe verboten, »Blutschande« zu betreiben, das heißt eine »Arierin« zu heiraten oder mit ihr zu schlafen.

Nach dem »Anschluss« Österreichs an das Deutsche Reich im März 1938 erfuhr Willy Schneider von seinem in Wien lebenden Bruder, dass nun alle diese Schikanen auch in Österreich galten. In der Mariahilfer Straße wurde am Kaufhaus Gerngroß ein neues Firmenschild angebracht: »Kaufhaus der Wiener«. Da war klar, dass die Familie Gerngroß entweder in großen Nöten oder aber rechtzeitig emigriert war. Adolf Eichmann hatte in Wien eine »Zentralstelle für jüdische Auswanderung« eingerichtet – ein Deckwort für Vertreibung oder Deportation.

Am 26. April 1938 wurde Willy Schneiders Schreibwarengeschäft »arisiert«, das heißt einem »arischen« Deutschen übereignet. Sein Grundstück wurde »eingezogen«, sein Betriebsvermögen versteigert. Nachdem er vergeblich versucht hatte, irgendwo eine Stelle zu bekommen, erfuhr er am 6. Juli 1938, dass er in der deutschen Wirtschaft überhaupt keine Stelle mehr antreten durfte. Kurz darauf ergingen entsprechende Berufsverbote an alle jüdischen Ärzte und Rechtsanwälte. Am 17. August 1938 wurden alle in Deutschland lebenden Juden gezwungen, ihren Kindern jüdische Vornamen aus einer amtlichen Liste zu geben. Ältere Juden mit Vornamen, die nicht auf der Liste standen, mussten den zweiten Vornamen »Israel« bzw. »Sara« führen. Ab diesem Datum hieß Willy Schneider »Willy Israel Schneider«, und seine Schwägerin Else in Wien hieß »Else Sara Schneider«. Ab Oktober 1938 durfte Willy Israel Schneider keine öffentliche Telefonzelle mehr benutzen. Am 5. Oktober 1938 wurde in seinen Pass ein J eingestempelt. Am 28. Oktober 1938 wurde sein Neffe Franz, nunmehr Franz Israel, zusammen mit rund 17000 anderen Juden zwangsweise an die polnische Grenze gebracht und über diese nach Polen gejagt. Als Willy Israel Schneider am 9. November 1938 seine Synagoge aufsuchen wollte, stellte er fest, dass sie in Brand gesteckt worden war. Von Freunden erfuhr er, dass im ganzen Reich Hunderte Synagogen brannten. Sein Nachhauseweg führte über zersplittertes Glas. Es stammte von den eingeschlagenen Schaufensterscheiben jüdischer Geschäfte. Was er nicht wusste, war, dass in jener »Reichskristallnacht« etwa 100 Juden ermordet und 30000 jüdische Männer vorübergehend in Konzentrationslager verschleppt worden waren, um ihre Einwilligung zur Auswanderung zu erpressen. Für diese Vandalentaten musste er einen Beitrag zu einer »Sühneleistung« von zunächst 1 Milliarde Reichsmark entrichten, die der jüdischen Bevölkerung Großdeutschlands auferlegt worden war. Zugleich beschlagnahmte das Deutsche Reich alle seine Versicherungsansprüche. Ab dem 15. November 1938 durfte

Willy Israel Schneiders jüngster Neffe keine deutsche Schule mehr besuchen. Alle jüdischen Schulen wurden geschlossen. Im Dezember 1938 wurde sein kleiner alter DKW beschlagnahmt, und er musste seinen Führerschein abgeben. Da dachte er zum ersten Mal an Auswanderung. Doch wohin hätte er gehen sollen, ohne Verwandte und Freunde im Ausland und ohne Einwanderungsvisum? Außerdem hätte er dann die konfiskatorische »Reichsfluchtsteuer« bezahlen müssen, und danach wäre ihm kein Geld geblieben, um im Ausland ohne fremde Hilfe eine neue Existenz aufzubauen. Von seinem Rabbiner erfuhr er Ende 1938, dass von den mehr als 500 000 deutschen Juden immerhin 180 000 die Emigration geschafft hatten. Nachdem im September 1939 mit dem Überfall auf Polen der SS-Obergruppenführer und Leiter des Reichssicherheitshauptamts Reinhard Heydrich die Möglichkeit erhalten hatte, Juden nach den eroberten Ostgebieten zu deportieren, traf dieses Schicksal bereits im Oktober 1939 seinen Bruder in Wien und dessen Frau Else Sara. Im September 1941 gab es nur noch etwa 165 000 Juden in Deutschland. Ab jenem Monat musste Willy Israel Schneider den Judenstern sichtbar tragen, wenn er sich in der Öffentlichkeit zeigte. Zugleich durfte er seinen Wohnort nicht mehr ohne polizeiliche Genehmigung wechseln. Am 23. Oktober 1941 erfuhr er, dass er nicht mehr aus dem Deutschen Reich ausreisen durfte. Doch auch das Leben in Deutschland wurde für ihn noch schwerer, obwohl das kaum mehr vorstellbar war. Er durfte kein Theater, kein Kino, keine Bibliothek, kein Konzert besuchen, kein Haustier halten und auch nicht mehr ins öffentliche Schwimmbad gehen. Er musste sein Radio abgeben, im Stadtpark waren immer mehr Bänke »Nur für Arier« reserviert, und immer öfter war an Restaurants und Geschäften zu lesen, dass »Juden unerwünscht« seien. Ab 24. März 1942 durfte er öffentliche Verkehrsmittel nur noch mit polizeilicher Genehmigung benutzen. Ebenfalls im März 1942 wurde seine Wohnung als »jüdisch« gekennzeichnet. Ab September 1942 durfte er nur noch zu bestimmten Zeiten einkaufen. Bald darauf erhielt er den Befehl, sich zum Abtransport bereitzuhalten. Von da an verlor sich seine Spur – damals. Heute weiß jedermann, wohin sie führte.

Orthodoxe Juden waren daran gewöhnt, eine Unzahl religiöser Gesetze zu befolgen. Doch die hatte ihnen Jahwe gegeben zu ihrem Heil. Die Gesetze der Nazis waren vielleicht etwas weniger zahlreich, dafür umso härter. Manche Orthodoxe mochten meinen: eine neue Bewährung, eine neue Läuterung, eine neue Strafe. Unerforschliche Wege des Herrn. Ich meine: ein allmächtiger, allwissender, allgütiger Gott konnte etwas so Erbärmliches nicht ersonnen haben, auch nicht als Prüfung. Das war schon in den Gehirnen von Menschen entstanden.

Es gab keine Sondermeldungen für die einzelnen Schritte der Verfolgung der Juden. Und es gab später auch keine Sondermeldungen für jeden Mord an einem jüdischen Menschen. Hätte es sie gegeben, in Deutschland wären die Sondermeldungsfanfaren nicht mehr verstummt. Der Großdeutsche Rundfunk hätte allein 1 Jahr lang gebraucht, um Tag für Tag, Minute für Minute, die Ermordung eines deutschen Mitbürgers jüdischen Glaubens zu verkündigen. Das sind über 500000 deutsche Juden. Als ich unsere Nachbarin Frau Gebhard im September 1941 zum ersten Mal mit dem gelben Stern auf ihrem Mantel im Stiegenhaus sah, hielt ich ihn für eine Art Schmuck. Ich erzählte meiner Mutter davon. Sie klärte mich auf.

Der erste Mensch, den ich mit einem Judenstern auf der Straße erblickte, war ebenfalls eine Frau. Sie schob einen Kinderwagen aus Korbgeflecht. Ich wandte meinen Blick ab. Heute weiß ich, dass ich nicht der Einzige war. Die Frau zog von den Gehsteigen, aus den Autos, von den Fahrrädern, aus der Straßenbahn, aus Fenstern viele Blicke auf sich, denen sofort eine neue Richtung gegeben wurde. Die Straße war auf einmal von Blicken in ihre Richtung wie leer gefegt. Ich sah wieder hin. Die Frau war schmal und blass. Sie hatte einen abgeschabten Mantel an. Ich sah ihr keine Spur von Stolz an. Sie trug nicht den Stern des Königs David. Sie blickte ängstlich nach links und nach rechts, als gebe es für sie neben diesen beiden Richtungen keine andere – jedenfalls keine nach vorn. Müde schob sie den Kinderwagen zum Parkeingang hinauf. Ich folgte ihr mit Abstand. Ein strammer Offizier der deutschen Wehrmacht kam ihr entgegen. Sie wich aus, stolperte gegen eine Parkbank. Es sah aus, als würde sie sich bei der Bank entschuldigen. Bei dem Versuch, den Kinderwagen festzuhalten, tat sie einen Schritt auf die Wiese. Sie sah sich nach dem Offizier um. Der war schon ziemlich weit weg. Er hatte sie nicht beachtet. Sie stand mit dem Kinderwagen auf der Wiese und schien verwirrt.

In den folgenden Tagen sah ich mehrere Menschen mit dem gelben Stern. Nicht ein einziges Mal sah ich ein stolzes Gesicht über dem Stern. Wäre über dem Stern ein stolzes Gesicht gewesen, der Stern hätte zu leuchten begonnen und hätte mit seinem Schein wiederum das Gesicht zum Strahlen gebracht. Ich wusste noch nicht, dass es bei Strafe untersagt war, Juden anzulächeln. Ich wäre aber sowieso nicht auf den Gedanken gekommen. Wegsehen, und schon ist's weg. Ob nicht vielleicht doch einer jener Unglücklichen ein schüchternes Lächeln gewagt hatte? Das war möglich. Aber unbeweisbar. Denn niemand konnte es sehen. Alle sahen ja weg.

Wie leid es mir heute tut, dass ich damals nicht wagte, einem Juden – oder um mich nicht zu gefährden, eher dem Stern als dem Menschen, der halt irgendwie dazugehörte –, nachdem ich mich vorsichtig nach allen Seiten umgeschaut hätte, ein kleines Lächeln zu schenken, bevor er in Auschwitz, Birkenau, Treblinka, Sobibor, Belzec, Kulmhof oder Maly Trostinez elend erstickte. Die Nazis hatten ja für eine ausreichende Anzahl von Erstickungsstätten gesorgt. Unter denen, die gezwungen wurden, die Sterne von den herren- und damenlos gewordenen Blusen, Hemden, Jacken und Mänteln zu trennen, befand sich der Häftlingsschneider Kogon Eugen, Nr. 9093, im KZ Buchenwald.

Wussten wir, wussten die Wiener, Österreicher, Deutschen, was mit den Juden geschah, nachdem sie aus den Stadtbildern »verschwunden« waren? »Bis zur Vergasung«, »durch den Schornstein gehen« – solche Wendungen waren gebräuchlich. Eigenartig war diese Mischung von Wissen und Verdrängung. Die Sprache drückte unverblümt aus, was die Menschen, die sich ihrer bedienten, auszudrücken zu vermeiden trachteten.

Schon am 31. Juli 1941 hatte der Reichsmarschall und Oberbefehlshaber der deutschen Luftwaffe Hermann Göring den SS-Obergruppenführer und Leiter des Reichssicherheitshauptamts Reinhard Heydrich beauftragt, einen Entwurf »zur Durchführung der angestrebten Endlösung der Judenfrage« – im Klartext: der systematischen Ermordung aller Juden – vorzulegen. Am 20. Januar 1942 wurde der Plan auf der sogenannten »Wannsee-Konferenz« konkretisiert. Im Oktober 1941 begannen die Deportationen aus dem Reichsgebiet nach dem eroberten Osten. Auch unsere jüdischen Mitbewohner an der Hartäckerstraße hatten sich zur Sammelstelle für den Abtransport am Aspangbahnhof zu begeben. Unsere Nachbarin, Frau Gebhard, versuchte noch, ihr Klavier zu verkaufen. Es gelang ihr nicht. Sie musste es zurücklassen. Ihren Judenstern nahm sie mit. Sie musste ihn auch noch im Ghetto Theresienstadt tragen, obwohl es dort sowieso nichts als Juden gab. Bald lernte sie, dass sie für die Nazis sogar einen materiellen Wert besaß, bestehend aus ihrem Haar, ihrem Goldzahn und ihren Knochen. Wäre sie in ein Vernichtungslager gekommen, hätten die Nazis aus Frau Gebhard eine Matratzenfüllung, Reichsbankgold und Seife gemacht. So wertvoll war Frau Gebhard für die nationalsozialistischen Mörder.

Botschafter a. D. Dr. Alfred Missong, der Sohn der Familie Missong, erinnert sich: »In unserem Haus, das heißt auf Nr. 73 der Hartäckerstraße, gab es beim Einmarsch der Deutschen überhaupt keinen einzigen Nazi. Vis-à-vis von uns wohnte das Ehepaar Gebhard. Herr Gebhard war Arier, die Frau war Jüdin. Nach dem Tod Herrn Gebhards wurde sie nach Theresienstadt verbracht. Sie überlebte das Lager und kam 1945 wieder zurück nach Wien, wo sie nur kurz blieb, weil sie zu ihrer Tochter nach England – oder Amerika – reiste. In die Wohnung der Gebhards zog nach dem Abtransport der Frau nach Theresienstadt ein anderes Ehepaar, das nazistisch eingestellt war. Unter uns wohnte der Musikprofessor Tausche, dessen Frau Jüdin war. Unvergesslich bleibt mir die Erinnerung an das Verhalten Prof. Tausches nach dem Anschluss uns gegenüber: Er sagte, dass er uns nun nicht mehr grüßen könne und wir auch nicht mehr miteinander sprechen können! Jeder Kontakt mit unserer Familie müsse unterbleiben, weil es gefährlich sei, mit Antinazis zu sprechen! Im Nebenhaus auf Nr. 71 wohnten einige Nazis, so die drei Schwestern Welleba, die alle Parteimitglieder waren. Sie gingen jeden Sonntag stolz in die Messe nach Gersthof und trugen das Parteiabzeichen.«

Nicht einmal die »Eingeweihten«, Gutinformierten konnten sich vorstellen, welches Ausmaß das Morden annehmen würde. Juden, Zigeuner (damals wurden sie noch so genannt), sowjetische Kriegsgefangene, Schwule, geistig Behinderte, Regimegegner und viele andere Kategorien: insgesamt ermordeten die NS-Täter mehr als zehn Millionen Menschen. »Ermorden« hieß: erschießen, erschlagen, verbrennen, vergasen, erhängen, zu Tode foltern, an Humanexperimenten, Hunger, Durst, Seuchen, Erschöpfung und durch Unfälle sterben lassen. Unzählbar viele Lebensjahre, -monate, -wochen, -tage, -stunden, -minuten, -sekunden wurden diesen Menschen genommen. Hinzu kamen die vielen Lebensjahre, in denen KZ- und Todeslager-Insassen gezwungen waren, »mit dem Tod zu leben«, bevor sie ermordet oder im besten Fall befreit wurden. Jorge Semprun: »Denn der Tod ist nicht etwas, was wir nur gestreift hätten, das wir überlebt hätten wie einen Unfall, den man unversehrt überstanden hätte. Wir haben ihn erlebt.«[48] »Mit dem Tod leben«, »Le vécu de la mort«, das war etwas anderes als in erhöhter Todesgefahr leben. Das hieß: so elend sein, dass man nicht mehr wusste, ob man noch am Leben war, und wenn: ob man es wollte.

September 1941: Die Kogons und die Missongs ziehen zusammen

Ende September 1941 stand unerwartet Lia Missong mit ihren drei Kindern vor der Tür ihrer – inzwischen auch unserer – Wohnung an der Hartäckerstraße. Sie waren zwangsweise von Budapest nach Wien zurückgebracht worden. Ich half ihnen, die Koffer hochzutragen. Vater Missong saß derweil wieder in einem Wiener Gefängnis.

Meine Mutter und wir drei Kinder bezogen das geräumige Zimmer von Oma Missong. Sie hatte es vor ihrer endgültigen Abreise leer räumen lassen. Diese »Verdichtung« unseres Wohnens war der sichtbare Ausdruck des uns nun in besonderer Weise abgeforderten familiären Zusammenhalts. Meine Mutter stellte neben die Tür unseres Zimmers einen Schrank so, dass man beim Eintreten nicht gleich den ganzen Raum überblicken konnte. Wenn jemand anklopfte, sagte sie nicht »herein«, sondern ging an die Tür, um zu öffnen.

Erst später gewann ich eine Vorstellung von der Belastung

der Familie Missong durch uns vier mit so viel Freundschaft und Nächstenliebe aufgenommene Dauergäste. Für unbestimmte Zeit teilten die Missongs nun mit uns Küche, Bad und Toilette. Sie hatten damals selbst drei Kinder. 1943 kam ein viertes hinzu. Und auch die Haushalthilfe Kathi gehörte noch zur Familie. Im Vorzimmer hatte sich die älteste Missong-Tochter Agnes mit Leintüchern einen Verschlag eingerichtet: ihr Zimmer. Wenn wir ins Bad wollten, mussten wir durch diesen Verschlag hindurch. Ohne uns hätte die siebenköpfige Familie bequemer leben können.

Die Missong- und die Kogon-Kinder spielten gern und viel miteinander. Das hatten wir ja schon vor dem »Anschluss« getan. Die Dimension unseres »Spiel«-Raums glich die räumliche Einengung aus. Agnes und ich waren sowieso füreinander bestimmt. Fredl freundete sich mit Alex an. Er bewunderte ihn, wie er Steinschleudern zum Schießen auf Vögel anfertigte und aus Röhren und Transistoren verbotenerweise ein Radio bastelte. Alex, bisher bloß der kleinere Bruder, war auf einmal der ältere Freund. Das tat ihm gut. Sicher gehörten auch die beiden Jüngsten, Cornelia und Zita, zu unserem Zusammensein und unseren Spielen, aber sie waren zu jung, als dass ich daran eine Erinnerung hätte.

An dem Gesellschaftsspiel *Spekulation* faszinierte mich, dass es nicht verboten war. Sogar in der jetzigen Zeit wird es dezenterweise als *Monopoly* oder *Investition* vertrieben. Die Nazis hatten bereits in ihrem Parteiprogramm vom 14. Februar 1920 unter Punkt 17 die »Verhinderung jeder Bodenspekulation« gefordert. Da hatten ihre Zensoren offenbar etwas übersehen. Wir spielten *Spekulation* oft bis tief in die Nacht. Eigentum an einem H O T E L! Mit Wahnsinnsmieten! Städte raffen! Rot war die Farbe nicht der Liebe, sondern des mehrfachen Hotelspekulanten, der nur im realen Leben zu viert in einem einzigen Zimmer hauste. Das Spiel reizte auch meinen Verstand und meine Fähigkeit zur Selbstbeherrschung. Der Spekulant muss auf das Unvorhergesehene, den Zufall, das Schicksal, das Glück, das Unglück vorbereitet sein. Dagegen half nur viel Bares, das dann aber anderen Chancen entzogen war. Sich nicht hinreißen lassen, während man hingerissen ist. Nicht alles auf einen Würfel setzen. Je länger das Spiel dauert, desto größer die Gefahr der Hyperinflation. Volkswirtschaftliches Anschauungsmaterial, vergleichbar einem Semester Volkswirtschaftslehre. Ich wollte, ich hätte mein Leben damals genauso aktiv, leidenschaftlich und zugleich besonnen in die Hand genommen wie die Figuren in diesem Spiel.

Im Sommer hielten wir uns gerne in der zum Mietshaus gehörenden Gartenanlage auf. Dort hatte jede Mietpartei ein eigenes, durch Gebüsch abgegrenztes Plätzchen. Wir spielten »Abgepasst« und »Räuber und Gendarm«, und Mutter Missong versorgte uns mit herrlich aromatischen Sauermilchgetränken. Bei schlechtem Wetter stellten wir das Missongsche Wohnzimmer für Theater- oder Versteckspiele auf den Kopf.

Anfang November wurde Vater Missong aus seiner zweiten Haft entlassen. Danach arbeitete er in einer Wiener Anwaltskanzlei. Das machte das Leben für uns Kogonen noch etwas enger. Vater Missong hatte am Morgen natürlich den Vortritt im Bad. Er musste pünktlich in die Kanzlei.

1942: Mein Vater zum zweiten Mal zurück in ein Wiener Gefängnis

Die Kriegswirtschaft beherrschte unseren Alltag. Lebensmittelmarken. Kleiderkarten. Textil-Punkte. Kunsthonig. Kunstkäse. Schwarzmarkt. Hamsterfahrten aufs Land. Tausch von Wertgegenständen gegen Kartoffeln und Milch. Bloß nicht erwischt werden. Schlange stehen: verlorene Zeit, verschwendete Energie. Immer mehr Lebensmittel verschwanden aus den Regalen. Fleischknappheit. Vorliebnehmen mit dem, was gerade »vorrätig« ist. Winterhilfswerk. Warme Unterwäsche und Wintersocken für die Front. An den Maroniständen bloß noch heiße Kartoffeln. Schafgarbentee aus eigener Sammlung. Muckefuck. Kaffee-Ersatz.

»Ersatz« wurde einer der wichtigsten Begriffe der deutschen Kriegs- und Mangelwirtschaft. Die Technische Hochschule Darmstadt entwickelte sich zu einem Zentrum der deutschen Rüstungswissenschaft. Schwerpunkt: Ersatzstoffe für alles, worüber Deutschland nicht mehr verfügte. Nicht wenige Forscher waren dem Nationalsozialismus nicht nur wissenschaftlich oder national, sondern auch ideologisch verbunden. Nach dem Krieg bemühte die Hochschulleitung sich um ein ideologisches Gegengewicht. Sie berief vermehrt Professoren mit erwiesener demokratischer Gesinnung. Einer von ihnen war mein Vater. Er erhielt den neu eingerichteten Lehrstuhl für Politikwissenschaft.

Hunger hatte ich nur bestrafungshalber im Kloster gelitten, nachher nie. Zeitweise profitierte ich von Sonderfaktoren: Militärdienst, Plünderung, Naturalentlohnung für Zwangsarbeit. Ich bekam auch nie Essen, das ich nicht mochte. Allerdings war ich anspruchslos geworden. Das waren praktisch alle. Im Wiener Straßenbild waren Korpulente während des Krieges selten.

Mit dem Angriff japanischer Jagdflugzeuge und Bomber auf den mitten im Pazifik gelegenen US-amerikanischen Flottenstützpunkt Pearl Harbor am 7. Dezember 1941 begann der Pazifische Krieg. Hitler erklärte den USA am 11. Dezember den Krieg. Mussolini schloss sich an. Damit war der bislang europäische und nordafrikanische Krieg zum Weltkrieg geworden.

Am 6. Februar 1942 wurde mein Vater zum zweiten Mal aus dem KZ zurück nach Wien gebracht. Kassiber aus dem Gefängnis an der Rossauerlände, vermutlich vom Februar 1942: »Meine innigstgeliebte Rita! Alle meine Gedanken gehören Dir und den Kindern! Dass ich Euch wiedersehen konnte und noch ein- oder zweimal es kann, wiegt alle Nachteile dieses Transportes samt denen des Hierseins im Polizei-Gefangenenhaus auf. Deprimiert bin ich nicht, Liebste: ich vertraue ja unerschütterlich auf unseren gütigen Vater im Himmel und unsere heiligen Helfer, deren Schutz ich immer und immer wieder erfahren habe. Und außerdem gebe ich mich, was die Zeit betrifft, keinen Illusionen mehr hin … Was meine Haft betrifft, so sagte der Gestapo-Beamte Lowatscheks Vertreter, dass ich mit dem nächsten Sammeltransport, dessen Termin er nicht kennt, nach Buchenwald zurückkommen soll, sofern ich nicht gerichtlich noch benötigt werde. Man werde Dich aber zu einer Abschiedsbesprechung verständigen (er sagte das aus Eigenem, »das machen wir schon!«) …«

Aus einem Kassiber von Anfang März 1942: »… Aber ich denke, dass Du in Berlin doch einige Klarheit erhalten wirst. Erhoffe Dir nichts darüber hinaus, Liebling! … Das Gesuch für [den Chef der Reichskanzlei] Lammers gebe ich Dir am Donnerstag bei der ersten Gelegenheit; eventuell lasse ich den Mantel heraußen oder Hut und Schal mit dem Betreffenden. Suche dann die inneren Taschen des Mantels durch, und wenn Du Rauchwaren und flache Zünder hast, dann gib sie in das aufgetrennte Futter der unteren Mantelenden rechts und links vorne. Falls Du Tabak hast (Blättchen!), kann ich ihn als ganze Packung auch so übernehmen und in der Unterhose verstauen …« Kurz darauf schickte mein Vater meiner Mutter in einem Kassiber den angekündigten Textvorschlag für ein Gnadengesuch. Sie sollte es unterschreiben und persönlich in Berlin einreichen.

»Sr. Exz. Herrn Reichsminister Dr. Lammers,
Chef der Reichskanzlei, Berlin.
Wien, den …
Ew. Exzellenz!
erlaube ich mir in der nachfolgend kurz dargestellten Gnadensache ergebenst eine Bitte zu unterbreiten:
Mein Mann, Dr. Eugen Kogon, geb. 2. II. 1903, Diplom-Volkswirt, ist bei der Machtergreifung der NSDAP. in Österreich am 12. März 1938 verhaftet worden. Obwohl politisch ohne besondere Bedeutung ist er einer der wenigen Wiener, die bis heute noch immer nicht aus der Schutzhaft, bezw. Polizeihaft entlassen worden sind.
Ich habe mit meinen drei Kindern, unter Darlegung aller Umstände und der Not, in die wir unverschuldet gekommen sind, wiederholt Gesuche an die Kanzlei des Führers und an die Berliner Geheime Staatspolizei gerichtet; auf Anregung der Wiener Leitstelle der Geheimen Staatspolizei hat mein Mann selbst zur Begründung eines der wiederholten dortigen Freilassungsanträge im Januar 1941 eine zusammenhängende Erklärung über seine Person, seine Vergangenheit und seine selbstverständliche Entschlossenheit zu unbedingter Loyalität abgegeben. Mittlerweile wurde im Auftrag des Herrn Reichsleiters Baldur v. Schirach durch die Wiener Gauleitung der NSDAP. die Freilassung einer Reihe von mehrjährigen politischen Gefangenen aus Wien, darunter auch meines Mannes, in Berlin wärmstens empfohlen.

Kurz vor dem Abschluss des 4. Jahres der Haft meines Mannes bitte ich Ew. Exzellenz im eigenen und im Namen meiner drei Kinder um ein gütig fürsprechendes Wort bei der Berliner Zentrale der Geheimen Staatspolizei (Referat … Akt. Nr. …), dass das wirklich nicht begründete Vorurteil gegen meinen Mann fallen gelassen und er wenigstens zum 12. März 1942 uns und darüber hinaus der Mitarbeit in der kämpfenden deutschen Volksgemeinschaft wiedergegeben wird.
Mit deutschem Gruß – Margarete Kogon [Adresse].«

Ein Gnadengesuch hatte eine gewisse – vermutlich geringe – Aussicht auf Erfolg nur, wenn es in der pathetischen Kriegs- und Volksverbundenheitsterminologie der Nazis formuliert war, die regimekritische Rolle meines Vaters herunterspielte und eine unzweideutige Loyalitätserklärung enthielt. Diese Voraussetzungen musste mein Vater beachten. Ob meine Mutter tatsächlich noch einmal nach Berlin reiste, um ihr Gnadengesuch persönlich an den hoffentlich geeigneten Mann zu bringen, konnte ich nicht eruieren. Doch selbst wenn: Es hatte keinen Erfolg. Ebenso erinnere ich mich nicht mehr daran, dass ich im Mai bei einem Besuch im Gefängnis meinen Vater wiedersah (siehe den folgenden Brief).

Kassiber meines Vaters vom 13. Mai 1942: »Meine allerliebste, herzinnigst geliebte Rita: – Unsere große Reinigungs- und Entgasungswoche lässt mir nur wenig Zeit zum Schreiben. Gestern Nachmittag sind wir vom vierten Stock wieder ins Hochparterre zurückübersiedelt. Gleich am Abend habe ich dann im Eifer des Gefechts eine Fensterscheibe kaputtgeschlagen: verflixt nochmal – wenn das jetzt nicht endlich Glück bringt! – So habe ich also gestern Dein liebes Gesichtl wieder gesehen. Und Cornelia mit ihrem herrlichen Blütensträusserl! Es steht vor mir auf dem Tisch und strahlt und duftet – Erinnerung an Euch! Lustig war es, nicht wahr, von den Küssen durch's Gitter angefangen bis zu den Serpentinenbeinchen! Und gelacht haben die Kinder! Freilich, von den Zeugnissen der Buben bin ich wirklich nicht begeistert. Wenn ich ihnen nur helfen könnte! Ich bin überzeugt, dass ich sowohl ihren Eifer wie ihr Ordnungsgefühl wecken und ihr Wissen allein durch systematische und dazu lustige, interessante Unterhaltung auf allen Gebieten wesentlich fördern würde. Dass Michael gerade in Deutsch und Geschichte besser ist, freut mich natürlich herzlich. Selbstverständlich gebe ich auch auf die Zeugnisse nicht allzu viel. Das Markensammeln verbiete ihnen tageweise ganz, Liebste, wenn sie nicht strengste Ordnung halten. Sage es ihnen von mir – ich kenne da keine Nachsicht, und sie machen mich ernstlich bös! … – Die letzte Mitteilung, dass Mauserl hl. Erstkommunion habe, ohne dass ich dabei sein könnte (denn auf den einen Urlaubstag habe ich natürlich von vornherein nicht gerechnet), hatte mich unendlich wehmütig gestimmt. Nun bin ich froh, wenn der Tag um ein Jahr aufgeschoben werden kann. Ich kenne zwar die berechtigten Gegenargumente, und auch für Mauserl selbst wird es vielleicht schmerzhaft sein, die anderen Kinder im weissen Feierkleid zu sehen, aber dafür wird es über's Jahr umso schöner werden, nicht wahr? Wir werden dann alles tun, was uns möglich sein wird, und Du weisst ja, dass ich mich aufs Festefeiern einigermaßen verstehe (wobei glücklicherweise die Zeit endgültig vorüber ist, wo ich, was mich selbst angeht, »keine Zeit« mehr hätte!) … Von ganzem Herzen immer Dein [kyrillisch:] Ewgenij=Eugen. Weisst Du, dass ich Dich liebe? Sehr liebe? Ganz, ganz innig liebe? Ich liebe Dich!«

Ich kann verstehen, dass mein Vater auch aus dem Gefängnis heraus seine Kinder erziehen wollte. Er hielt dies für seine Vaterpflicht, und meine Mutter war als Alleinerzieherin überfordert. »Wir haben unsere Kinder modern erzogen«, versicherten meine Eltern später oft. Vermutlich hatten sie die Regeln freier Kindererziehung befolgt, die in den zwanziger und dreißiger Jahren des 20. Jahrhunderts in Mode waren: immer noch mit Zuckerbrot und Peitsche, nur eben ein bisschen mehr Zuckerbrot und ein bisschen weniger Peitsche als im 19. Jahrhundert. Repression war ein Element der Erziehung geblieben.

Mein Vater konnte nur von meiner Mutter erfahren haben, dass wir manchmal nicht »strengste Ordnung« hielten. Hatte sie sich wirklich bei ihm beklagt? Jedenfalls hielt sie sich nicht an das pädagogische Strafgebot aus dem Gefängnis. Hatte sie es im Hin und Her ihres angestrengten Alltags vergessen? War sie allergisch dagegen, dass sie für ihren Mann das Vollzugsorgan sein sollte? Oder spürte sie, dass sein Gebot nicht gerechtfertigt war? Sie konnte nicht übersehen haben, wie glücklich ich mit meiner bescheidenen Briefmarkensammlung war. Wenn ich mich mit der Ordnung in meinen paar Steckalben beschäftigte, war meine ganze, im übrigen in der Tat eher ungeordnete Welt buchstäblich »in Ordnung«. Das wollte meine Mutter mir sicherlich nicht nehmen. Mütter nehmen ihren Kindern keine nach ihrer Einschätzung harmlose Glücksursache. Auch musste ihr klar gewesen sein, dass es für uns, zu viert in einem einzigen Raum, unmöglich war, »strenge Ordnung« zu halten. Das konnte sie ja auch selbst nicht. Wir hatten für all unsere Habe nur zwei Regale und einen einzigen Schrank, zu viert. Darin perfekte Ordnung zu halten, war unmöglich. Was immer wir vier in unserem Zimmer unternahmen, fand an einem einzigen, nicht sehr großen Tisch statt. Meine Mutter erlebte unter solchen Umständen täglich die Beschränkung unserer Kreativität. Und da sollte sie uns die Freude am Markensammeln nehmen? Mein Vater hatte den Kontakt zu unserer Alltagswirklichkeit verloren.

Kassiber meines Vaters: »24. Juni 1942. Über alles geliebte, beste Rita! Vor mir stehen – in den kurzen Minuten, die ich an meinem Platz sitzen kann, um Dir zu schreiben, – die herrlichen Blumen, die mir Kornelia letzten Mittwoch mit so gütiger Hilfe des Wachkommandanten doch noch geben konnte (mein liebes, liebes Mauserl!) u. erinnern mich bei jedem Blick an Euch, Eure Liebe zu mir und meine Liebe zu Euch. Die Röslein, der ›Flachs‹, der Farn u. die kleinen Roten, Violetten, Blauen, deren Namen ich nicht kenne, die mich aber so herzlich anstrahlen, sie alle nicken mir Liebe zu, dass ich sie einzeln küssen u. sie Euch mit dem lieblichsten Duft innigsten Gedenkens als Boten des Trostes u. der kurzfristigen Hoffnung zurückschicken möchte … Mit aller Liebe, deren ich fähig bin, umarme ich Dich innig, innig: Dein Eugen …

Meine lieben Buben! Herzliebste Kornelia! Unsere gute Mutti hat, wie Ihr wisst, viel Leid und schwere Sorgen zu tragen, seitdem ich gezwungen bin, von Euch fern zu sein, und das ist jetzt schon bald viereinhalb Jahre – eine schrecklich lange Zeit! … In dieser Lage habe ich eine doppelte Bitte an Euch! Meidet und unterlasst alles, was unserer geliebten Mutti Herz und Kopf noch schwerer machen könnte, und helft ihr, wie und wo Ihr nur könnt – mehr noch, als es bisher schon geschehen ist: durch Fröhlichkeit und Stille, Ordnungsliebe und Gehorsam, Fleiss, Arbeit und Gebet, alles zur richtigen Zeit und am rechten Ort. Und das Zweite: Seid tapfer und geduldig jetzt in der Not, klagt über nichts, denkt an Vater und Mutter, die so lange schon Entbehrungen und Bitterkeit jeder Art ertragen müssen! Bald wird alles überstanden sein, aber dann! – Ihr wisst, meine lieben Drei, wie gern ich Euch habe; in welcher Weise ich Euch aber danken werde, wenn Ihr während der kurzen Zeit, die wir noch getrennt sein werden, meine Bitte erfüllt, das könnt Ihr Euch unmöglich ausmalen! Fragt die Mutti, ob ich etwas vom Festefeiern und Lustigsein, vom Geschenke machen, von Ausflügen, Reisen, Büchern und Kunstgenuss verstehe! Ich verspreche Euch nichts im Einzelnen, aber ich werde mehr halten, als Ihr je erhoffen könnt, wenn Ihr Euch des Vertrauens, das ich in Euch setze, wert erweist. – Ich schreibe an Euch fast wie an Erwachsene, denn die Not mit ihren mannigfachen Erlebnissen, die Ihr früher nicht gekannt habt, wird Euer Verständnis über die Jahre hinaus geweckt haben. Lest diesen Brief mehrmals aufmerksam durch, besonders Du, Michael, als unser Ältester, und Du, Alexius, als unser tüchtiger Praktiker, und nicht bloss heute, sondern auch in der kommenden Zeit dann und wann, und erfüllt mit unserer Gold-Kornelia zusammen jeden einzelnen Punkt, um den ich Euch gebeten habe, getreulich nach bestem Können und Gewissen. Gott schütze Euch, meine lieben Kinder, und unsere über alles geliebte Mutti! Mit herzlichster Umarmung: Euer Vater.«

Kassiber vom 11. August 1942: »Meine herzinnigst geliebte Rita! Seit etwa 14 Tagen ist bei mir wieder eine Nervosität zutagegetreten, die mich an die schlimmsten Coburg- und Zeitungszeiten erinnert: empfindlich, gereizt, müde, weiss ich oft kaum mehr, wie ich mich in dem Zusammensein mit anderen durchbringen soll … Das wird einmal eine Mühe für uns beide werden, die Schäden wieder auszuheilen, die ich durch diese langjährige Haft zum Teil unter schwierigsten Verhältnissen doch davongetragen habe und noch davontrage! Sofort hat die Störung des seelischen Gleichgewichtes, das gelegentliche Erlahmen des inneren Widerstandes auch körperliche Folgen bei mir: Seit Tagen fühle ich mich nicht auf der Höhe, gestern wollte ich sogar beinahe liegen bleiben. Aber ich hoffe, dass die Transportanstrengungen u. die Rauhheit des Lagerlebens meine volle Kraft wieder wachrufen u. mich wieder ruhig machen werden. Zuweilen empfinde ich in diesem 5. Sommer unserer Trennung eine so rasende Sehnsucht nach Freiheit, frischer Luft, Wiesen, Blumen, Wald, Ruhe, Einsamkeit u. Euch, Euch, Geliebte, dass es mir alle Mühe macht, es zu ertragen … Für mich selbst erhoffe ich mir nichts, da alle Eingaben doch nur in letzter Instanz zur

Berliner Gestapo gehen, u. die mich sichtbar nicht freilassen will. Es wird schon Kriegsende werden, mein Lieb. 1943 halt, Frühjahr oder, alleräusserstens, Herbst ... Verzeih', bitte, die schreckliche Beanspruchung, aber nun ist's ja bald vorüber (u. Du Ärmste musst stattdessen wieder den dauernden Nervendruck aushalten). O Jammer! Aber nur Mut, ich werde schon gesund u. glücklich zu Euch zurückkehren ...

12. 8. Zur Beruhigung habe ich abends noch im guten alten Storm gelesen. Immensee usw. Welch andere Welt! Und unsere arme Liebe, die jetzt wieder ganz von Hoffnung und purer Phantasie leben muss, während sie in diesen Monaten wenigstens Worte und Schilderungen als Nahrung hatte! Aber Gott wird uns schon helfen, nur noch für den Rest Geduld! Länger als noch eineinviertel Jahre kann es doch gar nicht dauern, so ein Zeitraum kommt einem ohnehin schon ganz hirnrissig vor. Aber immer noch besser: warten als uns ganz verloren haben, nicht wahr, wie es jetzt so vielen Hunderttausenden, ja Millionen geschieht! – Ich küsse und umarme Dich ganz innig, liebste Rita, u. lasse Dich gar nicht mehr los! Immer, immer Dein [kyrillisch:] Ewgenij-Vätli ...«

Dies war der letzte Kassiber, den mein Vater aus einem Wiener Gefängnis schrieb.

Dass mein Vater die Niederlage Deutschlands für eine zu nahe Zukunft herbei analysierte, war verständlich. Hatte er doch erkannt, dass er erst nach dem Ende eines für Deutschland verlorenen Krieges wieder frei sein würde. Auch meine Mutter hörte auf, ihre Briefe an meinen Vater mit einem »Hoffentlich kommst Du bald frei« zu beenden. Ich könnte für die sieben Jahre der Gefangenschaft meines Vaters eine für ihn und meine Mutter fast identische Hoffnungskurve aufstellen: vier Jahre verharrte sie auf sehr hohem Niveau mit gelegentlichen scharfen Einbrüchen, ab August 1942 sank sie für längere Zeit drastisch ab, und ab Mitte 1944 schnellte sie ganz nach oben.

1942 hatte Deutschland anfangs im Osten und im Süden noch weiter gesiegt. Hitlers Verbände waren bis in den Kaukasus und bis Stalingrad vorgestoßen. Auch in Nordafrika hatte das deutsche Afrika-Korps, mit dem Hitler die italienischen Truppen unterstützte, unter der Führung von Generalfeldmarschall Erwin Rommel zunächst Erfolge erzielt. Mitte 1942 wandte sich das Kriegsglück von Deutschland ab. Auch im Pazifik stoppten die Amerikaner die japanische Offensive.

August 1942: Mein Vater endgültig nach Buchenwald

Am 18. August 1942 kam mein Vater wieder nach Buchenwald, und diesmal war es endgültig.

»Bei der Rückkehr von Wien kam ich in Prag – oder war es schon in Leipzig oder Dresden? – in einem dieser schrecklichen Polizei-Löcher mit sieben russischen Kriegsgefangenen zusammen, die meisten Komsomolzen, wie sich herausstellte. Die erzählten mir voll Freude, dass sie nun aus einem Kriegsgefangenenlager, wo viele verhungerten, endlich nach Buchenwald kämen, wo es ihnen, wie sie gehört hatten, viel besser ginge … Ich wusste aus meiner Buchenwald-Erfahrung, dass sie alle Todeskandidaten waren, dass sie das Lager gar nicht sehen würden. Sofort nach der Einlieferung würden sie in die Genickschussanlage geführt werden. Fast zehntausend russische Kriegsgefangene, meistens Komsomolzen oder auch Kommissare, wurden in dieser Genickschussanlage der SS getötet. Ich verbrachte die Nacht, diese paar Stunden, mit ihnen, bevor wir am nächsten Morgen weitertransportiert wurden, und hörte mir das alles an. Ich habe nicht gewagt, sie über ihr Schicksal aufzuklären. Wir tauschten das

Wenige aus, das wir hatten, sie gaben mir etwas Zucker, ich hatte Zwieback, es wurde ein sehr menschlicher Kontakt. Und dann kamen wir nach Buchenwald, wurden auf einem Lastwagen von Weimar zum Lager transportiert, da wurden sie schon abgesondert. Wenige Minuten später waren sie tot.«[49]

Mein Vater hatte das Glück, wieder in der Schneiderei unter dem ihm freundlich gesinnten Kapo Hans Rechberger und dem mit ihm befreundeten Tischkapo Werner Hilpert zu arbeiten.

»In der Häftlingsschneiderei hatte ich zunächst als Hilfsschneider SS-Uniformen aufzutrennen und dergleichen mehr. Von 1942 bis 1943 mußte ich Kleidungsstücke anfertigen, ferner die nach Buchenwald zur Weiterverwendung verbrachte Kleidung und Wäsche von in Auschwitz Ermordeten sortieren und die Wintermäntel russischer Kriegsgefangener auftrennen, die im KZ Buchenwald erschossen worden waren. Ich habe mit meinen Kameraden 300 000 Hemden aus Auschwitz sortiert. Die nicht mehr brauchbaren wurden weggeworfen, die anderen der Häftlingseffektenkammer übergeben. Ich wußte, daß diese Kleidung und Wäsche aus Auschwitz kam, weil jeder solche Transport über die SS-Verwaltung in Buchenwald lief und der Effektenkammer gemeldet wurde; uns war jeweils schon vorher bekannt, wann ein neuer Kleidertransport eintreffen würde. Außerdem waren die Begleitmannschaften dieser Transporte SS-Leute aus Auschwitz. Die Wäsche hatte vielfach Blutflecken oder Einschußlöcher von den Erschießungen. Von Kameraden, die von Auschwitz nach Buchenwald überstellt worden waren, wußten wir, daß Kleidung dieser Art von Auschwitz nach Buchenwald und anderen Lagern ging. Es war Kleidung der verschiedensten Art. Meist hatte sie Juden gehört. Auf vielen Stücken war ja der Judenstern aufgenäht. Außerdem arbeiteten in der Häftlingsschneiderei auch gelernte Schneider, die die Herstellernamen kannten und die Etiketten aufbewahrten; die stammten aus vielen Großstädten in Frankreich, Belgien, Holland, Dänemark, Österreich, Ungarn und anderen Ländern.«[50]

Die erste offizielle Postkarte, die mein Vater diesmal aus dem KZ schreiben durfte, trägt das Datum des 9. September 1942. Die Vorderseite wurde ganz vom Adressfeld und vom »Auszug aus der Lagerordnung« in Anspruch genommen. So blieb meinem Vater nicht viel Platz für eigenen Text, schon gar nicht für Persönliches. Er musste sich auf das Dringendste beschränken: »Schutzhäftling Kogon Eugen Nr. 9093 Block 42. Liebste Rita: – Zum Schreiben von [Rechtsanwalt] Dr. Lowatschek betrf. [den eingelagerten Hausrat beim Speditionshaus] Schenker & Co., v. 2. Sept. 42 setze Dich sofort mit Dr. Lowatschek in Verbindung u. suche durch eine grössere Teilzahlung den Termin vom 1. Oktober zu verlängern, bis Du das Ganze begleichen oder zusammen mit der laufenden Monatsgebühr in Raten erledigen kannst. Kontrolliere die Rechnung und die Einlagerung! Mit herzlichsten Grüssen Dir und den Kindern: Eugen.«

Das war dürftig. Aber es war wenigstens eine Nachricht. Er war angekommen, war am Leben und konnte schreiben. Auf die erste Nachricht in Briefform mussten wir fast einen Monat warten. Einen früheren Termin erlaubte die Lagerordnung nicht.

Brief vom 13. September 1942, mit dem Zensurstempel »Postprüfer 4«. (Auch die Postprüfer waren nummeriert, wie die Häftlinge.) »Schutzhäftling: Kogon Eugen Nr. 9093 Block 42. Es wird hier nur mehr einmal im Monat geschrieben u. Post empfangen, Liebste, meine Ankunft fiel aber leider 2 Tage nach dem letzten Schreibtag v. 16. 8. Wie wirst Du Dich gefreut haben, als Du durch die Geschäftskarte i. Sa. Schenker & Co. erste Nachricht von mir erhieltest! ... Vom Transport zurück, kann ich einmalig ein Wäschepaket bekommen; schicke mir daher gleich die Wintersachen ... Ich bin mit meinem ganzen Herzen bei Euch, Liebste! Morgens u. abends sehe ich die guten Augen Michaels, Alexs lebhafte Züge (zum Geburtstag das Allerbeste!) u. den Lockenkopf Kornelias u. küsse Euch im Geiste innig. Wie sehr ich Dich umarme, Rita, weisst Du! Ich sende Dir alle Kraft u. Liebe! Leb' wohl, mein Herzlieb: Eugen. Die Schenker-Rechnung ist enorm hoch! Stimmt sie denn? Fast 1400 Mk – das entspräche ja 2½ Jahren. Hast Du nicht für ebenso lang schon szt. bezahlt?«

Brief vom 11. Oktober 1942: »Schutzhäftling Kogon Eugen Nr. 9093 Block 42. Meine geliebte Rita: – Nun bin ich in ernstester Sorge um Euch: der 1. Okt.-Brief ist ausgeblieben, ebenso die Wintersachen, Geld, Zeitung u. Zeitschrift. Dazu im Sept. die Nachricht von Kornelias Erkrankung! ... Bitte, schreibe mir sofort eine Karte, das ist in jedem Fall möglich! ... Michael ist, der Septemberbrief zeigt es, ein grosser Stilist geworden. Er schreibt vorzüglich. Aber Themen gäbe es zum Bericht an den Vater wichtigere: Bücher, zuhaus u. in der Schule, Eindrücke von Besuchen, Ausflügen, Museen, von Theater u. Film ... Alex ist wohl, wie stets, die starke praktische Stütze der Mutter? Gut so ... Nun umarme und küsse ich Euch alle von ganzem, ganzem Herzen (ach ja) – Dein: Eugen.« Initialen auf dem Zensurstempel: »Do.«

Eindrücke vom Film – wie wohl hätte mein an meiner geistigen Entwicklung so sehr interessierter Vater reagiert, hätte ich ihm von meiner Leidenschaft für die Unterhaltungsfilmchen der Marika Rökk berichtet?

Brief meines Vaters vom 7. November: »... Am 4. November war bei Euch wieder grosser Luftangriff. Hoffentlich ist Euch nichts zugestossen! Ich bin ja so sicher, dass wir uns alle wieder glücklich umarmen werden! Allerinnigst, Liebste, Dein Eugen.« Offizielle Zettelbeilage: »Zur Beachtung! Weihnachtspakete spätestens am 1. Dezember absenden! Später aufgegebene Pakete werden nicht angenommen.«

Brief meines Vaters vom 6. Dezember: »... Und wieder erhöht sich die Last für Dich, Liebste! Ich bitte Dich innig, meinetwegen Euch keine Entbehrung aufzuerlegen. Ich erhielt das zweite Wäschepaket samt Zigaretten, Zucker u. Äpfeln, sowie gestern, als St. Nikolo-Geschenk, das liebe Esspackerl. Vielen, vielen Dank für alles (auch Lia u. Alfred [Missong]!). Postdauer: 8–10 Tage. Wert- u. Eilsendungen sind unzulässig. Gut verpacken! – Was dagegen ich Euch zu Weihnachten schicken kann, erscheint so arm: ein Herz voll guter Wünsche, all meinen Segen, Küsse u. Umarmungen in Gedanken: Dir, meiner lieben Kornelia, meinen wackeren Buben! Dazu Kraft u. guten Mut – den Überschuss von mir: er reicht aus, Euch hochzuhalten, bis ich komme, um Dir die Sorgen u. Mühen dieser Jahre endlich abzunehmen, um Dir wieder Freude – weisst Du: so volle, tiefe, herzbewegende Freude an meiner Seite! – zu bringen. – Ich grüsse Euch alle innigst, meine lieben, lieben Vier (mein Herz hält Euch umschlossen, warm u. unzertrennlich!), dann auch die Freunde und Bekannten – in beharrlicher Treue u. Hoffnung: Eugen.« Zensurstempel: »Postprüfer 4«.

Von den Fronten Hoffnungsmeldungen für meinen Vater: Im Winter 1942/43 wurde der deutsche Vormarsch in Nordafrika zurückgeschlagen. Alliierte Truppen landeten in Tunesien und Marokko. Nordafrika ging für die Achsenmächte ganz verloren.

1943 wurde das vierte Kind der Familie Missong, Irene, geboren. Ich hatte die Schwangerschaft von Tante Lia und somit auch die damit verbundenen zusätzlichen Belastungen nicht bemerkt. Die Familie Missong hatte nun Anspruch auf eine Haushalthilfe. Ihr wurde ein zwangsverpflichtetes Mädchen aus Osteuropa zugewiesen. Es konnte kaum Deutsch. Die Missongs hätten ihm gerne gesagt, dass sie Nazigegner waren. Doch das ließen die beiderseitigen Sprachkenntnisse nicht zu. Und selbst wenn sie es zugelassen hätten, konnten die Missongs nicht riskieren, ihr Geheimnis mit einer fremden Person zu teilen. In der irrigen Annahme, in einer Nazi-Familie zwangsverpflichtet zu sein, leistete das Mädchen passiven Widerstand. Agnes: »Da wir vier Kinder waren in der Familie, hatten wir Anspruch auf eine Haushalthilfe … Die sabotierte die Arbeit, das heißt, sie räumte zum Beispiel den Ofen aus, heizte aber nicht ein, sondern legte sich vor den Ofen auf den Boden. Wir konnten ihr nicht sagen, dass wir auch Anti-Nazis waren. So mussten wir sie der Behörde zurückgeben.« Solche Konfliktsituationen waren tragisch.

Brief meines Vaters vom 3. Januar 1943: »Schutzhäftling Kogon Eugen Nr. 9093 Block 42. Meine geliebte, innigstgeliebte Rita. Mein heutiger Brief möchte nichts anderes sein als ein einziger glücklicher Segenswunsch für Dich und die lieben Drei: Kornelia, Alexius, Michael, zu diesem Neuen Jahre '43. Dazu inniger Dank für die Wärme und Kraft, mit der Ihr dauernd meine Liebe zu Euch erwidert. Die sichtbaren Zeichen dieser Güte erhielt ich regelmässig … Zu den Zeugnisfortschritten ebenso meine Anerkennung wie zu den guten, vorzüglich formulierten Ausstellungs- und Opernberichten. Ich werde ja ordentlich stolz auf meine Söhne (und die Tochter natürlich, das Töchterlein, die Holde!). Wenn Ihr Euch alle bei Mutti zuhause auch so bewährt – bravo! … Wie freue ich mich, *Euch [uns]* alle bald vereinigt zu wissen! *Wann ist denn Georgs Lehrzeit beendet [Wann wohl wird meine Gefangenschaft beendet sein]:* im Sommer, denke ich, oder erst im Herbst? … Und nun einen besonders guten Neujahrskuss Dir, Geliebte (beste, beste Rita!), Euch: Michael, Alex, Kornelchen, und viele Grüsse dem Freundeskreis! Eugen.« Stempel: »Postprüfer 2«, Initialen.

Am 2. Februar 1943, dem vierzigsten Geburtstag meines Vaters, kapitulierten bei Stalingrad die Reste einer deutschen Armee, die eingekesselt und großenteils vernichtet worden war. Das war die Kriegswende. Bei meinem Vater muss sie ein ungeheures Gefühl der Hoffnung ausgelöst haben. Ich hingegen nahm die Schlacht um Stalingrad nicht als Wendepunkt wahr. Sie wurde in den deutschen Heeresberichten natürlich auch nicht als solcher, sondern als »Heldenkampf« bezeichnet. Aber es entging mir nicht, dass meine in die russische Steppe gesteckten Nadeln von da an westwärts wanderten.

Brief meines Vaters vom 7. März 1943: »… Alex empfehle ich als nächste Stufe nach Karl May: Stevenson (bes. ›Die Schatzinsel‹), Jack London, Seton's Tiergeschichten, sowie die Brockhaus-Sammlung ›Reisen und Abenteuer‹. Dominik ist schlechter Jules-Verne-Ersatz und viel zu einseitig technisch, so wird das Leben nie sein. Da wäre mir für meinen klugen Michael gute Kolportage à la Dumas' ›Graf von Monte Christo‹ lieber, im übrigen Dickens, Scott, historische Romane, die Novellen von Hauff, Hoffmann, Kleist (Kohlhaas), Chamisso (Schlehmil), auch Rosegger, Paul Keller, Handel-Mazzetti, Hansjakob u. die Lebensbeschreibungen grosser Männer. Aus ihnen u. am lebendigen Beispiel seines Vaters muss u. wird mein Ältester, so sehr ich seine Unruhe u. Ungeduld verstehe, die nötige Zähigkeit des Willens, überlegenes Ausharren, tapferste Pflichttreue u. Charakter lernen. Ich verlasse mich heilig auf ihn – siehe den Brief, den ich im

Sommer an ihn geschrieben habe! – Nur an Dir, Allerliebste, kannst Du ermessen, wie sehr ich mich danach sehne, mit Euch gemeinsam zu leben, zu arbeiten, zu lesen (in die dramatische Literatur will ich meine Drei selber einführen, u. sie soll ihnen eine Welt des Wunders werden!), mit Euch in die Berge u. Wälder zu gehen, zu erzählen, zu spielen, zu lachen u. zu sorgen ... Das vorzeitige Frühlingswetter war schön, aber nicht günstig. Möge es der Stimme meines Singvögelchens für das Maikonzert nicht geschadet haben! In vieler, vieler Liebe umarme ich Euch, wie immer: innigst – ›Vati‹ u. Dein Eugen.« Stempel »Postzensur«, Initialen.

Brief meines Vaters vom 4. April 1943: »Schutzhäftling Kogon Eugen Nr. 9093 Block 42. Meine von ganzem Herzen geliebte Rita! Dein Brief v. 25. 3. traf gerade noch ein. Schreibe, bitte, einige Tage früher, ja? – Ich leide Deine u. der Kinder Bedrängnisse schrecklich mit. Daher schlage ich Dir heute eine radikale Änderung vor: Zieh' auf's Land, in den Wr. Wald oder in's Marchfeld! Die Buben sollen mit Schuljahrende das Studium unterbrechen – wie Hunderttausende in Europa; ich garantiere ihnen, bei Gott, trotz einer Pause von ein bis äusserstens zwei Jahren ein rechtzeitiges u. erstklassiges Abitur nach meiner Heimkehr! – Du selbst könntest einer Bäuerin den Haushalt führen, Michael u. Alex würden in der Wirtschaft helfen, Ihr wäret versorgt, untergebracht ... u. doch in der Nähe Wiens ... Erwäge alle Vorteile, u. wenn sie auch Dir die Nachteile zu überwiegen scheinen, dann fasse für Ende Juni-Anfang Juli, falls Du etwas Geeignetes findest, den Entschluss, ohne zu zögern ... Eventuell liessen sich später die Möbel irgendwo dort unterbringen. Überlege es, Liebste; es schiene mir beinah' das Beste zu sein ... Oh Gott, könnte ich Dir sagen, wie sehr ich Euch liebe! Innigst, allerinnigst: Eugen. Pflichtanmerkung: Wert-, Express- oder Einschreibepakete werden auch fernerhin nicht angenommen. Du weisst es ja.« Stempel »Postzensur«, Initialen.

Mein Vater in akuter Ermordungsgefahr

Am 18. April 1943 (mein Vater nannte später in einem Brief das Datum des 12. April) befahl die Gestapo, mein Vater solle als Jude nach Auschwitz verschickt werden. Damit sprach sie sein Todesurteil.

»In sämtlichen Arbeitskommandos befanden sich Lautsprecher. Wenn also vom sogenannten Turm, von den Kommandostellen der SS vor dem Lager etwas durchgerufen wurde, so wurde das in allen Kommandos gehört. Und es wurden ja nie die Namen genannt, sondern immer die Nummern gerufen. Im Frühjahr 1943 ... wurde nun plötzlich durch den Lautsprecher meine Nummer, 9093, aufgerufen, daß ich mich sofort im Revier, also im Häftlingskrankenbau zu melden hatte.«[51] »Ich kann aus eigener wiederholter Erfahrung sagen, daß es einem einen scharfen Stich ins Herz gab, wenn man so seine eigene Nummer plötzlich zu hören bekam.«[52]

»Statt nun von der Häftlingsschneiderei in den Krankenbau zu gehen, bewog ich meinen Freund Werner Hilpert, sich dorthin zu begeben, um mit dem stellvertretenden Kapo, einem Kommunisten, Otto Kipp, Fühlung aufzunehmen und festzustellen, was los sei, damit ich nicht etwa der SS in die Hände lief, weil ich ja nicht wissen konnte, ob im Häftlingskrankenbau ein SS-Mann auf mich wartete. So vorzugehen, konnte ich gerade noch riskieren, weil der Kapo der Schneiderei, der praktisch auf unserer Seite stand, sich einverstanden erklärte. Werner Hilpert begab sich also zu Otto Kipp, mit dem er Verbindung hatte, weil er ihm Unterricht in Französisch und, wenn ich mich recht erinnere, in Buchhaltung erteilte. Das war seine Beziehung, das gab ihm die Möglichkeit, mit diesem bedeutenden, einflußreichen Kommunisten der Häftlingsselbstverwaltung offen zu reden. – Nach einer sehr schwierigen Dreiviertelstunde kam Werner Hilpert in die Schneiderei zurück und sagte, in der Tat liege die Weisung vor, mich sofort auf Transportfähigkeit zu untersuchen, ich sei nach Auschwitz zur Liquidation zu bringen – praktisch hieß das: zur Vergasung.«[53]

»Wenn … man erfuhr, dass man auf Transport ging, wusste man schon, welche Bedeutung dieser Transport haben konnte oder hatte, je nachdem, um welches Lager es sich handelte. Im Fall von Auschwitz war es völlig klar, dass man dort liquidiert wurde. Ich war entschlossen, jede Gelegenheit zu benutzen, um davonzukommen, was ganz unwahrscheinlich war, weil man ja praktisch gefesselt wurde, aber man konnte nie ganz genau wissen. Ich dachte damals, dass es dann vielleicht möglich sein würde, irgendwo in eine Kirche oder in ein Pfarrhaus oder so etwas zu flüchten, um dort Hilfe zu finden. Es war aber ganz unwahrscheinlich, ich gab mich keinen Illusionen hin. Ich war daher entschlossen, bei der Ankunft, wenn ich vergast werden sollte – wenn ich erschossen werden sollte, an der sogenannten Schwarzen Wand von Auschwitz, konnte ich nichts dagegen machen –, nicht zu warten, bis ich langsam erstickte, sondern, weil ich den Vorgang kannte, sofort bewusst das Gas tief einzuatmen, um mir die Lungen zerreißen zu lassen und den Prozess dieser Todesart abzukürzen.«[54] »Es gibt immer wieder einmal einen Punkt, an dem man sagt: Warte einen Moment, überlege es dir – zum Beispiel in allerkritischesten Situationen. Sogar wo es ums Leben ging, habe ich immer versucht, wenigstens noch zwei, drei Minuten des souveränen Nachdenkens zu gewinnen, um nicht pur Objekt zu werden.«[55]

»Kurze Beratung. Werner Hilpert hatte schon mit Otto Kipp gesprochen, er möge alles für mich tun, und jetzt zeigte sich die Möglichkeit, über den Häftlingskrankenbau gerettet zu werden. Das war eine bedingte Möglichkeit. Was konnte man im Krankenbau tun? Man konnte jemanden krankschreiben – also erklären, daß er aus diesem oder jenem

Grund hohes Fieber habe, zum Beispiel akut Tbc-krank sei, oder eine Herzattacke habe – und dann genau das erreichen, was in der normalen Justiz auch galt. Das war eine der Kuriositäten des Lagers, daß die Normalität in diesen wilden Zuständen noch weiter funktionierte, auch bei der getreuen deutschen SS: daß sie nämlich sagten, ein Mann, der schwer krank ist, kann nicht transportiert, also auch nicht hingerichtet werden. An sich ist es lächerlich: Ein Mann, der auf den Tod krank ist, kann natürlich mit einer Spritze getötet oder erschossen werden. Was braucht man ihn nach Auschwitz zur Vergasung zu schicken, wozu der ganze Umweg? Aber hier lag eine Weisung vor, und wenn eine Weisung von der oberen Behörde vorlag, folgte man ihr blind. Es gab im Lager keine gesonderten Entscheidungen. Wenn man das wußte, konnte man es benutzen, um einen Aufschub zu erreichen – sofern die kommunistische Selbstverwaltung der Häftlinge dem zustimmte. Nun, Otto Kipp erklärte sich Werner Hilpert gegenüber im Prinzip einverstanden, es zu versuchen. Er war, wie ich schon sagte, der Stellvertreter des Kapos, ein mächtiger Mann. Der Kapo selbst, auch ein Kommunist, ... erklärte sich ebenfalls einverstanden. Ich wurde also innerhalb einer Stunde am späteren Nachmittag, kurz vor Arbeitsschluß, in den Häftlingskrankenbau gebracht. Otto Kipp sagte mir, ich sei ab sofort mit über 40 Grad Fieber hoch Tbc-krank.«[56]

»Dem zuständigen SS-Arzt Dr. Hoven ... wurde das gemeldet, er gab seine Unterschrift, und der Politischen Abteilung wurde meine Transportunfähigkeit mitgeteilt. (Das wiederholte sich noch einmal, weil die Politische Abteilung Aufschub jeweils nur für drei bis vier Wochen gewährte.) In solchen Fällen war Dr. Hoven ein Werkzeug der illegalen Lagerverwaltung.«[57] »In der darauffolgenden Nacht erstellten im Revier Freunde, vor allem ein guter Freund von mir, der überlebt hat, Ferdinand Römhild aus Frankfurt, ein großartiger Mensch, alle ärztlichen Unterlagen. Es wurden die Fieberkurven und alles, was dazugehörte, für mich fabriziert. Es gab also eine fertige Kollektion von Nachweisen dafür, daß ich schwerkrank war.

Währenddessen lief ich da herum, zuerst einen halben Tag, um herauszufinden, wo ich mich überhaupt aufhalten sollte. Dann sagte mir Otto Kipp, ich solle sehen, wo ich blieb. Das ist natürlich grotesk – ich muß es erklären. Ich konnte nicht im Häftlingskrankenbau bleiben, obgleich ich krankgeschrieben war, denn jeder Tbc-Kranke war in Gefahr, in jedem unkontrollierbaren Augenblick von den SS-Ärzten getötet zu werden. Die Zahl der Betten für Kranke war beschränkt. Von Zeit zu Zeit wurden alle Tbc-Kranken durch Spritzen getötet, um Platz zu schaffen. Man wußte nie, wann. Wenn ich also dadurch gerettet wurde, dass ich hoch Tbc-krank war und im Tbc-Krankensaal lag, konnte es mir passieren, daß ich zehn Minuten später tot war ... Nun konnte ich ja nicht in meinen Block 42 zurück, in dem ich mit den anderen wohnte ... Also wohin? Otto Kipp übernahm es nun für mich, mit der Abteilung für Pathologie zu sprechen. Die Pathologie war eine, ich möchte sagen, verselbständigte Abteilung des Häftlingskrankenbaus, die täglich alle Leichen zu sezieren hatte ... Die Häftlinge der Pathologie waren von der Teilnahme am Appell befreit. Die Katastrophe für jeden Häftling bestand ja darin, daß er täglich zweimal beim Appell erscheinen mußte. Dort wurde man abgezählt. Wenn einer fehlte – manchmal beruhte das auf einem Rechenfehler –, standen alle so lange am Appellplatz, bis der Betreffende gefunden war. Einmal standen wir sechsundsiebzig Stunden, ohne Essen und im Winter; wir hatten über siebzig Tote. War aber das Kommando, wie zum Beispiel der Häftlingskrankenbau oder die Pathologie, vom Appell befreit, dann meldete der Kapo: Pathologie-Bestand soundso viele Häftlinge, und dann war die Sache erledigt. Die Schreibstube setzte die Zahl ein, und es stimmte alles. Also war ich fürs erste praktisch dem Zugriff der Politischen Abteilung entzogen.

In der Pathologie befanden sich eine Reihe von Experten. Für die SS-Leute besonders interessante Präparate der im Lager Verstorbenen oder Getöteten wurden in Spiritus aufbewahrt. Ich saß, als ich mich dort befand, immer den Reihen dieser Gläser gegenüber. Eines der grausigsten Erlebnisse, die ich dabei hatte, war, daß einmal ein sehr guter Bekannter von mir gestorben war und ich es nicht wußte. Durch einen Zufall ergab es sich, daß der abgeschnittene Kopf dieses Bekannten am Morgen vom Sektionsraum her auf den Tisch mir gegenüber gekommen war.

Da war ich also fürs erste untergebracht ... Solange ich bei der Politischen Abteilung als schwerkrank gemeldet war, forderte sie mich zunächst nicht für den Abtransport an. Nach zwei oder drei bis äußerstens vier Wochen erfolgte dann eine Reklamation an den Krankenbau. Dann mußte gemeldet werden, daß der Betreffende noch immer nicht transportfähig oder aber transportfähig sei. Wenn transportfähig, ging er weg, wenn nicht, wurde ein SS-Arzt mit einer individuellen Untersuchung beauftragt, und das war dann in der Regel das Ende der Aktion. Die Möglichkeit einer Rettung im Revier bestand immer nur auf Zeit, bis eine dauerhafte Lösung gefunden war. Aber welche? Es gab praktisch keine.

Da wollte es die Fügung, der Zufall oder wie man das nennen will, daß das Hygiene-Institut der Waffen-SS ... gegründet wurde. Von Berlin war schon vorher der Auftrag gekommen, einen neuen Block zu bauen, wir wußten aber nicht, wofür. Das war dieser Block 50. Und nun wurde bekannt, daß das ein Block zur Herstellung von Fleckfieberimpfstoff für die kämpfende Truppe der Waffen-SS sein sollte, vom Berliner SS-Reichssicherheitshauptamt angeordnet und dem Sturmbannführer Dr. med. Ding-Schuler übertragen.

Otto Kipp und Ferdinand Römhild vom Revier sagten

mir, daß dieser Sturmbannführer, der zugleich der gefürchtete Chef von Block 46 war, in dem an Menschen die vielfach tödliche Wirkung von injiziertem lebendem Fleckfiebervirus erprobt wurde – das wußte jeder im Lager, der einigermaßen informiert war –, für diesen neuen Block in nächster Zeit einen Schreiber brauche. Wenn der Block fertig sei und bezogen werde, müsse jemand bei ihm Schreiber werden, weil er diktiere. Niemand wagte, sich freiwillig dafür zu melden. An sich waren die Positionen der Schreiber in den Konzentrationslagern sehr gesucht. Sie waren nicht zahlreich. Man mußte keine schwere Arbeit leisten und hatte eine Reihe von Vorzügen und Möglichkeiten. Diese Position aber war natürlich maßlos gefürchtet. Niemand fand sich bereit, aus eigenen Stücken dort Schreiber zu werden. Nun mußte man eine ganze Reihe von Qualifikationen mitbringen. Ding-Schuler war Mediziner, es handelte sich um Immunbiologie, man mußte also in medizinischen Dingen Bescheid wissen, um die Diktate aufnehmen zu können. Ich hatte keine Ahnung von Medizin oder Immunbiologie. Gleichwohl: Otto Kipp und Ferdinand Römhild im Häftlingskrankenbau sagten mir, das sei eine Chance. Wenn ich mich bei diesem Sturmbannführer als Schreiber melde, könne ich versuchen, zu erreichen, daß er mich rettete, indem er mich offiziell als unabkömmlich anforderte.

... Niemand meldete sich, und ich hatte keine Wahl. Also erklärte ich mich bereit, und eines Tages – es war der 6. Juni 1943 – kam in die Abteilung für Pathologie dieser berühmt-berüchtigte Sturmbannführer, vor dem die Häftlinge zitterten, soweit sie ihn überhaupt kannten – er war für sie eine mythische Figur. Er war mittelgroß, etwas kleiner als ich, mit einem runden Gesicht, freundlich, absolut das Gegenteil von dem, was man sich heute unter einem SS-Mann vorstellt, also nicht der magere, zackige, finstere Typus, sondern ein beinahe fröhlicher Mann – ich meine: dem Gesichtstypus nach, er sprach nicht viel –, sehr fesch, Mütze etwas schief – so kam er herein. Ich wurde ihm vom Kapo und von dem Schreiber der Pathologie, einem Münchner, Joseph Ackermann, präsentiert. Ich hatte, wie alle Pfleger des Reviers und alle Mitglieder der Abteilung für Pathologie, eine weiße Jacke an, darauf an der rechten Brustseite, ebenso wie am rechten Hosenbein, als politischer Gefangener den roten Winkel mit meiner Nummer 9093. Wir befanden uns in einem kleinen Abteil dieser Holzbaracke. Ich setzte mich an den Tisch, er legte seine Waffe ab, seine Mütze, und ohne ein Wort zu verlieren, begann er zu diktieren. Ich saß an dem Tisch und stenographierte. Er diktierte einen medizinischen Text, von dessen wesentlichem Inhalt ich absolut nichts verstand. Ich ließ mir dies nicht anmerken, sondern stenographierte das, was ich kapierte, und ließ alle immunbiologischen Fachausdrücke, die ich nicht einmal richtig schreiben konnte, weg. Das dauerte eineinhalb Stunden. Ohne ein weiteres Wort entfernte er sich.

Ich ging zu meinen Mithäftlingen in der Pathologie, den Biologen, Immunbiologen, Ärzten, las ihnen die Bruchstücke vor, die ich hatte, und sie ergänzten aus ihrem Wissen, was das sinnvollerweise heißen konnte. Sofort wurde beschlossen, mir alle notwendigen Unterlagen zu beschaffen, damit ich mich in die Materie einarbeiten konnte. In den nächsten Tagen wurden mir dann noch eigens aus der Universitätsbibliothek in Jena zusätzliche Fachbücher über Immunbiologie geholt, nur damit ich rasch hineinwuchs. Das konnten Häftlinge aus diesen Spezialabteilungen tun, wenn sie sagten, daß sie die Bücher für Forschungsaufgaben der SS brauchten. Im Lauf von zwei Jahren wurde ich ein beachtlicher Fachmann der Immunbiologie, so schwierig das in den ersten Tagen war.

Drei Tage lang kam Dr. Ding-Schuler jeweils am Nachmittag einige Stunden und diktierte, und ich schrieb, und es wurde immer besser. Er diktierte auch Privatbriefe. Ich erledigte das offensichtlich zur Zufriedenheit. Am vierten oder fünften Tag unterbrach er plötzlich das Diktat – er saß an diesem Tisch und ich an der Seite –, blickte auf und redete mich zum erstenmal an, und zwar per Sie, was ganz ungewöhnlich war. ›Was sind Sie eigentlich?‹ Worauf ich sagte: ›Wie meinen Sie das, Sturmbannführer?‹ Nun muß ich nochmals daran erinnern, daß er einer der allergefürchtetsten Leute im Lager war. Er brauchte ja nur, wenn er wollte, einen Häftling nach Block 46 mitzunehmen und ihm eine Injektion zu geben, und er war tot. Er tötete ja genug Leute. Er sagte: ›Na, was Sie politisch sind.‹ Da sah ich ihn an und sagte: ›… Das ist schwer zu erklären. Was den Menschen und seine Natur betrifft, bin ich konservativ, was die gesellschaftlichen Verhältnisse betrifft, ziemlich fortschrittlich, ich bin doch sehr links.‹ ›Kommunist?‹ ›Nein, ich bin Katholik.‹ ›Was heißt das? Ist das ein Widerspruch?‹ ›Ja, sehr, wenn man es ernstnimmt.‹ ›Nehmen Sie es ernst?‹ ›Sicher, ganz.‹ ›Aha. Schreiben Sie weiter.‹ Und dann setzte er das Diktat fort. Es geschah gar nichts. Und das war, wie ich in der späteren Entwicklung sah, mein eigentlicher Sieg. Das heißt, ich habe keine Mimikry gemacht, keine Flunkerei, nicht renommiert, war nicht devot, habe mich nicht unterworfen, habe ihm gerade, direkt ins Gesicht geantwortet.

Im Lauf der Zeit diktierte er mir dann mehr und mehr Privatsachen, auch solche, die seine Liebschaften betrafen. Er war verheiratet, in Weimar, und hatte zwei Kinder, zwei kleine Mädchen. Sein Schwiegervater war ebenfalls Arzt, in Leipzig. Etwa acht Tage später wurde der Block 50 eröffnet, und ich war sein Schreiber geworden. Er wußte noch nicht, in welcher besonderen Situation ich mich befand. Jeden Augenblick konnte die Weisung zum Transport nach Auschwitz kommen.

Die Eröffnung von Block 50 mit damals schätzungsweise

dreißig Häftlingen war für uns ein kurioser Akt. Erstens sprach er uns mit Sie an. Zweitens war seine erste Bemerkung ganz komisch: ›Meine Herren, betrachten Sie sich auf akademischem Boden.‹ Es hätte nicht viel gefehlt, dann hätten wir lachen müssen. Im Konzentrationslager Buchenwald unter diesen Verhältnissen, daneben das Kleine Lager mit den Tausenden von verelendenden, kaputtgehenden Franzosen und Polen und so weiter, und nebenan sagt einer: ›Betrachten Sie sich auf akademischem Boden.‹ Er sagte, daß wir eine außerordentliche Ehre erführen, hier für die Waffen-SS mitarbeiten zu dürfen, und daß wir Gelehrte und hochzuschätzende Mitarbeiter seien. Und dann kam eine ganze Serie von bösen Drohungen: ›Wenn wir es aber wagen sollten …‹[58]

Nach etwa vierzehn Tagen mußte ich ihm offenbaren, was mit mir war. Denn eines Tages würde mich die Politische Abteilung zum Abtransport nach Auschwitz anfordern. Also informierte ich ihn. Da war er aber schon so weit, daß er sagte: ›Na gut, dann schreiben Sie mal ein Telegramm an das Reichssicherheitshauptamt in Berlin.‹ Er diktierte, daß ich einer der wichtigsten Chemiker für die Produktion von Fleckfieberimpfstoff für die kämpfende Truppe der Waffen-SS sei und was weiß ich alles. Also eine ungeheure Lügnerei. Und die funktionierte. Am nächsten Tag kam das Telegramm: ›Liquidation Häftling 9093 bis siegreiches Kriegsende aufgeschoben.‹ Das war im Sommer 1943. Da hatte ich meine Chance; denn ich war ziemlich sicher, daß die Siege auf unserer Seite sein würden.«[59]

»Zwei Monate später gab es kein Ereignis im politischen Leben und an der Front mehr, bei dem er mich nicht um meine Ansicht gefragt hätte. Ich machte ihm Zug um Zug immer klarer, daß Deutschland diesen Krieg verlieren, daß der Nationalsozialismus zugrundegehen müsse und daß er selbst, der Verantwortliche für Block 46, einen Prozeß bekommen werde, bei dem er sich seine Lage nur dadurch verbessern könne, daß er schon jetzt so viel wie möglich für die Häftlinge leiste. Er saß an manchen Abenden bis elf und zwölf Uhr in seinem Zimmer und unterhielt sich mit mir, ließ sich beraten, hörte dem zu, was ich ihm von einer anderen, von unserer Welt des Geistes, der Sittlichkeit, der Humanität und der menschlichen Größe erzählte … In der Tat hat Ding-Schuler dann sehr viel Positives für uns getan oder zumindest zugelassen. Wenn ich auf irgend etwas aus meiner KL-Zeit stolz bin, so auf die Leistung, diese überaus schwierige Stellung, die niemand anzunehmen gewagt hatte, bewältigt und meinen sehr großen Einfluß nicht ein einziges Mal zuungunsten eines Kameraden, selbst wenn ich in erbitterter Feindschaft mit ihm lebte, sondern immer nur zum Vorteil Gefährdeter oder für die Gemeinschaft von Block 50 oder die Lagergesamtheit ausgenützt zu haben.«[60]

»Anfangs gab es mit den Polen und den Franzosen eine lange Sabotage-Debatte, denn sie wollten partout einen schädlichen Impfstoff herstellen, um die SS kaputtzurichten. Ganz schön mutig, zum Teil aber auch ein schrecklicher Leichtsinn … In der Erstbesprechung mit meinen Mitgefangenen … vertrat ich den Standpunkt, dass wir kein Recht hätten, selbst SS-Leute an der Front auf so heimtückische Weise zu töten. Ich bin heute nicht ganz sicher, ob mein Standpunkt der richtige war. Ich sage nur, ich habe ihn vertreten. Was wir äußerstens tun dürften, sei, etwas herzustellen, was nicht viel wert sei. Aber wir dürften nichts herstellen, was effektiv töte oder elementar schade.«[61]

Mit seiner Angabe, erstmals am 6. Juni 1943 ein Diktat von Dr. Ding-Schuler aufgenommen zu haben, muss mein Vater sich um einen Monat geirrt haben. Aus einem Brief vom 9. Mai 1943 geht hervor, dass er bereits an jenem Datum Schreiber bei Ding-Schuler war.

Brief vom 6. Juni 1943 nach Wien: »Schutzhäftling Kogon Eugen Nr. 9093 Block 42. Von Herzen Geliebte – Lass' Dich durch den schweren Gang der Ereignisse, im Grossen wie im Kleinen, nicht niederdrücken, Rita! Deine Spannkraft lässt nach, ich verstehe Dich ja so gut, Liebste ... Haltet aus, Du u. die Kinder – in unserer gläubigen Hoffnung und getreuen Liebe! Sind wir einander nicht alles? – Wie gut seid Ihr in Euerer Fürsorge für mein leibliches Wohl. Nur entbehrt Ihr zu viel. Marmelade z. B. kann Euch ja nicht bleiben u. sicher nur das halbe Fett. Wie wäre es stattdessen mit Suppenwürfeln u. dgl. (siehe letzten Brief!)? ... Euch, Geliebte, sende ich innigste Küsse u. Umarmungen – Dir, meine allerbeste Rita, Dir, Michael, den ich bitte, an mich u. den Brief zu denken, den ich Dir vergangenen Sommer geschrieben habe (ich vergesse Dich nicht, Michael, nie, ich verstehe Dich u. bitte Dich doch, zu tun, was Du kannst, um auch allein der Schwierigkeiten so lange Herr zu werden, bis ich komme u. Dir helfen, wirklich, als Dein Vater u. Freund Dir helfen kann!); Dir Alex, der sich wacker, u. so fröhlich es geht, auch durch die letzte Zeit unserer Trennung schlagen wird u. tapfer alle Mühen u. Beschwerden trägt, eine rechte Stütze der Mutter, bis ich Dich eines Tages dankbar in die Arme schliessen werde, und Dir, meine Kornelia, die mir immer so viel Freude gemacht hat, u. auf deren mir so liebes Gesichtchen ich sehnlichst warte, um es mit liebenden Händen zu umfassen u. zu küssen. In guter, treuer Liebe: Euer Vater.« Stempel »Postzensur Block 3«, Initialen.

Brief meines Vaters vom 4. Juli 1943. »Schutzhäftling Kogon Eugen Nr. 9093 Block 42. Meine Rita! – Deinen gestrigen Geburtstag habe ich in wehmutsvollem Gedenken mit Dir u. doch gegen Abend wieder in vertrauensvoller Hoffnung auf unsere Zukunft verbracht ... Leider habe ich weniger und weniger das Gefühl, meinerseits zu wissen, was unsere Drei: Michael, Alex u. Kornelia, werden, darstellen und können! Schon bekomme ich wieder Angst, die Trennungskluft könnte mit zunehmender Zeit allzu groß und schließlich unkorrigierbar werden. Warum schreiben sie mir nicht? ...« Stempel »Postzensur Block 37«, Initialen.

Die »Trennungskluft«, von der mein Vater sprach, machte deutlich, welche Angst seine Isolierung in ihm bewirkte. Diese Kluft hatte zwei Seiten. Die eine war die äußere Trennung. Sie musste, so real sie war, nicht unbedingt zu dauerhafter innerer Trennung führen. Die andere Seite war, dass die sieben Jahre der äußeren Trennung auf entscheidende Jahre meiner Adoleszenz entfielen und dass mein Vater sie mit Briefen zu beeinflussen trachtete, die meist weit an meiner Seelenlage vorbeizielten. Seine Belehrungen, Verheißungen, Versprechungen, Warnungen, Drohungen weckten in mir im Wesentlichen bloß Unbehagen. So verlief die Entwicklung meiner Persönlichkeit weitgehend ohne ihn. Das mir von meiner Mutter vermittelte Gefühl des Getragenseins in relativer Freiheit prägte mich weit mehr als die briefliche, mehrheitlich bedrückende Pädagogik meines Vaters. Dies war die eigentliche Entfremdung, und sie erwies sich in der Tat als unumkehrbar. Nach der Wiedervereinigung unserer Familie zwei Jahre später ging ich burschikos, ironisch, freundschaftlich mit meinem Vater um, aber nicht herzlich. Ich war ihm nicht mehr nahe.

Sicherlich war meiner Mutter bewusst, dass mein Vater sich in akuter Todesgefahr befunden hatte und immer noch sehr gefährdet war. Er hatte es ihr in groben Zügen verschlüsselt mitgeteilt, und bald bat er sie um eine Reihe schwieriger und außerordentlich zeitraubender Behördengänge, um seine neue Position als aus kriegswichtigen Gründen von der Vergasung zurückgestellter »Volljude« zu konsolidieren. Umso größer muss ihre Erleichterung gewesen sein, als schließlich auch diese Gefahr für einige Zeit vorüber zu sein schien. Eine Ermordung ihres Mannes wäre für sie mehr als schrecklich gewesen. Alles, was sie auf sich nahm, geschah ja in der Gewissheit, dafür bald durch ein neues gemeinsames Leben mit einem sie innig liebenden Menschen entschädigt zu werden. Sie wusste noch nicht, dass dieser Traum sich für sie so nicht erfüllen würde. Alle seine aus der Isolierung des Gefangenen heraus geschriebenen Liebesbeteurungen und Beschwörungen einer glücklichen Zukunft sollten sich als Projektion und Kompensation augenblicklicher Bedrängnis erweisen.

Hatte meine Mutter in jenen sieben Jahren der Gefangenschaft meines Vaters jemals gegen ihn ungute Gefühle gehabt? Ich denke schon. Sie war bereit und entschlossen, alles für ihn zu tun. Sie unterstützte ihn moralisch und materiell mit all ihren Kräften. Doch ihre seelische, zeitliche und materielle Belastung war riesig. Sie trug sie gerne und war ihretwegen nie verzweifelt. Von ihrer Dauerüberlastung schrieb sie ihm selten, und wenn, dann in der – nun ihrerseits psychologisch verschlüsselten – Form, dass sie sich bei ihm über die Schwierigkeiten beklagte, die ihre Kinder ihr bereiteten. Aus solchem Anlass erhielten seine zwei Söhne von ihm wieder einen mahnenden, warnenden, drohenden, traurigen Brief, in dem er alles forderte, was er selbst nicht mehr leisten konnte, und meine Mutter erforderlichenfalls mit einer strengen Erziehungsmaßnahme beauftragte.

An den Fronten wendete sich 1943 das Kriegsglück zunehmend von Deutschland ab. Das noch unter Hitlers Herrschaft stehende Gebiet, sein berühmt-berüchtigter »Lebensraum« des deutschen Volkes, schrumpfte zusehends. Am 13. Mai kapitulierten die deutschen und italienischen Verbände in Afrika. Im Mai brach der deutsche Unterseebootkrieg zusammen. Ab 24. Mai torpedierte kein deutsches Unterseeboot mehr einen Geleitzug auf dem Atlantik. Im Juni setzten die ersten schweren alliierten Luftangriffe auf deutsche Städte ein. Im Sommer ging mit der Schlacht bei Kursk die Angriffsinitiative an die Sowjetunion über. Die Alliierten landeten in Sizilien und anschließend auf dem italienischen Festland. Das faschistische Regime in Italien wurde gestürzt. Die neue italienische Regierung schloss einen Waffenstillstand mit den Alliierten. Deutschland setzte in dem noch nicht von den Alliierten eroberten Teil Italiens eine Marionettenregierung unter Mussolini ein. Auf meiner Europakarte wanderten die Stecknadeln von allen Seiten immer rascher in Richtung Deutschland.

Brief meines Vaters vom 25. Juli 1943: »Schutzhäftling Kogon Eugen Nr. 9093 Block 42. Meine herzlichst geliebte Rita! ... Links von meinem Schreibtisch stehen Rosen, u. ich denke an unseren Hochzeitstag. Vaucluse, 4. August 1934. Wo werden wir den nächsten feiern? Auf einer Alm? Wenn wir einmal 60 Jahre alt sind, sehen wir alle unsere Briefe durch: von Florenz bis jetzt! Sind wir nicht glücklich, uns zu lieben? – Nun noch einiges zum *Delogierungsprozess [Abschiebungsbefehl]:* Da *Karl seinen [die Gestapo ihren]* am 18. April erlassenen *Räum[Abschieb]*ungsbefehl am 13. Mai u. 7. Juli erneuert hat, kannst Du vorläufig immer nur mit Aufschüben rechnen. *Roberts [Mein]* Krankheitsattest ist ja bis auf weiteres eine gute Grundlage gegenüber der *Durchführungsbehörde [Gestapo].* Aber ewig geht es so nicht. Infolgedessen muss im August eine grundsätzliche Ausserkraftsetzung des *Delogier[Abschieb]*ungsbefehls versucht werden. Das kann wohl *Roberts Arzt [Ding-Schuler]* erreichen ... Dich u. die Kinder umarme ich von ganzem Herzen, lang u. innig: Eugen.« Stempel »Postprüfer 2«, Initialen.

Von großer Hilfe war meinem Vater in all seinen Nöten ein gewisser SS-Unterscharführer August Feld. Über ihn berichtete mein Vater später: »Kein Wunder, daß viele unter Lebensgefahr immer wieder versucht haben, illegal Post aus dem Lager zu schmuggeln. Wenn es nicht über Kapos möglich war, die in Außenkommandos arbeiteten und eine gewisse Bewegungsfreiheit besaßen, so mußte man versuchen, mit einem Kameraden in Verbindung zu kommen, der einen SS-Mann bestochen hatte. Von Buchenwald ist nur der Fall eines einzigen SS-Angehörigen bekannt, der ohne jede Gegenleistung, aus reiner Menschlichkeit bereit war, alle Gefahren eines solchen Unternehmens auf sich zu nehmen, und der auf diesem Gebiet für eine große Zahl von Kameraden Außerordentliches geleistet hat (er war auch sonst nicht nur in jeder Beziehung einwandfrei, sondern zeigte stets die allergrößte Hilfsbereitschaft); es war der nicht zum KL gehörige, einem Buchenwalder Sonderunternehmen als Kurier zugeteilte SS-Unterscharführer August Feld aus Lummerschied bei Saarbrücken. Er hat in den letzten Tagen des Lagers Buchenwald sein Leben für uns riskiert.«[62]

Brief meines Vaters vom 1. August 1943: »Schutzhäftling Kogon Eugen Nr. 9093 Block 42. Herzlichst geliebte Rita: … Schreibe mir, bitte, wo Michael (auch Alexius?) zum Erntehilfsdienst hinkommt. Es tut mir so leid, dass Ihr auch dieses Jahr nicht wenigstens ein paar Erholungstage habt! Für die Zeugnisse den Kindern meine Anerkennung – unter den Umständen halte ich von der ganzen Lernerei u. ihren Ergebnissen nicht viel … Meinst Du nicht auch, dass noch mancher Traum unseres persönlichsten Lebens in Erfüllung gehen wird? Ich bin sicher. Vielleicht alle – hoffentlich alle! – In immer gleicher, herzlicher Liebe viele Küsse u. innige Umarmungen Dir und den Kindern. Eugen.« Stempel »Postprüfer 2«, Initialen.

Am 10. Juli 1943 waren alliierte Verbände auf Sizilien gelandet. Am 25. Juli war Mussolini auf Befehl des italienischen Königs verhaftet und abgesetzt worden. Italien führte den Krieg aber zunächst noch weiter. Erst nach der Landung der Alliierten auf dem italienischen Festland am 3. September schied Italien am 8. September durch einen Waffenstillstand aus dem Krieg aus. Daraufhin besetzten die Deutschen am 10. September Rom.

Auf einer Postkarte vom 29. August 1943 nannte mein Vater zum ersten Mal als neue Absender-Adresse »Block 50«.

Er war also definitiv in die Arbeitsgruppe von Ding-Schuler aufgenommen und damit sehr wahrscheinlich definitiv gerettet – vorausgesetzt, Deutschland würde den Krieg verlieren.

Brief meines Vaters vom 5. September 1943. »Schutzhäftling Kogon Eugen Nr. 9093 Block 42 … Ach, was habe ich in diesen Jahren nicht alles versäumen müssen – bei Dir, bei Cornelia, Alexius, Michael! Rundum wird die Welt verändert sein, wenn ich heimkomme. Aber die Liebe, die ist in der Trennungszeit gewachsen, u. sie wird uns helfen, die Dinge, die Gefühle, die Gewohnheiten u. die Verhältnisse zu einem guten Ende u. zu einem harmonischen Neubeginn zu führen … Die Zeit für *Elisabeths Ankunft [den Sieg der Alliierten]* rückt allmählich näher. Ich denke an die Weisheit unseres Nestroy: ›Von Paris bis St. Pölten geht's, aber dann ziagt sich der Weg.‹ Erinnerst Du Dich an unsere zehnstündige Wanderung von Pfronten-Ried nach Isny u. zurück? Endlos. Und trübste Stimmung erwartete uns nach herrlichem Erlebnis. Diesmal: endlos ebenfalls, aber nach trüben Erlebnissen herrlichste Erwartungen der Heimkehr! In Liebe: Eugen.« Kein Zensurstempel!

Postkarte meines Vaters vom 6. September 1943. »Abs. Kogon Eugen 9093/50, Weimar-Buchenwald (Thür.). Lieber Murxl: … Hoffentlich ist der Schulanfang, von dem Du mir schreibst, gut vorübergegangen. In welcher Klasse ist denn nun Michael eigentlich; in der 5. schon? Ach, sie schreiben mir so wenig, dass ich ganz den Zusammenhang verliere und mir gar kein Bild mehr machen kann, was sie eigentlich tun und treiben, in welchem Bildungsstadium sie sich befinden, wie sie sich geistig entwickeln; aus kleinen Schilderungen, Berichten, Bemerkungen über Schule, Haus, tägliches Leben, Lektüre, Spaziergänge, Museums-, Kinobesuch könnte ich so viel entnehmen! Möge Gott verhüten, dass sie eines Tages in die Lage kommen, ihrem Vater nichts mehr schreiben zu können, auch wenn sie es dann, mit bitterer Reue, aber unwiderruflich zu spät, noch so gerne möchten! ... Recht, recht herzliche Grüsse u. Umarmungen, Rita: Dein Eugen.« Stempel »Postprüfer«, Initialen.

Auch die KZ-Zensoren trugen eine Nummer, hockten in einer Baracke. Tagein, tagaus kontrollierten sie Briefe auf gefährliche, gefährdende Inhalte. Da drohte ein Vater seinen Söhnen, sie würden es noch bitter bereuen, dass sie ihm nicht oft genug geschrieben hatten. Abertausende Familiengeschichten, Bezüge zu Personen, Begebenheiten, Zuständen, Erinnerungen, die der Zensor nicht kannte, die ihm nichts bedeuteten, die er nicht einordnen konnte. Aus diesem Verwirrenden sollte er Staatsgefährdendes ausfiltern, ahnend, vermutend, wissend, dass gerade das Verwirrende, Unübersichtliche, Unverständliche, Nichteinordenbare ideale Verstecke für Staatsgefährdendes bot. Das war ihm klar, und dennoch konnte er das Subversive nicht finden. Frustrierend. Sollte er deshalb besonders hart zensieren? Sollte er zur Sicherheit mehr Wörter, Zeilen, Absätze unkenntlich machen, als wahrscheinlich geboten war? Aber welche? Jedes zweite Wort, jede zweite Zeile, jeden zweiten Absatz – automatisch? Damit hätte er sich blamiert. Vieles war ihm ja nicht nur wegen der persönlichen Bezüge, sondern auch deshalb unverständlich, weil es wissenschaftliches und kulturelles Wissen voraussetzte, das er vermutlich nicht besaß. Sollte er das Risiko eingehen, einen Satz nur deshalb unkenntlich zu machen, weil er ihn aus bloßem Mangel an Bildung für politisch gefährlich hielt? In solcher Zwickmühle mochte er dazu geneigt haben, lieber etwas durchgehen zu lassen, als sich zu blamieren. Das war die Chance der Gefangenen. Wie sollte ihr bedauernswerter Zensor unterscheiden können, ob »Renzo« ein harmloser Italiener oder das Land Mussolinis bedeutete, »Georg« einen Verwandten oder aber Eugen Kogon, »Michailowsky« einen Mann dieses Namens oder die Sowjetunion, »Karl« den Schwager oder die Gestapo? Solche kinderleichten Methoden der Verschlüsselung führten das ganze Zensursystem ad absurdum. Und dennoch meinten die KZ-Schergen, nicht darauf verzichten zu können. Was für ein Triumph für die Gefangenen, auf so einfache Weise die Zensoren hinters Licht zu führen! Auch die Empfänger hatten mit der Entschlüsselung keine Mühe. Sobald in einem Brief ein Name vorkam, den sie nicht kannten oder der in keinen familiären Zusammenhang passte, wussten sie: aha, Verschlüsselung. Arme Zensoren. Absender wie Empfänger waren ihnen himmelhoch überlegen. Und das konnten die Zensoren sich auch denken. Tagein, tagaus kämpften sie in ihren Baracken gegen ein Phantom, von dem sie wussten, dass es existierte, das sie jedoch nur ganz selten an einem Zipfel zu fassen kriegten.

Am 12. September 1943 führten die Deutschen noch einmal ein kleines Husarenstück vor. Es nützte ihnen aber nichts mehr. Ausgerechnet ein Österreicher, dazu mit slawischem Namen, Hauptmann Otto Skorzeny, befreite mit einem Trupp Fallschirmspringer den gefangenen Mussolini aus einem Abruzzen-Hotel. Mussolini wurde nach Wien geflogen und übernachtete dort. Kurz danach trat er an die Spitze einer von ihm für Norditalien ausgerufenen »Faschistischen Republik Italien«. Die hatte aber keinen langen Bestand. Die Alliierten kämpften sich immer weiter nach Italiens Norden vor. Und auch an der Ostfront sah es für Hitler nicht besser aus. Anfang 1944 drangen sowjetische Truppen erstmals über die ursprünglichen Grenzen der Sowjetunion hinaus nach dem ehemaligen Polen und nach Rumänien vor. Am 8. April erreichten sie die ehemalige tschechoslowakische Grenze.

Mein Vater möchte leben, sein Sohn sterben

Am 29. September, meinem Namenstag, schrieb mir mein Vater einen langen persönlichen Brief – zum ersten Mal nicht auf dem offiziellen KZ-Vordruckpapier.

»Mein Michael! Es ist nun über ein Jahr her, dass ich meinen ersten Brief als Vater an Dich gerichtet habe … Mein Brief von damals steht mir lebendig vor dem Gedächtnis; ich könnte ihn beinah' wörtlich, Satz für Satz, wiederholen. Aber ich wäre schon zufrieden, wenn Du Dir wenigstens seinen Hauptinhalt gemerkt hättest! Damals schrieb ich: ›Halte die Fahne hoch! Ich verlasse mich auf Dich!‹ … Heute, Michael, frage ich Dich: Hältst Du sie hoch? Kann ich mich auf Dich verlassen? – Ich verstehe die schrecklichen Umstände, in denen Du – wie unsere gute Mutti und teilweise Deine Geschwister – leben musst, wahrhaftig ganz und gar. Ich, Dein Vater, von dem Du doch Deine Empfindsamkeit und Deine Begabung hast, ich, der ich doch wahrlich Schlimmeres kenne und durchgemacht habe, sollte Dich nicht verstehen? Ich begreife von ganzem Herzen, Michael, die Unruhe, ja die Verbitterung, die Dich manchmal, wie Mutter mir mitfühlend schreibt, packt und hinaustreibt. – Aber gerade in diesem Abschnitt Deiner Entwicklung sage ich Dir, noch einmal und mit aller Festigkeit: Halte die Fahne hoch! Lass' nicht zu, dass Dein Vater sich eines Tages, bei seiner Heimkehr, sagen muss: ich habe mich in meinem ältesten Sohn, meinem geliebten Michael, getäuscht! Sei stärker als die Verhältnisse! Gott schickt sie, damit zeitig ein Mann aus Dir wird, der zu Großem berufen werden kann. Wie willst Du einmal anderen helfen, wenn Du selbst unter dem ersten Ansturm eines drückenden Alltags zerbrichst? – Hier mein Rat und meine Bitte: Bezwinge täglich wenigstens einmal Deine Ungeduld und den Drang, die Beherrschung zu verlieren! Schreibe Dir täglich am Abend auf, wie oft es Dir gelungen ist und wie oft nicht. Lass' nicht locker und ärgere Dich nicht über die eigene Schwäche, die Du dann sehen wirst – in vier Wochen schon wirst Du die ersten Erfolge haben! Ein Gefühl der Sicherheit, überlegener Freude, das Gefühl des Siegers wird Dich erfassen, und statt Dich über die Enge und Grässlichkeit des Alltäglichen und Allzumenschlichen zu ärgern, wirst Du sie in einem gewissen Maße sogar begrüßen, weil sie Dir Gelegenheit gibt, zu beweisen, dass Du seelisch ihr Herr, nicht ihr Knecht bist! – Ich bete für Dich, mein Sohn, dass Gott und Dein Engel Dir helfen möge. Lass' mich nicht umsonst bitten! Voll väterlicher Liebe und Erwartung schliesse ich Dich in meine Arme, Michael, und küsse Dich herzlich: Dein Vater.« Stempel »Postprüfer 6«, Initialen.

Mit einem tiefen, warmen, ehrlichen, herzlichen Gefühl totalen Unverständnisses ermahnte mich mein Vater, etwas nicht zu fühlen, was mein ganzes Dasein beherrschte. So gut er es auch meinte: Es ging weit am Befinden meiner Seele vorbei. Unabhängig vom Brief meines Vaters fühlte ich mich verzweifelt alleingelassen. Hätte ich die Existenzphilosophie Jean-Paul Sartres gekannt, hätte ich gesagt: Als wäre ich Sartres Sohn, beschreibt er, wie ich mich fühle. Ich fühlte mich in diese Welt geworfen, völlig allein, ohne in meinem Dasein einen Sinn zu entdecken. Unsere Familie zerstört, meine anerzogenen religiösen Überzeugungen dahin. Halbwüchsig und mitten in der Pubertät, hatte ich nicht die Kraft, mich im Nichts zu bewähren. Ich war nicht tapfer. Ich war verzweifelt.

Meine frühen sexuellen Gefühle hatte eine ältliche Dame ins Zwielicht gezogen. Mit einem mir bereits bekannten Blick theoretischen Wohlwollens, vermischt mit ernstester konkreter Sorge, hatte Emmy Gehrig mir ein Buch zur geflissentlichen Lektüre überreicht. Sie war eine lebenspralle, füllige Frau, im Gegensatz zu ihrer hageren, gebeugten, naiveren, frömmer wirkenden Schwester Betty. Emmy hatte eine kräftige Stimme, von der sie viel regeren Gebrauch machte als ihre Schwester von der ihren. Ihr zu widersprechen war fast unmöglich. Doch war sie nicht herrschsüchtig. Sie war einfach eine dominierende Persönlichkeit. Beide Schwestern waren sehr kirchentreu katholisch. Die im k. u. k. Stil altmodische Einrichtung ihres Hauses war ein Indiz, dass sie den Führer des noch immer Großdeutschen Reiches gerne, zumindest für Österreich, durch ihren guten alten Kaiser Karl I. ersetzt hätten.

Den Inhalt jenes Buches hatte ich, ohne eine Zeile gelesen zu haben, bereits aus Tante Emmys Blick erahnen können. Ich wusste sofort, dass mir da nichts Gutes verheißen wurde. Unwiderlegbar wurde mir nachgewiesen, dass ich, wenn ich bestimmte Teile meines Körpers liebevoll berührte, an einer ausweglos tödlichen Krankheit grausam dahinsiechen werde. Seite um Seite verschlang ich in anschwellendem Entsetzen. Ich war ein Todeskandidat, mehr als mein Vater, und auch noch selbst schuld. Der Verfasser beschrieb die tödliche Krankheit nicht näher. Ich wusste nicht, welche Leiden mich erwarteten. Auf die Idee, zwecks sofortiger Gesundung die auf Enthaltsamkeit zielenden Ratschläge des Verfassers zu befolgen, kam ich nicht. Ich wollte mein Sterben vollenden, im Wienerwald. Ich stolperte die Höhenstraße hinauf. Fußgänger durften sie nicht benutzen. Umso besser. Vielleicht würde mich ein Auto erfassen. Es nieselte. Die kleinen Granitpflastersteine waren rutschig. Umso besser. Vielleicht würde ich mir im Sturz eine tödliche Kopfwunde zuziehen. Hunderte von Arbeitern hatten diese Steine in Handarbeit verlegt, in der Zeit der Massenarbeitslosigkeit. Sie hatten das auf sich genommen, um existieren zu können. Nun benützte ich ihr Werk, weil ich nicht weiter existieren wollte. Wie mühselig es gewesen sein musste, dieses Kleinsteinpflaster zu legen. Und wie mühselig es war zu sterben. Meine Vorstellung, es würde von alleine geschehen, war illusorisch. Das von Emmy Gehrig vermittelte Schicksal hatte mich jedoch fest im Griff. Es ging nur noch um die Vollendung. Irgendwo würde der Wienerwald den Todkranken in einem plötzlich sich auftuenden Abgrund entsorgen, einer wütenden Wildschweinmutter oder einem Blitzschlag überlassen. Ohne dass ich es beabsichtigt hatte, stand ich unter meiner Gewitterregenbuche. Hier würde es geschehen. Kinder, so hatte ich gelesen, verstehen das Raunen der Bäume. Ich hörte kein Raunen. Die Blätter raschelten nicht einmal. Ich stand lange an den Baum gelehnt. Mich fröstelte. Möge der Baum doch wenigstens einen seiner laubschweren Äste auf mich herabfallen lassen! Es wäre ja doch bloß wieder eine dieser Geschichten aus dem Wienerwald gewesen. Auch deren Verfasser, Ödön von Horvath, war von einem im Gewittersturm herabstürzenden Ast erschlagen worden. Ich richtete mein Gesicht nach oben. Ein vereinzelter Tropfen klatschte mir auf die Stirn. Mehr brachte der Baum nicht zustande. Sehr spät, sehr müde, sehr beschämt stand ich abends in unserem Zimmer.

Was meine Mutter von mir wahrnahm, bewirkte bei ihr bloß Sorge und Irritation. Sie brauchte Unterstützung, nicht Belastung. So berichtete sie meinem Vater – vermute ich –, ich sei unruhig und neige zu Ausbrüchen.

Soll er doch die Fahne hochhalten, der Bub. Mein Vater meinte es so ernst und so gut. Mir aber kam bloß das Lied in den Sinn, das wir an einem Kameradschaftsabend gesungen hatten: »Unsre Fahne flattert uns voran ...« Eigentlich war alles egal. Ich hatte nicht einmal die Kraft, meinem Vater für seinen Brief danken zu wollen. Wenigstens insofern tat mir meine Kraftlosigkeit wohl. Ich kroch in mein Bett. Ach, fast vergessen: Hände weg!

Mein angelernter katholischer Glaube verflüchtigt sich

Viele Kinder glauben an das Christkind anders als an Gott, obwohl beide *eine* Person sind. Das Christkind ist für sie eher ein Zauberwesen aus dem Märchenbuch. Ich erlebte einmal einen vierjährigen Jungen, der an einem weißflockig-dämmerigen Spätnachmittag des 24. Dezember vor dem Fenster das glitzernde Christkind vorbeifliegen sah. Wie lange mochte es gedauert haben, bis er merkte, dass er einem Fantasieprodukt der Erwachsenen aufgesessen war? Kinder, mit all ihrer Einbildungskraft, sind Realisten. Wenn sich die Funktion des Christkindes als Ursprung von Geschenken und Kerzenschimmer verliert, verflüchtigt es sich auch selbst. Nur wenige Erwachsene können auf den Tag genau angeben, wann sie gemerkt haben, dass es das Christkind in der Form, wie es ihnen gesagt wurde, nicht gibt. Die anderen haben den Zeitpunkt vergessen – wie ihre schleichende Enttäuschung.

Ich bemerkte die Verflüchtigung meines Katechismusglaubens eher zufällig und nebenher. Sie zog sich über Jahre hin. Trotz meiner Erfahrung als Sohn eines Gefangenen, als Weggeschickter und als einsamer Junge in einem Kloster teilte ich nicht die Irritation vieler Menschen, die fragen, »wie Gott dies alles zulassen« könne. Stendhal sagte, die einzige Entschuldigung für Gott sei, dass er nicht existiert. Odo Marquard fragte, ob man angesichts eines geradezu diabolischen Ausbruchs des Bösen Gott nicht zu seiner größeren Ehre leugnen müsse.[63] So dachte ich nicht. Ich warf den Gefolgsleuten Christi nicht vor, dass sie »Ketzer« und »Hexen« verbrannt hatten und als Kreuzfahrer mordend und brennend über andere Völker hergefallen waren. Was in mir geschah, hatte nichts mit Protest und Kritik zu tun. Es geschah einfach. Ein Ausgangspunkt könnte ausgerechnet die Langeweile der Andachten gewesen sein. Litaneien als sinnfälliger Ausdruck der Ewigkeit. Wenn, so sagt man, ein Spatz jedes Jahr einmal seinen Schnabel am Matterhorn wetzt, ist, sobald der Berg (4478 Meter hoch) flach gewetzt ist, eine Sekunde der Ewigkeit um. Je mehr die äußere Welt zur Ruhe kommt, desto lauter beginnt die innere zu fragen, zu prüfen, zu sinnen, zu fantasieren.

Als kalt erschien mir ein Credo ohne das Wort »Liebe«. Als feudalistisch erschien mir ein Gott, der als Herr, Lord, Seigneur, Signore, Dominus aus Uraltadel auf seinem Richtstuhl thronte. Als Märchengebilde erschienen mir Engel, Schutzengel, Erzengel, Cherubim, Seraphim mit zwei oder vier Flügeln fürs Fliegen im luftleeren Weltenraum. Als herzlos erschien mir ein Gott, der Mäuse und Flöhe erschaffen hatte, ohne sich um sie zu kümmern. Als erdrückend erschien mir Gott der Große. Als Werkzeug eines Spionagedienstes erschien mir das dreieckige Zyklopenauge, das mich ausspionierte. Als heidnischen Vorstellungen entspringend erschien mir ein Gott, der seinen Sohn von einer Jungfrau zur Welt bringen ließ. Als gottlos erschien mir ein Gott, der seinen Sohn einem Foltertod auslieferte, um dadurch Milliarden von Menschen von einer Sünde zu befreien, die sie nicht begangen hatten. Als teuflisch erschien mir ein Gott, der mich in Versuchung führen wollte und den ich im heiligsten aller Gebete zu bitten hatte, dies zu unterlassen. Als unmenschlich erschien mir ein Gott, der über mich zu Gericht sitzen und als oberste Instanz mich vielleicht zu ewiger Verdammnis verurteilen würde, ohne Möglichkeit einer Revision. Oh Himmel! Verdammt in *alle* Ewigkeit? Durch meine Schuld, durch meine Schuld, durch meine übergroße Schuld?

Diese Zweifel trafen aber nur den theologischen Überbau. Und was war mit dem Glauben darunter, dem eigentlichen Glauben, der Gewissheit, existenziell getragen zu sein? Meine Frau sagt mir heute: »Du konntest den Glauben nicht verlieren – du hast ihn nie besessen.« Sie hat recht. Meiner Frau wurde ihr Glaube durch Menschen vermittelt, die ihr liebevoll zugewandt waren. Ich hingegen hatte schon in Wien von meinem Vater im Wesentlichen nur die Bestandteile der heiligen Messe und die Addition von Sünden fürs Beichten gelernt. Es war eine Hülle ohne Kern, eine gefühlsneutrale gedankliche Konstruktion.

So gebetsgewohnheitsmäßig konditioniert und glaubensleer war ich nach Schweiklberg gekommen. Die Ordensleute wussten das nicht. Sie setzten bei mir Glaubenssubstanz voraus, die mir fehlte. So konnten sie nicht auf den Gedanken kommen, sie mir zu vermitteln. Andernfalls hätten sie es vielleicht versucht – immerhin waren sie Missionare. Hätten sie es gekonnt? Einige dachten sicherlich, sie müssten Gott mehr dienen als den Menschen. Und die anderen? Gab es wenigstens einen, der so gelebt und mich so akzeptiert und verstanden und begleitet und überzeugt hätte, dass ich nicht anders hätte können, als seinen Glauben zu teilen? Sie hatten ja alle die Grundsätze erfolgreichen Missionierens gelernt: Andersgläubige nicht belehren und nicht unter Seelendruck setzen, sondern ihnen neben der Vermittlung des Glaubens auch Beistand leisten, den sie im irdischen Leben brauchen: medizinische Hilfe, Bildung, mannigfache Unterstützung im Alltag – liebevoll. Doch diesen einen gab es nicht, wenn auch vielleicht bloß aus Unkenntnis der Lage. Kein Ordensmann, keine Viktoria Kirchmaier, erstaunlicherweise auch Direktor Christl nicht, stand tröstend an meiner Seite, als ich nach meiner strafweisen Rückversetzung in die Volksschule mutterseelenallein und verdammt verlassen war von Gott und der Welt wie noch nie in meinem Leben. Hätte es diesen einen gegeben, er hätte mir vermutlich auch seine Glaubensgewissheit vermittelt. Doch solange ich so alleingelassen war, konnte ich ein im tiefsten Inneren gläubiger Christ nicht werden.

Ohne Glaubensgewissheit bröckelte allmählich auch der theologische Überbau. Ich unterschied wohl, was alte und neue Lehre war, was man glauben musste oder glauben konnte, was im Kloster oder außerhalb gepflegt oder vertreten wurde, was Gesetz war oder bloß Brauch, was bei Katholiken galt oder bei Protestanten, was Künstlern Anlass gegeben hatte, Großes zu schaffen. Ich sah die aufopferungsvollen Taten gläubiger Christen, bewunderte, dass Christen auch in Bedrängnis zu ihrem Glauben gestanden hatten. Ich war imstande zu differenzieren. Es war nur so, dass ich »das alles« einfach nicht mehr glauben *konnte.* Ich sah keinen Grund – wohl im eigentlichen Sinne des Wortes.

Einige wesentliche Glaubenselemente blieben mir in verwandelter Form glücklicherweise erhalten. Gott nicht als übermächtige Person, sondern als eine seine Schöpfung durchdringende und gestaltende gütige Energie. Das Paradies als Ort einer mehr als bloß irdischen Beglückung. Die Hölle nicht als verbrennendes Dauerfeuer, sondern als der Ort, »an dem man nicht mehr lieben kann« und wo alle Menschen sich immer weiter voneinander entfernen.

Brief meines Vaters vom 24. Oktober 1943. »Kogon Eugen 9093/Bl. 50. Weimar-Buchenwald, 24. X. 1943. Rita, holdeste! Möge Dir dieses mein Brieflein recht viel Trost und Freude bringen! Denn Deinem ›Situationsbericht‹ vom 2. Oktober habe ich nun in wirklich plastischer Anschauung entnommen, was an Alltagsdingen alles auf Dir lastet. Wie kann ich da Deine Sehnsucht nach Ruhe und Schönheit verstehen! ... Entsetzt war ich natürlich über meines sonst so klugen Michael blühenden Unverstand in Glaubenssachen. Wie kann er gegen Gottes Güte, die in so vielen Prüfungen so herrlich zutage tritt, so töricht-blind und blind-verstockt sein? Alle seine Tugenden und Verdienste werden dadurch in den Schatten gestellt. Nun verstehe ich auch, was mir nie in den Kopf wollte: warum sie für ihren Vater nie ein Wort des Grußes oder gar einmal des Dankes finden. (Wenn ich daran denke, dass ich als Vierzehn-, Fünfzehnjähriger auf Glückwünsche zum Namens- oder Geburtstag mit keinem Wort oder auf Briefe, wie ich sie nun Michael zweimal geschrieben habe, nicht einmal mit Muh geantwortet hätte! Es sitzt eine tiefe, traurige Egozentrik in ihnen, trotz allem, die sich gegen Gott nur unverhüllter äußert als heute gegen mich und morgen gegen Dich … Küsse Dir und meinen begabten, aber undankbaren Sprösslingen, die trotz allem meinem Herzen teuer bleiben: Eugen …«

Nach diesem Brief hatte ich das Gefühl, meinen Vater genauso verloren zu haben wie meinen katholischen Glauben. Töricht-blind war ich, blind-verstockt, mit blühendem Unverstand, hatte meinen Vater in Entsetzen versetzt, alle meine Tugenden und Verdienste überschattet. Was mein Vater mir als Versagen vorhielt, wertete ich als geistige Befreiungstat. In meinem wenig und nur oberflächlich religiösen neuen Wiener Zuhause fühlte ich mich mehr geborgen als jemals im Kloster. Hier, zu Hause, erholte sich meine geknickte Seele. Keine Spur von einer tödlichen Krankheit. Emmy Gehrigs Leitfaden fürs Unglücklichsein verschwand in einer staubigen Ecke.

In Ermangelung einer Glaubensbasis und nach dem daraus folgenden Einsturz meines Glaubensüberbaus weitete mein Blick sich auf andere Konfessionen und Religionen. Ich wollte nicht Protestant werden oder Hindu, nicht Buddhist, Jude, Moslem, Bahai, Gnostiker oder Esoteriker. Aber die riesige Breite des religiösen Angebots bewies mir, wozu menschliche Fantasie in Verbindung mit – eventuell – göttlicher Offenbarung fähig ist. Ich hatte aber kein Bedürfnis, mich beraten zu lassen wie ein Abiturient vor der Studienwahl. Ich akzeptierte, dass ich von einem wahrhaft Gläubigen keine neutrale, »parteiübergreifende« Religionsberatung erwarten konnte, die mir die meinem Wesen, meiner Persönlichkeit, meinen Gefühlen, meinen Sehnsüchten gemäße individuelle Religion empfehlen würde. Was zu tun war, musste ich selbst tun.

Das Vakuum füllte sich von allein. Der Mensch kann gar nichts anders, als etwas zu glauben. Sogar der unerbittlich bekennende Atheist Richard Dawkins glaubt an eine der Menschheit einstweilen noch verborgene Wunderwelt und an die Fähigkeit der Wissenschaft, sie zu erschließen. Und wenn schon glauben: Muss es denn das ganze Leben hindurch das Gleiche sein? Fast alle Menschen, die mir begegnen, auch die tiefgläubigen, geben sich einer gewissen Glaubensvariabilität hin, bis zur Konversion. Ich kannte eine Protestantin, die nach ihrem Übertritt zum Katholizismus dennoch nicht an die fürsprechende Macht der Heiligen glaubte. Nicht wenige Menschen glauben wörtlich an die Schöpfungsgeschichte der Bibel und zugleich an die Gesetze der Evolution. Viele Japaner stehen zu ihrem religiösen Synkretismus. Als in der Anfangszeit des Kolonialismus »Eingeborene« in Afrika, Asien und Amerika sich zum Christentum bekehren ließen, bewahrten sie sich Elemente ihres »Heidentums«.

Was ging mir nicht schon alles an religiösen (Wahn?-)Vorstellungen durch den Sinn – kindlich, unverbindlich, schemenhaft! Ich schrumpfte in unendlicher Wiederholung ins immer Kleinere, geriet in ein Sonnensystem, das aus einem Atom in einer Nasenspitze bestand, darin wiederum eine Erde, wiederum zusammengesetzt aus Aber-, Aber-, Abermyriaden Atomen, und jedes wiederum ein Sonnensystem, bis ich schließlich auf meinen Gott traf, der trotz seiner gewaltigen Größe so klein war, dass unsere Forscher ihn nicht einmal unterm Elektronenmikroskop hätten ausmachen können. Gott als gute Energie oder als böse Energie, wie mein sterbender Vater sie gefürchtet hatte. Nilpferde und andere schamanische Krafttiere, von Schutzengeln an der Leine geführt. Sehr viel später dann auch: Weit, weit draußen im All die Milchstraßen kabelvernetzt, und auf einem Stern ein Engel, der gedankenverloren auf seinem Mac meinen Lebenslauf tippt, und auf allen anderen Myriaden Sternen dieser Myriaden Milchstraßen ebenfalls je ein Engel mit einem PC, und sie vergäßen keinen Windhauch und keinen Regentropfen und keinen Sonnenstrahl und keine Träne und keinen Schimmer im Auge eines glücklichen Kindes und kein Schlafliedchen und keinen Liebesschwur, jede kleinste Einzelheit all unserer Leben in allen Zeiten würden sie unablässig tippen und in ihren Sticks speichern, und jedes Mal, wenn sich ein Engel vertippte, wurde eben leider ein kleiner Adolf oder ein Vulkanausbruch oder ein Weltkrieg oder ein Folterkeller daraus. Er wäre ja vielleicht allgütig, mein Gott, aber leider nicht allwissend. Dann würde Google Earth ihm die Orte der größten irdischen Bedürftigkeit zeigen.

Das Reich des Nichtwissens ist das Reich der Fantasie, und die lässt sich nicht fesseln. Was freilich bleibt, ist die Gewissheit des Nichtwissens. Nichtwissen ist schlecht, Fantasie besser, Wissen am besten. Hilfreich ist nur die Erkenntnis, dass der Nichtwissende wenigstens kein Unwissender ist. Der Unwissende weiß etwas nicht, das er wissen könnte. Der Nichtwissende weiß, dass er etwas nicht wissen kann.

Wenn ich heute sonntags wieder gerne katholisch bin, verdanke ich das meiner Frau. Im Gottesdienst an ihrer Seite spüre ich die existenzielle Kompetenz ihres Gutseinwollens. Meine Seele – nein: baumeln tut sie nicht, aber sie atmet. »Wer suchet, der findet«, hat mir meine Frau an diesen Absatz geschrieben. Auch beim Diskutieren mit katholischen Theologen klickt sich mein Unterbewusstsein leicht wieder in alte Überzeugungsgewohnheiten ein. Das Katholische hat mich eben doch sehr durchdrungen, und oft bedarf es nur eines kleinen Anlasses, um es zu aktualisieren. Umgekehrt nehme ich sofort eine Gegenposition ein, wenn mir jemand fromm-überzeugt-überheblich kommt. Tiefe Glaubensgewissheit bleibt mir in alledem freilich vorenthalten.

Wessen ich mir noch nicht bewusst war und von dem ich mich deshalb auch nicht abwenden konnte, das war die unsere westliche – auch die religiöse – Vorstellungswelt beherrschende dualistische Wahrnehmung, die erst durch die ein-seitige (= auf die eine Seite einer Sache gerichtete) Fokussierung dann auch eine Rückseite ins Bewusstsein bringt: wegen des Guten das Böse, wegen des Freundes den Feind, wegen des Jenseits das Diesseits, wegen der Gegenwart die Zukunft und die Vergangenheit. Bei einem Besuch in Zgorzelec, dem jetzt polnischen Teil von Görlitz, kam ich mit Ansätzen früher christlicher Mystik in Kontakt. Jakob Böhme war einer ihrer Vertreter in Deutschland, zusammen mit Angelus Silesius, Meister Eckhart, Andreas Gryphius, Johannes Tauler und Martin Opitz. Der Fremdenführer im Zgorzelecer Böhme-Haus kannte die Lebensdaten des Meisters, die Geschichte seines Wirkens und den wesentlichen Inhalt seiner Philosophie. Den erklärte er mir anhand von vier einfachen Aussagen: »Wo Licht ist, ist auch Schatten. Das wunderbare UND. Gott kann man nicht erkennen, sondern nur fühlen. Aus der Leere kommt die Hoffnung.« Aus diesen Sätzen, so einfach sie sind – oder gerade deshalb? – wurde mir das Wesen der Mystik bewusst. (Möge ich mich nicht geirrt haben!) Ich bemerkte die Verwandtschaft zur Theologie der beiden modernen christlichen Mönche Willigis Jaeger und David Steindl-Rast: Alles ist eins, alles ist Gott.

Dabei gab es in der christlichen Theologie von Anfang an einen Vorstellungsbereich, der dem dualistischen Denken entzogen war, ohne dass darauf hingewiesen wird: den *einen* Gott in der Dreiheit. Gottvater, Christus und Heiliger Geist: drei Wesen, getrennt *und* eins. Die Lehre von der Dreifaltigkeit war tatsächlich die einzige christliche Vorstellung, die mir nie, auch als Halbwüchsiger nicht, unsympathisch oder fremd gewesen wäre und gegen die ich mich aufgelehnt hätte.

So viel zur Kritik meines entsetzten Vaters, ich hätte alle meine Tugenden und Verdienste in den Schatten törichter Blindheit, blinder Verstocktheit und blühenden Unverstandes gestellt. Damals hatte er mich noch verunsichern können. Am Ende seines Lebens erzählte er: »Nachdem der Hiasl die Sterbesakramente empfangen hatte, gluckste er: ›Lachen tat i, wann's ois net wahr war!‹« Ein bayrischer Hiasl als Projektionsfläche für die aufkommenden Glaubenszweifel meines Vaters. Auf einmal fürchtete er die Allmacht eines vielleicht nicht mehr nur gütigen Gottes. Das war seine höchstpersönliche Glaubenstransformation. Ich meinerseits habe mir im Laufe meines Lebens viele Glaubensvarianten zusammenfantasiert – aber eine so schlimme nie.

Mein Vater versuchte mich nach einem ganz einfachen Schema in seinem Glauben zu halten: Er wertete den Abtrünnigen ab. Genau dies ist aber die effektivste Methode, um einen Menschen zum Abtrünnigen zu machen. Aus genau diesem Grund ist jede »innere Mission« zum Scheitern verurteilt, die davon ausgeht, dass der Missionar, weil im Besitz des angeblich besseren Glaubens und Wissens, dem Objekt seiner Bekehrung überlegen sei. Blaise Pascal sagt in seinen *Pensées sur la religion:* »Il y a assez de lumière pour ceux qui ne désirent que de voir, et assez d'obscurité pour ceux qui ont une disposition contraire.« Welche Überheblichkeit! Bis zum heutigen Tage hat sich bei vielen Traktätchen-Missionaren vor allem kleinerer Glaubensgemeinschaften das alte steile Wertgefälle aus der Kolonialzeit »Christ – Heide« erhalten.

6.
Im Bombenkrieg

Wien wird Bombenziel

Auf dem Briefbogen vom 24. Oktober 1943 schrieb mein Vater auch seinem Schwiegervater, meinem Münchner Großvater Johannes Lang. Der Bogen mit den beiden Briefen wurde nie auseinandergetrennt. Deshalb nehme ich an, dass mein Großvater diesen Brief nie erhalten hat.

»Lieber Vater! Es ist nun über 5 Jahre her, dass ich Dir in der Lage, in der ich mich seit dem 12. März 1938 befinde, die erste und auf Deinen Wunsch letzte Karte geschrieben habe. Aber wenige Tage sind in all diesen Jahren, die für mein äusseres und inneres Leben so entscheidend geworden sind, vergangen, an denen ich nicht Deiner und der verstorbenen Mutter herzlich gedacht hätte. Ich muss einmal eine Gelegenheit benutzen, um Dir mitzuteilen, wie dankbar ich Dir für die mannigfache Hilfe bin, die Du in diesen Jahren Rita und unseren Kindern gewährt hast ... Mit einer weiteren Bitte komme ich heute noch: Möchtest Du Dich in meinem Namen zum Allerseelentag (wenn diese Zeilen zu spät kommen sollten, nachher) um das Grab von Frau Heuberger bekümmern? Es ist mir ein schwer erträglicher Gedanke, dass es verlassen sein soll. In mein Gedenken freilich ist sie so eingeschlossen wie Mutter, die nun zusammen und ohne Rivalität nur das eine Bestreben haben: zum Licht zu gelangen und in den Frieden einzugehen. – Dir selbst, Vater, wünsche ich vor allem, dass Du über diese schwierige Zeit so gut, wie nur immer möglich, hinwegkommst. Bei jedem Angriff auf München hoffe ich, dass Du ihn ohne Schaden an Leib und Leben und ohne Nervenerschütterung überstehst ... Von mir sind es heute die letzten persönlichen Zeilen, weil Du es ja so wünschst, vor unserem Wiedersehen, das in möglichst naher Zukunft liegen möge. Ich umarme Dich in Gedanken herzlich und dankbar: Dein Schwiegersohn Eugen. Weimar-Buchenwald, 24. Oktober 1943.« Stempel »Postprüfer 6«, Initialen.

Deutsche Flugzeuge hatten am 14. Mai 1940 Rotterdam und in der Nacht vom 24. auf den 25. August 1940 erstmals London bombardiert. Darauf folgte rasche Vergeltung. 1943, mit dem Vorrücken der Alliierten in Italien nach Norden, wurde auch Österreich Luftkriegsgebiet, zumal die »Ostmark« mit ihrer bis dahin frontfernen Lage zu einem Refugium der deutschen Rüstungsindustrie geworden war. Es war nur eine Frage der Zeit, bis auch Wien an die Reihe kommen würde. Die Stadt wurde bombensicher gemacht – jedenfalls wurde es versucht. Natürlich gab es keine bombensichere Methode, eine Stadt bombensicher zu machen. Alle Fenster, auch in den Stadt- und Straßenbahnzügen, erhielten einen dunkelblauen Farbanstrich oder ein Rollo. In der Nacht sollte die Stadt stockdunkel sein, von den Bomberpiloten aus gesehen so leer wie die Sierra in Utah. Eigentlich wie bereits ausgelöscht. Sonderbare optische Vorwegnahme dessen, was man zu verhindern trachtete.

Batterien von Fliegerabwehrkanonen mit den sie unterstützenden Scheinwerfer- und Messstationen wurden installiert, Schutzkeller angelegt, Schutzstollen gebohrt, mächtige Bunkertürme gebaut, Löschteiche ausgehoben, Sirenen angebracht, Lazarette eingerichtet und die Dachböden entrümpelt. Ein riesiges Beschäftigungsprogramm. In unseren heutigen Flaute-Gesellschaften hätte das Vollbeschäftigung garantiert. Doch gerade die brauchte man damals nicht anzustreben. Überall fehlte es an Arbeitskräften. Die am meisten Gebrauchten waren an der Front. An der »Heimatfront« arbeiteten Frauen, Kinder, Kriegsgefangene, zwangsverpflichtete »Ostarbeiter« und KZ-Häftlinge.

Ein Löschteich wurde in unserer Nähe auf dem jüdischen Friedhof in Währing ausgehoben. Mehr als 300 exhumierte Skelette wurden in das Naturhistorische Museum an der Ringstraße gebracht. Nazi-Professoren wollten mit ihnen weitere Beweise für »die Minderwertigkeit der jüdischen Rasse« erbringen. Der Aushub mit Grabsteintrümmern und Skelettresten landete auf Brachflächen und in Baugruben.

Unweit unserer Wohnung, an der Peter-Jordan-Straße neben dem Döblinger Friedhof, wurde in einer Kaserne ein Luftwaffenlazarett eingerichtet, eines von 25 in Wien. Beim Vorbeigehen sah ich, wie ein Feuerwehrmann aus einem Baum ein Wespennest entfernte – Zerstörung im Kleinen. Wespen als Vertriebene und Versehrte. Während des Krieges lagen in diesem Lazarett abgeschossene deutsche Jagdflieger, verletzte Flak-Helfer, zivile Bombenopfer und vielleicht sogar einige »Feindpiloten«, die den Absprung mit dem Fallschirm und den Empfang durch die empörte Zivilbevölkerung überlebt hatten.

Die Luftschutzsirenen faszinierten mich, weil ich nie eine zu Gesicht bekam, sondern sie nur immerzu hörte. Ich stellte sie mir als auf Kaminen hockende heulende Eulen vor – Heuleulen eben. Wenn sie zweimal je vier Sekunden ihren Alarm für »akute Luftgefahr« heulten, wussten die Wiener, dass sie in einen Keller, Bunker, Stollen oder Graben zu flüchten hatten. Wenn dann nach einiger Zeit die Heuleulen dreimal hintereinander ihr langgezogenes Signal für »Vorentwarnung« heulten, wussten die Wiener, die dann noch lebten, dass sie aus ihren Kellern, Bunkern, Stollen und Gräben kriechen durften. Am Schluss heulten alle Heuleulen eine Minute lang »endgültige Entwarnung«. Da wussten die Wiener, dass sie wieder in Sicherheit waren – zumindest vor den Bombern, und auch das nur bis zum nächsten Mal. Am Ende des Krieges waren 8769 Wiener durch Bomben getötet worden.

Mitte August 1943 wurde das erste große Angriffsziel Wiener Neustadt, eine Kleinstadt etwa 50 Kilometer südlich von Wien, ein Rüstungszentrum. Diese Angriffe wurden Anfang November eingestellt, weil das Wetter den Bomberpiloten keine ausreichende Sicht mehr bot und weil ihre Basis gerade umzog – von Nordafrika nach Italien. Mitte Dezember wurde Innsbruck angegriffen, ein wichtiger Knotenpunkt für den militärischen Nachschub nach Italien. Wien kam erst 1944 dran.

Postkarte meines Vaters vom 13. Dezember 1943: »... Aber was Ihr Euch nur wieder alles abgespart habt für Eueren Vat! So eine Freude habe ich schon lange nicht mehr erlebt wie die, die mir Alex durch seinen Brief bereitet hat! Schrift und Stil habe ich ebenso bewundert wie die Genauigkeit der ... Zeichnung. Nichts fehlte – nicht einmal der Größenmaßstab und die Angabe der Himmelsrichtungen. Aber nun sagt mir nur, um Gotteswillen, wo denn ein bisschen ... Platz für Euch ist, dass Ihr Euch zwischen den Betten, Kisten, Tischen, Körben u. Stühlen noch ein wenig bewegen könnt? ... Cornelia ein Extraküsslein, wie vor dem Nikolaus-Abend! Innige Umarmungen Euch allen von Euerem Vater.« Initialen des Postprüfers.

Anfang 1944: Ich werde Luftwaffenhelfer

Ich war schon immer ungern zum Haareschneiden gegangen. Meine Haare sollten lang bleiben. Doch in der Nazizeit wussten die Friseure, dass sie den jungen Männern einen »militärischen« Haarschnitt verpassen mussten. Mein Friseur in Pötzleinsdorf war ein gutmütiger Mann ohne forsches Gebaren. Doch auch er, in seinem kleinen dunklen Laden, schnitt meine Haare sehr kurz. Jedes Mal, wenn ich seinen

Laden schrecklich zurechtgestutzt verließ, hatte ich eine Vorahnung: Das kommt noch schlimmer.

Auf anfliegende alliierte Bomber wurden in erster Linie deutsche Jagdflieger angesetzt. Doch die wurden ihrerseits abgeschossen. Die Produktion neuer deutscher Jagdflugzeuge kam fast zum Erliegen. Denn die Flugzeugfabriken wurden ebenfalls zerstört. Auch Treibstoff wurde knapp. Die rumänischen Erdölfelder gingen verloren. Der Erdöltransport aus Rumänien war schon vorher durch die Verminung der Donau schwer beeinträchtigt worden. Nun gingen auch noch die österreichischen Raffinerien nacheinander kaputt. Konsequenz: Abschuss der anfliegenden Bomber zunehmend vom Boden aus, auch wenn das weniger wirksam war.

Die Fliegerabwehrkanonen (Flak) in Wien und Umgebung gehörten zur 24. Flakdivision. Wer sollte die Kanonen bedienen? Die starken gesunden Männer waren zum Kriegsdienst eingezogen. Als Ersatz dienten Kriegsgefangene, KZ-Häftlinge, Zwangsarbeiter – sowie deutsche Mädels und Jungs, 16 bis 17 Jahre alt. Also wir. Also ich. Einer von 200 000 in Großdeutschland. Heranziehungsbescheid, Bonzenunterschrift. Ort, Datum, Drohung, Stempel. Kein Bonze machte sich mehr die Mühe, unseren Müttern mündlich das Wieso und Warum zu erklären.

Am 2. Januar 1944 fand ich mich, 15 ½ Jahre alt, in Begleitung meiner Mutter vor der mir genannten Kaserne ein, einer vormaligen Schule. Abschied. Meine Mutter winkte mir noch einmal zu. Erinnerung an den ersten Schultag – das Gefühl, alleingelassen zu werden. Wenigstens war ich in Begleitung meiner Schulkameraden Gerhard Raganitsch, Othmar Vajna und Kurt Peyfuß. Wir waren die ältesten unserer Klasse, Jahrgang 1928.

Es kam genau wie befürchtet: militärischer Haarschnitt. Uniform, Helm, Flakhelferschirmmütze, HJ-Armbinde, Schlafsaal à la Kloster, Pritsche, Arzt, tauglich. Kasernenhofplatz: stillllgestandennnrührteuchimgleichschittmarschlinksrechts, ein Littt, es zittern die morschän Knochän, linksrechts, Pferde haben die größeren Köpfe, linksrechts, Grundstellung, Grußpflicht, Blickwendung, Salut, präsentiert das Gewehr! Kanonier Gefreiter Obergefreiter Hauptgefreiter Stabsgefreiter Stabsfeldwebel Oberfeldwebel Unterwachtmeister Wachtmeister Unteroffizier Leutnant Oberleutnant Major Oberstleutnant Oberst Generaloberst General Generalleutnant Generalmajor Generalfeldmarschall Reichsmarschall Göring falsch! LwH Kogon das Ganze nochmal zack, zack, nie mehr »ich dachte« sagen, das bessere Denken der Pferde, Gewehr zerlegen, zusammensetzen, Einzelteile auswendig lernen, Lauf Kimme Korn Verschluss, Laden Zielen Schießen, Flugzeugerkennung, Kartenlesen, Verpflichtung feierlich nachgesprochen, unerlaubtes Entfernen Tode bestraft. Zum Exerzieren wurden wir gelegentlich in die Wiener Praterauen geführt.

Ende Januar 1944 war der Wiener Teil unserer Ausbildung zu Ende. Unsere neuen Herren hatten es eilig, uns an die »Heimatfront« zu schaffen. Bombenwolken hatten sich bereits über Klagenfurt, Wiener Neustadt, Ebenfurth und Innsbruck abgeregnet. Bald würde Wien an der Reihe sein. Wie viel Sinn diese drei, vier Ausbildungswochen hatten – für mich, für die neuen Vorgesetzten, für die Luftwaffe, der ich nun diente, für die Wiener Bevölkerung (oder besser: Rüstungsindustrie), zu deren Schutz diese Veranstaltung gedacht war –, interessierte mich nicht. Ich nahm alles hin und hinterfragte wenig.

Wir wurden in dem Glauben gelassen, die Flak sei eine Wunderwaffe: Kein »feindlicher« Bomber sollte an uns vorbei Wien erreichen. Jahre später las ich die Statistik: Wir hatten, ehe wir *ein*mal trafen, aus unseren schweren 8,8-cm-Kanonen 3343 Schüsse abgegeben. Am Tage traf die gesamte Wiener Flak von 125 anfliegenden Bombern nur einen, in der

Nacht einen von 145. Insgesamt meldete unsere Flakdivision von August 1943 bis Ende März 1945 den Abschuss von 135 Bombern. Dieses armselige Ergebnis (so schlimm es für die Piloten und ihre Besatzungskameraden war) wurde von 16000 Personen und 1400 Geschützen erreicht. Zielten die Flakhelfer schlecht? Möglicherweise – in einem einzigen Fall: sicherlich. Es gab noch einen anderen Grund. Die deutschen Rüstungsingenieure hatten es nicht geschafft, für die Flakgranaten einen messgenauen Zünder zu entwickeln. Ein guter Zünder hätte erkennen müssen, wann die Granate beim Bomber war, und genau dann die Explosion auslösen. Doch einen solchen Zünder gab es nicht. So wurden die meisten Bomber nur von Splittern getroffen. Und die bewirkten fast nie einen Absturz.

Unser Standort befand sich in dem Dörfchen Achau, 17 Kilometer südlich vom Zentrum Wiens. Diese Entfernung entsprach den behördlichen Vorgaben. Die Flakhelfer sollten nahe bei ihrem Wohnort »eingesetzt« werden. Achau ist ein niederösterreichisches Kleinst-Venedig. Die Schwechat nimmt hier die Mödling auf, etwas außerhalb auch den Krottenbach und die Triesting. In der Nazizeit gehörte das Dorf zum 24. Wiener Gemeindebezirk.

Am Rande des Dorfes stand unsere Flak-Großbatterie mit einer Mess-Staffel und insgesamt zwölf 8,8-cm-Kanonen zu beiden Seiten der Straße, die von Achau nach Leopoldsdorf führt. Unsere Aufgabe war es, vor allem die Rüstungsindustrie im nahen Wiener Neustadt vor Luftangriffen zu schützen, nachdem diese Stadt bereits Mitte August 1943 erstmals bombardiert worden war. Die Tatsache, dass Wiener Neustadt von alliierten Bombern weitgehend zerstört wurde, zeigt, dass unserer Batterie die Erfüllung dieser Aufgabe misslang. Am Ende des Krieges war Wiener Neustadt die meistzerstörte Stadt Österreichs. 40 % der Gebäude waren vollständig zerstört, 48 % beschädigt. Als wir aus Wien auf offenen Lastwagen antransportiert wurden, bemerkte Gerhard, dass sich gleich neben unserer Batterie der Friedhof befand. Kein gutes Vorzeichen! Unser Standort bescherte nicht nur uns, sondern auch dem Dorf mehrere Bombenangriffe und 1945 beim Vorrücken der Roten Armee schwere Kämpfe. Vier Fünftel des Dorfes waren bei Kriegsende zerstört.

Die Gechützstaffel I, der ich zugeteilt war, lag rechts von der Straße in Richtung Leopoldsdorf. Neun Baracken reihten sich nach dem Friedhof aneinander: die Kantine mit der Küche, die Schreibstube, zwei Baracken für die höheren Ränge (Leutnant, Spieß, Oberwachtmeister und Wachtmeister), eine Baracke für den Versorgungstrupp, drei Baracken für die Soldaten sowie die Baracke der russischen Kriegsgefangenen. Dann kamen unsere Geschützstaffel mit sechs Kanonen, der Appellplatz, die Flakhelferbaracke, die Baracke der Unteroffiziere und ganz am Ende das Wäschelager. In derselben Weise war jenseits der Straße die Geschützstaffel II angelegt, mit der Mess-Staffel als Dreingabe. Sie maß beim Anflug von Bombern deren Richtung, Entfernung und Geschwindigkeit und gab die Messwerte telefonisch an alle Geschützbesatzungen weiter, damit diese die Kanonen und die Granatenzünder entsprechend einstellen konnten.

Wir zehn Flak-Helfer in der Geschützstaffel I teilten uns eine Baracke. In der Mitte stand ein Kanonenöfchen. Dieser Name passte zur Charakteristik unserer Batterie. Dazu ein Tisch mit zehn Stühlen und an einer Wand ein Waschtisch mit zwei Becken. Hinter der aus den 5 Spinden gebildeten Wand schliefen wir in fünf Doppelstockbetten. Unsere Notdurft verrichteten wir in einem Plumpsklohäuschen außerhalb. Zum Frühstück erhielten wir ein mit Süßstoff gesüßtes Gebräu aus Kaffee-Ersatz, das wir »Negerschweiß« nannten, dazu Kommissbrot, Margarine und als süßen Brotaufstrich Marmeladeersatz oder Melasse. Das Mittagessen nahmen wir in der Kantine ein: Suppe oder Eintopf, Pellkartoffeln und eine dünne Scheibe Fleisch. Sonntags erhielten wir als Nachtisch einen Pudding mit Saft. Wenn wir nicht satt wurden, rösteten wir auf dem Ofen in unserer Baracke Kartoffelstücke und Kommissbrotscheiben in unseren Kochgeschirren. Am Abend gab es manchmal zum Brot ein Stück Wurst und freitags für uns jugendliche Luftwaffenhelfer eine Milchspeise (Grießbrei, Milchnudeln, Grütze in Milch oder Nockerl in Milch). Das war für uns jedes Mal ein kleines Fest.

Dass ich mit Gerhard Raganitsch, Othmar Vajna und Kurt Peyfuß zusammen war, gab mir ein Gefühl von Vertrautheit. Gerhards Gedächtnis hat mehr von unserer gemeinsamen Zeit in Achau bewahrt als meines. Wir beide liebten die flache Gegend mit den gewundenen Wasserläufen. Sie bildeten in einer übersichtlich platten Diktatur, die Geheimnisse monopolisiert hatte oder sie zum Drohen und Angstmachen missbrauchte, ein kleines Privat-Labyrinth. In freien Stunden machten wir ein Boot los und ließen uns treiben.

Auch mit den anderen Kameraden kam ich gut zurecht. Der Reichwein war ein femininer Typ mit hoher Stimme. Er war der Einzige, der mich manchmal hänselte. Zwar war ich gewohnt, mir vieles gefallen zu lassen. Doch nun benutzte ich die Gelegenheit umzulernen. Ich verpasste dem Reichwein die erste Ohrfeige meines Lebens. Ich hatte das Gefühl, dass sie nicht sehr gelungen war – ich hatte keine Übung. Aber sie reichte aus, ihn davon zu überzeugen, dass es besser sei, nicht zurückzuschlagen und mich künftig in Ruhe zu lassen. Ich war zufrieden, die Erfahrung gemacht zu haben, dass ich zuschlagen konnte. Ich kann mich nicht erinnern, danach noch jemals jemanden geohrfeigt zu haben. Beim Tennisunterricht viele Jahre später hatte ich Mühe, mit meinem Schläger den Ball zu treffen, und wenn es mir gelang, landete er meistens im Netz oder am Zaun. Die Instruktorin: »Sie müssen den Ball so schlagen, wie sie einem Kind eine Ohrfeige geben!« Da gab ich das Tennislernen auf. Außerdem nahm ich mir vor, niemals in meinem ganzen restlichen Leben, auch nicht in der größten Versuchung, einem Kind eine Ohrfeige zu geben. Wann immer ich einen Tennisball vor Augen habe, sehe ich das Gesicht eines Kindes. Nur den Anblick von Golfbällen ertrage ich gut. Die sind ja auch kleiner. Und inzwischen weiß ich, dass aus den Seelen von auf dem Rasen zurückbleibenden, weil nicht eingesammelten Golfbällen Gänseblümchen sprießen.

Die politische Einstellung spielte in unserem Zusammenleben keine herausragende Rolle, außer bei Henning Loerzer. Er war der Sohn des Generalobersten der deutschen Luftwaffe Bruno Loerzer. Bruno Loerzer war ein bereits im Ersten Weltkrieg erfolgreicher Jagdflieger gewesen, dazu Freund und Waffenkamerad Hermann Görings. Im Zweiten Weltkrieg stieg er zum Generaloberst der deutschen Luftwaffe auf. Henning war der Einzige unter uns, der seine nationalsozialistische Überzeugung und seinen unverbrüchlichen Glauben an den »Führer« offen zur Schau trug. Wir erwarteten nichts anderes – »bei *dem* Vater«. Wir statuierten ein gutes Exempel jugendlicher Toleranz inmitten der Diktatur – was auch sonst. Niemand wurde nach seiner Gesinnung oder nach vielleicht delikaten Einzelheiten des Lebens seiner Familie gefragt. Niemand wusste, dass mein Vater KZ-Häftling war. Am 20. Dezember 1944 wurde Papa Loerzer wegen Unfähigkeit seines Kommandos enthoben. Doch das erfuhren wir nicht mehr. Vermutlich waren wir schon im Weihnachtsurlaub. Im April 1945 wurde er definitiv entlassen. Armer Henning. Reputation und Ideale zum Teufel. Ein bisschen viel auf einmal. Vielleicht hat er sich schnell umgestellt. Obwohl er nicht der Typ dafür war. Heute verkörpert Henning für mich den »anständigen Nazi«. Trotz seines lediglich durch einen Schmollmund gemilderten germanischen Aussehens war er »in Ordnung«. Er war halt nur von der fixen Idee besessen, dass die Partei immer recht hatte. Diesen Typus gab es: die dunklen Punkte des Parteiprogramms zu spät bemerken. Anständiger Nazi der ersten Stunde – erste Stunde bis zum Schluss.

Der zweite Deutsche in unserer Runde war ein schlaksiger Bursche aus Köln. Der Schmieder war sicher kein Nazi. Aber er legte Wert auf Sauberkeit – für sich. Wenn einer der Untersten unserer Flak-Hierarchie – russischer Kriegsgefangener, KZler – unser Plumpsklo zu benutzen versuchte, verscheuchte er ihn. Er war nett, aber mitleidslos – falls es diese Kombination gibt. Der Schmieder rauchte, wie damals fast jeder halbwegs erwachsene Mann. Ich war einer der ganz wenigen, die noch nie eine Zigarette im Mund gehabt hatten. Ich wusste nicht, wie Zigaretten schmecken. Ich kannte nur ihren – damals beißenden – Rauch. Ich hatte mich an ihn gewöhnt. Er war mir nicht unangenehm. Der Schmieder, wenn er rauchte, sah mich immer von oben herab an – er war größer als ich. So ging das nicht weiter. Ich bedeutete dem Reichwein, mir eine Zigarette zu reichen. Erster Zug. Es muss eine besonders starke Kriegszigarette gewesen sein. Inhalieren wie der Schmieder. Den Rauch in zwei sichtbaren Schwaden ausblasen. Meine Augen tränten. Ich konnte den Hustenreiz kaum unterdrücken. Der Schmieder behielt mich im Blick. Die anderen Kameraden bildeten um uns einen Kreis. Denen würde ich es zeigen! Ich nickte dem Reichwein eine Aufforderung zu. Er zündete eine zweite Zigarette für mich an. Zug um Zug tief in die Lunge. Ich fühlte mich wie seinerzeit bei meinem ersten Schwips in Mönichkirchen. Als ich die zweite Zigarette, ein wenig zu früh, am Boden austrat, war mir schon leicht übel. Der Schmieder grinste. Reichwein! Die dritte Zigarette schaffte ich nur noch halb. Eine Fleischkartoffelsoßenbrühe quoll mir aus dem würgenden Hals. Ich hatte nicht gewusst, dass einem Menschen so übel sein kann. Der Schmieder grinste nicht, zeigte keinerlei Überlegenheit. Das konnte er ja auch nicht, wegen seiner Gefühllosigkeit.

Ich wankte auf meine Pritsche. Gott sei Dank war sie die untere, ich musste nicht klettern. Und dann wartete ich bloß noch. Wartete. Wartete, konnte nichts denken als »hoffentlich« und »nie, nie mehr!«. Diese drei Zigaretten sind die einzigen meines Lebens geblieben. Ich werde nie mehr in diese Versuchung geraten. Ich werde mich nie zusammennehmen müssen, um nicht doch eine zu rauchen. Außerdem dachte ich von da an nicht mehr so oft, ich müsse etwas entgegen meinen Bedürfnissen tun, nur um Eindruck zu machen oder dazuzugehören.

Unser militärischer Dienst ließ sich zunächst friedlich an. Noch hatte kein alliierter Bomber sich über uns blicken lassen. Unsere neuen Herren beschränkten sich darauf, mit uns den Krieg bloß zu üben. Sie weihten uns in die Struktur und die Funktion unserer Großbatterie und ihrer Geschütze ein: Funkmessgerät zur Ortung anfliegender Bomber, Scheinwerfer, Telefonverbindungen, zwei Teilbatterien, jede Kanone von einem mannshohen Erdwall umgeben, darin Bunkerlöcher für Granaten und Mannschaften, sieben Mann an jeder Kanone. Nur der Geschützführer war Soldat. Die anderen sechs Luftwaffenhelfer und russische Kriegsgefangene.

Ich machte Dienst an der Kanone »Berta«, Gerhard Raganitsch an der Kanone »Cäsar«. Die anderen vier Kanonen unserer Batterie trugen nach der Buchstabiertafel deutschsprachiger Länder die Namen Anton, Dora, Emil und Friedrich. Als Richtkanonier K2 hatte ich nach den mir von der Mess-Staffel über Kopfhörer zutelefonierten Werten den Vertikalwinkel des Kanonenrohrs einzustellen. Die anderen Geschützbediener schleppten Granaten herbei, stellten den Horizontalwinkel und den Zünder ein und schoben die Granaten in das Rohr. Wir Luftwaffenhelfer verstanden uns gut mit den paar älteren Soldaten, denen wir unterstellt oder beigeordnet waren. Es waren nicht mehr viele. Die nettesten unter ihnen bemutterten uns, standen uns zur Seite, kehrten nicht den Vorgesetzten heraus. Mein Geschützführer an der Kanone Berta, ein Grazer, Unteroffizier Genser (wir nannten ihn untereinander »Gänserich«), erklärte uns geduldig das Äußere und Innere unserer Kanone. Der Wachtmeister unserer Geschützstaffel, ein dicklicher, rotbackiger, bebrillter Typ namens Bott, im Privatberuf diplomierter Landwirt, war unter anderem für unsere politisch-ideologische Schulung zuständig. Wir merkten bald, dass er sein Denken nicht ganz den Pferden überlassen hatte. Der Kommandeur unserer Batterie war ein Hauptmann Henschen, er stammte aus einer norddeutschen Reeder-Familie. An zwei Tagen in der Woche kamen einige unserer Lehrer vom Schopenhauer-Gymnasium und erteilten uns Unterricht in Deutsch, Latein, Geschichte, Mathematik, Physik, Chemie und Erdkunde – wenigstens war das die Absicht. Der Englischunterricht entfiel. Eigentlich sollten wir 18 Unterrichtsstunden pro Woche erhalten. Doch das erwies sich als nicht machbar. Die Ausbildung an Gewehr und Geschütz ging vor.

Zur Ausbildung gehörte auch, dass wir lernen mussten, uns beim Sirenensignal »Feindalarm«, wenn es in der Nacht ertönte, in null Komma nichts aus den Betten zu schmeißen, die Klamotten überzustreifen und an unsere Kanone zu hechten. Wir lernten das auf die einfachste Weise: Indem Hauptmann Henschen die Alarmsirene um drei Uhr nachts heulen ließ. Echter oder Übungsalarm? Das erfuhren wir erst, wenn wir frierend an unserer Kanone standen. Es war eine wichtige Erfahrung. Sich elektrisieren lassen. Schnell sein. Die Bedürfnisse des Körpers missachten. Körper als Instrument. Wach bleiben. Bloß, um es zu lernen.

Ich gewöhnte mir an, in zwei realen Welten zu leben. War ich in Achau, gab es die Hartäckerstraße nicht. War ich zu Hause, gab es Achau nicht. Gelegentlich hatte ich Urlaub über das Wochenende. Die zweimal zwei Urlaubswochen, die jedem Luftwaffenhelfer zustanden, konnte ich lange nicht nehmen. Zur Ausgehuniform gehörte die HJ-Binde am linken Arm. Doch wo, o Schreck, war die schon wieder geblieben? Außerdem musste ich unterwegs jeden Offizier militärisch grüßen. Wie viele Schritte vorher, wie stramm, mit welcher Blickrichtung? Es war dasselbe Problem, das mich schon bei der Vorbereitung zu meiner Erstkommunion geplagt hatte: Welches Knie, bitteschön, musste ich als erstes beugen?

An urlaubslosen Wochenenden besuchte mich manchmal meine Mutter mit meinen Geschwistern. Sie brachte immer etwas Gutes mit. Es gab damals nicht mehr viel Gutes. Doch was sie brachte, war schon deswegen gut. Auf dem langen Nachhauseweg sonntagabends, wenn die Busverbindungen spärlich geworden waren, ging meine Mutter zu Fuß kilometerweit nach Maria Lanzendorf oder Leopoldsdorf zur Haltestelle eines noch fahrenden Busses, den kleinen Rotschopf Cornelia an der Hand. Später, im Herbst, ließ sie auch mal von einem Feld eine Zuckerrübe mitgehen, die sie zu Hause zu Melasse verkochte auf dem Öfchen in unserem Zimmer, das nicht viel anders aussah als der Kanonenofen in meiner Achauer Baracke.

Einmal bot uns die NS-Organisation *Kraft durch Freude* (KdF) im Wirtshaussaal von Achau eine Aufführung der Komischen Oper *Die verkaufte Braut* von Friedrich Smetana. In geschlossener Formation rückten wir an. Mein musikbegeisterter Freund Gerhard war hingerissen. Noch beim Hinausgehen hatte er verträumte Augen. Da ertönte schon der Befehl »Antreten!« Und gleich darauf: »Eins – zwei – ein Littt!« Nun würde das Horst-Wessel-Lied angestimmt werden, die offizielle Hymne der NSDAP: *Die Fahne hoch, die Reihen fest geschlossen!* Doch unsere Oberen hatten ein Einsehen. Sie begnügten sich mit dem Lied: *Ein Heller und ein Batzen, die waren beide mein. Der Heller war zu Wasser, der Batzen war zu Wein. Heidi heido heida …* Das vertrieb nicht sofort die hübschen Melodien aus unseren Köpfen.

Die Wolken am Achauer Himmel zogen dahin. Noch nie hatte ein Bomber sie durchstoßen. Am Boden freilich war die Achauer Welt alles andere als intakt. Die »Hiwis« (Hilfswilligen) waren russische Kriegsgefangene, die sich zu Hilfsdiensten im Krieg der Deutschen bereit erklärt hatten. Trotzdem hungerten sie. Sie hausten in der am meisten gefährdeten Baracke unmittelbar neben den Geschützen. Ein blonder russischer Bursche stand am Fensterchen. Es gelang mir nicht, in ihm den »bolschewistischen Untermenschen« der Nazipropaganda zu sehen. Er bot mir seine Ware feil: aus Geldstücken kunstvoll (womit?) geschmiedete Ringe und eine bunte Spielerei aus Holz, einen exotischen Vogel so zart, leicht, bunt, dass ich fast meinte, er könne fliegen. Das Holz stammte von einer leeren Munitionskiste. Woher hatte der Bursche die Farben herbeigezaubert? Ich staunte, tastete, prüfte, überlegte, feilschte. Ich wusste nicht, dass Feilschen unangebracht ist, wenn einer der Tauschpartner hungert. Ein ganzer Vogel gegen einen halben Laib Kommissbrot. Hier ein hübsches Mitbringsel, dort das pure Überleben. Tauschgeschäfte waren uns verboten. Doch niemand nahm Anstoß. Auf den Gedanken, von diesen Menschen ein paar Brocken Russisch zu lernen, kam ich nicht. Auf diesen Gedanken brachte mich erst mein Vater in einem seiner Briefe. Doch da war es zu spät. Da waren alle schon wieder weg. Wohin? Ich wusste es nicht.

Noch schlimmer erging es den KZ-Häftlingen. Sie wurden täglich aus einem in Maria Lanzendorf gelegenen Außenlager des KZ Mauthausen hergeführt. Sie hatten bereits die unsere Kanonen schützenden Erdwälle angelegt. Nun hoben sie lange Zickzackgräben gegen sowjetische Panzer aus. Dass die bald über uns her rasseln würden, war klar. Aus einiger Ferne gesehen, wirkten diese Menschen nicht elend. Wie sehr Entfernung beschönigen kann. Ihnen Brot zuzustecken war verboten. Also legten wir abends Brot, in Papier eingewickelt, in die Gräben, in der Hoffnung, sie würden es am nächsten Morgen finden – und einstecken und essen dürfen.

Bis zum 17. März 1944 lag Achau friedlich zwischen seinen Bächen. An jenem Tag erlebte ich meine Feuertaufe. »Feindliche Bomberverbände im Anflug auf den Raum Wien.« Alarm. Helm auf, an die Kanone, Kopfhörer auf, mit dem Handrad die durchgegebenen Werte einstellen. Ich kurbelte das Kanonenrohr im korrekten Winkel steil in die Höhe. Ich beherrschte diesen Ablauf wie im Schlaf, nur dass an Schlaf nicht zu denken war. Feuer! Zum ersten Mal erlebte ich, wie laut unsere 8,8 ballerte. Der Kopfhörer war mein einziger Gehörschutz. Damals wurde ich in den oberen Frequenzbereichen leicht schwerhörig.

Wir hatten gelernt: Die Schallwellen einer fallenden Bombe verbreiten sich schräg abwärts nach allen Seiten. Wenn du eine Bombe heulen hörst, wird sie *neben* dir explodieren. Hörst du sie nicht heulen, fällt sie auf dich. Wir hörten keine Bomben heulen. O Gott! Doch keine Bombe traf uns. Einfache Erklärung: Es waren keine gefallen. Die Bomber zogen, flogen – fast: gingen – über uns hinweg, als gäbe es uns nicht. Betrachteten die Piloten amüsiert die Explosionswolkenkränzchen, mit denen wir ihren Flug garnierten? Waren wir für sie bloß kläffende Hündchen? Später erfuhr ich, dass dem nicht so war.

»Es geht ihm gut ...«

»Es geht ihm gut«: In der Diktatur und im Krieg bedeutete diese Aussage, nicht in unmittelbarer Gefahr zu sein. Nach diesen Kriterien ging es meinem Vater im KZ in der zweiten Hälfte 1943 relativ gut. Er hatte einen gefürchteten SS-Arzt zu seinem Werkzeug gemacht, und solange Deutschland den Krieg nicht »siegreich« beendet hatte – und das wurde von Tag zu Tag unwahrscheinlicher –, brauchte er nicht unmittelbar um sein Leben zu fürchten. »Es ging ihm gut.« Ein Indiz dafür war wiederum ein Umstand, der für ein deutsches KZ ganz unwahrscheinlich klingt, fast wie ein Märchen. »Ich habe im Konzentrationslager Buchenwald ein Buch niederzuschreiben begonnen, auf der Schreibmaschine. Das hatte den Titel: ›Macht und Ohnmacht‹. Es dürfte in keinem zweiten deutschen KZ wieder möglich gewesen sein, daß jemand das tat, was ich dort getan habe. Wirklich im Schatten des Todes, aufgespart zur Liquidation bei Kriegsende, hatte ich als einziger die Möglichkeit, illegal zu schreiben. Unter den Augen von drei SS-Scharführern, die mit mir in einem Raum waren und nicht wußten, was vorging, habe ich dieses Manuskript angefertigt. Der erste Teil behandelt die Ursachen der deutschen Tragödie. Er betrifft das Erbe, die Prüfung der Vergangenheit. Eines der Kapitel dieses ersten Teils trug den Titel: ›Der Dritte-Reichs-Gedanke‹. Ich habe es heute morgen wieder durchgelesen, und ich fand, daß die Formulierung vor zwei Jahren im Herzen des Terrorreiches von Heinrich Himmler tatsächlich gelungen war, obwohl ich damals keine Unterlagen hatte.«[64]

»Schutzhäftling Kogon Eugen Nr. 9093 Block 42. 26. Januar 1944. Geliebteste Rita! … Alles Kochbare kann ich bestens brauchen. Nur, Liebste: jetzt, wo Michael eingerückt ist und mitversorgt werden muss, hat er unbedingt den Vorrang, und uns beide zusammen könnt Ihr Armen zu Dritt unmöglich füttern … Kornelia und Alex behalte so lange wie nur immer möglich … Es ist schon ein großer Jammer: alles zerrissen, jedes woanders. Aber wir wollen unentwegt das Beste hoffen. Nur *mit Michaels Verhältnis zu Elisabeth [damit, dass Michael versuchen will danebenzuschießen]* bin ich ganz und gar nicht einverstanden. Der praktische Wert ist null, die

Gefahr für den Jungen aber ungeheuer. Will er denn *Roberts Beispiel folgen [in Haft kommen wie ich]?* … Euch innige Küsse und Umarmungen: Eugen …« Stempel »Postprüfer«, Initialen.

Brief meines Vaters vom 8. Februar 1944. »Schutzhäftling Kogon Eugen Nr. 9093 Block 42. Herzliebste Rita: … Nun zu Michael: Solange eines meiner Kinder Hunger leidet, flehe ich Dich inständig an, mir nicht das Geringste zu schicken, was ihnen helfen kann! Gib ihm, bitte, alles, was er braucht und was Ihr entbehren könnt, u. denkt um Gotteswillen nicht an mich! Ich schwöre Dir, dass ich durchkomme. Es schmeckt mir kein Bissen mehr, wenn ich weiss, dass es Michael oder Euch abgeht, u. es ist völlig ausgeschlossen, dass Ihr zu Dritt aus Eueren mageren Rationen Michael und mich mitversorgen könnt. Wenn es schon sein muß u. Ihr es nicht lassen könnt, dann genügen ein paar Suppenwürfel dann u. wann und ein wenig zum Rauchen … Herzliebste Rita, sage bitte Michael, dass ich ihn liebe, stolz auf ihn bin und mich in jeder Hinsicht, besonders in moralischer, fest auf ihn verlasse. Jetzt mehr denn je! Er möge an meinen Brief von damals denken! Ich umarme ihn – meinen guten Ältesten! … Ich schliesse Euch ganz in mein Herz: Vater.« Unleserlicher Zensurstempel.

Was wollte mein Vater mit den Suppenwürfeln? Es hatte mit Kaninchen zu tun. In Block 50, in dem mein Vater jetzt Schreiber war, wurde Fleckfieberimpfstoff hergestellt. »Wöchentlich sammelte die SS von den 13 000 Thüringer Kaninchenzüchtern etwa 30 Kaninchen ein, und zwar immer die stärksten Tiere von vier Kilo aufwärts. Man kann sich vorstellen, wie erfreut die Züchter darüber waren. In das Gehirn dieser dreißig Kaninchen wurde der lebende Fleckfiebererregervirus injiziert. Nach der Inkubationszeit wurden die Kaninchen fleckfieberkrank und starben. Dann wurde ihnen das Gehirn herausgenommen, und daraus wurde auf eine besondere Weise Fleckfieber-Impfstoff für die kämpfende Truppe der Waffen-SS hergestellt.«[65]

Da die Thüringer Kaninchen als Impfstoffgewinnungskaninchen herhalten mussten, sah sich der oberste SS-Arzt genötigt, für seinen Bedarf an Versuchskaninchen Lebewesen anderer Art zu beschaffen. Als solche eigneten sich im KZ die Menschen. Der oberste SS-Arzt injizierte ihnen den aus Kaninchengehirnen gewonnenen Impfstoff und sah zu, wie – und ob – sie überlebten. War der Impfstoff nicht gut, starben viele. Diese Art des Sterbens wurde im KZ »krepieren« genannt. Immerhin sprach der oberste SS-Arzt nicht von »verenden«. Mir ist nicht bekannt, wie groß für den obersten SS-Arzt der Unterschied zwischen den tierischen Impfstoffgewinnungskaninchen und den menschlichen Versuchskaninchen war. Vielleicht nicht sehr groß. In seinem wissenschaftlichen Protokoll stand, dass Menschen- und Kaninchenaugen einander im Sterben gleichen. Vielleicht führte er auch Buch darüber, inwiefern menschliche Kaninchen anders litten und starben als tierische. Immerhin hatte er es mit den tierischen etwas leichter. Für ein tierisches Kaninchen musste, wenn es gestorben war, kein Totenschein ausgestellt werden, keinem Angehörigen musste ein »Wir bedauern … dass Ihr … am … in … leider unerwartet … an … verstorben ist« übermittelt werden, es musste kein beliebiges Aschehäufchen aus dem Krematorium gekratzt werden, es musste auch keine Personalakte in der Politischen Abteilung geschlossen werden. Insofern waren die menschlichen Kaninchen besser dran. Über sie wurde, nachdem man sie eingesperrt hatte, sogar eine Personalakte angelegt, und nach ihrer Ermordung wurde ihnen die Ehre zuteil, nicht verspeist, sondern verbrannt zu werden, und ihre Hinterbliebenen erhielten eine Benachrichtigung, die aus nichts als Lügen bestand.

Den tierischen Kaninchen blieb nach ihrer Ermordung die Einäscherung erspart – aber nicht, weil sie bloß Tiere, sondern weil sie essbar waren. Ihnen wurde das Fell abgezogen, dann wurden sie, nachdem ihnen ihr Fleckfieberimpfstoffgewinnungsgehirn herausgenommen worden war, ausgeweidet und abgebeint, und das Fleisch wurde auf 120 Grad Celsius erhitzt. Das überlebten die Fleckfieberviren nicht. Weil die SS-Bewachungsmannschaften das nicht wussten, blieb das Fleisch den Gefangenen. Das Einzige, was fehlte, um den Kaninchenfleischgenuss perfekt zu machen, war Salz. Beziehungsweise ein Suppenwürfel.

»Wir waren anfangs alle der Meinung, dass man die verendeten Kaninchen nicht essen konnte. Nun allerdings: Wöchentlich dreißig Vierkilokaninchen, das war ja schon eine Sache. Was tun? Wir hatten in unserem Block einen Autoklaven, also einen Spezialofen, um die Kadaver zu verbrennen. Die Biologen hatten erklärt, dass der giftigste Bazillus bei 120° Erhitzung zugrunde gehe. Sie nahmen also an – Erfahrung hatten sie keine –, dass auch das Virus des Fleckfiebers dabei zugrunde gehen könnte. So erhitzten wir in dem Autoklaven die Kaninchenkadaver auf 120°. Dadurch wurde das Fleisch sehr faserig. Ich weiß noch, als wäre es heute, wie die zwölf ukrainischen Komsomolzen [Mitglieder der Jugendorganisation der KPdSU] als erste ohne jede Hemmung dieses Kaninchenfleisch aßen. Sie brieten das Fleisch mit Margarine. Wegen der tödlichen Gefahr, in der wir uns befanden, bekamen wir als Sonderzulage Margarine. Wir warteten alle, ob sie es überstehen würden. Am nächsten Morgen waren sie völlig gesund. Da machten es die anderen ihnen nach. Im Laufe eines Jahres haben wir jede Woche an die zwanzig Kaninchen gegessen, während überall im Lager grauenvolle Verhältnisse herrschten ... Ich sage zwanzig, weil vielleicht zehn für Tauschgeschäfte im Lager verwendet wurden. In meinem heutigen Gebiss hat ein Häftling, der bei der SS Zahnarzt war, im Frühjahr 1944 gegen Lieferung von Kaninchen eine Stahlbrücke eingesetzt. Damals gab es nur noch wenig Betäubungsmittel, es war schon alles schwierig. Ich erhielt noch Betäubung, die SS-Leute nicht mehr. Etwa zehn Kaninchen waren also immer reserviert, um etwas zu organisieren … Zwei Drittel blieben für uns.«[66]

»Allmählich war es unseren Leuten über, ewig Kaninchenfleisch zu essen … So sollte ich dem Sturmbannführer klarmachen, dass wir viel größere Quantitäten von Impfstoff gewinnen könnten, wenn wir statt Kaninchen Ziegen und Lämmer verwenden würden. Das haben wir dann probiert, und es ging eine Zeitlang. Als uns im Sommer 1944 auch das zu dumm wurde, … schlugen sie vor, ich solle dem Sturmbannführer klarmachen, dass wir Pferde bräuchten. Das gäbe Quantitäten! Ich sagte ihm das. Da sah er mich so merkwürdig an. Ihm war ja die Sache schon bei den Schafen und Ziegen klar geworden … Er hatte ja auch schon im Frühjahr 1944 … für seine Familie in Weimar ganz gerne Fleisch mitbezogen. Auch nicht infizierte Kaninchen hatten wir ihm jeweils eingepackt, die er dann auf seinem Motorrad mitnahm. Auf seine Anforderung haben dann SS-Leute über das SS-Sanitäts-Hauptamt in Berlin die ganze Sache hochwissenschaftlich aus den Schriften begründet. Ich hatte Zitate herbeigeschafft. In der Tat haben dann zwei SS-Leute die Gelegenheit benutzt, um sich zu uns ins Hinterland zu verziehen. Eines Tages kamen sie aus dem polnischen Kielce mit drei Pinzgauern bei uns in Buchenwald an. Die Pinzgauer waren blind. Was für ein Ereignis für mich in Europa: Zwei SS-Leute drücken sich von ihrer tapferen Truppe an der Front und bringen auf Anforderung des SS-Sanitäts-Hauptamtes Berlin über das Hygieneinstitut der Waffen-SS drei blinde Pferde aus Polen nach Thüringen! Die Berufsverbrecher … wollten sofort diese Pferde haben … eines haben sie behalten, zwei blieben bei uns in dem eigens für sie gebauten Stall. Ich werde nie vergessen, wie unsere ukrainischen Tierpfleger eines dieser Pferde, das zwar infiziert worden war, töteten und es in einer Nacht durch die Wurstmaschine drehten, die sie sich beschafft hatten. Das andere Pferd lag tagelang im Stall, weil ihm der Kamerad fehlte. Da töteten sie auch dieses Pferd. Monatelang war es bei uns im Block in Fässern in Essig eingemacht, und auch der Sturmbannführer bekam im Sommer 1944 Sauerbraten für seine Familie.«[67]

Die Felle der Kaninchen wurden gegerbt und zu wundervoll wärmenden Handschuhen und anderen Kleidungsstücken verarbeitet.

Bombenkrieg in Wien

In Wien wurden am 17. März 1944 erstmals kriegswichtige Raffinerien und Verkehrsanlagen am Stadtrand bombardiert. Zusätzlich wurde die Donau von der Luft aus vermint. Sie war ein wichtiger Transportweg für rumänisches Erdöl. Weitere Luftangriffe auf Wien folgten am 12. und 25. April und am 10. Mai. Deutsche Jagdflieger machten den alliierten Bombern schwer zu schaffen. Nach der Landung der Alliierten in der Normandie am 6. Juni wurden viele deutsche Jagdfliegerverbände nach Frankreich verlegt. Das erleichterte den alliierten Bomberpiloten die Arbeit. Umso mehr war die deutsche Fliegerabwehr am Boden gefordert. Den ganzen Juni hindurch wurde Wien weiter bombardiert. Im Juli stellte die Royal Air Force nach schweren Verlusten ihre Angriffe auf Österreich fürs Erste ein. Erst im August nahm sie einen neuen Anlauf. Da viele Bomben ihr Ziel verfehlten, wurde auch die Stadt schwer beschädigt. Am schlimmsten war der Angriff vom 5. November.

Bei einem dieser Luftangriffe verbrannte unser beim Speditionshaus Schenker am Nordbahnhof eingelagerter Hausrat. Dies war das nicht einmal mehr sichtbare Ende einer Hoffnung, die wir eigentlich schon nicht mehr gehabt hatten. Im Sommer 1938 mochte meiner Mutter beim Auszug aus der Glanzinggasse der Abschied von Vertrautem schwergefallen sein. Sie mochte sich mit der Vorstellung einer bloß vorübergehenden Entbehrung getröstet haben. Anfangs war es schwierig für sie gewesen, an benötigte Dokumente heranzukommen. Doch dann verloren diese Zeugen eines vergangenen Lebens trotz ihrer – unerreichbaren – räumlichen Nähe im Übermaß neuer Ereignisse ihre Bedeutung. Zudem erlebten wir die Zerstörung unseres Hausrats nicht mit, sie wurde uns nur mitgeteilt.

Später vermisste ich bestimmte Dinge aus meiner eingelagerten Kindheit. Es sind dieselben wie heute. Je kleiner sie waren, desto mehr vermisste ich sie. In den Bilderbüchlein der Ida Bohatta-Morpurgo kannte ich viele Strophen auswendig, so das Zwiegespräch zweier Bärenbrüder (Spatzi und Bemsi) beim Schlafengehen: »Ach, Bruder, mach ein Plätzchen mir in deinem Bett bereit; / wenn mir vom finstern Walde träumt, dann bin ich gern zu zweit.« // »Geh ruhig in dein Bett zurück«, spricht Braun, »es könnte sein, / mir träumt von einem Honigtopf, da bin ich gern allein.«

Dann meine geschnitzten weiß-braun gescheckten Kühe. Sie waren so klein, und doch verschmähte das Feuer sie nicht. Noch heute muhen sie mir zu, wenn ich sie auf einer Wanderung im Licht der Abendsonne lange Schatten am jenseitigen Hang werfen sehe. Aus solcher Entfernung und so beleuchtet, sehen auch sie aus wie geschnitzt. Das weiße Glanzpapier, über das ich mit der flach gehaltenen Bleistiftspitze strich, um die verborgene Zeichnung sichtbar werden zu lassen. Das Papierquadrat, das ich zu einem Schifflein für die Badewanne oder zu »Himmel und Hölle« gefaltet hatte. Himmel und Hölle: so nahe beieinander. Wenn ich mit Zeigefinger und Daumen die Figur zuklappte, waren Himmel und

Hölle auf fast mystische Weise eins. Das bunte Papier, aus dem ich für den Christbaum Katzenstiegen und Ringelketten schnitt und klebte. Mein Kasten mit den bunten Holzklötzchen, die, richtig eingeordnet, ein dreidimensional wirkendes Strahlenmuster ergaben. Mein Kaleidoskop. Mein Matadorbaukasten. Die Laterna Magica. Mein hölzernes Triton. Das Kasperletheater.

War es Zufall, dass ich vor kurzem diese vertrauten Wertgegenstände eines Kindes in Wasserburg wiedersah? Im Spielzeugmuseum waren sie alle wie für mich bewahrt. Als kindlicher Phantast hätte ich gedacht: Wie kommt mein in Wien verbranntes Spielzeug an den Bodensee? Doch auch in der Nüchternheit des Alters erscheint es mir wunderbar, in einem Museum am Bodensee so intensiv an meine Wiener Kindheit erinnert worden zu sein.

Frühjahr 1944: Mein Vater im KZ erneut in Todesgefahr

Im KZ Buchenwald geriet mein Vater ab Februar 1944 nochmals in Lebensbedrohung. In viel späteren Jahren erinnerte er sich, dass es der Sommer 1943 gewesen war, als er vor der Ermordung gerettet worden war. Das war auch so gewesen. Doch am 7. Februar 1944 forderte die Wiener Gestapo-Zentrale ganz unerwartet nochmals seine sofortige Überstellung als Jude nach Auschwitz. Diese Anordnung wurde bereits einen Tag später provisorisch revidiert; auf seiner Häftlingskarte wurde vermerkt: »8. 2. 44 Darf in kein anderes Lager.« Am 15. März fragte eine andere Wiener Gestapo-Stelle: »... ist als Volljude zu bezeichnen ... Eugen Israel ... warum noch immer nicht überstellt?« Da traf zufällig bereits am folgenden Tag, am 16. März 1944, ein Telegramm der Wiener Gestapo-Zentrale ein, das den Vermerk vom 8. Februar bestätigte: »Bleibt wegen kriegsnotwendigen Einsatzes.« Dies war die lebensrettende Bestätigung, die in der Erinnerung meines Vaters ein Jahr vorher, im Sommer 1943, das Reichssicherheitshauptamt in Berlin telegrafiert haben sollte. Wie mein Vater es bereits in jenem Sommer 1943 geschafft hatte, nicht nach Auschwitz geschickt zu werden, konnte ich nicht eruieren. Möglicherweise war die damalige erste Weisung der Gestapo, nachdem mein Vater zweimal einen Aufschub wegen angeblicher schwerer Tbc-Erkrankung erreicht hatte, im anschließenden Verwaltungsaufwand für seinen Stellenantritt als Arztschreiber vorübergehend in Vergessenheit geraten. Damals hatte mein Vater gedacht, definitiv gerettet zu sein. Jetzt erfuhr er, dass die Angelegenheit nur geruht hatte. Sie war neu aufgeflammt, und wieder war er in Todesgefahr.

Nach seiner erneuten Rettung am 8. Februar 1944 richteten sich alle seine Bemühungen darauf, seine Einstufung als »Volljude« rückgängig zu machen. Eigenartige Schwerpunktverlagerung: Urspünglich politischer Gefangener wegen Widerstandes gegen die Diktatur, wurde mein Vater immer mehr zum Juden transformiert. Doch gerade mit dieser fast immer tödlichen Einstufung vollbrachte er dann seine mutigsten Widerstandstaten. Die Einzelheiten jener dramatischen Tage schilderte mein Vater in seinen anschließenden Briefen aus dem KZ.

Getippter, unzensierter Brief: »12. März 1944. Geliebteste Rita! … Der Unterricht, den Michael erhält, sagt mir recht zu. Ich brauche also in dieser Hinsicht bei allen Dreien offenbar keine Sorge zu haben. Das Übrige ist mir gleichgültig; mögen sie Cornelia von der Oberschule fernhalten, wir werden ihr sehr bald weit Besseres zu bieten haben! Tröste mein holdes Töchterchen, sie soll sich's nicht allzu sehr zu Herzen nehmen, wir werden schon für sie sorgen, und wie! Es freut mich, zu hören, dass Michael doch ziemlich abgehärtet ist. So hoffe ich, das er alle Strapazen glücklich überstehen wird. Recht herzliche Grüße an ihn! Dagegen tut es mir furchtbar leid, dass Alex gegen Erkältungen nun so anfällig geworden ist. Ohne Kopfbedeckung zu gehen, ist das Gefährlichste, was er tun kann; er wird sein ganzes Leben dafür zu bezahlen haben – wie ich! Denn mein Dauerschnupfen kommt ja im Grunde nur daher, dass ich jahrelang Winter wie Sommer ohne Hut gegangen bin. Gibt es gar keine Möglichkeit, einen meiner Hüte privat entsprechend auf Fasson bringen zu lassen? Es wäre so wichtig! … Du selbst, Liebste, solltest Dich wirklich ein ganz klein wenig schonen! Ich habe da ernsteste Sorgen, glaube mir! Wie soll denn das einmal werden, wenn plötzlich in der wiedererlangten Ruhe alle Übel herauskommen werden? … Mach' regelmäßig zweimal am Tag eine kurze Pause von nur 10 oder 15 Minuten, lege Dich ausgestreckt hin und versuche Dich zu entspannen – ohne Sorgen, ohne Grübeleien, einfach in dem Vertrauen, das tief beruhigt, dass Gott uns nicht im Stiche läßt und alles wohl ordnen wird. Willst Du das nicht versuchen? … *Bezüglich Georgs [Was mich betrifft,]* ist also noch keine Entscheidung gefallen. Nun gut, je länger es dauert, umso besser. *Der Chefarzt sagt, dass er ihn [Ding-Schuler sagt, dass er mich]* unter gar keinen Umständen *ins Sanatorium Lamberg [nach Auschwitz]* läßt, und sie haben neue Aufgaben bekommen, die wieder neue Möglichkeiten bilden. Im übrigen hat er *ihm [mir]* verschiedene Vorteile erwirkt: bevorzugten Einkauf von Kleinigkeiten und dergleichen. *Er hat mir mitgeteilt, dass er nun auch die Möglichkeit habe [Ich habe nun auch die Möglichkeit]*, Dir wöchentlich zu schreiben. *Die Kopfkrankheit ist überstanden, er läßt sich das Haar wieder wachsen. [Ich darf mir die Haare wieder wachsen lassen.]* Kurzum, *der Junge gesundet [es geht mir besser]. Laßt ihn in Ruhe, und er wird [Unternehmt nichts in meiner Sache, und ich werde]* mit Gottes Hilfe nach

Kriegsende frisch und fröhlich zu Euch kommen. *Seine Wiener Zentrale hat ihm übrigens vor zwei Jahren ein hundsgemeines Empfehlungsschreiben mitgegeben, voll von Tücken [Die Wiener Gestapo hat übrigens vor zwei Jahren Weisung gegeben, dass ich hier als Jude geführt werde];* aber auch Canaillen sind in der behutsamen Hand Gottes oft nur Werkzeuge zum Guten, gegen ihren Willen! *Schließlich noch die Nachricht von ihm, dass angeblich die sukzessive Liquidation des Lamberg'schen Unternehmens begonnen worden ist. [Ding-Schuler bemüht sich darum, dass der Verschickungsbefehl ganz aufgehoben wird.]* … Saluti! Adschüs! Wiederse'hn! Vat …«

Meiner Schwester Cornelia wurde der Übertritt in die Oberschule verweigert. Sie erlitt also jetzt – vom Regime – die gleiche Zurücksetzung, die über mich – vom Kloster – verhängt worden war. Wie das? Ich erhielt als Flakhelfer in Achau den vorgesehenen rudimentären Gymnasialunterricht. Mein Bruder besuchte das Gymnasium. Was lag speziell gegen meine Schwester vor? Sie hatte ausgezeichnete Zeugnisse. Ich habe Indizien, dass unsere Mutter für uns drei Kinder jedes Jahr erneut den gefürchteten Schulfragebogen ausfüllen musste. Sicher hatte sie jedes Mal tapfer denselben Satz hineingeschrieben: Die Gestapo habe ihr verboten, über ihren Ehemann Auskunft zu geben. Im Falle von meinem Bruder und mir hatte das offenbar stets funktioniert. Wenn es jetzt für Cornelia nicht funktionierte, konnte es am Schuldirektor gelegen haben. War er strenger, regimetreuer, ängstlicher? Sogar im Hitler-Regime waren Handlungsspielräume verblieben, auch für einen Schuldirektor – zugunsten einer Schülerin oder gegen sie.

Unzensierter Brief meines Vaters vom 24. März 1944. »Herzliebste Rita! Ich habe eine stürmische Arbeits- und Sorgenwoche hinter mir. Aus beiliegender Abschrift ersiehst Du, was geschehen ist. Erschrick nicht, mein Herz, die Sache wird nicht schiefgehen! … Mir war in dieser Woche zumut, wie einem Weichensteller, an dem, auf verschiedenen Geleisen, drei D-Züge vorüberrasen, ohne dass er die Möglichkeit hatte, auf die Weichen irgendeinen Einfluss auszuüben, ohne dass es aber auch zu einem Zusammenstoß gekommen wäre! Das Gefühl bestand aus Angst, Mutlosigkeit, Staunen und Vertrauen. Eine seltsame Mischung … Am 12. April vorigen Jahres wurde plötzlich meine Überstellung gefordert. Begründung, wie ich jetzt erfuhr: ich solle Jude sein. Der Tbc wegen blieb ich da. Im Juni 1943 kam ich als Sekretär zum Chefarzt des neu errichteten Hygiene-Instituts, Seuchen-, insbesondere Fleckfieber-Forschung, weil niemand anderer diese schwierige Position bei dem nicht leicht zu behandelnden jungen Chef ausfüllen konnte. Ich arbeitete mich ein und wurde, was Dich nicht verwundern wird, bald unentbehrlich. Am 7. Februar 1944 kam die plötzliche Anforderung der Zentrale zur sofortigen Überstellung, weil ›anzunehmen sei‹, dass ich Jude sei. Der Chef war nicht da, in Berlin! Ich kann Dir nicht schildern, wie es zuging, buchstäblich um Minuten ist es gegangen. Aber es gelang: ich konnte bleiben, bis er zurückkam. Er machte sofort eine Dringlichkeitseingabe, die wirklich großartig war (er kannte seit langem meinen Akt und alle Zusammenhänge). Diese Handlungsweise war umso schöner von ihm, als die Zeugnisse von hier 1940 und 1941 einfach unter jeder Kritik waren (das war so üblich damals, ohne dass man den Betreffenden überhaupt kannte oder gehört hätte), und als, wie ich Dir schon schrieb, die Wiener Zweigstelle ein unqualifizierbares Begleitschreiben 1942 mitgegeben hatte. Ich wartete also mit gemischten Gefühlen auf die Entscheidung. Da erhielt ich am 15. März die Mitteilung, dass aus Wien eine Anfrage eingelangt sei, die Auskunft in irgendeiner Verlagsangelegenheit haben wollte, mit der ich überhaupt nichts zu tun hatte; dabei stand der Nachsatz: »… ist als Volljude zu bezeichnen … Eugen Israel … warum noch immer nicht überstellt?« Offenbar bestand kein Zusammenhang mit der Zentrale. Was nun? Am 16. März abends kam das Telegramm der Zentrale: bleibt wegen kriegsnotwendigen Einsatzes! Großartig. Der Chef war sehr glücklich und gratulierte mir. Am 18. März wurde ich wegen der anderen Sache gerufen. Er ging sofort selbst hin und verlangte, dass man mir Gelegenheit gab, dazu Stellung zu nehmen (seltenste Ausnahme!). So kam es zwar zur Deklarierung, aber im Institut spielt das hier keine Rolle, und meine Freunde und engsten Kameraden waren wirklich rührend. Natürlich war es nicht leicht für mich. Aber stelle Dir nur vor, das Telegramm der Zentrale wäre nicht einen Tag zwischen der Wiener Anfrage und der Einvernahme gekommen! – Am 12. März hatte der Chefarzt, der Sturmbannführer (Major) ist, für 6 von uns, darunter auch mich, von der Leitung die Vorzugsstellung erreicht: wöchentliches Schreiben, Entfall des Haarschnitts, bevorzugter Kantineneinkauf! Nun mache ich vom Ersten, damit die Sache nicht auffällt und etwa zurückgezogen wird, keinen Gebrauch, gelt. – Meine Eingabe [an die Politische Abteilung des KZ Buchenwald] ließ der Sturmbannführer vom 20. bis zum 22. März versehentlich in seiner Aktentasche. Da musste er am 23. März plötzlich in den Harz. Am Kyffhäuser war ein Autounglück; er leistete die erste Hilfe und brachte die Verletzten in die dortige SS-Burg, wobei er den Leiter des Reichssippenamtes, Standartenführer Dr. Mayer, traf. Er erzählte ihm meine Sache und bat ihn, von sich aus einzugreifen. Gestern sandte er ihm eine Abschrift meiner Eingabe mit den Worten: ›Weiterhin überreiche ich Ihnen die beiden Schriftstücke, die der gestern erwähnte Dr. K. an das Reichssicherheitshauptamt eingereicht hat, mit der Bitte, vom Reichssippenamt aus festzustellen, ob er Jude ist oder nicht. Wie Sie selbst schon feststellten, kommt ja eigentlich im äussersten Fall in Frage, dass er Halbjude ist.‹ … Ich meine nun, Liebste, dass die Erklärung zum Volljuden unbedingt zurückgezogen werden wird, weil sie einfach unter keinen Umständen zutrifft … Durch das Sippenamt kann immerhin erreicht werden, dass man die Angelegenheit in Wien nicht einfach verschleppt, und dass ein maßgebliches Urteil erstattet wird … – Gegen die Wiener [Gestapo-]Zweigstelle kann ich natürlich nicht Kampf führen; ich muss danach trachten, dass die Sache in Ruhe erledigt wird, da ich gegen ihre Verfügungen ja offiziell vollständig ohnmächtig bin. Geh' daher tatsächlich zu einem vertrauenswürdigen Anwalt und schenke ihm reinen Wein ein … Du müßtest gleich von vornherein sagen, dass Du nicht sehr viel Honorar leisten könntest; in etwa 3 Wochen einige hundert Mark Vorschuss und dann den Rest durch Freunde, die ihn Dir zur Verfügung stellen würden (zwei Freunde von mir sind bereit, bis zu 2000 Mark zu geben) … Der Anwalt müsste dann bei der Wiener Zweigstelle … intervenieren, dass man vorerst vernünftigerweise von der Erklärung zum Volljuden Abstand nimmt … Gegen die vielleicht auftauchende Behauptung, dass auch mein Vater Jude gewesen sei, wäre es natürlich gut, irgendetwas in der Hand zu haben, z. B. eine Zeugenaussage … Viele liebe Grüße: [kyrillisch:]Ewgenij.«

Diesem Brief an meine Mutter legte mein Vater die Abschrift seiner Eingabe an die Politische Abteilung des KZ Buchenwald bei:

»Buchenwald, 23. März 1944. Am 18. März 1944 wurde ich davon in Kenntnis gesetzt, dass ich als Volljude anzusehen sei. Auf meine Einwendung, dass es sich dabei doch wohl um einen Irrtum in den Ermittlungen handeln müsse, wurde mir die Möglichkeit eröffnet, zu dieser Verfügung Stellung zu nehmen … Ich bin als unehelicher Sohn der Dr. med. Sophie Kogon am 2. 2. 1903 in München geboren und im Mai des gleichen Jahres römisch-katholisch getauft worden. Als mein Vater wurde mir später sowohl vonseiten meiner Pflegeeltern, des Ehepaars Heuberger in München, als auch vonseiten meiner Erzieher und Förderer Alexander Michael Ssemjonoff, Gesandtschaftsrat an der damaligen Kaiserlich-Russischen Gesandtschaft in München, bezeichnet. Meine Mutter ist Ende 1905 gestorben. Verheiratet bin ich mit … Unserer Ehe entstammen drei Kinder: …

Im Oktober 1939 wurde mir von der Politischen Abteilung eröffnet, Nachforschungen hätten ergeben, dass meine Mutter jüdischer Herkunft gewesen sei, und man hätte deshalb eine rassenbiologische Untersuchung angeordnet. Diese wurde vom damaligen Standortarzt der Waffen-SS Weimar im Beisein von zwei weiteren SS-Ärzten vorgenommen und hatte zum Ergebnis, dass an mir ostische, aber keinerlei jüdische Rassemerkmale festzustellen seien.

Ich bitte nunmehr, meiner Frau den in der Anlage beigefügten Brief zuzuleiten, damit sie instand gesetzt wird, auf Grund der im Einzelnen angeführten Unterlagen an meiner Stelle den Ariernachweis zu führen, da ich selbst dazu von hier aus nicht in der Lage bin. Es handelt sich um folgende Nachweise: Meine eigenen einfachen Abstammungsurkunden; Dokumente über die Abstammung meiner Mutter; Urkunden, aus denen hervorgeht, dass mein Vater in den Jahren 1902 und folgende (gerade während der Zeit der schärfsten antijüdischen Maßnahmen in Rußland!) tatsächlich an der russischen Gesandtschaft in München tätig war und aus dem zentralrussischen Gouvernement Rjasan – Kichinow bei Korablinow – stammte; schriftlich niedergelegte Zeugenaussagen, dass Alexander Michael Ssemjonoff tatsächlich mein Vater war …; Briefe, Aufzeichnungen und Abrechnungen der Jahre 1903–1906, aus denen sich orientierende Hinweise und der Nachweis ergeben, dass über die seinerzeitige Russische Gesandtschaft in München meinen Pflegeeltern Heuberger Unterhaltsbeiträge für mich bezahlt worden sind.

Ich bitte, … im Hinblick auf die rassenbiologischen Feststellungen ... von der getroffenen Verfügung Abstand zu nehmen ... Eugen Kogon.«

Unzensierter Brief aus dem KZ vom 25. März 1944. »... Wie habt Ihr den Luftangriff auf Wien am 17. März überstanden? ... Um mich braucht Ihr Euch in dieser Hinsicht gar keine Sorge zu machen. Wir haben zwar Tag und Nacht Alarm, aber hier in unserem engeren Bereich kümmert sich niemand darum, weil dieser Fleck stets ›ausgespart‹ wird. Es hat schon der ganze Horizont im Umkreis von 200 km geflammt, bis auf wenige Kilometer zu uns her, – hier selbst ist nie etwas geschehen! Während des Alarms arbeiten wir ruhig weiter und in der Nacht schlafen wir wie die Murmeltiere ... Michaels Brief vom 11. März hat mir mächtig Freude bereitet ... Alex und Cornelia sollen aber nur nicht glauben, dass mir die lieben Zeilen, die sie mir von Zeit zu Zeit schicken, nicht ähnliche Begeisterung entlockten! ... In Zukunft richtet alle Post und die Päckchen nicht mehr an Block 42, sondern an Block 12. Ich erhalte die Sachen ganz genau so, und ich bin verwaltungsmäßig nur verlegt worden, weil ich nicht mehr krank, sondern kommandiert, d.h. dauernd vom Appell ausgenommen bin. Sonst hat die Sache keine Bedeutung. – Meine Herzallerliebsten, ich grüße Euch innig, umarme Euch stürmisch und lang und bleibe Euch in Gedanken küssend Euer Vat.«

Diesem Brief legte mein Vater ein verschlossenes Schreiben speziell für meine Mutter bei. Es ging wieder darum, dass er sich dagegen wehrte, im KZ Buchenwald als »Volljude« geführt zu werden. »28. März 1944. Meine herzinnig geliebte Rita! ... Die Eingabe ist erst am 27. März eingereicht worden und geht übermorgen erst weg. (An das Reichssippenamt hat sie der Sturmbannführer schon weggeschickt.) ... Das Wichtigste scheint mir zu sein: die Geburtsurkunden vom Standesamt München und, wenn irgendwie möglich, Urkunden vom Vormundschaftsgericht München ... Vielleicht enthalten sie eine Vaterschaftsangabe ... Meinst Du, dass Vater noch elastisch genug ist, diese Sache in die Hand zu nehmen? Oder hat er auch da Angst? Es wäre so einfach für ihn ... Den andern Teil: die schriftlichen Zeugenaussagen, kann man dann, wenn nötig, anschliessend machen ... Den Rest würde, wenn es überhaupt noch notwendig würde, das rassenbiologische Gutachten besorgen ... – Wegen der Kinder bleibst Du bei der Lage, wie sie ist ...; schlimmstenfalls sind die Kinder sog. Mischlinge 2. Grades und als solche schulberechtigt. Sollten auch da Schwierigkeiten sich ergeben, dann verzichte eben für den Rest dieser Wartezeit, und wir holen alles umso gründlicher in Bälde nach! ... Nimm es nicht tragisch, Liebling, trage den Kopf nach wie vor hoch! Wer uns wirklich zu schätzen wußte, wird es auch jetzt tun (das habe ich selbst soeben erfahren), und wer sich abwendet, soll es tun – Gott sei Dank, dass wir dann über ihn Bescheid wissen! ... Die Rolle, die mir von Gott im Leben zugewiesen wird – auf Grund meiner Herkunft, meines Charakters, meines Wissens und meiner Leistungen –, die spiele ich, gerade, aufrecht, selbstbewußt und ohne Komplexe. Ich bleibe, was ich bin, und der Rest kann mich! – Viel denke ich an unsere Zukunft, Herzenskind, mein Oberliebling! Sie wird aller Wahrscheinlichkeit nach äusserlich nicht gerade gemächlich werden, und wer weiß, wo uns die Ereignisse noch hinspülen werden. Aber die Liebe, die Liebe! Es wird unendlich viel anders sein, als es war: intensiver, bewußter gelebt, fröhlicher und mehr überlegen, nicht mehr so drin im Getriebe. Sei überzeugt: Gott schützt, führt und segnet uns! ... Leb' innig wohl, Mutsch, ich bin von ganzem Herzen Dein Eugen ... Kann man Deine Möbel bei Schenker nicht doch noch retten (bei einem Bauern?); Wien wird nun sicher öfter und stark bombardiert werden, da es der letzte große Verkehrsknotenpunkt nach Südosten ist!«

Am 3. April 1944 schickte der Direktor des Reichssippenamtes in Berlin meiner Mutter einen langen Fragebogen »Betrifft: Abstammung Ihres Ehemannes«. Darin wurde natürlich viel mehr gefragt und angefordert, als mein Vater gedacht hatte: unter anderem »Lichtbilder des angeblichen Erzeugers Ihres Ehemannes aus verschiedenen Lebensaltern«, »Personalien des Alexander Michael Ssemjonoff und seiner Eltern« sowie »Geburts- und Heiratsurkunde der Großeltern mütterlicherseits Ihres Ehemannes«. Die Annahme meines Vaters, sein Vater könne, wenn über ihn nichts bekannt war, nicht als Jude eingestuft werden, beeindruckte die Wiener Gestapo und die Berliner Reichsippennazis in keiner Weise. Meine Mutter hatte vermutlich nicht mehr die Kraft und die Zeit, alle angeforderten Dokumente und Unterlagen zu beschaffen. Einige dieser Dokumente waren bei der Speditionsfirma Schenker am Nordbahnhof eingelagert, wo sie praktisch unzugänglich waren und bald darauf bei einem Luftangriff verbrannten. Mein Großvater in München war gelähmt von Sorge, seine ihm den Haushalt führende nazistische Stiefschwester könne merken, dass der Schwiegersohn »saß«. Dass ein gewisser Michael Alexander Ssemjonoff der »Erzeuger« gewesen sei, war durch nichts zu belegen. Aus dem Taufschein meines Vaters ging, für jedermann einsehbar, hervor, dass seine Mutter »mosaischen« Glaubens war. Seine Angabe, alle Unterlagen über seine Mutter seien im Jahr 1905 vermutlich »verbrannt«, hatte keinerlei Grundlage. Die Eltern jener Sophie Kogon, wohnhaft in Nikolajew am Schwarzen Meer, hatten jüdische Familiennamen getragen: Ihr Vater hieß Kogon, ihre Mutter war eine geborene Lisonsky und heiratete nach dem Tod ihres Mannes (1882) einen Kaufmann namens Ekstein. Da sie beide nichtjüdische Vornamen trugen – Gregor und Fanny –, waren sie vermutlich assimiliert, jedoch noch immer jüdischen Glaubens (da ihre Tochter in diesem Glauben erzogen worden war). 1944 waren beide längst tot. Ihre persönlichen Unterlagen waren vermutlich vernichtet. 1944 war die Heimat meiner Urgroßeltern rumänisch besetzt und die jüdische Bevölkerung fast zur Gänze ausgerottet. Ergebnis: Die am 18. März erfolgte Eintragung meines Vaters als Jude wurde nicht rückgängig gemacht.

Seltsamerweise hatte dies keine Folgen für meinen Bruder und mich, wohl aber für unsere Schwester. Wir galten nunmehr als »Mischlinge 1. Grades« (»Halbjuden«) und hätten als solche eigentlich nicht mehr die höhere Schule besuchen dürfen. Vermutlich hätte ich sogar aus dem Dienst in der Deutschen Luftwaffe entlassen werden müssen. Doch nichts dergleichen geschah. Alex besuchte weiter das Gymnasium, ich blieb Luftwaffenhelfer und erhielt sporadischen Gymnasialunterricht. Erste Löcher im Stahlnetz der Diktatur hatten sich aufgetan. Viele Dokumente waren nicht mehr zugänglich. Post und Bahn funktionierten nicht mehr verlässlich. Verwaltungsposten waren nicht mehr ausreichend besetzt. Damit war auch die Verbindung der Behörden untereinander nicht mehr perfekt. Niemand kümmerte sich um unseren rassischen Status.

Die Vorstellungen meines Vaters über seine Chancen, seine Einstufung als Jude rückgängig zu machen, waren so haarsträubend unrealistisch, dass ich manchmal bezweifle, ob er selbst an einen Erfolg glaubte. Verzweifelt kämpfte in ihm das Kind, das im Erwachsenen weiterlebte, um Anhaltspunkte, dass er aus achtbaren Verhältnissen stammte. Die Vergeblichkeit seines Bemühens hatte aber keine Bedeutung mehr. Er hatte den einflussreichen SS-Arzt Ding-Schuler auf seiner Seite, wenn nicht in seiner Hand. Er wurde von dem Mann geschützt, zu dessen Gunsten im besiegten Deutschland wiederum er aussagen würde. Dass mein Vater nun als Volljude galt, hatte nicht mehr die in allen gleich gelagerten Fällen zwingende Konsequenz seiner Ermordung. Die einzige Voraussetzung seines Überlebens war, dass Hitler ihm den Gefallen tat, den Krieg zu verlieren. Es war der einzige Gefallen, den er von Hitler noch erwartete. Und Hitler tat ihm diesen Gefallen.

Am 12. Mai 1944 war die Krim wieder fest in sowjetischer Hand. Ebenfalls im Mai eroberten die Westalliierten in Italien den Monte Cassino. Am 4. Juni gaben die Deutschen Rom widerstandslos auf. Am 6. Juni 1944 landeten die Westalliierten von England aus in der Normandie. Am 22. Juni begannen die Sowjets ihren Vormarsch bis kurz vor Warschau und Ostpreußen. Am 3. Juli eroberten sie die Stadt Minsk zurück. Am 17. Juli wurden 57 000 deutsche Soldaten als Kriegsgefangene durch Moskau geführt. Am 20. Juli entging Hitler knapp einem Attentat. Am 24. Juli wurde als erstes deutsches Konzentrationslager Majdanek befreit. Am 1. August begann die »Polnische Heimatarmee« den Warschauer Aufstand. Am 15. August starteten die Westalliierten ihre Invasion in Südfrankreich. Am 18. August erreichte die Rote Armee Ostpreußen. Am 20. August begann sie ihren Angriff auf Rumänien. Am 23. August schloss Rumänien einen Waffenstillstand mit der Sowjetunion. Am 25. August wurde Paris befreit. Am 2. September verlangte Finnland von Deutschland die Räumung seines Territoriums. Am 3. September wurde Brüssel befreit, am 4. September Antwerpen. Am 5. September nahm die Rote Armee Bulgarien ein; Bulgarien erklärte Deutschland den Krieg. Am 19. September schloss Finnland einen Waffenstillstand mit der Sowjetunion. Am 1. Oktober drangen sowjetische Truppen erstmals auf jugoslawisches Gebiet vor. Am 20. Oktober wurde Belgrad erobert. Am 21. Oktober fiel als erste deutsche Stadt Aachen. Ding-Schuler brauchte nicht mehr von der bevorstehenden deutschen Niederlage überzeugt zu werden.

Die KZ-Gefangenen von Achau

In unsere Batterie in Achau wurden täglich aus dem Mauthausener KZ-Außenlager Maria Lanzendorf Häftlinge geführt, um Gräben auszuheben. Das waren, nach dem »Steinbruch«, die schlimmsten Arbeiten, die einen »KZler« treffen konnten. Auch meinen Vater hatte seine Gefangenschaft im KZ Buchenwald zuerst in ein »Schachtkommando« geführt: »Alle meine Finger waren vereitert. Es war schrecklich.«

Ich hatte gerade erst mitbekommen, dass mein Vater in Buchenwald Schlimmes durchgemacht hatte. Er hatte in Todesangst um sein Leben gekämpft. Meine Mutter hatte mit ihm gebangt. Mein Vater hatte sie inständig gebeten, ihm in Wien und München aus Behörden, Archiven, Bibliotheken, Pfarreien und Friedhofsverwaltungen sowie von Freunden, Bekannten und ihrem Vater Unterlagen und Bestätigungen zu beschaffen, dass er kein Jude sei. Meine Mutter war am Ende ihrer Kräfte und auch ihrer Zeit. Sie hatte nichts von dem tun können, worum er sie gebeten hatte. Ich hätte sie unterstützen müssen. Ich konnte es nicht. Ich hätte auch für meinen Vater etwas tun müssen. Ich wusste nicht, was.

In jenen schweren Tagen drückte mir ein Vorgesetzter ein Gewehr in die Hand. Ich sollte die »KZler« bewachen: aufmerksam sein, jeden Fluchtversuch mit der Schusswaffe vereiteln und mich so verhalten, dass die Gefangenen Angst vor mir hatten und nicht an meiner Entschlossenheit zweifelten. Ich hockte, das Gewehr quer über den Knien, auf dem Aushub, den sie geschaufelt hatten. Ich hatte gelernt, den Lauf meiner Schusswaffe nie auf Menschen zu richten – außer im Ernstfall. Der sollte nun eingetreten sein. Ich war zur KZ-Wachmannschaft geworden. In allen KZ gab es – das erfuhr ich später – neben dem Lagerführer, dem Lagerältesten, den SS-Leuten, den Kapos und anderen Funktionsträgern

»die Wachmannschaften«. Manche waren schon immer herzlos und grausam gewesen oder im Krieg verroht. Aber nicht alle. Zu denen gehörte nun ich, glücklicherweise nur kurz.

Es war lediglich ein Häuflein, das ich zu bewachen hatte. Ich beobachtete jeden Einzelnen. Sie sahen alle gleich aus. Das lag nicht nur an ihrer Sträflingskluft. Sie sahen alle in gleicher Weise nach Angst, Erschöpfung und Hunger aus. Sie hielten sich alle geduckt, blickten nicht auf, stachen mit ihren Schaufeln auf den Boden ein, als sei darin etwas, das es zu vernichten galt, vielleicht ihre Würde. Sie wendeten dafür alle Kraft auf, die ihnen verblieben war. Erst später wurde mir klar, warum ich sie beobachtete. Ich suchte einen, der sich von den anderen unterschied.

Es gab diesen einen. Doch es war nicht der, den ich suchte. Er schaufelte nicht. Er schlug – die anderen, mit der Schaufel. Sollte ich es verhindern? Durfte ich es? Ich kannte ja nicht einmal ihre Sprache – ihre Sprachen. Durfte ich mit »denen« überhaupt reden? Befehle bellen ja, aber reden? Einer der Gefangenen duckte sich vor dem Schläger. Er trug eine Brille mit kleinen kreisrunden Gläsern. Sie war verrutscht. Der Mann rückte sie nicht zurecht. Sie fiel ihm aber nicht von der Nase. Sie klammerte sich an seine Nase wie der Gefangene an sein Leben. Waren die Gläser geklebt? Ich konnte es nicht erkennen. Dieser Gefangene wagte nicht, mich anzusehen. Ich war sein Bewacher. Da bekam dieses Wort für mich einen anderen Sinn. Ich richtete mein Gewehr auf den Schläger. Und der? Ich glaubte es anfangs nicht: Der schlug den Mann mit der Brille nicht mehr. Der, seinerseits, schaufelte und hackte und grub und warf mit Erde um sich, als sei er ein Maulwurf und einem Schatz auf der Spur. Zum ersten Mal wurde mir klar, was es für meinen Vater bedeutete, in einem Hitler-KZ gefangen zu sein.

Ich erinnerte mich an meine Fantasien, mit meinem Schulenglisch einem abgeschossenen Piloten zu helfen, sich zu verstecken. Nur: Wo ich ihn hätte verstecken können, hatte ich nicht bedacht. Ich hatte nur überlegt, wie ich mein Schulenglisch anbringen konnte. Mir fiel ein, dass jener Pilot von mir selbst hätte abgeschossen sein können.

Mir war mein Platz an einer Kanone zugewiesen worden. Mit ihr schoss ich auf Lichtpunkte im Scheinwerferstrahl. Die Punkte bezeichneten Menschen. Meine Ziele waren fliegende Menschen. Feinde? Die Bomber hatten es nicht auf die Zivilbevölkerung abgesehen. Ihre Ziele waren die hochgezüchteten deutschen Rüstungsindustrien – hauptsächlich Raffinerien – am Rande Wiens und militärische Verkehrswege. Die Bombenkrater in freiem Gelände bewiesen mir allerdings, dass viele Bomben ihr Ziel verfehlt hatten – wegen schlechter Sicht oder weil die Bomber von deutschen Jägern abgedrängt worden waren. Wenn es schon für unsere Flak fast unmöglich war, einen dieser sausenden Bomber zu treffen: Um wie viel schwerer musste es für deren Piloten sein, im Dahinrasen einen Zielpunkt am Boden präzise anzuvisieren! Ihr Auftrag war, kriegswichtige Ziele zu bombardieren. Wenn ich half, sie abzuschießen, tat ich nicht der Zivilbevölkerung einen Gefallen; ich schonte die Produktion von Treibstoff, Waffen und Flugzeugen – und half damit, den Krieg zu verlängern, dessen Dauer die Dauer der Gefangenschaft meines Vaters bestimmte. Ich hatte schon vorher daran gedacht, »meine« Kanone Berta danebenschießen zu lassen. Nun war ich dazu entschlossen.

Die sechs Kanonen unserer Batterie wurden immer zur selben Zeit abgefeuert. Wenn sie richtig eingestellt waren, bildeten die sechs Detonationswölkchen am Himmel ein Sechseck. Jeder Bedienungsfehler war am Himmel zu sehen, ebenso jeder Sabotageakt. Nur war beim Anflug von Bombern der Himmel so voll von Detonationswölkchen, dass ein einzelnes kaum zuzuordnen war. Auch hatte während eines Überflugs oder gar Angriffs vermutlich niemand Zeit, zu prüfen, ob die Wölkchen am Himmel alle am »richtigen« Platz waren. Mit meinem Entschluss danebenzuschießen, ging ich kein großes Risiko ein. Vorsichtig, wie ich war, stellte ich jedes Mal, wenn die Bomber über uns hinwegflogen, die Höhe des Kanonenrohrs zwar falsch ein, aber nicht zu sehr. Ich war ein mutiger, aber auch ein vorsichtiger Saboteur. Ein erschossener Saboteur, der nicht mehr danebenschießen konnte, hätte meinem Vater nichts genutzt.

Frühjahr, Sommer, Herbst, Winter 1944: Briefe aus dem KZ

Unzensierter Osterbrief meines Vaters, gestempelt in einem Postamt in Weimar: »3. April 1944. Mein Herzlieb! Liebste Kinder! ... Wir wollen also getrost die neue Hoffnung dieses Jahres ein wenig flügge werden lassen ... Und wohin soll sie sich freudig schwingen? In ein Osterland 1945, das uns in Frieden und Freude, wenn auch nicht gerade üppig versorgt, beisammen findet! Dann liegt all das Erlebte wie ein Nachtmar hinter uns; in Träumen mag es noch manchmal unsere Seelen bedrücken, aber die Tage werden licht und hell für uns sein ... So ein Ausflug, wie wir ihn 1935 nach Ternitz gemacht haben – Du, ich, die Kinder und Tante Sophie – mit den Schneerosen auf den Hügeln, den frischen Tannenspitzen, aus denen Du Honig gemacht hast, der schwarzen Schlange, die von den Buben entdeckt wurde, wird wie eine matte Erinnerung gegen die neue Wirklichkeit sein! Alles, was mir nur möglich ist, werde ich tun, um es dahin zu bringen, das dürft Ihr mir glauben ... Ein schreckliches Jahr inneren Druckes, der dauernd auf mir lastete, liegt hinter mir ... Es hat einige Spuren in meinen Gesichtszügen zurückgelassen, und die Seele kann noch immer nicht so recht. Aber es wird schon werden. Wenn Du selbst, Liebste, zuweilen Dich in Angst befindest, dann spüre ich das heftig; in Träumen überträgt es sich auf mich ... Ich bin so froh, dass Alex Dir hilft, das tröstet mich gewaltig. In Gedanken verbringe ich viele Stunden immer mit Euch, und es tut so wohl, zu wissen, dass auch Euer Denken in den stillen Minuten bei mir weilt. Ich muß schließen! Immer und innigst Euer Vat ...«

Unzensierter Brief meines Vaters vom 5. April 1944, gestempelt in einem Weimarer Postamt. »Geliebteste Rita! ... Ich habe es doch gewußt, dass Dir mein erster, an Dich persönlich gerichteter Brief wüsteste Sorgen bereiten würde ... Ich verstehe Dich freilich sehr gut, und auch Dein ›Briefträger-Komplex‹ ist mir begreiflich. Aber unsere Schutzengel sind stärker als alle Briefträger und alle Behörden, glaube mir das! – Meine Bemerkung wegen der ›nicht gemächlichen Zukunft‹ war ganz allgemein gedacht; nach diesem Krieg werden die Verhältnisse in Europa lange Zeit nicht allzu rosig sein, nicht wahr? Das sollte aber bei Leibe nicht heissen, dass auch nur die geringste Wahrscheinlichkeit bestünde, dass Du so weiterleben müßtest, wie das jetzt der Fall ist! ... Sollte die Sache mit Mauserls Oberschule aus irgendeinem Grunde nicht klappen, so würde ihr das sicherlich recht schwer fallen; ich verstehe das auch. Trotzdem dürfte sie es nicht gar zu traurig machen: ihr Vati wird sie mit Glanz und Gloria an die Spitze bringen, da würde eine kleine letzte Verzögerung schon keine so wichtige Rolle mehr spielen! Allerdings weiß ich zur Genüge, wie weh in dem Alter, in dem Mauserl jetzt ist, jede geringste Zurücksetzung tut ... – Oh, unsere seelische Verbundenheit! Wir zwei spüren alles Leid und jede Bedrängnis voneinander. Aber es liegt auch ein Trost darin, sogar ein sehr großer: die absolute Sicherheit unserer Liebe!«

Unzensierter, dennoch verschlüsselter Eilbrief meines Vaters: »23. April 1944. Liebste Rita! Es ist möglich, dass Dich gegen Dienstag-Abend, wahrscheinlich aber im Laufe des Mittwoch, 26.4., unser Freund, *Herr Polizeikommissar Müller [SS-Unterscharführer August Feld?]*, in Wien anruft und mit Dir eine Zusammenkunft vereinbart. Er ist auf der Durchreise. Bitte, halte Dich zu dieser Zeit, insbesondere den ganzen Mittwoch, zur Verfügung, damit Dich Herr *Müller [Feld?]* unbedingt erreicht ... Er wird Dir viel erzählen! Viele, viele Grüße: Dein *Vetter Robert [Vat].*«

Ich erinnere mich noch dunkel an den Besuch von August Feld. Er übermittelte Grüße von unserem Vater. Er sah wie ein guter SS-Mann aus – gut in unserem, nicht in Himmlers Sinn. Ich hatte in der *Deutschen Wochenschau* viele SS-Leute gesehen, stets führertreu einsatzfreudig: im »Überlebenskampf des deutschen Volkes im Osten«; bei der Niederschlagung des Aufstandes der Juden im Warschauer Getto; mit einem kleinen blonden Mädchen auf dem Arm, um es vor einem bolschewistischen Untermenschen in Sicherheit zu bringen; mit strammem Schritt und Tritt und zackigem Arm vor dem Führer. Ich hatte auch zur Kenntnis genommen, dass SS-Männer in der Regel straff germanisch aussahen, mit Ausnahme – ganz an der Spitze – des nicht sehr großen, rundlichen, bebrillten Reichsführers SS Heinrich Himmler.

Der brave August Feld mit seinem minderen SS-Rang sah ebenfalls nicht typisch germanisch aus. Dazu kam etwas, was ich noch nie bei einem SS-Mann gesehen hatte: Er konnte lächeln. August Feld berichtete, unserem Vater gehe es gut. Wir wussten, was das bedeutete. Höhere Erwartungen hatten wir nicht. Und vielleicht wusste der brave August Feld zwar, in welcher gesundheitlichen Verfassung mein Vater war, aber nicht, wie es in seiner Seele aussah. Natürlich fühlte er, was die Angehörigen hören wollten und was er sagen konnte, ohne zu lügen. Also: »Es geht ihm gut.« Im KZ! Bald würde August Feld nach Buchenwald zurückkehren und auf die

Frage meines Vaters die selbstverständliche Antwort geben: »Es geht ihnen gut.«

Im Mai 1944 wurde Wien ab dem 10. des Monats siebenmal bombardiert. Täuschte ich mich, oder griffen die Bomber immer öfter tagsüber an? Als bräuchten sie sich nicht mehr zu verstecken. Wir in Achau gewöhnten uns an den Rhythmus: Alarm, Schießen, Alarm, Schießen.

Nach der Landung der Westalliierten in der Normandie am 6. Juni 1944 erklärte uns der rundliche Polit-Wachtmeister Bott die neue Frontlage. Der Feind müsse ins Meer zurückgeworfen werden, wie seinerzeit bei Dünkirchen. Sonst hätten wir, nach »dem Russen« im Osten und »den Amis« im Süden, eine dritte Front im Westen. Wenn die bleibe, »haben wir den Krieg verloren«. Das war nicht »defätistisch« gemeint. Unter seinen Zuhörern saß ja auch der Generaloberstensohn Henning Loerzer. Er konnte keine Denunziation riskieren. Er hatte es »rein theoretisch« gemeint – so theoretisch, dass es trotz seiner ideologischen Unzulässigkeit ausgesprochen werden konnte. »Rein realistisch« musste der Feind zurückgeworfen werden. Also würde es geschehen.

Dann das Attentat auf Hitler am 20. Juli 1944. Hitler wurde nur leicht verletzt, der Staatsstreich misslang. Mehr als 200 deutsche Widerstandskämpfer endeten am Strang. Aber *dieses* Attentat hatte nicht mehr verheimlicht werden können. Damals ermaß ich nicht, dass es, auch wenn es misslungen war, mitgeholfen hatte, Deutschlands Ehre vor der Weltgeschichte zu retten.

Ein riesiges Fragezeichen legte sich über das deutlich kleiner werdende »Groß«-Deutschland. Goebbels' Ministerium vollbrachte Meisterleistungen der Verdrehung und Vertuschung. Es half aber nichts mehr. Die Endsieg- und Wunderwaffenpropaganda hatte tiefe Kratzer bekommen. Die Schrumpfung des Landes in ein Immerkleiner-Deutschland war absehbar.

Am 1. Juni 1944 schrieb mein Vater meinem Bruder Alex als neuem männlichem Vertreter des Wiener Restbestandes unserer Familie einen sorgenvollen Brief, wieder unzensiert, wieder getippt auf seiner Schreibmaschine mit der Spezialtaste für die doppelte Siegrune der SS – also einer Nazi-Schreibmaschine: »1. Juni 1944. Mein lieber, lieber Alexius! Ich habe mich in meinem Leben noch nie so über Deine Schrift gefreut wie heute Früh, als das Briefpäckchen Nr. 1 vom 17. Mai hier ankam und ich sah, dass die Adresse von Dir geschrieben war! Du kannst Dir nicht vorstellen, mein lieber Bub, was ich in diesen Wochen für eine Angst um Euch alle ausgestanden habe! Meine Sorge um Mutti ist ja leider noch nicht beseitigt, weil das Päckchen keinen Hinweis irgendwelcher Art – ausser dem Inhaltsverzeichnis – brachte. Aber ich sage mir, dass Du doch wohl ein Wort beigefügt hättest, wenn etwas ganz Schlimmes eingetreten wäre … Was mag nur bei Euch vorgefallen sein, dass ich so gar nichts mehr von Euch erfahren habe? … Ich bitte Dich sehr, lieber Alex, gib mir gleich Nachricht über Euch alle: über Mutti, Cornelia und Michael! Habt Ihr die letzten Angriffe gut überstanden? Seid Ihr nicht mehr in der Hartäckerstraße? … Ach, wenn ich nur schon wüßte, wie es Mutti geht, wo sie ist, was ihr zugestoßen ist! … Nun sei innig umarmt, liebster Alexius, küsse Cornelia, wenn sie bei Dir ist (jetzt dürft Ihr Euch nicht zanken!), grüße Michael innigst, wenn Du ihn erreichen kannst, und bring mir vorallem Nachricht von unserer herzliebsten Mutti! Hörst Du, ja? Ganz, ganz Dein Vati.« (Handschriftlicher Nachtrag:) »Zeig' diesen Brief keinem Fremden!«

Wie sich herausstellte, war alles »in Ordnung«, soweit man das damals sagen konnte. Vermutlich hatte die Post versagt.

Zu meinem sechzehnten Geburtstag schickte mir mein Vater aus dem KZ ein Buch: *Tales from Shakespeare by Charles and Mary Lamb in one volume*, enthalten in der Reihe *Series for the Young, vol. 7*, ledergebunden, 1863. Darin eine eigenhändige englischsprachige Widmung. Dieses Buch hatte er mit viel Bedacht so ausgesucht, dass es meine Interessen und meinen Bildungsstand, auch den Stand meiner Englischkenntnisse traf. Charles und Mary Lamb hatten die großen Werke Shakespeares so umgeschrieben, dass sie jungen Menschen leichter zugänglich wurden, zugleich aber Diktion und Wortwahl Shakespeares weitestmöglich beibehalten. Auch heute noch lese ich Shakespeare, wenn die Gelegenheit sich ergibt, lieber in diesem Buch als im Original, und jedes Mal denke ich dabei mit Wärme an meinen Vater. Wie mochte er an diese bibliophile Kostbarkeit gekommen sein? Oder war es ein einfaches Buch gewesen, und ein KZ-Häftling, in seinem früheren Leben Buchbinder, hatte es gegen Lieferung von Kaninchenfleisch »aufgemöbelt«?

Zu diesem Buchgeschenk passt der folgende Bericht meines Vaters: »Ich selbst habe mich im Winter 1942/43, als im Block 42 des KL Buchenwald Nachtwachen eingerichtet werden mußten, weil aus den Spinden dauernd Brot gestohlen wurde, monatelang dazu gemeldet, morgens zwischen drei und sechs Uhr allein im Tagesraum zu sitzen, um, wenn es herrlich ruhig dort war, die Zeit zu finden, die Schätze der Lagerbibliothek zu studieren. Welch ein Erlebnis, mit Platons ›Gastmahl‹ oder Galsworthys ›Swan Song‹ oder mit Heine, Klabund, Mehring unter einer abgeblendeten Lampe zu sitzen, während die oft kaum mehr erträgliche ›Gemeinschaft‹, an deren Reihen man sonst auf Gedeih und Verderb in jeder Lebensäußerung gefesselt war, nebenan im Schlafsaal schnarchte! Heine, Klabund, Mehring? Ja, auch sie gab es illegal im Lager, und zwar aus der sogenannten Altmaterialverwertung. Die Nationalsozialisten im Land beschlagnahmten viele Bibliotheken von ›Staatsfeinden‹ und gaben sie zum Einstampfen. Teile davon gelangten als Altpapier in die Lager, wo sie als Klosettpapier Verwendung fanden. Die Häftlinge sortierten sorgfältig aus, was sie brauchen konnten.

Es kam vor, dass Justinians Pandekten darunter waren, berühmte juristische Werke oftmals, sehr häufig die Bibel in alten und neuen Ausgaben. Man konnte sie zuweilen noch vom Klosett weg retten, mußte dann allerdings dort, um eine Revolte der Mithäftlinge zu vermeiden, rasch für Ersatz sorgen, was gar nicht leicht war, da erheblicher Papiermangel herrschte.«[68]

Im Juni, Juli und August 1944 setzten die Westalliierten ihre Luftangriffe auf Öl- und Verkehrsziele, Lagerhäuser und Nachschubbasen, Flugplätze und Flugzeugwerke im Raum Wien unverändert fort. Zwischen dem 16. Juli und dem 21. August griffen sie jedoch nur ein einziges Mal an. Ich nehme an, dass unsere Oberen jene relativ »bombenarme« Zeit zum Anlass genommen hatten, unsere Geschützstaffel zu einer Übung für den Nahkampfeinsatz auf einen in der Nähe von Malacky in der Slowakei gelegenen Truppenübungsplatz abzukommandieren. Wir legten die Fahrt in einem Viehwaggon zurück. Das störte mich nicht. Es macht einen Unterschied, ob man in einem solchen Wagen als Soldat oder als Gefangener transportiert wird.

Ausgerechnet nach Malacky war Klaus Dohrn, der Freund meines Vaters, im März 1938 vom österreichischen Dürnkrut aus geflüchtet. Der slowakischen Bevölkerung konnten die Deutschen so viel Schießlärm zumuten, wie sie wollten. Das Deutsche Reich hatte die Gegend um Malacky zu ihrer »Schutzzone« erklärt. Das deutsche Militär konnte dort machen, was es wollte. In Malacky wehte keine Naziluft. Die Menschen waren freundlich, die Läden reichlicher versorgt als die Geschäfte in Wien. Ich kaufte – ohne Lebensmittelkarten! – für mich Maisfladenbrot und als Mitbringsel für meinen nächsten Wochenendurlaub Konservendosen mit Gänseleberpastete und gute Schokolade, soweit mein Geld reichte. Es war ein seltsam befriedigendes Gefühl, in einer Zeit größter Knappheit einkaufen zu können fast »wie im

Frieden«. Wieso Hitler die Slowakei noch nicht vollständig hatte ausplündern lassen, konnte ich mir nicht erklären.

Unzensierter Brief meines Vaters: »17. August 1944 … *Gustl [August Feld]* ist glücklich aus seinem Urlaub zurückgekommen. Sie hauen jetzt aus der Luft allerhand hinein in der Gegend dort [im Saarland] … In gewisser Hinsicht freue ich mich auch, dass Michael in die Slowakei versetzt wurde; das mit Achau war schon keine sehr gemütliche Sache mehr. Kann er nicht doch endlich seinen Urlaub haben? Anspruch besteht doch auf 2 x 14 Tage jährlich, und er hat doch noch gar keinen gehabt … Und ich flehe Euch an, Kinder: ehrt und schätzt Euere Mutti, zeigt ihr Euere Liebe, quält sie nicht, betrachtet sie nicht bloß als Eure gute Kameradin, als die sie sich immer in ihrer Güte zu Euch gezeigt hat, sondern respektiert sie auch, ganz besonders, solange Euer Vati nicht bei Euch ist! Ihr wißt ja und sollt es nie vergessen: Ehret und achtet Vater und Mutter, auf daß es Euch wohlergehe auf Erden! Es wird sich für Euch im Leben wirklich lohnen und das Gegenteil müßtet Ihr später, wenn Ihr es zwar einseht, aber nicht mehr ändern könnt, bitter büßen …«

Am 17. September 1944 schickte mir mein Vater erstmals einen unzensierten persönlichen Brief. Eingedenk dessen, was er meiner Mutter versprochen hatte, ließ er den Brief, wie auch alle folgenden an mich in Achau, mit neutralem Weimarer Poststempel abgehen. Das war mir recht. Keiner meiner Kameraden und Vorgesetzten wusste, dass mein Vater in einem KZ gefangen gehalten wurde.

»Eugen Kogon 9093/12. Weimar-Buchenwald, 17. 9. 44 Lieber Michael! … Ich habe mich sehr gefreut, zu hören, daß Dir die von *Onkel Georg [mir]* zum Geburtstag geschenkten ›Tales from Shakespeare‹ so viel Spaß gemacht haben … Ich bin glücklich, Dich so klug, sauber, unternehmend und kritisch zu finden. Möge der Herrgott Dich beschützen, auch wenn Du manchmal vielleicht ein wenig zu dusselig warst, um die

Wunder seiner lenkenden Hand zu sehen! – Alles Gute, Michael! Liebe die Mutter, sie liebt Dich von Herzen! Ach, wenn doch alle alles täten, um ihr die Sorgenlasten abzunehmen oder ihr wenigstens keine neuen aufzuladen – bis ich komme! Von Herzen, Michael, Dein Vater. – Laß' Dir keine Bombe auf den Kopf fallen: das hält der klügste Schädel so wenig aus wie der dickste.«

Am 8. September war Italien, nach der Landung alliierter Truppen auf seinem Territorium und der Absetzung Mussolinis, aus dem Krieg ausgeschieden. Mitte September trafen in unserer Batterie, als Ersatz für die russischen Hiwis, die ersten italienischen Kriegsgefangenen ein. Von nun an mussten wir uns nicht mehr in den Wirtshaussaal von Achau führen lassen, um in den Genuss von Arien zu kommen. Ich bin sicher, dass mein Freund Gerhard alle Melodien »unserer« Italiener kannte. Manchmal summte er sie mit. Diese Italiener hatten nichts zu lachen. Aber immer etwas zu singen.

Am 20. September 1944 ließ mein Vater wieder einen »Privat«-Brief an meinen Bruder folgen, vermutlich nach einem schriftlichen Seufzer unserer Mutter. »Mein lieber Alexius! … Aus Muttis letztem Brief habe ich mit größter Freude erfahren, dass es Tage gibt, wo Du Dich ihrer mit rührender Liebe und Sorgfalt annimmst. Du tust damit nicht nur ihr von Herzen wohl, sondern auch mir. Vergiß das, bitte, nie! Umgekehrt ist alles, was für Mutti Sorge und Last bedeutet, doppelt schmerzvoll für mich, der ich in keiner Weise helfend eingreifen kann. Du hast Dir im Laufe der vergangenen Jahre unserer Trennung so viele Verdienste erworben, dass es mir bitter leid täte, wenn Du auch nur einen Teil davon durch gelegentliche harte Fehler selbst zerstören wolltest … Du hast bereits manches Schwierige mitgemacht, aber so viel nicht, dass Du die Lasten voll ermessen könntest, die auf den Herzen Deiner Eltern liegen! … Ich möchte unter keinen Umständen, dass Du später, wenn es einmal zu spät wäre, von Reue gepackt würdest. Versuche daher nicht, jetzt, wo Deine Einsicht in mannigfacher Richtung zwar schon erheblich ist, aber bei weitem noch nicht zureicht, um alle Zusammenhänge zu erfassen, unter allen Umständen und in allen Lagen recht zu behalten, sondern halte mit voreiliger Kritik zurück. Sei vorallem ... stets und immer liebevoll Deiner Mutter gegenüber! Es ist mir das das Allerwichtigste! Mutti hat Furchtbares mitgemacht und ist beinahe am Ende ihrer Kraft. Sie m u ß den Rest der verbleibenden Zeit noch durchstehen – auch um unser aller willen. Du bedeutest ihr tatsächlich in einer Reihe von Dingen eine große Hilfe. Belaste sie nicht in anderer! Sei rücksichtsvoll und stecke lieber einmal ruhig auch etwas ein, wenn Du glaubst, es sei Dir nicht ganz recht geschehen. Was glaubst Du wohl, was i c h in all den Jahren habe hinnehmen müssen! Davon kannst Du Dir auch nicht im entferntesten einen Begriff machen. Aber Dir geschieht ganz gewiß in allem Wichtigen kein Unrecht, denn Mutti ist voll von Liebe und Fürsorge für uns, wenn sie selbstverständlich auch nicht mehr die ruhige, sichere Art hat wie früher. Das wird schon wiederkommen, umso eher wiederkommen, je weniger ihre Nerven in Anspruch genommen werden. Was glaubst Du wohl, wie liebevoll, ja begeistert sie mir oft in diesen Jahren von Dir geschrieben hat? Mach' das nicht rückgängig, lieber Alexius! ... Du bist momentan in einem etwas schwierigen Entwicklungsabschnitt, in dem sich Dein Bruder Michael vor etwa eineinhalb Jahren befunden hat. Mutti und ich haben dafür durchaus Verständnis und entschuldigen im Grunde notfalls eine ganze Menge ... Nun sei nicht bedrückt durch meine Worte, nicht wahr, glaube nicht, Mutti hätte mich veranlasst, Dir ›den Kopf zu waschen‹ oder dergleichen; aber ich bin nicht blind gegenüber gewissen Tatsachen, die ich aus Eueren Briefen gesehen habe ... Du bist und bleibst unser lieber Alexius, selbst wenn Du Fehler machst (so wie Michael und Cornelia, Deine Geschwister, denen wir sie auch nicht durchgehen lassen dürfen, wenn sie bedenkliche Form annehmen) ... Immer Dein Vater.«

Ich war erleichtert, für diesmal aus der pädagogischen »Schusslinie« meines Vaters gekommen zu sein, und beobachtete, wie Alex damit zurechtkam, dass die Rolle des »Schwierigen« nun ihm zugewiesen war. Ich erfuhr nichts von ihm. Er gab Persönliches nicht preis.

Der nächste Brief meines Vaters war wieder an mich gerichtet: »Sonntag, 24. September 1944. Lieber Winnetou! ... Was liest Du denn ausser Schundromanen derzeit alles, Erhabener? Ich interessiere mich brennend für den Geschmack meiner Nachfolger! Nur keine Angst: Du darfst ja annehmen, Dir bei mir einen Stein in's Brett gelegt zu haben, als Du Dich einmal lobend über ein Romanmanuskript äussertest, das Du vor Jahr und Tag von mir gefunden und sogar gelesen haben willst. (Was war es denn: nur ein Entwurf oder das fertige Manuskript ›Der Fall Ilonka v. Csörgei‹? Mein Lieber, dazu hätte ich viel zu sagen und ich werde es eines Tages tun. All das war bloß erzwungener Zeitvertreib!) – Ich bin ja sooo gespannt, einmal zu erfahren, wie weit sich Dein geschichtlicher, literarischer und naturwissenschaftlicher Horizont schon spannt! Ich werde mich mit Lust und Liebe daran machen, Dir immer neue zu eröffnen! (Wollen wir dann auch ein bißchen in Metaphysik und Theologie machen, wir beide, Du und ich, zusammen, hm? Ich habe unter meinen vielen Büchern die 90 weißledernen Bände der Kirchenväter und den großen ›Catechismus Romanus‹ von Kard. Gasparri; da lernst Du Gedanken, Gebote und vorzügliches Latein in Einem! Hoffentlich haben die Bomben ein Einsehen und verwechseln unser Geistesarsenal nicht mit einem Munitionsdepot ... Gott befohlen, mein Sohn, in- und ausserhalb des Pulverdampfes!«

Die Lektüre dieses Briefes weckte in mir weniger Unbehagen als frühere Briefe meines Vaters. Ich spürte immer noch die Demonstration seiner Überlegenheit, fühlte mich in seine Richtung gedrängt, hatte Mühe mit seiner Art, sein unentwegtes Pädagogisieren hinter saloppen Formulierungen ungenügend zu verstecken. Doch ich fühlte mich nicht mehr ganz so genötigt, hielt es für möglich, mit ihm einen ehrlichen Dialog zu führen, der mir die Möglichkeit ließ, eigene, auch abweichende Meinungen zu vertreten, ohne für dusselig, töricht oder verstockt erklärt zu werden – kurzum, ich dachte, vielleicht könnten wir doch noch einmal von gleich zu gleich miteinander sprechen. Ich war noch nicht so weit, dass ich mich auf seinen nächsten Brief freute; aber wenigstens sah ich ihm gefasst entgegen.

Im Herbst 1944 organisierte mein Vater im KZ die Rettung des Lebens von drei alliierten Offizieren. Rund 40 von ihnen waren aus Paris eingeliefert worden. Sie sollten hingerichtet werden. Mein Vater hatte die Möglichkeit, mit Hilfe des SS-Lagerarztes Ding-Schuler drei von ihnen zu retten. Einer war der französische Widerstandskämpfer Stéphane Hessel. Genau an seinem 27. Geburtstag wurde ihm ein zweites Leben geschenkt. Er habe drei Väter, sagte Stéphane später: seinen leiblichen, den britischen Kommandeur, der ihn für die Rettung auswählte, und meinen Vater, der die Rettung organisierte.

Die Rettung der drei alliierten Offiziere erforderte nicht nur Mut, sondern auch großes wechselseitiges Vertrauen. Mut und Einsatzfreude kann ich angesichts der damaligen Verhältnisse verstehen: dass man zusammengehalten hat gegen die Unterdrückung durch die SS, dass man nicht nur ausgeliefert sein wollte. Trotzdem war es bemerkenswert, dass Menschen unter Einsatz ihres Lebens sich bereit fanden, Menschen zu retten, die sie nicht einmal dem Namen nach kannten. Brächten heute mehr Menschen diese Einsatzfreude, diesen Mut auf, sähe die Welt anders aus.

Noch mehr beschäftigt mich das Vertrauen, das die Gefangenen einander entgegenbrachten. Ich habe mir das KZ immer als eine Welt existenziellen Misstrauens vorgestellt. Ich bin nicht sicher, ob es bereits Untersuchungen darüber gibt, was Vertrauen unter den Bedingungen einer KZ-Haft bedeutete. Aber ich weiß, dass zumindest in diesem einen Fall mehr als zehn KZ-Häftlinge und ein SS-Sturmbannführer, die einander persönlich zum Teil gar nicht kannten, vertrauensvoll zusammenarbeiten *mussten.* Mein Vater erzählte später: »Wenn ich im KZ mit einem Kameraden zu tun hatte, den ich nicht kannte, war meine erste Frage an mich selber immer: Kann ich ihm vertrauen?« Und wie steht es damit heute? Politiker, Banker, Manager, Agrarindustrielle, Erdölmagnaten, Fleischverarbeiter, Werbungtreibende, auch schon Ärzte sind permanent dabei, Vertrauen zu verspielen. Ich denke, das gehört nicht zu dem Vermächtnis, das die Überlebenden von Buchenwald in ihrem »Schwur von Buchenwald« ausgedrückt haben. Sie hatten sich eine Welt gewünscht, in der man einander vertrauensvoll begegnen kann.[69]

Zensierter Brief meines Vaters an mich: »8. Oktober 1944. Mein lieber Michael! Dein sehr lieber Brief vom 28. September hat mir Einblicke in Deine Art gegeben, die mir wohl getan haben … Deine inneren Schwierigkeiten mit den Italienern veranlassen mich, Dir einiges zu diesem Kapitel zu sagen: – Kraft und Selbstbewußtsein ohne Hemmung sind verderblich. Je bedeutender Hirn und Herz, desto tiefergreifende Sicherungen müssen vorhanden sein. Ich war um diese Zeit meiner Entwicklung nicht anders als Du, Michael, innerlich scheu, äusserlich zurückhaltend, nicht sehr energisch (wohl im Durchstehen einer Sache, aber nicht im Handeln), voll von mannigfachen und mannigfach begründeten Hemmungen. Glaubst Du heute, es hätte mir geschadet? Nein, es hat mir genutzt; meine Kraft, die auf die Dauer freilich größer war als die inneren und vielfach äusseren Hindernisse, ist nicht vorzeitig und wirkungslos verströmt, sondern konnte wie in einem Stauwerk sich ansammeln … In dem Wunder des richtigen Zusammenspiels zwischen Freiheit und Zwang liegt das Geheimnis der Kultur begründet (ein Geheimnis der Kultur!). Habe ich Dir nicht früher schon einmal aus Friedr. Wilhelm Webers ›Dreizehnlinden‹ den Vers zu diesem Thema geschrieben: ›Wie man eine Rebe bindet, daß sie, statt im Staub zu kriechen, froh sich in die Lüfte windet!‹ – Italienisch, mein Gutester, wirst Du mit diesen gescheiterten Heldentenören ohnehin nicht lernen können – das machst Du allein u. mit einem Buch besser. Ich dachte es mehr zur Übung: ich habe im 1. Weltkrieg immerhin den scheuen Mut aufgebracht, für die ebenso gutmütigen wie temperamentvollen Abkömmlinge der Abruzzenräuber ein wenig tägliches Leben zu verdolmetschen – mein Wörterbuch in der Hand. Und ich war doch recht stolz darauf, das zu können, wenn's auch nur Brocken u. kleine, banale Sätze waren. Wie alt war ich denn damals? 1916/17: naja, 2 Jahre jünger als Du! Avanti also, mein Sohn! … Von Herzen: Vat.« Stempel »Postprüfer«, Initialen.

»15. Oktober 1944. Lieber Michael: … Du wirst also jetzt in der Panzerbekämpfung ausgebildet. Ach, Michael, mögen wir uns erhalten bleiben, damit wir uns nach so vielen Jahren der Trennung gesund wiedersehen und miteinander, durch alle Schwierigkeiten hindurch, das Leben beginnen können, auf das wir Fünf uns so freuen! – Weißt Du, was mir wirklich leid tut – unter den materiellen Dingen, für die wir nun auch einmal zu sorgen haben? Unsere Möbel und Bücher am Nordbahnhof bei Schenker! Läßt sich denn da gar nichts machen? Sie werden bei den immer heftiger werdenden Angriffen bestimmt draufgehen; es müßte ja direkt ein Wunder geschehen, da sie mitten in einem Gefahrenzentrum erster Ordnung liegen. Wieviel Arbeit und Sorgfalt haben Mutti und ich aufgewendet, um die Sachen zustandezubringen, wieviel Freude haben wir mit den einzelnen Stücken erlebt, Erinnerungen ohne Zahl hängen daran, die Euch eine Familientradition schaffen könnten. Und denke an die Schätze von Büchern, die ich gesammelt habe: was können sie Dir und mir in unserer Zusammenarbeit bedeuten! Ich trauere wirklich nicht um die materiellen Werte, die lassen sich wiederschaffen, – aber die geistigen und gemütvollen! – Das unvergleichlich Wichtigere bleibt natürlich, dass Euch nichts geschieht: Mutti, Dir, Alex und Euerem Schwesterlein! Darum bete ich zu Gottes Güte – umso herzhafter, je ärmer Ihr in dieser Hinsicht seid! – Leb' wohl, Michael, und sei innig umarmt von Deinem Vater …«

Kurz danach wurde in der Tat unser bei der Speditionsfirma Schenker am Nordbahnhof eingelagerter Hausrat bei einem Bombenangriff zerstört.

»29. Oktober 1944. Mein lieber Michael! … Deine und Alex' Theorien von der Güte und Zweckmäßigkeit der Frischluft z. B. sind richtig, und trotzdem ist die Mutti infolge der von Euch erzwungenen Praxis physisch und psychisch krank davon geworden! Ihr habt für Euch recht, zur Mutti unrecht gehabt, und im Konfliktfall geht unter allen Umständen für Euch die Mutter vor! Merke Dir, bitte, den vorzüglichen Ausspruch von Novalis: ›Alles ist gut – aber nicht immer, nicht überall und nicht für jedermann‹! – Herzlichst: Dein Vater.« Initialen des Zensors.

Unzensierter Brief meines Vaters. »Weimar, 5. November 1944. Lieber Michael! … Hast Du schon einmal einen Überblick über die großen Gebiete menschlichen Wissens bekommen? [Folgt detaillierter Überblick über Einzelwissenschaften.] Hättest Du nicht Lust, Dich hineinzustürzen, sie in Jahren des Hochschul- und Privatstudiums zu durchmessen – mit irgendeinem Spezialfach als feste Grundlage –, um dann eines Tages, mit mir zusammen, in zwei herrlichen, klaren Bänden allen Wissensdurstigen, besonders den Studenten, zur Allgemeinorientierung und Allgemeinbildung den Extrakt dieser Summe zu vermitteln?! Die moderne Welt erstickt in Spezialwissen ohne Überblick und Zusammenhang (und in einigem anderem mehr!). Überleg' Dir's – Du hast Jahre Zeit! In herzlicher Liebe: Dein Vater ...«

Was für ein hochfliegender Plan. Doch die Vorstellung, mich darauf festzulegen, in (wie vielen?) »Jahren des Hochschul- und Privatstudiums« die Summe des abendländischen Wissens zu durchmessen, gleichzeitig ein Spezialstudium zu absolvieren und in anschließenden zusätzlichen Jahren das Gelernte an der Seite (= als Hilfsassistent) eines als weit überlegen empfundenen Vaters in zwei (!) Bänden zu vermitteln, belastete mich. Ich ahnte aber, dass mein Vater sie bald vergessen würde. Sie war nur dazu gedacht, ihm und mir eine Perspektive zu geben.

Zensierter Brief meines Vaters an mich: »Weimar, 12. November 1944 ... Dein Brief vom 26. Oktober hat mir wieder enorme Freude bereitet. Deine Schrift als charakterologische Aufschlussquelle? Mit Deinem Bild zusammengehalten, ergibt sie mir folgendes: Du bist noch sehr weich – trotz Kanonen, MG., Karabinern, Pistolen und Bomben; voll von Möglichkeiten; großzügig; innerlich viel aufgeschlossener, als Hemmungen es äusserlich zulassen, und heiterer, als der Ernst Deiner Züge es verrät. Vor allem bist Du noch naiv, naiv geblieben, was mir direkt wohltut. Wir beide können noch alles miteinander machen, wir werden noch viel Freude miteinander erleben! – Die Schwierigkeiten, die Du gegenwärtig an Deiner Befehlsstelle in mannigfacher Hinsicht durchzustehen hast, sind teilweise eine harte Probe; ich verstehe das. Aber Dir werden sie, per Saldo, nützen! Du besitzt die Kraft, to make the best of it – charakterlich aus ihnen herauszuziehen, was sich nur aus ihnen herausholen läßt, auch wenn Du schimpfst oder zuweilen müde oder mißmutig sein solltest. Ich würde mich gar nicht wundern, wenn gerade unter ihrem Einfluss Deine Schrift nach einem Vierteljahr schon an Eigenart und Markantheit noch gewonnen hätte. Du darfst ja auch nicht vergessen, dass Du in voller Entwicklung und in vielerlei Übergängen stehst; eine schon abgeschlossene Schrift wäre da geradezu ein Malheur. – Nun zur Literatur – unserem geliebten Thema: ... Paul Kellers ›Ferien vom ich‹ und ›Sohn der Hagar‹ sind gute Unterhaltungslektüre für gute Leute; in Deinem Alter habe ich sie ebenfalls mit Inbrunst, Erbauung, Rührung und Gewinn gelesen. Gottfried Keller ist ein Schriftsteller von ganz anderen Qualitäten; er ist für später. Ich sage das, obwohl ich selbst in Paul Kellers ›Bergstadt‹ eine meiner Novellen veröffentlicht habe. (›Ostern‹ hieß sie, spielte in Rußland mit einem ausgesuchten psychologischen Thema und brachte mir 200 Mk. Honorar, für die ich mir damals, 1924, einen Wintermantel kaufte, um mit dem Rest meine Monatsmiete in der Königinstraße in München zu bezahlen, kleine Schulden zu bestreiten und für weitere 14 Tage mein Dasein in der sehr kuriosen, aber trefflichen vegetarischen Speisestätte ›Ceres‹ zu fristen, wo es vorallem um 20 Pfennig auch einen fabelhaft mundenden Apfelsaft gleichen Namens gab; Mutti war als Musikhochschülerin ebenfalls gelegentlich mit mir dort – wie wir überhaupt schon damals drauf und dran waren, Freud', Leid und Geld, bezw. dessen Mangel miteinander zu teilen) ... – Im Allgemeinen ist Deine Literaturkenntnis einschließlich Schiller zu schwach und viel zu wenig systematisch ... Ich werde Dir auch da demnächst eine orientierende allgemeine Übersicht geben. Einverstanden? – Gott behüte Dich, mein Michael! In aller Liebe Dein Vater.« Stempel »Postprüfer«, Initialen.

Auf einmal hatte ich wieder einen fassbaren Vater. Immer noch war er sehr überlegen, sehr darauf bedacht, mich auszurichten, aber doch stark, gescheit, gebildet, interessiert. Wenn ich seine Briefe las, konnte ich mir kaum vorstellen, dass er ein KZ-Gefangener war. Er war wieder präsent. Vor seiner Verhaftung hatte, wenn er als heiliger Nikolaus mit roter Kutte und weißem Bart im Roten Zimmer erschienen war,

Alex ihn an seinen Schuhen erkannt. So ähnlich erging es jetzt mir. Noch war er als Sträfling verkleidet, aber ich erkannte ihn als meinen Vater, der sich bereits auf den beschwerlichen Weg nach Hause aufgemacht hatte.

Zensierter Brief meines Vaters vom 26. November 1944: »Mein lieber Michael: – … Ich habe Dir einen kleinen ›Traktat über die Lyrik‹ versprochen. Da mich der spätherbstliche Sonntag heute, der letzte des Kirchenjahres, in eine etwas elegische Stimmung versetzt hat, ist gerade die richtige Voraussetzung geschaffen, um mein Versprechen einzulösen; sollten meine Ausführungen bei Dir in den Donner der Bomben und Geschütze geraten, so wird Dich der Blick in die höhere Welt der Dichtung eine Wirklichkeit ahnen lassen, die im Gegensatz zum spürbaren und nur unmittelbar konkreten Chaos der Vernichtung hell und wertbeständig ist. – Der Lyriker, mein Sohn, spricht das Gemüt an – die unwägbaren Tiefen der menschlichen Seele, jene Bereiche, in denen, fern vom Verstande, die Empfindungen leben, die wir nur bedingt in unserer Kontrolle haben, das geheimnisvolle Bergwerk unserer Gefühle, wie es Novalis in seinen philosophischen Fragmenten einmal nennt. Ihm entspringen unsere wahren Kräfte: die Liebe, die alles überwindet, der Zorn, die salzigen Quellen der Tränen, das Lachen der Freude. Der menschliche Wille findet dort seinen tausendfältigen Antrieb, die Phantasie ihre Wurzeln. Fern und majestätisch wie ein Schneegipfel thront die Vernunft, die den herrlichen, notwendigen, vulkanischen Kräften unter sich Halt gewährt, dass sie nicht verstörend, sondern in Ordnung gebändigt zutage treten … Lyrik ist umso größer, je einfacher sie in ihren Bildern, je reicher sie in der Kraft oder Zartheit ihrer Worte und je stimmungsgesättigter sie in der Wirkung ist … Möge dieser Brief Dein Herz erwärmen, während Du körperlich frierst, Du Armer! Zieh' fleissig meine Wintersachen an! In herzlichster Liebe: Dein Vater.« Stempel »Postprüfer 7«. Initialen.

Am 1. Dezember erhielt auch mein Bruder wieder einen persönlichen Brief meines Vaters aus dem KZ. »1. Dez. 1944. Lieber Alexius! Mit Vergnügen habe ich von Mutti (die leider immer noch sehr unter den Schwierigkeiten Deiner Entwicklungsjahre zu leiden hat, was mir wirklich stark zu Herzen geht und mich arg belastet) gehört, dass Du so viel von technischen Dingen verstehst, besonders von der Elektrizität ... Gerne werde ich später alles tun, was in meinen Kräften steht, um Dir die Arbeit auf Deinem Interessengebiet zu erleichtern und Deine Möglichkeiten zu erweitern ... Ich freue mich sehr darauf, Dir einmal wenigstens die großen Zusammenhänge aufzeigen zu können, in die auch die Technik eingebettet ist, wenn ich auch vielleicht die Einzelheiten dieser Kunst nicht immer verstehen und vorallem nicht beherrschen werde. Allerdings muss ich sagen, dass ich selbst erstaunt war, wie viele praktische Dinge, einfache und komplizierte, ich in diesen Jahren leicht gelernt und mir angeeignet habe. Ich hoffe also doch mit einem gewissen Recht, Dir auf Deiner Ingenieurlaufbahn, falls Du sie einmal einschlagen willst, verständnisvoll und ein wenig lenkend folgen zu können ... Zu all dem gehört freilich ein ebenso gründliches und in diesem Fall äusserst exaktes Studium, das weit über alle Bastelei – die ja nur ein Anfang ist – hinausreicht und sich solid auf Physik, Chemie und vor allem Mathematik als die Fundamente der Naturwissenschaften und ihrer praktischen Anwendung stützt. Wenn wir wieder zusammensein werden, wird uns beiden das Leben hundertfache Möglichkeiten geben, über derlei zu plaudern und manches miteinander auszuprobieren. Wie wäre es z. B. mit einem gemeinsamen Laboratorium? Ich interessiere mich mächtig für Biologie und Medizin – da könntest Du doch die Konstruktion aller möglichen notwendigen Apparate übernehmen, gekaufte montieren, Mikroskope warten, physikalische und chemische Vorgänge durchführen, und was dergleichen in so einer Hexenküche mehr ist! … Denn wenn wir uns miteinander aussprechen können, dann wird sich auch manches Mißverständnis klären lassen, das Dich jetzt zu dem und jenem Fehlurteil – und, daraus entspringend, zu falschem Verhalten – bringt. Oft liegt es nur daran, dass man bloß eine einzige Seite der Dinge oder Personen sieht, statt den Zusammenhang, der alles doch in einem anderen Licht erscheinen läßt und uns dazu bringt, selbst bei vermeintlichen Fehlern milder und nachsichtiger zu denken – wie ich es jetzt ja auch Dir gegenüber tue! … In herzlicher Liebe Dein Vater.«

Immer öfter sprach mein Vater in seinen Briefen davon, dass wir wieder zusammen sein würden. Dazu seine Phantasien, welche neuen Arten von Gemeinsamkeit zwischen ihm und uns dann möglich sein würden – jedoch fast immer so, dass mein Bruder und ich für bloße Hilfsdienste ausersehen waren. Es erinnert mich an die erste Zeit nach unserer Wiedervereinigung. Wir lebten in einem kleinen Haus in Oberursel am Rande von »Camp King«, einem Lager, in dem US-Offiziere (fast alle Emigranten aus Deutschland und Österreich) Nazibonzen verhörten. Am Abend trafen sie sich mit meinem Vater und diskutierten. Mein Bruder und ich wurden auf die Aufgabe reduziert zuzuhören. Mein Vater meinte, wir würden das Diskutieren am besten erlernen, wenn er uns demonstrierte, wie formidabel er darin war.

Unzensierter Brief meines Vaters aus dem KZ an mich: »Weimar-Buchenwald. 3. Dez. 1944. Mein lieber Michael: … Mutti hat mir geschrieben, dass sie Dich in Achau ›Buddha‹ nennen. Hübsch. Ruhe und Überlegenheit haben entschieden etwas für sich – wenn das Temperament sonst nicht fehlt, und da bin ich bei Dir ausser Sorge: denn ich kann mich erinnern, wie Du als Sieben- und Achtjähriger auf Deinen Bruder losgegangen bist, wenn er Dich allzusehr gereizt hat! Alex konnte das vorzüglich. Du hast dann blindlings drauflos getrommelt – ein halbes Dutzend Lufthiebe auf einen Treffer!

Manchmal habe ich Dir, zwischen Speisezimmer und Rotem Zimmer in der Glanzinggasse, zugerufen, so am Sonntag-Vormittag vor dem Essen, wenn wir Drei von der Michaeler Kirche zurückgekommen waren (mit Schokolade, Bonbons und Kuchen von der ›Aida‹, zur Mutsch, Corndi und uns alle, weißt Du noch?!): ›Besser zielen, Michael! Systematisch schlagen!‹ Und habe es Dir wohl auch vorgemacht. O schöne, vergangene Zeit ... Viele liebe Grüße: Vater.«

Meine eigene Erinnerung an die Rangeleien mit meinem Bruder entspricht nicht der meines Vaters. Er hatte mir schon sehr früh vermutlich »eingebleut«, dass ich meinen Bruder nicht treffen *durfte.* Nur deshalb schlug ich, ohne zu treffen. Im Herbst 1929 oder im Frühjahr 1930 war ich mit meinen noch nicht einmal zwei Jahren eifersüchtig auf jenes Würmchen gewesen, das in seinem Korbbettchen quäkte und mir Aufmerksamkeit und Zuwendung entzog. So prügelte ich auf dieses kleine hilflose Wesen ein. Was mein Vater daraufhin mit mir tat, erzählte – nicht: beichtete – er mir später im Vollgefühl seiner erzieherischen Kompetenz: »Das habe ich Dir ein für alle Mal aus-ge-trie-ben.« In der Tat.

Vorweihnachtszeit 1944: Briefe und Bomben

Am 11. Dezember erschien mir der Donner an unseren Kanonen dröhnender als sonst. Vor lauter Krachen verstand ich die Durchsagen im Kopfhörer nicht. Wie schaffte das in dem Höllenlärm der K3 neben mir, der die Kanone horizontal zu drehen hatte? Ich drehte mich kurz zu ihm hin. Sein Platz war leer. »Geschützführer!« Der war ebenfalls nicht mehr da. Ich stand allein am Geschütz. Unsere Kanone schoss nicht mehr, doch es krachte und donnerte. Ich riss mir den

Kopfhörer von den Ohren und drehte mich zu unserem Bunker im Wall. Da hockten sie, alle. In meinem Feuer-Eifer hatte ich nicht bemerkt, dass unsere Batterie mit Bomben zugehagelt worden war. Die anderen hatten es gleich gemerkt. »Sie nehmen uns ernst!« Dicht drängten wir uns im Bunker: der Unteroffizier, die LwHs und die Hiwis, die die Munition geschleppt hatten. Im Bombenhagel sind alle (fast) gleich.

Der Spuk war vorüber, kaum hatte er begonnen. Die Liberators und Wellingtons hatten unsere Doppelbatterie sekundenschnell überflogen. Auf das Entwarnungsgeheul der Sirene folgte die Stille nach dem Sturm. Wir krochen aus dem Bunker, zwängten uns durch den Winkelspalt im Wall, atmeten auf. Unsere Baracken standen. Das Klohäuschen stand. Fünf Geschützrohre ragten ungekrümmt und ungeknickt über die Wälle. Doch im Wall von Emil fehlte das Rohr. Bereits bargen Helfer die Toten. Erschrecken. Erleichterung – ich war noch einmal davongekommen und hatte es kaum gemerkt. Auch im Dorf war eine Bombe auf ein Bauernhaus gefallen. Alle Menschen in diesem Haus waren tot. Neben dem Friedhof erinnert noch heute eine Tafel an sie.

Wir inspizierten die Fläche zwischen den Wällen. Es war geradezu so, dass wir lustwandelten, so erleichtert waren wir, unversehrt zu sein. Wir besichtigten die Bombentrichter. Ein KZ-Sklave hätte sich eine Woche lang die Hände blutig und den Rücken kaputt schuften müssen, um so einen Trichter zu buddeln. Die Bomber hatten die topfebene Gegend in null Komma nichts aufgemischt. »Vom Himmel hoch«, sagte jemand. Und ein anderer: »Der größte Maulwurf aller Zeiten.« Niemand lachte. Wir starrten in die Trichter, maßen die Entfernung zu unserem Wall. Ich schickte dem kleinen Wind, der diese Bombe wenige Meter abgetrieben haben mochte, ein großes Dankeschön nach. Bombensplitter, Metall von Sprengkraft zu harmlosen Sammelobjekten zerrissen, Kunstgegenstände der puren Gewalt. Ich stemmte einen Bombenteller hoch, wischte den Lehm ab. Gruß von einer Rüstungsarbeiterin aus Detroit. Das war nun meine Hantel. Beim nächsten Sonntagsurlaub nahm ich sie nach Hause, zum Hochstemmen. Bizepsertüchtigung, in Verbindung mit Abrollübungen nach der Anleitung aus einem Jiu-Jitsu-Handbuch.

Unzensierter Brief meines Vaters an mich persönlich: »Weimar, 17. Dezember 1944. … Zum siebten Mal begehen wir das Fest der Liebe, des Lichts und der Familie getrennt voneinander. Das will schon etwas heißen! Und wo wäre die Liebe heute in der Welt, das Licht, ein Daheim? Ein wilder Kampf tobt in allen Ländern Europas, dessen Dunkel nur durch Mündungsfeuer, Brände und Raketen zum erklärten Zweck der Vernichtung erhellt wird; und Familien in einer friedvollen Wohnung gibt es nahezu überhaupt nicht mehr. – Klagen hilft da nicht, Michael, sondern nur der harte Wille, dieses Inferno eines Weltzusammenbruchs zu überdauern, sich darin zu bewähren und den Blick unentwegt auf jene Werte gerichtet zu halten, die uns jetzt allen verlorengegangen sind, die wir aber wiedergewinnen wollen, da sie allein das Leben lebenswert machen. – In einer Zeit, die vom Bersten der Granaten widerhallt, klingt es schwach und beinahe lächerlich, von Liebe zu sprechen. Aber siehst Du: was wir füreinander empfinden, ist Liebe: jene Zuneigung der Herzen, die bereit ist und die es danach drängt, dem anderen wohlzutun, ihm seine Lage zu seinem richtig verstandenen Wohl zu erleichtern, ihn auf die erfinderischen Weisen des Herzens zu bereichern, zu stärken, aufrechtzuerhalten, bis die kritische Zeit überstanden ist. Sieh’ die Mutti an, die sich in dauernder Fürsorge für Euch erschöpft! Das ist Liebe, und sie lebt gewaltig inmitten des Hasses, und eines Tages wird sie ihn wenigstens so weit überwinden – nicht überall und nicht für immer –, dass wir zumindest die Feste des Jahres wieder als besinnliche Ruhetage und Zeiten des tiefen seelischen

Atemholens, aber auch freudigen Genusses vor reich gedeckten Tafeln feiern können … – Verbringe die Tage um den 25. Dezember dieses nächtlichen Jahres 1944, so gut es geht, wo immer Du Dich befinden magst, und denke an mich, der ich glaube (ohne ein Tor zu sein! Alles andere als das!) und mit meinem ganzen Herzen bei Euch sein werde. Vater.«

Unzensierter Brief meines Vaters aus dem KZ an mich: »Weimar, 24. Dezember 1944. Mein lieber Michael! Durch Mutti erfuhr ich von dem schrecklichen Angriff, den Ihr am 11. Dezember durchzumachen hattet, und von der tapferen Art, mit der Du der Situation Herr geworden bist. – Zwei Umstände sind mir dabei besonders deutlich vor Augen: Die schreckliche Angst der Mütter, die noch in der Nacht, bei strömendem Regen, Wind und Kälte zu ihren Kindern eilen, um sie – ach, hoffentlich lebendig! – immer wieder noch einmal in die Arme zu schließen; und die Anerkennung, die von einer hohen, mir stets vertrauten Warte der Menschlichkeit aus darin liegt, dass so mancher Deiner Kameraden, vor eine Entscheidung gestellt, ehe er sie treffen muss, fragt: Was tut Michael?, und dann nach Deinem Beispiel handelt! – Beides, mein Sohn, verpflichtet Dich in einer über das gewöhnliche Maß hinausgehenden Weise. – Was unsere gute Mutsch in diesen Jahren, Monaten und Tagen für uns alle geleistet hat, darf niemals unserem Bewußtsein entschwinden; es muss uns gegenwärtig bleiben bis in ihr und unser Aller höchstes Alter. Von großen Dingen, deren Kenntnis Euch noch verschlossen ist, angefangen bis zum Wassertragen nach Achau und Kartoffelschleppen auf die Windmühlhöhe hat sie in tausend Mühen eine unablässige Liebe für uns an den Tag gelegt, die ihr unsere unauslöschliche Dankbarkeit und Verehrung sichern muss. Sie hat manches eingebüsst in der täglichen Sorge um uns: Wir dürfen keine vordringlichere Aufgabe kennen, als ihr in jedem und allem unsere Liebe zu zeigen, ihr einmal jeden Wunsch von den Augen abzulesen und sie wetteifernd zu umhegen, wie sie es noch nicht erlebt hat, damit sie sieht, dass die Saat ihrer Besorgtheit und Treue in unseren Herzen Wurzel geschlagen und reich, überreich aufgegangen ist. Wir verstehen uns, Michael, nicht wahr? Und wir werden unsere Ehre als Männer dareinsetzen, wahr zu machen, was wir gelobt haben. (Mit Alex werde ich in herzlichster Freundschaft gesondert darüber sprechen, wenn wir beisammen sind; denn er hat die schöne Aufgabe vor sich, uns wetteifernd noch zu übertreffen, um das eine oder andere gutzumachen, was er im Drang der Entwicklung und ohne meine Führung übersehen oder falsch gemacht hat.) – Du selbst wunderst Dich in Deinem Brief vom 26. November, daß ich so zufrieden mit Dir sei. Ich bin es, mein Lieber. (Obgleich Du anscheinend vergessen hast, dass ich Dich in einem Punkte – der mir, ohne dass ich das immer sage, wichtiger ist als alles andere! – einmal ›ein wenig dusselig‹ genannt habe! Das hatte eine gewaltige Bedeutung, Söhnlein; nur weiß ich eben auch, daß die Blume des Glaubens, wenn sie leben und herrlich blühen soll, Gott und den Menschen ein Wohlgefallen, Dir selbst zu Trost, Nutz und Stärke, liebender Pflege bedarf, die Dir durch die Not der Zeit und der Umstände gefehlt hat, sodass ich Geduld habe – wie in so vielem Anderem! – und warte.) Ja, ich bin mit Dir zufrieden! Aber nur für den gerade jeweiligen Abschnitt Deines Weges! So auch jetzt. Ich will Dich in ununterbrochenem Fortschritt sehen – weit über Dein jetziges Selbst hinaus! Nichts von dem, was an Anlagen in Dir steckt, soll verkümmern dürfen, alles, was Du in Dir trägst, im Laufe Deines Lebens zur Reife des Menschseins heranwachsen. Der Abschnitt, in dem Du Dich gegenwärtig befindest, dient weniger dem Wissen – so gern ich es gefördert sehe und mein Teil dazu beitrage – als dem Charakter. Ich bitte Dich, aus allem, was Dir begegnet, in irgendeinem Sinn eine Tugend zu machen: sowohl im christlichen, wie im römischen Sinne der virtus! Strapazen aller Art überwinden, macht stark; andern ein Vorbild, Stütze und Hilfe sein, reich. Du frierst (wie ich jetzt beim Schreiben mit klammen Fingern, denn es ist ungeheizt und draussen 8 unter Null)? Um wieviel mehr wirst Du die Wärme unseres künftigen Heimes zu schätzen wissen! Du verspürst mehr, als gut ist, Hunger? Wie wirst Du Dein Leben lang Verständnis für jene haben, bei denen es nie zureicht, um satt zu werden! Es geschieht Dir Unrecht? Nie wirst Du es andern tun, da Du weißt, was es bedeutet! – Mit all dem will ich aber nicht sagen, daß Du ein Asket werden sollst, der Kälte, Hunger und Unrechterleiden sucht! Beileibe nicht! Weg mit der Kälte, dem Hunger und dem Unrecht! Aber aus dem Unvermeidlichen, Dir kurz oder lang Begegnenden mußt Du bemüht sein, charakterliches Kapital zu schlagen. – Ich sende Dir meinen weihnachtlichen Segen, Michael, und einen herzhaften Kuss dazu (wohin, mein Scheuer?)! Dein Vat.«

Wie sollte ich diesem überperfekten Vater jemals gerecht werden können? Es erschien mir kaum möglich, auch nur das Geringste zu tun, was diese so tief fühlende, so hoch moralisch agierende Perfektion in Person hätte verstimmen oder enttäuschen können. Ebenso erschien es mir aber schwer möglich, seinen Vorstellungen, Erwartungen, Mahnungen zu entsprechen.

So tat ich das, was ein Sechzehnjähriger in einer solchen Lage vermutlich immer geneigt ist zu tun: Ich faltete den Brief zusammen, da war er schon mal halb weg. Ich legte ihn beiseite, um ihn, hm, später nochmals zu lesen. Ich spazierte zu meiner Kanone. Bald darauf wusste ich schon nicht mehr, wo ich den Brief hingelegt hatte. Machte nichts. In zwei Wochen käme der nächste. Es war mir klar, dass ich meinen Vater früher oder später schwer enttäuschen würde. Weniger bewusst war mir, dass auch er dabei war, mich zu enttäuschen. Wie ich war, was ich fühlte, was mich ausmachte, kam in seinen Briefen nur noch am Rande vor. Ich spürte aber, dass die

Person, für die er mich hielt, für ihn wichtig war und dass er sich für sie verantwortlich fühlte.

Die Kriegsereignisse der zweiten Jahreshälfte 1944 sind eine Chronologie von Hitlers Untergang. Im Sommer 1944 setzte sich in der deutschen Bevölkerung Ernüchterung durch: Die »Wunderwaffen« V1 und V2 torkelten durch den Himmel und zerplatzten irgendwo. Auf sie hatte die deutsche Führung ihre letzte Hoffnung gesetzt. Anfang August stand die Rote Armee vor Warschau. Die Warschauer hielten sie für Befreier und wagten den Aufstand, um einen Teil des Ruhms für sich einzuheimsen. Sie hatten die Rechnung ohne Stalin gemacht. Der wartete, bis der Aufstand niedergeschlagen war, und nahm sich die Stadt als Alleinbefreier. Mitte August landeten die Westalliierten in Südfrankreich. Am 23. August beendete Bulgarien nach einem Staatsstreich das Militärbündnis mit Deutschland. Anfang September wurden Belgien und Teile der Niederlande rückerobert. Am 19. September schloss Finnland, am 28. Oktober Bulgarien einen Waffenstillstand mit der Sowjetunion. Am 9. Dezember erreichten sowjetische Truppen die Donau bei Budapest. Die am 16. Dezember begonnene deutsche Gegenoffensive in den Ardennen geriet ins Stocken. Ende 1944 hatte Deutschland die meisten eroberten Gebiete mit Ausnahme Norwegens und Dänemarks wieder verloren. Ende November und Anfang Dezember besprachen die Regierungschefs der drei großen Alliierten – Stalin, Roosevelt und Churchill – das weitere militärische Vorgehen und die Entmilitarisierung Deutschlands für alle Zeit.

Weihnachten 1944

Einen Teil des mir zustehenden Jahresurlaubs erhielt ich erst nach Weihnachten. So konnte ich am Weihnachtsabend nicht daheim sein. Unter dem Christbaum lagen ein Päckchen und eine Karte von meinem Vater. Ich sah sie erst am Silvesterabend. Die kunstvolle, dekorative, festliche Schrift auf der Karte wirkte wie gedruckt, war aber handgemalt: »Vater an Michael: Möge die Wärme der Handschuhe die Wärme der Herzen symbolisieren! Weihnachten 1944.«

Im *Kaufhaus der Wiener*, das 1938 durch »Arisierung« aus dem Kaufhaus mit dem jüdischen Namen *Gerngroß* hervorgegangen war, hatte meine Mutter mir Handschuhe gekauft. Die wärmten nicht. Sie waren aus Kunstleder: dünn und entsprechend elegant. Im Weihnachts-Wien des Jahres 1944 gab es noch sechzehneinhalbjährige Burschen, die bereit waren, ihre Finger halb erfrieren zu lassen, um solche Handschuhe tragen zu können, Burschen, die um nichts in der Welt im Dezember wärmende Handschuhe von klobigem Aussehen angezogen hätten. Genau solche Handschuhe hatte mir aber mein Vater geschickt. Fäustlinge! Sie waren aus weichem, gelblichem, flauschig gefüttertem Leder. Ich hätte wärmende Handschuhe gut gebrauchen können. Aber keine klobigen, und schon gar keine Fäustlinge. Ich musste meinem Vater Freude und Dankbarkeit ausdrücken, musste ihm sagen, wie sehr seine Fausthandschuhe, als ich sie zum ersten Mal trug, mir Herz und Hände gewärmt hatten. Ich musste sie tragen. Aber nicht auf der Straße. Ich streifte sie über. Meine Hände fühlten sich in ihnen an, wie ich mich gefühlt hatte, als ich zum ersten Mal von Schweiklberg zu meiner Mutter zurück durfte: zu Hause. Es war, als lägen meine Hände im warmen Bett. Ich ging im Zimmer auf und ab, soweit die Betten, der Tisch, die Stühle, die Regale, der Schrank, der Ofen, die Kisten und Schachteln es zuließen. Mir wurde wärmer. Von den Händen verteilte die Wärme sich auf den Körper. Mir wurde heiß. Ich riss das Fenster auf. Eisesluft strömte wohltuend herein. Ich steckte die Hände aus dem Fenster. Überlegte kurz, ob das eine Gelegenheit wäre, die Fäustlinge zu verlieren. Nein, so gemein war ich nicht. Hier, mit den in die Kälte gestreckten Händen, konnte ich sie auch gut gebrauchen. So stand ich und freute mich, warm an den Händen zu haben. In meinem nächsten Brief würde ich meinem Vater berichten, wie gut mich seine Handschuhe gewärmt hatten in der eisigen Luft. Wie glücklich und stolz war er gewesen, dass er in seiner Gefangenschaft etwas so Tolles für mich zuwege gebracht hatte! Wie mochte er an die Handschuhe gekommen sein? Ich überlegte mir, ob ich die Handschuhe nicht doch einmal bei einem Gang in die Stadt anziehen sollte, gleichsam als Charakterübung, die mir mein Vater so sehr ans Herz gelegt hatte – aus allem eine Tugend zu machen. Mit dem Modebewusstsein der Wiener war es sowieso nicht mehr weit her. Und noch weniger mit der Mode. Die war aus der Mode gekommen. Die allgemeine Volksfantasie hatte sich vom Schönmachen dem Erobern, Besiegen und Töten zugewandt. Mode gehörte zum Frieden. Und dennoch: Da gab es einen ein wenig verrückten Sechzehneinhalbjährigen, in dessen Händen ein Rest von Modebewusstsein überlebt hatte.

»Fenster zu!«, krächzte die Stimmbruchstimme meines Bruders. Ich schloss das Fenster, zog die Handschuhe aus. Nein, umgekehrt: Ich musste erst die Handschuhe ausziehen, um das Fenster schließen zu können. Morgen würde ich meinem Vater schreiben.

7.
Befreiung

Anfang 1945: Abenteuer und Gefahren

Ein ereignisreiches, erlebnisreiches, gefahrenreiches Jahr 1944 ging zu Ende, ohne Fanfarenklang. Ende einer Vorstellung. Die Bühnenarbeiter rückten an, räumten die Kulissen ab und ließen eine leere Bühne zurück – für die Vorstellung »1945«.

Ein vom 31. Dezember 1944 datierter, wiederum der Zensur entgangener Brief meines Vaters erreichte mich erst im neuen Jahr. »Weimar, 31. Dezember 1944 … In reissendes Wasser geworfen zu werden, gehört zu dieser Zeit und wohl auch zum Menschsein; aber dabei Meisterschwimmer zu werden und, sich und andere erhaltend, das neue Ufer zu gewinnen, das hebt uns aus der treibenden Sintflut des Gewöhnlichen, der Schwachen, Jammernden, Ziellos-Versinkenden heraus! Und je mehr Du siehst, dass Du dieser Aufgabe Herr wirst, desto größer wird Deine Verpflichtung Dir und den Mitmenschen gegenüber: Du darfst Dir bei weitem nicht alles gestatten, was Hinz und Kunz sich erlauben, Du musst Deine Kraft – jede Deiner Kräfte – wie in einem Reservoir ansammeln: sparsam ausgeben, viel einnehmen: durch ständige Übung, Nutzung jeder Gelegenheit, seelisch, geistig, körperlich zuzunehmen! Alles für später, Michael, wenn <u>die</u> Aufgabe Deines Lebens einmal an Dich herantritt, die wir heute noch nicht kennen, von deren Erfüllung aber Heil und Glück Deines ganzen Seins abhängen wird … – Was <u>wir</u> aus irgendeiner Sache, einem Umstand, einer Lage machen, <u>das</u> zählt, <u>das</u> ist unser Gewinn, – nicht Geld und Gut (die uns gelegentlich, vielleicht, mag sein, hinzugegeben werden, wenn es notwendig und gut ist), sondern die Steigerung der seelischen Kraft: unserer Fähigkeit, Glück und Leid zu empfinden, Liebe zu verbreiten und zu empfangen, Menschen und Dinge in ihrer wahren Bedeutung zu erkennen, den Gang der Entwicklung aus ihren Elementen zu erschließen, hart und entschlossen zu handeln, wo es nottut, und uns jederzeit als das zu sehen, was wir sind: Steuerleute Gottes, die den Sturm des Lebens zwingen, um, orientiert an den ewigen Sternen, mit sich und der ihnen anvertrauten Fracht in das Land unserer Bestimmung zu gelangen ... Wenn Du 1945 in eine Lage kommen solltest, in der Du ganz allein auf Dich gestellt wärest (ohne ein Wort von mir, das Dich noch erreichen könnte, ohne unsere gute Mutt', ohne Deine Geschwister und vielleicht ohne Deine gewohnten Kameraden), *nur etwa mit Michailowski [etwa in russischer Gefangenschaft]*, dann, bitte, vergiss nicht, was ich Dir geschrieben habe! Behalte den Kopf oben, nimm Dein Herz in Deine beiden Hände und steh' es durch – mit Nutzen, Michael, ohne inneren Schaden, immer ein grader Kerl! In kritischen Momenten frage Dich: Wie würde mein Vater handeln?, dann empfiehl Dich Gott und tue ruhig und sicher, was Dir richtig erscheint! Es soll immer so sein, dass Du Dir sagen kannst: Nun wären die Eltern stolz auf mich! Du darfst eine Gewissheit immer haben: dass wir Dich sehr lieben, dass wir Dich nie vergessen, dass wir alles tun – und das braucht nicht wenig zu sein, mit *Elisabeths und Margrets Beistand [dem Beistand der Westalliierten]!* –, um Dich, sobald es nur vernünftigerweise sein kann, heil, gesund, munter und durch viele Erfahrungen bereichert, in einem erneuerten Heim in die Arme zu schließen. Einmal heimgekehrt, muss es unser beider Stolz sein dürfen, sagen zu können, dass wir die Jahre der erzwungenen Trennung nicht zu bedauern brauchen, da wir aus dem Unabänderlichen, für uns alle Vorbestimmten das Beste gemacht haben, wie lange immer es gedauert hat und noch dauern mag ... Leb' wirklich wohl! Dein Vater ...«

Nach meinem am 13. Januar beendeten Urlaub ging meine

Dienstzeit als Luftwaffenhelfer zu Ende. Wir vier Freunde – Gerhard, Othmar, Kurt und ich – wurden zur Flakbatterie Leopoldsberg/am Himmel im 19. Gemeindebezirk Döbling versetzt, ganz nahe an unserem Zuhause. Vom »Himmel« wurden wir zum Fliegerhorst Zwölfaxing geschickt. Dort erhielten wir unsere Entlassungspapiere, da wir unser volles Dienstjahr abgeleistet hatten. Als nächstes Stück auf der Bühne »1945« stand »Reichsarbeitsdienst« (RAD) auf dem Programm. Im Zuge der letzten, verzweifelten deutschen Kriegsanstrengungen war die ursprünglich viel längere RAD-Dienstzeit auf sechs Wochen reduziert worden. In ihnen wurde nur noch die militärische Grundausbildung absolviert, damit möglichst schnell möglichst viele Jugendliche in neue Frontkämpfer – »Kanonenfutter« – umgewandelt werden konnten. Nach Plan wäre ich im Februar als Quasisoldat an irgendeine der immer näher rückenden Fronten geschickt worden, zusammen mit Gerhard und Othmar. Kurt hatte sich als Offiziersanwärter gemeldet – ob aus echtem Interesse oder um dem RAD zu entgehen, kann ich nicht sagen.

Zensierter Brief meines Vaters an mich: »Weimar, 21. Januar 1945. Lieber Michael: … Es ist ein großer Unterschied zwischen heute und früher: als ich Student war, im ersten Weltkrieg und dann, strich das Leben auch viel von dem, was man so wünschte und wollte; aber es blieben noch Möglichkeiten der Auswahl: eine Reise, eine Fahrt, eine Wanderung? Nun, wenn nicht heute, dann morgen, wenn nicht dahin, dann dorthin; eine Wissensvorliebe für das? Nun, dann eben für jenes! Heute ist alles eiserner Zwang, unabänderliche Notwendigkeit geworden … Als Mutti und ich jung waren, wollten die Eltern nicht, dass wir uns liebten und uns mit Heiratsabsichten trugen. Was glaubst Du, was wir in fünf Jahren unserer heimlichen Verlobung für Schwierigkeiten zu überwinden hatten! … Aber wenn wir uns am Lenbachplatz in München, ich aus der Deutschen Bank kommend, wo ich als Werkstudent arbeitete, sie beim ärgsten Trantschwetter aus der Musikakademie herbeieilend, trafen, um wenigstens die 25 Minuten meines Abendweges zur Universität beisammen zu sein, waren wir glücklich! Und wir waren glücklich, als wir am 30. April 1923, mit einem weißblühenden Dornschlehstrauss und dem beiderseitigen Versprechen für's Leben, über kahle Felder der Stadt zuwanderten, die mit allen Glocken den 1. Mai einläutete – für uns! Obwohl uns zuhause ein Krach erwartete, der nicht mißtönender sein konnte (wir verstanden das Denken der Eltern und ihre Sorgen, wenn wir sie auch nicht teilten, und der Ausgang hat uns recht gegeben). Ein Jahr lang habe ich Mutsch, als sie mit mir unter solchen Umständen verlobt war, aus Florenz und Stuttgart und Davos Tag für Tag einen Liebesbrief geschrieben! Glaubst Du, unsere Liebe wäre so groß und stark und treu geworden, wenn alles nur eitel Sonnenschein gewesen wäre? Ich kann Dir nicht oft genug sagen, dass Kraft und Größe sich nur an Hindernissen entwickeln! Ärgere Dich über keinen widrigen Umstand, was immer es sei (ich meine: nicht länger, als die erste natürliche Wut oder ein Anflug von Mißmut dauert), sondern wenn Du Dich ärgerst oder verstimmt wirst, dann nur über versäumte Gelegenheiten: daß Du wieder einmal mit einer grausligen oder sonst unangenehmen Situation nicht fertig geworden bist! Und sofort anders heran an die nächste – immer wieder, immer wieder, bis Du es fühlst: mir wächst keine Schwierigkeit über den Kopf, jetzt nicht mehr, nein! Ich bin der Herr meiner selbst, mit dem meisten werde ich fertig, den Rest stehe ich durch – mit reichem Gewinn an Erfahrung und Tugend (= virtus, nicht wahr? Nicht vergessen!) – für die nächste Etappe, zur Bewältigung der folgenden Sprosse der immer höher führenden Leiter unserer Entwicklung: einer wahren Himmelsleiter … Mit Gruß und Kuss Dein Vater.« Initialen des Zensors.

Zensierter Brief meines Vaters: »Weimar, 28. Januar 1945.

Sehr geehrter Herr Luftwaffenoberhelfer! Cornelia hat mir einen hübschen, putzigen Neujahrsbrief vom 1. Januar geschrieben, in dem ich tadelnd darauf hingewiesen wurde, dass ich noch immer per Luftwaffenhelfer an Dich schreibe, während Du doch längst ›Oberluftwaffenhelfer‹ seiest! (Mit Bleistift stand von Muttis Hand daneben: Luftwaffenoberhelfer.) ... Nun weiß ich Dich ja, nach dem selben Brief Korndis, glücklicherweise ›in der Himmelbatterie‹ ... relativ sicher, weil, wie das Schwesterlein so goldig in der Märchenperspektive schreibt, ›in der Nähe der General wohnt und alles beobachten kann‹ ... Weiter alles Glück in Dienst und Leben: Vat.« Initialen des Zensors.

Ab Mitte Januar 1945, nach meiner Entlassung aus der Luftwaffe, sammelte ich Erfahrungen anderer Art mit Luftangriffen. Die Hartäckerstraße liegt auf einem Hügelkamm zwischen dem Krottenbachtal und Gersthof in einem Wohnviertel. Mein Bruder und ich waren sicher, dass es nie bombardiert werden würde. So nahmen wir die Luftschutzkellerpflicht nicht ernst, wenn die Sirenen zweimal vier Sekunden »akute Luftgefahr« heulten. Wir hielten uns lieber auf der Straße oder, noch schlimmer, auf dem Flachdach unseres Mietshauses auf, wo wir uns ab dem Frühjahr an warmen Tagen gerne sonnten. Wir bedachten nicht, dass Gefahr auch von Flak-Splittern drohte.

»Achtung, Achtung. Hier Luftschutzsender Wien. Schwere Kampfverbände im Anflug von Süden auf das Reichsgebiet.« Mit diesen von einem Kuckucksruf angekündigten Worten warnte eine weibliche Stimme, das Radioprogramm unterbrechend, vor dem nächsten Angriff. Wir konnten uns kein Radio leisten. So bastelte mein technisch begabter Bruder aus Transistoren und anderem Selbstbeschafftem ein Behelfsradio. Damit konnte er den Wiener Polizeifunk mithören. Der meldete anfliegende Bomber früher als der »Kuckuck« des Großdeutschen Rundfunks.

Auch am 12. März 1945 hielten wir uns während der »akuten Luftgefahr« auf der Straße auf. Unsere Frau Blockwart würde uns schon nicht erwischen. Auch sie musste ja in den Keller. Wir beobachteten die Explosionswolken jenseits der Donau in Floridsdorf auf dem Raffineriegelände und unten bei Gräf und Stift, wo vor dem Krieg tolle Autos gebaut worden waren. Einige Bomben explodierten auch näher bei uns, in Glanzing. Später erfuhren wir, dass dieser Angriff schwere Schäden auch an der Ringstraße angerichtet hatte. Die Oper brannte aus, Kunsthistorisches Museum, Burgtheater, Hofburg, Stephansdom und Volkstheater wurden schwer beschädigt. Das berüchtigte Gestapo-Hauptquartier am Morzinplatz wurde ebenfalls zerstört – damit allerdings nicht die Gestapo selbst.

Angriffe und Gegenwehr lieferten des Nachts eine vorweggenommene Apokalypseversion von »Son et lumière«. Die von Suchscheinwerfern in Leuchtfiguren verwandelten B24, Flying Fortresses, Halifax, Wellingtons und Liberators, von RAF und USAAF zur Vernichtung des Gegners losgeschickt unter Inkaufnahme der eigenen Vernichtung, bestückt mit Bomben, Bombenwerfern, Maschinengewehren, Heckschützen und Piloten, umschwirrt von schützenden Lightnings und Mustangs, gejagt, beschossen, gerammt von Fernnachtjägern und Messerschmitts, tanzten inmitten Abertausender von Explosionswolken und metallenen Splittern zerberstender Flak-Granaten brummend, ballernd und krachend ihr Todesballett in den über den Nachthimmel kriechenden Lichtspinnennetzen und versetzten mit Tonnen von Feuer und Explosion auf Häuser, Kirchen, Fabriken, Schienen, Wälder, Flüsse, Kanonen und Menschen die eingegrabene und zubetonierte, nur unzureichend von in den Boden gekrallten Kanonen geschützte Welt unter ihnen in Schutt, Brand, Verformung und Tod. Aber es war natürlich kein Spiel und auch nicht Kunst. Eher war es eine Demonstration der Unverhältnismäßigkeit und des Nichtgelingens. Bomber trudelten ab und zerschellten am Boden. Fallschirme und die an ihnen hängenden Uniformbündel mit Menscheninhalt wurden beschossen. Den Messerschmitts ging der Treibstoff aus. Die Flakscheinwerfer, so stark sie waren, konnten mit ihrem scharfen Blinzeln nicht den ganzen Himmel erhellen. Das schaffte nur die Sonne. Wie erbärmlich war dieser Höllentanz von Technik und Mensch im Vergleich zur Kraft der Natur. Immerhin hatten am Ende von 52 Luftangriffen auf Wien über 100 000 Bomben 46 862 Gebäude beschädigt, davon 6214 (im Nazijargon:) »dem Erdboden gleichgemacht«, dabei 36 851 Wohnungen zerstört und 8769 Zivilisten getötet.

Der RAD-Einberufungsbefehl ließ auf sich warten. Das für uns zuständige Wehrkreiskommando war bombardiert worden, unsere Personalien dort waren verloren gegangen. Wir drei Freunde lebten »auf Abruf«. Unsere Mütter besprachen sich miteinander. Nicht alle drei waren gegen die Nazis. Aber alle drei waren Mütter. Und keine zweifelte daran, dass der Krieg verloren war. Sollten sie ihre Söhne an einer zusammenbrechenden Front »verheizen« lassen? Also Befehlsverweigerung. Das war nicht mehr unbedingt lebensgefährlich. Immer mehr Menschen, auch Parteifunktionäre, stellten sich auf die »Zeit danach« um. Die »Hundertprozentigen« gerieten in die Minderheit. Im Donner der Explosionen verlor das Nazireich auch nach innen immer mehr von seiner Macht und seinem Schrecken.

Der Uniformierte, der eines Tages in unserem vollgestopften Zimmer stand, war ein ganz normaler Wiener Polizist – so normal jedenfalls, wie ein Wiener Polizist damals noch sein konnte, mit einem gerade noch – oder schon wieder – sichtbaren Rest von Wiener Gemütlichkeit. Befremdlich wirkte lediglich sein mächtiger Schnauz. Ich lag noch im Bett.

»Kogon, Michael?« Ich richtete mich stramm auf, salutierte gleichsam mit dem Oberkörper.

»Aufstehen!« Der Polizist fischte einen Wisch aus seiner Uniform. Ich wälzte mich aus dem Bett und tastete nach meinen Sachen.

»Mitkommen!«

Meine Mutter stellte den Besen an die Wand, mit den Borsten nach oben. Dann richtete sie sich kerzengerade vor dem Polizisten auf, so dass ich hinter ihr fast verschwand. Meine Mutter, von einem harten Schicksal gezeichnet: eine mittelgroße, abgemagerte, verhärmte Frau, abgekämpft, mit strähnigem Haar, keine gesunde deutsche Frau und Mutter, all ihre bescheidene Kraft aufbietend, um ihren Sohn zu beschützen. Keine Figur, die einen Wiener Wachtmeister beeindrucken konnte, auch wenn seine Gesinnung schon schwer ins Wanken geraten war.

Ein Mann in Uniform und eine Frau in Zivil. Ein Polizist und eine Mutter. Ein Mensch und ein Mensch. Sie standen einander gegenüber, in beredtem Schweigen.

Da war, nicht zu vergessen, der (noch) ferne Donner von den Geschützen, Bomben und Stalinorgeln der heranrückenden Roten Armee. Budapest, 214 Kilometer Luftlinie von Wien, befand sich bereits in sowjetischer Hand. Der Donner besagte: Mit Wiener Nazi-Polizisten wird demnächst kurzer Prozess gemacht. Wenn die Sowjets sich jeden Tag 21,4 Kilometer vorankämpften, würden jene untermenschlichen Wienerpolizistenmörder in zehn Tagen Wien mitsamt seinen Polizisten erreicht haben.

Meine Mutter griff sich den Besen und hielt ihn vor sich. Sie richtete sich noch mehr auf. So groß war sie als junge Frau gewesen. »Er kommt nicht mit«, sagte sie sehr entschieden.

In der Stille danach war der Kanonendonner noch deutlicher zu vernehmen. Der Polizist räusperte sich. Dann salutierte er und drehte sich um. »Hawe die Ehre«, murmelte er im Hinausgehen. Als er draußen war, blieb er stehen. Drehte sich noch einmal um. Mir stockte der Atem. Doch er schloss bloß die Tür von außen, sacht. Durch die geschlossene Tür hörte ich nicht einmal mehr seine Zehenspitzenschritte.

Mein Freund Gerhard wurde dann doch noch »eingezogen«, aber nicht zum RAD, sondern zum Volkssturm, dem letzten Aufgebot Hitlers, bestehend aus Kindern und alten Männern. Er musste im Süden Wiens aus Gebäudetrümmern Barrikaden errichten. Er floh und versteckte sich bis zur Befreiung auf dem Dachboden des Elternhauses.

Im ersten Quartal des Jahres 1945 vollendete sich der Untergang der nach der Kapitulation Italiens verbliebenen Achsenmächte Deutschland und Japan. Ende Januar erreichte die Sowjetarmee die Oder. Am 19. Februar besetzten die Amerikaner nach der Rückeroberung aller von Japan eingenommenen Gebiete (Salomonen, Neuguinea, Gilbert-, Marshall- und Admiralitätsinseln, Birma, Niederländisch-Indien, Borneo, Philippinen) die erste japanische Insel. Am 27. Februar erreichten westalliierte Truppen den Rhein. Im März drangen sie im rechtsrheinischen Reichsgebiet bis zur Elbe, zum Brenner und nach Oberösterreich vor.

Am 22. März erschien die letzte »Deutsche Wochenschau des Großdeutschen Reiches«. Sie übermalte das Untergangsbild mit pathetischen Berichten von Tapferkeit, Ordensverleihungen und Horror in den »verlorenen Gebieten«. Es wurden Kämpfer ausgezeichnet, Blindgänger entschärft, Verwundeten-Abzeichen verliehen, Anleitungen zum Abfeuern von Panzerfäusten gegeben (»sehr einfach«, »auch Frauen können sie mit Leichtigkeit bedienen«), Hitler-Jungen vom »Führer« mit dem Eisernen Kreuz ausgezeichnet, Mitglieder des »Deutschen Volkssturms« mit dem Ritterkreuz dekoriert, begeistert-entschlossene Kämpfer gezeigt, gut umsorgte Verwundete in Kellergewölben und abgeschossene sowjetische Panzer in der »Festung Breslau« und in den Ruinen der »Festung Königsberg« vorgeführt, Königsberger Kämpfer ausgezeichnet, Zivilisten in Schiffen der Kriegsmarine aus

Ost- und Westpreußen abtransportiert, Taten der Pflichterfüllung trotz »Bombenterror« aufgelistet, Deutsche wegen ihres »beispiellosen Widerstands« gelobt und »bestialische Vergewaltigungen und tierische Misshandlungen durch sowjetische Horden« dokumentiert. Die Holzhammerpropaganda (»Das Gebot der Stunde: kämpfen und siegen«) konnte das Bild der Auflösung nicht überdecken. Statt Sieg oder wenigstens Nahrung: Orden. Bald würde es auch für sie nicht mehr genug Metall geben.

Mein Vater schrieb uns damals weiter Briefe voller Mitgefühl, Sorge, Mut- und Hoffnungszusprache. Auch an mich richtete er wieder einen Brief – diesmal betrübt. Schwere Zeiten schlossen seichtes Vergnügen aus. Unter den gegebenen Umständen – er im KZ, Bomben-»Terror«, näher rückende Front – konnte er nicht billigen, dass ich zusammen mit zwei Kameraden einen – ja: Tanzkurs besuchte. Das tat ich in jenen Wochen, in denen nichts mehr war wie zuvor. Was hatten unsere Mütter »sich dabei gedacht«?

Während des ganzen Jahres 1944 war mir bloß Luftwaffenhelfer-»Schulunterricht« zuteilgeworden. Von Januar bis April 1945 lungerte ich mehr oder minder untätig in der Hartäckerstraße herum. Meine Mutter musste damit rechnen, dass auch jetzt, kurz vor Kriegsende, wo vieles um uns in Trümmer ging und niemand wusste, wie es weitergehen würde, der Gymnasialunterricht nicht so schnell wieder aufgenommen werden würde. Irgendwann würde unser Vater in der Tür stehen und uns weiß Gott wohin verfrachten. Kurzum: Meine Schulbildung verdiente insgesamt die Note »Ungenügend«. Es lag nahe, die Gelegenheit zu nutzen und wenigstens für meine gesellschaftliche Bildung etwas zu tun. Die hatte ich sechseinhalb Jahre lang überhaupt nicht erhalten. Vielleicht dachten unsere Mütter auch, nach einem ganzen Jahr in der Männergesellschaft der Flak und vorangegangener gymnasialer Geschlechtertrennung täte uns Sechzehneinhalbjährigen etwas Erfahrung mit dem anderen Geschlecht gut. Alles honorige Motive. Wie ja auch mein Motiv honorig war, zu gehorchen und auch diese Partialbildung abzuleisten.

Mein Vater erinnerte sich, dass ich seine so gut gemeinten, so sehr auf mich und meine und unsere gemeinsame Zukunft gerichteten, so hoffnungsvollen, so verantwortungsreichen Sonntagsbriefe aus dem KZ selten beantwortet hatte. Fürs Vergnügen hatte ich Zeit, für eine Stunde Antwortbrief nicht.

Die Tanzschule von Oberstleutnant a.D. Willy Elmayer-Vestenbrugg in der Bräunerstraße in der Inneren Stadt war die renommierteste Wiens. Dort wurden auch im Spätwinter 1944/45 nur korrekt gekleidete Herren eingelassen. Meine Mutter zauberte nicht nur das Kursgeld herbei, sondern kaufte mir auch ganz legal auf Kleiderkarten einen Anzug. Der Stoff, so steif er sich anfühlte, war Spätkriegsknitterware in scheußlichem Violett – als wäre meine Mutter beim Kauf farbenblind gewesen. Mein Vater hätte gesagt: Mach das Beste daraus. Also dachte ich: Dergestalt verclownt, wird mich wenigstens kein Mädchen auffordern. Auch meine Krawatte saß nicht richtig. Niemand hatte mir das korrekte Binden beigebracht.

Elmayers Tanzschule war für mich der Vorhof zur Hölle. Schon der Weg dorthin: Vorahnung eines Spießrutenlaufs. Mit der Straßenbahn zum Schottentor, weiter zu Fuß zur Bräunerstraße, in viel zu engen Schuhen, immer angespannter, nahe am Stephansdom und an den Repräsentationsbauten der Ringstraße vorbei. Viele dieser Bauten wurden am 12. März 1945 – genau sieben Jahre nach der Verhaftung meines Vaters – beschädigt oder zerstört.

Wie um die Befürchtungen eines armen Sünderknaben zu widerlegen, war der Eingang zu Elmayers Tanzschule neben der Spanischen Hofreitschule klein und bescheiden. Ich hatte trotzdem eine mir in die Nieren stechende Angst. Bei keinem

Bombenangriff in Achau und dann in Wien hatte ich so viel Angst gehabt. Hätte ich statt meines violetten Anzugs meine Flakhelferuniform angehabt, meine Angst wäre geringer gewesen. Eine Uniform lockt die Mädchen zwar an, schützt aber vor ihnen auch, wenn man es richtig anstellt.

Von Vergnügen also keine Spur. Keinerlei Neugier auf diese Glanz vortäuschende Scheinwelt im allgemeinen Untergang. Zum ersten Mal hielt ich ein Wiener Madl im Arm, wenn auch bloß in korrekter Lockerheit. Où il y a de la gêne, il n'y a pas de plaisir. Ich war ein idealer Mauerblümchenpartner. Angst statt Freude. Frust statt Lust. Spießrutenlaufen statt Spaß. Ich lernte das Wienerwalzerstampfen und die wissenschaftlich-ärztlich-neutrale Beschaffenheitsprüfung jugendlicher weiblicher Haut. Nicht einmal mein Vater, hätte er mich so gesehen, hätte mir dieses »Vergnügen« missgönnt.

Die Befreiung meines Vaters

Aus einem späteren Bericht meines Vaters: »Ich selbst bin, zusammen mit einigen wenigen Eingeweihten, in den letzten kritischen Wochen der Lagerzeit, als für uns alles darauf ankam, über die Lage an den Fronten zuverlässig Bescheid zu erhalten, damit von uns aus rechtzeitig entsprechende Maßnahmen getroffen werden konnten, in vielen Nächten an einem Fünf-Röhren-Apparat gesessen, den ich aus dem Privatbesitz von Dr. Ding-Schuler ›zur Reparatur im Lager‹ hatte beschaffen können, und habe ›Die Stimme Amerikas in Europa‹ sowie den ›Soldatensender West‹ abgehört, um die Meldungen von Bedeutung mitzustenographieren.«[70]

»Die entscheidende Belastungsprobe war der 5. April ... SS-Sturmbannführer Dr. Ding-Schuler kam noch einmal in das Lager zurück und teilte mir mit, daß von der Gestapo Weimar der Befehl ergangen sei …, 46 Politische am nächsten Morgen zu exekutieren, ehe das Lager evakuiert würde … Ding-Schuler wußte nur vier Namen: den Kapo des Reviers [der Krankenstation] und seinen Stellvertreter, den Kapo von Block 46 und mich … Es wurde der Beschluß gefasst, die Auslieferung der 46 Mann zu verweigern, selbst wenn es darüber zum offenen Kampf kommen sollte. Noch in der gleichen Nacht tauchten alle Bedrohten … in sicheren Verstecken unter … Als die Nacht kam, wagte sich die SS nur noch mit schwerster Bewaffnung ins Lager; sie sah, dass die Politischen entschlossen waren, zu kämpfen … Um die Gefahr zu bannen, daß im letzten Augenblick noch evakuiert würde, beschloß man, einen Abgesandten aus dem Lager zu schmuggeln, der für den Fall, daß die Amerikaner den strategisch wichtigen Ettersberg mit dem KL umgehen würden, die alliierten Linien von Weimar aus erreichen … sollte … – Am 6. April hatten mehr als 3000 Juden zu Fuß Buchenwald verlassen. Die Flucht des Lagerabgesandten konnte in diesem Zeitpunkt nur mehr auf einem einzigen Wege stattfinden, da außer Transporten niemand mehr aus dem Lager herauskam: über Block 50 und Dr. Ding-Schuler. Ich tauchte also aus der Versenkung auf, obwohl SS-Streifen das Lager absuchten, stellte mich Dr. Ding-Schuler, der durch Unterscharführer Feld … verständigt worden war, und vereinbarte mit ihm das waghalsige Unternehmen. Am nächsten Tag, dem 8. April, sollte ein Lastwagen der Polizei aus Weimar geschickt werden, um wertvolle Instrumente und Impfstoff … abzuholen; in einer dieser Kisten sollte ich sitzen und in das Haus Ding-Schulers in Weimar gebracht werden.

Ich eröffnete meinem Freund Werner Hilpert, daß ich am nächsten Tag in eine Kiste eingenagelt und als ›Sanitätsgut‹ deklariert hinausgeschmuggelt würde, um dann die amerikanischen Linien zu erreichen und Hilfe für die verbliebenen

21 000 Gefangenen zu holen – letzte Chance, uns zu retten; ich brauchte sofort, über Nacht, entsprechende Zivilkleidung. Hilpert ließ sie mir augenblicklich anfertigen ... Am Vormittag des 8. April wurde nach einem längeren Luftalarm das gesamte Lager zum Abmarsch für zwölf Uhr mittags aufgerufen. Der Lastwagen aus Weimar, auf den wir zur Wegschaffung des Sanitätsmaterials aus Block 50 warteten, war noch nicht eingetroffen! Endlich, gegen 12.45 Uhr, kam er mit vier SS-Leuten, die keine Ahnung hatten, an. Die Verladung der Kisten ging unter Leitung von Feld glatt vonstatten.«[71]

Damit war mein Vater, als Einziger, früher als das Lager befreit. Vor Ding-Schulers Haus wurde die Kiste vom Laster geworfen. Er blieb unverletzt. Wer mochte sie in Ding-Schulers Haus geöffnet haben? Erstmals standen die beiden Männer einander als gleichberechtigte Freie gegenüber. Aber nicht für lange. Bald sollte es Ding-Schuler sein, der in Gefangenschaft wanderte. Mein Vater war, um ihm nach Möglichkeit die Todesstrafe zu ersparen, bereit, auszusagen, was er für die Gefangenen getan hatte. Doch Ding-Schuler wartete die Aussage nicht ab. Er erhängte sich am 11. August in seiner Zelle. Mein Vater war tief betroffen. Er hatte miterlebt, wie es geschehen kann, dass ein Mensch sich tief ins Verbrechen verstrickt.

»Am Mittwoch, 11. April, mittags befanden sich noch 21 000 Häftlinge im Lager. Die Voraussetzung für eine wirksame Aktion mit den Waffen war gegeben. Aber die SS griff nicht mehr an. Um 10.30 Uhr vormittags erklärte der Erste Schutzhaftlagerführer [der SS] dem Ersten Lagerältesten [der Häftlings-Selbstverwaltung], dass das Lager übergeben werde.«[72] Am selben Tag erreichten amerikanische Panzertruppen das KZ Buchenwald.

Wir in Wien wussten nicht, ob unser Vater noch lebte. Das blieb so für viele Wochen. Auch er wusste nicht, ob wir noch lebten. Nun, da unsere Schicksale sich endlich aufeinander zu bewegten, waren wir kommunikative Lichtjahre voneinander getrennt. Post und Telefon funktionierten nicht mehr.

April 1945: Die »Befreiung« Wiens durch die Rote Armee

Fast auf den Tag genau, als die Gefangenschaft meines Vaters endete, wurde auch Wien »befreit«. Das Wort »befreit« erwies sich allerdings als ein Generalnenner, der nicht in jedem Fall passte. Kurt Peyfuß hatte mir in Achau gesagt: »Jetzt geht es uns noch gut. Nachher werden wir nicht mehr genug zu essen haben.« Das konnte natürlich jeder wissen, der nur ein wenig überlegte. Doch ich hatte es nicht bedacht.

Am 6. April stürmte, ohne anzuklopfen, Tante Lia in unser Zimmer: »Die Russen sind schon im Süden von Wien! Sie verteilen Lebensmittel! Es ist alles gar nicht so schlimm!« Wir glaubten das nur zu gern, nach all den Greuelgeschichten in der *Deutschen Wochenschau.* War unsere Hartäckerstraße in Tiefschlaf gefallen? Das schien nur so. Die Menschen hockten wach in ihren Verstecken. Nicht einmal die Spatzen tschilpten. Also Schluss mit Krieg. Im Krieg gibt es ja keine Stille. Das erste Geräusch nach der Stille war ein Rasseln, das unser Haus zum Vibrieren brachte. Wir zitterten mit. Ich hätte es vorgezogen, die Stille wäre still weitergegangen. Wir spähten von unserem Ausguck, dem Klopfbalkon. Auf unserer ansonsten stillen Hartäckerstraße fuhr ein russischer Panzer spazieren.

Nun waren wir also befreit. Oder erobert. Oder besetzt. Oder erneut unterjocht. Wir würden sehen. Wir sahen es bald. Die Greuelpropaganda der Nazis traf in einem Punkt zu: Für die sowjetischen Frontsoldaten waren Frauen Freiwild. Genauso, wie die Frauen frei Wild waren, war jede Wiener Wohnung frei Raum. Die Rotarmisten stießen mit dem Stiefel oder Gewehrkolben gegen eine Tür, und schon öffnete sie sich. Sie gingen durch die Wohnung wie in einem Selbstbedienungsladen, betasteten die Ware und taten in den Einkaufswagen, was ihnen gefiel. Die attraktiven – und auch die weniger attraktiven – Frauen bestanden nur noch aus Angst. Unsere Mutter mit ihren 43 und meine Schwester mit ihren 10½ Jahren verbrachten eine Zeitlang jede Nacht in einem anderen auswärtigen Versteck. Später kroch Cornelia, sobald Gefahr drohte, unter ein Bett, über das eine Decke geworfen wurde. Meine Mutter hatte den nur relativen »Vorteil«, ziemlich abgemagert zu sein. Sie entsprach nicht mehr ganz dem Bild, das ein Rotarmist von einem Sexobjekt haben mochte. Das bot ihr aber nicht ausreichend Schutz. Die Frontsoldaten waren nicht anspruchsvoll.

Viele Nazis waren geflüchtet. Ihre Wohnungen standen leer. Russen, auch befreite Zwangsarbeiter und nicht zuletzt »gscherte« Wiener durchsuchten sie und nahmen sich, was ihnen gefiel.

Bei einer vorsichtigen Rekognoszierung in der Umgebung sah ich einen toten Mann. Er lag mitten auf der Straße. Er war in aller Öffentlichkeit gestorben. Er lag auf dem Rücken wie eine tote Fliege. Tote Fliegen liegen nie auf dem Bauch. Ich hatte noch nie einen toten Menschen gesehen – nach einem Krieg mit Dutzenden von Millionen Toten. Nicht einmal unsere Toten beim großen Fliegerangriff auf unsere Flak-Batterie in Achau hatte ich richtig gesehen. Das schneeweiße Gesicht des Mannes passte nicht zu seiner verdreckten Uniform. Ich war nicht erschrocken, weil ein Toter vor mir auf der Straße lag. Ich war erschrocken, weil er mich an das mir unbekannte Schicksal meines Vaters erinnerte. Der Tod war für mich auf einmal konkret.

Leben im besetzten Wien

Über unserem Leben stand ein großes Kein: kein Wasser, keine normale Nahrungsversorgung, kein Strom, keine Schule, keine Straßenbahn, keine Zeitung. Wasser bezogen wir nach langem Schlangestehen aus einem Brunnen ziemlich weit weg in Pötzleinsdorf. Daran denke ich immer, wenn ich in der Tagesschau die Bilder der Wasserträgerinnen in der Sahelzone sehe. Wenn ich endlich an der Reihe war, hielt ich meine zwei großen Einmachgläser unter das Rohr und ließ sie volllaufen. Dann schleppte ich sie die Pötzleinsdorfer Straße stadteinwärts und den Hang hoch bis zur Hartäckerstraße. Die aus Draht gebogenen Henkel schnitten mir in die Hände. Es war ein heißer Frühlingstag. »Stoi!« – an der steilsten Stelle. Der Soldat hatte ein asiatisches Gesicht. Er schwitzte. Er bückte sich, nahm mir das eine Glas aus der Hand, wuchtete es hoch und setzte es sich an die Lippen. Das Wasser rann ihm aus beiden Mundwinkeln. Es verteilte sich auf dem Pflaster und versickerte in den Ritzen. Als das Gefäß halb leer war, gab der Soldat es mir zurück. Es war eine Szene wie aus dem Alten Testament. Ich schüttete das restliche Wasser mit einem schmerzlichen Gefühl des Abschiednehmens auf die Straße und ging den langen Weg zum Brunnen zurück. Das andere, noch volle Gefäß schleppte ich mit. Hätte ich es ausleeren sollen? Das brachte ich nicht fertig. Ich schleppte das volle Gefäß zum Brunnen zurück, nur um das leere aufzufüllen und dann mit beiden vollen Gläsern den beschwerlichen Weg noch einmal zurückzulegen. Mein kleiner, gewitzterer Bruder hätte sich an den Straßenrand gesetzt, auf einen Russen gewartet und ihm einen erfrischenden Brunnenquelldrink angeboten, gegen Brot.

Zum ersten Mal in diesen sieben Jahren drohte uns wirklicher Hunger. Da meldete sich rechtzeitig wieder Tante Lia mit einer freudigen Meldung, die wir, leicht variiert, von ihr schon einmal gehört hatten: »Die Russen verteilen Lebensmittel!« Und wo, bitte sehr, dieses Mal? »Bei Bensdorp!« Nanu! Die Russen verteilten Schokolade? Zur Versorgung der besseren Wiener Gesellschaft war 1908 die Wiener Bensdorp-Filiale für die Produktion dieser »Chocoladen im höchsten, gesündesten und schönsten Theile der Residenz« errichtet worden: in Döbling, in der Weinbergstraße. Und die war nicht weit weg von unserer Hartäckerstraße. Wenn die Fabrik auf Hochtouren lief, hatte es bis zu uns nach Schokolade geduftet. Also nichts wie hin. Wir mussten bloß die Hartäckerstraße ein Stück weit vor, hinunter zur Krottenbachstraße und auf der anderen Seite schräg hoch. Wir schnappten uns Taschen und Säcke und rannten los. Ein Strom gefräßiger Ameisen, alle mit Taschen und Säcken, wälzte sich zur Weinbergstraße. Wir tauchten in den Strom ein und stellten bald fest: Es handelte sich nicht um Verteilung. Verteilung ohne Verteiler wird Plünderung genannt. Doch wir fühlten uns nicht als Plünderer. Wir waren in gutem Glauben hergeeilt. Und wenn wir uns jetzt an der allgemeinen Selbstverteilung beteiligten, dann nur, weil alle es taten und weil dahinter eine Duldungsabsicht sowjetischer Stellen nicht ganz ausgeschlossen werden konnte. Die Ameisen, die schon da waren, hatten ihre Taschen und Säcke mit Milchschokolade gefüllt (Bitterschokolade durfte schon lange nicht mehr hergestellt werden). Sie hätten nach Hause krabbeln können. Doch das taten sie nicht. Nach der Schokolade sammelten sie das unter den gegebenen Umständen Nächstbrauchbare ein: den Zucker. Dann waren die Bemeisen gekommen und hatten sich den Kakao geholt. Die Cemeisen hatten die Schokoladereste aus den Kesseln gekratzt. Als die Hahameisen – wir – eintrafen, enthielten nur noch einige Behälter ein Pulver. Wir füllten es mit bloßen Händen in unsere Taschen und Säcke.

Unsere Mutter rührte zu Hause das Pulver mit Wasser an. Auf unserem Kanonenöfchen quoll die feuchte Masse zu einem dicken Brei auf, ohne dass meine Mutter »Töpfchen koche« befohlen hätte. Ich steckte meinen Löffel hinein. Der Brei schmeckte nicht nach gesüßter Hirse und auch nicht nach Schokolade. Er schmeckte nach Kartoffeln. Was Stärkemehl bei der Wiener Kriegsschokoladeproduktion zu suchen gehabt hatte, bleibt mir bis heute rätselhaft.

Als unser Kartoffelmehl zu Ende ging, tat sich wie durch ein Wunder eine andere Nahrungsquelle auf. Es war eine neue Art von Märchen – eine, die den Brüdern Grimm entgangen ist. Das Wunder erschien in Gestalt eines russischen Soldaten. Noch nie war ein Rotarmist so früh an unserer Tür erschienen. Und noch etwas war neu: Er suchte gezielt nach Alex und mir. Woher wusste er, dass ausgerechnet hinter dieser Tür zwei kräftig erscheinende Burschen zu finden waren? »Kräftig« hieß in diesem Fall: fähig zur Zwangsarbeit. Vielleicht waren wir ihm beim Wasserholen aufgefallen. Er war noch sehr jung. Sonderbarerweise fragte er nach unseren Namen. War ihm das allgemein übliche »Du mitkommen!« zu ordinär? Stattdessen nun: »Du Alexandrrr mitkommen! Du Michail mitkommen!« Falls er uns zur Zwangsarbeit in Sibirien abzuholen gedachte, würde es Jahre dauern, bis wir wiederkamen, sofern überhaupt. Zwangsarbeiter für Sibirien wurden üblicherweise auf bereitstehende Lastwagen verladen. Dieser Soldat hatte aber keinen Lastwagen zur Verfügung, und es standen ihm auch nicht, wie üblich, österreichische Helfer zur Seite. Dieser Soldat führte uns bloß zu einem Arbeitseinsatz in der Nähe. Er ging vor uns her. Er brauchte sich nicht nach uns umzudrehen. Er wusste, dass wir wussten, dass es keinen Sinn hatte davonzulaufen.

In der Peter-Jordan-Straße, nach dem Döblinger Friedhof, stand das ehemalige Luftwaffenlazarett. Der Soldat brauchte uns nichts zu erklären. Das konnte er auch nicht. Er sprach nicht Deutsch, und wir verstanden nicht Russisch. Er drückte jedem von uns einen Besen in die Hand. Das war eine Sprache, die wir verstanden. Wir schoben herumliegende Krankenstatistiken, Arztberichte, Führerbefehle und Dienstanweisungen zu Haufen zusammen. Die schafften wir ins Freie. Am Abend durften wir nach Hause. Am nächsten Morgen holte uns der junge Soldat wieder ab. Wir hätten unsere Uhr nach ihm stellen können – hätten wir eine gehabt. Niemand war unfreundlich zu uns, niemand kontrollierte, drängte, drohte, strafte. Wir gehörten bald dazu – in dem Sinne, dass wir offenbar als die einzigen funktionierenden Einrichtungsgegenstände angesehen wurden. Auch in den Adelssitzen früherer Jahrhunderte waren die Domestiken ein fester Bestandteil des materiellen Inventars gewesen. Und genau wie damals das tote Inventar seine Pflege erhalten hatte, war das lebendige Inventar mit Speise und Trank versorgt worden. So auch wir. Nur wählerisch durften wir nicht sein. Die abgebrochene Hälfte eines vertrockneten Brotlaibs, ein Klumpen Pferdefleisch: Köstlichkeiten. Wir waren stolz, etwas Essbares nach Hause zu bringen. Als wir das Lazarett bodenrein gefegt hatten, wurden wir formlos entlassen.

Irgendwann kam in Wien eine Art offizielles Nahrungsmittelversorgungsprogramm in Gang. Irgendwann tropfte wieder Wasser aus der Leitung. Irgendwann brannten die Glühbirnen wieder. Irgendwann erschien auf einem großen gefalteten Blatt wieder so etwas wie die Idee einer Zeitung. Irgendwann wurde in Gersthof wieder eine Teilstrecke der Linie 41 in Betrieb genommen. Irgendwann konnten wir mit der Straßenbahn wieder in die Innere Stadt fahren. Irgendwann wurden einzelne Wohnungen frei. Nicht wenige Nazis waren geflohen. Ihre Wohnungen standen leer. Drei Jahre vorher waren die Judenwohnungen leer stehend gemacht worden.

Ich wartete nicht auf meinen Vater – gerade jetzt, wo ich

dazu Grund gehabt hätte. Ich hatte kein Gefühl einer irgendwie gearteten Zukunft. Ich wollte besser leben, aber jetzt. Wir waren keine Verfolgten mehr. Wir gehörten zur neuen antifaschistischen Elite. An einem einzigen Tag waren wir aus Parias zu Adeligen der neuen klassenlosen Gesellschaft geworden, trotz Plünderung und Zwangsarbeit. Wir hatten es anfangs nicht einmal gemerkt. Ich bedrängte meine Mutter, sie solle sich eine Leerwohnung zuteilen lassen. Sie zögerte. Vielleicht ahnte, hoffte sie, dass wir nicht in Wien bleiben würden. Sie wartete auf Nachricht von unserem Vater. Sie wartete auf ihn. Sie war sicher, dass er lebte. Sie wollte endlich alles ihm überlassen können. Zuckte sie bei jedem Klingeln zusammen? Es war ein Warten vergleichbar jenem vom März 1938 und doch anders. Damals hatte sie auf die baldige Rückkehr ihres Mannes gehofft. Jetzt wusste sie nicht, ob er lebte, und auch nicht, ob er bald zurückkommen werde. Falls aber: Aus diesen beiden Tassen würden sie ihren ersten gemeinsamen Nachkriegsmokka trinken. In diese Untertasse würde er die Asche seiner ersten Zigarette abstreifen. An diesem Tisch würden sie ihr erstes Gespräch führen – worüber? In diesem schmalen Bett würden sie wieder nebeneinander liegen, pssst, die Kinder schlafen – wie vor sieben Jahren. Andererseits: Sie hatte sich an Selbständigkeit gewöhnt, war halbwegs die Autorität ihrer Kinder gewesen, und nun würde wieder er über Erziehung und Bildung entscheiden, und wie viel von dem, was er ihr in seinen Briefen in Aussicht gestellt hatte, würde im neuen Alltag bestehen? Sie ersehnte ihren Mann zurück, dass sie endlich sich nicht mehr um alles allein kümmern müsste – und hatte doch auch Bange davor. Seine Liebe konnte so dominierend sein. Sogar in der Bekundung von Liebe war er ihr überlegen. Er konnte so gut sprechen, so gut formulieren, war so gebildet, redete jeden in den Mundtod. Würde sie standhalten können in Liebe, ihm sanft ihr eigenes Gefühl entgegenhalten, so dass eine neue Liebe zwischen ihnen wachsen könnte, von der sie meinen dürfte, es sei noch die alte – neu entflammt? Sie freute sich und freute sich nicht, und dann ging dieses Gefühlsdurcheinander unter in alten und neuen Pflichten.

Warten bedeutete für sie: ausruhen mit Zukunftsgefühl. Doch ich drängte. Sie gab mir nach. Wir machten uns auf die Suche nach einer Wohnung, von der ich nicht einmal bedachte, ob darin Platz wäre für den Mann und Vater. Bei diesen gemeinsamen Gängen in die Stadt trug ich gerne meinen violetten Tanzstundenanzug. Ein Arbeiterkittel wäre angebrachter gewesen. Aber nein, es musste ein Anzug sein. Ein neuer. In einer zerstörten Stadt. Im Russengewimmel. Die Vermieter sollten sehen, dass sie es mit einer Herrschaft alten Stils zu tun hatten. Blöder hätte ich es nicht anstellen können. Wenn die Qualifikation meines Vaters, ich sei dusselig, auf mich zutraf, dann nicht, weil ich seine religiösen Gewissheiten nicht mehr teilte, sondern weil ich in diesem Aufzug durch den leibhaftigen Besatzungskommunismus stelzte.

Ich hatte kein Glück mit meinen Anzügen. Den ersten hatte ich im Gewitterregen ruiniert. Dieser zweite hätte fast mich ruiniert. Neben uns quietschten Bremsen. Typischer Holzvergasergeruch. Ein österreichischer Lastwagen. Ein motorisierter Menschenfängerkarren. Auf solche Wagen verluden die Russen Männer, wie heute ein Biobauer seine Schlachthühner einfängt. Auf der offenen Ladefläche drängten sich die bereits gefangenen. Der Platz für das Oberhuhn war noch frei. Der Mann, der mich packte, zu dem Wagen zerrte und mich hinaufstieß, trug Zivil. Es war ein Wiener. »Bürscherl«, begrüßte er mich mit seinem breiten Ottakringer Dialekt. Ich sollte nach Ungarn, Wiederaufbau, dem Volk dienen, käme bald zurück. Ich wusste: Das war gelogen. Die Männer, zwischen denen ich eingekeilt war, sahen alle ähnlich aus: jung und verstört. Sie unterschieden sich von mir dadurch, dass sie schlecht gekleidet waren und nach Schweiß rochen. Keiner sagte ein Wort. Das gemeinsame Schicksal schuf für uns keine Gemeinsamkeit. Im Gegenteil: Ich spürte, wie sie nachdachten, ob sie aus meiner komischen Bekleidung für sich Kapital schlagen konnten. Ich versuchte, Abstand zu halten, vergeblich. Wir waren zusammengekeilt. Ich spürte die Ladeluke an meinem Rücken. Auf die Befreiung meines Vaters würde nun meine Gefangenschaft folgen. Stabwechsel an die nächste Generation. Nur: Er war wegen seiner Gesinnung gefangen gewesen, ich würde es wegen meines Anzugs sein. Meine Mutter stand unten auf der Straße und redete auf den Ottakringer ein. Sie sprach kein Ottakringisch. Sie sprach gemäßigtes Wienerisch mit Münchner Akzent. Sicher sagte sie etwas von »KZ« und »Opfer des Faschismus« und »Widerstandskämpfer«, und wenn … dann … werde schon sehen – mit demselben drohenden Unterton, der Wochen vorher den Wiener Polizisten in die Flucht geschlagen hatte. Der Mann nickte nicht einmal. Aber sein Köper nahm eine andere Haltung an, eine Art Innehaltung. Russische Kommunisten und Wiener Kommunisten waren beide Kommunisten. Doch Wiener Kommunisten und Wiener Nichtkommunisten waren beide Wiener. Heimlich sah der Ottakringer sich nach seinem russischen Begleiter um. Der hatte gerade sein nächstes Opfer im Griff. Der Ottakringer gab mir ein fast unmerkliches Zeichen. Ich kraxelte über die Luke, sprang, und weg war ich. Meine Mutter kam mir kaum nach. Meinen Knöchel spürte ich noch mehrere Tage. Den violetten Anzug trug ich nie wieder. Sie konnte so mutig sein, meine Mutter.

Unser Klopfbalkon war, was heute der Fernseher ist. Er ermöglichte uns einen Blick in die Welt. Eines schönen Junitages stand ein Jeep auf der Straße. Ein amerikanischer! Für uns damals ein Anblick wie heute eine Szene aus einem Science-Fiction-Film. Aus diesem Jeep sprangen zwei Außerirdische. Als sie klingelten, hatten sie sich in amerikanische

Offiziere verwandelt. Es waren die ersten Amerikaner, die den Weg durch die sowjetische Besatzungszone bis nach Wien geschafft hatten. Fesch sahen sie aus, als sie in unserem Zimmer standen. Zwischen unseren Wiener Betten und Kisten ragten sie, nur eben jetzt menschengroß, wie zwei jener Pappkameraden empor, die ich vor dem »Anschluss« für meine Papparmeen ausgeschnitten und gefaltet hatte. New York in Währing – und doch wieder nicht. Der eine der beiden sprach nämlich Wienerisch. Er hieß Akselrad. Er gehörte zum Team des 1st Lieutenant Albert Rosenberg, für das mein Vater in Deutschland tätig war. Vor dem Krieg war Aksel – so nannten wie wir ihn später, als er ein Freund der Familie geworden war – in Wien in einem Kabarett aufgetreten und 1938 gerade noch rechtzeitig den Nazis entkommen. Diese Rückkehr war sein Triumph. Vor wenigen Jahren hatte ihn seine Heimatstadt verfemt, gedemütigt, ausgeplündert, ausgespuckt, so dass er es geradezu als Erleichterung empfunden hatte, sie, in der er aufgewachsen war, deren Dialekt er sprach und in der er sich zu Hause fühlte, schnellstmöglich verlassen zu können. Nun hatte Aksel sich in einen Gladiator, sein Jeep sich in einen altrömischen Siegeskranzwagen und der Eingang zu unserem Zimmer sich in einen Triumphbogen verwandelt. Ein Amerikaner in Wien – ein Wiener aus Amerika.

Die beiden brachten die Nachricht, auf die wir vier Monate gewartet hatten. War unser Vater am Leben? Ja. Gott sei Dank. Ein JA hatte die Welt verändert. Ein großer leerer Fleck in unserer Vorstellungswelt hatte sich durch ein einziges Wort gefüllt. Er lebte! Meine Mutter atmete noch schwer, während ich schon auf die Schachtel schielte, die noch immer auf einer der vier Schultern ruhte. Er lasse uns grüßen! Die nächsten Fragen kamen von meiner Mutter. Wie geht es ihm, wo ist er, was macht er, wann kommt er? Aksel hatte die Schachtel auf den Boden gestellt und holte die erste Konserve heraus. Ja, es gehe ihm gut. Der Geruch von echtem Bohnenkaffee, wie auf der Alphütte an der Großglockner-Hochalpenstraße vor acht Jahren. Er sei mit einem amerikanischen General in Paris und Frankfurt. Pulver. Wieso Pulver? Vollmilch, Ei. Er arbeite an einem Buch. Honig! Schokolade! Er werde bald kommen. Schweineschmalz! Zucker! Er werde uns holen, wir sollten warten. Das war der erste Schatten. Holen – wohin? Hoffentlich nicht nach Deutschland! Ganz Deutschland sei voll von vollen Schachteln, grinste Aksel, CARE-Pakete. Und ein Auto habe Eugen auch schon, Opel P4, Pipsi genannt. Und auch Benzin. Und Doughnutschmalz so viel wir wollten. Er werde bald kommen. Vorher müsse er bloß noch schnell nach San Francisco fliegen – fliegen! –, um vor der neu zu gründenden UNO Bericht zu erstatten. Ich kam aus dem Staunen nicht heraus. Mein Vater! Fliegen! Vereinte Nationen! Noch nie gehört! San Francisco! In welchem Band von Karl May kam das vor? Diese Amerikaner! Sie waren wirklich überall: in Wien, in Paris, in Frankfurt – sogar in San Francisco.

Was mein Vater nach seiner Befreiung erlebte

»Am 16. April 1945 … traf im Konzentrationslager Buchenwald ein Intelligence Team der Psychological Warfare Division ein, um die Verhältnisse zu studieren und in einem umfassenden Bericht … zu zeigen, wie ein deutsches Konzentrationslager eingerichtet war, welche Rolle es im nationalsozialistischen Staat zu spielen hatte und welches Schicksal über jene verhängt wurde, die von der Gestapo in die Lager eingewiesen und von der SS dort festgehalten wurden … Die Offiziere besaßen von ehemaligen Häftlingen, die entlassen worden und in die Vereinigten Staaten gelangt waren, eine Namensliste mit Empfehlungen ›für den Fall, daß‹, darunter meinen Namen. Man bat mich, einen Bericht über das Lager zu schreiben, und brachte mich nach Weimar in die Villa, die Baldur von Schirach bewohnt hatte ... Der fertige Bericht über Buchenwald ging ... zur Psychological Warfare Division in Paris und nach Bad Nauheim zum Hauptquartier der 12. Amerikanischen Armeegruppe ...

Der Leiter des Intelligence Teams, 1st Lieutenant Albert G. Rosenberg, hielt es für zweckmäßig, mich zu Botschafter Robert D. Murphy und seinem Stab nach Paris zu bringen, die dort die Anwendung der in Washington beschlossenen Politik der ›Umerziehung‹ des deutschen Volkes vorbereiteten. Der Weg führte uns über Frankfurt am Main ... Leutnant Rosenberg nahm mich dann weiter nach Luxemburg mit. Er meinte, ich könne dort vielleicht einen europäischen Sender übernehmen. Das zerschlug sich aber, und wir fuhren weiter nach Paris. Wenn ich da zurückdenke! Ich hatte einen einzigen Anzug, sonst nichts. Ich hatte keinerlei Ausweispapiere. Die britische Botschaft in Paris gab mir dann ein Ausweispapier. Bei ihrem Rückzug aus dem KZ Buchenwald hatte die SS die Legitimationspapiere aller 46 politischen Gefangenen mitgenommen, die sie am 5. April 1945, kurz vor der Befreiung des Lagers, hatte exekutieren wollen – in meinem Fall meine Geburtsurkunde, meinen österreichischen Paß, meinen Führerschein und die Urkunde der Wiener Universität über die erfolgte Promotion zum Dr. rer. pol ...

Ich habe während der drei Wochen in der rue d'Astorg dann Entwürfe zur Bildungspolitik, die man vorhatte, begutachtet.«[73]

Am 25. April vereinigten die amerikanischen und die sowjetischen Kampflinien sich bei Torgau. Seit jenem Tag war ganz Deutschland von alliierten und sowjetischen Truppen besetzt. Am 28. April kapitulierten die deutschen Streitkräfte in Italien; italienische Partisanen erschossen Mussolini. Hitler setzte am 30. April seinem Leben ein Ende. Am 2. Mai fiel Berlin. Hitlers Nachfolger Großadmiral Dönitz leitete die Kapitulation des Deutschen Reiches ein. Diese wurde am 7. Mai gegenüber den Westmächten und am 9. Mai gegenüber der Sowjetunion bedingungslos vollzogen. Die bis dahin deutschen Gebiete östlich der Flüsse Oder und Neiße wurden unter polnische bzw. sowjetische Verwaltung gestellt. Das verbleibende deutsche Staatsgebiet wurde in vier Besatzungszonen aufgeteilt. Ein Alliierter Kontrollrat übernahm die Regierungsgewalt.

»Im Juni 1945 wurde die ganze Psychological Warfare Division von Paris nach Bad Homburg versetzt, und mich nahmen sie mit. Ich stand weiter als Berater zur Verfügung. Der Chef der Division, General McClure, hatte den Buchenwald-Bericht gelesen und einem Vorschlag zugestimmt, ich möge ihn in ein Buch für die Deutschen umarbeiten. So ist ›Der SS-Staat‹ entstanden. Ich arbeitete Tag und Nacht, ganz allein in einer Villa, die ich im ›Restricted Area‹ zugewiesen erhielt. Als ich nach wenigen Wochen die Hälfte fertig hatte, sagte mir der General, ich solle nach San Francisco fliegen und vor den Vereinten Nationen berichten, die Welt wisse nichts von diesen Dingen, und ich könne sie, wie sich gezeigt habe, glaubwürdig darstellen. Ich sagte: ›Ich denke nicht daran, nach San Francisco zu gehen, meine Familie ist in Wien, ich war sieben Jahre von meiner Familie getrennt und will sie wiederhaben, ich möchte nach Wien.‹ … Der General wunderte sich, daß ich seinen Vorschlag nicht annahm.

Die Zusammenführung wurde zum Abenteuer, das die Wirklichkeit von damals anschaulich wiedergibt. Mauthausen, das Konzentrationslager bei Linz, 1934 unter dem Dollfuß-Regime gegen die Nationalsozialisten eingerichtet, im Dritten Reich zu einer der übelsten Exekutionsstätten des Hitler-Terrors geworden, gehörte gerade noch zur amerikanischen Zone in Österreich, unmittelbar dahinter begann die russische. In Frankfurt am Main … hatte man erfahren, dass der Kommandant, der viel Sinn für Rheinwein hatte, zu bewegen war, in Sonderfällen Flüchtlinge aus der russischen Zone das Lager von der einen zur anderen Seite passieren und so in die Freiheit gelangen zu lassen … – Man möge es mir glauben oder nicht: Es gelang mir, 300 Flaschen Rheinwein zu organisieren. Eberhard Beckmann … war es, der als Leiter der Verkehrsabteilung im Frankfurter Provisorischen Magistrat zwei Lastwagen je mit Fahrer und das Benzin für den Weg nach Mauthausen und zurück beschaffte, – eine enorme Hilfe in der Zeit damals … – Die Fahrt nach Österreich ließ sich ganz anders an, als es geplant gewesen war. Ich hatte den Lastwagen-Konvoi vorausgeschickt und kam mit einem jungen Ingenieur, von Werner Hilpert, mit dem er Thüringen verlassen hatte, empfohlen, wenige Tage später nach. Mein Begleiter besaß einen ›Mercedes‹. (Das Problem war das Benzin gewesen.) Als wir in Linz eintrafen, hatten die Amerikaner am Abend vorher das Lager Mauthausen den Russen übergeben, – es war nichts mehr zu machen. Der Ingenieur und ich fuhren daraufhin nach Süden: Man hatte uns in Linz gesagt, daß es von der Steiermark aus, die zur Britischen Zone gehörte, Möglichkeiten gab, über den Semmering nach Wien und sicherlich auch wieder zurück zu kommen. Tatsächlich ist mir das gelungen. Der Ingenieur blieb mit dem Auto in Leoben, um auf mich und meine Familie zu warten; wir vereinbarten, daß er nach Frankfurt zurückkehren sollte, wenn er innerhalb von drei Tagen nichts mehr von mir hören würde.«[74]

Unsere Familie wieder beisammen

Am 1. August, drei Tage nach meinem 17. Geburtstag, läutete es an der Tür. Meine Mutter öffnete. Ich sah über ihre Schulter hinweg nur den Kopf. Dieses Gesicht kam mir bekannt vor. So ähnlich hatte Vati ausgesehen. Das Gesicht verschwand hinter dem Kopf meiner Mutter. Sie nahm ihn in ihre beiden Hände. Sie zitterte. Er löste sich von ihr. »Wir müssen gleich weg«, sagte das Gesicht. Ich musste den Mann jetzt umarmen. Ich tat es. »Groß bist du geworden«, sagte der Mann, »mein Michael.«

Es war alles so banal. Wir hätten uns aufs Sofa setzen und große Gefühle austauschen müssen. Wiedersehen nach sieben Jahren! Am Leben sein! Trennung, Angst, Todesgefahr vorbei! Doch wir hatten nicht einmal ein Sofa. Kaum wiedervereint, hatte uns schon der Alltag im Griff. Wir handelten und sprachen, als wären wir nie getrennt gewesen. Später gestand mein Vater seine Ernüchterung, als er seine Rita nach mehreren Jahren vollständiger Trennung in die Arme schloss. Sie hatte nicht viel Ähnlichkeit mit dem Idealbild, das er sich am Schluss gemacht hatte. Dazu unser Zimmer, diese Mischung aus Müllhalde, Altmateriallager und wohltätiger Hausratverwertung. Er hatte das Zimmer nie gesehen. Alex hatte ihm einen von ihm angefertigten Grundriss ins KZ geschickt. Der Schock muss umso größer gewesen sein, als er sich bereits an ein einigermaßen bequemes Leben unter den Fittichen der amerikanischen Besatzungsbehörden gewöhnt hatte, mit Reisen – oder Plänen für Reisen – an Orte, von denen die meisten Deutschen nicht einmal träumten.

Meine Mutter ihrerseits empfand, wie sie später einmal bemerkte, jene sieben Jahre großer Entbehrung und Gefährdung als die einzige Zeit ihres Erwachsenenlebens, in der sie sich allen Belastungen und Sorgen zum Trotz stark gefühlt habe. Sie war mit allen Problemen und Schwierigkeiten allein fertiggeworden.

Mit der Rückkehr meines Vaters werde unsere Familie wieder intakt sein, hatte ich gedacht. Nun merkte ich: Meine Mutter und wir drei Geschwister hatten nach allem, was wir gemeinsam erlebt und durchgemacht hatten, eine Familie neuen Zuschnitts gebildet. Mein Vater stieß neu zu ihr. Es würde *seine* Aufgabe sein, sich zu integrieren.

»Meine Tochter Cornelia ... war ein Kind ohne Bewußtsein von der Tragweite gewesen, als ich am 12. März 1938 beim nationalsozialistischen Einmarsch in Österreich verhaftet wurde, und fast 86 Monate später ein Mädchen von elf Jahren, als ich sie ... wieder in meine Arme schließen konnte, um sie Ende Juli 1945 aus Wien in abenteuerlicher Weise durch die russisch besetzte Zone wegzuholen – zusammen mit meiner Frau, deren Tapferkeit nicht das Gefängnis erspart geblieben war – glücklicherweise wenigstens das Äußerste: ihre eigene Verschickung in ein Lager und mein Tod –; unsere beiden Söhne, inzwischen zu jungen Männern herangewachsen, begleiteten uns.«[75]

Einer der ersten Sätze des neuen Vaters war gewesen: »Wir müssen gleich weg.« Ich dachte ursprünglich, dies sei eine spontane Reaktion auf die Umstände gewesen, in denen er uns vorgefunden hatte. Es war anders. Er hatte nur drei Tage Zeit, um mit uns das fast Unmögliche zu leisten: über die in Bewegung befindliche russisch-britische Demarkationslinie nach Leoben zu kommen. Die Briten waren gerade dabei, in der Steiermark die bis dahin sowjetisch besetzten Gebiete vereinbarungsgemäß ihrer Besatzungszone einzugliedern.

Mein Vater ging zu den Missongs hinüber, dankte ihnen für alles, was sie für seine Familie und ihn getan hatten, und teilte ihnen mit, dass wir Wien innerhalb von vier Stunden verlassen müssten. Er ging mit Alex zum Ostbahnhof, um zu versuchen, Fahrkarten zu bekommen. Er wollte mit uns nach Gloggnitz. Das war der letzte größere Ort ganz im Süden des damaligen russischen Besatzungsgebiets. Dort wollten wir über die Grenze in die britische Zone. Vier Stunden später hatten wir unsere Rucksäcke gepackt. In ihnen befand sich nichts, was mir lieb war. Ich wusste noch nicht, dass ich nicht mehr in dieses Zimmer zurückkommen würde. Meine Mutter schloss die Zimmertür ab und steckte den Schlüssel ein. Abreise ohne Formalitäten – in einer überbürokratisierten Welt. Keine Abmeldung von der Schule, beim Einwohnermeldeamt, bei der Wohnungsgenossenschaft. Kein Abschied von Kameraden und Freunden. Ein Abschied wie ein Spaziergang, von dem man erst später merkt, dass es keiner war.

Freute ich mich, dass unsere Familie wieder beisammen war? Dazu hatte ich keine Zeit. Ich funktionierte in unmittelbaren Abläufen. Wieder war ich dabei, in eine neue Welt zu geraten. Nach einer behüteten Kindheit in Wien, dem plötzlichen Ausgesetztsein im Kloster, dem ärmlichen Dasein in einer amputierten Familie, der Soldatenwelt und der erneuten Gefährdung unter sowjetischer Besatzung fand ich mich nun in der alten und dennoch so ganz anders gewordenen Familienkonstellation wieder und sollte meine Heimat definitiv verlassen. Die Aussicht, nach Deutschland zu müssen, war mir schrecklich. Wir hatten Schauerliches über die Zustände dort vernommen. Gemessen daran erschien mir das russisch besetzte Elends-Wien wie ein Paradies. Aber ich fügte mich. Ich verstand, dass mein Vater nun eine neue, wichtige Aufgabe in Deutschland zu erfüllen hatte. Wenigstens hatte er mir seit seiner Befreiung bis zur Umsiedlung eine Wiener Gnadenfrist von mehr als einem Vierteljahr gelassen. Es war ja in jener Zeit nicht leicht gewesen, die Umsiedlung einer ganzen Familie aus dem sowjetisch besetzten Wien über drei Grenzen hinweg, die außerdem teilweise in Bewegung waren, in die amerikanische Besatzungszone Deutschlands zu organisieren. Dass er nicht in Österreich bleiben, sondern von Deutschland aus wirken wollte, stand für ihn fest: Deutschland biete für ihn, den Publizisten, eine größere Plattform mit mehr Resonanz. In der Tat nahm er im ideellen Wiederaufbau des moralisch zerstörten Landes bereits einen festen Platz ein. Daneben mag ihm die Aussicht willkommen gewesen sein, hinter dem neuen, wichtigen Engagement in Deutschland könne seine österreichische Vergangenheit in den Hintergrund der öffentlichen Aufmerksamkeit treten. In der aufgeheizten Emotionalität jener Monate war nicht allen politischen Sittenrichtern nach Objektivität zumute. Den Ständestaatlern von seinerzeit haftete im neuen Klima der Verpflichtung zur Demokratie das Stigma der Diktaturfreundlichkeit an. In beträchtlicher Naivität anfänglich einen Ausgleich zwischen dem Katholizismus und Hitler angestrebt zu haben galt als schwere politische Sünde. Jugendsünden wurden ungern vergeben, auch wenn sie in bester Absicht begangen und bald korrigiert worden waren.

Der Tag, an dem wir Wien verließen, war der letzte der rein russischen Herrschaft über die Stadt. Am folgenden Tag wurde sie in vier Besatzungszonen aufgeteilt. (Offiziell galt Österreich allerdings als befreit, nicht als besetzt.) Amerikaner, Briten und Franzosen nahmen sich ihren Anteil am Kuchen. Die neuen österreichischen Regierungen – die erste, noch provisorische, amtierte bereits seit dem 27. April 1945 – führten einen langen Kampf, bis das Land 1955 seine volle Souveränität zurückerhielt. Der Preis war die Verpflichtung zu immerwährender militärischer Neutralität im Sinne von Bündnisfreiheit. Die Erinnerung, dass allzu viele Österreicher auf der Seite Hitlers gestanden hatten und für Krieg und Judenverfolgung mitverantwortlich waren, wurde das Land nicht mehr los.

Am Ostbahnhof sprangen wir auf den abfahrenden Zug. Rotarmisten hangelten sich außen an den Waggons von Abteil zu Abteil. Mein souveräner Vater, mit seinen Papieren und seinem Russisch, überzeugte sie von unserer antifaschistischen Gesinnung. In Gloggnitz verbrachten wir den Rest der Nacht im überfüllten Bahnhof auf dem Boden. Am nächsten Tag durchquerten wir die Wälder des Semmering. Wir begegneten etlichen Wanderern zwischen den Fronten. Jeder fragte jeden: Wo ist die Demarkationslinie gerade jetzt, wo sind noch die Russen, wo schon die Briten?

Alex und ich gerieten in Streit. Das empfanden wir nicht als außergewöhnlich. Unser Umgangston muss sich nicht sehr von dem unterschieden haben, den KZ-Häftlinge miteinander »gepflegt« hatten. Den vertrug unser Vater nicht mehr. Er wies uns zurecht. Das war eine neue Erfahrung. Eine neue Autorität hatte sich über uns etabliert.

Nachdem wir die Demarkationslinie passiert hatten, steuerten wir den nächsten Bahnhof an und setzten uns in einen Zug nach Leoben, diesmal bequem und ohne Angst. Dort wartete seit drei Tagen mit seinem Auto der Ingenieur, den mein Vater für unseren Umzug nach Deutschland angeheuert hatte. Einige Stunden später wäre er ohne uns zurückgefahren. Zum ersten Mal seit sieben Jahren saß ich wieder in einem Personenwagen. Die letzte Autofahrt war die traurigste meines Lebens gewesen. Damals war ich allein mit meinem Bruder in die Fremde gefahren. Nun, sieben Jahre später, fuhr ich mit meiner ganzen Familie, aber auch diesmal in die Fremde. Ich genoss die Autofahrt als solche. Aber ich wollte nicht nach Deutschland.

Die deutsch-österreichische Grenze war Ende April wieder errichtet worden. Beidseits der Grenze erstreckte sich die amerikanische Besatzungszone. Das zählte mehr als die neue Staatsgrenze. Wiederum bot mir Deutschland ein anderes Bild, als ich es mir vorgestellt hatte. Ich hatte mir ein Land der Verheißungslosigkeit vorgestellt. Stattdessen fuhren wir im Mercedes durch ländliche, friedliche, unzerstörte Landschaft. Nichts war in diesem Teil Deutschlands wesentlich anders als in Österreich. Wohl aber war es anders als im Nazi- oder im Russen-Wien. Es war mir, als führen wir erst jetzt in den Frieden.

Station in München bei Frau und Kindern unseres Onkels. Verwandte: eine neue Erfahrung. Wie beweglich die kleine Veronika war. Auch in dieser Familie fehlte der Vater. Der siechte in einem Gefangenenlager im niederösterreichischen Horn. Dort starb er bald darauf an Entkräftung. Weiterfahrt und Übernachtung – nun schon die dritte – im Kloster Eichstätt in frischer Bettwäsche. Ein neuer Geruch, ein neues Wohlgefühl. Ich hatte seit meiner Rückkehr aus der Abtei Schweiklberg 1185 Nächte in miefigem Bettzeug verbracht. Ankunft in Offenbach und freundliche Aufnahme im halb zerstörten Haus der Arztfamilie Frühauf.

Im Hin und Her jener Rucksack-Übersiedlung verpasste ich die Nachricht, dass die Amerikaner mit Atombomben zwei japanische Städte vernichtet und damit für Japan die Kapitulation unausweichlich gemacht hatten. Der Zweite Weltkrieg war zu Ende, und ich hatte es nicht bemerkt. »War end Europe« im Mai war für mich das entscheidendere Ereignis gewesen.

»Im Taunusstädtchen Oberursel nördlich von Frankfurt teilten mir die Amerikaner beim Camp King ein kleines Häuslein zu. Dort schrieb ich bis Mitte Dezember den Rest meines Buches *Der SS-Staat – Das System der deutschen Konzentrationslager.* Manchmal kam es mir in den Sinn, ob ich nicht der sei, der das System … nun eigentlich erst rationalisiere, indem er die Stärken und die Schwächen zugleich aufzeigt, so daß es für einen künftigen Tyrannen sozusagen vollwirksam und gebrauchsfertig werde. Ich war infolgedessen mehrmals während der Abfassung des Manuskriptes versucht, es zu verbrennen. Andere Male wollte ich mich der Verantwortung durch Anonymität entziehen. Keines von beiden durfte ich ... Es ist eine der unvermeidlichen Folgen ..., daß mein Name mit einem Bericht verknüpft bleiben wird, der voll von düsterer Problematik ist.«[76]

Der neue Vater wollte, wir drei Kinder sollten ihn jetzt »Vater« nennen, »Vati« sei eine Anrede für Kinder. Alex und ich waren keine Kinder mehr. Aber wir waren an »Vati« gewöhnt. »Vater« war uns so fremd wie der Mann, der dieses Ansinnen stellte. Wir »lösten« das Dilemma, indem wir ihn überhaupt nicht mehr anredeten. Bis an sein Lebensende blieb er für uns namenlos. Sogar, wenn wir *von* ihm sprachen, nannten wir ihn EK oder »Herr Papa«.

Mein Vater hatte gesagt: »Ich bleibe, der ich bin.« Und er sagte: »Ich bin im KZ ein anderer geworden«. War das ein Widerspruch? »Ich bleibe, der ich bin« bezog sich auf seine Persönlichkeit, seinen Charakter, seine Haltung zu Gott und der Welt. Was ihn im tiefsten Grunde ausmachte, und damit das eigentliche Ziel seines Wirkens, blieb sein ganzes Leben gleich. Er nannte dieses Ziel »die Sicherung der Bedingungen der Humanität«. Er wollte das, was er selbst in seiner Kindheit und Jugend nicht in vollem Umfang erfahren hatte: Gerechtigkeit, Respekt, Frieden, Wohlstand und gleiche Entwicklungschancen für alle. Und vielleicht als Wichtigstes: die Überwindung sozialer Gegensätze. »Ausgleich« kennzeichnet sein politisches Wollen am treffendsten. Er sagte immer, er sei keiner politischen Partei beigetreten, weil er nicht vorgehabt habe, »Politiker zu werden«. Mir erscheint als ein plausibleres Motiv, dass er nicht einseitig sein wollte. Er bereiste die Sowjetunion, um den »politischen Gegner« kennenzulernen. Er predigte zuerst seinen Lesern, dann dem »antifaschistischen Widerstand« aus den KZ, dann den Gewerkschaften, dann seinen Darmstädter Studenten und schließlich seinen »Panorama«-Zuschauern, über den persönlichen Interessen nicht die Verantwortung für das Gemeinwesen zu vergessen. So umfassende Ziele erreichen zu wollen bedeutete natürlich, »die Welt zu verändern«. Vor dem Krieg hatte er gemeint, diese Aufgabe werde der christliche Ständestaat leisten. Nach dem Krieg trat er für einen »christlichen Sozialismus mit menschlichem Antlitz« ein. Die beiden Konzepte lagen nicht weit auseinander. Von der Ständestaatsidee war er nur deshalb abgerückt, weil alle europäischen Vorkriegsdiktatoren sich ihrer missbräuchlich bedient hatten. Aber die »Sozialgemeinschaften« in seinem neuen Entwurf eines christlichen Sozialismus nach 1945 waren, abgesehen von der Eigentumsfrage, den »Berufsständen« in seinem früheren Korporativstaatsentwurf sehr ähnlich. So gesehen blieb er sich treu. Es gab keinen Bruch in dem, was er eigentlich wollte.

Seine Aussage, im KZ ein anderer geworden zu sein, bezog sich nicht auf seine Prinzipien, sondern auf deren Umsetzung. »Die Gefangenschaft hat wirklich mein Leben verändert. Ich habe plötzlich die Geschichte und die Entwicklung anders gesehen. Um ein Beispiel herauszugreifen: Für den Katholiken, der in der großen katholisch-sozialen Tradition erzogen war, war die Französische Revolution etwas Abscheuliches: Mord, Guillotine, Unterdrückung, Terror von Robespierre. Die fraternité wurde nicht geglaubt, die égalité für falsch gehalten, die Freiheit als höchst problematisch angesehen, wenn sie zur Libertinage wurde, zur Entartung des Selbstgebrauches von Möglichkeiten. Das wurde nun ganz anders. Zum ersten Mal sah ich, dass die Französische Revolution wirklich eine große Revolution war, von ungeheuerer geschichtlicher Bedeutung, eine Revolution des Bürgertums gegen den Feudalismus, und dass es nun darauf ankam, der fraternité in der Gesellschaft eine Basis zu geben – dass dies der Sinn der Entwicklung ist: Solidarität zustandezubringen, die nicht vorgegeben ist, sondern erarbeitet werden muss … Das ist nicht bloß eine allgemeine Maxime oder gar eine Phrase. Das ist sehr konkret.«[77]

»Ich habe die Gesellschaft und die Menschen anders kennen gelernt, als ich sie in meiner Jugend sozusagen gepredigt bekam. Auch die christliche Botschaft hat dadurch einen anderen Stellenwert bekommen. Man musste unmittelbar eingreifen. Wenn von der SS wieder irgendwelche Aktionen gegen die Juden verfügt wurden, musste man bereit sein, ganz unmittelbar, unabhängig von allen sonstigen Erwägungen einzugreifen, sich zu engagieren. Es wurde Situationsethik daraus, mit enormen Appellen, die darin steckten, auf Menschlichkeit hin. Die alten Autoritätsformen gaben das, was praktisch notwendig war, nicht her. Es musste alles überprüft werden, was man vorher getan hatte, und es musste alles überprüft werden, was man zu tun bereit war.«[78] Diese Erkenntnis machte meinen Vater sehr flexibel in konkreten Situationen und offen für neue Entwicklungen, Möglichkeiten und Herausforderungen.

Die siebenjährige Gefangenschaft hat meinem Vater die Probe erspart, sich in der Diktatur außerhalb der Gefangenschaft zu bewähren. Ich habe nicht den geringsten Zweifel, dass er die Probe bestanden hätte. Mancher Deutsche, der vor 1933 und nach 1945 sich zur Demokratie bekannte, war dazwischen in der einen oder anderen Weise in die NS-Diktatur verstrickt. Mein Vater wäre nicht korrumpierbar gewesen. Sobald er sich, 1934, vom verbrecherischen Charakter des NS-Regimes überzeugt hatte, war er dessen kompromissloser Gegner geworden.

Fazit für einen Siebzehnjährigen nach siebenjähriger Unterdrückung

Es begann für uns eine neue Zeit. Alles war neu: unser Zusammenleben, unser Leben in Deutschland, die rasch wachsende öffentliche Bedeutung unseres Vaters. Es war, als hätte es jene sieben Jahre nicht gegeben. Doch ihre Auswirkungen waren noch lange zu spüren.

Im Frühjahr 1945 war meine Seele kein guter Boden für einen Garten Eden gewesen, eher für Wildwuchs – Brennnessel- und Brombeergestrüpp, wenigstens grün. Es dauerte, bis Edleres nachwuchs. Meine Grunderfahrung war das Ausgesetztsein gewesen. Ich hatte meinen Vater hilflos erlebt, war ins Kloster abgeschoben, von der Oberschule in die Volksschule rückversetzt, zur Flak eingezogen, von meinem Vater herabgesetzt, von der Polizei aus dem Bett geholt, für den Abtransport zu sibirischer Zwangsarbeit eingefangen, ins darniederliegende Deutschland geschafft worden. Niemand hatte mich gefragt, ob ich es wollte. Jeder Hauch von irgendwoher hatte mich Federchen irgendwohin geweht. Anpassung war die Konsequenz aus der Erfahrung, nichts bewirken zu können. Wünsche und Gefühle äußerte ich nicht mehr. »Ich will das« und »Ich brauche das« waren in meinem Fall stets kontraproduktiv gewesen. Wollte ich etwas erreichen, musste ich warten, bis eine günstige Gelegenheit es für mich besorgte.

Später verliebte ich mich in ein Mädchen, das genau das Gegenteil war. Schon als sie ein Kind gewesen war, hatte sich der Pfarrer gefreut: »Hast *du* einen schönen Namen! Eva, die Mutter aller Lebendigen, und Maria, die Mutter aller Christen!« Mit solchem Zuspruch war in ihr früh das Selbstbewusstsein gewachsen, das sie brauchte, um sich fair zu behaupten. Ich habe dieses Mädchen geheiratet. Indem ich eine lange Ehe hindurch einem Menschen beim Ausgleich zwischen Verständnisbereitschaft und Selbstbehauptung zuschauen konnte, lernte ich allmählich, mein Defizit zu überwinden.

Wer sich anpasst, muss aushalten können. Ich gewöhnte mich so sehr ans Ertragen, dass ich es nicht mehr bemerkte. Diese Fähigkeit, so einseitig sie war, kam mir wenigstens im Berufsleben zugute. Ich stahl mich nie aus schwierigen Situationen davon. Ich gab nie der Versuchung nach, zu kündigen oder in eine Krankheit zu flüchten. Sich aber immer nur unterbuttern zu lassen, war ebenfalls keine Option. So verfeinerte ich in mühseligen Lehrjahren den Mechanismus. Bessere Wahrnehmung, gewaltfreie Kommunikation (»den anderen wahrnehmen und intakt lassen«), die Beherrschung übersteigerter Reaktionen eröffneten mir, wenn sie gelangen, neue Spielräume.

Angst verstärkt sich im Ausgesetztsein – wenn man nicht angreifen, nicht einmal fliehen, nur noch abwarten kann. Kein Mensch hält Dauerangst aus. Abhilfe Nummer eins, die traurigste: seelisch taub werden. Das Schlimmste war nicht, dass ich Angst hatte. Das Schlimmste war, dass ich es nicht mehr merkte. Aus eigener Kraft konnte ich diesem Zustand nicht entkommen. Ich hatte das Glück, dass er verschwand, ohne dass mir bewusst geworden wäre, etwas dazu getan zu haben. Erst nachdem meine Angst sich aufgelöst hatte, merkte ich, dass ich sie gehabt hatte. Es war eine ungeheure Erlösung. Ich entwickelte Freude am Tanzen. Zugleich bedauerte ich die vergeudeten Jahre.

Abhilfe Nummer zwei: Da vor allem das Unbekannte ängstigt und das Unbekannte stets in der Zukunft liegt, gewöhnte ich mir an, die Zukunft aus meinem Denken möglichst zu verbannen. An eine – freilich nur kurze – glückliche Zukunft hatte ich das letzte Mal in Schweiklberg gedacht: in der Vorfreude auf die nächsten Ferien in Wien. Im Übrigen herrschte, wo andere in ihre bessere Zukunft blickten, bei mir dunkle Nacht.

Abhilfe drei: Flucht in Welten der Fantasie. In ihnen schwebte ich mit kräftigen Bewegungen meiner Schultern und Ellenbogen drei bis vier Meter über dem Boden der Realität. Dies wurde auch ein Standardtraum meines Schlafes. Er verschwand erst, als die Grundangst gewichen war. Drei bis vier Meter über dem Menschengewimmel hatte ich eine Welt für mich, während die profanen Irdischen ihre reale Erfahrungswelt immer teilen müssen. Der Nachteil war, dass mir vieles entging, was die Menschen meiner Umgebung unten auf dem Boden der Tatsachen wahrnahmen und gegebenenfalls genossen. Natürlich merkten die Menschen, dass ich träumte. Tante Sophie war die erste und lange Zeit die Einzige, die das positiv sah: »Du bist ein Dichter.«

Jeder Mensch zieht sich hin und wieder in eine gedachte Welt zurück: das Kind beim Hören der Geschichte vom Wolf und den sieben Geißlein, der Beter in der dem Himmel entgegengereckten Kathedrale, der Verliebte in der Erwartung, seine Traumfrau werde ihm alles bieten, was ihm zu seinem Glücklichsein fehlt, der Schriftsteller, der bald den Verlag finden wird, um das größte Werk aller Zeiten herauszubringen. Doch das sind Ausrutscher aus der »normalen« Hand-und-Fuß-Realität. Bei mir war es umgekehrt. Bei mir war das Träumen die Normalität.

In rauhem Klima reifen die Früchte spät. Ich hatte nur wenige Menschen gehabt, denen ich vertraut hatte, und unter ihnen niemand, der mir rundum Vorbild gewesen war. Es hatte kaum Gemeinschaften gegeben, in denen ich mich auf- und angenommen fühlte. Die Klostergemeinschaft hatte an mir vorbeigelebt. Die NS-Gemeinschaften hatten selbstverständlich außer Frage gestanden. Die Schulgemeinschaft hatte ich siebenmal wechseln müssen – zu oft. Die gute Soldatengemeinschaft der Flak-Helfer war nach nur einem Jahr beendet gewesen. Meine Familie war auseinandergerissen. Freundschaften hatte meine Mutter wohl gepflegt, aber zu wenige, in die ich passte. Um es auf einen Nenner zu bringen: Es dauerte lange, bis ich erwachsen war.

Auch ein intaktes Wertesystem entwickelte ich lange Zeit nicht. Vor dem Wertesystem der Nazis war ich durch das Schicksal unserer Familie gefeit. Ein anderes System war das meines Vaters. Seine Besonderheit war die Betonung des christlichen Glaubens und seiner Prinzipien, der Familie, der Verantwortung und der Bildung. Ein wieder anderes, stark durch das Zusammenleben in der Familie bestimmtes System war das meiner Mutter. In ihm war der wichtigste Wert das Gewährenlassen. In meinem Kopf ging das alles durcheinander: Gerechtigkeit, Sauberkeit, Frieden, Liebe, Ehrlichkeit, Armut, Anstand, Vertrauen, Hilfsbereitschaft, Rücksichtnahme, Gottesglaube, Elternehrung, Treue, Sonntagsheiligung, Opferbereitschaft, Heimat, Achtung vor dem Leben, Vaterlandsliebe, Familie, Gesetzestreue, Ruhe, Ordnungsliebe, Keuschheit, Verantwortungsbewusstsein, Höflichkeit, Achtung vor dem Eigentum, Heiligenverehrung, Friedfertigkeit, Toleranz, Loyalität, Dankbarkeit, Bildung, Folgsamkeit, Demokratie, Standhaftigkeit, Gleichheit, Freiheit, Gehorsam, Respekt, Brüderlichkeit, Beten. Ein Labyrinth.

Ich träumte eine Zeitlang fast jede Nacht von meinem Labyrinth. Es war ein altes, verwinkeltes, fensterloses, wie von selbst gewachsenes Haus mit Stiegen, Gängen, Vorzimmern, Leitern, Prunksälen, Rutschen, Verschlägen, Schlafzimmern, Abstellkammern, Türen, Luken, Portieren und toten Ecken. Es gab zu diesem Haus einen einzigen Eingang, der zugleich der Ausgang war, doch den fand ich in dem Durcheinander nicht mehr. Das störte mich aber nicht. Ich stieg und rutschte gerne und lange in diesem Haus herum. Ich ließ alles an mich herankommen. Manche Werte übernahm ich ganz, andere halb, andere gar nicht, manche mit Überzeugung, andere naiv und unbewusst – und fast alle irgendwie unverbindlich. Keiner der Werte – mit einer einzigen Ausnahme – war mir durch menschliches Vorbild vermittelt worden.

Zu den Werten, die ich mit großer Einschränkung übernahm, gehörte die Wahrheitsliebe. Die Lüge ist die Waffe der Schwachen im Überlebenskampf.

Ein Vorbild hatte mir lediglich meine Mutter geboten. Sie mischte sich nicht gerne ein. Sie ließ mir Raum. Später erkannte ich, dass sie eher teilnahmslos war. Doch ich hatte es für Toleranz gehalten. In dem Freiraum, den sie – wenn schon nicht immer aus Prinzip – mir ließ, fühlte ich mich wohl. Das hatte ich bereits gespürt, als ich zum ersten Mal aus Schweiklberg wieder nach Hause durfte, für kurze Ferien. Da war etwas gewesen, worauf ich mich ebenso gefreut hatte wie auf die Mutter, die Geborgenheit, die Anerkennung, die Friedlichkeit, das Nichtgefordertsein: auf das Freisein, den Freiraum, die Freizeit. Ich hatte es von Anfang an geahnt, aber noch nicht formulieren können. So erscheint mir im Nachhinein, ich hätte bis April 1945 lediglich *ein* Prinzip so weit verinnerlicht, dass ich in der Lage gewesen wäre, für es einzutreten: Freiheit auf der Basis von Toleranz.

Fast alle Wunden heilen – irgendwann. In meinem Fall hat es lange gedauert und viel Verständnis und Unterstützung erfordert, bis die meisten Defizite ausgeglichen waren. Meine Frau stand auf diesem langen Weg unverwandt liebevoll, treu und einfühlsam an meiner Seite – nunmehr schon mehr als sechs Jahrzehnte. Auch meine drei Kinder haben viel dazu beigetragen, dass ich mich in einer guten Familie geborgen fühlen konnte. Meine vier Enkelkinder sind jedes auf seine Weise liebevoll und liebenswert. Meine Schwester hat mich in schwierigen Situationen treu und nachhaltig unterstützt. Gute Freunde gaben mir das Gefühl, wertvoll zu sein. In der Schweiz tat es mir wohl, in der Politik, in der Wirtschaft und in der Bevölkerung auf ein hohes Maß von Anstand zu treffen. In diesem Land, im idyllischen Liestal, erfuhr ich bei einer Zaubermeisterin, die sich in ihrem bürgerlichen Leben als Alexander-Therapeutin Monica Laubscher tarnt, wie es sich nach der Reparatur von Körper und Seele anfühlt, als würde man aus eigener Kraft fliegen. Und nicht zuletzt hat ein Buch mir geholfen, meine Beziehungen befriedigender zu gestalten: *Gewaltfreie Kommunikation – Eine Sprache des Lebens* von Marshall B. Rosenberg.

Die meinem Vater und mir gemeinsame Vision der heilen Familie weitete sich bei meinem Vater zum Weltprojekt. Für mich blieb sie das, wovon mein Vater noch während seiner Gefangenschaft geträumt hatte: die heile individuelle Familie. Statt Politik Privatsphäre. Statt Publizistik Sonntagsausflüge. Je kleiner meine Welt war, desto mehr gab es für mich in ihr eine Rolle. Als die unabdingbaren Werte meiner Familie definierte ich Vertrauen, Loyalität und Hilfsbereitschaft. Sie hatte für mich aber auch eine politische Dimension. Großeweltveränderung kann man ja auch durch Kleineweltveränderung betreiben. Es dauert nur länger. Dafür wird man nicht so leicht enttäuscht. Mit diesem Modell konnte David gegen Goliath antreten. Freilich: Auch eine heile Insel-Welt wird einem nicht geschenkt. Auch sie muss man sich erarbeiten.

Frieden in Europa. Krieg nur noch im Fernen Osten. Am 6. August warfen die Amerikaner die erste Atombombe: auf Hiroshima. Am 8. August erklärte die Sowjetunion Japan den Krieg und marschierte in die Mandschurei ein. Am 9. August warfen die Amerikaner die zweite Atombombe: auf Nagasaki. Zwei Bomben, zwei ausgelöschte Städte – eine neue Dimension der Zerstörung. 92 000 Menschen starben sofort, weitere 130 000 bis zum Jahresende an den Folgen der Verstrahlung. Am 2. September kapitulierte Japan. Der Zweite Weltkrieg war zu Ende.

In Deutschland wuchs neues Leben, wuchs neuer Geist aus den Trümmern. Neuer Mensch, neue Familie, neue Gesellschaft, neue Welt. Mein Vater mitten darin mit seinem Lebenstraum: Liebe, Würde, Gerechtigkeit, Frieden und Wohlstand für alle. Ich hatte nie zuvor und habe nie mehr danach einen so überbeschäftigten Menschen gesehen. Er gab nicht auf. Die Welt musste verbessert werden, gerade jetzt, mit der Chance der »Stunde null«.

1987. Am 24. Dezember besagte mir der Ausdruck auf dem hager und streng gewordenen und dennoch gütig gebliebenen Gesicht meines Vaters, dass er immer noch unnachgiebig entschlossen war, sein großes Lebensziel zu erreichen: das Glück seiner Familie mit viel Respekt und Verantwortung füreinander und ein ebensolches Glück für alle Menschen. Das hatte er sich vorgenommen, und das würde er erreichen, das Glück der ganzen Welt. Er war dazu unnachgiebig entschlossen. Doch er konnte es nicht mehr tun. Denn er war gerade gestorben.

1989. Als ich meine Mutter in der Leichenhalle des Falkensteiner Friedhofs aufgebahrt sah, überkamen mich Tränen. Sie war so allein. Sie tat mir so leid. Sie hatte nicht das Leben gehabt, das sie sich vorgestellt hatte. Ich hätte ihr so gerne noch einmal gedankt. Erst jetzt, da ich es ihr nicht mehr sagen konnte, merkte ich, dass sie mir in vielem ein Vorbild gewesen war. Die Inschrift, die mein Vater für das Grab seiner Pflegemutter Cäcilie Heuberger entworfen hatte, wäre, entsprechend abgewandelt, auch für meine Mutter zutreffend gewesen: »Hier ruht Frau Margarethe Kogon, geboren im Jahre 1902, gestorben am 20. April 1989. Sie war eine liebe und tapfere Frau.«

2014: Meine Tochter Beate, Journalistin und Dozentin für Kreatives Schreiben, hat ihre eigene Erinnerung an den Großvater:

Mein Grossvater wohnte
am Waldesrand
kam immer
durch den Gang seines
Zauberhauses
sass frühervielfrüher in Block x im KZ
Kinder
er war ein gütiger Mann
und was ich dich fragen möchte Himbeer-Hecke ist
waren Grosseltern wirklich
jemals jung

Anmerkungen

1 *Unser merkwürdiges, wichtiges Leben – Eugen Kogon im Gespräch mit Leonhard Reinisch,* Sendung vom 9. Juni 1975 in der Reihe *Sonntag um sechs* des Bayerischen Rundfunks
2 Eugen Kogon, *Othmar Spanns Soziologie und der Katholizismus,* Abendland, 4. Jg. (1928/29), Nr. 9 (Mai 1929), S. 276
3 Beitrag Eugen Kogons zum Schlussgespräch der Tagung *Hitler – eine Erweckungsbewegung* vom 6.–8. Januar 1978 in der Theodor Heuss-Akademie in Gummersbach
4 *Unser merkwürdiges, wichtiges Leben – Eugen Kogon im Gespräch mit Leonhard Reinisch,* Sendung vom 9. Juni 1975 in der Reihe *Sonntag um sechs* des Bayerischen Rundfunks
5 Zeugenaussage Eugen Kogons im Nürnberger Ärzteprozess vom 9. Dezember 1946–20. August 1947, Protokoll vom 6. Januar 1947
6 *Unser merkwürdiges, wichtiges Leben – Eugen Kogon im Gespräch mit Leonhard Reinisch,* Sendung vom 9. Juni 1975 in der Reihe *Sonntag um sechs* des Bayerischen Rundfunks
7 Zeugenaussage Eugen Kogons im Nürnberger Ärzteprozess vom 9. Dezember 1946–20. August 1947, Protokoll vom 6. Januar 1947
8 Rudolf Ebneth: *Die österreichische Wochenschrift »Der Christliche Ständestaat« – Deutsche Emigration in Österreich 1933–1938,* Matthias-Grünewald-Verlag, Mainz 1976
9 Rudolf Ebneth, a. a. O., S. 62
10 Eugen Kogon, *Der SS-Staat – Das System der deutschen Konzentrationslager,* 5. Auflage, Kindler Verlag, München 1974, S. 20
11 *Unser merkwürdiges, wichtiges Leben – Eugen Kogon im Gespräch mit Leonhard Reinisch,* Sendung vom 9. Juni 1975 in der Reihe *Sonntag um sechs* des Bayerischen Rundfunks
12 Eugen Kogon, *Stellungnahme zu einem Satz von Joachim Fest in der Biographie »Hitler«,* 14. 8. 1974, ohne Bestimmungsangabe
13 Eugen Kogon, *Der Deutsche Katholikentag,* in: *Die Neue Zeitung,* 29. Oktober 1933
14 *Unser merkwürdiges, wichtiges Leben – Eugen Kogon im Gespräch mit Leonhard Reinisch,* Sendung vom 9. Juni 1975 in der Reihe *Sonntag um sechs* des Bayerischen Rundfunks
15 Eugen Kogon, *Zelle 26*

16 Peter Gundwin (Eugen Kogon), *Philosophie auf dem laufenden Band,* in: *Das heilige Feuer – Monatsschrift für naturgemäße deutschvölkische und christliche Kultur und Volkspflege,* Paderborn, 18 (1930/31), S. 61–67

17 *Unser merkwürdiges, wichtiges Leben – Eugen Kogon im Gespräch mit Leonhard Reinisch,* Sendung vom 9. Juni 1975 in der Reihe *Sonntag um sechs* des Bayerischen Rundfunks

18 Eugen Kogon, *Versuch einer Meditation über die Liebe Gottes,* undatiert (vermutlich 1971), ohne Bestimmungsangabe

19 *Unser merkwürdiges, wichtiges Leben – Eugen Kogon im Gespräch mit Leonhard Reinisch,* Sendung vom 9. Juni 1975 in der Reihe *Sonntag um sechs* des Bayerischen Rundfunks

20 Eugen Kogon, *Der SS-Staat – Das System der deutschen Konzentrationslager;* Stéphane Hessel, *Tanz mit dem Jahrhundert – Erinnerungen,* aus dem Französischen von Roseli und Saskia Bontjes van Beek, Arche, Zürich-Hamburg 1998

21 Alfred Missong jun., *Alfred Missong – Der Entdecker der Österreichischen Nation,* in: Alfred Missong, *Christentum und Politik in Österreich,* hrsg. von Alfred Missong jun. in Verbindung mit Cornelia Hoffmann und Gerald Stourzh, Böhlau, Wien/Köln/Graz 2006, S. 49

22 Stanniol war eine den heutigen Alufolien ähnliche Zinnfolie. Aus diesem Material wurden Weinkapseln und Verpackungen für Tabak, Seife, Schokolade usw. hergestellt.

23 Die Burgruine Hilgartsberg erhebt sich linksseits der Donau an einem Steilhang bei Hofkirchen im Landkreis Passau. Die Burg wurde 1112 erstmals erwähnt. Im Österreichischen Erbfolgekrieg wurde sie 1742 von österreichisch-ungarischen Truppen erobert und abgebrannt. Von der Ruine bietet sich eine großartige Aussicht auf das Donautal.

24 Die »Volkszählung im Deutschen Reich« war ursprünglich für 1938 geplant gewesen. Wegen des »Anschlusses« Österreichs an das Deutsche Reich war sie auf den 17. Mai 1939 verschoben worden. Der Sicherheitsdienst des Reichsführers-SS Heinrich Himmler und die Gestapo forderten, um Datenmaterial für eine Judenkartei zu erhalten, »Ergänzungskarten für die geplante Volkszählung«. In ihnen sollte die Religionszugehörigkeit aller vier Großeltern angegeben werden, um dadurch die »Rassezugehörigkeit« zu ermitteln. Für falsche Angaben sollten Gefängnisstrafen angedroht werden. Da mochten die Eltern meines Vaters noch so sehr angeblich verschollen und die Dokumente noch so sehr angeblich verschwunden sein: Der Familienname der Mutter meines Vaters und ihre Religion waren jüdisch, so stand es in den Akten, und die slawische Herkunft des unehelichen Vaters war nicht belegbar. Einen gewissen Aufschub erhielt mein Vater jedoch, weil die Auswertung der Daten lange dauerte.

25 Eugen Kogon, *Chronika des hochlöblichen St. Josephs-Collegs, Ordens- und Missionsschule der Dominikaner zu Vechta im Oldenburger Münsterland,* Manuskript, Vechta, 1.3. – 18.9.1921 (auszugsweise abgedruckt in: Eugen Kogon, Die Idee des christlichen Ständestaates, Band 8 der Gesammelten Schriften, Ullstein-Quadriga, Berlin 1999, S. 61ff.)

26 Der Kyffhäuserbund war ein alttraditioneller deutscher Kriegerverein, der in der Nazi-Zeit seine Selbständigkeit durch die damals konsequent gehandhabte Praxis der »Gleichschaltung« verloren hatte.

27 Prag war seit dem 16. März 1939 die Hauptstadt nicht mehr des unabhängigen Staates Tschechoslowakei, sondern eines Restgebietes mit der Bezeichnung *Deutsches Reichsprotektorat Böhmen und Mähren.* Diesem Rumpf gestand Hitler eine gewisse formelle Selbstverwaltung zu. In Wirklichkeit war er Besatzungsgebiet.

28 Eugen Kogon, unbetitelte Tonbandaufzeichnung, 1978, ohne Bestimmungsangabe, erstes Band, Niederschrift S. 1

29 *Unser merkwürdiges, wichtiges Leben – Eugen Kogon im Gespräch mit Leonhard Reinisch,* Sendung vom 9. Juni 1975 in der Reihe *Sonntag um sechs* des Bayerischen Rundfunks

30 Eugen Kogon, *Widerstand gegen die Staatsmacht – vormals und heute,* in: *Zum Nachdenken,* Heft 46, September 1972 (Text der Rede vom 17. Juni 1972 zur Verleihung der Wilhelm-Leuschner-Medaille an Josef Lang, Martin Niemöller und Josef Will sowie zur Eröffnung der Ausstellung *Der hessische Widerstand gegen das NS-Regime* im Auditorium Maximum der Philipps-Universität Marburg)

31 Eugen Kogon, *Der SS-Staat – Das System der deutschen Konzentrationslager,* 5. Auflage, Kindler-Verlag, München 1974, S. 73f.

32 Eugen Kogon, unbetitelte Tonbandaufzeichnung, 1978, ohne Bestimmungsangabe, erstes Band, Niederschrift S. 29f.

33 *Eugen Kogon im Gespräch mit Reinhard Hoffmeister.* In der ZDF-Reihe: *Zeugen des Jahrhunderts* (Teil II: 1945 bis heute), ZDF 1982

34 Bergfried war eine Außenstelle der Abtei Schweiklberg für Klosterzöglinge, die in Passau die letzten Klassen des dortigen humanistischen Gymnasiums besuchten.

35 Der »Jugendsekretär Volker« war Prälat Ludwig Wolkert. Der war nach dem Ersten Weltkrieg in München die führende Gestalt einer katholischen Jugendbewegung, der mein Vater als Student angehörte.

36 Eugen Kogon, *Der SS-Staat,* a. a. O., S. 292

37 Joseph Rovan, *Mémoires d'un Français qui se souvient d'avoir été Allemand,* Seuil, Paris 1999, S. 49ff.

38 Joseph Rovan, Mémoires … a. a. O., S. 54

39 Eugen Kogon, *Der SS-Staat,* a. a. O., S. 383

40 Eugen Kogon, unbetitelte Tonbandaufzeichnung, 1978, ohne Bestimmungsangabe, erstes Band

41 Eugen Kogon, *Dr. Werner Hilpert – Persönlichkeit und Leistung,* in: »Die Bundesbahn«, März 1957
42 *Eugen Kogon im Gespräch mit Reinhard Hoffmeister.* In der ZDF-Reihe: *Zeugen des Jahrhunderts* (Teil II: 1945 bis heute), ZDF 1982
43 Wiesbadener Tageblatt, 9. Mai 1978: *Glorifizierung und Mystifizierung des Kriegsgeschehens, unpolitische Darstellung des NS-Staates, Führerkult und Verharmlosungstendenzen*
44 Brigitte Hamann, *Hitlers Wien,* Piper, München / Zürich 1998
45 David Steindl-Rast, *Credo – Ein Glaube, der alle verbindet,* Herder, Freiburg/Basel/Wien 2010, S. 176
46 Magda Hollander-Lafon, *Vier Stückchen Brot – Eine Hymne an das Leben,* Adeo Verlag, Assall 2013
47 Steindl-Rast, a. a. O., S. 203
48 Jorge Semprun, *Schreiben oder leben,* Suhrkamp, Frankfurt 1995, S. 110
49 *Eugen Kogon – Häftling in Buchenwald. Ein Film von Paul Karalus.* WDR – Zeitzeugen – 21. Februar 1980
50 Zeugenaussage Eugen Kogons im Nürnberger Ärzteprozess vom 9. 12. 46–20. 8. 1947, Protokoll vom 21. April 1947
51 Eugen Kogon, unbetitelte Tonbandaufzeichnung, 1978, ohne Bestimmungsangabe, erstes Band
52 Eugen Kogon, *Der SS-Staat,* a. a. O., S. 82
53 Eugen Kogon, unbetitelte Tonbandaufzeichnung, 1978, ohne Bestimmungsangabe, erstes Band
54 *Eugen Kogon – Häftling in Buchenwald. Ein Film von Paul Karalus.* WDR – Zeitzeugen – 21. Februar 1980
55 *Eugen Kogon im Gespräch mit Reinhard Hoffmeister.* In der ZDF-Reihe: *Zeugen des Jahrhunderts* (Teil II: 1945 bis heute), ZDF 1982
56 Eugen Kogon, unbetitelte Tonbandaufzeichnung, 1978, ohne Bestimmungsangabe, erstes Band
57 Eugen Kogon, Nürnberger Ärzteprozess, Protokoll vom 6. Januar 1947
58 Eugen Kogon, unbetitelte Tonbandaufzeichnung, 1978, ohne Bestimmungsangabe, erstes Band
59 *Eugen Kogon befragt von Ulrich Gembardt,* Sendung vom 11. März 1979 in der Reihe *Das Gespräch* des Westdeutschen Rundfunks
60 Eugen Kogon, *Der SS-Staat,* a. a. O., S. 318 ff.
61 Eugen Kogon, unbetitelte Tonbandaufzeichnung, 1978, ohne Bestimmungsangabe, erstes Band, Niederschrift S. 29 f.
62 Eugen Kogon, *Der SS-Staat,* a. a., O. S. 130
63 Odo Marquard, *Der angeklagte und der entlastete Mensch in der Philosophie des 18. Jahrhunderts,* in: ders., *Abschied vom Prinzipiellen,* Stuttgart 1981, S. 39–66. Beide Zitate nach Walter Kardinal Kasper,

Barmherzigkeit. Grundbegriff des Evangeliums – Schlüssel christlichen Lebens, Herder, Freiburg-Basel-Wien 2012, S. 11

64 Eugen Kogon: *Deutschlands Erbe und Aufgabe,* Rede auf der ersten öffentlichen Kundgebung der Christlich-Demokratischen Partei in Oberursel am 18.11.1945

65 Eugen Kogon, unbetitelte Tonbandaufzeichnung, 1978, ohne Bestimmungsangabe, erster Band, Niederschrift S. 2–3

66 Ebenda, S. 28–29

67 Ebenda, S. 29, 31–33

68 Eugen Kogon, *Der SS-Staat,* a. a. O., S. 136

69 Vgl. Michael Kogon, *Ansprache anlässlich des 68. Jahrestages der Befreiung des KZ Buchenwald,* gehalten am 14. April 2013 in der Gedenkstätte Buchenwald, in: *Die Würde des Menschen – Stéphane Hessel,* hrsg. von Wolfgang Knappe, Weimar 2013

70 Eugen Kogon, *Der SS-Staat*, a. a. O., S. 317

71 Eugen Kogon, *Dieses merkwürdige, wichtige Leben,* a. a. O., S. 72–74

72 Eugen Kogon, *Dieses merkwürdige, wichtige Leben,* a. a. O., S. 74

73 Eugen Kogon, *Dieses merkwürdige, wichtige Leben,* a. a. O., S. 79–80

74 Eugen Kogon, *Dieses merkwürdige, wichtige Leben,* a. a. O., S. 80–82

75 Eugen Kogon, *Dieses merkwürdige, wichtige Leben,* a. a. O., S. 82

76 Eugen Kogon, *Dieses merkwürdige, wichtige Leben,* a. a. O., S. 82–83

77 *Eugen Kogon im Gespräch mit Reinhard Hoffmeister.* In der ZDF-Reihe: *Zeugen des Jahrhunderts* (Teil II: 1945 bis heute), ZDF 1982

78 *Alle Macht der Phantasie – zum 80. Geburtstag Eugen Kogons. Eugen Kogon im Gespräch mit Dr. Peter Huemer.* ORF – Teleobjektiv – 5. April 1983

Literaturverzeichnis

Ebneth, Rudolf: *Die österreichische Wochenschrift »Der Christliche Ständestaat« – Deutsche Emigration in Österreich 1933–1938,* Matthias-Grünewald-Verlag, Mainz 1976

Frankfurter Hefte – Zeitschrift für Kultur und Politik, herausgegeben von Walter Dirks und Eugen Kogon, Frankfurt 1946–1984

Gundwin, Peter (= Eugen Kogon), *Philosophie auf dem laufenden Band, in: Das heilige Feuer – Monatsschrift für naturgemäße deutschvölkische und christliche Kultur und Volkspflege,* Paderborn, 18 (1930/31)

Hamann, Brigitte, *Hitlers Wien – Lehrjahre eines Diktators,* Piper, München / Zürich 1998

Hessel, Stéphane, *Tanz mit dem Jahrhundert – Erinnerungen,* aus dem Französischen von Roseli und Saskia Bontjes van Beek, Arche, Zürich / Hamburg 1998

Hollander-Lafon, Magda, *Vier Stückchen Brot – Eine Hymne an das Leben,* aus dem Französischen von Michael Kogon, Adeo, Assall 2013

Kasper, Walter Kardinal, *Barmherzigkeit. Grundbegriff des Evangeliums – Schlüssel christlichen Lebens,* Herder, Freiburg / Basel / Wien 2012

Kogon, Eugen, *Chronika des hochlöblichen St. Josephs-Collegs, Ordens- und Missionsschule der Dominikaner zu Vechta im Oldenburger Münsterland,* Manuskript, Vechta, 1. März.–18. September 1921 (auszugsweise in: Eugen Kogon, *Die Idee des christlichen Ständestaates – Frühe Schriften 1921–1940,* Band 8 der *Gesammelten Schriften,* herausgegeben von Michael Kogon, Ullstein-Quadriga, Berlin 1999)

Kogon, Eugen, *Ostern,* Novelle, in: Paul Kellers Monatsblätter – Die Bergstadt, 1924

Kogon, Eugen, *Othmar Spanns Soziologie und der Katholizismus, Abendland,* 4. Jg. (1928/29), Nr. 9 (Mai 1929)

Kogon, Eugen, *Der Deutsche Katholikentag,* in: *Die Neue Zeitung,* Wien, 29. Oktober 1933

Kogon, Eugen, *PG Pospischil,* Komödie, Wien 1939 (Teilaufführung in szenischer Lesung am Staatstheater Kassel, 12. Oktober 2003)

Kogon, Eugen u.a., *Bericht über das Konzentrationslager Buchenwald bei Weimar,* Weimar 1945 (herausgegeben von David A. Hackett englisch unter dem Titel *The Buchenwald report,* Westview Press, Boulder / San

Francisco / Oxford 1995; deutsch als *Der Buchenwald-Report* bei C. H. Beck, München 1996)

Kogon, Eugen, *Der SS-Staat – Das System der deutschen Konzentrationslager,* Verlag der Frankfurter Hefte, Frankfurt 1946 – Karl Alber, München 1946 – Schwann, Düsseldorf 1946; 5. Auflage bei Kindler, München 1974

Kogon, Eugen, Zeugenaussage im Nürnberger Ärzteprozess vom 9. Dezember 1946–20. August 1947, Protokolle vom 6. Januar und 21. April 1947

Kogon, Eugen, *Unvergeßliche Stimmen,* in: *Frankfurter Hefte,* Dezember 1954

Kogon, Eugen, *Dr. Werner Hilpert – Persönlichkeit und Leistung,* in: *Die Bundesbahn,* März 1957

Kogon, Eugen, *Versuch einer Meditation über die Liebe Gottes,* undatiert (vermutlich 1971), ohne Bestimmungsangabe

Kogon, Eugen, *Widerstand gegen die Staatsmacht – vormals und heute,* in: *Zum Nachdenken,* Heft 46, September 1972 (Text der Rede vom 17. Juni 1972 zur Verleihung der Wilhelm-Leuschner-Medaille an Josef Lang, Martin Niemöller und Josef Will sowie zur Eröffnung der Ausstellung *Der hessische Widerstand gegen das NS-Regime* im Auditorium Maximum der Philipps-Universität Marburg)

Kogon, Eugen, *Stellungnahme zu einem Satz von Joachim Fest in der Biographie »Hitler«,* 14. August 1974, ohne Bestimmungsangabe

Kogon, Eugen, Beitrag zum Schlussgespräch der Tagung *Hitler – eine Erweckungsbewegung* vom 6.–8. Januar 1978 in der Theodor Heuss-Akademie in Gummersbach

Kogon, Eugen, *Dieses merkwürdige, wichtige Leben – Begegnungen* (Band 6 der *Gesammelten Schriften*), herausgegeben von Michael Kogon, Beltz-Quadriga, Weinheim / Berlin 1997

Kogon, Eugen, *Die Idee des christlichen Ständestaates – Frühe Schriften 1921–1940* (Band 8 der *Gesammelten Schriften*), herausgegeben von Michael Kogon, Ullstein-Quadriga, Berlin 1999

Kogon, Michael, *Ansprache anlässlich des 68. Jahrestages der Befreiung des KZ Buchenwald,* 14. April 2013, Gedenkstätte Buchenwald, in: *Die Würde des Menschen – Stéphane Hessel,* hrsg. von Wolfgang Knappe, Weimar 2013

Marquard, Odo, *Der angeklagte und der entlastete Mensch,* in: ders., *Abschied vom Prinzipiellen – Philosophische Studien,* Reclam, Ditzingen 2005

Missong jun, Alfred., *Alfred Missong – Der Entdecker der Österreichischen Nation,* in: Alfred Missong, *Christentum und Politik in Österreich,* hrsg. von Alfred Missong jun. in Verbindung mit Cornelia Hoffmann und Gerald Stourzh, Böhlau, Wien / Köln / Graz 2006

Rosenberg, Marshall B., *Gewaltfreie Kommunikation – Eine Sprache des Lebens,* überarbeitete und erweiterte Neuauflage, Junfermann, Paderborn 2005

Rovan, Joseph, *Mémoires d'un Français qui se souvient d'avoir été Allemand,* Seuil, Paris 1999

Semprun, Jorge, *Schreiben oder leben,* Suhrkamp, Frankfurt 1995

Steindl-Rast, David, *Credo – Ein Glaube, der alle verbindet,* Herder, Freiburg / Basel / Wien 2010

Wiesbadner Tageblatt, 9. Mai 1978: *Glorifizierung und Mystifizierung des Kriegsgeschehens, unpolitische Darstellung des NS-Staates, Führerkult und Verharmlosungstendenzen*

Ansprachen, Fernseh- und Hörfunkproduktionen

Kogon, Eugen: *Deutschlands Erbe und Aufgabe,* Rede auf der ersten öffentlichen Kundgebung der Christlich-Demokratischen Partei in Oberursel am 18. November 1945

Kogon, Eugen: *Gespräch mit Leonhard Reinisch,* Sendung vom 9. Juni 1975 in der Reihe Sonntag um sechs des Bayerischen Rundfunks *(»Unser merkwürdiges, wichtiges Leben«)*

Kogon, Eugen, unbetitelte Tonbandaufzeichnung, 1978, ohne Bestimmungsangabe

Kogon, Eugen: *Gespräch mit Ulrich Gembardt,* Sendung vom 11. März 1979 in der Reihe Das Gespräch des Westdeutschen Rundfunks

Kogon, Eugen: *Häftling in Buchenwald. Ein Film von Paul Karalus.* WDR – Zeitzeugen – 21. Februar 1980

Kogon, Eugen: *Gespräch mit Reinhard Hoffmeister* in der ZDF-Reihe *Zeugen des Jahrhunderts* (Teil II: 1945 bis heute), ZDF 1982

Kogon, Eugen: *Gespräch mit Dr. Peter Huemer.* ORF – Teleobjektiv – 5. April 1983 *(»Alle Macht der Phantasie – zum 80. Geburtstag Eugen Kogons«)*

Unveröffentlichtes

Kogon, Eugen, *Der Fall Ilonka von Csörei,* Roman, Wien, ohne Datumsangabe (vor 1938)

Kogon, Eugen, *Zelle 26,* Kriminalroman, (Fragment) Wien 1938

Kogon, Eugen, *Worte,* Schauspiel, Wien 1938

Kogon, Eugen, *Das Geheimnis des synthetischen Diamanten,* Kriminalroman, Wien 1939

Kogon, Eugen, *Acht Kurzgeschichten (Anita und der Mann mit den sechs Buchstaben, Die Stadt seiner Träume, Zwei Freunde und eine Jazz-Trompete, Ein neues Unternehmen, Die Locke, Kiki und Koko, Der Überfall auf Jungfer Berta, Der Philosoph an der Bar)*, Wien 1939

Kogon, Eugen, *Plan einer Ansiedlung in Übersee*, Wien 1939

Kogon, Eugen, *Arbeit und Eigentum in der Planwirtschaft*, (Fragment) Wien 1940